U0449592

张国焘传

苏若群 姚金果 —— 著

天地出版社 | TIANDI PRESS

图书在版编目（CIP）数据

张国焘传/苏若群，姚金果著.—成都：天地出版社，2018.1（2021年12月重印）
ISBN 978-7-5455-3207-4

Ⅰ.①张… Ⅱ.①苏… ②姚… Ⅲ.①张国焘（1897-1979）—传记 Ⅳ.①K827=7

中国版本图书馆CIP数据核字（2017）第292465号

张国焘传

出 品 人	杨　政
作　　者	苏若群　姚金果
责任编辑	杨永龙　李建波
装帧设计	思想工社
电脑制作	尚上文化
责任印制	葛红梅
出版发行	天地出版社 （成都市槐树街2号　邮政编码：610014）
网　　址	http://www.tiandiph.com http://www.天地出版社.com
电子邮箱	tiandicbs@vip.163.com
经　　销	新华文轩出版传媒股份有限公司
印　　刷	天津文林印务有限公司
版　　次	2018年3月第1版
印　　次	2021年12月第6次印刷
成品尺寸	170mm×240mm　1/16
印　　张	39.5
字　　数	605千字
定　　价	68.00元
书　　号	ISBN 978-7-5455-3207-4

版权所有◆违者必究

咨询电话：（028）87734639（总编室）
购书热线：（010）67693207（市场部）

本版图书凡印刷、装订错误，可及时向我社发行部调换

前 言

　　张国焘是中国近现代历史上一个特殊的人物。他的一生从崛起、辉煌，到挫折、堕落，充满了跌宕起伏、曲折坎坷。他曾有过令人炫目的成就，也犯过令人发指的错误，最后走上了人所不齿的背叛道路。总之，他是一个成就与错误并举、光荣与耻辱同存的人。

　　张国焘的成就与光荣在于：在五四运动时期，他是学生领袖之一。在创建中国共产党的过程中，他是北京共产党小组创建者之一，是李大钊的得力助手。在标志着中国共产党成立的第一次代表大会上，他是主持会议的主席。在中国共产党公开指导工人运动的领导机构"中国劳动组合书记部"中，他是第一任领导人。在共产国际召开的远东大会上，他是中国代表团团长，也是中共领导人中唯一获得列宁接见殊荣的人。在震惊中外的"京汉铁路大罢工"中，他是直接领导者。在轰轰烈烈的五卅运动中，他积极参与了领导工作。在大革命失败前后，他受任于危难之时，接替陈独秀成为中共临时常委负责人。在武装反抗国民党反动派的八一南昌起义中，他是主要领导人之一。在莫斯科参加中共六大后，他成为中共驻共产国际代表团副团长。1931年初，张国焘从苏联回国后，担任中共鄂豫皖中央分局书记、军事委员会主席，后又成为中华苏维埃共和国临时中央政府副主席。在反抗蒋介石国民党的斗争中，他带领红军扩大了鄂豫皖根据地，开创了川陕根据地，创造了辉煌的业绩。为了策应中央红军,他率军深入四川腹地开辟了新的战场。

张国焘的错误与耻辱在于:1924年,他突然被北洋军阀政府逮捕,在敌人的刑讯逼供下出卖了李大钊等人。在鄂豫皖和川陕根据地,他因为执行了错误的"肃反"政策,制造了许多冤假错案。在一、四方面军会合后,他在一系列问题上与中央产生了歧见,最后犯下了"另立中央"的重大错误。在到达陕北之后,由于他深知自己问题之大之多,便借机离开陕北,投入到蒋介石集团的怀抱,背叛了他与之共生死18年的中国共产党。他的命运由此彻底改变,最终在悲凉的境况中死于异国他乡。

呈现在读者面前的这本书,就是将张国焘的这些成就与光荣、错误与耻辱尽量客观地再现出来。但由于我们所依据的史料有限,我们的研究水平有限,难免有错漏之处,恭请广大读者批评指正。

目 录

第 一 章　走向马克思主义

萌发爱国之心 / 003

追求进步与温和请愿 / 010

参与领导五四运动 / 017

南陈北李联络人 / 028

第 二 章　共产党早期重要领导人

参与创建北京共产党组织 / 037

主持中共"一大" / 044

领导劳动组合书记部 / 057

首次莫斯科之行 / 066

贡献于"一劳大"和中共"二大" / 078

第 三 章　受挫于国共合作之争

影响深远的西湖论争 / 091

代理委员长 / 097

　　　　指导京汉铁路工人大罢工 / 104
　　　　"三大"落选 / 113
　　　　固执己见 / 122

第 四 章　**隐瞒背叛　危难受任**
　　　　牢狱之中 / 141
　　　　再次进入领导核心 / 152
　　　　应对排共浪潮 / 163
　　　　难挽狂澜 / 183
　　　　受任于危难之时 / 191

第 五 章　**莫斯科岁月**
　　　　处分与分歧 / 201
　　　　争论于中共"六大" / 209
　　　　代表团风雨 / 216

第 六 章　**初到鄂豫皖**
　　　　支持王明中央 / 239
　　　　辗转抵达苏区 / 244
　　　　立威：整顿组织、解决粮食 / 251

第 七 章　**分歧、争执、"肃反"**
　　　　东进南下之争 / 261
　　　　制定"肃反"政策 / 276
　　　　问罪许继慎 / 281
　　　　妄杀无辜 / 289

第八章　巅峰与跌宕

辉煌鄂豫皖 / 305

四大战役 / 311

反"围剿"失利 / 324

漫漫西征路 / 334

第九章　川陕根据地："惊人的胜利"

新创根据地 / 347

扬威通南巴 / 358

统战工作 / 367

第十章　强胜与苦战

川陕再"肃反" / 379

反六路围攻 / 393

广昭战役 / 410

第十一章　会师后的分歧

策应中央红军 / 421

雨中拥抱 / 428

碰壁两河口 / 433

喜怒芦花镇 / 439

波澜再起沙窝 / 446

第十二章　矛盾扩大　铤而走险

分裂 / 459

另立中央 / 469

南下是死路 / 477

第十三章　曲折的北上路
　　争取张国焘 / 485
　　北上途中 / 492
　　西路军 / 500

第十四章　受批与叛党
　　批评与检讨 / 511
　　反国焘路线 / 526
　　叛逃 / 545

第十五章　最后岁月
　　人在矮檐下 / 561
　　失意的"反共强人" / 572
　　随江而下 / 590
　　另觅他途 / 597
　　海外终老 / 609

参考文献 / 615

后记 / 623

第一章
走向马克思主义

1897年出生的张国焘，其少年时代正是中西文化碰撞、新旧思想交织，社会发生重大变迁的时代。他领略了革命党的风采，接触了新式文化的启蒙，也产生了对封建传统的叛逆心理。

　　1916年，张国焘考入北京大学，恰逢校长蔡元培广纳天下英才，在陈独秀、李大钊等先进知识分子影响下，他开始了崭新的人生追求。

　　1918年5月的反日请愿，成为张国焘登上政治舞台的预演。

　　1919年五四运动期间，在组织游行、上街讲演、被捕和营救被捕者的经历中，张国焘迅速成长为学生领袖。

　　1920年，在南陈北李相约建党之际，张国焘来往于上海、北京之间，起到穿针引线的作用，并坚定地选择了马克思主义。

第一章
走向马克思主义

萌发爱国之心

1897年11月14日（农历十月二十日）[1]，张国焘出生于江西省萍乡市[2]上栗区金山乡山明村。

上栗位于罗霄山脉的中段，为萍乡北边的中心市镇，距萍乡市约四十公里，与湖南省的浏阳、醴陵两县为邻，相距不过十公里左右。由于地处湘赣交界地区，上栗虽然是一个山区市镇，仍不失为一个比较繁荣的贸易中心。连绵起伏、逶迤不绝的山脉为当地居民提供了丰富的自然资源，当地采矿业、造纸业和织布业在明末清初就已经相当发达。

或许正是优越的地理环境吸引了张国焘的祖先，清朝初年，张氏家族的第一百五十五代集翰公由广西迁到上栗。[3]

张氏家族[4]迁到萍乡上栗的一支，凭借当地的自然优势和勤俭精明的持家之道，逐渐发达起来。到了张国焘祖父一辈，已经成了当地人丁兴旺、理财有方、殷实富足的大户。

---

[1] 张国焘的出生日期有两种说法，此说是据新修的《张氏以灵公族谱》记，张国焘生于"清光绪丁酉年十月二十日"。对照新编万年历，当为公历1897年11月14日。另一说法源于刻在张国焘墓碑上的日期，为1897年11月26日。

[2] 旧时称县。

[3] 关于张国焘家族的来历，萍乡《地方志》《文物志》编纂委员会办公室原主任、中共萍乡市委党史办原副主任彭江流曾在2000年3月30日《萍乡日报》发表《张国焘是客家人》一文，文中介绍：张国焘的远祖是宋代张传万，因避战乱，由中原南迁至福建汀州。南宋以后，张氏家族从汀州迁至广东梅县，继又由梅县迁至广西临桂县六塘圩头碧村。至于张氏家庭迁到上栗的时间，彭江流认为是雍正年间。还有一种说法是明末清初。但据《张氏以灵公族谱》记载：集翰公为以灵第五子，系清初康熙乾隆年间由广西迁来。

[4] 据《张氏以灵公族谱》载：集翰公，字派为，"集俊廷学士，承恩觐国光，人才其蔚启，锦润济明良，林萍根源贻，金钰先绪长，建新扬高品，历代定兴邦"。可见到张国焘这一辈，即"国"字辈，张氏家族在萍乡已是第九代了。

张国焘故居（修缮前）

修缮后的张国焘故居全景

优越的家境使得张家子弟有条件谙习诗文。张国焘回忆说：

> 我家可说是诗书之家，历代相传直到我祖父和父亲一辈，大多是读

书人，大屋里住着祖父一辈六房人家，每家都有收五百担到一千担租谷的土地；因此也可以说是地主乡绅之家。我祖父这一辈六兄弟中，有四个是可以戴顶子穿补服的[1]。其中两个是由正途秀才出身，另两个则是捐班[2]出身。到我父亲一辈，因科举开始废除，多数人逐渐转入新式学校。我父亲是在满清最末一届的省试中取录的拔贡[3]（他那时不在家，到浙江法政学校去学法律了）。因此，我父亲这一辈只有两三个人是有所谓"功名"的。[4]

张国焘的曾祖父名子峻，生有六子，张国焘的祖父居长，名恭丞。恭丞的长子名觐珖，字鹏霄，即张国焘的父亲。据《昭萍志略·人物志》载："张鹏霄，号劼庄，县试冠军，附邑学籍。宣统己酉科拔贡生，考取法官，历任浙江高等审判厅推事。嗣考取县知事，在任三年，政平讼理。建设方面，如学校、桑林、平民工厂、罪犯习艺所、海塘圩堤及城乡学校次第举行。考绩获得全牌单鹤章。嗣解职回籍，历任九江地方检察厅厅长，南昌市政处秘书主任，洁己奉公为宁，兼优工书，乞求者众，从不应以苟简。年六十卒，著有诗文等梓。"张国焘的母亲，是湖南浏阳县文家市国学生刘廷汲的次女，识文断字，为张家生有二女四子。张国焘为长子。

张国焘有三个弟弟，大弟张国燕，早年病逝。二弟张国庶，生于1905年，1924年加入社会主义青年团，1925年加入中国共产党，1926年冬赴莫斯科中山大学学习，1929年春回国后化名周之德，先是担任中央巡视员在上海工作，1930年春任中共江西省委书记。1930年5月27日，由于叛徒告密，张国庶在南昌被捕。当时南昌警备司令张辉瓒亲自派员审讯，张国庶受尽酷刑后被绞杀，尸体被抛入赣江，年仅二十六岁。其妻晏碧芳被敌人砍头后暴

---

[1] 指有官职。
[2] 指花钱买到的官。
[3] 为清代科举制度中贡人国子监的生员之一种（与恩贡、副贡、岁贡、优贡共称五贡）。清制，初定六年一次，乾隆中期改为十二年一次，每府两名，州县各一名，由各省学政从生员中考选，保送入京，作为拔贡。经朝考合格后，可任京官、知县或教职。
[4] 张国焘：《我的回忆》（第一册），现代史料编刊社1980年版，第12页。

尸三天。1986年11月20日，经江西省人民政府批准，张国庶夫妇被追认为革命烈士。他们留有一子，名张光怡，1948年迁往台湾。

三弟张国杰，1918年萍乡中学初中毕业后，遵祖父之意，回家挑起家庭重担，过着日出而作、日落而息的农家生活。他热心公益事业，深受村人尊敬。他的家训是："多做少说。"他对自己的评价是："我没有光辉的历史，只有安稳踏实的农家生活。"张国杰有三子一女。他的儿子们这样评价父辈们不同的人生道路："时事造英雄。国焘大伯的结局叫人遗憾和痛心。三伯国庶英勇牺牲，使我们感到惋惜和骄傲。看到自己平凡一生的父亲，我们感到满足。"[1]

张国焘的少年时代，清王朝走向灭亡，民国初创，袁世凯篡权，孙中山发动反清和反袁革命，社会动荡不安，人心思变。历史的发展注定需要新的力量来推动。1905年，资产阶级革命的先行者孙中山在日本创立了中国同盟会，他高倡"驱除鞑虏，恢复中华，建立民国，平均地权"，组织反对清朝的革命活动和武装起义。1906年冬，还处在童年时代、对世事变化懵懵懂懂的张国焘，正在他父亲的好友廖石溪所办私塾里与十几个孩子读诗书，他的家乡忽然爆发了反清的洪江会起义。[2]

张国焘当时年仅九岁，耳闻目睹了洪江会造反和这次造反失败后绿勇[3]捉拿、残杀"会匪"的情景。他后来回忆说："经过了这场风暴，我的小心灵中开始印上了许多新奇的情景；知道了这就是所谓'洪江会造反'，而且也模模糊糊的了解了造反是怎么一回事。"[4]

---

[1]《文汇报》1994年1月31日。

[2] 1906年春，同盟会东京本部派刘道一、蔡绍南回国"运动军队，重整会党"，准备起义。刘道一、蔡绍南回到湖南，召集在长沙的革命党人蒋翊武、覃振等和会党首领龚春台等共三十八人举行会议，决定发动浏阳、醴陵、萍乡一带的会党和士兵举行起义。蔡绍南联络龚春台等在萍乡上栗市以洪江会为基础，吸收哥老会等，组成"六龙山号洪江会"，筹划起义。1906年12月4日起义爆发，两万余人手持土枪土炮、大刀、锄头，向上栗市进发，清军望风而逃。接着，洪江会主力所在的浏阳、醴陵也先后发动起义，与上栗遥相呼应。12月11日，起义在湘、赣两省军队袭击下失败，蔡绍南在转移途中被捕牺牲，龚春台转入地下，直到1911年辛亥革命时才在长沙参与起义。刘道一于12月下旬在长沙被捕，12月31日英勇就义。

[3] 清朝的绿营军。因每个士兵身穿一件绿色号褂，背上有一个大大的"勇"字而得名。

[4] 张国焘：《我的回忆》（第一册），现代史料编刊社1980年版，第5页。

第一章
走向马克思主义

1908年,张国焘来到离家五十公里的萍乡县立小学读书。这座小学虽是废科举兴学校之后才成立的,但学校主持人是本县的一些著名宿儒,他们注重读经,反对新生事物,把经书以外的知识全部称为"异端邪说",禁止学生接触。

进入20世纪,守旧的理念逐渐失去往日的阵地。无论旧派先生们愿不愿意,学生仍然被新派先生们所吸引。张国焘在学校里知道了拿破仑、华盛顿,知道了牛顿、瓦特和卢梭,也知道了维新变法和反清革命。

1911年,辛亥革命爆发,民主共和思想随着中华民国的成立而成为社会主流。新的风气在社会生活的各个层面产生和漫延,人们的思想由禁锢封闭而渐渐趋向追求自由。

武昌起义革命军炮击清军

在上栗,张家的一帮年轻人再也按捺不住追求新生事物的冲动了。他们常常在家里的客厅高谈阔论,发表对时局的看法,对家长们不准外出、保留辫子的禁令尤其不满。他们羡慕那些剪去发辫的同龄人,欣赏那种青春焕发的感觉。相形之下，他们认为自己脑后拖着的东西，简直就是"守旧"的标签。

终于有一天，张家二十多个青年统一行动，全部将头上的辫子剪去，示威似的出现在家长面前。张国焘虽年纪较小，也效法其他男子们剪下发辫。张家子弟们的这一举动，在家族历史上无疑是一场小小的革命。

1912年，张国焘来到由萍乡县县立小学改成的县立中学继续学业。

这一年，中国政治风云变幻。2月14日，中华民国临时大总统孙中山，在内外交困之中向临时参议院提出辞呈，推荐袁世凯代之。2月15日，临时参议院选举袁世凯为中华民国第二任临时大总统。3月10日，袁世凯在北京宣誓就任临时大总统职。4月1日，孙中山正式辞去临时大总统职。8月25日，同盟会改组为国民党。

袁世凯执政后暴露了其反动真面目。1913年3月，国民党政治活动家宋教仁被暗杀，革命党人遭镇压，孙中山等领导人被迫流亡海外。袁世凯还下令解散国民党和作为民主共和制度标志的国会，进而授意制定了一部赋予他个人绝对权力的《中华民国约法》。

当时，刚刚开始关心政治的张国焘，非常同情孙中山和革命党的遭遇。他后来回忆这段往事时写道："我算是一个心直口快的天真青年，常因同情孙中山先生革命派的主张与人发生争执，因此引起反对革命者的注目。"[1]

1914年，张国焘因替违纪的同学辩护，受到舍监开除学籍的威胁。出于义愤，他离开萍乡中学，就读于南昌心远中学。

孰料，这一变动竟成就了张国焘追求进步的愿望。心远中学由著名教育家熊育锡创办，崇尚科学，反对守旧；注重西学，反对八股。正是从这时起，张国焘"越过了攻读经书的范围，开始敲响近代知识的大门"。[2]

1915年对于中国来说，几乎是写满耻辱的一年。

---

[1] 张国焘：《我的回忆》（第一册），现代史料编刊社1980年版，第30页。
[2] 张国焘：《我的回忆》（第一册），现代史料编刊社1980年版，第30页。

第一章
走向马克思主义

1月,日本军队借对德国宣战之名,占领青岛和胶济铁路[1],继而向袁世凯政府提出旨在灭亡中国的"二十一条"草案[2]。袁世凯接受了"二十一条"中的大部分条款,5月即签署了一系列文件,并为复辟帝制精心准备。

12月12日,袁世凯不顾国内强烈的反对与日、英、俄、法、意等国的劝阻,公然发表承认帝位之申令。次日,袁世凯在居仁堂接受百官朝贺,大封群臣。31日,正式下令,改中华民国五年为"洪宪元年",次日元旦,举行登基大典。

袁世凯复辟帝制后,国内外一片谴责,内政外交均面临困境。1916年3月23日,袁世凯被迫宣布撤销"洪宪"年号,仍以本年为民国五年的纪年。6月6日,只做了八十三天皇帝的袁世凯,众叛亲离中一命归西。

中国政治和外交形势的一系列变化,成为张国焘成长过程中一个重要契机。报章杂志对"二十一条"的揭露,学校师生们对袁氏称帝的愤慨,都深深触动着青春热血的张国焘。他回忆说:

> 就从那时起,我经常阅读报刊,留心时事。同时我在心理上,也觉得自己渐渐成为一个具有独立见解的成年人了。"追求科学知识"和"热心于国事"两种愿望在我内心发生了冲突;后者占了优势,我终于成为一个狂热的爱国者。[3]

就当时的认识水平和思想基础而言,可以说张国焘已萌发爱国之心,还不能说已成为"一个狂热的爱国者"。

1916年,张国焘考入北京大学。从此,这个在新旧文化撞击下成长起来的青年,开始了他跌宕起伏的人生旅途。

---

[1] 1914年,第一次世界大战爆发。日本趁欧洲列强忙于战争,暂时无暇东顾之机,借口对德国宣战,出兵山东,占领了原为德国所强占的青岛,继而又用武力控制了胶济铁路。

[2] 其内容共有五部分:第一、二、三部分要求控制山东、东三省南部和内蒙古东部,控制当时中国最大的一个包括铁矿、煤矿和钢厂在内的重工业企业汉冶萍公司;第四部分要求中国不得将沿海港湾和岛屿让与或租与他国;第五部分要求中国政府聘用日本人为政治、财政和军事顾问,共同训练警察和合办军械厂等。

[3] 张国焘:《我的回忆》(第一册),现代史料编刊社1980年版,第31页。

张国焘（传）

追求进步与温和请愿

北京大学始建于1898年戊戌变法之际，时称"京师大学堂"，是中国最早的一所官办大学，校址位于景山东街马神庙乾隆皇帝弘历的四公主府。1916年10月，张国焘步入这所大学时，学校设有文科、理科、法科、工科等专业，还设有预科，学制三年，预科毕业后可直接考入本科。当时全校约有学生一千五百多人，大多是富家子弟。经过分班，张国焘成为理科预科一年级第三班的学生。

当时虽然建立了民国，各地学校纷纷革新，但这所位于京城为培养京官

北大红楼

而设的大学堂，却仍然因循守旧，死气沉沉，官僚气息浓厚。

1917年1月4日，蔡元培来到这里担任校长，公开宣布："大学学生，当以研究学术为天职，不当以大学为升官发财之阶梯。"蔡元培起用了一批学识渊博、思想进步的专家和教授。他刚上任，就将当时因创办《新青年》[1]、发动文学革命，在文学界和教育界已颇有名望的陈独秀聘为文科学长。同年9月，又聘刚从国外归来的胡适为教授，讲授英文学、英文修辞学和中国古代哲学、西洋哲学。11月，起用李大钊为图书馆主任，后兼经济学、史学教授。不久，又聘用了刘半农、鲁迅等，加上原在校任教的钱玄同、沈尹默等人，一时间，北京大学真是英才荟萃。

曾有过留德留法经历的蔡元培，倡导思想自由，鼓励学术研究和学术讨论，提倡"兼容并包"。在他的鼓励和支持下，校内各种学术团体、政治组织纷纷涌现，师生中开始形成一种关心时事、注重实际、研究学术、自由争辩的新风气。

1917年1月，陈独秀带着他的《新青年》来到北京大学任职，并将由他一人主编的《新青年》改为同人刊物。参与《新青年》编辑工作的有李大钊、钱玄同、刘半农、胡适、鲁迅、沈尹默等激进的民主主义者。《新青年》裹挟着新文化运动的强劲东风，在北大学生中广为流传。

关于《新青年》对张国焘本人乃至北京大学的影响，他曾这样记述：

一九一七年春我看到了《新青年》，一眼就觉得它的命名合乎我的口味，看了它的内容，觉得的确适合当时一般青年的需要；登时喜出望外，热烈拥护，并常与反对者展开争论。当时，同学中尊重孔子学说、反对白话文的还占多数。无条件赞成新思潮、彻底拥护白话文者虽占少

---

[1]《新青年》创刊于1915年9月15日，原名为《青年杂志》，从1926年9月1日出版的第二卷第一号起改名为《新青年》。《青年杂志》为什么要改名呢？据任建树著《陈独秀传——从秀才到总书记·上》（上海人民出版社1989年版，第97页）载：当时上海基督教青年会办有《上海青年》（周报），他们写信给承担《青年杂志》印行的群益书社，说《青年杂志》和他们的《上海青年》名字雷同，应该及早改名，省得犯冒名的错误。群益书社征得陈独秀的同意，将《青年杂志》改为《新青年》。

《新青年》杂志　　陈独秀

数，但他们具有蓬蓬勃勃的热烈精神。新旧之争，就在课堂中、宿舍里到处展开着。在争辩之中，守旧论者的论据渐渐动摇起来了，不少的同学陆续转变到赞成新文化运动方面来。新文化运动在北大就这样一步一步的站稳了它的阵地。[1]

张国焘在学习之余，如饥似渴地寻求着各种新知识和新思想，丰富着自己的知识和政治素养。他还把《新青年》等刊物寄给父亲，并经常写信向父亲宣传新思潮。父亲在保持沉默约一年后，终于回信表态：反对新思潮、反对白话文，应该保存国粹。

就在张国焘的思想被新文化运动激荡起来的时候，家里传来一个消息：在祖父的主持下，家里给他订了婚，而且女方门当户对。受到新思想熏陶的张国焘，已经不再遵守父母之命、媒妁之言了。他回信拒绝与一个自己从未

---

[1] 张国焘：《我的回忆》（第一册），现代史料编刊社1980年版，第40页。

第一章
走向马克思主义

照面的女子订婚,坚决要求解除婚约。从此,谨言慎行的父亲和要向旧社会宣战的儿子达成一致:在政治立场的选择上互不干涉。

在《新青年》的感染和新文化运动的鼓动下,张国焘更加关心时事,关心国家的前途和命运,并开始对北洋政府当局的内政外交政策评头品足。正是在这种爱国思想激发下,张国焘生平第一次参加了反日请愿活动。

袁世凯死后,北洋军阀系统的皖系军阀段祺瑞以内阁总理的身份执掌着北京政权。一开始,他的地位并不稳固,曾遭到大总统黎元洪的排挤,被免去内阁总理之职。1917年7月,段祺瑞因粉碎张勋复辟[1]有功,成了"再造共和"的"英雄"。8月,段祺瑞重任内阁总理。曾与他有隙的黎元洪只得辞职,由副总统冯国璋继任大总统职。

段祺瑞重新支配北京政权后,利用日本的财政支持,在编练对德参战军的名义下大肆扩充实力,以实现武力统一中国的梦想。而日本方面则企图利用段祺瑞来实现独霸中国的野心,因此对段祺瑞进行勾结拉拢。

1918年5月,在段祺瑞操纵下,中日政府秘密订立了所谓"共同防敌"的军事协定。[2]依据协定,日本军队可以在进行反苏战争的名义下任意进入中国的领土、领海,占用中国的各种设施,中国当局必须与日军合作,并提供一切方便条件,包括由日本支配中国的军队。这就为日本帝国主义出兵侵占东三省北部及中东铁路提供了条约依据。

中国留日学生得知秘密协定签署的消息后,立即集会抗议,不料多人被捕。这更激起留日学生的民族义愤,他们决定全体罢读,回国动员民众,反对日本对中国的进一步侵略。

5月至8月,两千多名留日学生先后回国,并开始在北京各大学校进行

---

[1] 1917年,驻在徐州的军阀张勋利用黎元洪、段祺瑞之间的矛盾,在黎元洪请求下,以在黎、段之间进行调停为名带兵入京。6月12日,黎元洪在张勋的要求下,宣布解散国会。但张勋并不打算当黎元洪的保护神,而是主张清皇朝复辟。在康有为的合作下,在清朝遗老旧臣们的簇拥下,张勋决定支持帝制复辟。7月1日,他们请出住在故宫中的清朝最后一个皇帝溥仪"重登大宝",宣布中国重新成为"大清帝国"。7月14日,段祺瑞的军队进入北京,张勋、康有为等人纷纷逃走。一幕复辟丑剧到此收场。

[2] 5月16日,中日签署《中日陆军共同防敌军事协定》(共十二条)及其《说明》;5月19日,签署了《中日海军共同防敌军事协定》(共九条)。

反日宣传。来到北大的李达、王希天等人，向北大学子揭露了中日秘密军事协议的内容，并且痛陈留日学生在日本的遭遇，激发了学生们的爱国热忱和对日本侵略者的极大愤慨。

1918年5月，北京学生在段祺瑞执政府前请愿

5月21日，北京大学、北京高等师范学校、工业专门学校、法政专门学校等学校的进步学生一千余人，以及来自天津的学生代表，结队前往总统府请愿，要求废除同日本签署的军事协定，"反对向日借款"，"取消二十一条"，"收回山东权益"，张国焘也参加了请愿行列。

初次举行政治示威活动的学生，还不懂得如何更有效地表达诉求，取得更广泛的社会支持。他们没有举标语，也没有呼口号，而是把所有的要求写在请愿书里，推举段锡鹏、雷国能、邓翔海等十三人为代表，手捧请愿书，要求见总统冯国璋。

冯国璋被迫在居仁堂接见了学生代表。他欺骗学生说：此事牵扯到许多方面，又关系到军事秘密，不能及时告知协定内容，遭到国民怀疑，我深以为憾。如有机会一定将内容公布于国民之前，请各位代表劝告同学暂归本校，勿过于躁急从事云云。[1] 学生代表们没有经验，轻信了冯国璋的花言巧语，便退出总统府。

---

[1] 参见《民国日报》第15期，1918年5—6月，第68页。

第一章 走向马克思主义

张国焘晚年对于这次请愿仍有记忆：

> 这次请愿是十分温和的，类似康有为的公车上书，由四个代表捧着请愿书，恭而且敬地求见总统。我们大队学生则在新华门外肃静等候；既没有人演说，也没有标语口号，市民也不知道学生们在做什么……代表步出总统府向大队约略报告数语，大伙儿也就跟着朝回走。当时我身历其境，真是觉得太不够味。幸好有一位天津学生代表郭隆贞[1]女士在总统府门前大哭大闹一顿，表示抗议，才显示了一点热烈的情绪。[2]

请愿没有达到预想的结果，满怀爱国热情的张国焘大为失望。他开始认识到，坐在书斋里高谈阔论是救不了中国的，温和的请愿是改变不了当局意志的。事实上，这次请愿丝毫没有阻挡住北京政府当局与日本的勾结，引狼入室的活动仍在继续。当年9月6日，北京政府又与日本政府议定《关于中日陆军共同防敌军事协定实施上必要之详细协定》共七条，进一步加强了日本在中国的权益。

然而，这次请愿活动并非毫无价值。首先，它是次年爆发的五四运动的一次预演，为学生运动积累了经验和教训。其次，它使学生们认识到自身的弱点，萌发了在"救国第一"口号下团结起来、共同斗争的愿望。面对祖国日益半殖民地化的局面，学生们心中的爱国热情越烧越旺。于是，以北大学生为主的学生救国会成立了。

学生救国会由许德珩等人发起，其成员以北大学生为主，兼及北京其

---

[1] 郭隆贞即郭隆真（1894—1931），原名郭淑善，化名石衫、林逸。河北大名人，1913年在天津直隶女子师范学校学习。1919年参加过五四运动，同年9月与周恩来等创立天津觉悟社。1920年1月因代表天津学生请愿被捕，7月获释。同年10月赴法国勤工俭学，加入中国社会主义青年团，不久转为中国共产党党员。1924年入苏联东方大学学习。1925年回国，在北京创办缦云女校，参加国共合作的国民党市党部妇女部，主办《妇女之友》。1927年4月被捕，1928年被营救出狱。1929年被派到东北从事职工运动，曾任哈尔滨三十六棚党支部书记。1930年3月任中共满洲省委职工运动委员会书记。5月被捕，不久经营救获释。6月任中共青岛市委常委兼宣传部部长。11月2日被捕，后转押到济南监狱，受尽敌人残酷刑讯。1931年4月5日，在济南纬八路刑场英勇就义。

[2] 张国焘：《我的回忆》（第一册），现代史料编刊社1980年版，第44页。

他学校。为公开政治观点、宣传爱国反日思想,学生救国会于同年 10 月成立了《国民》杂志社。张国焘为其成员之一。该杂志社的宗旨是:增进国民人格;灌输国民常识;研究学术;提倡国货。

《国民》杂志第一期创刊于 1919 年 1 月 1 日,至五四运动爆发后停刊,共四期。杂志以发表政论文章为主,公开评论时局。李大钊、杨怀中、黄侃等名流都为该刊撰写过文章。

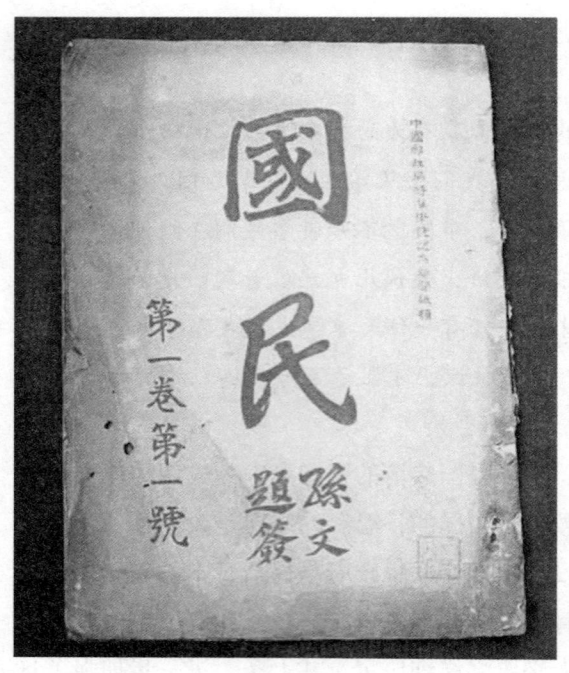

《国民》杂志

张国焘是杂志社总务股的干事,负责向社员募集经费,及出版、发行等工作。在此期间,他逐渐成为学生中的活跃分子。他既与提倡社会主义的李大钊接触频繁,又与主张无政府主义的黄凌霜、区声白过从密切,还与宣传白话文、主张反对封建礼教的傅斯年、罗家伦经常来往,可见此时他还处于彷徨与选择之中。尽管如此,在杂志社内,张国焘仍属于激进派。

1919 年 3 月,在蔡元培"提倡平民教育"思想的启示和推动下,邓中夏(时名邓康)、廖书仓、康白情、黄日葵、许德珩等人发起组织了"北京大学平民教育讲演团"。张国焘也参加了讲演团的活动。在《平民教育团征集团员》的启事中,标明"以教育普及与平等为目的,以露天讲演为方法"。讲演团的活动分为定期和不定期两种,前者每月四次,于每星期日下午 1 点以后举行;后者根据重大事件或节假日临时安排。

讲演团成立后的第一次讲演活动是在 4 月 4 日至 5 日下午,地点是北京东便门内。参讲者有二十五名团员,讲演内容十分丰富,共有三十八个讲题,张国焘讲的题目分别是《蟠桃宫》和《衣食行》。据《北京大学日刊》记载，"是时黄沙满天，不堪张目，而其听讲者之踊跃，突出乎意料之外"。[1]

从此，讲演团深入海淀、卢沟桥、丰台、长辛店、通县等地区，向工人、农民和市民宣讲。他们设计了丰富多彩的题目和内容，吸引了很多听众。这些活动丰富了张国焘的社会阅历，为他进一步接触下层社会积累了经验，也为他后来开展工人运动奠定了一定基础。

参与领导五四运动

1914年至1918年，第一次世界大战延续四年之久。德奥集团失败后，战胜国"公理战胜强权"的说法，着实让中国的爱国人士欢呼和庆贺，他们认为作为战胜国之一的中国，从此有了由弱转强的机遇。北京大学对协约国的胜利进行了大张旗鼓的宣传。

1918年11月15日、16日，北京大学连续两天在天安门举行讲演大会，有十一人登台演讲。11月28日至30日，北京大学又于每天下午在中央公园（今中山公园）内外举行讲演大会，许多知名教授都加入其中。李大钊就是在这次讲演活动中，发表了他著名的演说——《庶民的胜利》。

1919年1月18日，战胜国在法国巴黎的凡尔赛宫举行所谓"和平会议"，这实际上是英、法、美、意、日五个主要战胜国重新瓜分世界的分赃会议。中国作为战胜国之一，也派代表出席。

会上，中国代表提出废除帝国主义在华势力范围、撤退外国在中国的军队和巡警、取消领事裁判权、归还借地和租界、中国关税自主、取消中日"二十一条"及换文等要求，都遭到拒绝。在讨论德属殖民地问题时，中国代表又提出，战前德国在山东攫取的各项特殊权益应直接归还中国。但日本代表却无理提出，日本在大战期间强占的德国在胶州湾的租借地、胶济铁路以及德国在山东的其他特殊权益，应该无条件让与日本。

---

[1]《北京大学日刊》1919年4月11日。

4月29日至30日，消息传到国内：巴黎和会上中国外交失败。北京政府向帝国主义列强妥协，同意日本夺取战前德国在中国山东的特殊权益。中国知识界闻之大为震惊，失望的情绪立即转为愤怒的火焰。

5月2日，北大校长蔡元培在学生饭厅召集学生班长和代表一百余人开会，讲述了巴黎和会上帝国主义互相勾结，牺牲中国主权的情况，指出这是国家存亡的关键时刻，号召大家奋起救国。[1]

5月3日，蔡元培得知国务院已发出密电，令中国代表在和约上签字，立即告诉了国民杂志社的负责人许德珩和新潮杂志社的罗家伦、傅斯年、康白情、段锡朋等人。许德珩当即约集国民杂志社的各校代表在北京大学西斋集会，商讨对策。蔡元培与会并发表讲话说："巴黎和会的情势，对我国极为不利。列强对日本要在山东夺取我许多权益之无理要求，有认可之意，而我政府将被迫在和约上签字。倘不幸而如此，国家前途不堪设想。"[2] 会议决定5月3日晚在北大三院礼堂召开全体学生大会。

5月3日晚，北京大学学生以及北京高等师范、高等工业专门学校、法政专门学校、中国大学、朝阳法理学校、农业专门学校、医药专门学校、汇文学校、民国大学、铁路管理学校、税务专门学校、高等警官学校等校学生代表来到北大三院礼堂。会议开始后，《京报》社长、北大新闻学讲师邵飘萍首先报告了巴黎和会讨论山东问题的经过和当前的形势。然后，学生们争相上台讲演。张国焘也以他特有的萍乡口音，作了慷慨激昂的演说。北大法科学生谢绍敏当场撕下衣襟，咬破中指，血书"还我青岛"四个大字。

会议一直开到晚上11时，通过四项决议：联合各界一致力争；通电巴黎专使，坚持和约上不签字；通电全国各省市，于5月7日举行游行示威；定于5月4日齐集天安门举行学界大示威。

5月4日上午11时左右，北大学生在马神庙第一院集合，准备向天安门出发。据张国焘回忆，此时发生了这样一件事：

---

[1] 见何思源：《五四运动回忆》，《文史资料选编》第四辑。
[2] 萧超然：《北京大学与五四运动》，北京大学出版社1995年版，第173页。

蔡元培校长出来劝止。他沉痛地向我们说，示威游行并不能扭转时局。北大因提倡学术自由，颇为守旧人物和政府所厌恶，被视为鼓吹异端邪说的洪水猛兽。现在同学们再出校游行，如果闹出事来，予人以口实，这个惨淡经营、植根未固的北大，将要首先受到摧残了。那位文绉绉的易克嶷同学当场向蔡校长痛陈学生们内心积愤，已是忍无可忍，恳求校长不要阻止。其他多数同学则颇感不耐，发出"嘘！""轰！"吵嚷和怒骂的声音。看看时间已到正午，我即挤向前去，高声向校长说："示威游行势在必行，校长事先本不知道，现在不必再管，请校长回办公室去罢。"我和其他几位同学连请带推地将蔡校长拥走，游行队伍在一片欢呼声中，蜂拥地向天安门出发了。[1]

当天下午，北京十三所中等以上学校的三千多名学生，挥舞白色小旗，高举标语牌，上写"还我青岛""宁为玉碎，勿为瓦全""外争主权，内除国贼""废除二十一条"等，在天安门前汇集。学生们不顾军警和教育部代表的阻挠，纷纷发表演说，痛斥帝国主义的侵华罪行和亲日派官僚曹汝霖、章宗祥、陆宗舆的卖国行径。

会后，学生们举行了示威游行。游行队伍沿途散发传单，高呼口号，吸引了很多市民。前往日本驻华使馆抗议受阻后，游行队伍转奔位于赵家楼胡同的曹汝霖住宅。学生们冲进曹宅，没有找到躲在暗室的曹汝霖，却痛打了正在曹宅的章宗祥，并在此放火。

这次集会和示威游行中，北京大学学生主导，张国焘则与邓中夏、黄日葵、高君宇等人起了核心领导作用。[2] 具有划时代意义的五四运动从此拉开帷幕。

学生们的激烈行动碰到的第一个打击，就是三十二名学生被捕。这是由警察总监吴炳湘、步军统领李长泰带领大队军警赶到曹宅镇压学生运动时发生的。被捕学生在警察厅受到公开侮辱和残酷迫害，但仍然斗志旺盛。这可

---

[1] 张国焘：《我的回忆》（第一册），现代史料编刊社1980年版，第51页。
[2] 见萧超然：《北京大学与五四运动》，北京大学出版社1995年版，第176页。

五四运动时北京大学游行队伍

从被捕学生之一许德珩的狱中诗里反映出来：

> 为雪心头恨，而今作楚囚。被拘三十二，无一怕杀头。
> 痛殴卖国贼，火烧赵家楼。锄奸不惜死，来把中国救。
>
> 山东我国土，寸草何能让。工农兵学商，人民四万万。
> 为何寡欺众？散沙无力量。团结今日始，一往无前干。[1]

  学生们的爱国热忱没有因打击而低落，反而更加高昂。5月4日晚，北大三院礼堂挤满了学生。对被捕学生的同情和对卖国政府的痛恨，使这些热血青年决意采取进一步行动，联络各校举行同盟罢课。
  这次会议最显著的成果，就是决定成立"北京大学学生干事会"。张国

---

[1] 许德珩：《五四运动六十周年》，《文史资料选辑》第六十一辑。

焘被选为干事之一，这使他有更多机会出现于学生运动前列，也使他成为不可否认的学生运动领袖之一。

5月5日下午3时许，北京十四所高等学校三千多名师生在北大法科礼堂召开大会，讨论决定了下一步计划：一、立即开展营救被捕同学活动，各校一律罢课，至被捕同学回校为止；二、敦促各高等学校校长与政府交涉，营救保释被捕同学；三、联合上书政府，要求惩办曹、章、陆；四、打电报给巴黎的我国专使，对青岛问题要死力抗争，绝勿签字；五、通电全国教育会、商会，一致行动。

为把爱国运动进一步引向深入，5月6日，在北京大学倡议下，"北京中等以上学校学生联合会"[1]宣告成立，北京大学学生中的先进分子邓中夏、黄日葵、许德珩、段锡朋、易克嶷、张国焘、康白情、陈宝锷等，成为这个组织的主要骨干。据张国焘回忆，他是学联讲演部负责人[2]。

对于手无寸铁的学生来说，最能表达自己爱国情怀和最能唤起民众的方法，莫过于在街头讲演。5月12日，由学联组织的大大小小的讲演团忽然遍布京城大街小巷，使京师警察厅顿感手足无措。学生们手执各色旗帜，围绕山东问题进行讲演，号召民众急起救国，反对卖国的军阀政府，反对横暴的日本帝国主义。学生们的演说情真意切，慷慨激昂，吸引了不少听众。张国焘作为学联主要骨干之一，在整个讲演活动中积极负责，以身作则，起到了带头作用。

5月14日，北京中等以上学校学生联合会发布《致各省各团体电》，电文申明："五四运动"实为敌忾心之激发，亦即我四千年光荣民族性之表见。意在外雪仇国，内惩汉奸，振国民之雄风，作政府之后盾。……而在目前，则一本"五四运动"之宏旨，合群策群力，以遂我外争国权、内除国贼

---

[1] 简称"学联"。这是我国有"学联"这一名称之始。

[2] 1929年，张国焘在莫斯科中山大学讲中国共产党历史时，曾这样说："我当时在北京任讲演部职务，到天津运炸弹，造谣言，破坏水电，银行挤兑，当时是很幼稚的。"该讲稿存于俄罗斯国家社会政治历史档案馆，后来刊登在《百年潮》2002年第二期。张国焘在《我的回忆》中也说，他是北京学联"第一任的讲演部长"。见张国焘：《我的回忆》（第一册），现代史料编刊社1980年版，第53页。

之初怀。[1] 这个通电第一次使用了"五四运动"这个专有名词，从此成为表述这一划时代重大事件的标准用词。

5月15日，军阀政府下达警备令，禁止学生聚众讲演。巡警在得到命令后，开始对讲演活动横加干涉。学生们每到一处，总有巡警随行，只要一开口讲话，便立即被制止，甚至押到警备区盘问。但巡警的阻挠并没有减弱学生们的爱国热情，他们采取各种方法，坚持演讲并散发传单。

5月18日，当得知政府仍未表示拒绝签字时，学联便组织了北京中等以上十八个学校的学生集会，决定于19日举行北京全体学生总罢课。

5月19日，学联通电发布《罢课宣言》，揭露政府的种种倒行逆施，号召学生一律罢课，斗争到底。在学联号召下，学生运动更加广泛深入地开展起来，不仅讲演团更为活跃，"国货维持会""十人团"等爱国团体也应运而生。

学生运动的深入发展引起北京政府的恐惧，凡是上街讲演的学生，只要被军警发现，即遭殴打并捉拿关押，以致监狱容纳不下，便将北大三院辟为临时监狱。

6月2日，张国焘等人以号召卖国货为名，又走上街头进行讲演，结果一起被捕。内左一区警察署署长的一份报告中，记述了张国焘等人被捕的经过：

> 本日下午二时余，又据东安市场巡官白祖荫电称，有北京大学学生刘仁静、陈用才等二名，在市场南门内售卖国货，并有该校学生牟谋用大洋一元购买，故意因钱惹人注目。经巡官、巡长等婉言劝说，而该学生等大声疾呼，谓警察阻止人民买卖自由，并齐声喧嚣。现在办公室内等情。当经电饬婉劝，令其到署。经职在外接待室内接见座谈，告以卖物之理由并警察劝阻之用意，劝至三小时之久。其时并该校执事人林冠英自行到署，帮同劝说。该学生等坚称警察为不法之干涉，既被巡警送来，即不能走等语。该管理员无法，先行走去。复经职多方譬解，该学

---

[1] 上海《民国日报》1919年5月19日。

生等见又有巡警送学生来，始行走去。于是又将第二起学生接见……其劝说辩论情形大略与第一起之学生相同。正劝说时，而第三、四、五起学生相继而为巡警送至，共计钟笃余等七名，均系北京大学学生也。其所执之理由则谓售卖国货并不犯法，巡警干涉即为滥用职权，送其到署则为违法逮捕，不但不能停止卖货，如无稳妥之答复即不能去署等语。职以彼等蓄意矫情，故婉譬曲解，百端劝说。不料该学生等无理顽赖，决不转圜。乃经电禀将其送厅，而该学生又只推出二人代表到厅，其余五人在署候信。遂先将钟笃余、张国焘二人送厅后，又向在署之陈锡明等五人劝解良久，始终坚持既不赴厅亦不走去。后据要求非有先赴厅学生之电话，彼等不能出署等情。在职署本不难强制将其关厅，惟该生等势必叫嚣，殊于观听有碍，于是复电知司法处令学生通电话后，在署之陈锡明、倪品真、刘宝华、龙石强、刘云汉等始允赴厅。此本日学生顽赖之情形也。[1]

张国焘等被捕后，当天即由司法处进行审讯，学生们与审讯人员进行了针锋相对的斗争。警察厅档案这样记载：

> 讯据该行等同供，此次贩卖国货，各本良心上之主张，既不致影响外交，亦不致妨害秩序，警察因何干涉？请宣示理由等语。当晓以营业有一定之规则，市场尤有特定之章程，且现奉明令学生不得藉端旷废，致荒本业。果如该生等行动，群相撞扰，既荒学业，复碍秩序、肯定章。警察有保卫治安之责，无可放任。一再晓导，该生等始终不悟。至谓贩卖国货，如官厅认为违法，则请依法惩办。否则仍须贯彻初衷，自由售卖。滔滔遑辩难以理喻。[2]

京城的天气似乎也在鸣不平。6月3日，狂风怒号，阴云密布，电闪雷

---

[1]《北京档案史料》1994年第二期。
[2]《北京档案史料》1994年第二期。

鸣，更多的学生怀着悲愤的心情走上街头，决心与被捕学生共命运。警察们也红了眼，凡是在街头看见学生，不问青红皂白便抓了起来。

次日，同样的天气，同样如狼似虎的警察，但走上街头的学生却比前一天增加了一倍。北大法科已容纳不下被捕学生，北大理科楼房门外又挂起了"学生第二监狱"的牌子。

受此消息刺激，上海日资内外棉第三、第四、第五厂的五千多名工人于6月5日首先罢工，拉开了中国工人阶级自发参加爱国运动的序幕。汉口、长沙、芜湖、南京、济南等地的工人也以罢工表示对学生运动的支持。工人阶级以罢工形式支持学生，使得爱国运动向广度和深度迅猛发展。学生罢课、工人罢工、商人罢市，一场反帝风暴席卷中国。在强大压力下，北京政府不得不做出让步。

6月8日，张国焘等被捕学生被用汽车送回学校。

五四运动期间，北京高校被捕学生返校，受到热烈欢迎

6月10日，北京政府宣布"批准"曹汝霖、章宗祥、陆宗舆"辞职"。

6月28日，是巴黎和约签署的日子。前一天，在巴黎的旅法华工、学生和华侨包围了中国代表团驻地，强烈要求拒签和约。在国内外一致的压力之下，中国代表团总代表陆征祥拒绝在和约上签字。五四运动取得了胜利。

张国焘成为五四风云人物不是偶然的。如同许多出身富裕家庭的子弟一样，张国焘灵魂深处有一种反叛家庭、反叛社会的欲望，这种欲望因着幼年时代洪江会的造反、少年时代辛亥革命的爆发而生长和发展着。进入北京大学之后，李大钊、陈独秀等人的影响，和平请愿的失败，国民杂志社和平民讲演团的工作，使他的反叛欲望得到升华，并注入了爱国主义的成分。在周围一大批先进学生的带动下，张国焘也步入中国先进知识分子的行列，在五四运动中崭露头角是其政治追求发展的必然结果。

张国焘出狱后，即作为北京学联代表之一赴上海参加全国学联成立大会。大会选举张国焘担任全国学联总务方面的工作，但他对这项工作并不感兴趣，没有就职。

1919年6月16日，来自北京、上海、天津、武汉、南京、河南等地的数十名学联代表，在上海成立了"学生联合会"

张国焘认为，上海的学生运动情况不如北京好，"到民间去"的风气也很不普遍，于是他作出一项重要决定：

> 为了要给各地同学一个榜样，我亲身在上海从事街头活动。我制了一些卖报的布袋子，发动同学们一齐去推销爱国书刊，进行像北京学生联合会演讲团一样的工作。我背了一个装满《每周评论》《星期评论》

等爱国书刊的袋子，到街上去一面叫卖，一面向市民宣传，晚间归来，有些代表以惊奇的眼光笑着问我："你这位社会运动大家的生意好吗？"我充满了自信向他们说："成绩还不错。我们都要有这种到民间去的精神才好！"[1]

几天后，张国焘的行动受到一个外国巡捕的粗暴干涉，并威胁要逮捕他，张国焘才作罢。这时，张国焘得到一个消息，在他离京的这段时间里，陈独秀和北京学生联合会的十一位主要负责人先后被捕，于是他立即返京投入营救工作。

学联主要负责人鲁士毅、江绍源被捕，各校学生又大多离校休暑假，给营救工作带来很大困难。张国焘束手无策时，李大钊给予了坚强的支持。以至四十多年后张国焘回顾这段经历时仍对李大钊充满敬仰和感激："他不仅给我提供了许多宝贵意见，甚至常代我草拟一些重要文件，对于沟通教职员与学生间的意见和联络新闻界等，更是多所尽力。"[2] 艰难的斗争环境中，张国焘与李大钊结下不同寻常的师生之谊。

为了组织营救工作，张国焘经历了有生以来最繁忙的时期，主持各种会议，指导内部工作，负责对外联络等。虽紧张疲劳，却得到了一次很好的锻炼。

北京学生的营救工作也得到了各校教职员的支持。在师生们共同努力下，陈独秀和被捕学生被无罪释放。在北京大学学生欢迎陈独秀出狱的大会上，张国焘赞扬陈独秀是北大的柱石、新文化运动的先锋、五四运动的思想领导者，是学生们可敬的教师。

轰轰烈烈的反帝爱国运动期间，张国焘在热心政治运动的同时，对一个来自天津的女学生刘清扬产生了爱慕之情。刘清扬是天津"觉悟社"骨干分子，五四运动后期，她代表天津学生参加全国各界联合会，与张国焘一起工作。此间，张国焘爱上了她。五四运动快要结束时，张国焘向她表白，没想

---

[1] 张国焘：《我的回忆》（第一册），现代史料编刊社 1980 年版，第 61 页。
[2] 张国焘：《我的回忆》（第一册），现代史料编刊社 1980 年版，第 63—64 页。

到遭到姑娘的拒绝。

据刘清扬后来说,她拒绝张国焘有两个原因:一是"觉悟社"规定社员不能过早考虑个人问题;二是觉得张国焘思想狭隘,既不善于团结人,又没有远大的革命理想。这番话显然超出了一般同龄人的思想认识。

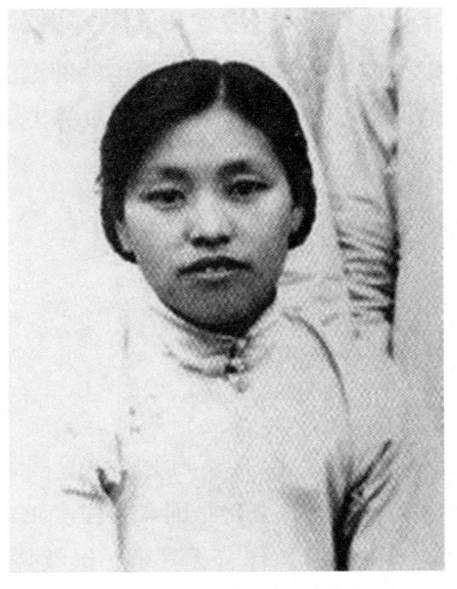

后来,张国焘曾奉李大钊之命给刘清扬写信,要她到北京谈话。那时,北京共产党小组刚刚成立,成员只有李大钊、张申府、张国焘三人,李大钊很希望刘清扬能成为其中一员。但刘清扬为避免张国焘继续纠缠,拒绝了李大钊的要求。[1]

刘清扬。她是周恩来等人的入党介绍人

新学期开始后,张国焘辞去学生会一切职务,准备重理学业,专心读书。对这种急流勇退的选择,张国焘的解释是:自己究竟不过二十二岁的青年,仍不愿过分卷入政治活动的漩涡中去,应将主要精力用来完成大学学业,为以后的前程打下坚实的基础。

然而,他已经不可能安静地回到书案旁边了。五四运动后,崇尚"新村主义""工读主义"的各种新生活团体纷纷涌现,在北京更是方兴未艾。张国焘虽强迫自己一心上课,并由于

青年张国焘

---

[1] 见刘清扬:《北京、天津党组织的建立和发展》,《河北文史资料》第二辑。

十分欣赏杜威、罗素几位哲学家的讲演而转学哲学,但仍按捺不住"参与"意识的冲动和对新生事物本能的追求。他不仅每星期参加一次平民讲演团的演讲活动,还加入了由邓中夏等人组织的新生活试验团体——曦园。

就在张国焘极力调整自己生活坐标时,军阀政府的一次逮捕行动却将他进一步推上了政治舞台。

南陈北李联络人

1919年12月,一个寒冷的日子。中午,张国焘正在曦园烧饭,几名警察走了进来,直奔张国焘的住房而来。情急之中,张国焘抓了几把炭灰抹在脸上,然后装作若无其事,继续烧饭。警察查询和翻腾了一阵后,一无所获,便失望而去。张国焘等人分析,此次搜查可能是对学生运动的报复。张国焘作为学生运动的积极分子,自然在搜捕之列。

为躲避逮捕,张国焘不得不放弃重理学业的愿望,与罗家伦以北京学生联合会代表的名义,离京赴沪,参加全国各界联合会代表会议。此次上海之行,是他人生一个重要阶段。

在上海,张国焘平生第一次接触到当时中国政治舞台上的代表人物:《时事新报》的总编辑、研究系在上海的代言人张东荪;戊戌变法巨子、刚刚旅欧归来的梁启超;国民党要人胡汉民、汪精卫、朱执信、廖仲恺、戴季陶等,甚至吴佩孚在上海的代表孙洪伊,他也有过接触。张国焘还两次拜见了孙中山先生。第一次是和许德珩、康白情、刘清扬一同去的。张国焘回忆:

> 不一会,孙先生步到客厅里来了,互相问好之后,许德珩首先少年气盛地说:"我们素来敬佩孙先生,因为孙先生是平民领袖;谁知门禁森严,不肯与普通人接触。"孙先生若无其事地不置答复,局面就这样僵持着。我乃说明:"现在国事糟到如此地步,所以我们今天特来拜访求教。"孙先生反问我们说:"我愿意先听听你们的意见。"这样话匣子

就打开了，我们四个人一个接一个的说起来了。有的陈述学生运动和一般民众运动的情况；有的批评国民党人对民众运动的态度不尽恰当；有的指出南北政局都是一团糟，要问孙先生有何方针和计划；有的甚至表示孙先生只注重上层的政治活动，搅外交、搅军队、搅土匪，对于五四以来的各次民众运动和新文化运动，似乎不够重视等等。

孙先生对于我们这些青年坦率的说话并不敷衍或示弱，也直率地说出他的意见。他大意说：你们学生反抗北京政府的行动是很好的；你们的革命精神也是可佩服的。但你们无非是写文章、开大会、游行请愿、奔走呼号。你们最大的成绩也不过是集合几万人示威游行，罢课、罢工、罢市几天而已。北京政府只要几挺机关枪就可以把几万示威的学生解决掉。现在，我愿意给你们五百条枪，如果你们能找到五百个真不怕死的学生托将起来，去打北京的那些败类，才算是真正革命。

孙中山的话显然刺激了学生们，他们一面为自己申辩，一面质问孙中山何以他所领导的有枪的革命总是失败。经孙中山解释后，大家才轻松了起来。[1]

此后，张国焘又单独拜见过孙中山一次，谈到社会主义派别、学生运动和工人运动，以及三民主义等。[2]

由于张国焘与国民党要人有所接触，1920年3月初，他被聘为"中华全国工业联合协会"总干事，负责整理会务，发展组织等工作。协会主要领导是国民党人黄介民、曹亚伯。张国焘本欲在此大显身手，不料到任后所了解的情况却让他大失所望。

这个协会号称有一万会员，然而实际上，所谓的会员仅仅见诸名册而

---

[1] 关于这次会见，见张国焘：《我的回忆》（第一册），现代史料编刊社1980年版，第72-74页。

[2] 关于张国焘与孙中山的两次会面，在原《张国焘传》一书中并没有展开，因为笔者对其真实性尚存疑虑。后来，笔者从俄罗斯档案馆看到张国焘1929年在莫斯科中山大学的讲稿中，有如下内容："孙中山在1920年春与我谈过两次话。孙说看过许多马克思的书，列宁是我的老友，我的主义可以包括马克思列宁主义，学生工人都没有用，是否能找着五百人拿枪，这是第一次。第二次谈话，孙说办工会没有结果，我答复是办办工会试试。"据此，可以肯定，张国焘两次见孙中山的史实基本上是可靠的。

已，多数只有姓名，竟不知属于哪个工厂，可以断定，其中许多人并非工人。协会主要业务也仅仅是用上海工界的名义发表一些通电，表示支持国民党的某项主张而已。协会的领导成员得过且过，对工作根本没有兴趣。准备大干一场的张国焘，见此情景十分失望，也只做了个挂名的总干事。

当我们对张国焘这段经历进行评价时，不能仅仅看到他与研究系的张东荪、梁启超以及国民党要人（这些人中的许多人后来都是反共的）有过接触，就断定他可能会受其影响，进而认为他从一开始就对马克思主义阳奉阴违。换个角度看，正是通过这些接触，他才看到了他们的缺点与不足，打破了对他们的盲目崇拜。

当时，张国焘已经二十三岁，已具备一定的政治见解和判断能力。他虽然佩服梁启超、张东荪的学识，尤其是梁启超变法的胆识，但与李大钊、陈独秀等人蓬勃向上的精神相比，他更清楚地从梁启超身上看到了研究系的失意和改良道路的末日。

张国焘曾十分敬仰孙中山及其追随者们，但通过这次上海之行的接触，他彻底打破了久存的仰慕，看到了他们因屡受挫折而郁郁不得志的境况。尤其是担任中华全国工业联合协会总干事一职后，他进一步看到了国民党涣散无力，人浮于事，求名而不务实，忽视扎实的基层工作，热心上层活动等弊端。所有这些，都使张国焘深受触动。

也许正因这段挂名总干事的亲身实践，他后来才那么坚定地对共产党人尤其是从事工人运动的共产党人加入国民党持反对态度。

正当张国焘不知将命运托付何处时，陈独秀也因躲避警察的逮捕来到上海。

五四运动期间，陈独秀于6月11日在前门外的新世界游艺场散发传单遭到逮捕。三个月后，在强大的压力之下，北京当局将他释放。陈独秀出狱后，违反警察厅的禁令，悄然出京到上海活动，并到武汉的大学进行演讲。这个消息在报纸上刊登后，引起北京警察厅的重视，遂派军警对他家进行监视。陈独秀回京后，即有警察到他家询问有关情况。为避免再次入狱，陈独秀只得再次离开北京。

第一章
走向马克思主义

1920年初，李大钊护送陈独秀离京赴津的路上，他们讨论了在中国组织共产党的问题，相约在北京和上海分别进行。李大钊返京后，即着手组织马克思学说研究会，为建党做思想上、理论上和干部上的准备。陈独秀则从天津到上海，准备创建共产党。

张国焘是在北大同学许德珩约他为陈独秀寻找住处时，才得知陈独秀来沪的消息。此后，他与陈独秀有了多次接触，亲眼看到陈独秀与李汉俊、沈玄庐以及当时也参与鼓吹马克思主义的戴季陶等人密切往来；亲耳聆听了陈独秀关于中国只有彻底革命推翻军阀，只有走俄国人的路才有出路的教诲。虽然他并不知晓李大钊和陈独秀相约建党之事，但从陈独秀的言行中，他已体会到了一种与梁启超的改良派和孙中山的国民党全然不同的精神追求。

如果说此前张国焘还在诸多政治团体和派别前徘徊彷徨，那么现在他已知道该做出怎样的抉择了。1929年，张国焘在莫斯科给中山大学讲课时，提到这段经历：

> 1920（年）春，独秀与我都到上海，见学生不成功（罗家伦、康白情），我任联络工人，与管鹏等商量，打算在阴历年关（1920年）暴动，印刷传单，想集合八十个敢死队去做，结果只找着数人……
>
> 当时社会主义很时髦，且做政治活动，并且要与工人发生关系，当时就谈到政党问题，想打到国民党的工会中去（电器工业联合会与青年会有关系，难进去），与李凤池商量奔走，我被举为干事，演说不要穿长衫。国民党不愿意，没有成功。[1]

5月初，张国焘辞去中华全国工业联合协会总干事一职，返回北京。与他半年前离开时相比，北京大学已发生了很大变化。就在他回校前的一两天，5月1日，李大钊、邓中夏、何孟雄等组织了有史以来北京第一次纪念国际劳动节的活动。《北京大学学生周刊》、北京《晨报》等，都发行了纪

---

[1]《张国焘关于中共成立前后的讲稿》，《百年潮》2002年第二期。

念专号。北京大学还组织了有工人和学生五百余人参加的纪念会,李大钊在会上发表演说,宣传八小时工作制,称赞俄国十月革命后取得的成就。由何孟雄带领的八名同学,分乘两辆出租汽车,由马神庙出发,每人手执一面小旗,上书"劳工神圣""五月一日万岁""资本家的末日"等字,沿途高呼"劳工万岁"等口号,并向市民散发传单。邓中夏等人也组织平民教育讲演团五十人上街讲演,张贴标语,并深入到长辛店机车车辆厂向工人们宣传五一国际劳动节的意义。

上海的经历,北京的见闻,这一切使张国焘激动不已。他清醒地意识到,自己已不可能再埋头读书,只有全身心投入这一新的洪流,才能实现抱负,体现人生价值。

回校后的第二天,张国焘就去拜访李大钊,谈了上海之行的收获。李大钊告诉张国焘,他已经组织了马克思学说研究会,有一大批学生运动中的积极分子参加,如邓中夏、高君宇、黄日葵、何孟雄、范鸿劼、朱务善、罗章龙、刘仁静等。研究会以学习和研究马克思主义学说为宗旨,经常举行各种专题研究会、讲演会、讨论会等。张国焘当即提出加入研究会,李大钊欣然同意。

从此,张国焘开始比较系统地学习马克思、恩格斯、列宁的著作和介绍社会主义思想的书籍。他常常泡在图书馆里,与李大钊的交往也更加密切。在李大钊的热心指导下,他阅读了《马克思资本论入门》《政治经济学批判》《哲学的贫困》《家庭、私有制和国家的起源》等著作,对介绍德国社会主义运动和英国工人运动的书籍也有涉猎,对"唯物史观""资本主义""社会主义""共产主义""阶级斗争""无产阶级革命""共产党"等新鲜名词开始有所理解。

客观条件的变化加快了张国焘转向马克思主义者的进程。

十月革命胜利后,为巩固世界上第一个社会主义国家,1919年3月,在列宁领导下成立了用来发动和领导世界共产主义革命的组织——共产国际(又称第三国际)。中国作为近邻,更成为俄共领导人决定输送列宁主义和社会主义的重点国家。1920年3月,俄共(布)远东局成立,其主要任务

第一章
走向马克思主义

就是组织发动和支援东亚各国特别是中国人民的革命运动。当年4月初,远东局海参崴分局即决定派维经斯基[1]等人来华,在上海建立"共产国际东亚书记处",与中国、日本、朝鲜的先进分子建立联系,帮助建立共产党组织。

维经斯基到北京后,即通过在北大的俄籍教授柏烈伟联系到李大钊,与李大钊影响下的进步学生举行各种座谈会,介绍俄国十月革命的情况,宣传马克思列宁主义,帮助具有初步共产主义思想的知识分子摆脱无政府主义和各种非马克思主义的社会主义的影响,加快了在中国创建共产党的进程。之后,维经斯基到了上海。

维经斯基

7月上旬,北京局势日趋紧张,直皖战争一触即发,为了躲避战乱,张国焘意欲前往上海。临行前,他向李大钊辞行,李大钊嘱咐他到上海后与陈独秀面谈建党事宜。张国焘带着李大钊的重托,第三次踏上了去上海的旅程。

---

[1] 全名为格利高里·纳乌莫维奇·维经斯基,在华化名吴廷康,笔名魏琴、卫金。1893年生于俄国维切布斯克州。1918年加入俄共(布)。1920年至1921年任俄共(布)远东局海参崴分局外国处和俄共(布)中央西伯利亚局东方民族处驻中国代表、共产国际远东书记处主席团委员。1922年至1926年任共产国际执行委员会东方部远东处处长。1923年任共产国际执行委员会东方部远东局局长,1924年至1927年几次担任共产国际执行委员会驻中国代表。1926年至1927年任共产国际执行委员会驻上海远东局主席。1927年至1929年从事经济工作。1932年至1934年任红色工会国际太平洋书记处书记。1934年起从事科研教学工作。1935年曾被特邀出席共产国际第七次代表大会。1953年病逝于莫斯科。

在上海，张国焘受到陈独秀的热情接待，并应邀住在陈独秀家里。当时，陈独秀在维经斯基帮助下，正在上海筹建共产党组织[1]。所以，张国焘有机会了解到陈独秀的建党思想，并有充足的时间与陈独秀就当前的局势、共产主义运动、党的组织等问题进行详尽讨论。陈独秀对社会革命、三民主义、共产主义的独到见解使他受益匪浅，无论从感性认识还是从理性认识上，都使张国焘的思想产生了一个飞跃。

这以后，张国焘被全国学生联合会派往南洋募捐。10月初，当他回到北大时，李大钊已经在着手创建北京共产党组织了。

原来，9月中旬，北大讲师张申府去上海迎接罗素来京讲学时，曾住在陈独秀家中。张申府是进步知识分子，当维经斯基在北京活动时，他就由李大钊介绍参加了座谈会，对马克思主义和十月革命有一定的认识。此时，上海党组织刚成立，陈独秀与他商谈在北京建立共产党组织，要他转告李大钊，要迅速建党，能发展的人最好都发展进去。

9月下旬，张申府返回北京后向李大钊汇报了上海方面的情况，转达了陈独秀的意见。他们经过商议，决定在北京大学创建党的组织。张国焘正是在此时回到北大的。他积极赞成尽快建立党组织，发展党员。

在南陈北李筹备建党时期，像张国焘这样与南陈、北李均有直接接触，并受其深刻影响的青年学生，恐怕绝无仅有。在当时通讯条件十分有限的情况下，张国焘实际上是南陈北李之间的联络人。

---

[1] 关于中共"一大"召开前上海以及其他地方党组织的表述，曾在党史界引起争议。各地共产党组织成立时，并没有统一的名称。20世纪90年代前，为了表述上的方便，一般将各地党组织统称为"共产主义小组"。90年代开始，党史界开展了用"共产主义小组"统称"一大"前各地党组织是否准确的争论，绝大多数人认为，"共产主义小组"并不能完全反映当时各地党组织的性质。中央党史研究室在修改《中国共产党历史》上卷时，不再沿袭"共产主义小组"的说法，而改称为"中国共产党早期组织"。见《中国共产党历史》上卷，中共党史出版社2002年版。本书作者之一曾参与上卷的修改，也完全赞同使用"中国共产党早期组织"这一表述来统称中共"一大"前的各地党组织，本书采用"××党组织""××共产党小组"的表述，这里的"共产党小组"与"共产主义小组"的性质不同，是指具有政党形态的组织，而非宣传共产主义的团体。

| 第二章 |
共产党早期重要领导人

1920年10月，李大钊、张申府、张国焘正式成立北京共产党组织。在李大钊领导下，张国焘、邓中夏等一批共产党员开始了发动和组织工人的实践，长辛店铁路工厂工人1921年"五一节"的大游行，是他们工作成就的最好见证。

　　1921年7月，张国焘作为北京共产党组织的代表之一前往上海，参与中国共产党第一次代表大会的筹备，并被确定为大会主席。在南陈北李均缺席的情况下，张国焘为大会做出了重大贡献，由此进入中央领导层。会后，他在马林指导下创设中国共产党公开领导全国工人运动的机构——中国劳动组合书记部，任主任。

　　1921年11月至1922年2月，张国焘率中国代表团赴苏俄出席远东大会，在大会发言并提交了长达一万五千余字的报告，显示出他的过人之处。

　　回国后他及时传达远东大会精神，促使党的领导人陈独秀认清中国革命的任务，转变对国民党的排斥态度，从而使1922年7月召开的中共"二大"明确提出最高纲领和最低纲领，确定与国民党等革命团体建立"联合战线"。

参与创建北京共产党组织

1920年10月的一天，在北大图书馆李大钊的办公室里，李大钊、张申府、张国焘三人正式决定成立北京共产党组织，取名为"北京共产党小组"。党组织成立后不久，张申府就动身前往上海，准备11月赴法国里昂大学任教，发展党员的工作就落在李大钊和张国焘身上。

当时，对于党员的基本条件并没有明确规定，只要是倾向于社会主义、积极向上的青年，都成为发展的对象。如黄凌霜、张伯根、陈德荣、袁明熊、华林、王竟林等都是无政府主义者，但他们宣称信仰共产主义，赞成社会革命，就由李大钊吸收为共产党员。不久，张国焘又发展了刘仁静、罗章龙，二人都是马克思学说研究会的成员。这样，北京共产党小组最早的成员，除张申府外，共有十人。

北京共产党小组是建立起来了，但如何开展工作，谁也不清楚。所以，党组织的工作基本上是由小组成员自认分担。李大钊担任组内外的联络任务，张国焘担任工运工作，黄凌霜、陈德荣办《劳动音》周刊，罗章龙、刘仁静负责发起组织社会主义青年团。李大钊每月从自己的薪水中捐出八十元作为小组的活动经费。

北京共产党小组的工作刚刚起步，小组内部的无政府主义者和共产主义者之间就发生了严重分歧。分歧有二：一是无政府主义者根据他们自由联合的观点，不赞成有全国性和地方性的领导，反对党的纪律和职务分工，这与马克思主义政党要求严密的组织和铁的纪律是相违背的。二是无政府主义者反对无产阶级专政，认为政府是一切罪恶的根源，而共产主义者则强调无产阶级专政是马克思主义的精髓。张国焘在1929年给莫斯科中山大学学生讲课时说：

与无政府党有争论。当时罗素讲演"自由联合"等，无政府派赞成，经此引此（起）争执，自认是巴枯宁共产主义，不造成无产阶级专政，只同情苏联。我与他们大吵，守常想调和，结果，他们退出三人，其余三人仍赞成马克思共产主义。[1]

道不同不相为谋。很快，除陈德荣外，又有两人退出了共产党小组。[2]

无政府主义者退出之后，小组只剩李大钊、张国焘、罗章龙、刘仁静、陈德荣五人。这次分化使李大钊、张国焘深受教育，从此选择发展对象也有了一定标准。

北京大学有一批优秀的学生，五四运动之后，他们一直处于学生队伍的前列。在平民教育讲演团和马克思学说研究会中，到处可见其活跃的身影。自从无政府主义者退出小组后，李大钊、张国焘认为这些青年人积极向上，思想进步，应是党组织发展的主要对象。不久，邓中夏、高君宇、何孟雄、缪伯英等一批优秀的青年陆续加入了党组织，党组织的各项工作也逐渐步入正轨。

11月底，北京共产党小组召开会议，正式决定将北京党组织命名为"共产党北京支部"，推选李大钊为书记，张国焘负责组织工作，罗章龙负责宣传工作并主编《劳动音》。

在李大钊领导下，共产党北京支部开始有组织地开展活动。到党的"一大"召开前，这个组织在宣传马克思主义、反对无政府主义和基尔特社会主义方面，在组织社会主义青年团等方面都做出了很大成绩，成为中共"一大"前工作十分出色的地方党组织之一。

---

[1] 该讲稿保存于俄罗斯国家社会政治历史档案馆。

[2] 张国焘后来在《我的回忆》中这样写道："我们经过一番讨论，无法获得协调，结果那五位无政府主义者就和和气气的退出了我们这个小组，他们所主编的《劳动音》周刊也交由罗章龙接办。此后我们与无政府主义者虽仍保持友谊关系，但在工作上从此分道扬镳了。"见张国焘：《我的回忆》（第一册），现代史料编刊社1980年版，第108页。这个说法与他1929年的讲稿内容相比，可以看出，在无政府主义者退出共产党小组的人数上有出入，一说是退出三人，一说是全部退出。笔者推测，可能他们是分批退出，先退出三人，其他两人后来退出。

第二章
共产党早期重要领导人

北京共产党组织成立后，把组织和领导北京社会主义青年团的工作放在首要位置，李大钊、张国焘亲自参加了青年团的工作。

1920年11月，在北京大学学生会办公室，举行了青年团成立大会。与会人员有邓中夏、高君宇、何孟雄、缪伯英、罗章龙、刘仁静、朱务善、黄日葵、李骏、杨人杞、范鸿劼、吴汝铭等四十人，张国焘致开幕词。会议推举北大学生会负责人高君宇为青年团书记。

1921年3月30日，北京社会主义青年团在北大二院召开第四次大会。到会二十五人，有李大钊、罗章龙、张国焘、刘仁静、高君宇、宋介、郑振铎、陈德荣等。此时，团员已发展到五十五人。会上，李大钊提议，由于团的组织发展较快，团务日渐纷繁，必须建立团的领导机关，以便统一团的活动。会议遂选举张国焘、高君宇、宋介、刘仁静分别为书记及组织委员、教育委员、会计委员；李大钊、郑振铎为出版委员。

张国焘任青年团的书记后，在李大钊的支持下，在推动团的工作中发挥了积极作用。

4月6日，北京社会主义青年团在北大第一院召开执行委员会会议，讨论决定目前的工作共六项：一、筹备"五一节"运动，动员广大青年、工人游行；二、为筹备五一运动，刊行一两种宣传小册子，并广泛动员团员们撰写文稿；三、讨论委托团员分别担任筹备工作的职务问题；四、调查北京的平民学校与平民讲演所的情况，并设法加强其社会主义内容的思想教育；五、领导印刷及其他行业工人，动员他们团结一致，展开与资本家的斗争；六、为讲演会做准备工作及加强社会主义宣传。

4月24日下午，青年团在北大二院举行第五次大会。出席大会的有十六人，其中有李大钊、张国焘、刘仁静、罗章龙、高君宇、宋介、谌小岑等。张国焘报告前三次执委会所议事宜及去天津、唐山开展工作的情况。会议讨论了关于印刷及散发五一劳动节宣传品问题。会议还宣读了何孟雄来信，信中说在满洲里有京、津、沪赴俄同志三人被拘，已转解黑龙江陆军监狱。为了营救被捕之人，李大钊当场捐出十元，张国焘、刘仁静各捐出五元，其余各捐一至三元不等。会议还决定成立五一运动委员会，由罗章龙等七人负责。

北京青年团在发展团员的过程中，注意了广泛性和群众性，却忽视了严格审查。当时发展团员不是通过介绍个别吸收，而是发出通告召开大会招收，难免鱼龙混杂，乃至团组织中不仅有信仰马克思主义的，还有信仰无政府主义、基尔特社会主义、空想社会主义、泛劳动主义和人道主义等，甚至北洋军阀政府的特务分子也混了进来。以上有关青年团召开大会的情况，就是特务分子关谦给北洋政府步军统领王怀庆的报告中所记载的。[1]

为了纯洁团的组织，1921年5月，北京共产党组织决定解散青年团。同年11月，重新组建北京社会主义青年团。重建后的青年团在共产党领导下，队伍纯洁、蓬勃向上，成为党的工作的有力助手。

在组织和领导青年团工作的同时，李大钊、张国焘等人还重点关注着发动和组织工人运动。

"中国共产党的诞生是马克思主义与中国工人运动相结合的结果"。当我们不假思索地道出这结论时，可曾想到作为桥梁的知识分子？可曾想到，他们大多是富裕人家的少爷、小姐，抛开优越生活、为理想而置身贫困的社会阶层，经受着何等的磨炼？马克思认为："使人生具有意义的不是权势和表面的显赫，而是寻找那种不仅满足一己私利，且能保证全人类幸福的完美理想。"中国最早的一批共产主义者，正是为了实现这一完美理想而无私奉献的。

1920年10月，北京共产党小组刚刚成立，张国焘等人就来到长辛店铁路工人中间。五四运动期间，张国焘曾随平民教育讲演团来此讲演，同工人比较熟悉。他了解到，工人希望办个学校，让子弟受点教育。这一要求启发了张国焘，他认为，把办学校作为一种接近工人、发动工人的方式，对于在工人中开展活动是十分有利的。向组织汇报后，得到大家赞同。经讨论，决定在长辛店办一个劳动补习学校，让工人及其子弟都能受到教育。

创办学校需要经费，但当时党组织的活动经费还需靠李大钊的工资，不可能拿出钱来办学校。为解决经费问题，张国焘于11月21日在《劳动音》

---

[1] 见《李大钊史事综录》，北京大学出版社1989年版，第506–512页。

周刊上发表了一篇题为《长辛店工人发起劳动补习学校》的文章。文中,他首先介绍了长辛店工人的概况,指出长辛店工人是有觉悟的工人,曾组织过救国十人团等爱国组织,并对学生运动有所赞助。接着公布了《长辛店劳动补习学校募捐启事》和《简章及预算案》。

在《启事》中,张国焘以工人的口气表达了要求接受教育的迫切愿望,指出"教育,不论是资本家,劳动者,老头子、小孩儿,都应该领受的",希望各界解囊相助。

在《简章及预算案》中,张国焘写明:"本校定名为长辛店劳动补习学校,以增进'劳动者'和'劳动者的子弟'完全知识;养成'劳动者'和'劳动者的子弟'高尚人格为宗旨。"并谈到了学校的分班情况和课程设置以及学校管理等安排。文章还详细地列出预算案中"开办费"和"经常费"的细目以及费用。[1]

从这篇文章可看出,到11月下旬,长辛店劳动补习学校的前期准备已基本完成,只要有经费即可开学。但当时《劳动音》周刊的发行已由一千份增加到四千份,所需经费也相应增加。李大钊每月拿出的八十元已不够支出,再加上为长辛店劳动补习学校筹办经费,北京小组的开支已呈捉襟见肘之势。为解决经费困难,李大钊将每月的捐献增加到一百多元,张国焘也从自己的生活费中拿出一百多元,但仍不能满足需要。为解燃眉之急,他们一面在小组成员和社会主义青年团员中发动募捐,一面登出了上述文章,号召全社会来支持。这一招还真见效,办校经费基本得到解决,学校的筹备工

长辛店劳动补习学校旧址

---

[1] 见《劳动音》第十五册,1920年11月21日出版。

作迅速开展起来。北京共产党小组成员中有一部分人参与了这一工作。

12月19日，张国焘、邓中夏、张太雷、杨人杞四人乘火车前往长辛店，筹备劳动补习学校。在长辛店车站，他们看见许多灾民，憔悴枯黄的面容，千孔百结的衣服，在寒风中瑟瑟发抖的身躯，令他们十分同情，想到官吏、政客、资本家、地主的奢靡，他们真正理解了"朱门酒肉臭，路有冻死骨"的悲慨，真正认识了这不平的世界。他们去办劳动补习学校，正是为了启发工人阶级的觉悟，使工人受到教育，不再当牛做马。

长辛店是京汉铁路北段工人比较集中的地区，离京城约二十公里，有工人三千多名。他们四人到达后，立即召开筹备会议，张国焘向工人们讲述了办学必要性："为什么我们工人终日辛苦作工，而不得饱暖；那些不做工的官僚、政客、资本家却住高楼大厦，穿绫罗绸缎，吃山珍海味？他们的衣食住从哪里来的？都是由我们工人血汗换来的，所以，我们没有生活的享受，只有贫困和压迫。现在，我们想得到幸福，非得先有知识不可。所以，我们要设立这个学校，让大家学知识。"

张国焘继续启发："教育是平等的，人人都有享受的权利，难道我们工人就不应当享受吗？亚当·斯密说得好，'人类生来本是平等的'。所以，我们要知道，工人与资本家是一样的地位，应当享同等的教育和幸福。"

虽然工人们对"亚当·斯密"不甚了了，但"人人平等"还是懂的，个个点着头，有点感动，也有点觉悟。[1]

经过一段时间的筹备，1921年1月1日，长辛店劳动补习学校正式开学。学校分日夜两班：日班是工人子弟上课，课程与普通国民高等小学堂基本相同；夜班是工人上课，设有国文、法文、社会常识、科学常识、工场和铁路知识等课程。教员大都由北京大学的师生担任，李大钊和党组织的其他成员都曾到该校视察过或讲过课。教材由教师们亲自编写。讲课时先教识字，然后用通俗的语言讲工人为什么受苦受穷、为什么要组织起来；讲外国工人怎样与资本家斗争。同时，还教工人练习用文字来表达自己的思想，写出关于家庭日常生活和工厂里所发生的一切不公平的事件。

---

[1] 心美：《长辛店旅行一日记》，《晨报》1920年12月21日。

为了启发工人的阶级觉悟，教师们一有闲暇，就到工人家里和工人谈心，并把自己编的歌谣念给工人听。如："五人团结一只虎，十人团结一条龙，百人团结成泰山，谁也搬不动。"而且还编了通俗易懂的歌曲教工人唱。

这种宣传和发动工人的方法十分有效，不到半年，1921年的五一劳动节，长辛店就爆发了中国现代史上第一次有组织的工人群众的示威游行活动。

在北京党组织的精心筹备下，"五一节"这天，北京地区和天津、保定等地一千多名工人在长辛店举行了集会和示威游行。《晨报》《京报》记者到会采访，工人代表上台发表了激动人心的演说，会议持续了三个小时，仍有一些工人未来得及发言。大会宣布长辛店工会成立。会后，工人们举行了示威游行，他们生平第一次手举写有各种标语的小旗，高呼"增加工资""缩短工时"等口号，齐唱《五一纪念歌》[1]，雄赳赳气昂昂地行进在大街上。

长辛店工人五一活动的组织方式、内容和规模都无法与后来的工人运动相比，但意义却是巨大而深远的。

首先，它继五四运动中各地工人的斗争之后，又一次向中国和世界表明：中国工人阶级觉醒了，中国工人阶级团结起来了，它将以其他阶级所未曾有过的姿态左右中国历史的进程。

其次，这次成立的长辛店工会，是中国工人运动史上第一个具有现代意义的、代表工人意愿的工会，它与帮会、同乡会不同，是由工人自己组织、为全体工人伸张正义的。工人们通过工会活动懂得了天下工人是一家的道理。

最后，这一活动使北京共产党组织成员看到了蕴藏在工人阶级中的革命力量，更加明确了自己在工人中进行活动的重大意义。

长辛店工人的斗争情况经过由罗章龙主编的《工人周刊》的宣传，影响日益扩大，成为北方劳动界的一颗明星。各地工人纷纷派代表前来参观、学习，为北方工人运动的发展打下了良好的基础。

为了扩大宣传和组织工人的范围，张国焘和邓中夏等人还多次到唐山，

---

[1] 这是由北大学生创编的。歌词是："美哉自由，世界明星，拼吾热血，为他牺牲，要把强权制度一切扫除净，记取五月一日之良辰。红旗飞舞，走光明路，各尽所能，各取所需，不分贫富贵贱，责任唯互助，愿大家努力齐进取。"

与铁路工人中的先进分子邓培等研究发动工人、建立党组织的工作。通过实践，张国焘对马克思主义的基本理论和共产党的历史使命有了进一步认识。

1921年1月，维经斯基离开上海回国。途经北京时，他与李大钊、张国焘等在李大钊的办公室进行过多次会谈，他们共同讨论了共产党员的基本信念、共产党的组织原则、共产国际的成立经过、俄国革命情况以及中国革命运动等问题，并对当时中国工人运动的情况进行了详细研究。维经斯基曾是克拉斯诺亚尔工人苏维埃的活跃分子，有着丰富的工人运动经验，与他的讨论对李大钊和张国焘有很大启发。

从北京党组织成立到中共"一大"这段时间里，张国焘无论在对马克思主义理论的学习上，还是在发动和组织工人的工作上，都取得很大成绩。他后来成为党的重要领导者和工人运动的领袖，与此关系很大。

开创性地开展北京共产党组织的工作，是张国焘政治生涯中重要的第一步。

主持中共"一大"

继上海[1]、北京之后，1920年秋至1921年春，武汉、济南、广州、长沙也建立了共产党早期组织。经国内党员（特别是陈独秀）的组织和联系，旅日、旅欧共产党组织也先后成立。在中国建立统一的无产阶级政党的条件已经成熟。

1921年初，维经斯基在离京返俄之前，也曾建议李大钊应将各地的共产主义者迅速组织起来，建立统一的中国共产党，加入共产国际，以得到指导和帮助，成为无产阶级世界革命力量的一部分。

---

[1] 在维经斯基的帮助下，1920年8月上海共产党组织正式成立，命名为"中国共产党"，成员有：陈独秀、俞秀松、李汉俊、陈公培、陈望道、沈玄庐、杨明斋、施存统（后改名施复亮）、李达、邵力子、沈雁冰、林祖涵、李启汉、袁振英、李中、沈泽民、周佛海等，陈独秀为书记。

第二章
共产党早期重要领导人

同年 6 月 3 日，马林[1]受共产国际委派来到上海。和他同时到达上海[2]的，还有尼克尔斯基[3]。他们与上海党的负责人李达、李汉俊取得了联系，开始指导筹备中国共产党成立大会。根据共产国际代表的建议，李达分别写信与正在广州的陈独秀[4]和北京的李大钊商量后，决定 7 月在上海召开中国共产党正式成立大会，由李达向各地党组织发出通知，要求各地派两名代表到上海开会。

北京共产党组织收到上海来信时，正值北京大学暑假期间，部分党员利用暑期在西城租了一所房子，办了个暑期补习班，为准备报考大学的学生补课。党员们分别担任了补习班的教学任务，邓中夏教中文，刘仁静教英文，张国焘教数学、物理等。收到上海来信后，他们当即在补习班所在地开会选举赴上海参会的代表。

据刘仁静回忆：选代表的那次会是认真的，气氛也是好的。首先大家一致选张国焘。因为北京小组除李大钊外，张国焘是另一个主要人物。北京小组的组织活动一般习惯于不惊动李大钊，所以张国焘就是日常工作的实际组织者、会议的主持人。再者，张国焘是北京小组的发起人之一，负责人之一，作代表是当之无愧的。

在选第二个代表时，邓中夏、罗章龙都曾是候选人。但邓中夏将代表少

---

[1] 原名亨德立克斯·斯内夫利特，荷兰人。1902 年加入荷兰社会民主党。1913 年到荷属爪哇（今印度尼西亚）组织东印度社会民主联盟。1918 年被驱逐出境。1920 年应邀出席共产国际第二次代表大会，当选为共产国际执行委员会委员。1921 年 4 月被共产国际派往中国。此后一直在中国工作到 1923 年。1924 年 4 月回到荷兰。1927 年脱离荷共。1929 年建立托派组织革命民主党。第二次世界大战期间，被德国法西斯逮捕。1942 年 4 月遭杀害。

[2] 此前，由于档案资料的限制，关于马林和尼克尔斯基到达上海的时间，一般的说法是：马林于 1921 年 6 月初到上海，尼克尔斯基先于马林到上海。此处是根据李玉贞《参加中共"一大"的尼科尔斯基》一文的说法。该文指出，根据荷兰皇家科学院阿姆斯特丹国际社会历史研究所藏斯内夫利特档案第 275 号，马林与尼克尔斯基同一天到达上海，时间是 1921 年 6 月 3 日。该文载于《党史研究资料》1989 年第 7—8 期。

[3] 为共产国际远东书记处代表。他动身来华前，同时接受了工会国际（1921 年 7 月 3 日正式成为赤色职工国际）委托的任务，负责在中共"一大"上介绍刚刚成立的赤色职工国际，并协助开展工人运动。

[4] 1920 年 12 月，陈独秀应广东省省长陈炯明邀请，到广州担任广东省教育委员会委员长。他走后，上海共产党组织书记一职由李汉俊代理。

045

年中国学会北京会员出席 7 月在南京的会议，罗章龙正主持《工人周刊》的筹备和创刊，工作忙不能分身，最后确定刘仁静作为第二位代表。

由此可见，北京共产党组织成立虽然还不到一年，但已形成了严格的组织纪律和必要的规章制度。通过选举产生代表，而不是由某位领导指派，这在当时各地党的早期组织中是首屈一指的。[1]

按说李大钊最有资格出席中国共产党成立大会，但他当时正肩负着一项斗争任务，这就是从 3 月开始的北京国立专科以上八校教职员向反动军阀政府进行的"索薪斗争"。李大钊先后担任了这次斗争的领导机构——代表联席会的新闻股干事、索薪刊物《半周刊》编辑，并在该会主席马叙伦生病期间代理主席职务，负责召集各校联席会议，研究对策并筹划一切。6 月 3 日，当他率领八校教职员索薪团到新华门总统府请愿时，遭到军警殴打，头部被刺刀戳伤，因伤住院，不能去上海。[2]

事有凑巧，陈独秀也因故不能前往上海。1920 年 11 月，陈炯明被孙中山任命为广东省省长兼粤军总司令后，遂以广东省省长的名义，邀请陈独秀出任广东省教育委员会委员长。陈独秀认为，广东有光荣的革命传统，可借此机会在那里一面宣传马克思主义、建立广东党组织，一面从事教育改革工作。12 月 17 日，陈独秀将上海党组织的工作交给李汉俊和李达负责，即离沪赴粤，于 1921 年 3 月建立起广州共产党小组。由于通讯条件的限制，直到陈独秀接到李汉俊的信后，才知道莫斯科又向上海派来了代表。李汉俊在信中要求陈独秀速回上海，并负责推选广州代表参加上海会议。在广州共产党小组成员谭植棠的家里，陈独秀召集广州共产党小组开会，说自己正在争取一笔修建大学校舍的款项，一走就不好办了，因而指派陈公博和包惠僧去参加会议。

---

[1] 各地出席中共"一大"的代表，只有北京的两个代表是通过选举产生的。

[2] 李大钊未能出席中共"一大"的原因还有另两种说法：一说是当时正值北京大学年终总结期间，李大钊因校务纷繁，不能抽身前往。另一说是 1921 年六七月间李大钊要筹备并出席在北京召开的"少年中国学会"的年会，故未能参加。后一种说法显然有误，因为少年中国学会的会议是在南京召开的。

第二章
共产党早期重要领导人

南陈北李均不能出席中国共产党成立大会，这真是历史的遗憾！大会的筹备工作就落在了上海代表和北京代表身上。上海方面参与筹备的是李达和李汉俊。北京方面由于刘仁静先去参加南京的少年中国学会会议，故张国焘提前来到上海，与李达、李汉俊共同为中共"一大"的召开做准备工作。当张国焘到达上海时，上海的情形是这样的：

陈独秀到广州后，上海党组织的书记职务由李汉俊代理。1921年2月，陈独秀起草了一份党章寄回上海。李汉俊对草案上所主张的党的组织采取中央集权制甚为不满，说陈独秀要党员拥护他个人独裁，作为回应另起草了一份党章寄给陈独秀，主张地方分权，提出中央应是个有职无权的机关。陈独秀大发雷霆，此后，二人间的裂痕愈来愈深。

李达觉得党组织刚成立就闹分裂，太不像话，尽力调停。但李汉俊态度坚决，不肯接受调停，连代理书记也不做了，将《新青年》停了刊，把上海的党员名册和一些文件移交给李达，要李达来担任书记。[1]

此外，刚到中国的马林也因工作方法不当而与上海党组织负责人发生了不愉快。初到中国的马林以共产国际代表的身份自居，不了解具体情况就指手画脚，使得秉性刚直的李达和绝不盲从别人的李汉俊都很反感，便对马林采取不合作态度。作为马林翻译的张太雷，虽有责任协调，无奈只是青年团员，无权干涉党内事务。

眼看大会召开的时间迫近，筹备工作却因三人不一致而难以推进。无论是马林，还是李达和李汉俊，都急切盼望能有人居中调停。张国焘的到来，无疑使三人都松了口气。

通过与李达、李汉俊的接触，张国焘了解到上海的具体情况以及二李与马林之间的分歧所在。胸中有数后，他决定去拜访马林。或许因为碰过李达、李汉俊的钉子，马林对张国焘的态度还算随和。尽管张国焘仍感到马林具有"社会主义的白人优越感"，两人的第一次会面还是在轻松愉快的气氛中进行。张国焘回忆说：

---

[1] 李达：《中国共产党的发起和第一次、第二次代表大会经过的回忆》，《"一大"前后》（二），人民出版社1980年版。

马林并没有提起与李汉俊等人相处不快的经过，也没有说到工作报告等一类的事情，他的态度显然是有些修正了。我们轻松地谈到一些北方的情形，他听后对北方的工人运动甚感兴趣。我们还谈到关于大会的筹备问题，彼此意见也相当融洽。从此，我被视为达成了与马林改善关系的任务，也被推为与马林继续接触的代表。[1]

张国焘使马林与二李之间的紧张关系得到缓和后，便与李达、李汉俊等人一起，在马林的指导下筹备代表大会。既然是党的成立大会，总要有个主持人，各地代表便提议由张国焘来主持，这一提议得到了马林同意。[2]

中共"一大"的主席是张国焘？对于这个事实现在还有许多人难以相信和接受。即便当时李大钊、陈独秀不能出席会议，与会的代表中不仅有以办《共产党》月刊、在与研究系和无政府主义的笔战中大显身手而闻名的李达，有对马克思主义、尤其是政治经济学颇有研究的李汉俊，有早年就投身反对清王朝的斗争、经验丰富的董必武，有在陈独秀亲自指导下工作、且携带陈独秀亲笔信而来的陈公博，更有在湖南叱咤风云、在学生运动和"驱张运动"中声名显赫的毛泽东。张国焘，一个年仅二十四岁的青年学生，有何资格担任大会主席？于是有人认为这个主席必然是张国焘争来的。实事求是地说，张国焘做会议主席虽为偶然，也有必然。

所谓偶然，是李大钊、陈独秀均不能出席大会；所谓必然，是张国焘具备担任会议主席的优势：其一，中国共产党酝酿和筹备期间，他在陈李间联络沟通，了解南陈北李的建党思想；其二，在各地共产党小组中，北京共产党小组成立较早，张国焘是发起人之一，且承担一定的领导责任，也曾指导济南、天津等地建立共产党或青年团组织；其三，张国焘直接参与了中共"一大"的筹备工作。这三个优势是其他与会代表不能相比的，与会代表推选张国焘为会议主席，也是顺理成章的。

---

[1] 张国焘：《我的回忆》（第一册），现代史料编刊社1980年版，第134页。

[2] 张国焘在1929年给莫斯科中山大学讲课的讲稿中有这样的话："主席是张国焘，秘书长是毛泽东。"据包惠僧回忆说："我们开会推了张国焘为会议主席，这也是事前得到马林同意的。"见《共产国际、联共（布）与中国革命文献资料选辑》第二卷，北京图书馆出版社1997年版，第261页。

第二章
共产党早期重要领导人

中共"一大"会址（上海）

1921年7月23日晚，中国共产党第一次代表大会在上海法租界望志路106号（现兴业路76号）李汉俊之兄李书城的住宅内召开。来自上海、北京、武汉、长沙、济南、广州及旅日共产党组织的代表共十三人出席了会议，他们是：上海的李达、李汉俊，北京的张国焘、刘仁静，武汉的董必武、陈潭秋，长沙的毛泽东、何叔衡，济南的王尽美、邓恩铭，广州的陈公博，旅日的周佛海，还有包惠僧[1]。他们代表全国和旅日的五十多名中国共产党党员。[2] 共产国际代表马林和尼克尔斯基也出席了会议。

---

[1] 包惠僧原是武汉共产党小组成员，1921年因事到上海。5月中旬，包惠僧受李达委派去广州找陈独秀商谈工作，后留在广州。陈独秀接到召开上海会议的通知后，遂派包惠僧到上海参加大会。所以，对于包惠僧的代表资格，一般的表述为"陈独秀指定的代表"。

[2] 关于中共"一大"召开时中国共产党的党员人数，有五十三、五十七、五十九等说法。为了避免引起争论，一般表述为"五十多人"。据张国焘在1929年给莫斯科中山大学讲课的讲稿，是"六个小组共有五十七同志"。

张国焘传

作为会议主持人，张国焘首先向大家报告了大会筹备的经过，说明了这次代表大会的意义，提出这次大会的主要任务是制定党的纲领和实际工作计划。[1] 接着，代表们初步议出会议议程四项：讨论党纲与政纲、制定党章、研究中心工作与工作方针、选举党的中央领导机构。

会上，马林介绍了他在爪哇工作的经验，建议中国共产党一定要注意发动工人，建立工人自己的组织。尼克尔斯基向大会宣布了共产国际远东局成立和赤色职工国际将正式成立的消息，并介绍了俄国十月革命后的情况。他建议将这次大会的情况向远东局汇报。接下来，会议根据马林建议，首先选出一个党纲和工作计划起草委员会，由张国焘、李达、董必武等人组成，然后安排会议第一、第二天由各地代表汇报工作。

尽管后来有人回忆各地代表都发了言，但今天能看到的只有张国焘代表北京小组和陈公博代表广州小组的发言材料。可以看出，张国焘的发言是做了认真准备的，在长达六千余字的发言稿中，他将内容分作两大部分：

第一部分，介绍北京的政治、经济状况。张国焘指出，北京的政治黑暗，在封建帝王和官僚的统治下，人们对政治漠不关心，俯首听命和从属依附的情感深深扎根。新文化运动和五四运动，表明了知识分子的觉醒，随之而来的就是对各种社会主义思想的信仰，这使知识界内部出现了分歧。而且，知识分子认为要改造社会只能通过广泛教育的途径。他们把无产阶级看作是无知的、贫穷而软弱的阶级，结果就成了工人革命运动的极大的障碍。另外，北京是外国人、政府官吏、军人、警察等肆虐的地方，人民受侮辱、受压迫，只要抓住时机宣传革命思想，就会激发工人阶级的革命精神。北京的经济衰败，北京不是个工业或商业城市，较大的工厂企业都掌握在政府官僚手里，厂主和雇主本身就是政府。为了捞取更多的利润，他们强迫工人和职员拼命工作。北京有五六万人力车夫，这是不可忽视的一支庞大的队伍，向他们进行宣传工作是十分必要的。

---

[1] 在中共驻共产国际代表团档案中，有一份俄文稿的《中国共产党第一次代表大会》，据推测这份文件形成于1921年下半年，即中共"一大"之后不久。在这份文件中，有"主席张同志在第一次会议上说明了这次代表大会的意义。大会必须制定纲领和实际工作计划"等语。见《中共中央文件选集》第一册，中共中央党校出版社1989年版，第556页。

第二章
共产党早期重要领导人

第二部分，汇报了北京党组织的工作。张国焘分"在工人中的宣传工作"和"在知识分子中的宣传工作"两个方面作了汇报。他讲了在长辛店开办劳动补习学校、组织工会的经过和体会，认为向工人宣传的最有效口号是"提高工资和缩短工时"；帮助工人的最好方法"就是帮助他们组织罢工和游行"。他向各地代表谈了四点经验：第一，在忠实于工人运动的人与工人之间建立友好关系；第二，从工人当中选拔一些领袖；第三，提醒他们不要忘记我们组织的目的，并利用自己的工会同雇主进行斗争，从而使阶级仇恨激化；第四，必须利用每一个机会，推动群众举行游行示威和罢工。张国焘还谈了他们几个党员想参与铁路工人罢工而遭到工人们拒绝的事情，说明他们的工作也有不足之处。

在宣传知识分子方面，张国焘汇报了与无政府主义和基尔特社会主义的论战，翻译马克思主义著作和创办刊物的工作。他认为宣传工人和知识分子的工作还有待加强。

张国焘在发言即将结束时说：

> 同志们，黑暗的政治局势包围着我们的腐败社会，一系列令人难忍的社会的不公平以及悲惨的经济生活状况，所有这一切都是易于引起革命爆发的因素。我们能否利用易于激发起来的无产阶级的革命精神，能否把民主主义的政治革命引上工人阶级社会革命的轨道，所有这一切均取决于我们在高举红旗的斗争中的努力程度。这次成立大会应当具体地解决摆在我们面前的一切任务，并制订实际工作计划。大会的责任看来不轻。[1]

张国焘既谈到了北京共产党组织所取得的成绩和经验，也谈到了工作中的不足，不仅是对北京党组织半年来工作较为系统的总结，也对各地党组织以后的工作提供了借鉴和参考。同时也表明，中共"一大"前，张国焘对工人运动已经形成了自己一定的观点，对中国共产党的历史使命也有了比较明

---

[1]《"一大"前后》（三），人民出版社 1984 年版，第 1—9 页。

确的认识。

各地代表汇报完工作后，张国焘等人即投入到紧张的工作之中，为大会起草党纲和决议草案。在参考资料比较缺乏的情况下，他们起草的文件自然有许多不尽如人意之处。马林要求很严格，提出了不少批评意见。

在第三、四、五次会议上，代表们专门讨论了起草委员会起草的文件。据中共"一大"后向共产国际提交的一份报告中称：在讨论过程中，有一个问题引起了长时间的争论，这就是党员经执行委员会许可能否做官和当国会议员。

一方坚持认为，采纳国会制就会把我们的党变成黄色的党。他们以德国社会民主党为例说明：人们进入国会，就会逐渐放弃自己的原则，成为资本家阶级的一部分，变成叛徒，并把国会制看成是斗争和工作的唯一方式。为了不同资产阶级采取任何联合行动，为了集中力量，我们应当在国会外进行斗争。况且，利用国会也不可能争得任何改善，而进入国会，就会使人民有可能认为，利用国会，只有利用国会，我们才能改善自己的状况和发展社会革命事业。张国焘是持这种观点的。

另一方坚持主张，应当把公开工作和秘密工作结合起来，如果不相信在二十四小时内可以把国家消灭掉，或者说，如果不相信总罢工会被资本家镇压下去，那么，政治活动就是必要的。起义的机会不会常有，只是在极少数时候才会到来，但和平时期就应做好起义的准备。[1]

这个争论的两方，主要代表是张国焘和李汉俊。

另据张国焘1929年在莫斯科中山大学讲稿，当时他和李汉俊发生的争论主要集中在四个问题上：

> 第一是无产阶级专政问题，汉俊说：马克思是唯物主义依据环境不同而定，德国有考茨基的社会民主党，俄国有列宁的布尔塞维克。中国也有特别情形，是否运用无级（即无产阶级——引者注，下同）专政，

---

[1]《中国共产党第一次代表大会》，《中共中央文件选集》第一册，中共中央党校出版社1989年版，第557页。

当须研究。第二个问题是现有五十七人的工作,汉俊说首先要懂得马克思主义。中国工人不大觉悟,费了一年劳力,成绩不好。中国应先有一部分好的知识分子,到工人中去活动,才有把握。主张开办马克思主义的师范大学,设立马克思主义图书馆,翻译书籍。有了这些知识分子做革命干部,才有办法。共产党的基础不必建立在工人上,可以知识分子为中心。第三个问题是做些什么,政治活动……出版物问题,党员是否做官问题。政治活动容后再说。汉俊对出版物问题,主张把叶楚伧(为国民党员)拉进来,在民国日报上辟一副刊,每月助它一百元。汉俊对做官问题,主张不能做政务官,可以做事务官。第四个是组织问题,汉俊说是信仰马克思主义的联合,用不着什么中央(中央仅仅转信)、纪律等,以免中央多费金钱,且防野心家利用。

第一个问题,我们主张无级,加入第三国际,不管各国情形怎样,是要无级专政的。德国的社会民主党,不属于第三国际。汉俊可看日本党,费许多时间于私人谈话,在会场上没有多费讨论。

第二个问题,我们主张共产党是工人的党,应费大部分力量到工人中去。不能以最后一年无成绩而不做。主张组织工人运动总机关,指挥全国工运,办出版物,工人夜校,吸收工人入党。汉俊的师范大学,据说要十五万元,常常笑他。

第三个问题,我们反对出周刊,月刊……属于他报,应发行独立的刊物。做官问题,讨论已久。汉俊解释事务官是平常的职业,与技师等一样,只要不是争政治责任的。我问是否做警察、厂长,他说可以。又问他是否可捕共产党员?汉俊说议员可以做的,且当时沈玄庐也是议员之一。我们以为做议员问题或官吏问题第一要是党的命令,第二要能帮助党的活动。关于与他党联合问题,当时都主张不与任何政党联合。汉俊对此无意见。汉俊后来坚决反对与国民党联合。

第四个问题——组织问题。我们主张要有严密的组织,要有中央,指挥各小组,要有纪律,要民主集中制,反对自由联合。当时情形与现在不同,都不愿守什么纪律,听什么命令。特别是陈望道一类的人,说到命令,非特别反对不可。当时决定党章,大部分采取多数党的办法。

曾通过二三十条议决案。又决定工人运动计划，限制做官问题……[1]

对于上述争论，陈独秀后来曾有过评价。他认为，张国焘、刘仁静是倾向极左的，主张中国要进行社会主义革命，建立无产阶级专政。他说他俩是醉心"左"倾名词的"疯子"，简单讲是痴人说梦。也不看看当时的中国是个什么情况，以为那样少数的无产阶级就可以单独进行社会主义革命，真是幼稚得可笑。李汉俊却倾向极右，他主张党只能研究和宣传马克思主义，不能搞实际革命工作。他认为一切都要合法，不能进行非法活动，他认为中国无产阶级太落后了，要像俄国无产阶级那样，最少还要几十年。陈独秀说，李汉俊要搞合法的马克思主义，可惨的是蒋介石连这个合法的人也不允许他存在，必杀之而后快。李汉俊免不了死在蒋介石的屠刀之下。陈独秀认为，第一次代表大会拒绝了这两种倾向，按照列宁建党的原则，即布尔什维克党组织精神制定了党纲，这个党纲是好的。[2]

现在我们看到的《中国共产党第一个纲领》共十五条。纲领规定党的名称为"中国共产党"，关于党员是否做官问题，党纲规定："党员除非迫于法律，不经党的特许，不得担任政府官员或国会议员。士兵、警察和职员不受此限。"[3]

7月30日深夜，当大会正在进行时，遭到法租界侦探的干扰。据当年形成的《中国共产党第一次代表大会》记述：

---

[1] 张国焘1929年在莫斯科中山大学的讲课稿，存于俄罗斯国家社会政治历史档案馆。由于是讲课稿，上述内容在表述上似有不完全、不通顺之处。对于李汉俊，张国焘后来回忆说："李汉俊在讨论中虽也坚持他的意见，但从不与人争吵，当他的主张被否决时，总是坦率地表示服从多数的决定。"见张国焘：《我的回忆》（第一册），现代史料编刊社1980年版，第141页。

[2] 见濮清泉：《我所知道的陈独秀》，《文史资料选辑》第七十一辑，1980年版。

[3] 这个问题在中国共产党第二次代表大会时得到了彻底解决。在会议通过的《关于议会的决案》中这样写道："中国共产党为代表中国无产阶级及贫苦农人群众的利益而奋斗的先锋军，所以应当跑入这类时常被封建的武人势力所胁迫破坏的议会中去，高声告发代谢不穷的由国际帝国主义所收买所扶植的武人政治的罪恶，酿成民主革命到最高的潮流，以期达到社会革命的目的。同时又在各级议会中，辩护无产阶级和贫苦农人经济生活的利益，以反抗本国幼稚的资产阶级对于劳动者一切的压迫。"见《中共中央文件选集》第一册，中共中央党校出版社1989年版，第74页。

第二章
共产党早期重要领导人

代表大会的第六次会议是深夜里在一个同志家召开的。会议刚开始,就有一个侦探闯进屋里,他道歉说走错了,可是终究使我们不能再继续开会。这个侦探的到来,没有使党受到损失,尽管在他来过之后,很快警察就突然前来进行了搜查。[1]

据陈公博说,这是由于张国焘有意与李汉俊为难的结果:"开会地点问题,当日(即代表大会开幕的当天)原议每日开会均须更换地点,以免引起注意,但一连四日都在李汉俊的贝勒路家内开会,我觉得有些诧异,有一次恰恰早上张国焘来找我,我问他为什么与原议不符。他说李汉俊是有点问题的,他主张的不是列宁理论,而是柯茨理论,他是黄色的,而不是红色的,我们在他家开会,他似乎有些恐慌,我们偏要在他那里开会。我听了这句话,默然不答,心想:呵!原来如此!我以为同志间应当相见以诚、相规以义才对,国焘这样做法,简直是和汉俊为难,连同志的安全都不顾。"[2]

连续在李汉俊家开会究竟是由于其他地点不好找、不安全,还是如陈公博所说是张国焘专门与李汉俊为难,因其他当事人没有提到此事,后人也就无从判断了。

李汉俊家引起法租界注意后,为了保证代表大会能够继续进行并保证代表们的安全,李达夫妇建议代表们离开上海,到距上海不远的浙江嘉兴的南湖,租一游船继续开会。大家都认为这个主意不错,便动身离开上海前往嘉兴。

8月5日[3],在嘉兴南湖的一艘游船上,召开了代表大会的最后一次会议。这次会议的主要议题是讨论起草委员会所起草的实际工作计划。在讨论

---

[1]《中共中央文件选集》第一册,中共中央党校出版社1989年版,第558页。

[2]《陈公博·周佛海回忆录》,(台)跃升文化事业有限公司1988年版,第33页。

[3] 这是最后一次会议,也是大会闭幕的日子。目前关于"一大"闭幕的日期,史学界有8月1日、8月3日、8月5日说等。苏共中央马列主义研究院中央党务档案馆所保存的《驻赤塔赤色职工国际代表斯穆尔基斯的信》中有这样的话:"从7月23日到8月5日,在上海举行了中国共产党的代表大会"。此信写于1921年10月13日,可信度还是高的。故本文作者赞成8月5日之说。此信登在北京图书馆1997年出版的《共产国际、联共(布)与中国革命文献资料选辑》(1917—1925)一书的第219页。

055

张国焘传

中共"一大"闭幕地(浙江嘉兴南湖红船)

到对其他党派的态度问题时,又产生了短时间的争论。

一种意见认为,无产阶级不论在理论上还是在实践上都应该始终与其他政党做斗争。另一种意见认为,同其他政党联合行动,并不违背党的原则,应当团结所有的人,全力斗争,在行动上与其他政党合作反对共同的敌人,同时又在我们的报纸上批评他们,这并不违背我们的原则。[1]

经过争论,大会决定采纳第一种意见。会议最后形成的《中国共产党第一个决议》共六条,其中有三条是关于工人运动的,确定党在当前的中心任务是加强对工人运动的领导,成立产业工会,开办工人学校,并且成立研究工人运动的机构。在宣传工作上,决议规定一切出版物均应在党的领导下出版,不得刊登违背党的原则、政策和决议的文章。在对其他党派的态度上,决议规定:

---

[1]《中国共产党第一次代表大会》,《中共中央文件选集》第一册,中共中央党校出版社1989年版,第558—559页。

> 对现有其他政党，应采取独立的攻击的政策。在政治斗争中，在反对军阀主义和官僚制度的斗争中，在争取言论、出版、集会自由的斗争中，我们应始终站在完全独立的立场上，只维护无产阶级的利益，不同其他党派建立任何关系。[1]

这表示，中国共产党成立之初，对其他政党是持排斥态度的。后来中国共产党按照共产国际要求，与国民党实行"党内合作"，其间经历了一个痛苦的认识转变过程。

大会决定中央领导机关称为"中央局"，选举陈独秀为书记，张国焘负责组织工作，李达负责宣传工作。

8月5日傍晚，中国共产党第一次代表大会闭幕。

从此，中国的命运和1921年在南湖木船上诞生的这个政党紧紧地联系在了一起。

领导劳动组合书记部

中国共产党第一次代表大会刚刚结束，1921年8月11日[2]，中国共产党公开领导工人运动的机构——中国劳动组合书记部——在上海正式成立了。

"中国劳动组合书记部"这一名称，是共产国际代表马林确定的。中共"一大"后，马林仍留在上海协助新生的中国共产党领导机构开展工作。由于被选为中央局书记的陈独秀尚在广州，中央局实际负责人只有张国焘和李达。张国焘负责组织工作，主要任务是发动工人运动。李达负责宣传工作，主要任务是编辑出版宣传马克思主义和俄国革命的书刊。

---

[1]《中共中央文件选集》（第一册），中共中央党校出版社1989年版，第6-8页。

[2] 关于劳动组合书记部成立的确切日期，张国焘在回忆中没有提到。这里是根据斯穆尔基斯1921年10月13日的信件所载："中国劳动组合书记部是在今年8月11日建立的，并在8月16日对中国工人发表了关于自己的组织、目的等的特别宣言……"此信见中国革命博物馆编：《党史研究资料》，1981年第七期。

当时，在共产党组织比较活跃的地方，已经建立了不同类型的工会，但要将各地工会联合起来，并在更广阔的范围发动工人运动，就必须建立能公开活动的工人运动领导机构。对于这一点，张国焘是清楚的。就在他考虑如何组建全国工人运动领导机构的时候，马林主动参与了意见。张国焘回忆说：

我们谈到新中央将如何根据大会决议展开工作时，马林提出那个已经决定了要组织起来的工人运动的中央机构，应该用什么名称。我告诉他，这个名称还在考虑之中，我们不能称之为总工会，因为还不是由各地工会所产生出来的机构，并反问他，根据各国工人运动的经验，以使用什么名称为最适当？他建议可以叫作"中国劳动组合书记部"，这说明这个名称适合于一般共产主义者从事工会组织工作的称号。[1]

中国劳动组合书记部旧址（上海）

---

[1] 张国焘：《我的回忆》（第一册），现代史料编刊社1980年版，第151页。另据司马璐说："'劳动组合'按其原意也可以径称为'工会'的。'中国劳动组合书记部'这个名称，在文字上十分日本化，可能出自一位中国留日学生的意见。1920年12月起，李汉俊就继陈独秀代理中共临时中央书记职务，'中国劳动组合书记部'的成立正是以后的时间。李汉俊是留日学生"，"所以，'中国劳动组合书记部'这个名称，可能出自李汉俊的意见"。转引自姜沛南、陈卫民：《中国劳动组合书记部始末考》，《党史资料丛刊》1980年第3期。笔者认为，张国焘的说法可信，因他是当事人。另有包惠僧的回忆可以佐证。包惠僧在1954年回忆说："我们对于劳动组合书记部这个名词的不通俗，也可以说很费解，提出了不同意见，并提出了修正意见。张国焘不肯修改，他到了没有办法的时候，就说这是马林的意见，我们不好变更，所以就用了这样一个不中不西的名词。"见《包惠僧回忆录》，人民出版社1983年版，第33—34页。

第二章
共产党早期重要领导人

这个说起来很拗口的名称,源于英文 Trade Union Secretariat。Trade Union 意为"工会",早先日本人译作"劳动组合",马林曾在日本做过工运工作,因而采用了这个词;Secretariat 意为"书记处"。张国焘懂英文,故采纳了马林的建议。这样,"中国劳动组合书记部"就成了中国共产党第一个公开领导全国工人运动的机构名称。张国焘负责工人运动,所以便担任了中国劳动组合书记部的主任。

中国劳动组合书记部正式成立前,张国焘以"中国劳动组合书记部张特立等二十六人"的名义,在《共产党》月刊第六号发表《中国劳动组合书记部宣言》。《宣言》指出:在资本主义的工厂里,工人过着牛马一样的生活,"他们把劳动卖给资本剥夺者,换到极少的工钱。他们血汗换来的工钱,多半不能维持自己生活,受饥受冻的劳工,随处都可以发现"。而童工的生活更是悲惨,"他们的康健牺牲在这剥夺制度之下,他们定不能得受教育的机会。他们从极年幼的时候,就变成了本国或外国资本家的富源开发者并变成了资本家的新式奴隶"。工人的痛苦生活"一定会迫着他们自己团结起来,向着他们的东家——剥夺者——为有力的奋斗"。这就需要一个有力的组织,"我们只有把一个产业底下的劳动者,不分地域,不分男女老少,都组织起来,做成一个产业组合。因为这样一个团体才能算是一个有力的团体"。

那么,在中国有这样的组织吗?《宣言》指出:"中国劳动组合书记部……是一个要把各个劳动组合都联合起来的总机关。他的事业是要发达劳动组合……并且我们相信将来的世界一定是工人们的世界。"

《宣言》还以崭新的姿态,第一次向工人指出他们现有的所谓"公所""工会组织",是分散了工人的力量,是没有"反抗的能力"的,"而且劳动者把他们自己分成什么宁波帮、广东帮、江北帮等是不行的。这是把自己分裂的方法,怎样能拿着这种团体来和资本家奋斗呢?"[1]

张国焘通过这个《宣言》,在中国工人运动史上第一次指出工人们要争取解放,争取自由,就必须打破帮派观念和对黄色工会的依赖,树立普天下穷人是一家的思想。张国焘以极通俗的语言,向工人们发出了"全世界无产

---

[1]《中共中央文件选集》第一册,中共中央党校出版社 1989 年版,第 3—4 页。

者联合起来"的召唤。

这篇不超过千字的《宣言》，犹如清新和煦的春风，使工人们的耳目为之一新。

中国劳动组合书记部总部设在上海公共租界北成都路19号，张国焘为主任，李启汉、李震瀛、包惠僧为干事。也就是说，张国焘是中国共产党成立后第一位工人运动领导人。

中国共产党领导下的第一张全国性的工人报刊《劳动周刊》

为了有力地指导工人运动，劳动组合书记部编辑出版了公开刊物《劳动周刊》。张国焘任编辑部主任，编辑有包惠僧、李震瀛、李启汉、董锄平等六人。《劳动周刊》是中国共产党领导的第一个全国性工人刊物，它公开声明自己的任务是"专门本着中国劳动组合书记部的宗旨为劳动者说话，并鼓吹劳动组合主义"。《劳动周刊》为适合工人阅读习惯，注重篇幅简短、内容活泼、体裁多样、文字通俗等特点。初创时，每期印四千份，从第十一期起又加印一千份。发行范围主要是上海的杨树浦、斜桥、高昌庙、浦东等工人集中区，并分寄全国各分部。该刊在1922年5月出至第四十一期后，被上海会审公堂封禁。

为了在各地迅速开展工人运动,劳动组合书记部开设了分部:在北京设立北方分部,由罗章龙负责;在汉口设立武汉分部,包惠僧、林育南先后负责;在长沙设立湖南分部,由毛泽东负责;在广州设立广东分部,谭平山、阮啸仙先后负责。此外,在济南建立山东支部,后与北方分部合并。1922年8月,总部从上海迁往北京后,在上海也建立了分部。各分部在本地区开设工人夜校,创办工人刊物,领导罢工斗争,对工人运动的发展起了重要作用。

劳动组合书记部把工作主要集中在对工人进行宣传教育和组织工会、开展罢工斗争上。总部成立不久,上海的工人便把它看作为自己申冤说理的地方。

据董锄平回忆:"那时,劳动组合书记部很活跃……工人要罢工就直接来找我们。""梅白克路(今新昌路)宝隆医院中的护士也到劳动组合中来找过我们,因为医院里的德国医生态度粗暴,欺侮她们,当时民族自尊心很强,大家要罢工反抗。这件事是通过同济大学学生罗绮园去发动她们进行斗争的,结果是胜利了,德国医生向大家道歉。"[1]

1921年8月,劳动组合书记部将工人游艺会(前身为工人半日学校)更名为"上海第一工人补习学校",由李震瀛任校长,李震瀛、李启汉、包惠僧等轮流讲课。学生有两百余人,分日夜两班。每日上课两小时,其中宣传占一时半。鉴于上海女工多,受教育少,还在补习学校内专门为女工举办讲演大会。劳动组合书记部约请施存统编写了小册子《劳动运动史》,作为劳动学校的教材。

1921年下半年至1922年上半年,劳动组合书记部领导了上海浦东日华纺纱工人、邮务工人和浦东英美烟草工人罢工,先后成立了上海烟草工人会、印刷工人会、浦东纺织工会、邮务友谊会、海员工会等。还组织参加了反对太平洋会议的上海工界外交大会、上海各界庆祝"五一节"大会等。

---

[1] 董锄平:《回忆中国劳动组合书记部》,《党史资料丛刊》第一辑,上海人民出版社1982年版,第83-84页。

然而，这些成就在张国焘看来，还远远没有达到预期的目的。1929年他在莫斯科中山大学讲课时回顾这段历史说："劳动组合书记部是马上开始工作的，在计划中，决定要领导一切罢工运动，在罢工运动中组织工人。后来检查工作，没有什么基础，如上海机器工会虽然有五百工人，其实仍无何种成绩。"

劳动组合书记部要开展工作，当然需要经费。经费从何而来？按张国焘预算，总部和各分部机关人员，再加上从事工人运动的党团员，大约三十人，每人的生活补助、机关的开支以及出版费用等，每月约需上千元。马林承诺：共产国际有帮助各国共产党的义务，中共中央可将预算草案提交共产国际，以得到共产国际的经费支持。张国焘表示，希望共产国际补助一部分，其余由中央局设法筹措。马林见数额比他预想的少得多，便表示全部经费都由共产国际补助。

经费问题能得到解决自然令张国焘松了一口气，不料，中央局书记陈独秀对中共接受共产国际经费支持一事持反对态度。事情还要从陈独秀回上海说起。

中共"一大"结束后，工作千头万绪，然而中央局书记陈独秀依然在广州任职，这种情况令马林感到不可思议，也不能容忍。于是，马林召集张国焘、李达和尚在上海的周佛海、包惠僧开会，专门讨论陈独秀回上海的问题。会上，马林表示：共产党人千万不要做资产阶级的官吏，国际上还没有一个国家的共产党人在资产阶级政府里做官。陈独秀担任党的书记，应该尽到责任，必须回来，由别人代替不行。

根据马林的意见，会议决定派包惠僧到广州向陈独秀汇报上海的情况，并接陈独秀回上海。陈独秀得知上海的意见后，遂决定辞去广东省教育委员会委员长一职。但他的辞职未得到陈炯明批准，不得已，只好以回沪看病为由离开广州。

9月中旬，陈独秀回到上海。对于陈独秀初回上海的情形，张国焘记忆犹新：

他的到来使我们大为兴奋。他一见面就向我表示对大会的成就甚感满意，准备立即负起书记的责任，积极地工作起来。可是第二天，当我见着他的时候，他的态度有些冷淡了。他说要花点时间料理私事，不愿立即举行中央的会议，也不愿与马林见面。[1]

张国焘后来才知道，陈独秀改变态度是因为不满意马林对中共中央指手画脚。陈独秀回上海前，马林未经过中央局，即派张太雷赴日本联系施存统等，要求在日本组织代表团，准备参加在苏俄召开的远东各国共产党和革命团体代表大会。陈独秀回上海知道此事后，既批评张太雷未经中央同意即赴日本，又对马林插手中共事务有意见。

陈独秀也不满意张国焘接近马林，更不同意张国焘将工作经费的预算交给马林。他骂张国焘是"国际代表的走狗"，并训斥说："你为何向马林提出劳动组合书记部的计划和预算，而且对于工作人员还规定薪给，等于雇佣革命。中国革命一切要我们自己负责的，所有党员都应无报酬的为党服务，这是我们所要坚持的立场。"[2]

陈独秀不愿马林干涉党内事务，也不愿接受共产国际的领导。1929年张国焘在莫斯科中山大学的讲课时提到：

有一次独秀提出信稿，一说我们未加入第三国际，是否加入，尚待考虑。国际给我们的什么命令及议决案，只能供参考之资。二说国际代表侮辱我们同志，以后断绝一切关系。李达、佛海都赞成这种说法，我是反对的。拍案大闹。此信后来未送去。国际代表马林主张开除独秀党籍。

正当中央局工作因上述原因难以正常开展之际，发生了一件在当时震动很大的事情——陈独秀被捕，同时也在张国焘的历史上留下了一个至今仍然众说纷纭的谜团。

---

[1] 张国焘1929年在莫斯科中山大学的讲稿；张国焘：《我的回忆》（第一册），现代史料编刊社1980年版，第156页。

[2] 张国焘：《我的回忆》（第一册），现代史料编刊社1980年版，第159页。

1921年10月4日下午2时许,法租界巡捕房的警探们突然包围了陈独秀位于上海法租界环龙路老渔阳里2号的寓所,捕去了陈独秀和妻子高君曼及正在陈家的杨明斋、包惠僧、柯庆施,搜去了《新青年》杂志及一批书籍,并在四周布下暗探,使前去拜访的邵力子、褚辅成也相继被捕。

陈独秀等人被捕后,负责中央宣传工作的李达迅速通报各地组织派人到上海共商营救事宜。马林也为营救工作四处奔走,花钱请律师、买铺保。10月5日,在马林的请求下,法国律师包和出庭为陈独秀辩护,提出:被搜到的书籍有无过激言论,还需详细查察,请求展期讯核。法庭判陈独秀拿出白银五百两,人银交保,陈独秀夫妇即被开释。其他被捕各人也交保开释,听候展期讯夺。

陈独秀等人交保开释,但案子并没有结束。于是,营救工作仍在继续。李达同专程从北京赶来的张太雷共同给孙中山发电,请他设法营救。孙中山为此专门给上海法租界领事拍了电报。胡适也电邀蔡元培共商营救计策,到处奔走。

在多方努力下,10月26日,会审公堂开庭审理陈独秀一案时,判他交一百元罚款,将所有查抄到的书籍一并销毁。至此,陈独秀被捕一事全部了结。

然而,包惠僧在1953年、1979年两次回忆此事时,都说到张国焘当时有陷害陈独秀的举动。1953年8月20日,包惠僧回忆说:"他(指张国焘)对陈独秀表面很恭敬顺从,心里是另外一套。陈独秀在上海被捕时,他曾用共产党名义印发宣言,暴露陈独秀的身份,这个宣言并没有经过中央委员会通过。陈独秀在法国巡捕房的案子并没有了结,这个宣言的作用等于告密,我从洋牢里出来,看见这个宣言,虽然是把陈独秀恭维了一番,可是把陈独秀的一切革命的关系都暴露了,使反动统治阶级便于提防他压制他,使他动弹不得,我看了之后问张国焘为什么要发这个宣言?他说这是一种政治上的宣传,很必要。当时别人对这个宣言如何看法?我因为不久就离开上海,不知道。以我的看法,这是张国焘对陈独秀不利的一种阴谋诡计。"[1]

---

[1]《包惠僧回忆录》,人民出版社1983年版,第9–10页。

第二章
共产党早期重要领导人

1979年5月，包惠僧在回忆中又说："陈独秀被捕后张国焘做了一件坏事。张国焘散发传单，题目是《伟大的陈独秀》或《陈独秀的生平》，说陈独秀出了研究室就进牢房，出了牢房又坐研究室[1]……这传单如果被拿到法庭就是陈独秀的罪证。张国焘已散发了一些，我们看到传单后很生气，不让他再散发了。张国焘的用意是想包揽党的事情，让陈独秀在牢中当书记。"[2]

但是，当时对陈独秀被捕及被释全程了如指掌的李达，在多次回忆中都未提到张国焘散发传单一事。是他对张国焘有恻隐之心吗？是他有意避开不谈吗？似乎不存在这种可能，因为李达对张国焘的评价并不高。

1954年2月23日，李达回忆说："张国焘阴谋诡诈，我对他很不满，他所以借这个机会在大会（指中共'二大'）上打击我，'打倒你，我起来'，这就是他的秘诀。他以后叛党做特务，就从这个时候发芽的。我从第一次代表大会的时候起，早已确定他是一个坏蛋。"[3]

1955年8月2日，李达这样说："张国焘原是官僚地主家庭出身，带着旧官僚的作风，投机到党里来。他只知个人利益，不顾党的利益，他眼霎眉动，诡计多端，若与别人有利害，就遇事倾轧，'打倒你，我起来'，这是他唯一的本领，我早就看破他是'大不老实'的人。"[4]1959年3月27日，李达又说："张国焘这家伙最坏。是个非常阴险的人，他跟我是死对头，专门跟我别扭。"[5]

李达对张国焘抱有如此看法，当时又在一起工作，如果张国焘散发传单的用意真是为了陷害陈独秀，李达是绝不会避而不谈的。

笔者迄今没有看到这个传单，只能推测：张国焘可能确实散发了传单。

---

[1] 此话来自陈独秀1919年6月8日发表在《每周评论》第二十五号上的《研究室与监狱》一文。全文是："世界文明发源地有二：一是科学研究室，一是监狱。我们青年要立志出了研究室就入监狱，出了监狱就入研究室，这才是人生最高尚优美的生活。从这两处发生的文明，才是真文明，才是有生命有价值的文明。"

[2]《包惠僧回忆录》，人民出版社1983年版，第372页。

[3]《"一大"前后》（二），人民出版社1980年版，第4页。

[4]《"一大"前后》（二），人民出版社1980年版，第15页。

[5]《"一大"前后》（二），人民出版社1980年版，第54页。

因为包惠僧是当事人之一，两次回忆虽时隔二十多年，但都提到传单一事，大概不会是无中生有。而李达不提，可能因为他并不认为张国焘当时散发传单的目的是陷害陈独秀，而认为这是另一种营救方式。陈独秀无罪释放，营救目的达到，故李达没有对传单一事留下特别印象。

从传单的题目《伟大的陈独秀》或《陈独秀的生平》来看，主要内容是介绍和宣传陈独秀，以唤起人们对陈独秀的同情，目的是为了营救陈独秀。笔者推测，虽然张国焘可能由于考虑不周在传单上暴露了陈独秀的身份，但绝不可能有陷害之心。如果想陷害，写封告密信给巡捕房，既简便彻底，又神不知鬼不觉。张国焘散发部分传单后遭同志斥责，恍然大悟，不再散发，说明其目的本是营救，并不夹杂私念。

陈独秀出狱后，或许是感激马林的营救，对马林的态度大变。按张国焘的说法："他们两人似都饱受折磨，也各自增加了对事势的了解，好像梁山泊上的好汉'不打不成相识'，他们交换意见，气氛显得十分和谐。"[1]

对于中央局的工作，陈独秀也特别热心起来。当时，中央局只有陈独秀和张国焘、李达三人，别无工作人员。他们三人常在陈独秀卧室楼下的客堂间或统厢房开会，决定宣传工作仍以《新青年》为公开宣传刊物，由陈独秀主持；李达编辑《共产党》月刊，作为秘密宣传刊物；张国焘主持劳动组合书记部的工作。中央局还决定成立人民出版社，出版十五种共产主义读物。

就在中央局工作刚刚步入正轨之时，张国焘又领受了新的重要任务。

首次莫斯科之行

1919年巴黎和会之后，帝国主义国家加紧了对远东地区的争夺。为协调矛盾，重新调整各国在远东，尤其是在中国的利益，1921年11月12日至1922年2月6日，美、英、日、法、意、比、荷、葡、中九国在美国首都华

---

[1] 张国焘:《我的回忆》(第一册)，现代史料编刊社1980年版，第167页。

第二章
共产党早期重要领导人

盛顿召开会议，史称华盛顿会议。[1] 共产国际采取了针锋相对的政策。1921年8月26日，共产国际执委会执行局会议决定，在伊尔库茨克召开远东各国共产党及民族革命团体大会。[2]

有线索表明，共产国际召开远东会议的决定，是通过马林告知中共中央的。中共中央得知后，认为这是一个包括远东各国各革命团体的会议，中国代表团的成员应具有广泛性，需要来自不同的党派和阶层的代表参加，同时，这也是中国共产党成立后第一次派代表参加共产国际举办的会议，因而需要派一重要人物出席。由于陈独秀刚刚开始主持中央工作，便决定派张国焘作为中国共产党代表参会，并担任中国代表团团长，负责代表团的组建和赴会后全部工作。临行前，中央给他的任务是：向共产国际汇报中国共产党的工作，听取共产国际的指示，研究苏俄及其他国家的革命经验。

10月中旬，张国焘开始做赴俄准备。按照陈独秀的指点，张国焘找到中共"一大"后仍在上海的共产国际代表尼克尔斯基。张国焘这样叙述与尼克尔斯基的会面：

> 他将中俄边境满洲里一带的情形摘要相告，并问我是否已准备了御寒的衣服。我答称一切均已准备齐全，可以即日启程。他便从抽屉中取出一张极普通的商店名片，指点着说："这张名片就是你的护照，上面有一个不容易看见的针孔乃是暗号。"要我持这张名片，用不露形迹的方法，去找满洲里某理发店的老板，由他护送过境等等。[3]

见过尼克尔斯基的第二天，张国焘即从上海乘火车一路颠簸到满洲里。

---

[1] 华盛顿会议签署了《九国关于中国事件应适用各原则及政策的条约（草案）》（简称"九国公约"），其核心是肯定美国提出的"各国在华机会均等"和"中国门户开放"的原则。华盛顿会议后，列强极力扩大各自在华势力范围，加强掠夺和控制。

[2] 以往只知道召开这次会议是共产国际决定的，但决定的时间和作出决定的具体机构尚未可知。笔者在俄罗斯解密档案中发现了相关信息。现在可以确定：决定的日期是1921年8月26日，作出决定的机构是共产国际执委会执行局。见《共产国际、联共（布）与中国革命档案资料丛书》第一卷，北京图书馆出版社1997年版，第64页。

[3] 张国焘：《我的回忆》（第一册），现代史料编刊社1980年版，第172页。

张国焘⑮

按照尼克尔斯基的指点,张国焘与理发店的老板接上了头。当晚,张国焘即坐着一辆马拉橇车,在理发店老板的护送下前往中俄边界。约半夜才到达离满洲里最近的一个俄国车站,张国焘被领到一节停在车站的车厢里。这里已等候着十多位来自中国的赴会代表,还有几位日本和朝鲜的代表。

第二天,在俄罗斯国土上的旅行即开始了。旅途中,苏俄内战时期留下的破败损毁现象随处可见,帝俄时代的文化遗迹比比皆是。从远东共和国[1]的首都赤塔到伊尔库茨克途中,有件事令张国焘终生难忘,他在《我的回忆》中写道:

> 车站上那些俄国的男女老幼,看见了我们这些黄脸孔的客人,常常以轻蔑的口吻说:"要不要盐?"这虽然是他们一句很普通的话,我们听来却都莫名所以。后来终于在车站上遇到一个华侨,将这句话的含意弄明白了。这故事的起源据说是这样的:从前居住在西伯利亚的一个华侨的先人死了,他决心要将先人的尸体运回家乡安葬。俄国只有薄木板的棺材,他恐怕日久尸体毁坏,便用盐将尸体像腌肉一样的腌好,再行运回。这故事是否真实系一问题;但是,"要不要盐?"便成为俄国人嘲笑或轻侮中国人野蛮的一句话了。[2]

张国焘认为俄国人看不起中国人有历史上的原因,这种傲慢骄横的民族沙文主义,正是沙俄时代大肆吞并中国领土的思想文化基础,这种想法一扫踏入异国他乡的新鲜感,使他心里增添了几分不快。

伊尔库茨克是西伯利亚的一个重要城市,共产国际远东书记处就设在这里。张国焘一行到达后,住在远东书记处的工作人员安排的一幢两层楼的招待所里。

---

[1] 远东共和国成立于1920年4月6日,由苏俄政府在俄国远东和西伯利亚贝加尔湖以东地区建立。名义上是独立国家,实际上完全受苏俄控制,主要作用是在苏俄和被日本侵占的符拉迪沃斯托克(海参崴)等地之间建立一个缓冲地带。1922年11月25日,日本从海参崴撤退后,远东共和国即并入苏俄。

[2] 张国焘:《我的回忆》(第一册),现代史料编刊社1980年版,第178页。

第二章
共产党早期重要领导人

11月至12月间,在伊尔库茨克举行远东大会的筹备会议。共产国际远东局代表在会上作了演讲,各国代表报告了本国革命团体的情况。张国焘代表中国向大会提供了报告。

代表们还应邀出席当地举行的苏维埃大会、联欢会,参加星期六义务劳动。通过劳动,代表们看到,尽管由于连年战争和反革命叛乱,苏俄经济极不景气,但人民还是有一种解放的喜悦和当家做主的自豪感。

在此期间,中国代表团时常开会。张国焘是代表团负责人,会议自然由他负责召集。第一次带四十多人的代表团出国,张国焘没有经验,而代表团又是各色人等兼有,要让他们听从一个二十四五岁的年轻人指挥,显然很难,于是有胡公冕[1]这样的说法:

> 张国焘在开会时表现他个人英雄主义,惹起代表们的不满。有一次,我在会上批评了他,颇得大家的同情。当时张国焘不知道我是党员。到莫斯科后,由瞿秋白召集党小组会议,批评我不应该在群众参加的会上随便批评同志,打击了党的代表在群众中的威信。结果,党处分了我半年无被选举权。我表示完全接受。回国后,因我在工作中表现得很好,不到半年,党撤销了对我的处分。[2]

由于远东大会的日期尚未确定,代表们只好在伊尔库茨克等待,参加了不少集会、联欢、参观,这些活动给了他们具体了解苏俄社会的机会,同时也产生了疑问和困惑。张国焘回忆说:

> 对于苏俄怀着满腔热忱的代表们,经过这两个月的体验之后,心中

---

[1] 在出席远东会议的中国代表团名单中没有胡公冕。据胡公冕在《我的经历》(载《党史研究资料》1982年第一期)中回忆:"1922年春,我离开浙江第一师范赴苏联,同行者有汪寿华、梁伯台、华林、谢文锦、傅大庆等十余人,拟进莫斯科东方大学。我们由上海乘轮船到海参崴,不料到达时该处已被白党占领,我们即取道中东铁路赴哈尔滨,经松花江到阿木尔省。我忽然患伤寒症,住医院五十天,病愈后,经赤塔到伊尔库茨克,此时第三国际正在莫斯科召集远东民族大会,党指定我为出席代表。"

[2] 胡公冕:《我的经历》,《党史研究资料》1982年第一期。

所产生的问题更加复杂了。大体说来，第一个问题是：苏俄将往何处去呢？这样落后的俄国，特别是这样荒凉的西伯利亚，如何能建设社会主义呢？第二个问题是：新经济政策将领导俄国的经济向哪一个方向发展呢？第三个问题是：所谓军事共产主义，与中国土匪的打家劫舍有什么分别呢？第四个问题是：中国与俄国的国情相差这样远，是不是俄国革命的经验可以做中国革命的借镜呢？这些问题，一时无法找出答案，也是我所无法解释的。这些事的确使代表们的心里受了很大的影响。后来有人归过于我，说我不善于向别人解释，其实连我自己也是在迷惘之中。[1]

当与会各国代表们陆续到达伊尔库茨克后，一个现实问题摆在共产国际领导人面前：会议的主要材料需要在莫斯科准备和讨论，而且俄共（布）中央政治局还指定斯大林、布哈林和季诺维也夫组成工作委员会，专门指导远东会议。[2] 而伊尔库茨克离莫斯科太远，会议联络和指导均有不便，有鉴于此，共产国际执委会遂决定将会议移至莫斯科举行。这一改动使代表们欣喜万分。1922年元旦，代表们从伊尔库茨克起程，九天后抵达莫斯科。

1922年1月21日，远东各国共产党及民族革命团体第一次代表大会在莫斯科开幕。出席大会的代表共一百四十八人，其中有表决权的一百三十一人，有发言权的十七人。中国代表团共四十四人，其中有表决权的正式代表三十九人，只有发言权

张国焘在莫斯科

---

[1] 张国焘：《我的回忆》（第一册），现代史料编刊社1980年版，第193页。
[2] 1922年1月12日，俄共（布）中央政治局会议决定："为举行远东代表会议，指定由斯大林、布哈林和季诺维也夫同志组成工作委员会。"见《共产国际、联共（布）与中国革命档案资料丛书》第一卷，北京图书馆出版社1997年版，第71-72页。

第二章
共产党早期重要领导人

的非正式代表五人。三十九名正式代表中，两名是莫斯科东方大学中国学生的代表。从代表的派别看，有共产党员十四人，青年团员十一人，国民党员一人，无党派人士十三人。从代表的成分看，有工人九人，农民九人，知识阶级和学生二十人，其他一人。这些代表是以不同地区、不同团体代表的身份参加会议的。

据《远东共产革命党代表大会代表调查表》所载，来自中国本部的代表团成员有：邓培、赵子俊、黄碧魂、王居一、王寒烬、倪忧天、张亚伯（即张秋白）、于树德、欧阳笛渔、王光辉、黄凌霜、高尚德、郝天柱、张国焘、林育南、梁万鹏、宣中华、蒋佛生、王福源、贺恕、王尽美、许赤光、冯菊坡、王筱锦、宋伟年、李雯初、夏曦、马念一、邓恩铭、夏揆生、贺衷寒、刘一华、唐道海、王振翼、马章禄、朱枕薪，共三十六名，另有一人因先行回国，未登记。[1]

大会选出萨法罗夫[2]、加藤、张国焘、罗易、贝拉·库恩等十六人组成主席团，并推举列宁、托洛茨基、季诺维也夫、片山潜、斯大林五人为名誉主席。

共产国际执委会主席季诺维也夫代表共产国际致开幕词。他指出，这次大会的目的是"同远东的劳动群众，同从远东来到共产国际所在地的这些国家的代表们达成一项协议"，号召"各国共产党和全世界特别是远东劳动者在共产国际的旗帜下团结起来，争取最后战胜世界资本主义。"[3]

张国焘以中国代表团团长的身份向大会宣读祝词：

我代表中国共产党和革命团体向大会表示祝贺。1922年1月21日

---

[1] 俄国当代文献保管与研究中心，全宗号495号，目录号154。

[2] 全名格奥尔基·萨法罗夫（1891—1942），1921年负责组织共产国际中东处和远东处，同年11月，在共产国际第四次代表上当选为共产国际执委会委员。1925年因参加季诺维也夫反对派，被俄共（布）第十四次代表大会免去中央委员职务；1927年被开除出党。1928年重新入党。1929年至1930年，再次进入共产国际远东处。1930年12月，代表共产国际远东处参加了专门研究中国事务的共产国际执委会主席团会议。到1934年再次被俄共（布）开除前，一直为共产国际工作。后来被捕并遭流放，1942年去世。

[3]《远东各国劳动者第一次代表大会》，彼得格勒1922年英文版。

张国焘传

远东革命党派的代表大会开幕了。我们中国革命党派的代表们以中国劳动人民和被压迫人民的名义对大会寄以厚望。我们相信,这次大会顾名思义是为远东而开的,是为革命而开的。我们坚信,大会之后,待所有革命力量联合起来,远东的革命运动一定会空前加强和深入。我们知道,这些国家的革命运动还相当软弱,革命力量处于分散状态,远东的革命运动还没有同世界其他地方的革命运动联系起来。现在我们举行这次大会就能排除这种不尽如人意的状况。我们希望这次大会把革命组织联合起来,使它们更加强大,并且制定出明确的行动纲领。

欧洲人民中有一个类似谚语的说法,称革命是人类创造的最高级最和谐的音乐,我们现在就要制定这样一种坚定而和谐的行动纲领。

同志们,我们坚信,我们远东结成强大的联合并行动起来之际,便是资本主义和帝国主义的丧钟敲响之时,也是远东人民真正的幸福和自由到来之日。

同志们,我们号召大家团结起来,奋起斗争。远东共产党和革命团体代表大会万岁![1]

可能连张国焘自己也没有想到,他的这番讲话,是中国共产党人第一次在国际共产主义运动的舞台上展示自己的形象,表达自己的追求。

1月23日,季诺维也夫向大会作了《国际形势与华盛顿会议结果》的报告,揭露出席华盛顿会议的列强以"民主""进步"为幌子,行争夺和瓜分远东之实。根据这个报告,大会通过了《华盛顿会议的结果及远东形势》的决议,指出"远东各被压迫民族获得自由和独立的有效途径,是远东各国劳动群众与先进国家的无产阶级结成联盟","远东各民族的劳动群众只有同世界无产阶级一起战胜帝国主义者,才能保证自己的自由发展"。[2]

国际形势报告结束后,远东各国代表分别介绍本国情况。中国代表先后有六人在大会上发言。张国焘是中国形势问题的主要报告人。据张国焘说,

---

[1] 李玉贞译:《中国代表团长张国焘向大会的祝词》,《上海革命史资料与研究》(七),上海古籍出版社2007年版,第707-708页。

[2] 季维尔:《共产国际的五年(决议和数字)》,《国际共运史研究资料》第六辑,第290页。

在伊尔库茨克时他就已经开始准备。[1]现在能看到的，是共产国际执行委员会出版的《远东革命组织第一次代表大会》（文集）中，有一篇《中国共产党代表张国焘向远东人民代表大会提交的报告》。《报告》是否就是张国焘在大会上的《报告》，现在尚不能确定。至少，张国焘的发言是以此为基础的。报告标题为《中国的无产阶级和农民》，长达一万五千多字，内容分"序言""中国产业工人的状况""中国农民"三部分。很难想象，在当时的环境条件下，张国焘是怎样完成的。

在"中国产业工人的状况"中，张国焘分别介绍了现代工厂的工人、手工业工会和手工业、苦力及组合、工会、产业工人与国民党、工人社会党和无政府主义派别、工人运动与学生组织、中国共产主义的工人运动等情况。

在"中国农民"中，张国焘在总体介绍中国农民的状况之后，从有地的农民、佃农、长工、农民与政治斗争、农民与外国压迫、农民与土匪、农民互助会等方面，对中国农民的情况作了详细介绍和分析。

在报告中，张国焘还使用了许多数据，用来增强说服力和感染力，并且提出一些非常有见地的观点。比如：

> 中国现代工业从西方资本主义国家来华开始发展，这些国家的目的是攫取中国的自然资源，剥削千百万中国劳苦大众。
> 中国没有任何劳动保护方面的立法，千百万无产阶级被迫在极其恶劣的条件下为了极其微薄的工资而出卖着自己的劳动。
> 近七年来，日用品涨价150%，工资仅仅涨了15%。结果是工人更难以糊口，住房条件更加恶劣，根本没有什么衣服，许多工人无法在公共场合露面。

---

[1] 张国焘回忆说："我们在伊尔库茨克将近两个月，大会的会期仍未确定。我们不懂俄国话，和俄国人往来很少。平时除了准备向大会提供一篇报告外，便无所事事。我准备的一篇报告写得很长，内容着重在中国社会历史的发展和现状的分析。我从井田制度写起，自周秦历朝以至现代，写了一百多页还未写完。那里既无参考资料，又无人将它翻成俄文，明知写好以后，也等于白费心力；可是每天伏案工作，却借此消磨了这段枯寂的时间。"张国焘：《我的回忆》（第一册），现代史料编刊社1980年版，第191–192页。

目前已经有二十五万童工和二十万女工，主要分布在纺织企业，这个行业在中国是最发达的。她们每天工作的时间像男工一样长，也上夜班，可女工日工资平均只有两角一分钱，童工才一角六分钱。

这种野蛮的剥削带来什么利益呢？下面的例子可以说明：一家名为×的日本公司十二年前以一百万日元的资金开创，目前公司已经有十三个工厂，每一家的规模都远远超过十二年前初开的那一家。

任何不以阶级斗争为基础的运动都不能赢得中国工人的信任，也不能吸引他们参加运动。

虽然反日运动平息后这些爱国组织也趋衰落直至消失，但是运动对工人阶级的影响却延续至今：运动唤醒了中国工人反对外国奴役者的精神，并在一系列的罢工中有所表现。

帝国主义者把资本投入中国，带来了自己的产品，破坏了中国国民经济的基础。虽然农民自家能够提供廉价的日用品，但他们的生产抵挡不住外国机器生产的竞争。所以近几年来中国家庭作坊的产品没有了销路，而外国产品则充斥了中国的城市市场。

耕地不足，农业凋敝，中国出现了许多无地的农民，其中许多人沦为罪犯。许多年来这个多灾多难的国家战争频仍，由于外资涌入而物价飞涨，犯罪分子的队伍不断扩大。因家庭手工业的日趋衰落，工业发展速度不够快，还不能吸纳越来越多的失业者，后者的队伍就不断扩大。这一切都促使了犯罪率的增加。而外来帝国主义分子关心的是让中国处于经常的混乱和凋敝状态，以便他们有理由继续其对中国的侵略政策，所以就找各种各样的借口对于形形色色的土匪施以庇护，助桀为虐。

得益于担任中国劳动组合书记部主任和领导中国工人运动的实践，张国焘在报告中用相当大的篇幅介绍了中国共产党人从事工人运动的情况，如出版面向工人的刊物、组织行业工会、领导工人罢工等。[1] 当时只有二十四五

---

[1] 中共"一大"会址纪念馆、上海革命历史博物馆筹备处编：《上海革命史资料与研究》，上海古籍出版社 2007 年版，第 708–728 页。

第二章
共产党早期重要领导人

岁的张国焘,对于中国社会有如此详细的了解,且又有一定的理性分析,的确难能可贵,确有过人之处。

对于中国共产党来说,这是党成立后,党的核心领导人第一次向国际社会介绍中国最基本群众的状况和中国共产党成立前后从事工人运动的情况,使共产国际和远东其他国家革命党人对中国社会有了一个初步了解、对中国共产党有了一个良好的印象。对于张国焘本人来说,这篇报告和在国际舞台上的亮相,是他政治生涯的重要一步,也奠定了他未来成长道路的重要基础。

张国焘发言之后,邓培介绍了中国铁路工人和冶金工人罢工的情况、中国工会组织的情况,以及中国人民遭受帝国主义和封建主义残酷剥削的状况。于树德介绍了帝国主义侵略中国、外国资本控制中国工业、外国货物充斥中国市场,致使手工业者破产等情况。张秋白介绍了国民党的现状和孙中山领导的南方政府的情况。女代表黄碧魂介绍了中国妇女运动的状况。

在这次大会上,各国代表面临着一个共同问题,即共产党和民族革命政党之间的关系问题。为了解答这个问题,1月26日,共产国际东方部主任萨法罗夫作题为《民族殖民地问题和共产党人的态度》的报告,特别指出:"中国劳动群众先进分子中国共产党人所面临的首要任务,是把中国从外国的压迫下解放出来,实现土地国有,推翻督军统治,建立单一联邦制的民主共和国,实行统一的所得税制度。这个共和国必须照顾广大农民群众的利益。"在谈到共产党和民族革命政党之间的关系时,他强调,只要民族革命政党不反对无产阶级运动,共产党就应支持它,"谁不支持民族革命运动,谁就是共产主义的无产阶级革命事业的叛徒;而谁反对发动无产阶级运动,谁就是民族事业的叛徒;谁阻碍中国工人争取独立,谁就是中国人民的叛徒"。[1]

1月27日,萨法罗夫就代表们的讨论进行总结性发言时,又对中国代表说:国民党确实是革命民主政党,它做了伟大的革命工作,"我们希望将来同它并肩战斗",但他也要求共产党不能放弃自己的共产主义纲领,要"把

---

[1] 转引自杨云若、杨奎松著:《共产国际和中国革命》,上海人民出版社1988年版,第47—48页。

张国焘⑯

张国焘是中共为数不多见过列宁的人。图为1920年代的列宁

工人阶级组织在独立于资产阶级影响之外的工会中"。[1]

2月2日，大会通过了《远东各国共产党及民族革命团体第一次大会宣言》，揭露了华盛顿会议的阴谋，控诉了帝国主义在远东各国的暴行，表达了远东各被压迫民族要求平等、自由和独立的强烈愿望。《宣言》号召远东各被压迫民族"在共产国际的旗帜下结成远东劳动者的牢不可破的同盟"，"全世界无产者和被压迫民族联合起来"。[2] 最后由季诺维也夫致闭幕词，大会宣告结束。

这次会议，列宁虽为名誉主席之一，但因正在病中未能出席，不过他以不同方式，同每一个代表团讨论了他们所在国家的特殊情况，以及整个远东问题。他特别强调指出，参加代表大会的各国革命力量必须联合起来。出于对中国革命和朝鲜革命的关心，列宁抱病接见了中国代表张国焘、张秋白、邓培和朝鲜代表金奎植。张国焘对这次接见作了如下记述：

> 须臾，列宁就从隔壁的办公室过来接待。他出现时朴实无华，毫无做作，完全是个普通人，很像中国乡村中的教书先生，绝对看不出是手握大权的革命最高领袖。经过施玛斯基的一番介绍之后，谈话便在轻松的气氛中进行。

---

[1] 转引自杨云若、杨奎松著：《共产国际和中国革命》，上海人民出版社1988年版，第48–49页。
[2]《远东各国共产党及民族革命团体第一次大会宣言》，《先驱》第十号，1922年8月10日出版。

第二章
共产党早期重要领导人

张秋白首先要列宁对中国革命作一指教。列宁很直率的表示，他对中国的情形知道得很少，只知道孙中山先生是中国的革命领袖，但也不了解孙先生在这些年来做了些什么，因此不能随便表示意见。他转而询问张秋白，中国国民党和中国共产党是否可以合作。张秋白并未多加说明即作肯定表示：国共两党一定可以很好的合作。列宁旋即以同样的问题问我，并希望我能告诉他一些有关中国的情形。我简单地告诉他，在中国民族和民主的革命中，国共两党应当密切合作，而且可以合作；又指出在两党合作的进程中可能发生若干困难，不过这些困难相信是可以克服的；中国共产党成立不久，正在学习着进行各项工作，当努力促进各反帝国主义的革命势力的团结。列宁对于我的回答，似乎很满意，并没有继续问下去。

……

告辞的时候，列宁以亲切的态度双手紧握着邓培的手，用英语向我说："铁路工人运动是很重要的。在俄国革命中，铁路工人起过重大的作用。请你将我的意思说给他听。"邓培这个朴实的工人领袖，听了我的翻译后张口大笑，点头不已，作为对列宁盛意的回答。列宁睹此，也露出乐不可支的笑容。

这次谈话因为翻译的费时，花去两小时以上的时间，谈话的内容却很简单。我们一行四人，对于这次晤谈都留下深刻的印象，尤其晤谈时那种友爱亲切的气氛，使大家事后称道不已。[1]

会见结束了，张国焘离开克里姆林宫时大概不会想到，自己已成为中共历史上唯一受到列宁接见的党的领导人。

张国焘出席远东会议期间，在莫斯科找到一份英文《中国共产党宣言》，此宣言写于1920年11月，是由上海共产党的早期组织起草的。张国焘发现了这个宣言，决定将它译成中文，交给出席远东会议的中国共产党党

---

[1] 张国焘：《我的回忆》（第一册），现代史料编刊社1980年版，第198-199页。

员讨论。译文前附有说明，道出他翻译的目的："决定这宣言之时期既然有一年多了，以现在须要有修改和添补的地方。我很希望诸位同志把这个宣言仔细研究一番，因为每一个共产主义者都要注意这种重要的文件——共产党宣言，并且会提到远东人民会议中国代表团中之共产主义者组中讨论。讨论的结果，将要供中国共产党的参考和采纳。"[1]

张国焘的译文，一直保存在中共驻共产国际代表团的档案中，直到几十年后才面世。

贡献于"一劳大"和中共"二大"

1922年上半年，出席远东大会的中国代表陆续回国。约在这年3月，张国焘回到上海。

从张国焘当时的政治理论水平来看，要说完全理解远东大会精神，也是言过其实，但他对大会的主旨，即共产党同其他革命政党建立反帝反封建联合战线这一点，还是有清醒的认识。张国焘向陈独秀汇报了远东大会具体情况，引起陈独秀高度重视。共产国际"二大"通过的《关于民族和殖民地问题的补充提纲》[2]和远东会议关于建立联合战线的精神，使陈独秀对中国革命的性质和革命的任务，开始有了比较明确的认识。张国焘回忆说：

> 陈独秀先生对政治十分敏感，认为共产国际、世界革命和苏俄是不可分割的，须相依为命，互为声援，共图发展。世界革命不能有呆板的公式和划一的计划，只有以反帝为共同目标；目前中国革命不是什么工人阶级反对资产阶级，只是反外力侵略和反对军阀。环顾全国，除国民

---

[1]《中共中央文件选集》第一册，中共中央党校出版社1989年版，第547页。

[2] 共产国际第二次代表大会于1920年七八月间召开，列宁在会上提出《民族和殖民地问题提纲初稿》，系统阐述了关于民族和殖民地问题的理论。大会通过的《关于民族和殖民地问题的补充提纲》，强调在革命发展的第一阶段，共产党应该帮助落后国家的资产阶级进行民族解放运动，推翻外国资本主义，完成资产阶级民主革命任务。

第二章 共产党早期重要领导人

党可以勉强说得上革命外,并无别的可观的革命势力。所以列宁强调国共合作,他深表同意。不过他总觉得国民党有很多毛病,如注重上层、勾结土匪、投机取巧、易于妥协、内部分子复杂、明争暗斗等等。[1]

在中国共产党人的积极推动下,到1922年4月,全国各种工会团体已达一百多个。为促进团结,加强领导,中共中央决定,以中国劳动组合书记部名义发起召开第一次全国劳动大会。张国焘作为书记部主任,承担起会议的主要筹备工作。

1922年4月9日,中国劳动组合书记部公开发出《关于召开中国第一次全国劳动大会的通告》。"通告"提出,将于五一劳动节期间在广州召集第一次全国劳动大会,主要内容是:纪念"五一节";联络全国工界感情;讨论改良生活问题;讨论各代表提议事件。开会的原则是:不分任何党派,只要是工会团体,便可派一名代表参加。"通告"刊登在一些报纸上,同时还以公函的形式发往各有关机构。

这是中共成立以来第一次召集全国性的会议,大会能否如期举行,直接关系到中共今后的工作和工人运动的发展。为此,中共中央于4月初即通告各地党组织,阐明这次大会的意义,要求各地党组织协助当地工会选派代表参加。劳动组合书记部也向各地工会发信征求意见。得到一些响应后,书记部于4月20日向全国各地劳工团体发出召开第一次全国劳动大会的正式通知。

1922年5月1日至6日,第一次全国劳动大会在广州召开。来自广州、香港、北京、天津、唐山、长辛店、山东、武汉、长沙、江西、南京、上海等地的工会代表共一百七十三人出席,代表全国一百多个工会,二十七万会员。代表中有共产党员、国民党员、无政府主义者等,有共产党领导的工会组织,也有招牌工会[2],甚至还有工商混合组成的团体。[3]

大会第一天,全体与会代表和广州市工人群众五万余人举行了示威游

---

[1] 张国焘:《我的回忆》(第一册),现代史料编刊社1980年版,第212页。

[2] 由资本家领导或控制的工会。

[3] 邓中夏:《中国职工运动简史》(1919—1926),人民出版社1953年版,第69页。

行，领头的一面大旗便是"中国劳动组合书记部"。参加者每人都拿着一面小旗，上书"全世界无产阶级联合起来""八小时工作万岁""劳工神圣"等字样。游行队伍集中到市第一公园后，召开了群众大会。在热烈的气氛中，张国焘发表了演讲，陈独秀、张太雷也讲了话。

当晚，劳动大会在广州河南机器工会举行开幕典礼。会场上悬挂着"打倒帝国主义""打倒军阀""中国共产党万岁"等巨幅标语。

由于参加会议的代表成分相当复杂，所以会议一开始讨论主席团组成时即发生冲突。大会开始前，中共中央已经拟定由黄焕廷、林伟民、谭平山、邓培、谢英伯组成大会主席团。这个名单在提交大会讨论时，发生了激烈争论。据邓中夏说：

> 主席团名单是共产党拟定而由一建筑工会的代表提出。这名单之中，共产党为了联合各派，故各派都有人在内。其中有谢英伯的名字。谢英伯隶属国民党，为一无聊政客，但此时他为广州互助总社社长，该社确已包括有几十个手工业工会，举为主席团之一，确也应当。可是就因谢英伯的问题引起很大的纠纷，特别是无政府党人，那时反对在朝的国民党，更反对政客式的谢英伯……[1]

会议争论了数小时，意见不能统一，最后只好由谭平山一人担任执行主席，各派均没有提出异议。

会议在其他问题上也有不同意见，但由于共产党人善于掌握政策，采用民主讨论、互相协商、求同存异的方法，避免了分裂，使会议比较顺利地完成了预定议程。

在提交并通过的决议案中，罢工援助案、工会组织原则案、铲除工界虎伥案，是讨论最热烈的，这三个核心提案，有两个是共产党人提出的。

大会接受了中国共产党提出的"打倒帝国主义""打倒军阀"等政治口号，通过了《全国劳动大会第一次会议宣言》和《八小时工作制案》《罢工援

---

[1] 邓中夏：《中国职工运动简史》（1919—1926），人民出版社1953年版，第69-70页。

助案》《全国总工会组织原则案》《惩戒工界虎伥案》等十个决议案。

鉴于中国劳动组合书记部对大会的贡献,代表们一致动议:"全国总工会未成立前,请中国劳动组合书记部为全国通讯机关。"邓中夏对此评价说:"这次大会的另一意外的成功,就是中国劳动组合书记部地位的提高,大会通过'在中国全国总工会未成立之前,中国劳动组合书记部为全国总通讯机关'案,事实上便是公认它是全国唯一的领袖。再则每个决议案差不多都有'大会委托中国劳动组合书记部如何如何'字样,根据这些决议案,实际上中国劳动组合书记部已有指挥全国职工运动之权。"[1]

第一次全国劳动大会是中国共产党在全国发挥重要政治影响的起点。

劳动组合书记部的公开活动,早就引起了反动当局的注意。1922年2月,租界巡捕房查抄书记部总部机关,并传讯了李启汉。当年3月,张国焘从苏俄回国后,得知这一情况,便采取了措施:办公处不存秘密文件;《劳动周刊》尽量不登煽动性文字;人员尽量分散居住,秘密工作;聘一英籍律师为法律顾问。这些措施起到了一定的保护作用。

不料,第一次全国劳动大会后不久,1922年6月初,李启汉再次被便衣侦探诱捕。对于李启汉的这次被捕,董锄平认为是张国焘的错误所致:

> 有一次,有一个人和我们联系要买五十份《劳动周刊》,而且还要谈谈工作,李启汉、张国焘和我三个人都在那里。下面响起了敲门声,我们从窗口望出去,看见这个人穿了长袍子,完全不像工人,是一副流氓相。张国焘要李启汉下楼去和他接头。李启汉下去后,讲话的声音很大,这表示情况不好,我和张国焘就翻墙从隔壁跑了,李启汉被抓去了。其实,这次当我们发现来的人不对路时,可以不去开门,张国焘更不应该叫李启汉下去接待。[2]

---

[1] 邓中夏:《中国职工运动简史》(1919—1926),人民出版社1953年版,第74-75页。

[2] 董锄平:《回忆劳动组合书记部》,《党史资料》第四辑。

李启汉被捕后,《劳动周刊》也被迫停刊。7月16日,租界巡捕房再次查抄北成都路19号劳动组合书记部总部机关,并以有碍"租界治安"为由,要求会审公廨将其封闭。7月25日,中国劳动组合书记部正式被查封。书记部只得于8月迁往北京。从此,书记部的工作改由邓中夏负责。

第一次全国劳动大会在广州闭幕的前一天,1922年5月5日,中国社会主义青年团第一次代表大会便在广州开幕,至10日结束。中共中央局书记陈独秀和少共国际代表达林出席会议并指导。大会通过了《中国社会主义青年团纲领》和《中国社会主义青年团章程》以及四个议决案。选举高君宇、施存统、张太雷、蔡和森、俞秀松五人为中央执行委员会委员,施存统任团中央书记。

大会决定中国社会主义青年团加入少共国际,正式成为少共国际的一个支部。这一决定意味着,在确定与共产国际的关系问题上,中国社会主义青年团走在了中国共产党的前面。因为中国共产党正式决定成为共产国际的一个支部,是在同年7月召开的中共"二大"上。

中共领导人在广州筹备和组织两个大会期间,前来参加青年团会议的青年共产国际代表达林,根据莫斯科方面的指令,在广州就共产党与国民党合作问题,与陈独秀、张国焘等人进行了深入讨论。

其实,关于共产党同国民党合作问题,早在这年4月以前,就曾由国际代表马林提出过。中共"一大"后,马林在张太雷陪同下于1921年12月到了中国南方,在桂林拜会了孙中山,后又在广州接触了国民党其他重要人物。通过沟通了解,马林认为,孙中山领导的国民党是革命的政党,而且在广州有基地。他设想,将刚成立的、人数尚少的中国共产党与国民党合作,可以使共产党有一个公开活动的舞台,进而将国民党改造为工农党。至于合作形式,可以采取共产党员以个人身份加入国民党的"党内合作"形式。回到上海后,马林将自己的设想向中共中央局陈独秀等人提出。陈独秀坚决反对。他说,国民党虽然号称有三十万党员,但已毫无生气,更无严密的组织纪律。共产党是无产阶级的政党,要独立进行工人运动,不能与国民党搞什么合作。张国焘和李达也表示不同意。尽管马林做了最大努力,但未能说服中央局的几位领导人,他大为失望,不久就离开上海返回莫斯科,向共产国际寻求支持去了。4月6日,陈独秀致信维经斯基,申述了共产党不能与国民党合作的六点理由[1],希望在共产国际讨论此事时,维经斯基能够代陈中共中央的意见。

此时,达林再次提出国共合作问题,陈独秀不得不重视起来。根据达林的建议,陈独秀召集了一个有二十多人参加的会议。会上,达林提出,中共应该摆脱单纯的宣传工作和闭塞的小圈子式的工作方法,登上群众性政治运动的舞台,成为中国历史的动力。而欲达此目的,就要与孙中山国民党联合起来。达林回忆说:

> 在与孙中山谈判时所说的不是共产党员以个人身份加入国民党,以个人身份加入不需要孙中山的同意。共产党随时可以让本党的这些或那些党员大量地或少数地以个人身份加入国民党,以便在国民党内开展工作,并影响其政策。我们谈的是指共产党作为一个政党加入国民党,但是要以保持政治和组织上的独立性为条件。[2]

当达林对他规划的国共合作模式进行解释后,陈独秀和张国焘就听出了达林与马林在国共合作问题上的不同设想:马林是要求共产党员以个人身份加入国民党;达林是要求共产党以政党的形式整体加入国民党。至于这两种方式有何实质的不同,会带来什么不同的后果,他们还来不及细想。

是否同国民党合作讨论会开了好几天,与会人员意见很不统一,有反对的,有支持的,也有不表态的。没有资料表明张国焘当时是什么态度。但从

---

[1] 这六点理由是:一、共产党与国民党革命之宗旨及所据之基础不同。二、国民党联美国、联张作霖段祺瑞等政策和共产主义太不相容。三、国民党未曾发表党纲,在广东以外之各省人民视之,仍是一争权夺利之政党,共产党倘加入该党,则在社会上(尤其是青年社会)信仰全失,永无发展之机会。四、广东实力派陈炯明,名为国民党,实则反对孙逸仙甚烈,我们倘加入国民党,即受陈派之敌视,即在广东亦不能活动。五、国民党孙逸仙派向来对于新加入分子,绝对不能容纳其意见及假以权柄。六、广东北京上海长沙武昌各区同志对于加入国民党一事,均已开会议决绝对不赞成。在事实上亦已无加入之可能。见《中共中央文件选集》第一册,中共中央党校出版社1989年版,第31-32页。

[2] 达林:《中国回忆录》,中国社会科学出版社1981年版,第90-91页。

张国焘

后来的事实看，他应该是持反对态度的。

1922年上半年，远东大会精神的传达、列宁关于民族殖民地问题的理论，以及第一次全国劳动大会和青年团第一次代表大会的成功举办，促使以陈独秀为首的中国共产党人对中国的政治态势和中共面临的任务逐渐明晰起来：中国是一个受帝国主义和军阀统治的国家，革命的任务是反帝反封建，这个任务规定了中共应该联合其他革命力量共同奋斗。面对社会上盛行的解决中国问题的种种主张[1]，中国共产党要不要向社会表明自己对于时局的看法？张国焘回忆说：

> 当我们将这一问题提交上海全体同志会议讨论时，到会者多采取激进的态度，要求不必等到第二次全国代表大会，也不必顾虑到与蔡元培、胡适等好人政府派的原有友谊，即应将我们的主张公开出来，并推陈独秀先生起草。当时中共还没有共同起草一个文件的习惯，陈先生在会议上即曾表示他所草拟的这项文件完成之后，欢迎所有同志不客气的修改，使之成为一个集体作品。
>
> 陈先生的草案在中共中央讨论的时候，并没有经过很多的修改就通过了。[2]

1922年6月15日，由陈独秀起草的《中国共产党对于时局的主张》公开发表。"主张"强调辛亥革命的重要意义，指出孙中山革命派失败的原因，分析中国当时几种重要的政治主张并不能解决中国问题，进而提出中国共产党解决时局的主张。"主张"明确指出："中国共产党是无产阶级的先锋军，是为无产阶级奋斗、为无产阶级革命的党。但是在无产阶级未能获得政权以前，依中国政治经济的现状，依历史进化的过程，无产阶级在目前最切要的工作，还应该联络民主派共同对封建式的军阀革命，以达到军阀覆灭能

---

[1] 当时有人主张总统复位、恢复国会，有人主张联省自治，有人主张建立"好人政府"。
[2] 张国焘：《我的回忆》第一册，现代史料编刊社1980年版，第232页。

够建设民主政治为止。"在"中国现存的政党中,只有国民党比较是革命的民主派,比较是真的民主派"。因此,中国共产党"要邀请国民党等革命的民主派及革命的社会主义各团体,开一个联席会议","共同建立一个民主主义的联合战线"。[1]

在上一年召开中共"一大"时,与会代表还决定不与任何党派发生关系,然而一年后《中国共产党对于时局的主张》就鲜明地提出要与以国民党为首的民主派实行联合,即进行"党外合作",这确实是认识上的一个飞跃。这个飞跃的实现,既有陈独秀独立思考的因素,也有张国焘等人的贡献。

1922年7月16日至23日,中国共产党在上海召开第二次全国代表大会。

中共"二大"会址(上海)

---

[1]《中共中央文件选集》第一册,中共中央党校出版社1989年版,第44—46页。

张国焘 ⑮

出席大会的有陈独秀、张国焘、李达、杨明斋、罗章龙、王尽美、许白昊、蔡和森、谭平山、李震瀛、施存统等十二人（尚有一人姓名不详），代表着全党一百九十五名党员。这十二名代表由三部分人组成，即党的中央局成员、各地区党组织的代表和社会主义青年团的代表、出席远东各国共产党及民族革命团体第一次代表大会后回到上海的部分同志。

会上，张国焘报告了远东各国共产党及民族革命团体第一次代表大会的经过、中国工人运动的状况和第一次全国劳动大会的情况，阐述了远东大会的精神和列宁的民族和殖民地问题理论。与会代表赞同远东大会通过的关于共产党与民族革命分子合作的决议。在正确分析国际国内形势，正确认识现阶段革命性质和任务的基础上，中共"二大"制定了党的最高纲领和最低纲领。[1]

中共"二大"通过的《关于"民主的联合战线"的议决案》，重申了《中国共产党对于时局的主张》中提出的与以国民党为代表的民主派实现联合的态度，并且指出，这种联合并不是"合并"，无产阶级还"应该集合在无产阶级的政党——共产党旗帜下，独立做自己阶级的运动"。[2]

从中国共产党第一次代表大会到第二次代表大会，还不到一年时间，但党在认识水平和理论水平上却有了十分显著的提高。作为一个新生的政党，他已经开始尝试把马克思主义基本原理与中国革命的实际相结合，并迈出了极其重要的一步。张国焘作为中共中央领导成员、远东大会代表，对于共产党人认识的提高起了积极的促进作用。

中共"二大"还通过了一个十分重要的决议案，这就是《中国共产党加入第三国际决议案》。短短217个字，却正式决定了中国共产党与共产国际的关系。决议的内容是：

无产阶级是世界的，无产阶级革命也是世界的，况且远东产业幼稚的国家，更是要和世界无产阶级联合起来，才足以增加革命的效力。现

---

[1]《中共中央文件选集》第一册，中共中央党校出版社1989年版，第115页。
[2]《中共中央文件选集》第一册，中共中央党校出版社1989年版，第65页。

第二章
共产党早期重要领导人

在代表世界的无产阶级为世界无产阶级革命大本营的，只有俄罗斯无产阶级革命后新兴的第三国际共产党。第三国际共产党，是和一方面利用无产阶级、一方面供资本帝国主义利用的第二国际，正立在对抗的地位。中国共产党既然是代表中国无产阶级的政党，所以第二次全国大会议决正式加入第三国际，完全承认第三国际所决议的加入条件二十一条，中国共产党为国际共产党之中国支部。[1]

这一决议将中国共产党的命运，包括张国焘的命运，与共产国际正式联系在一起。作为共产国际的一个支部，中共从此必须服从共产国际的指挥。但谁又能保证，共产国际的指挥永远是正确的呢？

根据中共"二大"通过的《关于共产党的组织章程决议案》，会议选举产生了中央执行委员会。陈独秀、张国焘、蔡和森、高君宇、邓中夏当选为中央执行委员，其中陈独秀为中央执行委员会委员长，张国焘、蔡和森分管组织、宣传。

张国焘仍是中共党内仅次于陈独秀的第二号人物。

---

[1]《中共中央文件选集》第一册，中共中央党校出版社1989年版，第67页。

第三章
受挫于国共合作之争

指导中共"一大"的共产国际代表马林，于1921年底在桂林、广州与孙中山和国民党要人会谈后，认为国民党是一个多阶级的联盟，共产党员应以个人身份加入国民党，即"党内合作"，目的是中国共产党可以走出秘密状态，在广州等地公开活动，同时通过批评国民党以改造国民党为工农党。

张国焘不同意这种党内合作方式，更是坚决反对从事工人运动的共产党员加入国民党，认为这样便失去了共产党的独立工作。于是，在1922年8月的西湖会议上，张国焘与马林发生了激烈争论，但会议最终接受了马林的意见。

1922年11月至1923年1月，陈独秀赴莫斯科参加共产国际"四大"，张国焘代委员长之职，其间集中发表多篇政论文章，展示了他的理论才华。

同年2月，张国焘代表中央指导京汉铁路工人大罢工，罢工遭镇压后他坚决采取了正确的退却政策。

在1923年6月召开的中共"三大"上，因国共合作问题张国焘与马林再次发生争论，成为他落选的重要原因。

此后，张国焘消极对待国共合作，乃至参加国共合作的盛会——国民党第一次全国代表大会时，竟中途退会。

第三章
受挫于国共合作之争

影响深远的西湖论争

中共"二大"召开时,马林正在莫斯科向共产国际详细汇报他在中国的工作和所了解到的情况。报告中说:国民党是一个民主主义的政党,支持工人运动,国民党的纲领为不同派别的人加入其中提供了可能性。而共产党刚刚成立,在全国人数不过五六十人,与其说是一个政党,不如说是一个宣传性的小组。马林提出自己的设想和忧虑:

> 我建议我们的同志,改变对国民党的排斥态度并在国民党内部开展工作,因为通过国民党同南方的工人和士兵取得联系要容易得多。同时,共产主义小组必须不放弃自己的独立性,同志们必须共同商定在国民党内应该遵循的策略。国民党的领导人告诉过我,他们愿意在国民党内进行共产主义宣传。我们的同志拒绝这个主意。这些共产主义小组若不在组织上同国民党结合,那他们的宣传前景暗淡。[1]

共产国际代表马林

马林的报告引起共产国际领导人的高度重视。恰在此时,共产国际执委

---

[1] 马林:《向共产国际执行委员会的报告》,《共产国际、联共(布)与中国革命档案资料丛书》第一卷,北京图书馆出版社 1997 年版,第 239 页。

会又收到了在中国活动的共产国际远东书记处代表利金的报告。利金也把中国共产党称为"共产主义小组"。他指出：中国"共产主义小组"是清一色知识分子组成，所以他们与中国工人群众完全隔绝，把自己局限在单独的独立小组中，满足于像在温室里那样栽培共产主义。利金建议将中共中央驻地迁往广州，这有助于把国民革命运动的各种联系集中到中央局手中，把劳动群众从国民党的影响下吸引过来，使之接受共产主义小组的影响。[1]

共产国际执委会对马林和利金的报告进行了认真讨论，最后决定：中共中央把驻地迁往广州，党的一切工作都要服从马林的指导。马林从莫斯科再到上海时，他的衬衫里缝着一份打印在丝绸上的共产国际给中共中央的密令，内容是：

> 中国共产党中央委员会接短笺后，应据共产国际主席团7月18日决定，立即将驻地迁往广州并与菲力浦[2]同志密切配合进行党的一切工作。[3]

这份密令实际上是共产国际授予马林的"尚方宝剑"。

马林到上海时，中共"二大"刚闭幕不久。马林为中共"二大"正式同意加入共产国际而感到欣慰，但当他看到"二大"通过的《关于"民主的联合战线"的议决案》后，又感到不快。该议决案的设想是这样的：先行邀请国民党及社会主义青年团在适宜地点开一次代表会议，互商如何加邀其他各革新团体，及如何进行；运动倾向共产主义的议员在国会联络真正民主派的议员结合民主主义左派联盟；在全国各城市集合工会、农民团体、商人团体、职教员联合会、学生会、妇女参政同盟团体、律师公会、新闻记者团体等组织"民主主义大同盟"。[4] 马林认为这是不切实际的幻想，要求中共中

---

[1] 见《共产国际、联共（布）与中国革命档案资料丛书》第一卷，北京图书馆出版社1997年版，第86—95页。

[2] 即马林。

[3]《共产国际、联共（布）与中国革命文献资料选辑》（1917—1925），北京图书馆出版社1997年版，第321页。

[4] 见《中共中央文件选集》第一册，中共中央党校出版社1989年版，第66页。

第三章
受挫于国共合作之争

央立即召开特别会议，讨论共产国际远东局的指示和国共合作问题。

杭州西湖，一个风景如画的地方。1922年8月28日至30日[1]，中共历史上七个不寻常的人物在这里召开了一次不寻常的会议，中国共产党的历史从此开始出现了新的转折。让我们记住这七个人的名字：陈独秀、李大钊、张国焘、蔡和森、高君宇、马林和翻译张太雷。

"西湖会议"场景（油画）

尽管拥有共产国际的"最高指示"，但马林一开始并不想"压服"中共党人，他系统陈述了自己的主张。据张国焘回忆，马林的理由主要是五个方面：第一，中国在一个很长的时期内，只能有一个民主的和民族的革命，绝不能有社会主义的革命，而且现在无产阶级的力量和其所能起的作用都还很小。第二，孙中山先生的国民党是中国现在一个有力量的民主和民族革命的政党，不能说它是资产阶级的政党，它是一个各阶层革命分子的联盟。第三，孙中山先生可以而且只能容许共产党员加入国民党，绝不会与中共建立

---

[1] 关于西湖会议的具体日期，在笔者所看到的目前已经公开的资料中，只有光明日报出版社1989年出版的《马林与第一次国共合作》一书第83页的马林工作记录，明确记载是8月28日至30日。

一个平等的联合战线。第四,中共必须学习西欧工会运动中共产国际所推行的各国共产党员加入社会民主工党工会的联合战线的经验,中共须尊重共产国际的意向。第五,共产党员加入国民党既可以谋革命势力的团结,又可以使国民党革命化,尤其可以影响国民党所领导的大量工人群众,将他们从国民党手中夺取过来。[1]

马林的讲话引起与会者强烈反响。据陈独秀回忆:"当时中共中央五个委员:李守常、张特立、蔡和森、高君宇及我,都一致反对此提案,其主要理由是:党内联合乃混合了阶级组织和牵制了我们的独立政策。最后,国际代表提出中国党是否服从国际决议为言,于是中共中央为尊重国际纪律遂不得不接受国际提议,承认加入国民党。"[2]陈独秀的回忆基本反映了当时的情况。但他忽视了一个问题,就是在与会者中反对国共党内合作最激烈的,当数张国焘和蔡和森。张国焘对此并不隐晦:

> 我们认为中共党员加入国民党不能与西欧共党工人加入社会民主党工会一事相提并论,国民党是一个资产阶级的政党,中共加入进去无异于与资产阶级相混合,会丧失它的独立性,这与共产国际第二次大会所通过的原则不合。我们指出与国民党建立党外的联合战线是可以做到的,这有过去国民党和其他派系建立联盟的实例为证。如果组织一个联合战线的委员会,可以推孙为主席,委员会中的国民党人数也可比中共人数多一倍左右。我们所要说明的是中共并不是要求与国民党来个平等的联合战线,只是不要丧失独立性。我们还着重指出,中共除与国民党合作建立联合战线外,更应注意争取国民党以外的广大工农群众来壮大自己。根据这些观点,我们要求不接纳马林的主张,并请共产国际重新予以考虑。[3]

马林见会上的情况对自己很不利,便祭出了"尚方宝剑"。他向中共领

---

[1] 见张国焘:《我的回忆》(第一册),现代史料编刊社1980年版,第241–242页。

[2] 陈独秀:《告全党同志书》,《共产国际、联共(布)与中国革命文献资料选辑》(1917—1925),北京图书馆出版社1997年版,第340–341页。

[3] 张国焘:《我的回忆》(第一册),现代史料编刊社1980年版,第242页。

第三章
受挫于国共合作之争

导人申明：这是共产国际已经决定的政策。这一招果然见效。最先改变态度的是陈独秀，他向马林表示：即使共产党员加入国民党，也必须是有条件的加入。孙中山应该取消打手模和宣誓服从他本人的原有入党办法，并根据民主主义的原则改组国民党。否则，共产党员绝不加入。

最终还是李大钊为马林解了围。他提出，陈独秀、张国焘等人的意见都有一定的道理，但党在成立后活动余地狭窄也是事实。如果参加到国民党内，既实现了与国民党建立联合战线的要求，又能为党的活动找到更加宽阔的领域。所以，有条件的加入还是可行的。

在李大钊的解说下，与会人员最后终于接受了马林的意见。虽未形成文件，但事实上，共产党员以个人身份加入国民党以实现国共合作，从此写在了中国共产党的历史上。

西湖会议决定了中共后来的命运。中共的重大发展始于此；中共在1927年的重大失败也始于此。

马林为什么要力排众议，坚持实行国共党内合作呢？

马林原是荷兰共产党员，1913年前往爪哇从事革命工作。1914年5月，他在爪哇建立了东印度社会民主同盟（印尼共产党的前身）。1916年开始，马林在爪哇尝试组织不同政治派别以"党内合作"方式实现联合。正是采用了"党内合作"的形式，使得东印度社会民主同盟逐渐壮大，推进了爪哇革命运动的发展。有爪哇的经验，马林信心十足地认为，"党内合作"这种模式能使国共两党取长补短，共同推动国民革命，并可以在合作的过程中逐渐改造国民党。

西湖会议后，陈独秀、李大钊和马林一起拜访了因陈炯明叛变而逃亡到上海的孙中山[1]，正式向孙中山提出两党合作的主张，并建议他依照民主的原则改组国民党。当时孤立无援的孙中山欣然接受了他们的建议。

不久，陈独秀、李大钊、蔡和森、张太雷由国民党重要领导人张继介

---

[1] 1922年6月，陈炯明发动了"炮轰总统府"事件。孙中山虽然组织了抵抗，但没有成功，最后只得放弃广州，来到上海。

绍、孙中山主盟，正式加入国民党。起初对党内合作反对最激烈的张国焘，也于9月的某一天，在张继的客厅里，由张继主持举行了一个简单的入党仪式，成为具有双重身份的党员。是张国焘放弃了自己的主张吗？不。作为一个共产党员，他必须服从组织的统一行动。

几位党的主要领导人加入国民党后，到1922年底，中共中央并没有采取进一步行动。除了几个被孙中山邀请帮助国民党改组的主要人物如陈独秀外，其他同志仍在进行以前的工作。

1922年11月5日至12月5日，共产国际第四次代表大会在莫斯科召开。中共代表陈独秀、青年团代表刘仁静、工会代表王俊出席会议。尽管刘仁静在报告中乐观地认为共产党在群众中的影响已经增长，并极力表明中国共产党已经承认以个人名义参加国民党是与国民党建立统一战线的正式形式，但共产国际执委会委员拉狄克仍以教训的口吻使陈独秀看到自己所代表的中国共产党多么渺小：

> 同志们，不要把事情看得太美好，不要过高估计你们的力量。中国同志在这里站出来发言说：我们已在整个中国牢固地扎下了根。我却不得不说：尊敬的同志！在工作开始时感到有足够的力量来进行这一工作，这是好的。但是毕竟应当看到实际的情况。我们的中国党是在中国两个部分发展起来的，彼此是相当独立的。在广州和上海的同志很不懂得同工人群众相结合。我们同他们进行了整整一年的斗争，因为许多人认为，一个好的共产党员怎么能干预像罢工这样的平凡的事情呢？那里的许多我们的同志把自己关在书斋里，研究马克思和列宁，就像他们从前研究孔夫子一样。几个月前还是这个样子。由于孙中山倒台，革命事业本来已在华南遭到一次打击，它怎么可能一下子就具有强大的力量呢？在北方，一般说来党是弱小的，只能依靠铁路工人，你们在那儿怎么可能是一支巨大的力量呢？塔尔海默同志引用了列宁一句话：不要事先夸耀胜利。这句话很好，正像古代中国圣贤的话一样，应当学习和好好理解。[1]

---

[1]《共产国际有关中国革命的文献资料》(1919—1928)，中国社会科学出版社1981年版，第64页。

拉狄克的发言不仅仅是代表他个人的意见，而是代表共产国际和马林的意见。可想而知，作为中共领导人，陈独秀受到了怎样的打击！这一打击是否影响他转为右倾，尚待进一步研究。不过，这一打击倒在客观上促进了国共合作的进程，这一点是确定无疑的。

代理委员长

自从1919年3月4日至6日召开共产国际第一次代表大会，宣告共产国际正式成立后，共产国际于1920年7月19日至8月17日召开第二次代表大会，1921年6月22日至7月12日召开第三次代表大会。这三次大会虽然都有中国人参加，但前两次是列席大会，第三次才有中国共产党代表正式参加。[1]

1922年11月5日至12月5日，共产国际"四大"召开，情况就完全不同了。中国共产党派出了正式代表团，以中央执委会委员长陈独秀为首，还有青年团代表刘仁静、工会代表王俊。

陈独秀赴俄之前，共产党人在上海的公开活动已经受到法租界严重干扰和破坏。中国劳动组合书记部被封，李启汉被捕，中共中央发行书刊的机构——新青年书店被查闭，中共中央的正常工作难以开展。而此时北方的形势却比较乐观，长辛店、唐山等地和京汉铁路工人运动发展迅速，工会组织纷纷建立，北京等地的共产党组织也有所扩大。因此，中共中央继这年8月将劳动组合书记部迁北京后，又于10月将中共中央机关迁往北京。

当月，陈独秀等人即踏上赴俄旅途，至1923年1月陈独秀回国，期间由张国焘暂时代理中共中央执行委员会委员长，承担起负责全面工作的重担，尤其是全党在思想理论上的认识和统一问题。张国焘在短短三个月中，一反往日注重实际工作、不善舞文弄墨的风格，在《向导》《工人周刊》发

---

[1] 据资料载，第一次大会，由旅俄华工代表刘绍周、张永奎列席，刘绍周为旅俄华工联合会会长。第二次大会，刘绍周、安恩学以旅俄共产华员局代表身份列席。第三次大会，张太雷、杨厚德以中国共产党代表名义正式参加、江亢虎列席。

表了十五篇政论文章。

众所周知，陈独秀靠着一支笔，向社会表明自己的政治态度，或抨击时事，或宣传新思想，具有强烈的说服力和吸引力。张国焘的文章无论文笔还是思想深度都无法与陈文相比，但在当时确实起到了喉舌作用。

张国焘这一时期的文章概括起来有以下几个方面的特点：

第一，旗帜鲜明地反对帝国主义。

张国焘认为，帝国主义侵略和封建军阀统治是中国人民痛苦的根本原因。由于帝国主义的侵略，"我们百余万劳苦弟兄在外国资本家的鞭策下做工，洋货深入穷乡僻巷，弄得做手艺的没有生意了，种田的无数弟兄置不起一件粗布衣服了。外国牧师替土匪流氓保镖，欺侮乡下佬。香港六十五万同胞和上海一百五十万同胞，被一二万外国人统治着，平均每个外国人统治一百五十个中国人；东三省的住民时常遭日本人和日本人豢养的胡匪杀戮。上海市等处的公园，是'禁止华人与犬入内'"，所以，国际帝国主义的压迫非打倒不可。

帝国主义在用武力侵略中国之后又进行经济侵略，经济的侵略比武力的侵略更危险。帝国主义经济侵略的目的"纯粹是奴役经济落后国的人民，吸取原料，销售制造品，以供资本主义的发展"。张国焘称这种经济侵略国家为"经济的帝国主义"，又叫作"侵略的资本主义"。他指出，和武力侵略相比，经济侵略更具隐蔽性和欺骗性，它不易引起被侵略国人民的直接反抗，不需要派许多军队去占领他们的土地，却"更能深刻地普遍地榨取弱小民族的精液，一滴不漏"。因此，"国际帝国主义是中国人民的第一个敌人，是势不两立的敌人，为了解除中国人民的痛苦，为了中国的独立和自由，非急速打倒他不可。"[1] 打倒帝国主义，只能依靠全中国人民的力量。张国焘指出，中国人民绝不能坐以待毙，绝不能对帝国主义的侵略和压迫不闻不问，绝不能做"驯熟了的奴隶！"。[2]

针对日本占领山东问题，张国焘呼唤国民运动的领袖们："倘若你们不

---

[1] 张国焘：《中国已脱离了国际侵略的危险么？——驳胡适的"国际的中国"》，《向导》第一卷，第六期，1922年10月18日出版。

[2] 张国焘：《中国人民是驯熟了的奴隶吗？》，《向导》第八期，1922年11月2日出版。

愿意你们所代表的国民运动慢慢死去,你们是应该出来引导民众做反抗日本的行动呀!"他呼唤青年学生们:"应该在此千钧一发的时候,发动和五四运动一样的热烈运动呀!"他鲜明地指出:"筹款赎路并不能挽回山东被侵略的情势,只有学俄国劳苦群众夺回海参崴,和土耳其夺回君士坦丁一样的方法,才是把青岛夺回的唯一方法"[1],总之,"只有我们民众的实力才能阻挡那侵略的进行!""用民众势力建立一个独立的中华民主主义共和国。"。[2]

打倒帝国主义,必须联合世界反帝国主义的国家和民族。张国焘提出,推翻强大的帝国主义,仅靠一国的力量是不行的。就拿反对日本侵略来说,"我们反抗日本强盗,夺回青岛的奋斗方法,当要和劳农俄国,日本劳动群众,高丽人民一致进行",因为日本侵略的魔爪也伸向了俄国和高丽。而由于日本的侵略,也给日本人民带来了痛苦。[3]这实际上是接受了列宁关于世界已进入帝国主义和无产阶级革命时代的思想。

张国焘的认识是比较深刻的。他提出的帝国主义由武力侵略到经济侵略的见解,以及只有依靠全中国、全世界人民的力量才能打倒帝国主义的认识是正确的。这固然与他对时事的关心和研究有关,也与他出席远东会议并对会议精神有比较深刻的理解不无关系,正是通过这次会议,他才对世界帝国主义及其侵略性有了比较完整的认识,同时对列宁的世界无产阶级革命理论,尤其是殖民地革命理论有了进一步了解。

第二,只有推翻封建军阀的统治,中国才有出路。

1922年10月11日,《向导》第五期登载了张国焘的《国庆日裁兵运动》一文一针见血地指出:"'裁兵运动'的标语和它包含的意义,不过是一种呼冤的声音,是软弱心理的表现。"中国要推倒军阀统治,靠裁兵是不行的,唯一办法"是要大声疾呼地唤起被军阀残杀的全国人民,连兵士在内,赶快靠自己的力量,团结起来,毫不歧路徘徊的,百折不挠向军阀攻击。只有这样,是唯一使国内和平与统一的办法……只要饱受军阀摧残的国人,去掉软

---

[1] 张国焘:《不要忘记了山东问题》,《向导》第十二期,1922年12月6日出版

[2] 张国焘:《中国已脱离了国际侵略的危险么?——驳胡适的"国际的中国"》,《向导》第一卷,第六期,1922年10月18日出版。

[3] 张国焘:《不要忘记了山东问题》,《向导》第十二期,1922年12月6日出版。

张国焘 ⑮

弱的倚靠心理,自信这大量的人的团结力可以打倒极少数的军阀呀!"张国焘十分明确地指出,对军阀不能抱任何幻想,不能存软弱的心理,中国唯一的出路在于全国人民团结起来,打倒军阀。

张国焘又批评了国民党对军阀政府的"否认"态度。他认为,只是一味地不承认军阀政府,实际上是一种不革命的心理在作怪。因为"只是消极的否认他们,等于闭着眼让他们作恶。……所谓'否认'的心理和'否认'的表示,简直不能危及暴力的毫末。"他认为,"革命党的重要工作,是如何增厚民众实际反抗的势力,并不单是在口头上造成否认军阀卖国政府的空气就算完了","因为只有民众的实力才能打倒一种暴力"。[1]

张国焘指出,靠任何软弱的呼吁或者根本的否认都不能推翻军阀统治,只有依靠人民的力量才能成功。但怎样才能使人民推翻军阀呢?在阶级与阶级的对抗中,只有掌握反抗的武器——枪杆子,才能真正获得解放。关于这一点,张国焘当时并未有明确的认识。所以,尽管他反复强调依靠人民,但赤手空拳的人民面对荷枪实弹的军阀,是难以获胜的。

第三,国民党应该依靠人民,不应该仅仅依靠武力。

中国共产党成立后,对于国民党的缺点多有批评,尤其是陈独秀、蔡和森等人,曾针对国民党各方面的弊端给予了尖锐的指摘。张国焘在这段时间发表的文章,也有相当一部分是抨击国民党弊端的。

张国焘指出,历来国民党仅仅做军事运动,只图占领一二省,组织一个所谓革命政府,这样做的第一个结果,便是使人民与国民党隔离;第二个结果,便是全中国的革命变成南方局部的革命;第三个结果,造成只是消极的否认对方势力的政策。如是,国民党虽然建立了两次政府,但都因军阀的压迫而不复存在。他认为,国民党与其倾全力去建立一个不稳固的政府,还不如倾全力支持工人的斗争。因为一个革命的政党要真为人民的利益奋斗,才能得到人民的充分同情,如是他们的革命才有基础。倘若国民革命没有人民的同情做基础,是绝不会成功的。

张国焘号召国民党去组织和支持人民的斗争,但又强调指出:他的意思

---

[1] 张国焘:《革命党的"否认病"》,《向导》第十五期,1922年12月27日出版。

第三章
受挫于国共合作之争

并不是不要进行军事行动，只是在军事行动和人民之间，人民是第一重要的。只有由一个全国国民党大会促着全体党员向群众中去，是唯一的完成革命的新道路，这样，才能组织一个真正的、不受军阀势力和外国势力威吓的革命政府。[1]

张国焘明确指出，在革命的行动中，组织和发动人民是第一位的，军事行动是第二位的，只有把力量的基点放在人民大众一边，革命才能成功，真正的革命政府才能建立。张国焘的认识无疑是正确的。

第四，知识分子在中国革命中的地位和责任。

张国焘认为，"在素来缺乏政治活动的中国人民中间，那极少数的知识阶级是最彻底最有革命精神的成分，占政治上的重要地位"。这是因为，中国是个农业国，"百分之九十以上的人民是农夫，农夫没有政治上的兴趣，简直是世界上的通例。特别是中国的农夫——因为都是'小地主式'的农民——没有政治的兴趣，他们只要求一个真命天子，还要求太平和丰年，除此以外，简直什么都不管"。而资产阶级势力很小，新式工人也占少数，"在这几百万的工人中间，熟练工人尤少，近一二年间才开始组织他们的工会，为增加工资的斗争；虽然他们将来在政治上势力不可限量，但是现在却不能不说是幼稚"。盘踞在中国政治舞台上的旧官僚和军阀，是反动势力。这种状况才造成了知识阶级在政治上的重要地位，决定了他们的责任，这就是"以改造中国为己任"，"以打倒军阀官僚和外力，建立和平，独立，自由，统一为共同目标，向个个乡村，个个工厂，个个商店，个个学校，个个营盘去宣传，并组织他们来进行这迫切的政治奋斗呀！"。

张国焘指出，遗憾的是，现今的知识阶级中，有人已放弃了政治的斗争，一心钻研学问；有人主张改良，标榜好人政府主义；有人主张联省自治，立宪运动。而最富热情的青年学生，现在也消沉下来，许多学生认为应该专心求学，将来以所学贡献国家和社会。在张国焘看来，这些表现与他们的政治地位和责任是不相称的，他大声疾呼：知识分子到民众中去！他指出："学生离了民众，便会一事无成。最显明的事实是无论商人群众、工人

---

[1] 见张国焘：《国民党应否复建革命政府》，《向导》第七期，1922年11月20日出版。

群众、农人群众或军警群众，只要一有组织和觉悟，都比学生群众的力量大得多。学生引导各种民众运动是可以的，但是离开一般民众而成为独立的学生群众，是绝不可以的。现在各处的学生运动，都有离开民众的形势，这真是学生运动的危机！……我希望全国学生不要忘记了与民众密切结合的重要，渐渐在实际上不离开民众；我们希望愤恨政府国会军阀并有革命精神的学生诸君，能急速到民众中去，做革命的宣传。"[1]

张国焘在这里提示了知识分子与工农民众相结合的重要性。知识分子只有到民众中去，宣传民众，组织民众，才能汇聚起强大的革命力量，实现改造中国的愿望。

张国焘的文章除上述主要内容外，还有一些对时事的评论，如《劳工局与劳工司》《庆祝海参崴工人》《向导周报与珠江评论》等。

值得一提的是，张国焘有篇文章叫《还是赞助新蒙古罢》。文中主张应该支持蒙古独立，因为只有蒙古脱离中国而独立，才能使蒙古民族避免日本、恩琴白匪[2]和中国军阀的压迫。既然中国人无法帮助蒙古人民脱离被压迫的境地，还不如赞成蒙古在俄罗斯支持下独立。张国焘的这篇文章发表在《向导》第八期，时间是1922年11月4日。

无独有偶，此时正在莫斯科的陈独秀，也在向共产国际提交的工作计划中宣称："在国家组织之原则上，凡经济状况不同、民族历史不同、语言不同的人民，至多只能采用自由联邦制，很难适用单一国之政制；在中国政象之事实上，我们更应该尊重民族自决的精神，绝不应该强制经济状况不同、民族历史不同、言语不同之人民和我们同受帝国主义侵略及军阀统治的痛苦；因此我们不但应该消极的承认蒙古独立，而且应该积极的帮助他们推倒

---

[1] 张国焘：《知识阶级在政治上的地位及其责任》，《向导》第十二期，1922年12月6日出版；张国焘：《学生运动之我见》，《向导》第十七期，1923年1月24日出版。

[2] 罗曼·冯·恩琴，1886年出生于奥地利，由俄国继父养大。十月革命爆发后，恩琴参加谢苗诺夫的军队，同苏联红军作战。1920年，恩琴同谢苗诺夫决裂。1921年，恩琴率他自己建立的亚洲骑兵师共八百人进入外蒙古，在日本的支持下，击败高在田率领的中国军队，成为外蒙古的实际统治者。不久，他着手袭击俄国和蒙古的边境地区，但在苏俄红军的进攻下遭到失败。8月21日，他的蒙古同盟者出卖了他，将他逮捕后送交红军。9月15日，在经过简短的审判后，恩琴在新西伯利亚被处决。

王公及上级喇嘛之特权，创造他们经济的及文化的基础，达到蒙古人民真正独立自治之客观的可能。"[1]

张国焘和陈独秀都支持外蒙古独立，而且找了相同的理由。很显然，在外蒙古独立问题上，当时中国共产党的两位主要领导人都接受了苏俄政府的观点。现在看来，支持外蒙古独立可以指责为"卖国"。然而在当时受苏俄意识形态严重影响的情况下，在全世界无产阶级无国界的思想影响下，不仅是陈独秀和张国焘，中国许多先进分子对外蒙古都缺乏特别强烈的领土意识，而是以极为纯朴的感情认为只要外蒙古人民能够得到解放，过上好日子，独立出去是好事。

从张国焘这一时期所发表的文章来看，1922年底的张国焘，思想认识是处于中共党内较先进水平的，对于国际国内一些重要问题的认识是明确的、深刻的。当然，他在对另外一些问题的认识（例如中国农民问题等）也是肤浅的、片面的。当时张国焘的政治思想正在逐渐形成的过程中，这与中国共产党此时正处于逐渐成熟和发展的过程是一致的。

张国焘主持中央工作期间，中共中央为了配合当时正在进行的中俄建交谈判[2]，于11月7日指导北京和汉口两地，以青年学生为主体，举行了庆祝俄国革命五周年的示威游行，并散发传单和宣言，呼吁同苏俄建立正式友好关系。

当时，中央工作的重心仍然是工人运动。10月23日，在中共中央、中共北京区委、中国劳动组合书记部北方分部和中共唐山地委领导下，开滦爆发了反对英国资本家的五矿同盟[3]大罢工，要求增加工资。罢工遭到中外军警镇压，坚持了二十五天，最后在资本家被迫答应工人部分要求后，方才复

---

[1]《中国共产党对于目前实际问题之计划》，《中共中央文件选集》第一册，中共中央党校出版社1989年版，第122页。

[2] 苏俄十月革命后，为了摆脱在国际上的孤立局面，于1920年、1921年、1922年分别派出代表团来华进行建交谈判，但都因双方分歧过大而失败。张国焘主持中央工作期间，由中共所进行的配合工作，是指1922年8月以越飞为团长同中国政府代表的谈判。1923年8月，苏联副外交人民委员加拉罕率团再次来华进行建交谈判。1924年5月，中苏正式建交。

[3] 为唐山、赵各庄、林西、马家沟、唐家庄五个煤矿。

工。是为中国工运史上一个重大事件。

开滦五矿大罢工的经过和结局，使党中央临时负责人张国焘大为震动。他随即召开会议，检讨罢工的得失，并对北方工人运动的前景作出估量。

据张国焘回忆，在会上，他和蔡和森认为，开滦大罢工遭到镇压是包括吴佩孚在内的北方军阀镇压工人运动的第一声。而李大钊根据他所了解的政治内幕，认为这是英国方面向直系军阀中的天津保定派施加压力的结果，可以看作是一个特殊事例。邓中夏等劳动组合书记部的人认为，罢工未取得理想效果主要是由于工会组织不够健全，罢工准备不充分，劳动组合书记部领导不力。会议最后决定，无论反动势力用怎样严厉手段对付罢工，共产党人都要继续组织工人运动，争取罢工自由。其中最主要的，还是积极推进铁路总工会和各地区工团联合会的工作。[1]

正是在中共中央积极推动下，很快就掀起了震惊中外的京汉铁路工人大罢工。

指导京汉铁路工人大罢工

1922年底到1923年初，在陈独秀赴莫斯科参加共产国际"四大"期间，张国焘作为中共中央执委会代理委员长，最为关心的还是全国工人运动的发展和壮大。他告诫知识分子，不要"在研究室里研究一些空的理论"，而应该"到群众中去做政治宣传，组织他们做政治的奋斗"，以便"用民众的力量打倒官僚军阀和外力，建立一个独立的、和平的、统一的中华联邦共和国"。[2] 还抨击陈炯明组织的"劳工局"和北京政府组织的"劳工司"，指出这些都不是为工人说话的组织，而是"偏袒资本家""保护资本家"的组织。他相信"现在的工人阶级已有相当觉悟，已是社会上的有力分子，将来在改造中国上还能尽很大的力量。那些工人阶级的敌人之阴谋，将不能

---

[1] 张国焘：《我的回忆》（第一册），现代史料编刊社1980年版，第263–264页。
[2] 张国焘：《知识阶级在政治上的地位及其责任》，《向导》第十二期，1922年12月6日出版。

第三章
受挫于国共合作之争

欺骗勇敢的工人们罢。"[1] 这一时期，张国焘对工人运动的现状和前景充满了信心。

中国劳动组合书记部迁到北京后，在邓中夏领导下，北方的工人运动日益高涨，特别是铁路工人的罢工斗争发展很快。第一次直奉战争[2]结束后，直系军阀吴佩孚控制了北京政府，原来的交通系内阁倒台。

吴佩孚在五四运动中同情学生，在1919年11月发表《救国同盟草约》，主张铲除内奸、实现和平、同仇敌忾、以雪国耻。他还通电主张召开国民会议，保护劳工。他的这些举动受到苏俄领导人的重视。吴佩孚在第一次直奉战争中取胜后，苏俄领导人通过不同渠道加强了同他的联系。同时，共产国际也要求中国共产党支持吴佩孚。为落实共产国际的指示，中共北方区委决定利用李大钊与吴佩孚的心腹白坚武的私人关系，与吴佩孚建立联系。

交通系是长期把持全国铁路的一个官僚集团，其爪牙遍布各条铁路。吴佩孚控制北京政权后，为了清除交通系的势力，拟在北方的六条铁路线上设立稽查员，调查交通系的活动及其骨干分子的情况。李大钊得知后，便通过吴佩孚的亲信、交通总长高恩洪，将共产党员安插到京汉、京绥、正太、京奉、津浦、陇海等铁路线上任稽查员，以此为掩护开展工人运动。

不久，铁路工人运动普遍开展起来。京汉路长辛店工人罢工、京奉路山海关铁厂和唐山制造厂工人罢工、京绥路车务工人罢工、正太路工人罢工等，都取得了部分胜利。

铁路工人运动中以京汉铁路的工作基础最好。1922年底，京汉铁路各站已建立十六个工会分会，中共中央认为建立京汉铁路统一的工会组织的条件已经成熟。于是，由中国劳动组合书记部出面，决定于1923年2月1日在郑州举行京汉铁路全路工会代表大会，正式成立京汉铁路总工会。

对于这次会议，中共中央十分重视，认为京汉铁路总工会成立后，其他各铁路总工会便可以此为榜样相继成立，在此基础上再成立全国铁路总工会就是势所必然。鉴于京汉铁路总工会的成立事关党领导的铁路工人运动全

---

[1] 张国焘：《劳工局和劳工司》，《向导》第十三期，1922年12月出版。

[2] 1922年4月29，受英、美支持的直系军阀吴佩孚和奉系军阀张作霖之间爆发战争，史称"第一次直奉大战"。5月5日，张作霖败退关外。直系取胜后，完全控制了北京政府。

张国焘 传

京汉铁路总工会旧址

局，中共中央决定派张国焘前往郑州指导京汉铁路总工会的成立大会。1月底，张国焘到达郑州，此时，他的身份是"中国劳动组合书记部秘书"。

京汉铁路纵贯直隶、河南、湖北三省，是连接华北和华中的交通命脉，有着重要的政治意义和军事意义。京汉铁路的收入是吴佩孚军饷的主要来源之一，吴佩孚虽曾有"保护劳工"的承诺，但只希望劳工运动为己所用。得知京汉铁路工人要成立总工会后，吴佩孚便露出真面目，下令禁止召开京汉铁路总工会成立大会。起初，筹备委员们还派出代表杨德甫、凌楚藩、李震瀛、史文彬、李焕章赴洛阳与吴佩孚交涉。在交涉无果的情况下，筹备委员们决定不顾吴佩孚的反对，仍按原定计划于2月1日在郑州召开京汉铁路总工会成立大会。

2月1日上午，当出席京汉铁路总工会成立大会的代表整队向会场进发时，遭到军警阻拦，双方发生肢体冲突。代表们奋勇冲进会场后，军警马上将会场重重包围。为避免冲突扩大，张国焘当即建议总工会成立仪式和全体大会可以改时改地举行，现在不必坚持。但参会代表情绪激昂，不肯解散。[1] 就这样，京汉铁路总工会成立大会在黑暗势力的强压下宣告开始。

出席大会的除京汉铁路各工会分会的代表六十五人外，还有京奉、津浦、道清、正太、京绥、陇海、粤汉等铁路的代表六十多人，汉冶萍总工会和武汉三十多个工会的代表团一百三十人，北京、武汉的学生和新闻界三十

---

[1] 见张国焘：《我的回忆》（第一册），现代史料编刊社1980年版，第166页。

第三章
受挫于国共合作之争

多人。恶劣的环境使原定议程无法正常进行。负责会议筹备工作，并被选为京汉铁路总工会委员长的杨德甫后来回忆：

> 我们全路代表和执行委员除了史文彬、凌楚藩不知去向外，全部上了讲演台。京汉铁路总工会秘书张国焘（特立）宣告奏乐开会，这时黄殿辰[1]在台上面色如土，举起两手摇摆，口中说了一句不准开会外，就呆若木偶。我们里面的音乐和外面的枪声对比奏乐后，由我报告京汉铁路总工会筹备的经过及吴佩孚谈话的情形，并致谢词。继由律师公会代表兼湖北全省工团联合会顾问施洋讲话，他说明了工人阶级根据现政府的约法，人民有集会、结社、言论、出版、居住、行动自由之权，工人适应社会潮流，组织工会是合法的也是应该的，我们律师是依照法律，保障约法的尊严及人民的权利，京汉工友成立工会早经路局批准，手续完备，现在任加干涉，显然是破坏政府约法的行为。继由李汉俊、包惠僧、赵子健、张特立及各省市名流人士，各工团代表各界来宾都有激昂的演说，各路分会的代表也讲了话，大家一致高呼："京汉铁路总工会万岁！"双方坚持到下午四点钟，由张特立致谢词后，宣告散会。[2]

当晚，总工会委员们聚集在一起召开秘密会议，讨论对策。会议决定：为反抗军阀的压迫，京汉铁路工人于2月4日全线同时举行总罢工；京汉铁路总工会迁至汉口江岸车站，会同湖北全省工团联合会，组成罢工的总机构，指挥总罢工。[3]罢工的主要领导人有：张国焘、罗章龙、项英、包惠僧、

---

[1] 郑州警察局局长。
[2]《杨德甫自述》，《二七大罢工资料选编》，人民出版社1983年版，第631-632页。
[3] 关于罢工的领导机构，罗章龙回忆是"京汉总工会党团"，对外公开的司令部是"京汉铁路总工会"。房文祖在《关于京汉铁路工人大罢工的领导问题》（载《党史研究资料》第三辑，四川人民出版社1982年版）一文中赞同这种观点。而肖甡在同辑发表的《也谈京汉铁路大罢工的领导问题》一文，认为领导机构是"中国劳动组合书记部及其分部"。现在多倾向于前一种说法。如由中共中央党史研究室所编《中国共产党历史》（上卷）（人民出版社1991年版，第83页）这样写："总工会召开秘密会议，决定为反抗军阀武力压迫，全路自4日起实行总罢工……"

107

林育南、李震瀛等，此外，杨德甫、史文彬、凌楚藩、吴汝明、高彬等人也参与了领导工作。

2月4日，京汉铁路总工会发表了《京汉铁路总工会全体工人罢工宣言》，号召全路工人为争自由而战，为争人格而战，为争工人阶级的切身利益而战，并郑重宣布："从本月四日正午起，京汉铁路全体一律罢工，不达到下列的条件，决不上工！"工人们的条件包括撤革交通部官员、赔偿成立大会损失、增加休息日、照发工资等。

上午9时，江岸机车厂首先罢工。到当天中午12时，京汉铁路全线两万多工人全部罢工，一千二百多公里铁路顿时瘫痪。

2月4日当天，中国劳动组合书记部通电全国各工会，要求积极动员起来，支援京汉铁路罢工工人。湖北全省工团联合会所属各工会紧急动员，参加斗争。

2月6日，正太、道清、津浦南段铁路工人宣布罢工。北京民权运动大同盟、北京学生联合会、北京各团体联合会等举行联席会议，决定组织铁路工人后援会，支援京汉铁路工人大罢工。

京汉铁路工人大罢工以及全国各地各阶层的声援活动，使帝国主义驻华机构和北京政府深为不安。帝国主义驻北京公使团召开紧急会议，要求北京政府尽快武力镇压。在汉口，英国驻汉口总领事召集湖北省督军代表和外国资本家举行秘密会议，策划镇压罢工的办法。

2月7日，在吴佩孚命令下，湖北督军萧耀南指使督军署参谋长张厚庵以与工会代表谈判为借口，将工会代表诱捕，进而派军警冲进工会和厂区，大肆抓捕罢工工人。

江岸车站上，京汉铁路总工会江岸分会委员长林祥谦和其他十几个人被绑在电线杆上。反动军阀残忍折磨拒绝下复工令的林祥谦。当愤怒的罢工工人在项英的带领下想扑过去救人时，敌人的枪声响了。一时间，整个江岸车站成了杀人的刑场，枪声、喊声、哭声响成一片。与此同时，江岸工会门前也发生了大屠杀。

此时，张国焘正与一些罢工负责人隐藏在一个村庄里。听到军警捕杀工人的消息后，张国焘立即意识到情况万分紧急，急忙下令大家即刻离村，主

第三章
受挫于国共合作之争

要负责人到汉口法租界的一个茶楼集合。

黄昏时分,张国焘提着一个竹筐,化装成一个卖花生的小贩,在熟悉道路的杨德甫带领下,深一脚浅一脚地向集合地点走去。这是一位姓熊的人开的茶楼,此人曾参加过辛亥革命,同情工人运动。

紧急会议开始了。为避免更大牺牲,张国焘主张立即下令复工。他说:"应当退却时,就应迅速的退却。现在这种和平式的罢工,不能对抗吴佩孚的武力压迫;大家只要细想一下,在江岸分会内,军阀们用诡计屠杀工人的经过,就可预料还会遭受到一些什么样的屠杀和镇压。为减少牺牲,保存实力以图再举起见,现在只有忍痛复工。"[1] 但大多数与会者反对张国焘的意见,张国焘后来回忆说:

> 项英热情奔放,反对我的主张。他坚持继续罢工,直到胜利为止。他心目中的革命与罢工是无所谓退却的,宁可遭受更大的压迫和屠杀,不可一遇挫折即行屈服。他指斥我领导不当,说罢工既然不能抵抗武力压迫,那又为何发动罢工?如今,在武力压迫之下,又何能屈服?项英心中的愤慨是无法抑制的,但也提不出具体的办法。我曾向他提出许多问题,诸如现在消息隔绝,江岸既然发生了大规模的屠杀,其他各地是否也有同样情形?如不立即复工,吴佩孚的屠杀是否仍会继续下去?如果继续下去,各地工人是否担当得起?工人在遭到更重的牺牲之后,是否会陷于溃败的状态,乃至被逼上工?[2]

争论至夜半时分,张国焘心里暗暗着急,看来用讨论的方式通过复工已是不可能了。于是,他要求停止讨论,声明他本人以"中共中央和劳动组合书记部总部全权代表"的名义下令立即复工。他对在场的人说:"这次力争工会组织自由的罢工是正确与必要的,但也犯了对情况估计不清的错误。我们没有完全估计到吴佩孚的残暴本质和他所受中外反动势力的影响之大,

---

[1] 张国焘:《我的回忆》(第一册),现代史料编刊社1980年版,第272页。
[2] 张国焘:《我的回忆》(第一册),现代史料编刊社1980年版,第272页。

109

张国焘

因而事先没有详细研究对付武力压迫的办法。现在各工会都应采取迅速而有效的步骤，通告所有罢工工人，一律复工。一切后果由我负责。至于反对意见，可以保留，将来再向上级控告我。"[1]

众人只能表示服从。经讨论，决定由张国焘亲自拟复工命令，由湖北工团联合会作为紧急通知下发。张国焘当即起草了复工命令，其中提出："我们的敌人，既用这样大的压力对付我们，我们全体工友为保全元气以图报复起见，只好暂时忍痛上工……须知各人此时唯有忍痛在厂工作，才有报仇之日，才有打倒敌人之日。杀吾工界领袖林祥谦等之仇誓死必报。言论、出版、集会、结社、罢工之自由誓死必争。军阀、官僚、中外资本家誓死必打倒。唯其如此，所以我们要忍痛复工，才有以后的种种办法。"[2] 会后，大家分头去通知工人。

第二天，当上班的时间到时，工人们怀着沉痛的心情，走进工厂，遵令复工。此时，驻扎在江岸车站和工会内的军队正大批出动，准备捉拿工人。当他们得知工人已领命复工后，才罢了手。

"二七"惨案后，吴佩孚发出密令，通缉张国焘、林育南、包惠僧、项英、许白昊、杨德甫和李伯刚等，反动气焰十分嚣张。

"二七"惨案是中国工人运动史上最悲惨的一页。陈独秀得知后曾痛心地反问："我们事先是否有方法避免这次的屠杀？"京汉铁路大罢工毫无疑问有着重大的历史意义，但作为一次失败的罢工，更有着许多教训值得总结。

中国共产党成立后，张国焘一直负责工运工作。自1922年1月到1923年2月，全国共建立一百多个工会，罢工一百八十七次，参加罢工人数达三十万以上。除少数取得全部或部分胜利外，大多数都被镇压。这种结果除了客观上反动势力过于强大外，主观上则是由于罢工领导人，特别是居于全国工运领导地位的张国焘等人并没有真正认识到斗争环境的险恶，存在着盲目乐观和急躁情绪。他们不是详细周到地考虑发动罢工的时机、条件和罢工所能取得的实际效果，而是抱着急于求成的心理，希望通过发动工人一次又

---

[1] 张国焘：《我的回忆》（第一册），现代史料编刊社1980年版，第273页。
[2] 《近代史资料》1955年第一期。

一次的罢工，使反动势力害怕和妥协，为工人阶级争得福利和自由。事实上，每一次罢工的失败，都会在工人当中产生或多或少的动摇情绪，都会使党经受或大或小的挫折，其结果是欲速则不达。

张国焘无疑是中国工人运动的奠基者之一，功绩不可否认。但他毕竟只是涉足政坛不久的年轻人，水平有限，经验不多，不可避免要犯错，主要体现为"左"倾。

对于张国焘在京汉铁路工人大罢工中的表现，后人曾有过许多指责，认为他是妥协、退让、逃避，缺乏英勇斗争的精神。有人指出，在接到吴佩孚镇压罢工、屠杀工人的报告后，张国焘既不了解伤亡情况，也不组织反击，却立即下令"疏散"；有人指责，张国焘没有请示中央就擅自以"中共中央和劳动组合书记部总部全权代表"的名义，下令立即复工；有人指出，2月7日晚，湖北全省工团联合会决定发动总同盟罢工支援铁路工人，但由于张国焘下了复工令而没有实现，等等。笔者认为，当时敌强我弱，罢工已遭镇压，继续进攻实际是不顾客观情况的蛮干，不可能取胜，只能招致更大牺牲。张国焘作为罢工的主要领导人，能够力排众议，当机立断，下令复工，并于危急关头安排人员通知京汉路各分会，尽量将工人的损失减少到最低程度，其做法无疑是正确的。

"二七"惨案发生三年之后，1926年2月7日，《人民周刊》创刊，张国焘发表《悼殉难的战士们》一文，沉痛悼念在"二七"惨案中牺牲的施洋、林祥谦，及随后牺牲的烈士们，评价京汉铁路工人大罢工在中国史上的"真价值"，是"开工农群众为革命而牺牲的新纪元"。他指出，"革命成功的一个重要条件，就是广大群众的实际参加"，"二七"之所以为人们所纪念，就是因为它是"工人群众参加革命的起点"。[1]

"二七"惨案发生后，全国工人运动开始走向低潮。

为了使共产国际了解中国工人运动的状况并给予及时指示，受马林的派遣，张国焘于1923年2月20日离开上海，前往莫斯科，向共产国际东方部

---

[1]《人民周刊》第一期，1926年2月7日。

张国焘⑮

主任萨法罗夫、远东局维经斯基和赤色职工国际负责人罗佐夫斯基等人汇报京汉铁路工人大罢工的经过以及中国工人运动的情况。对于此事，当时在海参崴的共产国际执委会远东局局长维经斯基颇有微词，在写给共产国际执委会东方部的报告中，维经斯基说："……张国焘不知为什么被派往莫斯科去报告罢工情况。在他往返莫斯科的这两个月里，他本来最好应该待在汉口和北京，组织工会的剩余力量。向莫斯科报告罢工的情况本来可以用书面形式，或者甚至可以从海参崴发电报，这要比张去莫斯科花费少得多，而且不会使党和工会的一位领导人在这样重要的时刻离开工作岗位。"[1] 从实际情况看，维经斯基的批评也是有道理的。

张国焘到莫斯科后，向萨法罗夫、维经斯基和罗佐夫斯基报告了京汉铁路工人大罢工和"二七"惨案，及中国工人运动的有关情况。张国焘本希望能得到共产国际进一步指示，却发现报告并未引起如期的重视，他的理解

1923年4月，张国焘（左四）与在莫斯科东方大学学习的任弼时（左一）、罗亦农（左二）等合影

---

[1]《共产国际、联共（布）与中国革命档案资料丛书》，北京图书馆出版社1997年版，第234页。

是：失败的消息不能引起人们的兴奋，本是人之常情。

说共产国际对张国焘的报告根本没反应也不符合事实。据张国焘说，共产国际和赤色职工国际答应为"二七"受难工人和被开除的失业工人募集一笔救济金。

张国焘在莫斯科期间，并没有同共产国际领导人进行过正式讨论，但在同有关人员的具体接触中，他还是听到了在中国问题上，特别是国共合作问题上共产国际内部的不同意见。他认为，东方部的拉狄克和萨法罗夫是左派，布哈林是中派，马林是右派。对共产国际内部分歧的了解，无疑加重了张国焘后来反对马林关于党内合作主张的心理砝码。

"三大"落选

1922年12月，马林再次回到莫斯科。此时，他发现自己精心设计的"斯内夫利特战略"[1]，并没有在共产国际东方部内部得到一致认同。东方部内有一批人，特别是远东局的维经斯基，对在中国实行国共党内合作尚有抵触情绪。这不能不引起他高度重视。在向共产国际执委会汇报工作时，马林明确指出，在中国只有按照他的设想进行党内合作，中国共产党才有发展前途，否则使中国共产党成为群众性的政党只能是空话。在讨论中国问题时，马林还与维经斯基发生了正面交锋。

为了使马林和维经斯基都有表达自己思想的机会，共产国际领导人布哈林提出，由马林和维经斯基共同起草一份关于国共合作的决议案，经过大家讨论后，再以共产国际执委会名义发给中共中央。这一招果然高明，马林和维经斯基在互相妥协的基础上形成了决议案草稿。

1923年1月12日，共产国际经过讨论后，正式作出《关于中国共产党与国民党的关系问题的决议》，内容是：

---

[1] 即党内合作战略。

张国焘◎

一、中国唯一重大的民族革命集团是国民党，它既依靠自由资产阶级、民主派、小资产阶级，又依靠知识分子和工人。

二、由于国内独立的工人运动尚不强大，由于中国的中心任务是反对帝国主义者及其在中国的封建代理人的民族革命，而且由于这个民族革命问题的解决直接关系到工人阶级的利益，而工人阶级又尚未完全形成为独立的社会力量，所以共产国际执行委员会认为，国民党与年轻的中国共产党合作是必要的。

三、因此，在目前条件下，中国共产党党员留在国民党内是适宜的。

四、但是，这不能以取消中国共产党独特的政治面貌为代价。党必须保持自己原有的组织和严格集中的领导机构。中国共产党重要而特殊的任务，应当是组织和教育工人群众，建立工会，以便为强大的群众性的共产党准备基础。

在这一工作中，中国共产党应当在自己原有的旗帜下行动，不依赖于其他任何政治集团，但同时要避免同民族革命运动发生冲突。

五、在对外政策方面，中国共产党应当反对国民党同资本主义列强及其代表人——敌视无产阶级俄国的中国督军们的任何勾搭行为。

六、同时，中国共产党应当对国民党施加影响，以期将它和苏维埃俄国的力量联合起来，共同进行反对欧洲、美国和日本帝国主义的斗争。

七、只要国民党在客观上实行正确的政策，中国共产党就应当在民族革命战线的一切运动中支持它。但是，中国共产党绝对不能与它合并，也绝对不能在这些运动中卷起自己的旗帜。[1]

"二七"惨案后，共产党领导的工人运动虽有零星的自发罢工，但一直处于低潮。这一惨痛事实使中国共产党人认识到，工人力量还是弱小的，单独斗争只能遭到残酷镇压，只有联合国内一切受压迫、要革命的力量，特别是与孙中山领导的国民党建立联合战线，才能取得胜利。由此，绝大多数共

---

[1]《中共中央文件选集》第一册，中共中央党校出版社1989年版，第577–578页。

产党员，无论起初他们对国共合作抱什么态度，此时他们的思想基本上都倾向于拥护国际的决定。即便当初反对最激烈的张国焘，一方面受到京汉铁路大罢工失败的影响，一方面感到国共合作已是大势所趋，也由原来的激烈反对转为同意国共合作。

因为有这样的思想认识，所以共产国际的上述决议传到中国后，中共党内接受国际决议的思想氛围基本形成，为中共"三大"决定实行国共合作奠定了基础。

1923年6月12日至20日，中国共产党第三次全国代表大会在广州召开。会前，中共中央遵照共产国际的要求，已将所有机关陆续由上海迁到广州，准备在这里与国民党中央合作，共同领导国民革命。

中共"三大"会址（广州）

当马林了解党内有一批人对国共合作持反对态度后，他对国共合作的决议能否在中共"三大"顺利通过还是存有顾虑的。于是，在大会召开前两天，马林开始找到上海的参会代表，特别是工人党员代表谈话，解释国共合作的必要性和共产国际的政策，并对下届中央领导机构的组织原则以及

张国焘

党章等文件发表意见，提出要多选一些有工运经验的、能联系群众的工人同志到中央来。[1]

这些工人代表的工作并不太难做，最令马林头痛的，还是西湖会议上与他激烈争论的张国焘。为进一步争取张国焘，马林以共产国际的一月决议为依据，向张国焘解释说：这个决议是根据"国民革命是中心任务"这个主要论断做出的。按照决议精神，所有共产党员没有例外的都应加入国民党，并在国民党内积极工作，一切工作归国民党，这是最主要之点。此外，所谓共产党的组织独立与政治批评自由则不可过于强调，因为这在决议中只是附属性质，否则就会有损于国共合作。至于职工运动，虽是独立运动，但也是国民革命的一部分。因此，中共党员应吸引大量工人参加国民党，中共至多只能在工人中间进行一些阶级教育。

张国焘很不满意，他认为马林这样解释就是要把中共完全融化在国民党内。两人的争论从"三大"会议召开之前一直延续到会中。据张国焘回忆，他与马林的争执主要集中在六个方面：

第一，马林认为国民革命既然是中心任务，就包括一切；张国焘提出，国民革命只是一个中心任务，并不是中共的唯一任务，中共还有进行阶级斗争的任务。

第二，马林断言至少五年内中国不会也不能有一个真正具有实力的共产党发生，现在一小撮的中共党员只不过是一些热情而好心肠的马克思主义的学生，如果不去做点实际的国民革命工作，中共的存在就没有意义；张国焘指出，马林的论点违反共产国际的历次决议，中共现在虽遭受打击，但将很快爬起来，并在国民革命运动中发挥显著作用。

第三，马林认为国民党不是资产阶级政党，其中有许多优秀的革命分子，中共应该老老实实地到国民党内去学习民族自觉；张国焘则指出，马林只看见国民党的光明面，没有看见它的黑暗面，国民党如不认真改组，中共党员在其中是不能有所作为的。

---

[1] 见《罗章龙谈中共"三大"的前后情况》，《中共"三大"资料》，广东人民出版社1985年版，第172页。

第三章
受挫于国共合作之争

第四，马林认为全体党员都应加入国民党，一切工作归国民党；张国焘则主张，担任中共各级领导工作的中共党员和担任与国民党无关的工作如职工运动等的中共党员，不必加入国民党，或加入而不必在国民党内担任实际工作。

第五，马林认为中共党员应以国民党员身份，对国民党的措施作必要的批评。如果用中共中央的名义对国民党进行批评，只能提出些建设性的意见为好。张国焘提出，为了国共间的良好关系，自然不能任意批评国民党，但一个共产党员要经常保持他那共产党人的面目，在国民党内工作时，就不能随声附和。

第六，马林认为工人阶级是国民革命队伍的一部分，应该参加国民党由国民党来领导工人运动；张国焘认为，工人运动是中共领导的一个独立运动，一部分加入了中共的工人可以参加国民党，但中共并无义务在工人群众中为国民党发展组织。[1]

在马林关于中共"三大"的工作笔记中，记录了张国焘在讨论国共合作问题时的发言，其主要内容是：

如果国民运动允许无产阶级存在，我们可以牺牲无产阶级的利益，参加国民革命。但我们必须仔细研究，在中国开展国民运动的条件是否已经成熟。英美资本的影响使中国资本家不具有民族革命的性质。国民党不可能同英美斗争，即使得不到英美援助，也是如此。改变国民党的老政策是不可能的，没有力量能迫使它就范。

如陈独秀向共产国际第四次代表大会报告中所说，我们有一百四十万产业工人。在中国没有哪一支力量的发展速度能与工人力量的发展相比。海员和铁路工人罢工显示了他们的重要作用。我们的党在北方工人中占有主导地位。农民至少有一千六百万，他们是消极的。他们反对战争，组织了自卫队。要注意农民。虽然我们是弱小的，但我们的精神力量比其他任何阶级都要强大。至于小资产阶级，我们促使他们组织起

---

[1] 见张国焘：《我的回忆》（第一册），现代史料编刊社1980年版，第287—290页。

来。在许多地方我们可以控制工会工作，那里没有国民党的影响。

发展共产党的唯一途径是独立运动，而不是在国民党内活动。如果我们建立一个独立的政党，我们就能避免和国民党发生冲突。李（大钊）教授在北京的工作证明把国民党老党员容纳在区党支部内是很困难的。我们至少应在北方打出共产主义或劳动组合书记部的旗帜去独立开展工会工作。

也许我们是错误的，但我们宁可保持"左"，"左"的错误比右的错误容易改正。希望这次会议将通过略"左"一点的决定。[1]

马林的记录虽然显得零乱，但与张国焘的回忆作比较，我们还是可以看出两份材料的基本精神是一致的，都反映出张国焘对国共党内合作问题持强烈的反对态度。

十年后的1933年9月，古秋莫夫在一篇文章中对张国焘在中共"三大"上的观点进行了抨击，称张国焘是"幼稚的和没有高明的政治手腕之经验的一位同志"，并且讽刺与张国焘有相同观点的人是"自称为'左派'的同志"。[2]

再回到中共"三大"上。张国焘和马林唇枪舌剑，谁也不能说服谁。马林批评张国焘仍保留中共"二大"时的"左"倾思想，轻视国民革命，反对加入国民党；张国焘则指责马林犯了右倾取消主义错误，企图取消中共的独立。当互相争执不下时，马林就搬出了"共产国际"。张国焘回忆说：

马林无法获得我的谅解，便使用压力。他坚称他的解释即是共产国际训令的原意；追问我是否准备违反这个训令。我向他声明，中共第三次代表大会和中共中央如果不完全同意共产国际的训令，是可以提出它自己的反对意见的；即我一个中央委员，也可以提出反对意见；我希望他能将我的意见报告共产国际。但现在主要之点是：我们愿意接受共产

---

[1]《马林与第一次国共合作》，光明日报出版社1989年版，第241-242页。

[2] 古秋莫夫：《论中国革命底几个特点和中国共产党在革命运动各个阶段上战略上的立场》，《共产国际》第四卷第九期，1933年9月30日出版。

第三章
受挫于国共合作之争

国际的训令,却反对他这种歪曲的解释。我将"共产国际"和"马林"分开来的说法,使他大为激动,怒形于色,几乎要和我决斗。[1]

尽管张国焘的观点也获得了一部分代表的赞成,但大多数代表还是同意马林的意见,尤其是党的领袖陈独秀,他对马林的支持使会议最终通过了《关于国民运动及国民党问题议决案》,其中明确写道:"工人阶级尚未强大起来,自然不能发生一个强大的共产党——一个大群众的党,以应目前革命之需要,因此,共产国际执行委员会议决中国共产党须与中国国民党合作,共产党党员应加入国民党,中国共产党中央执行委员会曾感此必要,遵行此议决,此次全国大会亦通过此议决。"[2]

张国焘失败了,这是中共"三大"上他受到的一个沉重打击,但并不是唯一的打击。

陈独秀在代表第二届中央委员会作工作报告时这样批评张国焘:"张国焘同志毫无疑问对党是忠实的,但是思想非常狭隘,所以犯了很多错误。他在党内组织小集团,是个重大的错误。"中共"二大"之后,对张国焘搞"小组织""小集团"的批评就不时在党内出现,这使得一贯盛气凌人、善于发号施令的张国焘有种声名狼藉的滋味。

事情还要追溯到1922年7月党的第二次代表大会上。当时,中共中央为了秘密开会的方便起见,将在上海的党员分成几个小组,讨论一般政治问题,提出意见,供大会讨论宣言时参考。张国焘所主持的小组都是劳动组合书记部的工作人员,人数最多。"二大"闭幕以后,小组成员由于都是负责工运的同志,也常在一起开会。

当时中共上海区的委员长是陈望道。据蔡和森说,陈望道在主张上与李汉俊和沈玄庐完全相同,而且这个人个性阴沉,反对集中制和批评,怀疑工人加入共产党,反对大罢工,主张党应秘密,不应公开。在第二次代

---

[1] 张国焘:《我的回忆》(第一册),现代史料编刊社1980年版,第291页。
[2] 《中共中央文件选集》第一册,中共中央党校出版社1989年版,第147页。

张国焘[5]

表大会时，从莫斯科回国的同志认为上海党的组织太消沉，主张应积极活动，但陈望道却以消极对之。[1] 故党总不开会，表现出无组织的状态。张国焘也认为陈独秀把党搞得太松弛，应该有严格的组织纪律。所以劳动组合书记部的同志有一次开会时表示对党总不开会的不满，主张对于劳动运动以后他们要常常开会讨论。[2] 这本来无可非议，然而事情的发展却出人意料地复杂起来。

当时，正是国共合作的酝酿时期，劳动组合书记部的同志对国共以什么方式合作自然十分关心，所以在一次开会时，就有人提出反对共产党员加入国民党的党内合作方式。当时张太雷正因其他事在场，听了这种说法颇为不快。而从莫斯科和法国回国的同志，也对张太雷追随马林主张的倾向有所不满，便故意当着他的面加重反对的语气。[3]

张太雷离开后，心里很不痛快，就将情况告诉了团中央书记施存统。施存统等人就鼓励他向陈独秀报告，张太雷就去告诉了陈独秀。[4] 陈独秀听后非常生气，认为这是党内出现了"小组织"。

当时陈独秀自己也对马林的主张持反对态度，为什么对劳动组合书记部成员开会如此反感呢？这里有另外一层原因：陈独秀是党的创始人之一，威望很高，但毕竟不是标准的职业革命家，还是有知识分子的敏锐、易偏激和刚愎自用的特点，性格比较粗暴，在处理同志关系上时有不当。"二大"选出的中央执行委员会的五个委员中，除他自己外其他四人都参加了劳动组合书记部的会议，陈独秀自然会想：这不是架空自己，搞小组织、小集团活动又是什么？

如果就此结束，似乎也没什么，岂料马林却推波助澜，使其丑恶了许多。

---

[1] 见蔡和森：《中国共产党史的发展》，《中共党史报告选编》，中共中央党校出版社1982年版，第43页。

[2] 见包惠僧：《中国共产党第一次代表大会的几个问题》，《"一大"前后》（二），人民出版社1980年版，第377页；李立三：《党史报告》，《中共党史报告选编》，中共中央党校出版社1982年版，第215页。

[3] 见张国焘：《我的回忆》（第一册），现代史料编刊社1980年版，第293页。

[4] 施复亮：《中国社会主义青年团成立后的一些情况》，《"一大"前后》（二），人民出版社1980年版，第74页。

第三章
受挫于国共合作之争

西湖会议上，当与会者对国共合作的问题形成一致看法后，马林却取出一份早已准备好的关于党内小组织问题的决议，说明党内有过小组织倾向，因此有必要作一决议，避免这种现象发生。他的提议引起蔡和森、高君宇的驳斥，张国焘更是十分愤怒。因为这三个人都是所谓小组织的成员，又都是国共党内合作的反对者，所以马林据此进一步证明他们的反对正好反映出党内确有"左"倾反对派倾向。双方争执不下，在李大钊和陈独秀的建议下，马林的决议才以存案的方式保留了下来。

小组织问题导致党的两位主要负责人陈独秀、张国焘之间产生了隔阂，陈独秀还因此提出辞职，导致党内党外议论纷纷。有人认为这是张国焘"企图推翻陈独秀的领导地位，以己代之"[1]；有人扬言"张国焘组织铁血团要暗杀陈独秀"。[2]蔡和森后来分析："因党最初组织理论和训练的基础都很幼稚，小资产阶级的心理都很浓厚；因党中都不满意国焘同志，所以借此夸大，以实行其攻击的野心；把组合书记部当中央执行委员会的变形，一切事情由组合书记部发命令找活动分子去作工，不用经党的通过；国焘不善分配工作……"[3]前两个原因是指攻击小组织和张国焘的，后两个原因是指张国焘本人的。蔡和森的结论是："小组织问题，发生在第二次大会以后，动机是好的，但方法是错误的，因应当不是另外组织活动的分子，而要以中央执行委员会去推进全党进行，如这问题不解决必定发生派别，所以小组织的组织是不对的。"[4]

张国焘自从担任党的重要领导职务以来，在处理工作和与同志的关系问题上确实存在着不少毛病。蔡和森说："党内同志反对国焘同志批评的态度太严重，第一次大会时国焘同志批评汉俊等太严格，后来，国焘同志由莫回到上海、北京、广州等处严重批评，而引起全党同志不满意，国焘与佛海、

---

[1] 施复亮：《中国社会主义青年团成立后的一些情况》，《"一大"前后》（二），人民出版社1980年版，第74页。

[2] 李立三：《党史报告》，《中共党史报告选编》，中共中央党校出版社1982版，第215页。

[3] 蔡和森：《中国共产党史的发展》，《中共中央报告选编》，中共中央党校出版社1982版，第44页。

[4] 蔡和森：《中国共产党史的发展》，《中共中央报告选编》，中共中央党校出版社1982版，第45页。

平山、中夏、公博发生很大冲突，这都是站在个人观点上和小资产阶级的心理上去攻击同志。另一方面国焘太'左'，这个问题在第二次大会未解决，因国焘被举为中央委员，所以又发生……小组织问题。"[1]

与马林争论的败北和陈独秀公开对小组织问题提出的批评，使张国焘威信扫地。这一点在"三大"选举时明显反映出来。在选举中央委员会时，张国焘才得到四十票中的六票，不仅没有当上中央执行委员，甚至连个候补执行委员也不是。

自从中国共产党成立以来一直处于党的领导核心地位的张国焘，突然从权力的顶峰跌了下来，这一跤栽得可谓惨矣！

固执己见

1923年2月21日，孙中山在滇桂军打败陈炯明叛军之后重返广州。3月1日，孙中山宣布正式成立陆海军大元帅府，他本人任最高职务——陆海军大元帅。此后，孙中山几乎把所有精力都投入到"如何消灭陈炯明并保住地盘"这个问题上。

中共中央机关移驻广州前后，陈独秀等人在马林的鼓励下发表文章，批评孙中山及其领导的国民党重视武力而忽视民众等弱点。孙中山对此很恼火，曾毫不掩饰地多次对马林说：共产党既加入国民党，便应该服从党纪，不应该公开批评国民党。共产党若不服从国民党，我便要开除他们；苏俄若袒护共产党，我便要反对苏俄。

马林原设想通过共产党的批评实现对国民党的改造，没料到孙中山会如此反感，这使他对曾经看好的孙中山和国民党有所失望，对国共合作的前景也产生了疑虑。

中共"三大"结束后，马林同中共中央领导人一起留在广州。在马林看

---

[1] 蔡和森：《中国共产党史的发展》，《中共中央报告选编》，中共中央党校出版社1982版，第43页。

第三章
受挫于国共合作之争

来,既然国共两党都同意合作,孙中山就该抓紧一切时间与在广州的中共中央领导人相配合,对国民党进行改组,尽快实现两党合作。但孙中山却一心扑在军事工作上,对改组国民党的工作并不热心。

陈独秀本来就对将中共中央的驻地迁到广州有不同看法,但碍于共产国际的决定,不好提出反对意见。现在,中共中央倒是驻在了孙中山国民党的近旁,但不仅共产党本身的工作无法开展,就是帮助和改造国民党的工作也没有实质性的突破。陈独秀还不时听到广州的国民党人对他本人的批评,说什么他只想利用国民党,他所进行的宣传只考虑共产党的组织发展,他干的是同国民党决裂的事。陈独秀就此意识到,中共中央驻在广州将一事无成。

7月19日晚,中共中央召开会议,讨论与孙中山和国民党的关系问题。大家一致认为留在广州继续争取孙中山是白费力气,决定一周内中共中央机关搬离广州,重新迁回上海。

这些变化对张国焘来说似乎并不重要,"三大"落选造成的伤痛和失落使他一时难以调整好心态。在上海无所事事的他,此时思考最多的还是国共合作问题。究竟是马林错了,还是自己错了?如果马林错了,为什么共产国际会支持他?他很想知道共产国际执委会的委员们是怎样决定国共党内合作的,他更想知道列宁是不是也赞成党内合作。他反复思考,极力想找到一个满意的答案。

张国焘想告诉自己,列宁接见他们时所指的合作并非党内合作,他找到了种种理由:第一,1920年6月,列宁在为共产国际"二大"起草的《民族和殖民地问题的提纲初稿》中,曾十分明确地指出:"必须坚决反对把落后国家内的资产阶级民主解放思潮涂上共产主义色彩;共产国际只是在这个条件下,即当一切落后国家中未来的无产阶级政党(不仅名义上是共产党)的分子组织起来,并且认识到同本国资产阶级民主运动做斗争这些特别任务的时候,才应当援助殖民地和落后国家的资产阶级民主性的民族运动;共产国际应当同殖民地和落后国家的资产阶级民主派结成临时联盟,但是不要同他们混为一体,甚至当无产阶级运动还处在萌芽状态时,也绝对要

123

保持这一运动的独立性。"[1] 列宁提出是"结成临时联盟",而且特别强调"不要同他们混为一体","要保持这一运动的独立性",并没有提出"加入进去"。第二,在远东会议上,虽然远东各国共产主义者与民族主义者合作的声浪甚高,但也仅仅确立了一般的原则,并没有规定合作的具体方式。马林将这一合作解释为党内合作,并要求党的一切工作通过国民党来进行,是否合适?

但张国焘也不能不承认:远东会议上,张秋白代表的国民党比他代表的共产党更受大会的青睐。从列宁在会见中只谈孙中山、不提陈独秀来看,从季诺维也夫和萨法罗夫对国民党所作的高度评价和善意批评来看,苏联党和共产国际更看重的是具有实力和影响的国民党。另外,中国共产党与国民党相比,确实力量弱小,京汉铁路大罢工被残酷镇压后,工人运动在很长一段时间基本停滞,说明党因秘密活动的限制,不能很快使党自身和所领导的工人运动得到迅速发展。如果能够实现国共合作,党的活动余地无疑会增大。

但为什么必须是党内合作呢?在张国焘看来,中共"二大"所形成的与国民党建立联盟的党外合作的决议,正符合列宁在民族和殖民地问题提纲中的要求,也符合共产国际"二大"的精神,更符合中国的实际情况。然而共产国际却采用了马林的建议,命令中国共产党人改变自己的决定。

是谁错了?自己错了吗?他想找出自己错在什么地方,却很茫然。或者是马林错了?一个外国人,在中国匆匆走了一圈,就决定中国共产党应该如何如何,难道他比我这个中国人更了解中国?不过,马林确实是个有经验的革命家,他看问题可能比自己深刻,不然,为什么共产国际会采纳他的建议,而中国共产党最后也服从了呢?张国焘就这样千思万虑,但无法做出正确的判断。

尽管有着这样那样的思想问题,但张国焘并没有完全置身于政治活动之外。

---

[1]《共产国际有关中国革命的文献资料》第一辑,中国社会科学出版社1981年版,第53页。

第三章
受挫于国共合作之争

1923年7月8日,中共上海地委兼区委遵照中共中央第二号通告的要求,召开全体党员大会进行改选。会议选出徐梅坤、甄南山、王振一、沈雁冰、邓中夏五人为正式委员,张国焘、顾作之、郭景仁三人为候补委员。

7月9日,改选后的上海地方兼区执行委员会举行第一次会议,讨论委员的分工,决定由邓中夏任委员长,徐梅坤任秘书兼会计,王振一、甄南山任劳动运动委员,沈雁冰任国民运动委员。会上并决定设立"国民运动委员会"和"劳动运动委员会"。"国民运动委员会"由沈雁冰兼任委员长,林伯渠、张太雷、张国焘、杨贤江、陈其寿、黄让之、董亦湘、刘宜之为委员。"劳动运动委员会"由王荷波兼任委员长,王振一为秘书兼编辑,甄南山负责机工方面,林蒸负责吴淞方面,周启邦负责邮差方面的工作。会议还决定将党员重新分组,分组的原则是将居住相近的党员编为一组。当时党员共五十三人,编为五组,张国焘被编在第二组,与他同组的人有董亦湘(组长)、徐梅坤、沈泽民、杨贤江、沈雁冰、糜文溶、黄玉衡、郭景仁、傅立权、刘仁静、张秋人、张人亚。

8月5日,上海地方兼区执行委员会举行第六次会议,决定对"劳动运动委员会"的成员作部分调整,张国焘、徐梅坤、刘拜农、甄南山、邓中夏负责为《星期日》刊物供给稿件。

8月12日,上海地方兼区执行委员会举行第七次会议,讨论同意徐梅坤因病请假,以候补委员张国焘递补。会上并提出小组改组的名单,共分四个组,张国焘被编入第一组,其他成员是:许德良(组长)、瞿秋白、张太雷、严信民、黄让之、邓中夏、施存统、王一知、邵力子。[1]

8月22日,张国焘在《向导》第三十七期发表了一篇题为《如何反对铁路共管》的文章。"铁路共管"是帝国主义列强外交团护路委员会制定的一个攫取我国铁路警察权、财政权和运输权的方案。针对北洋军阀政府软弱无力、卖国自保的外交政策,张国焘指出,要护路救国,绝不可依靠北京政府,因为"北京政府历来的外交政策,是不待外人要求便自动卖国的传统外

---

[1] 以上材料均见《1921年至1927年上海、江苏、浙江党组织发展概况》,《党史资料丛刊》1984年第二期,第5–7页。

张国焘 传

交政策,这次不待外人要求,首先任命曼德组织铁路警备队,开门揖盗,便是铁证"。那么,靠什么来护路救国呢?张国焘认为不能靠民众势力,因为"民众团体的组织还未强大,而且没有全国民众势力集中的有力团体,起来号召全国民众为系统的救国运动"。他认为"唯一的方法,只有赶快由全国各职业团体、商会、教育会、学生会、工会等,起来筹备和召集一个国民会议。这个国民会议组织成了,才能在全国各城市举行有组织的国民大会和示威运动,表示民众的公共意志,和爱国热忱,并因而吸引更广大的民众加入运动"。国民会议只有成为"全国民众的中心团体","全国民众才能应用这个武器,内则攻打北京卖国伪政府和一切祸国乱国的军阀官僚政客,外则反抗铁路共管,制止列强一切侵略阴谋"。[1]

张国焘为何以"国民会议"相号召呢?原来,在8月1日,中共中央发表了《第二次对于时局的主张》,提出中国共产党反对曹锟、挽救时局的主张是:"由负有国民革命使命的国民党,出来号召全国的商会、工会、农会、学生会及其他职业团体,推举多数代表在适当地点,开一国民会议";"只有国民会议才真能代表国民,才能够制定宪法,才能够建设新政府统一中国,也只有他能够否认各方面有假托民意组织政府统治中国之权。"[2]

张国焘的文章表明,他是同意中共中央关于"国民会议"的主张的,只是不愿意由国民党出面组织,所以文中只是笼统地提出由各团体筹备和召集一个国民会议。这说明,在国共合作问题上,他仍然坚持着自己的立场。

这年9月,张国焘根据中央的指示,从上海来到北京,负责筹备全国铁路总工会成立大会。正是从北京,张国焘走上了中国的政治舞台。而此时,他却闷闷不乐。北京党组织里都是他的老熟人,但他除了例会之外,对大家正讨论和部署的与国民党合作事宜,基本上抱着置身其外的态度。

张国焘的情绪和境况引起了始终关心着中国共产党的维经斯基的重视。1923年10月24日,维经斯基写信给张国焘,对他的消极提出了友善

---

[1]《张国焘年谱及言论》,解放军出版社1985年版,第159–160页。
[2]《中共中央文件选集》第一册,中共中央党校出版社1989年版,第177–178页。

第三章
受挫于国共合作之争

的批评。信是这样写的：

亲爱的张国焘同志：

今天我收到了您9月28日为陈启修教授[1]作介绍的便函。当然，我会尽一切可能帮助他完成他所肩负的使命。我认为，现在是他访问的最合适的时候，因为除了其他信息外，他还能从这里发出有关德国情况的真实信息。

可惜，您很少谈论中国的政治问题和工人运动问题。我恳切地请求您给我本人谈谈您对国内一些重要政治事件的看法。

我有一种印象，现在您不像从前那样和本来应该的那样积极地从事党的事务。作为私人朋友，我想给您指出，不管党内对某些策略问题存在什么意见，党都面临着一个最重要的压倒任何其他问题的任务，这就是：如何开展争取独立的民族运动，如何根据国内各种不同集团的社会基础向它们说明这场运动，以便为这场运动制订一个总的行动纲领。

我听说，您又特别关注日益高涨的中国工人运动。我知道，您坚持这样一种意见：好像中国工人运动是争取国家独立，反对把中国变成半殖民地的世界帝国主义的一个最重要的因素。在这方面，您是中国现实生活中的一个新的因素，也就是年轻的有潜力的工人运动的杰出代表。从心理学上说，我很理解您的看法，但是我担心您没有很客观地分析形势，您把现有的因素同应该有的因素混淆在一起了。

在中国现时状况下，工人运动还不是能够率领整个民族反帝运动的重大因素。

对于每一个中国共产党党员来说，为工人运动寻求它能在民族运动中占有的正确地位，是非常困难的，但同时又是特别重要的。您应该正确地理解我的意思，我并不是说在中国或在任何地方这两种运动能汇合到一起，以便消除一切阶级差别。当然不是！问题在于应该使这些运动

---

[1] 时为北京大学教授。

127

联合起来并加强国内反帝运动的高涨。如果我们在这个问题上犯策略性的错误,夸大现时工人运动的实际力量,那么我们就不能切实利用我们所拥有的客观因素。

现在我不想就此问题进行冗长的争论。我只想让您详细地告诉我您的看法,然后我再答复您。我希望通过这种方式我们能弄清中共策略中的某些基本方面。

最后,我想特别秘密地告诉朋友,您应该始终不渝地主张年轻的但还弱小的中国共产党的统一,尽管党内有一些应该加以纠正的意见分歧,您应该仍像从前,甚至比从前更加积极地从事党的工作。

希望您能注意我所谈的几个方面,并立即给予答复。

您的兄弟般的维[1]

在此前后,共产国际执委会远东部政治顾问穆辛也给张国焘写来信,对他提出诚恳的忠告。

接连收到维经斯基和穆辛的信后,张国焘很是感动,心情也好了许多。11月16日,他用英文给维经斯基和穆辛回了一封很长的信。在信中,张国焘称维经斯基和穆辛是他"在莫斯科的朋友",并为自己未能经常地、全面地把中国的情况写信告诉他们而表示抱歉。接下来,他从三个方面汇报了有关情况。

张国焘首先汇报了维经斯基和穆辛最关心的国共合作问题。他以"我们同国民党的关系"为题,详细叙述了他与马林在中共"三大"上的分歧。他先介绍了马林的观点:"马林的观点如下:中国的劳动运动太软弱无力,实际上等于没有。中国共产党是人为地组织起来的,而且也产生得过早。目前在中国只能发展国民运动。国民党是代表国民运动的,但是它必须进行改组,现在我们有了改组国民党的机会,也有了这种可能。共产国际以为国民运动是当前中国共产党的中心任务,苏维埃俄国应该支持国民党。因此,中

---

[1]《联共(布)、共产国际与中国国民革命运动》(1920—1925),北京图书馆出版社1997年版,第304-305页。

国共产党人一定要集中自己的力量改组国民党,在国民党内工作和发展国民党。除了马克思主义的宣传教育工作之外,中国共产党的一切政治宣传工作都应当在国民党内进行,全国的工人都必须参加国民党。只有在国民党内的工人的阶级觉悟提高之后,才能产生国民党左翼。只有到那个时候,一个真正的中国共产党才能形成。中国革命运动只能这样发展。"

对于马林这种观点,张国焘在信中也忍不住予以反驳,并接连提出三点疑问:"国民党代表国民运动吗?""改组国民党的可能性存在吗?""中国的革命运动只能这样发展吗?"

张国焘告诉维经斯基和穆辛,由于马林的操纵和对共产国际指示的歪曲,使相当多的党内同志产生了错误认识。他写道:

> 当我们在讨论这个问题时,我的对立面的同志就叫嚷说:"要忠于国民运动。""不要怕国民党,劳动运动不会在国民党内迷失方向的。"他们不以客观分析,而是用许多这类主观的词句表达他们的意见,以证明自己说法的正确。甚至有些领导同志也说出这样明显的错话,如"中国没有劳动运动。所谓劳动运动实际上就是国民运动""谈论阶级斗争就是破坏国民运动的统一"等。由此你们可以看到,这个策略被曲解到何种地步。

接下来,张国焘汇报了他本人在中共"三大"上阐述的九个主要观点。对于中国的资产阶级,他认为,它还远不是一支反对外来压迫的自觉力量。对于中国的工人阶级,他提出,即使工人阶级还很年轻,力量还很弱,但是它在斗争中已经显示出相当力量,不可完全被忽视。这是劳动运动,不能把它说成国民运动。对于国民党,他认为,国民党现在并不代表国民运动,必须予以改组。而问题在于,"我们需要有一种力量去迫使国民党进行自我改组。如果我们没有这种力量,我认为就很难有改组国民党的可能"。张国焘提出,共产党人首要的任务是通过大量的宣传和组织工作,把工农民众组织起来,引导他们投入国民革命运动。然后下一步,再运用自己的力量去改组国民党。

张国焘⑯

张国焘表示，他并不反对共产党人留在国民党内，并设法改组国民党，但他认为，由于国民党还没有进行改组，它仍然集中力量于军事行动和组织政府。因此，我们共产党一方面要作为一独立的、对我们关于中国目前时局的政治主张进行宣传的组织而存在，另一方面，不要把工会运动从我们的手中转到国民党的手中。张国焘指出，"组织工人，提高他们的觉悟，乃是我们党特殊任务"。

张国焘在信中还特别强调：

> 国民党不但不是一个真正的民族主义的政党，而且也不是一个有组织的党。因此现在谈论国民运动的统一还为时过早。
>
> 孙中山先生本人一直坚持他的陈旧观点，认为革命进程首先是军政，然后才是训政阶段。他和他的追随者也都认为，首先他们必须掌权，然后再建党。
>
> 如果国民党是一个有作为的党，它的领袖们首先必须完全放弃组织政府和搞军事行动的主张，诚恳接受首先建党的思想。在国民党的领袖们还没有放弃其陈旧观点和老一套的行动方式的时候，苏维埃俄国却去支持他们的斗争，这是很不明智的。

张国焘写这封信时，还没有预料到，他这些曾被人斥为"破坏国共合作"的观点，竟然在半年之后被中共中央所肯定。1924年5月，中共中央召开扩大执委会，研究国共合作以来的形势并提出工作部署。会议认为，"国民党内一大部分党员本来很明显地属于工业及农业的有产阶级的倾向，并且回避反帝国主义的争斗，他们的阶级利益和劳动平民的利益，将来当然不能一致"；"国民党依他的社会成分（阶级分子）及历史上的关系看来，客观上不能有严格的集中主义及明显的组织形式"。会议强调："凡在可能的范围内我们不必帮助国民党组织上的渗入产业无产阶级，不然，就是一个狠（很）大的错误。这不但是使先进的无产阶级内心掺入混乱的种子——产业的无产阶级，是我们党的基础——而且使无产阶级自己的阶级斗争要发生狠（很）大的困难，各国的先例狠（很）多，不仅止此，在中国的情状看来，更使

第三章
受挫于国共合作之争

工人阶级在国民革命运动里的力量减杀。"[1] 当初坚决支持马林，愿意把一切工作都拿到国民党内去做的人，在同国民党正式打交道四个月后，终于明白事情远非那样乐观！被特邀参加这次会议的张国焘，才终于再次挺直了腰杆！

而此时此刻，张国焘只能将自己在党内不被人接受的观点，在信中向维经斯基和穆辛陈述："在党的三次代表大会上，当我们热烈讨论关于同国民党的关系问题时，有些同志根本不对中国的实际情况进行客观分析，而且他们在那次激烈的讨论中，不去避免产生困难，甚至还在会内会外利用我们党在组织问题上存在的一些纠纷，对我进行攻击。我不知道莫斯科是怎样谈论我的。我要公开地答辩：'的确，由于我们年轻，我们都犯过许多错误，甚至于犯过一些很愚蠢的错误，这是难免的。但是，有些错误我们过去没有犯过，将来也绝不犯。'你们二位提醒我，要我注意维护幼弱的中国共产党的团结，穆辛同志甚至还表示相信我不会在党内设法制造任何新的困难和分裂。确实，我在过去和现在，一直是维护我们幼弱的党的团结的。我绝不会亲手损害我视为自己生命的共产主义事业和从一开始我就参加的年轻的中国共产主义运动的。"[2]

应该说，张国焘在信中的表态还是相当积极的。但此时张国焘的处境，仍然不是很好。为了解中共党内的争论和张国焘的真实想法，驻北京的俄罗斯通讯社记者斯列帕克便与张国焘有了较多的接触。11月25日，斯列帕克在给维经斯基的信[3]中，报告了张国焘的情况：

> 你知道，张离开了中央。依我看，这是一个很大的错误。这里有荷兰人[4]的蛊惑宣传。我有理由更相信张，而不是后者。即使有大批积极工作的干部，也不能让张离开中央，何况当时这些积极的同志屈指可

---

[1]《中共中央文件选集》第一册，中共中央党校出版社1989年版，第230、231、237页。
[2] 见《中共"三大"资料》，广东人民出版社1985年版，第195-207页。
[3] 斯列帕克曾于1921年任共产国际远东书记处情报部主任，1922年任共产国际执委会东方部副部长，所以与维经斯基很熟悉。
[4] 指马林。

数。曾经有一段时间，张完全处于失宠状态，当时甚至没有给他安排任何工作。他们无缘无故地把小伙子撵走，他落得个没有工作，没有经费。后来可能改变了主意，派他去北京，他待在那里，面对不幸的《工人周刊》，苟延残喘。要知道，在北京这里，在工人运动方面你做不了很多的事，这是很清楚的。"[1]

维经斯基接到张国焘和斯列帕克的信后不久，又奉命再次来华，接替马林任共产国际驻华代表。途经北京时专门会见张国焘，听取了张国焘对于国共合作的意见，并表明：共产国际并不赞成马林那种看轻共产党的态度和做法，共产国际要中共加入国民党，其用意在于使国民党革命化，而不是牺牲中共的独立，不是要求中共听命于国民党，或成为国民党的左翼。[2] 维经斯基的谈话打消了张国焘的一些顾虑，但并没有使他彻底改变态度。在从事工人运动的共产党人加入国民党这一点上，他总是想不通，而且总是很消极的。中共"三大"上张国焘所反对的，并不是实行党内合作，而是从事工人运动的这部分共产党员加入国民党。他认为，共产党的立足之本是工人运动，这部分人只有保持唯一的共产党员身份，才能不受国民党的约束和限制而独立开展工人运动。

1923 年 10 月，鲍罗廷[3] 作为苏联政府和俄共（布）派驻孙中山国民党的常任代表到达广州。此后，在他的推动和指导下，改组国民党的工作开始进入实质性阶段。

---

[1]《斯列帕克给维经斯基的信》，《共产国际、联共（布）与中国革命档案资料丛书》第一卷，北京图书馆出版社 1997 年版，第 317 页。

[2] 张国焘：《我的回忆》（第一册），现代史料编刊社 1930 年版，第 307-308 页。

[3] 米哈伊尔·马尔科维奇·鲍罗廷（1884—1951），原名格鲁森贝格，俄国人。1903 年加入俄国社会民主工党（布尔什维克）。1908 年被反动当局驱逐出境，定居芝加哥，使用"鲍罗廷"名。十月革命胜利后，1918 年回国。1919 年参加了建立共产国际的工作，并作为俄共（布）的工作人员参加了共产国际第一次代表大会。1923 年 10 月至 1927 年 7 月，作为苏联政府派驻国民政府代表、共产国际派驻中国代表，参加了中国大革命。共产国际、苏联政府对中国革命的援助和政策，主要是通过他来实现的。他在中国大革命时期起过显著作用。中国大革命的失败，他也有重大责任。

第三章
受挫于国共合作之争

担任国民党常任代表的鲍罗廷

10月25日，孙中山在广州召开特别会议，讨论改组计划，并指派廖仲恺、胡汉民、谭平山、李大钊等组成中国国民党临时中央执行委员会，聘请鲍罗廷为顾问，处理改组事宜。这以后，在中国共产党的帮助下，国民党改组工作紧锣密鼓地开展起来。

此时的张国焘，处于动摇和彷徨之中。一方面，他看到共产党人加入国民党已是大势所趋，国共合作实际上已在进行之中；另一方面，他对毫无保留地将共产党人全部加入国民党这一点还是不能接受。这种矛盾的思想状态，反映在张国焘这一时期发表的两篇文章里。

据张国焘所说，他发表第一篇文章的原因是这样的：

11月间，鲍罗廷给加拉罕写了一份有关广东真相的报告，并托人将这份报告的英译本送给张国焘参阅。张国焘由此得知国共两党在广州团结一致击退了陈炯明的两次进犯，使广州转危为安。张国焘回忆说："由于这些演变，我对国共合作的前途较为乐观了。我根据鲍罗庭的资料，在《新国民》杂志上发表了一篇题为《广州的新气象》的文章。这篇文章虽没有论到国共合作的问题，但主旨是号召所有革命分子合作，并以广东的实例为证；认为

张国焘 ⑮

不同党籍和形形式式的革命分子，能在一个共同的革命事业上大公无私的通力合作，是今日中国革命所必要的。"

关于文章的用意，他说："我发表文章是颇有用心的，借此表明我赞成国共合作的意向，一扫前此认为我反对国共合作的误传。北京的同志们和朋友们看了我这篇文章，都认为适合时宜，态度正确。后来，廖仲恺在国民党第一次全国代表大会上就曾称赞这篇文字，认为最能体现国共合作的真义。"[1]

张国焘虽然如是表白了一番，但正如他后来所说："我内心是始终根本反对共产党员加入国民党这一政策的。"[2] 从张国焘的性格来看，他绝不会将这种反对情绪长久地埋在心里。所以不久，张国焘就翻译了一篇《俄罗斯无政府党宣言》，并于12月20日发表在《新青年》季刊第二期上。

张国焘翻译并发表这篇宣言的目的，当然不是为了宣传无政府主义，因为从《宣言》的内容来看，已经全然不是正统的无政府主义的主张了。他的真实动机只能解释成：为了冲淡当时国共合作的浓郁气氛。在张国焘看来，与国民党的三民主义相比，《宣言》所阐述的主张更接近于共产党人的思想，他在译文之前专门加了一段文字，其中有这样一句很耐人寻味的话："我们——共产主义者——对于那些纯洁高尚的无政府者，不但很是敬佩，而且极愿与他们合作，共同担负中国之革命事业。"[3] 这意思无非是说，与其与资产阶级的政党国民党进行合作，还不如与"纯洁高尚的无政府者"进行合作。

张国焘对国共合作的不热心还表现在国民党"一大"上。

国民党改组工作经过一段时间的紧张进行之后，各地的党员进行了重新登记，在一些没有国民党组织的地区，也经过共产党员的积极活动建立起一些国民党分部或支部。在鲍罗廷指导下，孙中山决定在1924年1月召开中国国民党第一次全国代表大会。从1923年12月，各地开始推举出席会议的代表。

为了使共产党员在参加国民党"一大"的代表中占有一定比例并发挥积极作用，中共中央于12月25日专门发出通告第十三号，指出"吾党在此次

---

[1] 张国焘：《我的回忆》（第一册），现代史料编刊社1980年版，第312—313页。
[2] 张国焘：《我的回忆》（第一册），现代史料编刊社1980年版，第358页。
[3]《张国焘年谱及言论》，解放军出版社1985年版，第151页。

第三章
受挫于国共合作之争

国民党全国大会代表中，希望每省至少当选一人，望各区会与地方会预商当选之同志，此同志必须政治头脑明晰且有口才者，方能在大会中纠正国民党旧的错误观念。"[1]

也许是为了促使张国焘改变对国共合作的态度，或者还有别的原因，国民党北京市党部推选张国焘作为北京的代表之一。但张国焘打心眼里不愿意去广州参加国民党"一大"：一方面，他对从事工人运动的共产党员加入国民党还没有想通，他自己还正在从事铁路工人运动，所以不愿担任国民党组织的工作；另一方面，他还要负责筹备全国铁路总工会第一次代表大会和京汉铁路大罢工一周年纪念会事宜。

了解到张国焘的想法后，同为国民党北京市代表的李大钊，极力主张张国焘前往广州参加国民党"一大"，认为只有这样，才能显出中共党内在国共合作问题上意见已经一致。李大钊还说，他们俩人一同去广州，遇事还可以互相商量。张国焘见李大钊如此恳切，不好再推辞。

1923年12月底，李大钊和张国焘到达上海（事前已接到通知，所有参加国民党"一大"的共产党员需在上海集合，共同讨论在国民党"一大"上所应采取的态度）。

1924年1月1日，在中共中央和青年团中央联席会议上，与会人员分别听取了鲍罗廷和陈独秀的报告，并通过如下决议："中共中央和青年团中央联席会议在听取鲍罗廷同志和陈独秀同志关于国民党改组工作的报告后，认为工作进行得正确；共产党员在加入国民党以后应该反对老国民党人对国民革命运动的错误理解；共产党员不应该在各种委员会中谋求职位；关于宣言问题，全体共产党员代表应当捍卫它的所有条款。在组织问题上，不应用章程来束缚代表。在各省，必须选举左派作为出席代表大会的代表。"[2]

当时，陈独秀虽然已经由孙中山主盟加入了国民党，并应孙中山邀请做了一些改组国民党的工作，但作为共产党的领袖，为了表示共产党仍有自己的独立性，他并不准备去参加国民党"一大"。在同张国焘谈话中，陈独秀

---

[1]《中共中央文件选集》第一册，中共中央党校出版社1989年版，第211页。
[2]《鲍罗廷的札记和通报》（摘录），《联共（布）、共产国际与中国国民革命运动》（1920—1925），北京图书馆出版社1997年版，第443页。

张国焘（传）

希望张国焘能与李大钊和广州的谭平山、瞿秋白等共同组成一个指导小组，以指挥出席国民党"一大"的中共党员。但张国焘没有同意，他告诉陈独秀，国民党代表大会结束之前，他就要赶回北京筹备全国铁路工人代表大会；另外，他认为自己不适宜代表中央，因为他不赞成让许多共产党员去担任国民党组织的职务。这样，指导小组的责任就由李大钊来承担了。

1924年1月10日左右，张国焘同其他参会的共产党人代表到达广州。第二天，孙中山在大元帅府会见了李大钊、张国焘等十几个新到的代表。据张国焘回忆，会见时发生了这样一幕：

> 孙先生将他亲笔拟订的建国大纲给我们传观，征询我们的意见。我当即起而发问："先生这个大纲第一条规定：'国民政府本革命之三民主义、五权宪法以建设中华民国'，不知道在这种硬性的规定之下，是否允许其他党派存在？"孙先生听了我的话之后，不置答复，转而征询其他在座者的意见。叶楚伧表示，这一个大纲是经孙先生长期研究而写成的，其中一切问题必有妥善解决办法，我们如能详加研究，便可获得深一层的了解。李大钊先生表示待他详细研读之后，再行提供意见。于是，我们的谈话便转到交换消息以及其他较次要的问题上去了。

张国焘认为，他所提出的这个问题是一个根本问题，是针对孙中山的"以党治国、以党建国、以党训政"而提的。尤其是与国共两党的合作大有关系，触及党外合作和联合战线的根本所在。他表白说："我在当时那种场合首先提出这一问题，用意是要孙先生和在座者了解我的基本看法。可是孙先生和其他的国民党要人此后从未再直接提到这个问题，但间接的表示都是不主张多党存在的；对于中共，只是把它看作国民党大圈子里的一个小圈子。"[1]

张国焘还拜访了正忙于指导会议各种文件起草工作的鲍罗廷。他向鲍罗廷提出，国民革命中应否允许其他革命政党存在？鲍罗廷表示：原则上是应该允许的。但这不是提出辩论的问题，而是实际做的问题。如果中共有力

---

[1] 张国焘：《我的回忆》（第一册），现代史料编刊社1980年版，第315-316页。

第三章
受挫于国共合作之争

量存在,是没有人能够抹杀的。鲍罗廷的解释得到了多数同志的附和,大家都认为这次大会是国民党办喜事,要求张国焘不要再提这个难题。李大钊也说:"你这个意见固然不错,但提过一次,就足够了,可不必再提。"

但张国焘却总抑制不住发表自己的观点。他在见到即将担任国民党组织部长的谭平山时问道:"你预定担任国民党组织部长,可是又跨有共产党党籍,如何能用严格的纪律去管这样众多的党员和党的组织呢?"谭平山告诉他:"我担任这个职务已经有两个多月了,并未发生什么困难。我相信只要党章规定了严明的组织和纪律,执行起来是不会有问题的。"[1]

当大家都沉浸在国共合作的热烈气氛中的时候,张国焘这样做,连他自己也觉得仿佛成了"专泼冷水的人"。在这种情况下,他认为自己有两个选择:一是不顾一切地提出自己的主张,其结果可能会遭到中共党内多数同志的反对和国民党人的不满;一是保留自己的意见,以保持共产党人态度的一致性,并尽快离开广州。党内同志大都了解张国焘的想法,有意无意间表示希望他选择第二条。所以,代表大会还没召开,张国焘已做好了北返的准备。

1月20日,中国国民党第一次代表大会开幕。1月23日,张国焘以筹备全国铁路总工会成立大会为由,请假离开广州。

说来颇令人费解,张国焘回到北京后,对苏联代表斯列帕克谈到国民党"一大"时,却全然是另一种口气。他告诉斯列帕克:他不但钦佩孙中山本人,而且非常赞赏那里卓有成效的工作。他说:"现在同志们中间已经不存在是否必须同国民党一道工作的问题。现在都非常乐意做工作并且表现出很大的积极性。"张国焘的谈话使一直对国民党不怀好感的斯列帕克也十分肯定地认为:"在共产党内,在要不要同国民党一道工作以及怎样工作的问题上,应该说,现在不会再有任何分歧意见,现在共产党人会同国民党一道工作,并且能在那里领导这项工作。"[2]

1924年1月30日,中国国民党第一次全国代表大会闭幕。大会通过了

---

[1] 张国焘:《我的回忆》(第一册),现代史料编刊社1980年版,第316—317页。
[2]《斯列帕克给维经斯基的信》,《联共(布)、共产国际与中国国民革命运动》(1920—1925),北京图书馆出版社1997年版,第408页。

张国焘（上）

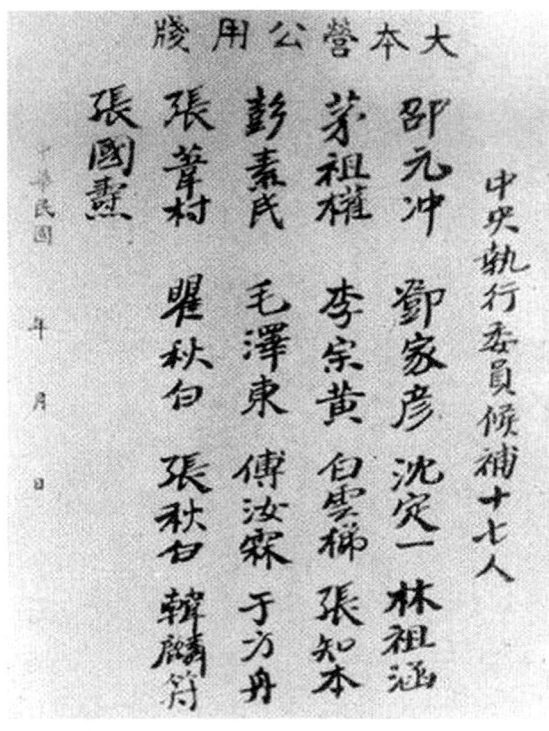

孙中山手书第一届国民党中央候补执行委员会名单

《中国国民党第一次全国代表大会宣言》草案，对孙中山的三民主义作了适应时代潮流的新解释。新三民主义的政纲同中国共产党的民主革命纲领在基本原则上是一致的，因而成为国共合作的共同纲领。会议在讨论是否容许共产党员参加国民党时引起了激烈争论，最后通过《中国国民党章程》，确认了共产党员以个人身份加入国民党的原则。国民党"一大"事实上确立了联俄、联共、扶助农工的三大政策[1]。

国民党"一大"之后，在国共合力推动下，革命形势迅速发展，这不能不使张国焘感到震动，但他还是固执地保持着自己的看法。他认为与其积极地提出自己的反对意见，导致无穷的烦恼，还不如消极地对待国共合作事宜，尽量不去参与。所以，当李大钊向张国焘传达国民党"一大"选举张国焘为候补中央委员，并要他到武汉去担任国民党分部的工作时，他便以种种理由拒绝了。而对于国民党北京执行部的工作，张国焘虽为其成员之一，却很少去办公。偶尔去一次，也是敷衍了事。当国民党员丁维汾提出一些事情和他商讨时，他也总是很客气地请丁维汾做主，自己从不提出异议。

此时，张国焘已把主要精神投入到筹备全国铁路总工会成立大会的工作之中。

---

[1] 国民党始终称"联共"为"容共"，即容纳共产党之意。"三大政策"是共产党人后来概括的。

|第四章|
隐瞒背叛　危难受任

1924年5月，负责全国铁路总工会工作的张国焘同他的妻子杨子烈在北京被警察逮捕。对于敌人的严刑拷打，张国焘起初还挺得住，后来写了自供状，并出卖了李大钊、陈独秀、谭平山、张昆弟及北京的共产党员，接着又供出了全国铁路各工会的共产党员七十一人。1924年10月，冯玉祥发动北京政变，释放政治犯，张国焘出狱后，隐瞒了这段历史。

在1925年1月召开的中共"四大"上，张国焘再次进入中央领导核心。为反击国民党的排共浪潮，1925年12月他曾参与同国民党代表的会谈，并受中央委派到广州处理1926年3月发生的中山舰事件，应对同年5月蒋介石提出的整理党务案，由此被戴上"右倾"帽子。

1926年10月北伐军占领武汉后，张国焘受派到武汉领导湖北省委工作，处理与国民党的有关事务。

1927年4月12日，蒋介石发动反共政变后，中共中央在共产国际指导下极力拉拢汪精卫集团，然而蒋汪合流的局面已定。

7月12日，鲍罗廷根据共产国际要求改组中共中央，陈独秀去职，组成以张国焘为负责人的临时中央常委会，主持党的工作，开始有组织地疏散干部，并部署湘鄂粤赣四省农民秋收起义，筹备"八七"会议。

7月27日，张国焘到九江传达共产国际关于南昌起义的电报精神，起初认为起义败多成少，不宜发动，但最后还是同意了起义计划。

第四章
隐瞒背叛　危难受任

牢狱之中

全国铁路总工会是在逆境中诞生的。

1923 年"二七"惨案之后，全国工人运动一蹶不振，尤其是铁路工人运动，几乎完全瘫痪。尚存的工会也完全处于秘密状态之中。相当长一段时间后，在中国共产党的努力下，京汉、京奉、京绥、正太等铁路的工会开始逐渐恢复元气。

当时，京奉路唐山工会还秘密存在着，并拥有一定势力，工会基金有一千余元；京绥路车务工会，拥有会员一千五百人；正太路工会、粤汉路工会、津浦路浦口镇工会以及株萍路工会等，也基本秘密恢复。特别是胶济路工会，是在工人运动低潮中秘密成立的，并拥有会员一千五百余人。指导工人运动的《工人周刊》，在中国劳动组合书记部被查封后，依然继续秘密出版。为了进一步复兴铁路工人运动，振奋铁路工人的斗志，中共中央决定成立全国铁路总工会，筹备任务就交给张国焘。

1924 年 2 月 7 日，"二七"惨案一周年纪念日，全国铁路工人代表大会在北京秘密召开。选择这个特殊日子，是为了让人们永远记住 1923 年 2 月 7 日这个血腥的日子，怀念先烈，汲取教训。

有关这次会议的史料极为有限，我们只能了解到以下情况：

参加会议的有各路代表二十人。中国九条铁路工会中有六条铁路工会派出了代表，没派代表的只有广州铁路、沈山铁路和中东铁路。会议开幕的当天，仍然有一或两条铁路代表缺席。会议讨论的主要是组织问题和红色搬运工人联合问题。[1] 张国焘主持会议并在会上作了题为《国民革命与铁路工会

---

[1] 见《斯列帕克给维经斯基的信》，《共产国际、联共（布）与中国革命档案资料丛书》第一卷，北京图书馆出版社 1997 年版，第 406–407 页。

141

的任务》的报告。

大会宣布正式成立全国铁路总工会，并发表了《全国铁路总工会成立宣言》。《宣言》提出总工会的宗旨是："一、改良生活，增高地位，谋全体铁路工人之福利；二、联络感情和实行互助，化除境域界限，排除工人互相争端；三、提高知识以促成工人阶级的自觉；四、帮助各路工人组织各路总工会，并与全国各界工人和世界工人建立密切关系。"《宣言》号召工人参加"所有救国救民以及反抗军阀官僚之横暴和外人之侵略等国民运动"，但必须"首先提出争自由和恢复工会等要求"。[1]大会还决定，就列宁逝世[2]致电莫斯科。

会议最后选举产生了全国铁路总工会执行委员会：执行委员会委员长邓培[3]，总干事张国焘。同时，张国焘还被指定担任党团书记。全国铁路总工会机关设在北京铁匠营21号。总工会工作除邓培、张国焘总负责外，还有干事彭子均、李凤林等参与工作。

全国铁路总工会是中国共产党领导下的全国性产业工会组织，是中国各铁路工会的领导机关，也是中国建立最早的全国性产业工会之一。

对于张国焘在这次会议上的作用，斯列帕克在写给维经斯基的信中评价说："领导会议工作的是张（国焘）。他的工作很出色。"[4]

全国铁路总工会成立后，着力恢复和整顿北方的铁路工会。总工会卓有成效的工作使北京铁路工人运动开始出现新的转机，工会会员迅速增加，仅胶济路工会在短短三个月内，会员就发展到三千人左右。

国民党"一大"之后，在国共合作的形势下，工农运动逐渐高涨起来。特别是在广东革命政府统辖的地区内，工农运动取得合法存在和发展的权

---

[1]《邓中夏文集》，人民出版社1983年版，第521–522页。

[2] 1924年1月21日下午6时50分，列宁因病在莫斯科附近的哥尔克村与世长辞，终年五十四岁。

[3] 关于全国铁路总工会第一任执行委员会委员长，有两种说法，一是邓培，一是孙云鹏。此处采用张国焘：《我的回忆》（第一册）（现代史料编刊社1980年版，第322页）的说法。另据王家玺主编：《中国工会史》（中共党史出版社1992年版，第140页）所载，会议选举孙云鹏为委员长。

[4]《斯列帕克给维经斯基的信》，《共产国际、联共（布）与中国革命档案资料丛书》第一卷，北京图书馆出版社1997年版，第407页。

利，更有了蓬勃发展的趋势。这一现象使反动势力大为恐慌，采取从外部压迫和从内部收买的双重手段，对工农运动进行破坏。

此时，国民党内部开始进一步分化，左右派之间的矛盾和冲突日益明显。许多共产党员对国民党的复杂情况认识不足，对在国民党内如何工作又缺乏经验，因而在实际工作中出现了一些过于忍让迁就的右的偏差。

为了总结经验，调整中共在国共合作中的政策，共产国际执委会主席团东方委员会于1924年2月25日向中共中央提出建议，要求在5月召开中央委员会扩大全会，讨论有关国共合作和工会工作等问题。为指导会议的召开，维经斯基再次来到上海。

5月10日至15日，在维经斯基指导下，中共中央召开了扩大的执行委员会会议。张国焘本不是中央执委会委员，但中央不仅通知他参加会议，并且注明他非去不可。这是自中共"三大"之后，他第一次出席中央的重要会议。

张国焘是怀着复杂的心理离京赴沪的。到上海后，他见到了正在筹备会议的陈独秀。陈独秀告诉张国焘，在国民党内工作不过是中共工作的一部分，中共主要还是要注重自身的发展，而且大部分党员应开展独立的职工运动和青年运动，并要在农民中进行工作。陈独秀还说，这次中央扩大会议所以特别邀请张国焘来出席，是为了共同纠正国共合作问题上发生的偏差。[1] 这番话使张国焘的心情为之一变。他意识到，陈独秀对国共合作的态度已经发生了显著变化，这次会议也将对党的政策作出相应调整。

会议期间，张国焘以谦逊的态度积极参加各项议程。在审查报告和拟定决议时，他发表了不少意见，但态度诚恳，从不提中共"三大"的争论，得到与会大多数人的同情。这当然令他高兴，更使他感到欣慰的是，他认为这次会议"无异接纳了我在第三次代表大会时的主张"[2]。从这一点来说，他认为自己是最终胜利的一方。张国焘的说法并非毫无根据的自夸。

---

[1] 见张国焘:《我的回忆》（第一册），现代史料编刊社1980年版，第326页。
[2] 张国焘:《我的回忆》（第一册），现代史料编刊社1980年版，第329页。

张国焘

这次会议经过认真讨论，通过了《共产党在国民党内的工作问题议决案》《工会运动问题议决案》《S.Y[1]工作与C.P关系议决案》《党风组织及宣传教育问题议决案》《农民兵士间的工作问题议决案》等一系列文件。

针对共产党人在国民党内工作时对国民党各派的态度，决议提出，中国共产党人在进行国民党工作时，要"巩固国民党左翼和减杀右翼势力"，而不是在左右派之间起调和作用[2]。

针对国共合作后共产党在工人运动上的失误，决议指出："凡在可能的范围内我们不必帮助国民党组织上的渗入产业无产阶级，不然，就是一个很大的错误。"[3]

据会后5月20日刊登在《中国共产党党报》上的一篇题为《此次扩大执行委员会之意义》所述，这次会议有三个重大意义："第一个意义是我们在国民党中和在国民党外，做种种复杂的工作，即在比我们强大的党，很容易有不偏于左倾即偏于右倾的危险，何况是我们这毫无经验的党。因此，我们越发感觉在国民党工作的重要，便越发感觉认识国民党及巩固我们党的重要。第二个意义是劳动运动尤其近代产业工人运动是我们的党之根本工作，我们在国民革命运动中若忽视了这种工作，便无异于解散了我们的党。第三个意义是青年运动也是党的重要工作之一，以前党及S.Y在此项工作上都做了种种错误，不可不急于纠正。"[4]

可以看出，这次中央执委会扩大会议对党此前的失误看得还是比较清楚的，纠正失误的措施还是得力的。会议所取得的成就既得益于陈独秀等人认识上的转变，也得益于维经斯基的正确引导。

全国铁路工会的恢复和迅速发展，引起了北洋军阀政府的注意。

---

[1] 即社会主义青年团。
[2]《共产党在国民党内的工作问题议决案》，《中共中央文件选集》第一册，中共中央党校出版社1989年版，第232页。
[3]《工会运动问题议决案》，《中共中央文件选集》第一册，中共中央党校出版社1989年版，第237页。
[4]《中共中央文件选集》第一册，中共中央党校出版社1989年版，第229页。

第四章
隐瞒背叛　危难受任

1924年5月初，直系军阀北京卫戍总司令王怀庆发出通电，要求北京政府通令查禁"过激行动"。

5月13日，湖北共产党组织秘密机关被湖北督军萧耀南的军警查获，逮捕了京汉铁路总工会委员长杨德甫和几个工人。杨德甫被捕后叛变，供出了全国铁路总工会在北京的机关地址和负责人。北洋军阀政府交通部接到京汉路局密函后，立即通知京师警察厅严密查究。

5月20日，张国焘从上海回到北京。当天下午，他即去北京大学拜访李大钊，并饶有兴趣地谈起上海会议的情况。没想到李大钊此时无心听他细谈，而是告诉他一个紧急情况：今天上午听政府内部了解情况的人讲，北京警察当局已拟定一个即行逮捕的一百多人的黑名单，他们俩人的名字都在上面。李大钊要他赶紧回到自己的住所和办公地点，把文件收拾一下，从速躲藏起来。

张国焘离开李大钊的办公室后，先到铁路总工会的办公地点，处理了一些公务，又向同事们宣布了李大钊听到的紧急消息，要大家赶紧行动，处理好重要文件后各人分途藏匿，仅留彭子均、李凤林负责驻守。之后，张国焘才回到自己的住所做应急准备。时值晚间11时，张国焘和他的夫人杨子烈动手焚烧了一部分文件后，因实在太困了，同时又抱着侥幸心理，认为军警不可能这么快来，所以就休息了。

5月21日凌晨，京师警察厅派出侦缉队前往全国铁路总工会的秘密机关进行搜捕，总工会干事彭子均、李凤林不幸被捕，未来得及转移的铁路工人名册和许多党的文件以及来往信件被搜去。随后，侦缉队又到腊库16号杏坛学社张国焘的住处，逮捕了张国焘和杨子烈，并搜出中共"三大"文件及信函多件。

张国焘等人被捕后，遭到了野蛮的审讯。据1925年5月28日上海《申报》报道：

> 张等被捕后，即拘于鹞儿胡同侦缉队中，现据侦缉队中传出消息，连日对张等严讯，惟并无若何口供。故自前日起，侦缉队已开始拷讯，且每日拷打三四次之多。

张国焘

对于敌人的严刑拷打，起初张国焘还能挺得住。不管敌人怎样拷问，他都矢口否认自己是铁路工会的总干事张特立。当敌人问及共产党鼓动铁路工运等事情时，他也装作不知道。但是，从总工会会所和他的住所搜出来的大量文件和信件还是暴露了他。在李钟英[1]寄自上海的一封信中，敌人查出了沿海省职工联合会、苏维埃华工总会致全国铁路总工会的信函，其中称张国焘为总干事。在确凿的证据面前，张国焘只好承认了自己的身份。

不久，张国焘和杨子烈又被押往京师警察厅。在敌人的严刑拷打下，张国焘终于挺不住了，写下了这样的供词：

> 张国焘，号克仁，二十五岁，江西萍乡人，北京大学肄业。曾于去年十月间与张昆弟（即张守诚）赁住铁匠营二十一号北房三间。去年十一月间即搬寓腊库十六号杏坛公寓与杨子烈女士自由结婚同居。国焘历年受学校教育，研究经济学，颇以马克思主义与"孔子不患寡而患不均"之旨相符合，因信仰之。又陈独秀（即实庵）系北京大学学长，与国焘有师生之谊，彼此信仰又可谓略同。国焘素抱爱国热忱与抵制日本诸运动，亦参加后又非提倡平民教育不足以救国。陈独秀亦颇重视国焘之为人。当独秀去京赴沪以共产主义旗帜相号召时，于民国十年间曾来函邀国焘一致进行。国焘亦随以提倡平民教育，进行社会事业自任。去年，陈独秀加入国民党后，国焘亦随之加入，故国焘可谓国民党内之共产派。按国民党内容，共产派系新加入，主张偏重反对外国侵略。国焘自去年加入该党后，并未任何项职务，可谓之挂名党员。按共产派现尚幼稚，既无若何组织，人数亦尚少，故从来并无何项革命行动事业，多偏重研究学理及宣传。国焘在此派内，担任劳动教育事业，各处工人亦有很少数与国焘相识者，故亦颇知铁路总工会。查铁路工人现多年已无工会存在，铁路工会亦无正式机关，只以尚有十余工人在狱中。该项在狱工人均极贫苦，无人照顾，各处工人多有愿意帮助此项在狱工人，故暂以铁匠营二十一号为通信机关，说不上铁路总工会。只须以一种名义

---

[1] 为中共中央的代号。

第四章
隐瞒背叛　危难受任

收到各处工人之捐款，故有铁路总工会之称。国焘与保定在狱诸人中二三人颇有友谊关系，又国焘自问良心，实用所信之主义亦应处在帮助之地位。故国焘始终帮助铁路总工会之此项救济事业。案所谓《工人周刊》出版已久，由《工人周刊》社编辑，在去年春间以前，国焘亦挂名《工人周刊》社编辑之一员，但从未经管此周刊。此周刊被查禁出版以后，即久已停顿。所供是实。[1]

张国焘的身份证实后，敌人又审讯了杨子烈。杨子烈也写了自供状，内容如下：

杨子烈，即杨毅，年二十岁，湖北枣阳县人，现肄业北京法政大学。去年十二月搬于腊库胡同十六号杏坛公寓与张国焘先生结婚。每日到法大上课，上午的饭在法大吃，下午回来就在铁匠营二十一号吃一顿，每月交伙食钱五元。张国焘先生是研究共产派学说的，他既是我的丈夫，他所研究学说我因好奇心所以也想研究一下。可是因为我们结婚的日期不久，同时我学校的功课很忙，虽然把关于此类的书籍看看，凭心说话，一本也未看完过。不但如此，老实说连共产二字的意义何解也是盲然的。但是我的丈夫张国焘因受人之愚迷而研究这种邪学说，而得像现在这种结果。我既是他的妻子，是脱不了干系的，我也不愿意脱离干系。政府诸大人是人民的父母，人民做了错事，是应该求诸大人宽恕使其有改过自新之余地。铁匠营二十一号是铁路总工会暂时通信机关，张国焘因受人之愚而为干事，到现在我才知道又有由陈比难箱里检查出的一封寄我而未发的信，我并不知道，这是诸位大人同我亲眼所见，当由她箱中取出时并未拆封，而邮票还是未盖邮章的。至于我的丈夫张国焘，此次做错了事，是应该受惩罚的。但是，青年阅历尚浅，诸大人素来德量宽洪，许人改过迁善，故敢请诸大人念张国焘初犯，特别加以宽恕。那不但张国焘和我铭感不忘，就

---

[1]《张国焘的供词》，《历史档案》1981年第二期。

是稍有知觉的人，也当感德无涯矣。[1]

张国焘满以为事情会到此结束。不料，京畿卫戍司令王怀庆却不肯就此罢手。

王怀庆在给警政司第二科的函中称："查张国焘等私组路工总会实行共产主义紊乱，国焘煽惑路工，扰害秩序，核其所为殊与刑律规定之内乱罪无异，若不从严惩办，不足以维治安而儆效尤。而杨子烈系属女子，在法大肄业，与北大男生自由恋爱无异奸度，妨碍善良风俗，毫无廉耻思想，亦应按律办理。除饬详讯该犯等确供再行另拟办理外，相应审讯情形先行函达。"[2]

张国焘忍受不住敌人的严刑逼供，勉强筑起来的防线彻底垮倒，终于向敌人供出了李大钊、陈独秀、谭平山、张昆弟及北京的共产党员等。据王怀庆于5月30日给内务部的密函称：

案据京师警察厅解送拿获共产党人张国焘等一案，业将审讯情形函达在案，兹派员将张国焘提讯明确，据称：伊等以私组工党为名，实行共产主义。陈独秀为南方首领，有谭铭（平）三等辅助进行；北方则李大钊为首领，伊与张昆弟等辅助进行。北方党员甚多，大半皆系教员学生之类，一时记忆不清。时常商量党务，男党员有黄日葵、范体仁、李骏、高静宇（即高尚德）、刘仁静、方洪杰等，女党员有陈佩兰、缪佩英等。查李大钊充膺北京大学教员，风范所关，宜如何束身自爱，乃竟提倡共产主义，意图紊乱国宪，殊属胆玩不法。除张国焘等先行呈明大总统分别依法判决外，其逸犯李大钊等相应咨行贵部查照，转令严速查拿，务获归案讯办，以维治安，而遏乱萌。[3]

敌人并不满足，进一步对张国焘施加刑罚。张国焘索性供出了他所知道的全国铁路各工会的共产党员共七十一人。6月2日，王怀庆密咨内务部：

---

[1]《杨子烈的供词》，《历史档案》1981年第二期。
[2]《历史档案》1981年第二期。
[3]《历史档案》1981年第二期。

第四章
隐瞒背叛　危难受任

案据京师警察厅解送拿获共产党人张国焘等一案，业将审讯及供出党魁李大钊等情形先后咨达在案。兹经派员将张国焘等提讯明确，据称：伊等以私组铁路总工会即为实行共产主义之通讯机关。陈独秀为南方首领，李大钊为北方首领，党员甚多，大半皆系教员学生，姓名一时记忆不清。辅助进行党务者，南方有谭铭（平）三等，北方有张昆弟等。各铁路均有工人在党，日前搜获名册即系各路工人通信地点。先劝各路工人组织工会，将来要求增加工价，以便推倒军阀及资本家，实行共产主义等语。查该犯等胆敢在首善重地，私组工会，以共产主义煽惑路工，虽未至实施暴动行为，而其意图紊乱国宪，实已毫无疑异。除李大钊等业经咨请严缉外，相应抄录各路工人姓名，咨行贵部查照。希即转令一体严速查拿务获，归案讯办，以维路政，而遏乱萌。[1]

内务部接到王怀庆的两个密咨后，立即密咨交通部、教育部，密令京师警察厅，"严加注意"，迅速缉拿李大钊等共产党人。

李大钊闻讯，立即化装成商人，在儿子李葆华陪同下，前往昌黎五峰山避难，全家也搬回乐亭老家。就在李大钊离开北京的当天晚上，反动军警查抄了他的家，随后又追到他在乐亭的老家去抓他。两次扑空后，6月11日，北洋军阀政府内务部发出了对李大钊等共产党人的通缉令，并密令各省长、都统、镇守使、护军使"严速查拿，务缉归案"。

这时，李大钊接到中共中央的通知，委派他作为首席代表，率领中国共产党代表团赴莫斯科出席共产国际第五次代表大会。李大钊又秘密回到北京，与其他几位代表见面后，便分别坐火车离开北京，前往莫斯科。

被张国焘出卖的共产党员中，有一些人并没有像李大钊那样幸运地脱离危险，如范体仁、孙云鹏、吴鹏九、叶云清等人不幸被捕，另有被开除、被通缉者四十余人。北方铁路工人运动又一次遭到了严重的打击。

张国焘后来在《我的回忆》中，将他在狱中出卖组织和同志一事全部抹去，还把自己粉饰成坚贞不屈的英雄，说他面对敌人的审讯，如何毫不畏

---

[1]《历史档案》1981年第二期。

张国焘

惧，如何被人强扭着按了手印，如何绝食，等等。但他承认，他的罪行由"内乱犯"变为"内乱未遂犯"，并得到了一般犯人所得不到的优待。

如果说，张国焘的叛变是受刑不过，被逼无奈，那么他叛变之后对革命的怀疑和对共产国际前途的失望却是发自内心的。多年后，他曾这样表白：

对于自己的一生，张国焘都进行过详尽的回忆。图为张国焘著《我的回忆》封面

我在狱中的思想对我以后的种种作为颇有影响。大体说来，减少了我这个在当年只有二十七岁的青年那种勇往直前的锐气，并磨掉了做人处世太过直率的一些棱角。我那时常想到而今留有印象的是：我这个原想研究自然科学的青年爱国者，竟成为一个共产主义运动的领导人，没有或很少研究过政治学、经济学、社会学、哲学以及历史学等，而要想有惊人建树，究竟缺乏准备，单凭热忱，是不够的。所以还是把自己的雄心抑制一些的好。在中国如何实现共产主义，我始终想不出个头绪来。至于对国民革命和民主共和国，我倒有过不少的设想，认为要有显著成就，需要一个历史时期，甚至超过陈独秀所说的"三十年"也未可知。我的怀疑点多半根源于"革命"这个概念。我已不像以前那样迷信革命，转而认为革命是非常手段，并不能解决众多的社会问题，而且革命还会产生一些不良的副产品。我回味我所知道的苏俄革命，孙中山所领导的中国革命，中共的长成和马林等人对我的争斗等等，自觉已能有更深的了解。对"一致""组织""权力""领导""政党"乃至"革命"本身等等这些概念的理论和实际，也发现它们的正反两面，有时会是推动历史前进的动力，有时会是毁灭人类建树的魔火。

第四章
隐瞒背叛　危难受任

我也了解了马林对我所使用过的种种手段，在共产党内发生，是毫不足怪的；如果对这些事感到惊奇，实在是自己当时过于天真……[1]

四个月过去了，对共产主义事业和革命的动摇，使张国焘在狱中的生活变得更加郁闷无聊，每日每时都在忐忑不安中度过。难道真要在牢狱中度过一生？他不无凄凉地这样想。

这时，一件意想不到的重大事件突然改变了他的命运。这就是当时震惊中外的北京政变。

1924年10月23日，直系将领冯玉祥趁第二次直奉大战[2]之际突然倒戈，发动了北京政变，由直系控制的北京政府随之倒台，京畿卫戍司令王怀庆也被卸职。

冯玉祥发动北京政变后，与张作霖、段祺瑞组成联合政府。冯玉祥表示同情广东革命政府，愿与孙中山合作，并将所部改称"中华民国国民军"。中国共产党利用这一时机，由李大钊出面，多次做冯玉祥的工作，把"二七"惨案以来一批被捕的工会领袖和骨干营救出狱。

10月底的一天，新到任的警备司令经过草草盘问后，将张国焘等人全部释放。张国焘尽量按捺住狂喜的心情，挽着杨子烈急步朝监狱门外走去。同行的范体仁问他为何不带头对那班直系军人提出政府曾摧残人权的控诉？张国焘回答："政局的变化五花八门的，我们能这样出来，就算万幸了。让我们暂饶恕他们，一心注意我们未来事业的发展罢！"[3]

张国焘夫妇出狱后，暂时住在中共北京区委书记赵世炎的家里。来看望他们的同志很多，大家都为他们侥幸出狱而感到欣喜。从同志们的谈话中，张国焘了解到，在他们几个人被捕后，党立即发动了抗议和营救运动。《向导》周报连续发表《工界厄运重重》《汉口之党狱》《告劳动平民和青年学生——为汉口北京党狱》《北京之党狱》等文章，声讨帝国主义和北洋军阀

---

[1] 张国焘：《我的回忆》（第一册），现代史料编刊社1980年版，第356-357页。

[2] 1924年9月，第二次直奉大战爆发。由于冯玉祥倒戈，给了直系以沉重打击。11月3日，吴佩孚在腹背受敌的情况下，率残部退出战场。

[3] 张国焘：《我的回忆》（第一册），现代史料编刊社1980年版，第361页。

151

镇压革命的暴行，并发动参众两院议员致函内务部总长，要求释放张国焘等被捕之人。

听到这些，张国焘决心隐瞒在狱中叛变的真相，以便继续得到同志们的信任。应该说，张国焘的隐瞒是成功的。同志们把他当成了英雄。他不仅得到了信任，后来还进入党和军队的领导核心。如若不是建国后人们在过去的档案里发现了他的自供状和其他相关档案材料，恐怕世人至今也不知道他在1924年这段经历的真相。

再次进入领导核心

1924年10月22日冯玉祥发动北京政变后，于10月24日致电孙中山，邀请他北上共商国是。冯玉祥暂时控制着北京局势，但在张作霖咄咄逼人的气势下，根本不敢有任何进一步的举动。段祺瑞与张作霖虽在中央政权问题上有分歧，但在独揽权柄而拒孙中山于中枢之外这一点上却是一致的。

国际代表鲍罗廷、维经斯基，及苏联驻中国全权代表加拉罕都认为，孙中山北上虽有可能处于军阀甚至列强包围的风险，但必须要冒这个险。因为孙中山只有走出广州，在更大的政治舞台上为国家统一而斗争，才能改变中国的政治走向。中共中央接受了国际代表的意见，遂决定支持孙中山北上。

11月10日，孙中山发表《北上宣言》，提示了国民革命的目的，重申国民党"一大"宣言精神，主张召开国民会议，废除不平等条约，以谋求中国的统一和建设。

11月13日，孙中山偕夫人宋庆龄以及随行人员二十余人离粤，开始了北上的旅程，经香港、上海、日本、天津，最后于12月31日到达北京。

为了配合孙中山的北上行动，中共中央于11月19日发表《中国共产党对于时局之主张》，号召全国各阶级、各民众团体及反对帝国主义之各军，拥护与赞助孙中山倡导的国民会议及其预备会议。

12月中旬，全国绝大部分省市的人民团体都发表了通电、宣言，表示拥护召开国民会议，各地还成立了国民会议促成会。

第四章
隐瞒背叛　危难受任

不过，在北京的共产党人对于是否支持孙中山北上有着不同意见。中共北京地方执委会委员长赵世炎认为，孙中山北上就意味着国民党将同张作霖、段祺瑞等军阀进行分赃，国民党一旦分得一份可观的赃物，便要放弃联俄联共，因此他坚决反对孙中山北上。张国焘认为，中共中央只是反对孙中山与军阀妥协，并不反对孙中山北上。孙中山的《北上宣言》和召开国民会议、废除不平等条约等主张，对民众还是有好处的。在李大钊的支持下，张国焘的主张得到大家同意。北京党组织开始积极组织国民会议运动和废除不平等条约运动，以配合孙中山的北上主张。

孙中山北上时已经是肝癌晚期。他指派在京国民党中央执监委员组成一个国民党中央政治委员会，代表他行使权力，参加者有汪精卫、李石曾、吴稚晖、于右任、丁惟汾、王法勤，还有共产党人李大钊、张国焘等，鲍罗廷仍为顾问。政治委员会每星期开会两次，此外还有临时会议。每次开会都先由汪精卫报告孙中山病况，因为他是政治委员会与孙中山之间唯一的联系人，有时也报告些广东等地来的消息，此外就是到会者的个别报告。既无一定程序，又少有事先准备的提案。参加政治委员会的只有李大钊和张国焘两个是共产党人，张国焘曾回忆："李大钊先生和我是参加会议仅有的两个共产党员，只好采取谨慎的态度。中共立场一直是坚决支持孙先生的主张，反对对段让步，尤不愿因孙病重使国共关系转趋恶化。我们按时到会，严肃地坐在那里，很少发言；不主动提案；只是支持一些与我们主张相符的主张。我们觉得如采取积极的态度，万一引起争端，可能被视为是乘孙先生病危，挑动国共间的纷争。"[1]

1925 年 1 月 11 日至 22 日，中国共产党第四次全国代表大会在上海召开。出席这次大会的有陈独秀、蔡和森、瞿秋白、李维汉等二十人，张国焘也参加了会议。

中共"四大"是一次具有开创性意义的会议。大会提出了无产阶级领导权问题；指出了农民在中国革命中的重要地位和作用，阐明了工农联盟的重

---

[1] 张国焘：《我的回忆》（第一册），现代史料编刊社 1980 年版，第 376 页。

中共"四大"会址纪念馆（上海）

要意义。大会总结了一年来国共合作的经验教训，决定共产党人要在国民党内和党外坚持彻底的民主革命纲领，保持自己的独立性，选举了新的中央执行委员会，张国焘当选为中央执行委员。1月22日，在中央执行委员会召开的第一次会议上，决定由陈独秀、张国焘、彭述之、蔡和森、瞿秋白组成中央局，具体分工是：陈独秀任中央总书记兼中央组织部主任，张国焘任中央工农部主任，彭述之任中央宣传部主任，蔡和森、瞿秋白为委员。同时，中央还决定组成中央职工运动委员会，由张国焘兼任书记，李立三、刘少奇为副书记，邓中夏为秘书长，委员有项英、王荷波、林育南、李启汉、张昆弟、刘华等。

自中共"三大"以来沉寂了一年多的张国焘，又一次进入中央领导核心，并继续指导全国工人运动。

2月7日至10日，全国铁路总工会第二次代表大会在郑州召开。到会代表四十五人，代表十二条铁路的工会组织。这次大会除沪宁、沪杭尚无工会组织派代表参加会议外，北起黑龙江、南至广州的所有主要铁路都有代表参加。全国铁路总工会成立一年来，尽管遭到反动政府和军阀的破坏，但铁路工人运动仍有不小的起色。

第四章
隐瞒背叛　危难受任

短短四天内，代表们完成了十八项会议议程。其中主要有"二七"纪念会与预备会，总工会执行委员会报告，各路代表报告，工人阶级与现状报告，进行方针报告，太平洋交通工人会议报告，组织、宣传教育、合作社、救济失业及死伤问题，审查抚恤款项报告，各路代表提案，讨论并通过各种议案，并进行了铁路总工会领导机构的改选等。

大会充分认识到铁路工人在国民革命中的重要作用，指出"铁路工人是集中的产业军之先锋"。大会议决需进行的重要方针有十项：恢复所有曾经组织之工会；整顿现有工会，建立坚固的组织基础；力谋工会之统一；确立经济基础；救济失业及死伤；要求以前罢工争得之条件实行；争工人切身的经济利益；争集会言论罢工之自由；赞助国民革命，并参加国民会议；训练并教育工友群众。

会议期间同时举行了京汉全路代表大会。到会共十六人，代表十二个分会。会议决定，恢复被反动军阀封闭的京汉铁路总工会及各分会。[1]

张国焘出席了这两次会议，并具体指导会议的进行。会后，他正式辞去京汉铁路总工会干事一职，前往中共中央所在地上海，履行中央工农部主任和中央职工运动委员会书记职务，指导全国工人运动的开展。

中共"四大"之后，在中国共产党发动和组织下，全国工人运动得到迅速发展。仅从铁路工会方面来说，继京汉铁路总工会恢复之后，京奉路总工会、京绥路总工会、胶济路总工会等各路工会也逐步恢复，粤汉铁路总工会和广三、广九铁路总工会也相继宣告成立。为了加强对广东铁路工人的领导，还成立了铁总广东办事处。

在对全国工人运动状况进行充分了解的基础上，为推动工人运动的进一步发展，张国焘于1925年4月在《中国工人》第四期发表了《职工运动复兴及其应取之方针》一文。他在文中指出：自"二七"惨案之后，中国职工运动经过了一个"降落"期，最近又呈"复兴"之势。职工运动复兴的原因

---

[1] 有关会议情况见张特立：《全国铁路总工会第二次代表大会之始末》，《中国工人》第四期，1925年4月。

有二:"一、工友们得着许多历史上教训和不可忍耐的痛苦,知道非复兴工会不可。这就是复兴职工运动之根本的伟大要求,也就是职工运动复兴的主要原因。二、直系势力倾覆,各派军阀冲突剧烈,外国帝国主义在华势力发生变化,国民革命运动勃兴,给予职工运动复兴的种种机会和影响。这是职工运动复兴的次要原因。"

职工运动的复兴必然引起反动军阀的仇视与镇压,张国焘提醒说:"现在段张专政的北方局面,与曹吴时代没有两样,他们对于工人必仍旧采取强暴手段,这是毫无疑义的。"因此,要"认清工人的斗争始终是为本阶级的,工人的利益要靠自己奋斗得来。我们只能利用军阀官僚彼此间的冲突,发展自己的势力;绝不可发生什么幻想",他指出,目前职工运动的主要方针是"争自由"运动。"这个运动有两个目的:一、由这个运动发展职工运动的势力因而统一职工运动,以至于由运动而能实际保卫职工运动不受摧残。二、获得法律上的合法自由,并取消剥夺工人自由的罚工刑律和治安警察法。"

张国焘在文中提出两个很值得研究的观点:

第一,国民革命运动和职工运动可以互相促进。他认为,国民革命运动是反帝反封建的革命,"因此,国民革命运动和劳动运动所攻击的对象是一个共同的敌人;国民运动所奋斗的目标——自由和独立,就是劳动运动所要求的初步解放。在此国民革命运动发展的新现象中,职工运动如何去加厚国民革命运动势力,如何使国民革命运动助工人阶级争取目前利益和自由,这也是职工运动中一个新的问题"。这表明,张国焘对于国民革命的认识有了提高,明确了国民革命与工人运动之间的良性互动关系。

第二,工人运动可采取灵活的斗争方法。张国焘认为,工人运动在坚持"不妥协"斗争的条件下,可以采取"软的方法",尤其运动处于低潮时期。他指出,"二七"之后,有些工会之所以能够存在,是因为他们在"退守时期中,能用种种外交的方法和别种巧的方法,对抗敌人,争得一些经济利益并保持工会的安全"。"因为敌人是奸猾险毒的,他们用种种方法对付工人,当然工人也要用种种有效的方法对付他们。但是不可忘了阶级争斗是不可调和的争斗,真实的胜利只有'硬的方法——不妥协的争斗——才能得到的'"。这种把两种斗争方式结合运用的思想，在中国职工运动中还是首次正式提出并作为职工运动的指导思想。

利用敌人，采取"软"的方法，这种斗争方式并不是张国焘的发明，还在"二七"惨案之前，北京党组织就曾利用吴佩孚"保护劳工"的口号，发展了京汉铁路工会运动。但张国焘将它上升到了理论高度，并且提出在适当应用"软"的方法时，不要忘记"硬"的方法才是根本解决问题的手段。这种指导思想在职工运动的发展阶段无疑是正确的。

在同一期上，张国焘还发表了《全国铁路第二次代表大会始末》和《海员的新斗争》两篇文章。前一篇文章详细介绍了全国铁路总工会第二次代表大会的情况，公布了《全国铁路总工会第二次代表大会宣言》和《全国铁路总工会追悼"二七"殉难烈士词》。后一篇文章分析了引起海员新斗争的原因，指出是因为船东和香港英国殖民地政府有意破坏1922年与海员所签订的三项条件，致使工人利益遭受极大损失。张国焘认为，船东和香港政府不得不签订条约是因为他们屈服于海员们的"伟大奋斗力之下"；他们敢于破坏条约是因为海员们"团结松懈"，给了他们可乘之机。因此，要使他们履行条约，"须首先将全体海员，无分广东籍、宁波籍，团结如铁桶一般坚固；因为坚固的团体是迫着敌人履行条约唯一工具"。

在张国焘领导的职工运动委员会中，有一批出类拔萃的人物，如在安源罢工中誉满湖南的李立三、刘少奇，北方工运指导者和曾担任过中国劳动组合书记部主任的邓中夏，武汉工运的负责人项英、林育南，浦口铁路工会领袖王荷波，以及享誉上海的工运领导人、刚出狱不久的李启汉等。在大家的共同努力和领导下，工人运动的第二次高潮迅速到来。

5月1日，第二次全国劳动大会和广东省第一次农民代表大会同时在广州开幕，整个广州城处于涌动和沸腾之中，国共合作的局面也淋漓尽致地表现了出来。

第二次全国劳动大会是中国职工运动史上前所未有的一次盛会。到会代表二百八十一人，代表工会一百六十六个，代表有组织的工人五十四万。张国焘出席并指导了会议的召开。大会通过的决议案共有三十多个，其中以《工农联合决议案》《铲除工贼决议案》《组织全国总工会决议案》和《加入赤色职工国际决议案》最受重视。

《政治斗争决议案》中指出："中国的民族革命运动，非得工业的无产阶级参加并取得领导地位，提携着广大的农民群众进行，是不能成功的。"《工农联合决议案》中指出"工人阶级要推翻现存制度，必须结合反对现存制度的一切革命势力，因此他应该努力找寻他的同盟者。这种同盟者的第一个，就是农民。无产阶级倘若不联合农民，革命便难成功"。"农民要得到自身的解放，也只有与工人联络，才有可能。"大会对工人组织的纪律和教育等问题也作了相应的规定。

会议决定组织中华全国总工会，推选出执行委员二十五人；决定成立中华全国总工会执行委员会干事局，驻地广州，由林伟民任委员长，刘少奇任副委员长，李启汉任组织部长，邓中夏任宣传部长、党团书记及秘书长，孙云鹏任经济部长。

5月8日，会议胜利闭幕。张国焘因需指导中共广东区委的工作，暂时留在广州。

5月，张国焘在《中国工人》第五期发表了《"五一"运动与中国工人》一文。文章指出：五一运动是争八小时工作制的示威日，中国工人不仅要争八小时工作制，而且要争自由。因为只有争得自由，才能争得经济利益，"所以自由是全国工人的第二生命"。张国焘提出，争八小时工作制和工人自由权是"中国工人目前最需要的解放"，"而奋斗是争得八小时工作和工人自由权的唯一方法，奋斗也是打倒帝国主义军阀，中外资产阶级和解放工人阶级的唯一方法"。

在这篇文章里，张国焘将在《职工运动复兴及其应取之方针》一文中提出的"争自由运动"进一步阐释为争取"组织工会的自由！集会结社的自由！言论出版的自由！同盟罢工的自由！"。如果说争取八小时工作制是号召工人为争取经济利益而斗争，那么争取自由权则是号召工人为争取政治利益而斗争。将工人运动由经济斗争引向政治斗争，把经济斗争和政治斗争相结合，这就是张国焘领导的职工运动委员会的策略，对于促使工人运动进到一个更高的阶段有着重要意义。

第四章
隐瞒背叛　危难受任

第二次全国劳动大会之后不久，就爆发了震惊中外的"五卅"反帝运动。这一运动成为中国工人阶级第一次大规模进行政治斗争的标志。

5月14日，上海日商内外棉纱厂的工人为抗议日本资本家无理开除中国工人举行大罢工。5月15日，日本资本家开枪打死工人顾正红，打伤工人十多名。5月16日，上海日本纱厂两万多工人举行同盟罢工，三十五个社团召开联席会议，组织了"日本残杀同胞雪耻会"，号召上海各界民众支持工人罢工。

顾正红惨案发生后，在上海的中共中央领导人以及职工运动委员会的领导人陈独秀、蔡和森、李立三、恽代英等决定统一领导这次斗争。5月24日，中共中央通过上海工会组织召开了有一万多人参加的顾正红追悼大会，但遭到帝国主义租界当局的镇压，拘捕工会活动分子和参加追悼会的学生多人。

5月28日，中共中央召开紧急会议，决定将工人的经济斗争转变为各界人民的反帝政治斗争，还决定5月30日在租界举行反帝示威活动，决定6月1日公开成立上海总工会，由共产党人李立三、刘华等主持。随后，刘少奇来到上海，也参加了总工会的领导。上海总工会的成立，标志着上海工人运动从分散的状态开始转向集中的有组织的活动。

5月30日，上海各校学生两千多人组成讲演队，在租界各马路进行反帝宣传，租界当局又出动巡捕，逮捕了一百多名学生，关押在南京路老闸捕房。消息传开，数千人奔赴捕房前，要求释放被捕学生。巡捕又开枪打死学生五人，市民十一人，重伤十余人，逮捕四十多人，南京路上顿时一片腥风血雨，是为震惊中外的"五卅"惨案。

张国焘正是在这一天由广州返回上海的。当晚，他出席了中共中央召开的紧急会议。会议决定领导上海人民实行罢工、罢市、罢课的三罢斗争，反对帝国主义屠杀中国人民。

五卅反帝运动在全国各地迅速展开，上海的中共中央领导人全力投入到运动之中。张国焘作为职工运动委员会的领导人，更是四处忙碌，多方接洽。

五卅运动期间，张国焘在《新青年》第二号发表了《"二七"前后工会运动略史》。文章分三部分："二七"前工会运动之发展；"二七"大罢工始末；"二七"后的工会运动。文章详细论述了中国工人运动的产生和发展，

159

张国焘

上海人民的反帝示威游行

回顾了几次重要的工人运动的历史、经验及其教训，叙述了京汉铁路大罢工和"二七惨案"的经过，介绍了全国铁路总工会成立前后的情况。这篇文章是研究"二七"前后中国工人运动的重要史料，但缺陷在于着重叙述了铁路工人运动，对其他行业的工会谈得较少。

五卅反帝运动与省港大罢工一起，标志着中国工人运动第二次高潮已经到来。

五卅运动的一个可贵成果是将武装问题提上了中国共产党的议事日程，中国共产党人开始意识到枪杆子的重要性。他们根据当时的斗争形势，曾提出了"武装平民"的口号和"建立真正人民的武力，统一的国民政府军"的主张。

共产国际和苏联领导人对在中国建立革命武装的问题一向很重视，从1924年以来，苏联对中国的军事援助一直没有间断过，但都给了南方的广州国民政府或北方的冯玉祥，其目的是通过援助，使南方的国民革命军和北方的国民军转变成为工农打天下的革命军，根本没有帮助中国共产党建立革命武装的设想。但随着五卅反帝运动深入开展，共产国际和苏联领导人开始考虑帮助中国共产党建立军事武装。

7月21日，共产国际执委会东方部政治书记瓦西里耶夫写信给中共中央，专门谈到组织中国革命武装力量的问题。[1]8月21日，共产国际执委会东方部通过了《关于中国共产党军事工作的指示草案》，"要求中国共产党在组织中国革命武装力量和使人民群众做好战斗准备方面要十分细心地对待和坚持不懈地做工作。"《草案》还对如何积蓄自己的力量和瓦解敌对力量作出了详细指示。对于军事部的具体组织结构和职能也提出了相应的要求。[2]

这时五卅运动已走向低潮。上海总商会迫于压力于6月26日宣布无条件结束总罢市，统一战线破裂，形势逆转，工人孤军作战，中共中央只得采取有组织的复工措施。8月下旬到9月下旬，各厂工人在争得资本家接受部分经济要求后，便开始复工。

尽管如此，9月28日至10月2日在北京举行的中共四届二中全会上，对于大力发展工农武装力量这一点还是极为重视的。会议指出，在五卅血腥惨案中，我们丧失了许多勇敢的分子，在工人群众中造成了从来没有的革命心理。"党应当利用这种革命心理，有组织地去预备武装工人阶级中最勇敢最忠实的分子"，成立"十人队""百人队"，以武力保全自己的利益和抵抗敌人的袭击。

为了加强对工农武装的领导，会议决定在中央委员会之下设立军事委员会[3]。在张国焘缺席的情况下，会议决定由他兼任军事部部长。军事部由张国焘、王一飞、任弼时三人组成，设组织和情报两部分。军事部成立后，主要做了以下工作：

建立各地军事部。在北方建立了以李大钊为主任、赵世炎为委员的军事部；在广东建立了以谭平山为主任、陈延年、周恩来为委员的军事部；河南省的军事部由王若飞负责。张家口、西安、汉口、上海、济南和沈阳等地设特派员。

---

[1] 详细内容见《瓦西里耶夫给中共中央的信》，《共产国际、联共（布）与中国革命档案资料丛书》，北京图书馆出版社1997年版，第638–642页。

[2] 详细内容见《共产国际执委会东方部关于中国共产党军事工作的指示草案》，《共产国际、联共（布）与中国革命档案资料丛书》，北京图书馆出版社1997年版，第657–664页。

[3] 后改称军事部。

分配从莫斯科归国的一批军事干部分赴各地。其中去广东的最多,有聂荣臻、叶挺、熊雄等十二人;其次是北方,有李林、范易等十一人;王一飞、颜昌颐等三人留在中央军事部,负责日常工作,由颜昌颐任技术书记。

在上海开办训练班,建立了两千人的战斗队;并派人到孙传芳的部队去做调查,搜集情报,开展兵运工作等。

11月21日,张国焘在《向导》第一百三十六期发表了《反奉战争与革命民众》一文,表明了他作为中共第一任军事部长对战争与武装的见解。文章首先提出,"战争是人类的恶魔,是全国人民所深恶痛绝的"。继而指出:军阀间相互战争的根源是帝国主义挑拨、引诱和干涉中国内部事务的结果。但这次反奉战争不同,由于奉系军阀投降英、日帝国主义,破坏了五卅以后全国形成的对帝国主义的巨大压力,使帝国主义重新嚣张起来,所以,反奉战争已超过了直奉军阀之战的界限,成为有国民军、国民革命军以及民众势力参加的反奉战争,并且以民众做后盾的国民军和国民革命军是这次战争中反奉的主力军。这一点是与历来战争不同的。

张国焘在文章中进一步阐发了中共中央四届二中全会关于民众武装的认识,提出了以民众武装的革命打倒帝国主义及其走狗的观点。他指出:"惟有武力可以打倒武力,惟有武装的革命可以打倒帝国主义和他们的工具,惟有民众武装可以保障永久的和平。"这次反奉战争,"若没有民众的武装势力参加,这次战争便又是军阀的相互战争。……所以民众积极参加反奉战争可使军阀的相互战争成为民众反奉战争,就是民族解放的战争;而且民众参加的结果,革命民众才能渐次武装起来,民众武装起来的结果,才能对外抵抗帝国主义的侵略,废除不平等条约,对内才能肃清军阀,成为保障人民利益的民众武装"。这就是说,只有民众参加的战争才会改变战争的性质,使军阀战争成为民族解放战争;民众只有武装起来,才能战胜国内外敌人,才能保障自己的利益。这个观点代表了中国共产党人的普遍看法,也代表了当时中共对民众武装理解的最高水平。

12月,中共中央在上海召开会议,陈独秀、张国焘、任弼时、杨之华和国际代表维经斯基等出席会议。军事部向会议作了报告,其中强调:广州的军队是一切国民革命军的基础,广东省的军事部要特别注意已经部分地掌握在党手中的政治部的工作，工人农民中现有的武装组织应置于党的直接监督之下，帮助他们进行军事训练；北方应在国民军中建立秘密的基层组织，成为党在该部队的代表。

会议作出《关于军事工作决议》，指出当前军事工作的纲领是：对军队、乡团、民团、商团、土匪等武装组织进行调查研究；在南方的广州政府和北方的国民军中积极进行工作，促使国民革命军的成立；应特别重视广东省的工作，同时在全国其他地方成立秘密军事组织，对工农进行初步的军事训练；大力开展青年士兵联合会组织；在反动军队中秘密进行宣传和组织工作。[1]

军事部成立后，在极其困难的条件下做了一些工作。但从中山舰事件发生后，右倾思想开始在党内抬头，使军事部的工作受到很大影响。军事部的工作仅仅限于调查研究和搜集情报，未能建成一个强有力的军事指挥机构，原来所设想的军事工作也未切实予以落实。

应对排共浪潮

中共"四大"召开期间，孙中山病重的消息就传到上海，国共合作面临严峻考验。正在上海的维经斯基及时建议中共中央起草一个宣言，号召在国民党"一大"通过的行动纲领的基础上团结起来。

1925年3月12日，孙中山先生在北京逝世。消息传到上海后，中共中央立即作出了积极的反应。3月15日，中国共产党致唁国民党中央执行委员会，表示悲悼，同时希望国民党中央执行委员会能遵照孙中山的遗嘱，继承革命事业。

孙中山的逝世犹如在中国引发了一场强烈的政治地震，国共两党及其领导人，甚至共产国际、联共（布）及其驻华代表，都受到波及。

国民党右翼分子先后在北京成立中国国民党同志俱乐部，在上海成立辛

---

[1] 转引自《任弼时传》，中央文献出版社、人民出版社1994年版，第83—84页。

张国焘

孙中山逝世

亥同志俱乐部等小团体，公开号召反对国共合作，反对支持国共合作的国民党左派。由他们制造的排共摩擦直接影响了国共合作的正常进行。

这年夏秋之交，从辛亥革命时起就追随孙中山的戴季陶，开始以"权威"身份解释孙中山三民主义，抨击马克思主义和共产主义，并罗列共产党人的种种"罪状"，说共产党是借国民党的躯壳，扩张自己的势力，等等。[1]

8月20日，著名的国民党左派廖仲恺在国民党中央党部大门口遇刺身亡。廖仲恺积极支持孙中山改组国民党，对于一部分国民党老党员反对国共合作、与军阀勾结的行为深恶痛绝，一直积极支持共产党人在国民党中的工作。中共中央对戴季陶主义进行了猛烈回击，对廖仲恺先生的遇害表示强烈的悲愤。

1925年9月28日至10月2日，在维经斯基具体指导下，中共中央在北

---

[1] 1925年六七月间，戴季陶先后发表《孙文主义之哲学的基础》《国民革命与中国国民党》等小册子，其内容反映了资产阶级右翼的利益和要求，对中国共产党进行排斥和打击。史称"戴季陶主义"。

京召开第四届中央执行委员会第二次扩大会议，以便根据形势的变化确定党的任务和工作方针。张国焘因留上海处理工作，未参加这次全会，然而会议决策对他的思想产生了重大影响。

会议当天，共产国际执委会作出了一个全方位指导中共中央的指示，其中强调：

> 建议中国共产党遵循下列原则立即审查同国民党的相互关系：
> 一、对国民党工作的领导应当非常谨慎地进行。
> 二、党团不应发号施令。
> 三、共产党不应要求必须由自己的党员担任国家和军队的领导职位。
> 四、相反，共产党应当竭力广泛吸引（未加入共产党的）国民党员而首先是左派分子参加本国民族解放斗争事业的领导工作。
> 五、同时中共中央应当经常仔细地研究国民党所依靠的社会阶层中发生的各种进程和军阀中的社会重新组合。[1]

这实际是要求共产党妥协，特别强调共产党人不要出头露面，而采取以支持国民党左派的方式来进行工作。受此指示影响，四届二次中央执委扩大会议分析了国民党内不同派别的特点，决定调整与国民党的关系。据维经斯基会后给共产国际的报告，这次会议确定的具体措施是："不一定要进入领导机构，而要更多地做群众工作，当然仍留在工农部和军队的政治部；不让所有新入党的党员，特别是工人党员加入国民党；在国民党群众中做广泛解释工作，说明国共结成联盟和统一战线的必要性。"维经斯基明确指出："我们采取的方针是，在同国民党的关系中，要从联盟转向联合。我们现在不打算通过发表某种声明或做出正式决定来完成这种过渡。但是现在就需要采取这种过渡方针。"[2]

---

[1]《共产国际执委会给中共中央的指示草案》，《共产国际、联共（布）与中国革命档案资料丛书》，北京图书馆出版社1997年版，第694–695页。

[2]《共产国际、联共（布）与中国革命档案资料丛书》第一卷，北京图书馆出版社1997年版，第692–693页。

张国焘⑤

所谓"过渡方针",就是共产党人逐渐退出国民党的领导岗位,幕后支持国民党左派,使其强大起来,并将右派排挤出国民党重要岗位甚至国民党之外,而共产党人在这个过程中要重点发展自己的力量,使两党关系成为平等的联合关系。

这一策略方针从理论上讲固然不错,但真正愿意同共产党精诚合作的国民党人究竟有多少?力量究竟有多大?共产党支持国民党左派的方式方法是否得当?还有,共产国际所谓"共产党不应要求必须由自己的党员担任国家和军队的领导职位"是否意味着共产党人可以退出国民党,也就是说,四届二次全会制定的策略方针是否是共产国际的本意?诸如这类问题在当时并不清楚,后来的事实证明,国民党左派的力量很小,而共产国际也不同意共产党人退出国民党。

中共四届二次全会结束后,中国共产党面临的形势更加严峻。

1925年11月,邹鲁、林森、张继、谢持等十余人在北京西山召开会议,[1] 以"国民党中央第四次执委会"的名义,通过了取消共产党员加入国民党者党籍、开除国民党中央执行委员会中之共产党员、解除鲍罗廷顾问职务等多项排共决议案。会后,他们在北京等地设立伪国民党地方党部,在上海成立伪国民党中央,公开破坏国共合作的统一战线。

面对咄咄逼人的进攻态势,中共中央迅即开展反对西山会议派的斗争。陈独秀带头发表文章,驳斥西山会议派破坏国共关系的举措。

12月20日,张国焘在《向导》发表《一封公开的信致国民党全体党员》,阐明共产党人加入国民党是为了与国民党共同进行国民革命,并非为一己私利,提出"国民党和共产党的密切结合,是革命成功的唯一保障"。"我们是愿意和一切忠实的国民党革命分子,长久合作的。"受共产国际指示和四届二次全会精神的影响,张国焘的文章隐约显现出妥协倾向。文章表白:"我们是为革命而加入国民党的,既没有变国民党为共产党的野心,也没有垄断国民党党务的阴谋。反因为革命潮流太紧张了,我们有时力量不及,不能尽量为国民党服务,倒是很觉得惭愧。"至于共产党在国民党

---

[1] 即西山会议派。

内的党团组织，张国焘指出，设立党团组织只是为了督促和指示同志们在国民党内特别努力工作，对于"所有国民党的主张，只有积极赞成，从没有掣肘过，所以，这个党团作用，不但与国民党无损，而且是与国民党有益的"。

所有共产党人包括张国焘的舆论攻势，都未能减弱国民党内排共势力的气焰。西山会议派不仅在上海另立国民党中央，而且到处制造舆论，反对广州国民党中央于1926年初召开国民党第二次代表大会。

中共中央四届二次扩大全会结束后，维经斯基从北京来到上海，他认为，当前与西山会议派的斗争主要体现在国民党"二大"能否如期召开，并在会上通过制裁西山会议派的决议案。为达此目的，中共中央现在应采取瓦解西山会议派的措施。

12月23日晚，维经斯基找到与西山会议派有联系的孙科，提议孙科约集西山会议派中人邵元冲、叶楚伧，到苏联驻上海总领事馆一谈。当晚，孙科即同邵元冲、叶楚伧一起来会维经斯基。会谈中，维经斯基得知孙科等人仍然承认孙中山联俄容共的政策，他认为这是可以分化西山会议派的大前提，于是提出次日约陈独秀等与他们三人共同讨论有关问题。

正在布置全党对西山会议派进行反击的陈独秀，接到维经斯基要他与孙科等人进行会谈的通知后，感到非常突然，但他还是服从了维经斯基的安排。

12月24日上午11时左右，共产党方面的代表陈独秀、瞿秋白、张国焘与国民党方面的代表孙科、邵元冲、叶楚伧在苏联驻上海总领事馆进行了会谈，维经斯基亦在场。双方讨论了党务、宣传、国共关系以及国民党与苏联和共产国际的关系等问题。会谈中，陈独秀等人虽然毫无思想准备，但还是据理力争，他们拒绝了对方提出的共产党人退出国民党和鲍罗廷离开广州回国等要求，建议孙科等人与广州国民党中央言归于好，共同反对右派；同时又按照对方的提议，同意停止攻击西山会议派的宣传，同意在新的国民党中央执委会中，共产党员人数不超过三分之一。

这时国民党"二大"会期已经临近，陈独秀特地派张国焘前往广州，指导参加国民党"二大"的中国共产党党团，以使其能够贯彻中共中央的意图。

张国焘没有想到，他抵达广州后首先面对的，是广州的共产党人对国

张国焘

共代表上海会谈的质疑，包括国际代表鲍罗廷、中共广东区委书记陈延年在内，都认为上海会谈是对国民党右派的让步，并且打击了以汪精卫为首的左派。张国焘则解释说，上海会谈是必要的。他说："中共还在幼龄时代，没有人参加国民政府，也还没有执掌政权的经验，更没有掌握军事实力。……在这种情形下，即使我们在国民党中央委员中，多占了一些席位，除了引起国民党人士的反感以外，我不信真能增强中共在国民革命中的领导地位。"他还说："不要将中共的政策视为退让的政策。应该认识到这是中共自谋独立发展和巩固国民革命阵线所必要的措施。不应要求修改，而应切实执行。"[1]

1926年1月1日至19日，中国国民党第二次全国代表大会在广州召开。在出席大会的代表中，共产党员和国民党左派占很大优势，共产党人非常活跃，许多决议案都是由他们起草并得以顺利通过的。张国焘参加了党务报告审查委员会，并在会上发了言。

会上，在共产党人和国民党左派人士宋庆龄、何香凝、邓演达等共同努力下，大会继续坚持反对帝国主义和军阀势力的主张，坚持联俄、联共、扶助农工的三大政策。大会在坚决反对西山会议派分裂中央的氛围中，决定对西山会议派分别给予警告以至开除党籍的处分。

在大会选出的中央执行委员和中央监察委员中，左派人士和共产党人占一定比例。在选出的三十六名中央执行委员中，共产党员有七名；中央监察委员会十二名委员中，共产党员有一名。

对于国民党"二大"的成果，中共中央给予很高评价。2月12日，中共中央发出第七十六号通告，号召全党应努力宣传国民党"二大"的成功，认为"这个成功是表示中国民族运动的成功，是证明中国的民族运动不因中山之死，不因帝国主义者军阀买办阶级勾结党中右派反动派捣乱而消灭"。[2]

蔡和森也为国民党"二大"叫好。他评价说："国民党第二次大会的成功，就是工人阶级与城市小资产阶级和农民联合战线的表现，因为这次大会更加确定了国民党与共产党的关系，就是说工人阶级与小资产阶级联合战线

---

[1] 见张国焘：《我的回忆》（第二册），现代史料编刊社1980年版，第78—79页。
[2] 《中共中央文件选集》第二册，中共中央党校出版社1989年版，第43页。

第四章　隐瞒背叛　危难受任

反帝国主义的关系。"[1]

共产国际对于国民党"二大"的成就也是认可的。共产国际执委会第六次扩大全会的决议评价说：国民党第二次全国代表大会谴责了西山会议派，肯定了国民党必须同共产党人结成战斗联盟，从而确定了国民党和广州政府的革命活动方针，使国民党保证得到无产阶级的革命支持。[2]

然而，对于国民党"二大"的结果还有一种评价，认为进入国民党二届中央执委的共产党人比例没有达到三分之一，而且右派人物如戴季陶、孙科、胡汉民等被选为中央执行委员，吴稚晖、张静江、李石曾等被选为中央监察委员，因此共产党在国民党"二大"是吃了败仗，并将这个结果归因为张国焘执行了陈独秀的右倾退让政策。

从张国焘当时的思想来看，他是同意中共中央四届二次全会确定的准备改变同国民党合作方式的方针的。在他看来，既然中共党员仍留在国民党内已弊多于利，那么中共应自谋独立发展，不应多干涉国民党内部事务，也不应再争国民党的领导岗位。[3]当他看到汪精卫初拟的国民党二届中央委员名单时，便提出了反对意见。张国焘回忆说：

在大会选举中央委员以前，汪精卫曾约我在鲍罗廷那里会谈。他提出了一张他所预拟的二届中委名单，征求我们的同意。鲍罗廷一言不发，我细看了这张名单，是所谓左派和与汪有关系的人占多数。我觉得他并未尊重中共中央争取中派的意向，中派的人除孙科外，叶楚伧、邵元冲等均未列入，至于中共党员则除第一届者均列入外，还增加了在国民党内任重要职务的吴玉章、董必武、恽代英、杨匏安等人。

我对于国民党内部的事，自然不必多说，只有根据中共中央的决议，对于提名中共党员为国民党中委者表示意见。我提出中共党员如瞿秋白和我自己没有在国民党内担任职务，不必再当选，其余中共党员也

---

[1] 蔡和森:《中国共产党史的发展（提纲）——中国共产党的发展及其使命》,《中共党史报告选编》,中共中央党校出版社1982年版,第73页。

[2] 见《共产国际有关中国革命的文献资料》第一辑,中国社会科学出版社1981年版,第137页。

[3] 张国焘:《我的回忆》（第二册）,现代史料编刊社1980年版,第68页。

可以斟酌减少几个，以符中共中央不愿多占国民党中委名额的原旨。

汪精卫当即表示反对，他指出瞿秋白和我都是总理在世时遴选出来的，应当继续当选。我向他委婉解释，指出现在的名单中，有些第一届中委的名字并不在内；那么中共党员也退出几个，是公平而合理的。汪精卫看见鲍罗廷仍不说什么，也就不再说下去了。这样，第二届中委名单就算是商定了。[1]

张国焘的回忆证明共产党人进入国民党二届中央执委人数未达三分之一，确实与张国焘有关。但为什么中共中央、共产国际又对国民党"二大"作出充分肯定并高度评价呢？主要是看问题的角度不同。中共中央和共产国际是从国民革命的全局考虑，认为国民党"二大"顺利召开并打击了西山会议派的嚣张气焰，巩固了广州国民党领导地位，就是成功。而另一种意见，则是从共产党争夺国民党领导权的角度考虑，认为共产党没有更多地占据国民党领导岗位，就是退让和失败。

笔者认为，即便是从共产党在国民党二届中央的任职情况来看，也并不能确认就是退让和失败。如果同国民党"一大"后共产党人的任职相比较，实际上共产党人在国民党"二大"后权力是大了，不是小了。

国民党"一大"后，三名中央常务委员中，有谭平山一人；在常务委员会下设的中央党部（一处八部）中，秘书处共三人，有谭平山一人；八部中谭平山为组织部部长、林祖涵为农民部部长；杨匏安、冯菊坡、彭湃分别为组织、工人、农民部秘书。

国民党"二大"后，九名中央常务委员中，有谭平山、吴玉章、杨匏安三人。中央党部中，绝大部分领导职务由共产党员担任：秘书处四人，全部由共产党员担任（谭平山、林祖涵、刘伯垂、杨匏安）。组织、宣传、青年、工人、农民、商业、妇女、外事八部中，谭平山为组织部部长、林祖涵为农民部部长、毛泽东为宣传部代理部长；杨匏安、沈雁冰、黄日葵、冯菊坡、许甦魂、邓颖超、彭湃和罗绮园分别为组织、宣传、青年、工人、外

---

[1] 张国焘:《我的回忆》（第二册），现代史料编刊社1980年版，第85—86页。

第四章 隐瞒背叛 危难受任

事、妇女、农民部秘书。

《中国国民党总章》规定："中央执行委员会互选常务委员九人，组织常务委员会，在中央执行委员会全体会议闭会期间执行职务，对中央执行委员会负其责任。"[1] 按照这个规定，共产党员虽然在国民党中央执委会中所占比例未超过三分之一，但在实际工作中并未影响共产党员在国民党内发挥作用。相反，由于国民党中央党部的主要部门由共产党员负责或参加，这更有利于共产党对国民党施加积极的影响。正是因为共产党员在国民党中央党部中人数增加，影响扩大，才引起了国民党新右派分子的疑虑和恐慌，成为后来蒋介石制造中山舰事件和抛出"整理党务案"的重要动因。正如李立三后来所说："3月20号事变是由于国民党二次代表大会表现更'左'倾，这当然使资产阶级更加恐惧而要压迫无产阶级。"[2]

1926年2月10日，张国焘在《向导》第一百四十五期发表了一篇题为《中国国民党第二次大会的教训》的文章。文章是针对国民党右派而写的。他首先列举了自国共合作以来国民党在各方面长足发展的事实，说明右派分子对共产党人的排斥是错误的。继而谈到国民党"二大"对西山会议派的处理是"宽大的无以复加"，指出在右派和党的纪律之间，只能选择后者。文章还提到"加入国民党的共产党员亦在大会上声明共产党员的党团组织，不过督促共产党员努力国民革命，而且共产党员加入国民党亦纯粹以扩大中国国民党和集中革命势力为目的"。

整个文章的调子是比较低的，目的是为了"希望迷途未远的同志，抛弃已往的成见，重新在中国国民党统一的旗帜之下，互相提携为同一目的而奋斗！"文章的积极意义在于，指出国民党的发展、国民政府的巩固都与共产党员的工作分不开，以事实驳斥了国民党右派的反共言论。文章的消极意义在于仍然对国民党右派抱有幻想。

---

[1] 荣梦源主编：《中国国民党历次代表大会及中央全会资料》（上），光明日报出版社1985年版，第158–159页。

[2] 李立三：《一九二五年至一九二七年中国大革命的教训》，《中共党史报告选编》，中共中央党校出版社1982年版，第231页。

张国焘⒂

国民党"二大"后不久，统一战线内部又祸起萧墙。这就是蒋介石制造的"中山舰事件"。

蒋介石是孙中山的追随者。1923 年，蒋介石受孙中山重托，带领"孙逸仙博士代表团"赴苏争取军事援助，回国后被任命为黄埔军校校长。孙中山去世后，蒋介石在公开场合表示坚持贯彻孙中山的联俄、联共、扶助农工三大政策。国民党"二大"召开前，蒋介石身兼国民政府军事委员会委员、国民革命军第一军军长、广州卫戍司令、黄埔军校校长数职。在国民党"二大"选举中央执行委员时，出席者共二百五十三人，蒋介石以二百四十八票当选，与得票最多的汪精卫仅差一票。在二届一中全会上，蒋介石当选为常务委员会委员，2 月 1 日又担任国民革命军总监。

青年时期的蒋介石

蒋介石是一个疑心很重的人。国民党"二大"后，黄埔军校的反共团体"孙文主义学会"就离间蒋介石同鲍罗廷、共产党人和国民党左派的关系。很快，广州就传出"苏联顾问不满意蒋介石，要挟持他去苏联"等谣言。3 月 18 日，孙文主义学会分子又假借"蒋校长"之命，通知海军局代理局长、共产党员李之龙，速派有战斗力的军舰到黄埔听候调遣。李之龙遂派中山舰开赴黄埔待命。不料，3 月 20 日，蒋介石以中山舰有异动为由，宣布广州实行紧急戒严，并逮捕李之龙，监视和软禁大批共产党人，解除省港罢工委员会的工人纠察队武装，包围苏联领事馆，监视苏联顾问，包括当时正在广州视察的"布勒诺夫使团"[1]也被软禁起来。史称"三二〇事件"或"中山舰事件"。

---

[1] 正式名称为"联共（布）中央政治局使团"，以布勒诺夫为团长。布勒诺夫，全名为安德烈·谢尔盖耶维奇·布勒诺夫，时任苏联红军政治部主任、苏联革命军事委员会委员、联共（布）中央组织局委员兼联共（布）中央书记。

第四章
隐瞒背叛　危难受任

当远在上海的中共中央领导们在报纸上看到"中山舰图谋不轨""蒋介石扣留俄顾问、逮捕共产党、解散省港罢工委员会"等报道时，简直如五雷炸耳。他们怎么也不会相信这是事实，宁愿相信这是别有用心的造谣。当各方面消息证实后，他们方才冷静下来商量对策。

由于不了解广州的形势，陈独秀等人认为，中山舰事件不管是由广州同志们的"左"倾错误引起，或由于国民党内部争夺领导权，或由于蒋介石受了右派影响而改变政治态度，中共中央都应以稳定广州局面为要。具体说，就是要维持蒋汪合作的局面，继续对蒋采取友好的态度，并纠正广州同志们的一些"左"倾错误。[1] 为此，中央决定派张国焘作为全权代表再次前往广州。

中共中央准备采取的政策与布勃诺夫已经采取的政策不谋而合。中山舰事件后，鲍罗廷已离开广州归国，当时在广州的苏联方面最高领导人就是布勃诺夫。布勃诺夫认为，蒋介石之所以如此行动，是因为在广州的苏联顾问团和中共的工作存在诸多问题。3月24日，布勃诺夫在苏联顾问团全体人员大会上作了长达六小时的报告，严厉指责他们在五个方面犯了错误，要求顾问们今后只能做"真正的顾问"，"不要出头露面，不要发号施令，不要惹中国将领讨厌"。[2] 布勃诺夫还答应蒋介石的要求，撤走了代替加伦[3] 任顾问团团长的季山嘉、副团长罗加乔夫以及拉兹贡等人。蒋介石在有效地打击了共产党和国民党左派的势力之后，又演出了一场"自请处分"的假戏。

受布勃诺夫指导的中共广东区委，在没有得到中共中央任何指示的情况下，于3月30日致信国民党中央、国民政府、国民革命军及广东人民，强调共产党是支持国民党团结的，指出"反革命势力进攻我们最厉害的方法就

---

[1] 见张国焘：《我的回忆》（第二册），现代史料编刊社1980年版，第99页。

[2]《共产国际、联共（布）与中国革命档案资料丛书》第三卷，北京图书馆出版社1989年版，第170页。

[3] 全名瓦西里·康斯坦丁诺维奇·布留赫尔，俄国人。1924年8月来华任广州革命政府军事总顾问。1925年7月离开广州回国。1926年5月再度来华。1927年8月回国。1938年11月9日在"大清洗"中被以"叛国罪"枪决。20世纪50年代后期得以平反昭雪。

张国焘（上）

是离间我们的内部，我们内部团结稍不巩固或我们的革命领袖稍存疑虑，反革命势力立刻就乘机进攻；所以我们要严密我们的团结，我们的领袖要稳定而一致，才能防备敌人的阴谋。"[1] 显然，中共广东区委认蒋介石为"革命领袖"，将中山舰事件归结到反革命势力分裂革命队伍的阴谋上。

当张国焘到达时，广州原来剑拔弩张的局势已经缓和了下来。张国焘了解到事件发生的前因后果后，本着中央精神，尊重布勃诺夫解决事件的思路，要求中共广东区委继续执行对蒋介石的缓和政策。他还亲自去见了蒋介石，表示中共始终支持他，希望彼此仍能精诚无间地合作，使广东局面更加稳定，进而达成统一全国。[2]

3月底，布勃诺夫回国途经上海，向陈独秀等人介绍了事件的来龙去脉，并说："蒋介石表示他此次举动只是防止有叛乱之事发生，他本人并不反俄反共……此时蒋氏似已了解共产派确未有谋危政府及蒋氏个人之计划，风波已归平静。"[3]

4月初，中共中央在接到中共广东区委关于中山舰事件的详细报告后，决定由中央代表张国焘、谭平山、彭述之，广东区委代表陈延年、张太雷、周恩来以及中华全国总工会委员长苏兆征，组成"中共中央执行委员会特别委员会"，其任务是与鲍罗廷一起讨论关于对蒋介石的态度问题。[4] 不过，从瞿秋白于当年8月20日在一次会议上的发言可以看出，这个特别委员会实际上并没有正式开展工作。[5]

中山舰事件后，蒋介石又在准备另一个向共产党人进攻的举动。然而，身在广州的张国焘并没有给予足够的重视。4月30日，张国焘在中共广东区委机关报《人民周报》第十期上发表《国民政府下的"五一"节》一文，认为"国民政府是拥护人民利益的政府。这样一个政府，确系全国民

---

[1]《人民周刊》第七期，1926年3月30日。
[2] 见张国焘：《我的回忆》（第二册），现代史料编刊社1980年版，第106页。
[3] 致中：《广州事变之研究》，《向导》第148期，1926年4月3日。"致中"为陈独秀的笔名。
[4] 见《共产国际、联共（布）与中国革命档案资料丛书》，北京图书馆出版社1998年版，第408页注2。
[5] 瞿秋白说："我们到这里（指广州）来是为了恢复迄今尚未工作的'特别委员会'。"《共产国际、联共（布）与中国革命档案资料丛书》，北京图书馆出版社1998年版，第408–409页。

众所迫切要求的政府"。针对日益高涨的工农运动,张国焘指出:"广东工人在国民政府统治之下,已经得着许多政治上自由和经济状况的改善。但是广东工人有两点要注意的:第一,不要滥用他们已经得着的自由权利;第二,他们的经济状况的改善,也须有一定的限制。因为国民政府是拥护全体民众利益的政府,以完成全中国国民革命为目的。为完成国民革命并满足全体民众的要求,工人阶级的要求须受相当之限制。"显然,张国焘是从维护国共合作关系的目的出发,呼吁工人运动不应超出政府所能承受和允许的范围。

在《人民周报》第十期上,张国焘还发表了《军队中内部统一问题》《"阶级"与"斗争"的误用》。前者针对黄埔军校内孙文主义学会和青年军人联合会的斗争,提出革命军队统一的重要性,呼吁两个团体宣布取消后,应从国民革命的前途出发,维护国民革命军内部的统一。后者运用他自己粗浅的理解,对"阶级""斗争"做了解读,其目的是解除国民党右派对共产党人的戒备心理。

然而,张国焘的努力丝毫没有影响到国民党,特别是蒋介石。此时,蒋介石已经不想继续同共产党和平相处下去了。

中山舰事件发生后,鲍罗廷不得不放弃回国的计划,于 4 月 29 日辗转赶回广州。面对中山舰事件后的新形势,鲍罗廷在不违背他的赴华使命[1]的前提下,按照布勃诺夫处理中山舰事件的思路,开始与蒋介石以及其"恩师"张静江进行频繁接触。

对于鲍罗廷的这一举动,当时在广州的中共中央代表张国焘深为不满。他回忆说:"在此时期内(即国民党二届二中全会前的 5 月上旬——引者注),一切重要问题都在蒋、张(静江)、鲍三巨头秘密商谈之中。鲍罗廷遵守三巨头之约,不向我吐露实情;向我说的话,大多是闪烁其词的。我为此深感不满,曾表示返回上海,以示不与鲍共同负责之。鲍罗廷总是要求我

---

[1] 俄共(布)中央政治局决定派鲍罗廷来华时,曾责成他"在与孙逸仙的工作中要遵循中国民族解放运动的利益,绝不要迷恋于在中国培植共产主义的目的"。见《共产国际、联共(布)与中国革命档案资料丛书》第一卷,北京图书馆出版社 1997 年版,第 266 页。

张国焘

信任他，申言绝不会把事情弄糟。"[1]

鲍罗廷一面与蒋介石等进行磋商，一面说服中共中央代表张国焘、彭述之和中共广东区委成员接受蒋介石的限共提案。

5月14日，即国民党二届二中全会开幕的前一天，鲍罗廷才同蒋介石最后达成协议，主要内容是：鲍罗廷容忍蒋介石在三四月间的所作所为，包括他限制、排斥共产党员的行为和制造出来的"以蒋代汪"[2]的局面；鲍罗廷将此时运抵广州的援华军事物资，悉数交给蒋介石；蒋介石答应续聘鲍罗廷为高等顾问，并同意打击右派。

当天下午，鲍罗廷指示张国焘和谭平山去拜访蒋介石和张静江，要他们向蒋和张表示，中共为了维护国共合作，不会反对"整理党务案"。[3]

5月15日，在蒋介石的提议下，国民党二届二中全会在广州开幕。会上，蒋介石等人以"消除疑虑，杜绝纠纷""改善中国国民党与共产党的关系"为由，提出"整理党务案"。主要内容是：共产党员在国民党高级党部任执行委员的人数不得超过该党部全体执行委员的三分之一，共产党员不能担任国民党中央各部部长，加入国民党的共产党员名单须全部交出等，其中心思想是要限制共产党在国民党内的权力和发展，排除异己。

由于鲍罗廷事前已经做了大量工作，出席会议的共产党员虽然对是否接受蒋介石的提案进行了讨论，但没有人提出有力的反对意见。就这样，"整理党务案"在全会上得以顺利通过。根据"整理党务案"的规定，担任国民党中央部长和代理部长的共产党员谭平山、林祖涵、毛泽东等只得辞职。蒋介石当上国民党中央组织部部长兼军人部部长，随后又当上国民党中央常务委员会主席和国民革命军总司令，权力迅速膨胀，一手控制了国民党、国民政府和国民革命军的大权。

---

[1] 张国焘：《我的回忆》（第二册），现代史料编刊社1980年版，第119-120页。

[2] 中山舰事件发生后，受到打击的国民政府主席汪精卫称病不出，后去了欧洲、苏联，1927年4月初方回国。

[3] 张国焘回忆说："到了五月十四日下午五时左右，鲍罗廷找我和谭平山，要我们立即去访问蒋介石和张静江。"见张国焘：《我的回忆》（第二册），现代史料编刊社1980年版，第120页。另据蒋介石日记载：5月14日下午，"谭平山、张国焘亦来絮聒"。见中国第二历史档案馆编：《蒋介石年谱初稿》，档案出版社1992年版，第587页。

第四章
隐瞒背叛　危难受任

为蒋介石的飞黄腾达铺路的,不仅有中共中央的领导人陈独秀和张国焘,还有鲍罗廷和维经斯基等人。谁能想到,蒋介石叛变革命后,最先通缉的也正是鲍罗廷、陈独秀、张国焘。

历史,从来都是冷酷无情的。

1926年5月底,加伦再度来华,继续担任苏联顾问团团长和国民政府总军事顾问。6月初,苏联援助北伐军的武器陆续运抵广州后,国民党内开始酝酿出征北伐以统一全国的问题。6月下旬,加伦向国民政府军事委员会提出了实施北伐的计划。随后,国民政府召开会议,通过出师北伐案,颁布出师北伐动员令,任命蒋介石为国民革命军总司令。

还在本年2月,中共中央在北京召开特别会议时,就已认为要冲破直奉军阀组成的反赤联合战线,根本的出路在于广州国民政府北伐的胜利。党的最主要任务是从各方面准备广东政府的北伐。而北伐的政纲必须是以解决农民问题做主干。

但斯大林等联共(布)领导人却反对立即北伐。他们认为,中国当时的政治军事形势不利于北伐:一方面,冯玉祥国民军在直奉联军进攻下,不断退却,3月18日由共产党和国民党左派组织在北京组织的反帝游行被残酷镇压;另一方面,虎视眈眈的列强在煽动中国内部的反动势力破坏革命的同时,一再扬言要进行军事干涉。斯大林等人决定改变1925年在中国推行的进攻路线,转而采取"喘息"政策。因此,他们不希望广州国民政府立即举行北伐,以免引火烧身。

4月间,联共(布)中央政治局和共产国际数次来电,强调此时广州国民政府应巩固革命根据地,而不是向外扩张。5月20日,联共(布)中央政治局收到布勃诺夫使团关于中国情况的总报告后,当即决定:"责成广州同志保证实行政治局不止一次重申的坚决谴责在目前进行北伐或准备北伐的指示。"[1]

6月,维经斯基再次来华,在上海组建共产国际执委会远东局。为说服

---

[1]《共产国际、联共(布)与中国革命档案资料丛书》第三卷,北京图书馆出版社1998年版,第68页。

张国焘⑮

中共中央，维经斯基与陈独秀、张国焘等进行了数次认真的谈话。陈独秀、张国焘等起初表示难以接受，长时间的交谈后，他们才认识到，目前国民党的任务不是进行北伐，而是提高工农群众的经济福利，巩固革命基地。[1]

为表明中共中央对于北伐的态度，张国焘于6月30日在《向导》第一〇六期发表《民众心目中的广东》，提出两种观点：第一，要北伐应该先巩固广东内部："目前高唱入云的北伐问题，目的固然在于完成国民革命和建立统一全国的国民政府，同时却也是抵御反动势力的南侵。无论是完成北伐事业，或是抵御反动势力的南侵，都必须先巩固广东内部。"而巩固广东内部的首要任务，是减轻人民痛苦和负担。第二，减轻人民痛苦的方法是肃清土匪和贪官污吏。这就必须有一个获得充分政治训练和彻底革命化的群众党，至少要有一万个真正革命分子，分布各县各机关，办理各项事业。"不然，革命党打到了广东，并不能把广东弄好，这又有什么益处？如果北伐军打到湖南，仍是不能肃清湖南的土匪和贪官污吏，打到湖北，也是一样，那更为危险"。言下之意就是说，要北伐，首先应该有一个代表人民意志的党，而国民党现在还不是，所以北伐对人民来说没有什么好处。张国焘写道："我说这么一大篇话，不是不赞成北伐，而且我主张急于北伐。"但是"要是有一个充分政治训练和彻底革命化的群众党，北伐成功，其意义便是解放全国民众，革命政权必然异常稳固，否则，至少亦有些美中不足"[2]。口气虽然婉转，但明眼人一下就能看出，张国焘是不赞成立即北伐的。

如果说张国焘还有所遮掩，那么陈独秀在7月7日发表在同一刊物上的《论国民革命军的北伐》则痛快淋漓地表达了相同观点。陈独秀针对国民革命军的实际情况和国民革命军总司令蒋介石以北伐为名禁止工农运动等规定写道："北伐只是讨伐北洋军阀的一种军事行动，还说不上是和帝国主义者直接的武装冲突。……在军阀统治之下的民众，若误认北伐是推翻军阀解放人民之唯一无二的希望，遂至坐待北伐军之到来，自己不努力进行革命，这便是大错。……再论到北伐军之本身，必须他真是革命的势力向外发展，然

---

[1] 见《共产国际、联共（布）与中国革命档案资料丛书》第三卷，北京图书馆出版社1998年版，第322页。

[2]《张国焘年谱及言论》，解放军出版社1985年版，第245–249页。

后北伐才算是革命的军事行动；若其中夹杂有投机的军人政客个人权位欲的活动，即有相当的成功，也只是军事投机之胜利，而不是革命的胜利。至于因北伐增筹战费，而搜刮及于平民，因北伐而剥夺人民之自由，那更是牺牲了革命之目的。"[1]

不难看出，张国焘和陈独秀都不赞成立即北伐。这主要是对蒋介石的野心和军事独裁倾向感到忧虑。因此，他们提出北伐应以解放民众为前提，不应因北伐而搜刮民财，禁止民众运动，不应将北伐作为扩张个人权欲的工具。这些警告对于热衷于北伐而放弃发动工农的人来说，无疑是敲响一记警钟。但由于二人的表达方式不同，陈独秀的文章则引起了国民党人的不满，而因此受到党内同志的批评。

中共中央反对北伐的态度并没有阻止北伐的具体行动。实际上，从5月国民革命军赴湘支援唐生智时起，就已经拉开了北伐大幕。7月9日，国民革命军正式誓师北伐。

为了统一党内思想，中国共产党在上海举行了中央执行委员会第二次扩大会议。这次会议在矛盾的心态下，一方面认为资产阶级具有妥协性，一方面又对资产阶级的革命性作出偏高的估计，虽然提出要防止右的和"左"的两种错误倾向，又害怕斗争会吓跑资产阶级，会使革命运动流产。

蒋介石在北伐誓师大会上讲话

---

[1]《中共党史参考资料》(二)，人民出版社1979年版，第295页。

张国焘 传

受到党内同志批评的陈独秀和张国焘，改变了对北伐的消极态度，在会后向党内发出通告，要求各地号召民众支持北伐，但不能坐等北伐军的到来，应以迅速扩展的民众运动配合北伐军行动，以达到全国民众的解放。[1]

7月28日，由维经斯基、拉菲斯和福京组成的共产国际远东局代表团起程前往广州进行调查，中共中央派张国焘与瞿秋白组成中共中央代表团随行。在广州，共产国际代表团先后听取了鲍罗廷、中共广东区委的汇报。8月19日，两个代表团举行了联席会议，在对广州形势作出评价时，张国焘承认："我是提出'在广州左的空谈占统治地位'的第一人。但我们这里毕竟有力量（如果在中国可以说力量的话）。"[2]

8月20日，由张国焘主持召开了中共中央执行委员会特别委员会、中共中央执行委员会代表团和共产国际执行委员会远东局委员会联席会议。在谈到成立国共党际间会议以解决两党纠纷时，张国焘指出："我们有两条出路：或者是在会上揭露国民党不为群众做任何事，并加强我们的阵地；或者是同左派一起反对中派。"但鲍罗廷却认为："同左派达成协议并不意味着同中派作斗争，更不是向中派宣战。目前我们是否能够在同中派作斗争时把蒋介石隔离开，不打击他。如果这意味着同蒋介石作斗争，那么我反对向中派宣战。"结果，张国焘也同意了这种观点。[3]

9月上旬，张国焘从广州回到了上海。

9月20日，中共中央执行委员会政治局委员再次与远东局成员举行联席会议，会议决定由维经斯基和张国焘前往汉口。陈独秀认为他们到汉口应向蒋介石表明中共在三个条件下支持蒋介石：让汪精卫回来，但反对推翻蒋介石；汪精卫应同蒋介石一起工作；汪精卫不撤销5月15日关于共产党人的

---

[1] 参见《中央通告第一号》，《中共中央文件选集》第二册，中共中央出版社1989年版，第265–273页。

[2]《共产国际、联共（布）与中国革命档案资料丛书》，第三卷，北京图书馆出版社1998年版，第404页。

[3]《共产国际、联共（布）与中国革命档案资料丛书》，第三卷，北京图书馆出版社1998年版，第412–414页。

决议。维经斯基不同意蒋汪合作，认为应将权力分为政治方面和军事方面，广州方面和前线方面，汪精卫应为国民党中央主席，而蒋介石则掌握军队。张国焘说："为了防止国民党中央过早发生分裂，应当将权力按地区来划分：江西和福建归蒋介石，湖南和湖北的一部分归唐生智，而广州和全党归汪精卫。"这一提议得到了与会者的赞同。[1]

9月23日，张国焘与远东局代表维经斯基、工会国际代表曼达良及青年共产国际代表福京一起到了武汉。

从此至大革命失败，张国焘一直留在武汉。

北伐军在当地工农的全力支持下，接连对吴佩孚的军队造成重创，迅速向北挺进。经过三个月的激战，席卷湖南、湖北两省，10月10日占领武汉三镇，使原来持中立态度的军阀孙传芳十分震惊，他于8月底突然派重兵从江西向湖南及湖北的侧翼进攻，企图切断北伐军的后路，并解武昌之围。北伐军集中兵力打击孙传芳的主力。至11月上旬，相继占领江西的九江和南昌。这时，孙传芳在福建的部队也遭到惨败。到12月中旬，孙传芳的势力已在北伐军的沉重打击下一蹶不振。

为了走出广州，在更宽广的领域领导国民革命，广州政府开始酝酿迁都武汉。

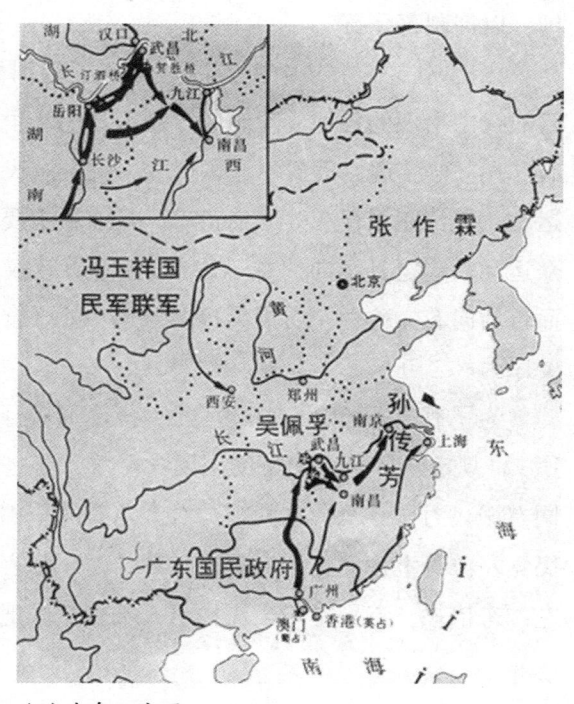

北伐战争示意图

---

[1]《共产国际、联共（布）与中国革命档案资料丛书》，第三卷，北京图书馆出版社1998年版，第524—527页。

张国焘⑮

对此，张国焘有着自己的看法，他于11月17日写信给中共中央，提出反对迁都武汉。他认为，此举会使政府的威信降低，而且会与唐生智发生冲突。此信转到在南昌的国民革命军军事总顾问加伦手里后，加伦专门于11月22日给张国焘写信，对他的担忧提出不同意见。[1]

这时，根据11月26日国民党中央政治会议临时会议的决定，国民政府和国民党中央党部迁至武汉。[2] 中共中央根据这一情况，任命张国焘作为中共中央代表，负责"指导湖北区委、发展工农势力、团结国民党左派、争取北伐胜利"；同时兼任中共湖北区执行委员会书记。

随着北伐的胜利进军，蒋介石的势力和声誉也在迅速扩张，其右派真实面目渐渐显露，呈现出尾大不掉之势。国民党中央内部一些比较"左"倾的领导人积极主张恢复党权，巩固同共产党的合作，迎接尚在欧洲的汪精卫回国，以抑制蒋介石。

12月中旬，中共中央在汉口召开了特别会议，中心议题是分析国民联合战线中出现的各种危险倾向，制定党的斗争策略。会上，陈独秀批评党内有"左"倾错误，即看不起国民党、包办国民党、包办民众运动、否认民众运动、否认左派存在等。他指出，目前最主要的、最严重的倾向是一方面民众运动勃起之日渐向"左"，一方面军事政权对于民众运动之勃起而恐怖、而日渐向右。这种左右距离日远，是一般联合战线及国共两党关系破裂之主要原因。

为了挽救已经出现的危机，会议通过了《关于国民党左派问题议决案》，规定从各个方面帮助国民党左派，使之形成一个强大的政治力量，以同右派势力作斗争。这就把与右派斗争的全部希望寄托在并不十分强大的国民党左派身上，而且把一些有某种"左"倾表示的军人和政客也作为国民党左派来依赖。特别是对于汪精卫，不仅主张把国民党的党权和政权交给他，

---

[1]《布留赫尔给张国焘的信》，《共产国际、联共（布）与中国革命档案资料丛书》，第三卷，北京图书馆出版社1998年版，第631–633页。

[2] 国民党政府委员和中央党部委员是分批行动的。为了使工作不致间断，先期到达武昌的委员于12月13日成立国民党中央执行委员会暨国民政府委员临时联席会议，暂时代行国民党中央和国民政府的最高职权。

甚至主张把一向在共产党领导下的群众运动也交给他来领导。

张国焘赞同12月会议的一系列决议，而且在实际行动中尽量贯彻执行。在张国焘看来，当时工农运动确实存在"左"的错误。他认为以毛泽东为首的湖南区委"粗暴地违反了中共中央与国民党左派合作的政策"；而武汉工人"在劳资争议中，工人方面常采取加强压力的办法，强迫资方接受他们的条件，有时也发生一些侮辱资方的事件。在资方不遵守劳资协议或有某种破坏工会的行动时，工人方面常予以反击；有时会发生拘捕资方人员，戴高帽子游街的事。……更普遍的是工人们不遵守劳动纪律，工会的负责人往往因工会的活动，妨碍了自身在工厂内应有的工作；其他工人店员在工作时间内，工作不力和不遵从资方指示等等，都是常事"。[1] 此后，张国焘用了一定精力来纠正这些过"左"倾向。

难挽狂澜

1926年年底，当北伐军占领南昌后，曾经深受共产国际和苏联领导人信任的蒋介石，不再掩饰其军事独裁的野心。他先是挑起了迁都之争，一反过去强烈要求迁都武汉的态度，强行扣留前往武汉的国民党中央党部和国民政府部分委员，企图迫使已经在武汉成立的临时联席会议称臣于南昌，大有"挟天子以令诸侯"之势。不料这种出尔反尔的做法，不仅使已经到达武汉的国民党人表示反感，而且被扣留在南昌的委员中大多数人也不同意。在受到两方面反对的情况下，蒋介石不得不暂时放弃自己的主张。

迁都之争的失败，并未使蒋介石的野心有丝毫的收敛。他开始明目张胆地散布对共产党人、苏联顾问、国际代表以及国民党左派人士的不满言论，并指示他的爪牙破坏工农组织和由国民党左派控制的各级党部。

然而，共产国际、斯大林却没有改变对蒋介石的信任。《真理报》连篇累牍地发表文章吹捧蒋介石，说他忠于革命原则，服从国民党领导。在中国

---

[1] 张国焘:《我的回忆》（第二册），现代史料编刊社1980年版，第160页。

张国焘[16]

的国际代表和中国共产党领导人虽然看到了蒋介石已经反动,却找不到抵抗这种反动的真正力量,也无法改变共产国际、斯大林信任蒋介石的看法,因而采取了政客式的伎俩,玩弄什么"迎汪抑蒋""迎汪反蒋""蒋汪联合"等政治"魔方",结果不仅于事无补,反坐失时机,使蒋介石的反共气焰愈来愈嚣张。

3月21日,上海工人在1926年12月和1927年2月两次武装起义的基础上,举行了第三次武装起义。在中共中央领导下,上海八十万工人及纠察队员经过三十个小时的英勇战斗,击溃了北洋军阀驻军,占领了上海。

1927年3月21日,上海爆发第三次工人起义

此后,原来屯兵龙华、袖手旁观的北伐军才在白崇禧率领下开进上海,并迅速抢占具有重要军事价值的江南兵工厂。中共领导人绝不会想到,工人们浴血奋战夺得的上海,不仅为蒋介石准备了"一桌丰盛的筵席",而且不久就要变成共产党人、国民党左派和革命人民的"祭坛"。

上海工人武装起义的胜利,沉重打击了帝国主义在华势力和封建军阀的反动统治。帝国主义为了干涉中国革命的发展,于3月24日下午借口北伐军攻进南京城时发生侨民被掠事件,猛烈炮轰南京,使中国军民遭到严重的伤亡。南京事件加速了蒋介石勾结帝国主义、进行反革命叛变的步伐。

第四章
隐瞒背叛　危难受任

这一时期，在武汉的张国焘并未清晰地意识到国共关系即将发生重大转折。自 1927 年 1 月国民党中央和国民政府正式迁汉，张国焘就忙于应对扑面而来的各种实际工作，此外，不仅要向中共中央通报情况，还要与国际代表鲍罗廷、维经斯基及时联系，还要同国民党要人进行接洽，处于十分紧张的工作状态。而他所领导的区委一班人，也都夜以继日，尽心竭力。时任湖北区委组织部长兼宣传部长的罗章龙曾回忆说，当时因工作繁重，每人工作都在十二小时以上，因此大家十分劳累。又因伙食粗粝，营养不足，精神益感疲乏。[1]

4 月 4 日，为了应付急剧变化的形势，在中共中央驻地仍在上海的情况下，在汉口的中央执行委员会委员、中共湖北省委员会委员和共产主义青年团代表决定举行联席会议。联席会议的工作由瞿秋白、张国焘、谭平山三人组成委员会领导。

4 月 10 日，在汉口的中共中央委员瞿秋白、张国焘、谭平山、彭述之、李立三、苏兆征、蔡和森、毛泽东、罗章龙等人与共产国际代表维经斯基、罗易、多里奥、福京等召开会议。会议通过了由罗易起草的《关于上海工作的决议》，并决定将中央机关的所有档案转到汉口，同时任命陈延年为中共上海委员会代理书记。这是针对局势的变化所采取的应变措施。

值得一提的是，这一时期多数中共中央委员对蒋介石即将彻底叛变的形势还未有清醒的认识，他们认为蒋介石会被上海资产阶级所支持的群众运动所淹没。而张国焘却对此持有不同意见，警告这些人不要抱有这些幻想，结果被斥为失败主义者。[2]

远在苏联的共产国际和斯大林并不了解中国革命突然严峻的形势，还认为蒋介石是可以利用的。斯大林一心想把蒋介石这只"柠檬"挤干以后再扔掉。鲍罗廷也认为他的口袋里还有"草"，还能牵制蒋介石。出乎他们意料，蒋介石这只尚未被斯大林挤干的"柠檬"、这匹还未吃净鲍罗廷的"草"的"马"，4 月 12 日在上海发动蓄谋已久的反革命政变，举起屠刀杀

---

[1]《罗章龙回忆录》中编，（美）溪流出版社 2005 年版，第 329 页。
[2] 见《联共（布）、共产国际与中国国民革命运动》（1926—1927·下），北京图书馆出版社 1998 年版，第 499 页。

向共产党人、国民党左派和革命群众。

继四一二反革命政变之后，广东、江苏、浙江、安徽、福建、广西等省的反动军阀也纷纷效仿，无数革命志士惨死在敌人的屠刀之下。

蒋介石的叛变给了共产国际和中共领导人以沉重的打击。震惊之余，他们还没有找到真正能够挽救危局的办法，将中国革命未来的命运紧紧地系在汪精卫这个并不可靠的所谓国民党左派身上。

四一二反革命政变之后，上海的政治环境已非常恶劣，约于4月中旬中共中央迁到汉口。与此同时，中共领导人之间、共产国际代表之间、中共领导人与共产国际代表之间无休止的争论也在汉口拉开了帷幕。

4月27日至5月9日，中国共产党在武汉召开了第五次全国代表大会。到会代表八十人，共产国际代表罗易、维经斯基、鲍罗廷等出席了大会。大会本应就中国共产党面临的一系列生死攸关的问题作出正确回答，以挽救危亡的局势，然而遗憾的是，大会虽然批评了以陈独秀为首的党中央在指导工作中的右倾错误，通过了一些与右倾政策相对立的决议案；但对迫切需要解决的问题，尤其是如何防止武汉政府右倾、如何建立共产党直接领导的军队、如何进一步和普遍发动工农等都没有认识到或没有形成统一的认识，因而也未作出正确的回答。张国焘在"五大"上当选为中央组织部长。

"五大"未能就党面临的问题提出切实可行的方案，"五大"后，中共中央和共产国际代表不得不为如何应付当前局势经常召开会议。所有的会议基本都在讨论中度过，与会人员各抒己见，无法形成统一的观点，但最后还是陈独秀或鲍罗廷说了算。张国焘对此状况不满。在5月12日至13日召开的中共中央政治局和共产国际代表联席会议上，张国焘对鲍罗廷为了改善同国民党左派的关系而提出的退让意见[1]表示反对，他说：鲍罗廷指责共产党对小资产阶级采取了错误政策，这是不对的。我们应该派遣工人和农民到军队

---

[1] 鲍罗廷的意见是：两党密切合作，共同解决所有问题；制定对小资产阶级的总的政策，没有这种政策，灾难就不可避免；制定对农民的总的政策。其中第三点是要求对农民运动作出限制。

第四章
隐瞒背叛　危难受任

中共"五大"会址（武汉）

中去，并把他们武装起来。[1]

5月17日，武汉政府所辖独立十四师师长夏斗寅叛变。

5月21日，驻长沙的国民革命军第三十五军第三十三团团长许克祥发动反革命政变，调动军队向国民党湖南省党部、省总工会、省农民协会等革命机关发起突然进攻，收缴工人纠察队的枪械，捕杀共产党员和革命群众一百多人。这就是轰动一时的"马日事变"。

事变发生后，汪精卫等一方面声称要查办许克祥，一方面下令查办工农运动的"过火"行为，并借机以国民党中央和武汉国民政府的名义，发出种种宣言和训令，攻击和限制工农运动。

接连的打击使共产党方面极度混乱。在苏联，不赞成斯大林中国政策的托洛茨基与斯大林展开了针锋相对的舌战；在中国，国际代表罗易[2]、维经斯

---

[1] 见《联共（布）、共产国际与中国国民革命运动》（1926—1927·下），北京图书馆出版社1989年版，第249页。

[2] 全名马纳本德拉·拉特·罗易，生于印度加尔各答。1927年2月作为共产国际驻中国代表团的首席抵达广州。1927年8月返苏。后因攻击共产国际于1929年被清除出共产国际。1954年1月病死于印度台拉登寓所中。

187

基、鲍罗廷更是为如何挽救中国革命的危机争论不休；中共党内坚持妥协退让的一方与主张反击的一方也互不相让。

5月27日夜，中共中央政治局召开会议，决定应采取什么策略应付时局。会上，张国焘主张采取进攻行动。会议根据罗易的提议，作出一项"为了准备进攻而实行策略性退却"的决议，而张国焘的主张被作为决议的附件列入。[1]

尽管如此，中共中央仍然对汪精卫抱有幻想。6月4日，中共中央发表了由共产国际代表罗易起草、陈独秀签名的《中国共产党致中国国民党书》，指出："在选择道路上，国民党已无丝毫犹豫的余地，土地改革是到革命之路，反动军阀所取者是反革命之路。革命的国民党不可站在一个分歧的路口。"[2] 在陈独秀看来，拉住汪精卫保全统一战线的唯一办法不是发文章、作决定，而是实实在在地向汪精卫让步、取消工农运动。

中国革命已经到了十分危急的关头。这时，无论是中共中央，还是武汉国民党统治集团，都把希望寄托于同冯玉祥在河南胜利会师。

冯玉祥虽然曾经宣布拥护孙中山的三大政策、联合中共，并从1925年起接连得到苏联的军事援助，甚至亲自去苏联学习、访问，但仍不免带有军阀政客的投机习气。蒋介石叛变后，武汉政府组织了第二期北伐，冯玉祥也作了响应，驱逐了奉系军阀在西北的势力。当6月1日他的军队与武汉北伐军在郑州会师后，冯玉祥既想独占北方几省，又畏惧工农运动的迅猛开展，同时担心宁汉一旦开战，奉军必卷土重来，他的军队则首当其冲，孤立无援。所以他极力主张宁汉合流，共同对付奉鲁军阀，他才可在西北立足。

郑州会议正是冯玉祥策划宁汉合流的一个步骤。当时，中共中央领导人并不知道冯玉祥的葫芦里卖的什么药。他们兴高采烈地认为：这次会师郑州为北伐战争开辟了一个新局面，国共关系的紧张程度也会因此而得到缓和。

6月6日，汪精卫一行应邀前去郑州开会。

6月8日，张国焘主动要求前往郑州查明会议情形，并表示希望影响郑

---

[1]《联共（布）、共产国际与中国国民革命运动》（1926—1927·下），北京图书馆出版社1998年版，第285页。

[2]《中共中央文件选集》第三册，中共中央党校出版社1989年版，第170页。

第四章
隐瞒背叛　危难受任

州会议朝着对共产党有利的方面发展。得到中央许可后,他当天便乘坐京汉铁路总工会特备的专车奔赴郑州。到达郑州之后,他从中共河南省委领导人的口中了解到冯玉祥已倾向于南京,便觉情况不妙。但他并没有彻底灰心,希望能够扭转局势。

6月10日上午,张国焘找到汪精卫。汪精卫虽然客客气气地接待了他,但只说准备去车站接冯玉祥,并没有要谈下去的意思。张国焘没有理会汪精卫的拒绝之意,向汪精卫提出两点建议:一是争取冯玉祥支持武汉政府,否则党国的安危和他个人的前途不堪设想;二是武汉内部的国共关系、工农运动等问题,都可以经过协商来解决,中共保证全力支持武汉政府。

汪精卫虽然饶有兴趣地听着,但又作出无可奈何的样子,只说要与谭延闿等人商谈后再作决策。张国焘自知已无回天之力,便于11日匆匆赶回武汉,将情况向中共中央作了汇报。中共中央领导人与鲍罗廷商量的结果,是等郑州会议情况完全判明和莫斯科的指示到达之后,再作决定。

郑州会议之后,汪精卫加快了反共步伐。而共产党却决定武汉工人纠察队自动缴械,以期最后拉住汪精卫。6月下旬,武汉政府内反共空气日趋浓烈,中共中央的领导们以及鲍罗廷都有一种大祸将至的感觉。

6月26日,中共中央政治局与共产国际代表举行联席会议,讨论政治形势和党的任务。会议一开始,陈独秀即说:"我们面前有两条路:右的道路与'左'的道路。右的道路意味着放弃一切,'左'的道路意味着采取激进行动。在这两条道路上等待我们的都是灭亡。此外还有一条中间道路,即继续目前的局面,这也是不可能的。"在讨论共产国际关于土地革命、使国民党民主化、武装工农、退出政府这几项指示时,鲍罗廷、陈独秀、谭平山、张国焘、瞿秋白、周恩来等人都发表了不同看法。张国焘激动地说:"莫斯科的指示是不能接受的。应当加以拒绝并通知莫斯科。如果莫斯科还坚持自己的意见,那就应当再次回电反对莫斯科。"[1]

6月29日,唐生智部第三十五军军长何键发表反共宣言,要求武汉政

---

[1]《联共(布)、共产国际与中国国民革命运动》(1926—1927·下),北京图书馆出版社1998年版,第361页。

府"分共",并强占工会会所,拘捕共产党人。当晚,陈独秀、张国焘、蔡和森、周恩来、张太雷、谭平山等人在鲍罗廷处召开紧急会议。会议决定公开宣布解散纠察队,实际将纠察队人员编入尚能容纳共产党人的张发奎的军队。鉴于汉口形势危急,张国焘建议中央机关立即转移到武昌,他说:"事到如今,我们与国民党要人还有什么接头之余地(国民党中央及其政府),撞着他们反难为情;我们的武力都在武昌方面,现在不如集中我们势力于武昌,整军经武,准备后事;汉口在何键暴动的威胁之下,唐部重兵皆集于此,武昌却是张发奎、贺龙、叶挺及中央军事政治学校左派军力所在地。"[1]

张国焘的提议得到了蔡和森、谭平山等人的赞成,他们也提议中央机关移至武昌,同时中央及军事部应立即检查自己的势力,做一个军事计划,以备万一。陈独秀虽犹豫不定,表示过河往返,与国民党接头不便,但最终还是同意了这个提议。

中共中央机关移至武昌的当天夜里,又开会研究党的工作。会上,张国焘再次提出整军经武,注意军事工作。但他的提议没有受到应有的重视,会议也没有认真加以讨论。[2]

6月30日,中央机关重返汉口,并在鲍罗廷处再次召开会议。这次会议产生了《国共关系决议案》十一条,这是一个著名的、对国民党右派彻底让步的文件。

人人都知道国共分裂已成定局。然而,人人都在等候着汪精卫先发制人。因为,没有共产国际的命令,谁又敢宣布共产党员全部退出国民党呢?

7月8日,共产国际的"最高指示"才随着电波姗姗来迟。指示是给鲍罗廷的,当时的中共领导人谁也没有见到,共产国际总是通过这种方式来传达它的旨意的。

当我们有机会看到这一指示的全文时,不难看到,在共产国际意识到大

---

[1] 蔡和森:《党的机会主义史》,《中共党史报告选编》,中共中央党校出版社1982年版,第134页。

[2] 见蔡和森:《党的机会主义史》,《中共党史报告选编》,中共中央党校出版社1982年版,第134页。

第四章
隐瞒背叛　危难受任

革命即将失败时首先想到的是如何摆脱应负的责任。除论证自己历来的指示和决议多么正确外，还批评中共在执行中的"严重错误"，最后指示中共退出国民政府，"但不退出国民党，即使国民党领导者正在进行把共产党员从国民党开除出去的运动"。目的是为了"与国民党的下层群众保持密切的联系，在他们中间提出坚决抗议国民党中央行动的决议案，要求撤换国民党领导机关，并在这一基础上面，筹备召集国民党的代表大会。"指示还要求中共采取种种办法，纠正中共中央的机会主义错误，在政治上健全党的领导机构。[1]

根据指示，7月12日，鲍罗廷向中共中央提议："独秀、平山去莫斯科与共产国际讨论中国问题；秋白、和森赴海参崴办党校；新指定国焘、太雷、维汉、立三、恩来五人组织政治局兼常委。"[2]

受任于危难之时

7月12日的会议上，陈独秀被停职，并组成了张国焘、张太雷、李维汉、李立三、周恩来五人临时中央常务委员会，张国焘为负责人。受任于危难之时，张国焘的政治生涯又一次闪烁出明亮的火花。

临时中央常务委员会组成的第二天，7月13日，就发表了《中国共产党中央委员会对政局宣言》。《宣言》严厉谴责蒋介石和汪精卫集团的倒行逆施，指出武汉政府正在进行的"分共"阴谋，实足以使国民革命陷于澌灭。这种政策使武汉同化于南京，变成新式军阀的结合与纷争。《宣言》还揭露了武汉政府内反动军官残酷镇压工农运动的罪行，重申中国共产党将永远为工农和人民大众的利益而奋斗，并接受共产国际的建议，宣布撤回参加武汉政府的全体共产党员。但由于共产国际不准退出国民党，《宣言》也宣布不

---

[1] 见《共产国际执行委员会关于中国革命目前形势的决定》，《中共中央文件选集》第三册，中共中央党校出版社1989年版，第622–628页。

[2] 蔡和森：《党的机会主义史》，《中共党史报告选编》，中共中央党校出版社1982年版，第137页。

退出国民党。

不过,《宣言》还是说出了中国共产党人心中早就想说的话:"中国共产党永久认为革命的利益、民众的利益高于一切——较之保存某种政治联盟、领袖结合高出十倍。"《宣言》最后号召:"中国几万万的民众始终要认得真正革命的国民党的旗帜,始终知道中国共产党永久站在国民革命的最前线;民众的力量始终要战胜一切反动叛徒的野心,而完成中国的国民革命!"[1]

除了按照共产国际的指示未宣布放弃国民党这面旗帜而让后人引以为憾外,整个《宣言》可以说是一篇铿锵有力的讨伐国民党右派的檄文。它一改过去共产党忍气吞声、妥协退让的软弱态度,淋漓尽致地揭露了国民党反动派的罪行,表达了共产党人压抑已久的愤懑,表明党的政治路线从此开始了一个新的转变时期。

《宣言》发出的第三天,7月15日,汪精卫召开了"分共会议",正式宣布武汉国民党与中国共产党决裂。中国共产党再一次面临盟友的背叛。

由张国焘等五人组成的临时中央常务委员会,从7月12日成立到八七会议结束,只存在了二十五天。短短的日子里,它发出了关于农民运动的一系列通告、决议和指示,明确指出目前农民运动的总策略就是开展土地革命,推翻地主政权,建立农民政权和农民武装。

为了保存党的优秀干部,临时中央常务委员会决定对集中在武汉三镇的干部进行疏散。先由在国民政府中任职的同志尽量筹集到一些款子,然后依据被疏散同志自己的选择和工作的需要以及他们能在地下生存的条件,一一进行分配,并具体解决交通、经费等问题。

对于被疏散同志,临时中央常务委员会决定:凡能秘密返回原地原籍工作的便派回原地原籍;不能返回的,派到其他地方工作,其中大部分派到南昌参加起义。此外,送一批人去莫斯科学习。这样,项英、向忠发去了莫斯科;谭平山、吴玉章、林伯渠、恽代英、李立三、刘少奇、彭湃、邓中夏先后去了南昌、九江;毛泽东、李维汉、罗章龙等去了湖南。

---

[1] 见《中共中央文件选集》第三册,中共中央党校出版社1989年版,第198–208页。

第四章
隐瞒背叛　危难受任

有组织地疏散干部是一项细致而繁杂的工作，却有着伟大而非凡的意义，为党保存了一大批精华和骨干，为革命的再度兴起准备了条件。

由于李立三等人分途前往各地，疏散工作实际上是由张国焘和周恩来二人进行的。周恩来是一个不多发表议论而孜孜不倦的努力工作者，夜以继日地处理纷繁的事务，所有同志的疏散工作，多半由他亲自经手。张国焘则把大部分时间花在与同志们谈话上，鼓励同志们在艰难的条件下要坚定革命信念，要有胜利的信心。

7月下旬，临时中央常务委员会已有了举行秋收起义的设想，并草拟了《最近农民斗争议决案》，后又据此草拟了《中共中央关于湘鄂粤赣四省农民秋收暴动大纲》。

8月3日，临时中央常务委员会便正式向各有关省委发出通知，要求按"大纲"部署秋收暴动。"大纲"详细地规定了秋收暴动的战略计划，指出，秋收暴动是土地革命发展的新阶段。要以农会为中心，暴动后立即宣布农会为当地政府，在条件许可时应夺取县政权，组织革命委员会；农民夺取政权后，实行中央土地革命政纲，对五十亩以上的地主，一律抗租不缴，对五十亩以下的地主，一律实行减租，以佃七东三为大致标准；拒绝向武汉政府及其所属各级政府缴纳任何捐税，并实行经济封锁；组织土地委员会，实行没收和分配土地；等等。

临时中央常务委员会关于秋收暴动的计划虽然在八七会议前没有实施，但却得到八七会议的追认，并在八七会议后不久发动起来，从此在井冈山等地点燃了中国革命的星星之火。

在决定秋收暴动的同时，临时中央常务委员会还派李立三、邓中夏、谭平山等一部分中央负责同志前往九江，准备依靠尚能倾向革命的国民革命军第二方面军张发奎部，打回广东，继续革命。但他们到九江后，发现张发奎已有动摇迹象，便在7月20日举行了一次谈话会，提出以国民革命军第二方面军中叶挺所掌握的第十一军、贺龙的第二十军，加上朱德指挥的受共产党影响的第五方面军第三军的军官教育团和南昌公安局的保安队为主力，在南昌举行暴动。并将意见转告中央。

对九江谈话会上的意见，临时中央常务委员会和在1927年4月来华的

张国焘[16]

国际代表罗明纳兹[1]立即表示同意。7月24日[2]，张国焘、周恩来、罗明纳兹、加伦在武汉举行会议。会上，周恩来要求中央从速决定南昌暴动的名义、政纲和策略，切实发动湘鄂赣和广东东江一带工农势力，并要求共产国际经由汕头迅速予以军火和物资接济。会议决定在南昌举行起义，并根据加伦的提议，规定起义后部队的行动方向是：立即南下，占领广东，取得海口，以取得国际援助，再举行第二次北伐。会上决定派周恩来到九江具体部署南昌起义；同时电告共产国际，请求指示。

罗明纳兹来中国的主要任务是改组中共中央。在他的要求下，临时中央计划在7月28日召开紧急会议，并由张太雷和李维汉协助罗明纳兹进行筹备工作。但是由于形势异常紧张，会议通知很难送达，会议无法按期举行。8月3日，临时中央讨论了紧急会议的各项准备工作，确定了各项议程。但因时局紧张，交通不便，不但北方、上海、广东等地代表来不及召集，就是江西代表虽经召集也不能到会。直到8月7日，中央委员到了不过半数。在这种情况下，便决定召集在武汉的中央委员、监察委员、共青团中央委员及先后到武汉的湖北、湖南、上海的负责人开会。八七会议成为扭转党内右倾错误的枢纽。

临时中央常务委员会作为一个过渡性的领导机构，短短二十五天中，在党处于危难关头的紧急时刻，力挽狂澜，作出了一系列重要的正确决定，使党避免了灭顶之灾，并为后来的发展奠定了基础，其功绩是应该肯定的。

7月26日，周恩来在陈赓陪同下赶到九江，向在九江的中央委员和干部传达了临时中央常务委员会关于发动南昌起义的决定。27日，周恩来从九江秘密来到处在国民党控制下的南昌，住在朱德的寓所。同一天，叶挺、贺龙的部队乘火车先后开到南昌。

---

[1] 全名维萨里昂·罗明纳兹，格鲁吉亚人。1917年加入俄共。1927年7月23日受共产国际派遣来华接替鲍罗廷和罗易的工作。1927年11月回国。1935年1月自杀，同月，被联共（布）中央开除党籍。

[2] 中央文献出版社1998年出版的《周恩来传·上》第174页用了"二十四日（或二十五日）"的表述。

第四章　隐瞒背叛　危难受任

这天，在南昌城内的江西大旅社，正式成立了党的前敌委员会。根据中央决定，前敌委员会由周恩来、李立三、恽代英、彭湃四人组成，周恩来任书记，指挥前敌一切事宜，张国焘、谭平山后来也参加前委的会议。前敌委员会决定在30日晚举行起义。

江西大旅社成为领导南昌起义的指挥中心

正当起义的各项工作在紧张准备之际，29日上午，前委突然接连收到张国焘发来的两份密电，内容是暴动宜慎重，无论如何要等他到后再作决定。这是为什么呢？

原来，26日，罗明纳兹在临时中央会议上传达了共产国际关于南昌起义的复电，内容大致是：如毫无胜利的机会，则可不举行南昌暴动。把张发奎军队中的同志退出，派到各地农民中去。会议还决定派张国焘作为中央代表去九江传达国际指示。据张国焘回忆，事情是这样的：

罗明纳兹在会上说："看来这两件事[1]及国际电令不能用信件通知在前线的同志们，我们只有派一位得力同志去当面告知。"他说话时望着张国焘，并问是否可以派他去。张国焘对国际的指示很不满意，回答说："既然是送

---

[1] 据张国焘回忆，是指国际没有经费可供南昌暴动使用和国际电令禁止苏联顾问参加南昌暴动。(参见张国焘：《我的回忆》(第二册)，现代史料编刊社1980年版，第283页。)

封信，那就不必派我去。何况中央扩大会议快要举行，我离不开。王一飞同志可以负责这一使命。"罗明纳兹说："派去的人今晚就要动身，如何能找到一飞同志。即使找到他，并使他了解使命，立刻起程，仓促间是不易做到的。"于是，瞿秋白、李维汉都觉得张国焘为好，说这个责任不只是送封信，而是考察情况并参与决策。[1] 于是，张国焘怀着一种极不情愿的心情上路了。

从国际指示的内容看，确实是模棱两可的，对张国焘来说，一方面他认定南昌暴动没有成功的希望，因为国际方面既不给经费支持，又不让顾问参加，说明从国际方面就已对南昌暴动失去信心。另一方面他仍然认为中共的军事势力与张发奎的军事势力结合起来，回师广东，是比较可行的。因此，当他作为中央代表奔赴九江之前，就抱着设法阻止南昌暴动的主意，而不是根据南昌方面的实际情况而定。

7月27日，张国焘到达九江后，随即召集了在九江的中央委员和江西省党组织负责人会议。会上，他传达了国际指示，提出应重新讨论南昌暴动问题，遭到了与会同志的反对，绝大多数人认为，起义的有关事宜都已准备停当，还有什么可讨论的。

但张国焘却不接受大多数人的意见。29日上午，他向南昌前敌委员会发出了等他到南昌后再决定暴动的密电。周恩来接到张国焘的密电后，当即与其他前委成员进行商议，大家一致认为：暴动绝不能停止，继续进行一切准备工作。

7月30日早晨，张国焘风尘仆仆地赶到南昌。在他的要求下，前委立即召开紧急会议。会上，张国焘传达了国际来电的内容，提出如果有成功的把握，可以举行，否则不可动。如果要暴动，也要征得张发奎的同意，否则不可动。

李立三一听，就对他说："什么都预备好了，哪里现在还需要讨论。"周恩来也明确表示："还是干！"张国焘见自己的意见受到大家的反对，便说："这是国际代表的意见。"他本想用国际代表来压大家，没想到反而适得其

---

[1] 见张国焘:《我的回忆》(第二册), 现代史料编刊社1980年版, 第283–284页。

第四章
隐瞒背叛　危难受任

反。周恩来气得拍了桌子，他对张国焘说："国际代表及中央给我的任务是叫我来主持这个运动，现在给你的命令又如此，我不能负责了，我即刻回汉口去吧！"李立三说："起义已经准备好了，不能再有任何迁延。张发奎绝不能同意我们的计划，必须彻底放弃依靠张发奎的幻想。"

看见大家都很激动，张国焘说："这个行动，关系我们几千同志的生命，我们应当谨慎才是。"大家遂告诉张国焘，张发奎现在已处于汪精卫等右派的包围之中，绝不会同意暴动计划，而我们也不能再依靠张发奎。另外，暴动正在按计划进行，也绝不能拖延。双方各持己见，争论了数小时。因为张国焘是中央代表，不能以多数来决定，所以会议不欢而散。[1]

当时前敌委员会诸人都在热心筹备暴动，张国焘的阻挠无疑给大家浇了一盆冷水。会后，大家议论纷纷，怨言颇多，谭平山竟然起了杀死张国焘的念头。他对一位师长说：张国焘若反对起义，就把他杀掉。这位师长征求前委书记周恩来的意见，周恩来说："党内斗争，不能这样做。"[2]

其实，当时张国焘并不知道他所寄予希望的张发奎已经追随了汪精卫。7月29日，汪精卫、张发奎、唐生智、孙科以及张发奎部的第四军军长黄琪翔、江西省政府主席朱培德、朱培德部第九军军长金汉鼎等，在庐山举行了会议，讨论了如何继续加紧推行清共反共。会议作出三项决定：严令贺龙、叶挺限期将军队撤回九江；封闭九江市党部、九江书店、九江国民新闻报馆，并逮捕其负责人；张发奎所辖之第二方面军实行清共，通缉共党分子廖乾吾、高语罕等四人。[3]

31日，南昌起义前敌委员会成员和张国焘再次开会。争吵不休时，叶剑英来报告说：张发奎、汪精卫、孙科等人要在8月1日来南昌。张国焘这才不得不同意了南昌起义的计划。

---

[1] 见叶挺：《南昌暴动至汕头的失败》，《南昌起义》（资料选集），中共中央党校出版社1981年版，第81页。

[2] 见《关于党的"六大"的回忆》，《周恩来选集》上卷，人民出版社1980年版，第173页。

[3]《南昌暴动纪要》，（台北）《革命文献》第二十五辑。

| 第五章 |

莫斯科岁月

起义军占领南昌仅两天,便不得不向广东撤退。张国焘等人取道香港到达上海。此时,他已经被人指责"假传圣旨",背上"阻止南昌起义"的罪名。尽管他向中央进行了申辩,但在1927年11月召开的中央政治局扩大会议上,仍认为他"怀疑暴动""反对暴动",开除他临时政治局候补委员、中央执行委员会委员资格。

气愤和失落的张国焘,指责国际代表罗米纳兹指导下的中央是"暴动编辑部",甚至产生了另组"工农党"的想法。

1928年6月,中共"六大"在莫斯科召开,被特邀参会的张国焘,与八七会议后主持中央工作的瞿秋白发生多次争论,最终的结果是,虽然二人均进入政治局,但都被留在莫斯科,领导中共驻共产国际代表团。

在莫斯科的两年多时间里,张国焘见证了联共(布)党内斗争的残酷性,也经历了因中山大学"江浙同乡会"等事件牵连代表团带来的痛苦。

厌倦了莫斯科的生活而回国心切的张国焘,于1930年12月向共产国际提交了一份检讨式的"声明",才得以于1931年1月偕妻子回到上海。

第五章
莫斯科岁月

处分与分歧

1927年8月1日,南昌起义爆发了。

起义部队在周恩来、贺龙、叶挺、朱德、刘伯承等人领导下,经过四个小时的激战,全歼南昌城守敌三千余人,占领了南昌。起义在南昌城引起的轰动,从当时报纸的报道中可见一斑。起义后的第三天,即8月3日,江西《工商报》报道:"兹悉革命委员会委员即遵于本(二)日下午一时在贡院会场举行就职典礼,计到者除全体委员及各团体代表等数十人外,有民众团体二百余,到会群众有农工商学兵各界共数万人,旌旗蔽日,欢声震天,诚南昌前此未有之盛况。"

南昌起义胜利了。但参加南昌起义的中共领导人心情并不轻松。虽然起义仍然使用"国民革命军"的旗帜,且成立了包括宋庆龄、张发奎、邓演达等国民党人在内的中国国民党革命委员会,但这些举措丝毫没能减轻起义后面临的严峻的军事局面。刘伯承后来回忆说:"凑合仅二万零五百之兵力,而暴动于环敌十万之中,起义部队面临的困难是可想而知的;加之起义发生在工农及军事力量减削与消沉之时,工农不甚觉悟,形势不好,我军内大半由非党同志领导,所以起义部队很难在南昌站住脚跟。"[1]

为了保存革命武装力量,前委只能按照起义前中央的决定,率军撤离南昌,取道临川(抚州)、宜黄、广昌,南下广东,以图恢复广东革命根据地,占领出海口,然后取得国际援助,重新举行北伐。

8月3日,起义部队开始撤离南昌。从此,起义部队踏上了艰难的征途。

或许已经意识到前途多舛,8月4日,第十一军第十师师长蔡廷锴率部

---

[1] 刘伯承:《南昌暴动始末记》,《刘伯承军事文选》,解放军出版社1992年版,第32页。

脱离起义部队，带走四千五百人。这一变故引起军心动摇，第二十军参谋长陈裕新及第五团约700人也离开起义部队，投奔了唐生智。

起义军冒着酷暑仓促南下，很快就有不少士兵病倒，缺乏得力的政治工作，敌我力量悬殊，军心开始涣散，个别脱离部队或整团整营离开部队的情况不断发生。

起义军在临川休整三天后，继续南进，于8月25日抵达瑞金以北之壬田附近地区，打了南下以来的第一仗，虽歼敌大部，但起义军也伤亡一千七百余人。至此，起义部队经过近一个月的行军作战，减员近万人。

9月上旬，起义军从会昌经瑞金进到长汀。稍作休整后，经上杭进入广东，于9月23日进占潮安、汕头，第二十五师进占大埔三河坝。

9月28日，起义军主力在汤坑东南的白石与敌激战，损失两千余人，遂撤出战斗。

10月初，起义部队在敌人围攻下遭受严重损失，最后只剩第十一军二十四师约一千两百余人转入海陆丰与当地农军会合，另一小部分近八百人在朱德、陈毅等率领下，转入粤赣湘边界地区，开展游击战争。

南昌起义部队在强敌攻击下未能完成预定的任务。

起义军在汤坑失利后，张国焘和起义的部分领导人取道香港，约在1927年10月中旬返回上海。

张国焘回到上海后，据他自己说，是度过了近八个月的地下生活，除了偶尔有几个熟人拜访外，中共中央领导人瞿秋白等对他基本不闻不问。这使张国焘苦闷难耐，度日如年。

造成张国焘这种严重失落感的原因是多方面的，但他与八七会议后成为中共核心领导人的瞿秋白不和，或许是主要原因。

瞿秋白

第五章
莫斯科岁月

据现有资料证明，他们二人的不和发端于五人常委时期。

1927年7月12日，鲍罗廷根据共产国际的指示，要求张国焘、李维汉、李立三、周恩来、张太雷组成临时中央常务委员会，负责中央工作。7月13日，鲍罗廷即由瞿秋白陪同，离开武汉去了江西庐山。当瞿秋白从庐山返回武汉后，即开始参加常委工作，后来又具体筹备八七会议。瞿秋白当时不是常委成员，为什么能够参加常委工作，并且在八七会议上代表常委作报告呢？

有学者认为，这是由于瞿秋白在莫斯科受过训练，已被共产国际指定接替陈独秀担任中共领导人。瞿秋白陪鲍罗廷去庐山，近水楼台，接收莫斯科的指令。[1] 没有足够的史料，无法确定上述说法是否属实，不过可以肯定，瞿秋白进入中央领导核心确实与共产国际代表有关。因为当时中共领导人的任免是由共产国际决定的。

瞿秋白与鲍罗廷在庐山会谈的内幕至今无人知晓。张国焘回忆说，7月21日，瞿秋白从庐山回到武汉，立即提出了改组中共中央领导的问题。瞿秋白告诉张国焘，鲍罗廷希望他们俩能继续领导中共中央，由瞿秋白主持理论研究，由张国焘主持实际工作。对于这种平分秋色的安排，张国焘多少有些不满，进而对瞿秋白迎合莫斯科的倾向更为反感。张国焘回忆说：

> 瞿秋白表示他这几天在庐山与鲍罗廷冷静的研讨，认为中国革命是失败了，责任问题要有交代。中共一切，虽然事实上是遵照共产国际的指示进行，但不能让共产国际担负这个失败的责任，因为莫斯科威信的丧失，将会影响世界革命，也会助长托洛茨基派攻击斯大林的气焰，更会使中共党员不信任共产国际的领导。为了使共产国际今后能够领导世界革命，中共中央只有挺身出来负担起这个责任，才是避重就轻的办法。瞿秋白更具体的表示，如果这一失败责任要由中共中央政治局全体担负，中央的领导就会破产，损失也太大了。陈独秀在这次失败中，原

---

[1] 见丹尼尔·雅各布斯：《鲍罗廷——斯大林派到中国的人》，世界知识出版社1989年版，第267–268页。

有重大过失；现在又采取了不正确的消极态度，那我们不如把全部的失败责任，推在他一人身上。而我们自己应站在拥护共产国际的立场上，反对陈独秀的右倾机会主义。这样才能稳定中共中央的领导。[1]

我们无法确定张国焘的回忆是否有误。但瞿秋白很快得到鲍罗廷的继任者罗明纳兹的赏识，却是事实。而当张国焘怀着愤愤不平的心情去了南昌之后，瞿秋白实际上便成为中共主要负责人。

1927年8月7日，在罗明纳兹指导下，中共中央在武汉召开会议，史称"八七会议"。罗明纳兹在会上始终是个"中心人物"，他在纠正中共中央和陈独秀右倾错误，提出土地革命、武装斗争方针等问题上起到了重要作用。然而，他也把共产国际和他自己的"左"倾错误观点带到了中共内部，为中共中央制定"左"倾错误政策开辟了道路，同时，他还将联共（布）内部对犯错误的同志进行残酷斗争、无情打击的错误做法带到了中共内部，开了过火斗争的先河。

张国焘回到上海后，中共中央将八七会议通过的《告全党党员书》发给他让他阅读，用张国焘的话说，他是"读了又读，有不少的感想"。

张国焘虽然是老资格的党的领导人，但自从罗明纳兹到中国后，张国焘在党内的地位不断下降，加之他对罗明纳兹的意见不能苟同，还要追究共产国际指导中国大革命的策略错误，并有为陈独秀鸣不平的要求，这自然为瞿秋白和罗明纳兹所不悦。

此时，张国焘对于党内正在增长着的"左"的错误倾向已经看得十分清楚，但他认为在陈独秀被停职后，自己已经成为犯右倾错误的代表人物，现在如果指出党有"左"的倾向，可能会被再扣上一顶"右倾"的帽子，因此，他不愿把自己的意见讲出来。

张国焘这种担心并非没有根据。周恩来就认为："八七会议把机会主义骂得痛快淋漓。不仅没有让陈独秀参加，而且还把反对机会主义看成是对机会主义错误的负责者的人身攻击。在党内斗争上造成了不良倾向，犯了惩办

---

[1] 张国焘：《我的回忆》（第二册），现代史料编刊社1980年版，第274页。

第五章
莫斯科岁月

主义的错误。"[1]

八七会议来势凶猛的惩办主义之风，使张国焘心有惧意。刚到汕头时，他就向中共中央报告："弟不日即返沪，报告一切，对于八月七日之决议及告同志书已略知一二，弟完全拥护，并欲日内回沪，面受处罚"。[2] 也许张国焘认为，一方面积极要求处分，一方面对现中央领导的工作保持缄默，就会侥幸过关。但他估计错了。

11月6日，张国焘看到《中央通讯》第七期发表的张太雷于10月15日在南方局广东省委联席会议上的报告后，立即意识到这是对自己极为不利的一个信号，如果不予理睬，定会使自己陷入困境。于是，11月8日，他写信给"中央临时政治局并扩大会议"，希图澄清自己。

张国焘为什么对张太雷的报告如此敏感呢？

原来，张太雷在报告中谈到南昌起义的情况时说："中央已决定对张发奎的态度，如张不与汪精卫联络则到东江之后解决之，否则在浔便解决他。故造成南昌的决定，并派恩来去主持，同时国际亦决定要干，内容详细我虽不知，但决定要干我是知道的。后中央又派国焘去，意思是要他去鼓励同志更坚决执行中央的政策，不料国焘假传圣旨，说国际不主张干，他亦极力反对干……国焘这不仅损失个人的信仰，而且是损失中央的威信，因为他是中央派去的。故此次国焘的行动，实应受处分。"[3]

张太雷的报告对于张国焘来说无异于晴天霹雳。如果中央临时政治局接受了张太雷的建议，那么张国焘必然要受到处分。所以，张国焘才决定给中央写信为自己辩护。

张国焘在信中首先说明，张太雷的报告与事实不符，因此有根据事实慎重申明之必要，然后他详细叙述了南昌起义前的7月26日会议及自己去九江、南昌的经过。对于他是不是"假传圣旨"，他这样写道："在7月26日会议上，罗易传达国际来电的内容是：如暴动毫无胜利希望，则不如不进行暴动，张发奎军中同志尽行退出，派往农民中工作。"张国焘从会议讨论的

---

[1]《周恩来选集》上卷，人民出版社1980年版，第171–172页。
[2]《中共中央文件选集》第三册，中共中央党校出版社1989年版，第361–362页。
[3]《中共中央文件选集》第三册，中共中央党校出版社1989年版，第354–355页。

205

情况分析，认为大家总的倾向是：推迟起义，避免过早与张发奎分化。所以他奉命到南昌后，就从自己的认识出发，不赞成举行南昌起义。尽管后来他还是同意了大多数人的意见，但他始终认为对于暴动应取慎重的态度，不应过早和张发奎分化。他不承认自己是假传圣旨，明确表示："若说我是假传圣旨，我是心不服的。"[1]

无论张国焘怎样为自己辩护，从后来的处分看，中央并未接受他的陈述。

中央给张国焘处分是在11月9日至10日召开的临时中央政治局扩大会议上。这次会议是中共党内"左"倾盲动错误形成的标志性会议。在罗明纳兹指导下，这次会议将组织上的惩办主义推向新的阶段。会议对各地武装起义所遭受的失败和挫折不做具体分析，片面指责起义领导人"犹豫动摇""违背中央政策"、犯了"机会主义"错误等，并决定给南昌起义和湘赣边界秋收起义领导人及有关省委负责人以不同的"政治纪律处分"。张国焘自然不能幸免。

十一月扩大会议给张国焘的处分决定是：

> 张国焘同志受中央常委委托赴南昌指导暴动，但国焘同志到九江南昌后不执行中央命令，反怀疑暴动主张，甚至反对暴动，南昌事变以后主张联络张发奎，并反对没收一切土地的政纲，这些违抗中央政策和派其往前敌指导使命之结果，反给前敌同志以更坏更右的影响，前委亦因之更加动摇。国焘同志应开除临时政治局候补委员，中央执行委员会委员资格。[2]

会后不久，11月30日，《中央通讯》第十三期又发表了中央复张国焘的信，内容是：

> 国焘同志这信中所提各点，本次扩大会议的议决案都可以答复。至

---

[1]《张国焘致中央临时政治局并扩大会议的信》（1927年11月8日）。
[2]《中共中央文件选集》第三册，中共中央党校出版社1989年版，第483页。

于国焘同志的错误之主要点，政治纪律议决案已经说得很明白，事实的经过是——国际电报说："如毫无胜利的机会，则可不举行南昌暴动。"这无异乎是说"除非毫无胜利机会，否则南昌暴动是应举行的"。中央常委曾讨论这一问题，大家认为即在汉口亦可见着必有胜利机会，故派国焘同志去前敌，以坚决前敌之发动，这是在汉口的事实。当时出席或参加常委的同志（维汉、太雷、秋白……）都证明的。国焘到前敌去，却因为自己对于张发奎有妥协动摇倾向，而表示怀疑举行暴动的言行，这是在前敌的同志（恩来、立三……）都证明的。事实是如此，国焘同志信的主要意思，可以用这种事实答复。

对此，张国焘并不心悦诚服，反而一改刚回上海时的畏首畏尾，开始对中央的政策采取强硬的反击态度。

针对瞿秋白提出的"革命潮流一直高涨"，张国焘公开说：革命高涨已过，现在是斗争剧烈的时期，革命潮流是停滞（停滞绝非停止的意义）状态。现在是转变关头，在此关头，斗争甚为激烈，革命潮流是向上涨或向下降还不能断定。他批评中央对形势估量错误而导致"党与群众脱离，我们的党员是脱离群众而牺牲"。

在罗明纳兹和瞿秋白一味要求各地暴动、暴动、再暴动的情况下，张国焘给中央写信，提出自己的意见：帝国主义的势力不应忽视，统治阶级虽不能稳定，但群众有组织的力量太少，党的力量也薄弱，应主要注意领导群众、训练组织群众进行斗争；要有群众性的布尔什维克党，就须与群众发生密切联系，而且在群众中建立基础；注意税金工作问题；发动群众反帝国主义并进行民权主义的斗争。

张国焘的意见当然不会引起中央重视。当得知在各地因盲目暴动造成很大损失后，张国焘气愤地指责中央是个"暴动编辑部"，天天做暴动的计划，假使做"科学的暴动编辑部"还可以，可惜还是"文学的暴动编辑部"。他还针对中央强制命令暴动的做法，指出自发的暴动，我们是应该去领导的。但是，不可勉强强制暴动，假使这样，就会变成盲动。

这些意见非但没有被接受，还引起中央领导人的不满，张国焘回忆说：

张国焘 传

"我被瞿秋白等目为反中央的首脑，我的住所也被视为机会主义者的俱乐部。"[1] 这种状况使张国焘极为失落，竟产生了另组"工农党"的想法，并希望陈独秀同他一起干。张国焘这样回忆说：

> 我慎重建议为了有效地挽救中共，抛弃以往纠纷以及开展以后的光辉前途，应另行组织一个工农党；这个党仍以原有的同志为基础，扩大其政纲要点仍是反对帝国主义和实现土地革命，但不再是共产国际的一个支部。瞿秋白中央的一味盲动，是以共产国际的指示为护符的；罗明纳兹等共产国际代表，不懂得中国情况，任意胡闹，是祸害的根源。如果命名为"工农党"的新组织，不再是共产国际的支部，而只是国际主义下的友党，一切取决于党内多数，也许可以减少一些这样或那样的错误，进而由黑暗步向光明。
>
> 陈先生对我的建议大感兴趣，认为是合情合理的改变党内现状的要图；但他似在遭受这许多打击之后，已无足够的勇气来负担这个艰巨任务，因而他提出了实行起来会遭遇许多困难的话。首先是共产国际不会平心静气地考虑这个建议，反会予我们以无情的打击。同时西欧各国的共产主义者和社会主义者不重视东方问题，自不会予我们以有力的支持。再就内部状况来说，即使多数同志同意我们的见解，经费问题也是难于解决的。三月初……陈先生向我表示：现在看来中央机构为了自身安全，正在重新布置，各地组织又大多损毁了……另组工农党的事可以暂时搁置一下，作为我们的最后步骤。现在或许有旁的办法来改变这个现状。[2]

另组工农党的意图虽未实现，却十分清楚地表明：张国焘虽然是中国共产党的创始人之一，但并没有严格的党性观念，一旦自己的意见与党不和，就会背离而去。这次由于陈独秀的反对，他没有付诸行动。但后来在长征途

---

[1] 张国焘：《我的回忆》（第二册），现代史料编刊社1980年版，第353页。
[2] 张国焘：《我的回忆》（第二册），现代史料编刊社1980年版，第364–365页。

中，当他兵强马壮时，就有了与中央平分秋色的资本。在与中央发生矛盾后，他毅然决然宣布成立自己的"中央"；到了延安以后，感到自己政治上失意后，又脱离中共而投奔国民党。

争论于中共"六大"

大革命失败后，全国处于严重的白色恐怖时期。面对艰难的时局，一些中共党员开始消极、动摇，甚至逃跑、变节。加之国民党的搜捕和对起义的镇压，中国共产党党员人数由1927年5月的近六万人锐减至一万人左右。为了更好地总结经验教训，系统研究大革命失败后的新形势，确定党在新时期的斗争任务，经共产国际研究决定，在莫斯科召开中国共产党第六次全国代表大会，这样既可以就近指导会议，又可以保证与会代表的安全。

从1928年春开始，参加中共"六大"的代表陆续赴会。鉴于中共"六大"所负的历史使命，共产国际和中共中央将陈独秀列为特邀代表，但陈独秀拒绝出席。共产国际代表和中央领导人瞿秋白亲自登门邀请，并且通过与陈独秀关系亲近的人做工作，但都未能说动他。

陈独秀的态度对张国焘产生了影响。如果说，大革命时期中共中央的右倾错误在中共党内陈独秀是第一责任人，那么张国焘就是第二责任人。所以，当张国焘接到参加中共"六大"的邀请后，首先想到的就是同陈独秀商量一下。陈独秀虽拒绝出席，却主张张国焘应接受邀请，他预料到"六大"会改正瞿秋白的盲动错误，不出席是不妥当的。邓中夏也热心劝说张国焘出席大会。在这种情况下，张国焘作为由共产国际直接邀请的代表，前往莫斯科。

为了保证代表们的安全，中央指派张国焘在哈尔滨做接应工作。据时任满洲省委代表的唐韵超回忆："1928年5月，我们从沈阳乘火车到哈尔滨。临走时，省委交给我一个火柴盒，里面装有二十一根火柴，让我下车后到哈尔滨道里区俄国大街一个马车店接头。下车后，我们找了一家旅馆住下。之后我揣着接头的火柴盒找到了马车店。张国焘、罗章龙、夏曦等人已先期到

张国焘 上

达这里。张国焘与我打招呼后，我把火柴盒交给了他。他数了数，对我说："因南方代表语言容易暴露，满洲省委的代表还有一项任务，就是把你们分到各组，护送南方代表过境。'"就这样，张国焘一直等到所有代表都顺利过境后，才最后离开哈尔滨。[1]

中国共产党的代表大会既然在莫斯科召开，共产国际和斯大林就都十分重视。为了给这次大会确立正确的指导思想，斯大林于6月12日前后接见了中共领导人。他主要讲了两个问题：一是中国革命的性质问题；一是当时革命的形势问题。他说，中国革命的性质还是资产阶级民主革命，不是"不断革命"，也不是社会主义革命。关于中国革命的形势，现在不是革命的高潮时期，而是低潮时期。斯大林的谈话实际上是为中共"六大"认清当前形势定了调子。

为使中共"六大"顺利进行，6月14日至15日，共产国际负责人布哈林召集部分代表举行了"政治谈话会"，出席者是：瞿秋白、周恩来、蔡和森、李立三、张国焘、王若飞、邓中夏、项英、苏兆征、向忠发、关向应、夏曦、黄平、张昆弟、何资深、王灼、甘卓棠、章松寿、徐锡根、唐宏经、王仲一共二十一人，实际上是一次小范围的预备会议。会上，布哈林要求大家就以下三个问题发表了自己的意见：关于当前革命形势的估计；关于过去的经验教训即党的机会主义错误问题；党在今后的任务和方针。

自从南昌起义失败后，张国焘在上海待了八个月，也憋闷了八个月。他不仅对共产国际及其代表在指导中国革命过程中的一些做法不满，而且

布哈林，苏联革命家，他的思想对中共革命产生过重要影响

---

[1] 唐韵超：《赴莫斯科参加中共"六大"的前前后后》，《中共党史资料》第六十六辑。

第五章
莫斯科岁月

对八七会议后中央的大政方针，尤其是瞿秋白也满腹牢骚。这次终于有公开发泄自己不满的场合，而且还有共产国际的领导人亲自出席，他便趁机把长期以来的闷气一吐为快，在"政治谈话会"上，他的发言竟占去近三小时。

因为有人称张国焘为"反共产国际的代表"，所以张国焘在发言时首先申明：中国党自产生以来对于国际不仅是极端信仰，并且有些迷信。对于国际代表所传国际命令是信仰的，对国际代表个人也极其尊重。国际代表享受最大的权限，中国党与国际间的一切联系都不是直接的，都要经过国际代表。张国焘的言外之意是说，中国共产党所犯的错误，共产国际代表也应承担责任。

接下来，张国焘就布哈林提出的三个问题——发表了自己的意见。不过，他发言的侧重点还是在过去的教训上。他说，中国共产党是由激进的知识分子发起的，带着很多的无政府主义的浪漫色彩，由于理论上的不成熟和党员人数很少，在是否加入国民党问题上就产生了分歧。加入国民党后，在是否把国民党的工作当作主要工作上又产生了分歧。这种分歧反映在中共中央的许多重大方针、政策上，而这些分歧都与国际代表有直接关系。张国焘回顾了党在一些问题上的具体分歧，言谈中无不指责马林和罗明纳兹。在谈到党内在大革命失败后出现的盲动错误时，张国焘指斥了临时中央负责人和罗明纳兹，说他们因为对革命形势作出了错误估计，只是一味地发动暴动，完全脱离了中国的现实和群众。

对于自己的发言，张国焘极为满意，他后来回忆说："我这篇演说，虽没有预先拟好底稿，确是理直气壮一气呵成的。所有到会者，无论赞成与否，都认为是一篇中共反对派的代表作。布哈林最后也曾表示所获甚丰，认为再无征求反对意见的必要了。有一位曾在中国工作过的俄国同志，看了我这次演说的记录，向我表示：这是一篇奇佳的演说，刻画出中共的真相……"[1]

1928年6月18日至7月11日，中国共产党第六次全国代表大会在位于莫斯科市西南约四十公里的五一村（属莫斯科州纳罗法明斯克区）召开。

---

[1] 张国焘：《我的回忆》（第二册），现代史料编刊社1980年版，第378页。

张国焘⑬

中共"六大"会址（莫斯科）

6月20日，瞿秋白代表第五届中央委员会作政治报告，题目是：《中国革命与共产党》。报告用时达九小时。报告回顾了中共在大革命时期和大革命失败后至"六大"召开之前的情况，讲到了党的工作成就与失误，也谈到了党内的分歧。在报告的结尾，瞿秋白说："关于过去的事，或者国焘是对的，秋白对的，独秀对的，这些问题讨论起来是有意义的，但不能同我们目前任务相比。"

在一旁听报告的张国焘，早就对瞿秋白一肚子意见，瞿秋白刚讲到这里，他就按捺不住地发牢骚："你一个人讲了九个钟头，七七八八讲了一大批。"

瞿秋白则回应说："我们应指出不对的，指出少数主义、改良主义的倾向，大家来纠正，至于辨别个人是非，并不是不需要，希望组织委员会来解决，将来向大会报告即可。这是议事日程上已决定的问题。现在我的报告完了。"

从6月21日起，代表们开始分组讨论布哈林和瞿秋白的报告。张国焘在讨论中作了长篇发言，就中国革命的世界意义、性质、阶段及其前途，过去的教训，八七会议后对时局的估量和党的政策，对于革命形势的估量和我们的任务与中心工作等，发表了自己的看法。

张国焘的发言中不乏正确的见解，如在对革命形势的分析上，他认为中国革命发展是不平衡的，一方面各省革命的发展互有差别；另一方面各省工农革命势力互有差别。他还认为，对于革命形势的估量不能与革命情绪混为一谈，目前并没有广大革命群众运动的高涨形势。在谈到党的任务时，他指出：目前工作的重心是不放过每一个领导群众争斗或动员群众的机会，以组织广大的工农群众，并进行不断摧毁敌人实力的工作，在此过程中才能形成强固的群众的布尔塞维克党，正确地肃清党内一切不良倾向。只有这样，党才能应付快要到来的革命高潮和实现在此高潮中组织群众的武装暴动、推翻现政权、建立苏维埃政权的任务。

张国焘在发言中分析以前党所犯的错误时，有时会夹杂个人情绪而有失客观，尤其是对瞿秋白。当谈到与国民党合作的政策时，他说："自当初到现在，大家都认为是正确的政策，并没有什么疑问的。但是，在最初大家对于这种政策的观念，都是模糊的，有许多不自觉的'左'倾或右倾的倾向。现在秋白同志分析起来，说当时有两种不正确的观念，'左'倾和右倾，好像机会主义推进的两个轮子，都是机会主义的根源。大家同志或许不太明了秋白同志的意思，他的意思是说：当时张国焘同志是代表'左'倾的观念，陈独秀同志是代表右倾的观念，这都是机会主义。可是秋白同志自己呢？他当时和独秀同志的见解完全一致，假使秋白同志要说别人脑袋里有一个机会主义的轮子，那么，他自己脑袋里面，就有好几个这样的轮子。"

不仅如此，会议期间，张国焘与瞿秋白也多次发生争论。

张国焘参加了政治、苏维埃运动、宣传、青年、军事、农民土地、南昌暴动等七个委员会的讨论，就一系列问题发表了自己的意见。他不放过每一个批评瞿秋白的机会。瞿秋白也不示弱，对张国焘的错误进行了批评。两人的争论有时竟会发展到短兵相接的程度。

张国焘和瞿秋白两人的争论，也直接影响到其他代表的情绪，以致大家在一些问题上不能冷静地接受别人的意见。周恩来后来曾这样描述说："在'六大'会议上是有'山头'倾向的，不能完全平心静气地讨论问题，特别是与自己有关的问题，把反对机会主义与盲动主义看成人身攻击。那时机会主义的代表是张国焘，盲动主义的代表是瞿秋白同志，两人争论不休。"[1]

为了使张国焘与瞿秋白都能冷静地对待对方的意见，布哈林在大会作报告时不得不威胁说："就是你们这两个大知识分子在吵架，再吵就把工人干

---

[1]《周恩来选集》上卷，人民出版社1980年版，第181页。

米夫对中国革命产生过重要的影响

部提拔起来代替你们。"

共产国际东方部副部长米夫也出面进行调解。他对张国焘说,共产国际希望张国焘与瞿秋白能化除成见,互相合作。张国焘则表示:只要瞿秋白能纠正错误,合作当无问题。米夫问这种合作是否带有勉强的性质。张国焘便指着桌上的一个瓷茶杯说:"就像这个茶杯,被打成几片,虽然可以补起来,究竟不如没有补的那么自然,也希望以后再不会有人将它打碎。"米夫说:"共产党的组织,究竟不好比作一个茶杯,因为它是有机的东西,共产国际自信有力量领导中国同志,改正错误,并使他们团结合作,只要你答应,我就可以向共产国际报告我们中间已获得谅解。"张国焘认为米夫的话含有强制意味,因而他表示尊重共产国际的"裁处"。[1]

在会上,共产国际领导人布哈林的政治报告是重头戏。布哈林在这个以《中国革命与中共的任务》为题的长篇报告中,详细阐述了中国革命的性质和前途、中国共产党在现阶段的任务等。布哈林指出,中国共产党现在的工作中心应当是夺取群众,是宣传暴动口号,而不是直接举行暴动,但由于党内存在"不断革命论",使人们不敢对暴动有异议。布哈林拿张国焘作例子说:

张国焘说:"我当时想暴动是很危险的,但我不敢说。"他并不是一个小孩子,不是一个小姑娘,你看他也是这样高这样大的人,为什么怕说呢?因为说了就有机会主义的嫌疑。我对于他是很明了的,在这种状

---

[1] 见张国焘:《我的回忆》(第二册),现代史料编刊社 1980 年版,第 381 页。

第五章
莫斯科岁月

况之下，实在是怕说，并要注意他以前是犯了一些过错的。他要是乱叫，自然可以说他是机会主义，不守纪律，并将他开除出党籍了。在现在中国共产党中不要乱说什么机会主义者，也没有什么不好的地方。[1]

就这样，张国焘在激动、纠结中度过了二十多天的会期。当会议结束时，他当选为中央政治局委员。自 1927 年 11 月中央扩大会议开除张国焘临时政治局候补委员、中央执行委员会委员资格，他经历了八个月的政治煎熬，现在终于再次进入中央领导层，他顿时有一种重获解放的感觉。

在中共"六大"上，与会代表在发言讨论中对共产国际及其派驻中国代表的批评，引起了共产国际领导人的重视。经过慎重考虑，共产国际决定改变以前指导中共的模式，不再向中共派驻代表，改由中共在共产国际设立常驻代表团，通过中共代表团指导中国革命。[2]

根据共产国际的要求，中共中央决定成立中共驻共产国际代表团。代表团由五人组成：瞿秋白、张国焘为中共驻共产国际代表；邓中夏、余飞为中华全国总工会驻赤色职工国际代表；王若飞为中国农会驻农民国际代表。1928 年底，陆定一成为中国共产主义青年团驻青年共产国际代表。1929 年，蔡和森到莫斯科后，也参加了中共驻共产国际代表团的工作。

将中共"六大"上争论最激烈的张国焘和瞿秋白留在莫斯科，是为了让他们通过中共代表团的工作逐渐融洽彼此的关系，还是为了让两个都犯有错误的中共领导人在莫斯科接受教育？关于这一点，当时参加中共"六大"的罗章龙曾这样说："'六大'会后一中全会决定过去在工作中犯有错误的某些同志留莫学习（尚有时因长期在国内工作身体弱或患病，留苏休

---

[1]《共产国际、联共（布）与中国革命档案资料丛书》第十一卷，中央文献出版社 2002 年版，第 158 页。

[2] 共产国际这一决定并没有完全坚持下来。实际上，中共"六大"后共产国际主要通过两个渠道来指导中国革命：一是设立中共驻共产国际代表团，一是在上海成立共产国际远东局，延续此前就近指导的模式。

215

养)。但当时东大支部认为他们犯右倾错误,大施攻击。文[1]行前,特立[2]、中夏来寓话别,大家互相勉励一番,说:'留莫的把代表工作做好,归国的把国内工作做好。'临别时记得中夏说了两句笑话:'止谤莫如坐监狱,犯错误才当代表。'"[3]

代表团风雨

1928年7月11日中共"六大"闭幕后,共产国际第六次代表大会即于7月17日至9月1日在莫斯科召开。中国共产党派出瞿秋白、周恩来、王若飞、张国焘、苏兆征、邓中夏等三十一名代表参加了大会。瞿秋白、苏兆征被选为大会主席团成员;张国焘、苏兆征、瞿秋白还参加了纲领起草委员会。

会上,布哈林代表共产国际执委会连续两次向大会作了报告。在第四十五次会议上,通过了布哈林的报告提纲《国际形势和共产国际的任务》。报告中,他提出了共产国际指导世界革命的理论——"第三时期理论",其核心内容是:世界革命分为三个时期,自第一次世界大战后至1923年为第一时期,是资本主义经济发生尖锐危机和无产阶级革命直接发动的时期;1924年至1927年为第二时期,是资本主义经济相对稳定的时期;1928年进入第三时期,在这个时期,各种国际矛盾加剧并不断发展,导致资本主义稳定的进一步瓦解和资本主义总危机的急剧尖锐化。故此,世界资本主义很快就要全线崩溃,世界革命即将取得最后胜利。

"第三时期理论"是一个地地道道的"左"倾理论,后来的实践证明,在它的指导下,国际共产主义运动中的"左"倾错误进一步加剧,招致更惨的失败。然而在当时,这一理论是被人称颂和追捧的。

张国焘在会上发言时,既受到"第三时期理论"和"城市中心论"的影

---

[1] 罗章龙又名罗文虎。
[2] 特立即张国焘。
[3]《罗章龙回忆录》,(美)溪流出版社2005年版,第624页。

响，又困惑于中国革命的实际，因此，他一方面表示，"我完全同意布哈林同志在提纲中提出的基本路线"，认为"辛亥革命以后，城市开始在革命运动中起决定性作用"，"中国革命新高潮已经在望"，在国民党统治下争取合法斗争是右的错误；一方面又不得不承认，"农民群众是革命运动的主要力量之一，土地革命依然是现阶段中国革命的主要内容"。[1]

共产国际"六大"结束时，中国共产党代表苏兆征、瞿秋白、向忠发当选为共产国际执行委员会委员，周恩来、张国焘当选为候补执行委员。尔后，在共产国际执行委员会会议上，瞿秋白当选为共产国际主席团委员，张国焘为候补委员。

接连召开的两个大会结束后，瞿秋白、张国焘等人正式开始了中共驻共产国际代表团的工作。

莫斯科市特维尔斯卡亚大街上，有一个名叫柳克斯的旅馆，专供共产国际机关的外国工作人员居住。中共驻共产国际代表团成员就住在这里，除处理中共代表团的日常工作外，还经常参加共产国际的各种会议，尤其是共产国际东方部的会议。

这年年底，张国焘的妻子杨子烈也到了莫斯科，夫妻俩在异国他乡搭起了"爱巢"。虽然每月靠张国焘的二百五十卢布生活并不太宽裕，但他们省吃俭用，倒也其乐融融。

然而，20世纪20年代末30年代初的苏联，正在经历一场重大的政治动荡——由斯大林发起的反布哈林运动和"大清党"运动，将所有与苏联党有涉的人都卷了进去，中共代表团也未能幸免。事情还要从发生在中山大学的风波谈起。

1925年3月孙中山逝世后，苏联为纪念这位与其有着伟大友谊的中国资产阶级革命家，决定在莫斯科创办中山大学，正式名称为"中国劳动者孙逸仙大学"，目的是为中国革命培养人才。当年10月，莫斯科中山大学正式成

---

[1] 见《共产国际有关中国革命的文献资料》(1919—1928)，中国社会科学出版社1981年版，第389-394页。

莫斯科中山大学旧址

立,地点在莫斯科沃尔洪卡大街16号。

11月,莫斯科中山大学举行了隆重的开学典礼,典礼厅主席台上悬挂着苏联和中华民国的国旗,列宁和孙中山的画像并列悬挂在两国国旗中间。联共(布)中央政治局委员托洛茨基主持开学典礼并作了精彩的演讲。这位在共产国际和苏联享有崇高威望的政治家、外交家说:"从现在起,任何一个俄国人,如果他用轻蔑的态度来对待中国学生,见面时双肩一耸,那他就绝不配当俄国的共产党人和苏联公民。"这番话给新来乍到的中国学生留下了非常深刻的印象。

在中山大学第一批学生中,有许多是后来对中国革命产生重大影响的人物,如张闻天、俞秀松、王稼祥、伍修权、孙冶方、沈泽民、张琴秋、李培之、董亦湘,还有后来将莫斯科中山大学闹得天翻地覆的王明(即陈绍禹)等人。

此后,中山大学又陆续接收不少中国学生,既有国民党要人及其子女,也有共产党员和青年团员。大革命失败后,为躲避国民党的抓捕、保存党的力量,许多出身不同的中共党员也辗转来到中山大学学习。中共"六大"后增设特别班,林伯渠、徐特立、吴玉章、何叔衡、叶剑英等在此班学习。因此,学生的成分比较复杂。

莫斯科中山大学第一任校长是拉狄克。1927年12月,联共(布)第十五次代表大会宣布开除拉狄克等共七十五名反对派成员党籍后,他不再担任校长职务。

张国焘任中共驻共产国际代表团成员时,"中国劳动者孙逸仙大学"已经改名为"中国劳动者共产主义大学",习惯上仍称中山大学,校长由米夫担任。

米夫原为中山大学副校长、共产国际东方部副部长。1927年4月至5月间,曾率联共(布)宣传家代表团到中国,并参加了中共"五大"。1928年中共"六大"在莫斯科召开时,他作为共产国际代表参加会议。

米夫任中山大学校长后,支持王明等人控制了中山大学支部局,并逐渐形成了以米夫为靠山、以王明为代表的教条宗派。他们在中山大学制造了著名的"江浙同乡会"事件,并因此与中共代表团发生争执,将瞿秋白、张国焘等人牵连了进去。

据当时王明教条宗派的"干将"盛岳回忆:"当时,有流言说,俞秀松、董亦湘组织了一个'江浙同乡会'。这个说法为王明等人提供了反对俞秀松、董亦湘及其追随者的有力武器。因为组织这种团体违背党的组织原则,因而王明等人要求彻底调查。而我当时并不相信它曾正式存在过。不过,在权力斗争中,夸大其词的方法可谓屡见不鲜。"[1]

"江浙同乡会"炮制出笼后,中山大学支部局请来苏联格伯乌[2]人员进行调查。格伯乌人员轻信王明等人的汇报,未认真调查就认定"江浙同乡会"确实存在,并决定严惩。"江浙同乡会"被定性为"反党小组织",导致四人被捕,十二人被开除党籍、团籍,还有一批学生受到株连。

这种对不同意见的学生进行打击的恶劣作风,在中山大学的广大同学中引起了强烈的不满。加之王明把反"江浙同乡会"作为自己的功绩到处张

---

[1] 见盛岳:《莫斯科中山大学和中国革命》,现代史料编刊社1980年版,第230–231页。
[2] 即"国家政治保安总局"。

扬，更使同学们义愤填膺。他们纷纷向中共代表团和联共中央反映、申诉，要求澄清事实真相。

中共代表团负责人瞿秋白广泛听取了同学们的意见，又派中共代表团成员邓中夏、余飞到中山大学进行调查。可是，米夫、王明等人却制造种种障碍，不予合作。

1928年8月15日，中共代表团写信给联共中央政治局，对联共中央监委根据国家政治保安总局提供的材料对"江浙同乡会"作出的错误结论提出不同意见。1928年秋，经共产国际监委、联共监委和中共代表团组成的联合审查委员会审理，作出了并不存在"江浙同乡会"反党组织的结论。

经过"江浙同乡会"事件，中共代表团成员对中山大学校长米夫产生了不良印象。瞿秋白向共产国际东方部部长库西宁建议，以鲍罗廷取代米夫任中山大学校长。张国焘也向库西宁提出：共产国际中国部部长和中山大学校长由米夫一人兼任，并不是件好事。因为负有指导中共任务的人最好不过多参与中共内部的纠纷，而中大校长这一职务却不能避免这一点，因此有不少中国同志认为米夫越权干涉中共的事。

瞿秋白和张国焘的不满都传到了米夫的耳朵里，从而加深了米夫与中共代表团之间的隔阂。同时，这种隔阂随着莫斯科中山大学内的斗争愈来愈深。

大革命失败后，中共中央为了在白色恐怖下保存革命力量，有计划地将一批大革命时期的工人骨干送往中山大学学习。这些人的到来，使中山大学的斗争发生了新的变化。由于工人骨干具有丰富的革命实践经验，对王明教条宗派的自以为是、夸夸其谈很反感，所以他们常在大会上发言，公开批评王明等人，其中最出名的人物是李剑如、余笃三。给王明宗派活动制造了一定的困难，也引起了王明等人的恨意。一时间，在支持王明的少数派与广大学生形成的多数派之间，常常发生对立和斗争。

为了解决莫斯科中山大学的问题，联共中央监察委员会专门组织了一个审查委员会。由于瞿秋白到外地度假，张国焘便参加了这个委员会的工作。不承想，在第一次会议上，张国焘就与米夫等人发生了争执。据张国焘回忆：会议开始时，中大支部局书记柏耶金首先起而为学校当局辩护，发表了一篇关于中大经历的报告。他说学校工作不易进行的主要原因是学生成分复杂，学生们受过托派、陈独秀主义、盲动主义以及形形色色的小资产阶级意识的影响。学校当局与上述种种非布尔什维克思想作斗争是正确的。这是一种阶级斗争，是残酷的和长期的。中大的问题除继续进行阶级斗争外，实无他法。米夫表示完全支持这种看法。

张国焘则提出了不同意见。他说，如果将阶级斗争在中大内广泛运用，就抹杀了教育的作用。共产国际的决议曾指明，即使是资产阶级的知识分子，也具有激进的革命思想，应当予以争取。难道在莫斯科这个赤都，就不能用教育的方法去争取他们吗？如果根本将他们看作异己分子，那就非清除大部分的学生不可，这岂不是教育的失败吗？接着，张国焘指出，学生不满学校当局，主要有以下原因：第一，学校创设不久，设备不够完善，学校图书少、懂俄文的学生少、翻译人才少、受学生敬仰的教授少，因而不能满足学生的学习要求；第二，学校党组织由俄国同志负责，语言不通，难于了解中国同志们的意见，支部局所信任的学生，多半是会讲俄语，或表示拥护共产国际和联共政治路线的，而对于不同意见的学生和具有革命实践经验的工人学生，却不能正确对待；第三，中国学生自身存在的一些不良习惯与中国落后的社会状况有关，经过教育是能够纠正的；第四，支部局未注意到中国学生和学校的真实情况，并据此实施领导和教育，又笼统地偏重斗争，因此与学生们不能互相谅解。

张国焘的发言令米夫等人颇为不快。这次会议未能作出结论，众人便不欢而散。

半个月后，联共中央监察委员会再次召集会议。这次，米夫没有出席，却派来了中大支部局的委员之一秦邦宪。秦邦宪在会上指责张国焘是机会主义者，妨碍了中大应有的正常斗争的发展。张国焘立即给予回击。他声明：现在是讨论中大的领导应采何种方针，而不是清算中共代表团或他本人的问题。秦邦宪的发言多系毫无根据的诽谤。[1] 会议再一次无果而终，但张国焘

---

[1] 见张国焘：《我的回忆》（第二册），现代史料编刊社1980年版，第397-399页。

与米夫等人的关系却进一步恶化。

1929年初，联共中央发起了反"布哈林右派反党联盟"运动，王明等人立即在支部局内布置，发动"反右倾路线"的斗争，实际上是借机整掉一批反对他们的人，尤其是那些工人出身的学生。他们给这些学生扣上"工人反对派""右倾机会主义分子"等帽子，诬蔑他们搞分裂党的派别活动，破坏学校的教学秩序，进而指责中共代表团是"工人反对派"的后台。

王明一伙经常在中大内部散布流言蜚语，攻击中共代表团，尤其是团长瞿秋白，给他扣上"布哈林分子""右倾机会主义"等大帽子，进行诽谤。甚至在墙报上公开画漫画，丑化代表团成员的形象，进行人身攻击。

是年夏，中山大学举行学年总结大会，代表团成员瞿秋白、张国焘出席大会并发表了讲话。他们在讲话中对中大支部局提出批评，表示支持多数同学的意见，反对无原则的争论。但是王明一些人以米夫为靠山，并不把中共代表团放在眼里，对代表团的意见根本不予理睬。

中共代表团卷入中大的斗争不能自拔，而张国焘已经预见到这样下去不会有好的结果。他想脱离开这个斗争的漩涡，以免引火烧身，于是以需要深造为由，在得到列宁学院院长季诺桑诺娃的同意后，到列宁学院当上了旁听生。

1929年底，联共（布）开始了大规模的"清党"运动。这一运动也波及中山大学和列宁学院，中共代表团成员也受到不同程度的牵连。米夫及追随者借中山大学"清党"之机，对李剑如、余笃三等人进行打击迫害，给他们安上"派别活动""在中大内进行无原则的斗争，走到实际上与托派联盟的道路"等一系列罪名。米夫还指使追随者收集、整理中共代表团的"材料"，公开点名指责瞿秋白、邓中夏、张国焘等人是"机会主义者"。中山大学的清党委员会站在米夫等人一边，把矛头指向中共代表团，说瞿秋白是中山大学"反党小组织"的后台，要求他对李剑如、余笃三的"派别活动"承担责任。

鉴于中山大学的实际情况，联共（布）中央政治局开始考虑撤销中山大学。1930年2月15日，联共（布）中央政治局会议在听取关于中国劳动者共产主义大学（即中山大学）的报告之后作出决定："认为撤销中国劳动者共产主义大学,同时在国际列宁学校成立由中国真正共产主义分子组成的中国部是合适的。"

而此时,中山大学内反对中共代表团的斗争仍在继续。在重大压力下,3月18日,瞿秋白、邓中夏在中山大学清党会议上发表讲话,并以中共代表团名义作出《关于中国劳动者共产主义大学的声明》,表示代表团并不支持李剑如、余笃三等人组成的"小集团"。然而,他们的讲话并没有收到预想的效果。

3月19日,瞿秋白不得不给共产国际执行委员会东方书记处写信反映有关情况。信中说:

> 在中国劳动者共产主义大学支部清党过程中,根据瓦日诺夫[1]同志的交代和与之相联系,许多同志对我们提出了十分严厉的指责。(3月18日)当我们在清党会议上讲话时,这些同志纷纷插话,继续提出这些指责,而且这些指责已在支部局的机关刊物——墙报上登出。昨天这些指责再次被准确表述如下:
>
> 一、代表团成员(斯特拉霍夫[2]、邓中夏、余飞、陆定一、张彪[3]——所有人的名字都被提到了)有自己的行动纲领,即不同于共产国际的路线和反对这一路线的路线。
>
> 二、代表团成员在学生当中成立右派组织(阿拉金[4]、韦利霍夫[5]、瓦日诺夫等)。
>
> 三、这个组织同托派组织举行过会议,同后者进行了谈判,这一右派组织过去和现在都在进行反对共产国际和联共(布)的斗争。
>
> 有鉴于此,谨请你们查明这些指责。[6]

---

[1] 即郭妙根。
[2] 即瞿秋白。
[3] 即张国焘。
[4] 即李剑如。
[5] 即余笃三。
[6]《共产国际、联共(布)与中中国革命档案资料丛书》第九卷,中央文献出版社2002年版,第75页。

张国焘[1]

对于瞿秋白和邓中夏在中山大学"清党"会上的讲话以及中共代表团的《声明》，张国焘认为，他们在讲话中没有考虑到他的立场，在《声明》中也没有说明他的观点。于是，4月17日，张国焘致信共产国际执行委员会主席团和国际监察委员会[1]，详细地申明了自己的观点。他指出，这样做的目的是"想帮助中国劳动者共产主义大学清党委员会进行总结并得出有益的结论"。在信中，张国焘说，他对瞿秋白、邓中夏的讲话和《声明》总体上是赞同的，《声明》中对托洛茨基主义、陈独秀主义、右倾动摇和右倾情绪以及调和主义所持的立场是正确的。他认为，《声明》的缺点是只谈了中山大学内部的问题，而没有提到与此有关的外部问题。张国焘在信中说，他所说的"外部问题"，主是指以下四个问题。

一是对富农的态度。张国焘认为，瞿秋白和邓中夏曾认为不必同富农作斗争，应与富农结盟，这违背了共产国际的决议精神，是错误的。他提出：

> 斯特拉霍夫和邓中夏同志应该在他们的讲话中就这一问题本着自我批评的精神揭示这一错误观点，他们本人以前也持这样的观点，尽管后来与之划清了界限。因此，他们本可以帮助同志们认清他们在富农问题上的错误认识并采取正确的立场。

二是对鲍罗廷的态度。1930年1月，在中国问题研究所讨论"陈独秀主义"时，鲍罗廷在发言中谈到大革命时期存在"上海路线"（中共中央的路线）和"广州路线"（共产国际的路线）。张国焘认为，鲍罗廷把"上海路线"和"广州路线"对立起来是错误的，但瞿秋白和邓中夏没有指出鲍罗廷的错误。他写道：

> 他（指鲍罗廷——引者注）在所谓的"广州路线"的掩护下试图推销他本人的机会主义错误观点。鲍罗廷同志并不是孤立的，还有另一些

---

[1] 此信见《共产国际、联共（布）与中国革命档案资料丛书》第九卷，中央文献出版社2002年版，第121–125页。

中国同志也同意他的观点。鲍罗廷同志这样做，不仅要坚持他过去的机会主义错误，而且在坚持这一错误的同时试图拉拢一批中国同志（关于对鲍罗廷同志的这个看法我多次在中国代表团中谈过）。我认为，斯特拉霍夫和邓中夏同志应该在他们的讲话中指出鲍罗廷同志的这一企图以及他的机会主义错误。如果他们这样做，那就会对一部分同志产生影响，提醒他们今后不要追随鲍罗廷同志的错误领导。

三是对阿拉金（即李剑如）、韦利霍夫（即余笃三）的态度。张国焘认为，瞿秋白和邓中夏虽然在讲话中指出阿拉金、韦利霍夫等组成了一个小集团，但没有充分揭露这个小集团的活动是反对支部局的，是机会主义的观点（如在富农问题上）。他写道：

> 这个小集团中有的人毫无原则，它反映出中国无产阶级落后阶层的心理。在中国劳动者共产主义大学校内斗争时，这个小集团被托洛茨基分子所利用，客观上助长了中国劳动者共产主义大学学生中托洛茨基一翼的蔓延。此外，斯特拉霍夫和邓中夏同志在讲话中没有非常明确地号召阿拉金小集团的同志们认识和改正他们错误。
> 一切无原则的集团归根到底在政治上不能不偏离党的路线，而在组织上必然要破坏党的纪律，这自然是布尔什维克党所不容许的。所有的同志都务必在思想上和实践上随时随地同这样的集团作斗争。

四是对"十天大会"（即前面提到的1929年中山大学年度总结大会）决议的态度。张国焘认为，"十天大会"的决议是正确的，但瞿秋白和邓中夏在讲话和《声明》中没有指出这一点。张国焘之所以对这个问题耿耿于怀，是因为他认为这个正确的决议并没有得到很好执行，其中就有中共代表团的责任。他在信中说：

> 当时阿拉金和韦利霍夫同志的错误性质并不严重。但他们在会后并没有十分积极地支持支部局贯彻执行大会的决议，而认为支部局的路线

是"实践中的机会主义"路线。因此,他们使自己的错误变得更为严重,表现为搞派别活动并在客观上为托派所利用。出现这种情况的责任在很大程度上要由中国劳动者共产主义大学校长威格尔来负,代表团成员也要负一定责任……

在信的最后,张国焘对撤销中山大学的决定表示拥护,并进而阐明自己对中山大学"清党"结果的评价:

中国劳动者共产主义大学清党时,中国党的历史传统和目前的形势以及中国学生在莫斯科学习期间养成的传统和习惯都有十分清楚的表现。因此清党的结果不仅对在莫斯科的中国学生的布尔什维克化,而且对整个中国共产党的布尔什维克化都有着重大的意义。现在的问题是,要从中国劳动者共产主义大学清党中尽量多地吸收有益的教训,并以此为依据,探索今后为中共培养干部的途径和手段。这些结果应该用来使中国共产党今后更加布尔什维克化。[1]

张国焘的这封信,虽然拉开了他与瞿秋白等中共代表团成员的距离,但并没有完全取得共产国际的信任。1930年6月28日,共产国际执委会政治书记处政治委员会作出《关于中国代表团在处理中国劳动者共产主义大学派别斗争时的活动问题的决议》,全文如下:

一、中共驻共产国际执委会代表团对中国劳动者共产主义大学的直接责任,是在解决为中共培养干部这一困难而又复杂的问题时向共产国际执委会和联共(布)中央提供最大的帮助。例如,这要求与学校领导共同进行反对学生中瓦解学校工作并破坏完成中大直接任务的种种倾向、派别活动和破坏分子的斗争。

---

[1] 张国焘信的全文见《共产国际、联共(布)与中国革命档案资料丛书》第九卷,中央文献出版社2002年版,第121–125页。

第五章
莫斯科岁月

但代表团不理解这一责任,而力图采取完全错误的方法把中大学生聚集在自己的周围。因此中国代表团不去帮助彻底肃清派别活动,反而实际上支持中大中国学生中的派别活动。

二、例如,中国代表团应对阿拉金—韦利霍夫小集团的活动负责,该集团在中大搞无原则斗争,实际上堕落到与托派和右派结盟的地步。中国代表团中多数人(斯特拉霍夫、邓[中夏]、余飞)领导了阿拉金—韦利霍夫小集团的活动。少数人(张彪[1])并非一开始,而只是在后来才与代表团其他成员在对待中大的派别活动上有所区别,但即使那时也没有在共产国际各机构面前采取相应的措施来反对代表团多数人的破坏活动。

三、至于中国代表团个别成员有同情托派的嫌疑,政治委员会则认为,这类嫌疑只依据托派本身的供词,并未得到证实,但无可辩驳的事实是,中国代表团没有与托洛茨基主义进行充分的思想斗争,而是采取自己的方式与托派争夺在中国学生中的优势地位,调和主义地对待阿拉金—韦利霍夫小集团在争夺对中大影响时利用托派的企图。

四、政治委员会完全不否认学校领导和支部局对中大工作被破坏到现在这种地步负有很大责任,同时指出中国代表团对此事也有相应的责任。代表团对派别活动的实际支持、接近代表团多数人的阿拉金—韦利霍夫小集团的无原则斗争、代表团成员的某些政治错误(如在富农问题上),甚至在共产国际执委会作出决定后在一系列问题上立场不够明确——这些都助长了托派扩大其在学生群众中的影响和瓦解学校的活动。

中国代表团的上述错误破坏了它在广大中国学生中的威望,给共产国际执委会和联共(布)中央有效地同中大内的托派和无原则小集团作斗争增加了困难。

有鉴于此,共产国际执委会政治委员会坚决谴责中共代表团成员在处理中大内派别斗争时的行为,并建议中共中央对其代表团成员作必要

---

[1] 即张国焘。

张国焘 (上)

的更新，新的代表团组成应与共产国际执委会政治书记处商定。[1]

为了协调中共代表团与共产国际的关系，中共中央决定派周恩来到莫斯科。但在既成事实面前，周恩来已经无能为力了。于是，中共中央决定调瞿秋白、邓中夏、余飞等人回国工作，张国焘则继续留在莫斯科工作。

这一时期，张国焘在身陷政治旋涡不得不应对种种问题的同时，还做了一件非常重要的事情，这就是为莫斯科中山大学讲授中国共产党创建史。

2001年10月，马贵凡老师向我们赠送了一份俄罗斯科学院远东研究所教授舍瓦廖夫在俄罗斯有关档案馆查到的文件，文件上标有"中共史料"字样。2002年，这个文件在《百年潮》第十二期公开发表。文件的内容是张国焘在莫斯科中山大学讲稿，从"第一次讲""第二次讲"的两个标题可以推

张国焘在中山大学的讲课稿

---

[1]《共产国际、联共（布）与中国革命档案资料丛书》第九卷，中央文献出版社2002年版，第213-214页。

测，这个讲稿是分两次讲授的。张国焘是中国共产党创建时期的主要成员，所以这份文件对于后人了解中国共产党创建史的细节，具有非常重要的史料价值。

当中共代表团身陷中山大学政治泥潭之时，在中国国内，中共中央则在"左"的思想指导下，沿着"左"的道路急剧前进。

1930年春，中共中央主要负责人李立三在《红旗》上发表一系列文章，系统论述了"一省数省首先胜利"的"左"倾观点，形成了比较完备的"左"倾战略思想。在此基础上，6月11日，在李立三主持下，中共中央政治局通过了由李立三起草的《新的革命高潮与一省或几省的首先胜利》决议案，标志着以"冒险"为特征的"左"倾错误统治了中共中央。

对于立三中央的6月11日决议，共产国际是不赞成的，在审查了这个决议后，共产国际执委会立即致电在上海的共产国际远东局，要求中共中央停发这个决议。但李立三接到共产国际远东局的通知后，便向远东局提出抗议，认为决议贯彻了共产国际历次指示精神。不仅如此，立三中央还公布了这个决议，并且加紧布置城市暴动，命令红军进攻大城市。

7月23日，共产国际书记处召开中国问题讨论会，通过了《共产国际执委政治秘书处关于中国问题的决议案》，对李立三"左"倾冒险错误进行了不指名的批评，并电令中共中央停止发布6月11日决议。

但是，李立三已经欲罢不能。他一面继续坚持攻打大城市的计划，提出"会师武汉，饮马长江"的口号；一面致信共产国际，要求国际批准中共中央的决定，要求国际立刻动员各国支部猛烈扩大保护中国革命运动。他还对共产国际远东局的多次制止置若罔闻，从而与远东局形成尖锐的对立。

立三错误给中国共产党和中国革命事业带来了严重损失，不仅白区和城市工作受到摧残，而且红军和苏区工作也受到挫折，引起了广大党员干部的不满。

1930年7月末，周恩来和瞿秋白从莫斯科动身回国，于9月24日至28日召开了六届三中全会，中心是纠正立三错误。六届三中全会根据共产国际的指示，认为中共中央与共产国际在路线上没有什么不同，只是因为对目前的革命发展形势在程度上有了过分估量，遂致造成中央的个别策略上的错误。会议纠正了李立三对中国革命形势的错误估计，停止了组织全国总起义和集中全国红军进攻中心城市的计划，决定恢复党、团、工会的正常工作。

在莫斯科的张国焘怎么也不会想到，就在六届三中全会结束的当天，中共中央以"中共六届三中全会"的名义，向共产国际执委会政治书记处发出一封密电，内容竟然是针对他的。

原来，瞿秋白、周恩来从莫斯科回国之后，张国焘在同共产国际领导同志谈话时，曾指出中共中央在立三领导下违反了国际路线，并表示要向共产国际提交自己的意见书。此事被当时正在莫斯科的中国共青团中央驻少年共产国际代表刘明佛得知。

刘明佛回国后，即向中共中央报告了张国焘的意见，这一消息在六届三中全会上引起了轰动，有十几个代表签名，要求撤销张国焘中共驻共产国际代表的资格。瞿秋白在会上明确表态：张国焘并不了解中央路线与国际路线是一致的。为了反对右的倾向，必须将张国焘的问题公诸全党，在政治上着重解决。

9月28日，在六届三中全会闭幕当天，会议以"中共六届三中全会"之名，致电共产国际执委会政治书记处。电报内容如下：

从中国共青团驻青年共产国际代表刘明佛同志的重要报告中得知：张国焘同志认为，"李立三领导下的中共中央政治局歪曲了共产国际的路线"，中共中央三次全会一致声明，张国焘的论断是不符合实际的。共产国际执委会在这次纠正中央政治局的错误时认为，政治局在自己的工作中执行了共产国际的路线，同时也犯了局部的策略错误和组织错误，因此号召政治局进行布尔什维克式的自我批评，承认和纠正自己的错误，目的在于大力加强党的领导。中央政治局完全接受这些指示，中央三次全会以布尔什维克式的勇气进行了严肃的自我批评并且坚决地纠正了错误。

张国焘同志在这个问题上的立场是与共产国际的立场直接对立的。毫无疑问，断定中共中央政治局的路线与共产国际的路线相对立的说法

第五章
莫斯科岁月

是不正确的。

因此，三中全会认为有必要让张国焘同志返回中国参加实际工作，并请共产国际立即把他派回中国。[1]

10月3日，中央政治局再次致电共产国际执委会政治书记处，强调："中共三中全会决定让张国焘同志返回中国参加政治局的工作。政治局派遣在三中全会上被补选进入中央委员会的黄平同志去取代他任中共中央驻共产国际执委会的代表。我们希望，共产国际执委会能表示同意并通知他开始工作的时间。"[2]

然而瞿秋白等人没有想到，共产国际很快就改变了李立三问题是"局部的策略错误和组织错误"的判断，将立三错误上升为路线错误。这样一来，张国焘的说法与共产国际的判断正好吻合。

1930年10月，共产国际执行委员会向中共中央发来了《共产国际执委给中共中央关于立三路线问题的信》。这封信改变了共产国际7月决议对李立三错误性质的看法，把他的错误上升为路线错误，并否定了六届三中全会的积极作用，戴上"调和主义"的大帽子，指责三中全会没有对立三路线的右倾实质加以揭露和打击。于是，共产国际一面派米夫到中国"纠正"三中全会的所谓"调和"错误，一面召李立三前往莫斯科向共产国际检查自己的错误。

期间，在莫斯科的张国焘似乎感到轻松了许多。原本对他不友好的米夫等人，突然对他热情起来。共产国际的工作人员也对他客气起来。本来他到列宁学院学习后，就已不领取共产国际的薪金了。现在，他们又把薪金照常发给他，并给了他一张特别购物证，凭证可在国营商店任意购买物品，这是在莫斯科只有少数政府要人和外国驻苏大使才能享受到的待遇。

张国焘切身感受到，人际环境的转变和待遇的提高，使自己的精神和物

---

[1]《共产国际、联共（布）与中国革命档案资料丛书》第九卷，中央文献出版社2002年版，第355页。

[2]《共产国际、联共（布）与中国革命档案资料丛书》第九卷，中央文献出版社2002年版，第357页。

张国焘

质两方面都有较大改观。但他已对中共代表团的工作产生了厌倦情绪,希望尽快回国。而立三错误的出现、六届三中全会的所谓"调和路线",也使共产国际产生了派张国焘回国的考虑。

11月10日,共产国际执委会东方书记处处务委员会在听取了中共中央关于召回张国焘和任命黄平为中共驻共产国际执委会代表的报告后决定:"同意中共中央关于召回张彪[1]同志和任命黄平同志为中共驻共产国际执委会代表的决定。"[2]

中共中央的原意是让张国焘回国接受批评,而共产国际则另有打算。只是,共产国际对张国焘是否"忠诚"于共产国际,并在回国后能否贯彻共产国际的精神还不太放心。于是,柏金斯基找张国焘谈话时说:"你对共产国际的不满由来已久,迄今没有看见你有什么回心转意的表示,我们固然不计较过去的事,却关心你现在是不是拥护共产国际的路线?是不是会在紧急关头,像李立三一样,也反共产国际?因此,我们希望你有明确的表示。"[3]

在柏金斯基的点拨下,12月4日,张国焘向共产国际执委会政治书记处提交了一个《声明》,其核心内容就是关于他"过去的机会主义错误"。《声明》的内容如下:

关于我过去的机会主义错误我声明如下:

一、在1925至1927年的中国大革命时期,由陈独秀领导的中国共产党领导机构的机会主义政治是陈独秀主义,就其性质而言是孟什维克主义的翻版。陈独秀主义的性质可以从共产国际第六次代表大会决议和中共第六次代表大会决议中弄清楚。所有当时参加领导机构工作和没有进行系统的反对陈独秀主义的根本斗争的同志,在客观上都是陈独秀主义的组织成分。虽然我和其他一些同志在当时曾不断地进行过反对明显的陈独秀机会主义的斗争,因此我和这些同志后来较容易认识到我们

---

[1] 张国焘的化名。
[2]《共产国际、联共(布)与中国革命档案资料丛书》第九卷,中央文献出版社2002年版,第450页。
[3] 见张国焘:《我的回忆》(第二册),现代史料编刊社1980年版,第447页。

自己的错误和转到共产国际路线方面来，但是绝不能因此就抹掉这些同志，特别是我在这个时期所犯的极为严重的机会主义错误。

8月7日的会议[1]对于中国党来说是一个转折点，当时党从机会主义泥坑中被挽救出来，走上了革命的康庄大道。同时，这次会议对于我和其他一些同志来说也是一个转折点，因为我们和陈独秀机会主义分道扬镳了。在这个转折的时刻，我的错误在于未彻底摆脱机会主义，机会主义残余在后来的一些事件中又显露出来了。

二、1927年南昌起义时出现的错误（这些错误的性质在中共"六大"决议中已经指出），是过去机会主义的继续，我是应对这些错误承担重要责任的人。我应对土地革命方面的犹豫不决（例如，一开始我提出"没收拥有两百亩以上土地的地主的土地"的口号）和对国民党左翼（张发奎）抱有的幻想承担特别重要的责任。

三、中共"六大"期间，我对南昌起义时的机会主义错误认识不够，没有划清自己的立场同当时机会主义者的立场之间的界限，也没有再进行反对右倾机会主义的斗争，这是我的极其严重的错误。这些错误的实质是对右倾机会主义采取了调和主义态度。

四、讨论共产国际1929年2月给中共中央的来信时，我的错误是，我又重弹"不可避免的革命高潮的到来（直接革命形势）有可能相应放慢"的老调，同时没有充分认识到，右倾危险特别有所增强。尽管我那时放弃了这种错误观点，没有特别坚持，但是这些观点毕竟是对右倾的调和主义态度。

五、中共代表团对中山大学的工作遭到完全破坏承担重要责任。关于这一点已有共产国际执委会的决议。在这个决议的一个部分中谈到：

"中国代表团应该对李剑如和余笃三小集团的活动负部分责任，该集团在中大搞无原则斗争，走上了与托派和右派实际结盟的道路。中国代表团中多数人（瞿秋白、邓中夏、余飞）领导了李剑如和余笃三小集

---

[1] 即八七会议。

团的活动；代表团的少数人（张彪）[1]，虽然并非一开始，而是在最后才表示不赞成代表团其他成员对中山大学派别斗争的意见，但是即使那时也没有在共产国际机构内采取相应的措施，来制止代表团多数人的这种破坏活动。"

我承认，我的这些错误和代表团的错误绝不是偶然的，而是政治上不成熟和不坚定的又一表现，这种不成熟和不坚定与小资产阶级的无原则性相差无几。

六、我很久不能以布尔什维克的自我批评精神来公开地指出自己过去所犯的错误并同这些错误进行坚决的斗争——这也是我的一个政治错误。最后，我认为，中共一些领导同志在中共三中全会期间所作的评价是完全错误的，他们认为，我同李立三同志的冒险主义和托洛茨基主义的斗争是右倾机会主义的态度。我认为我有责任作出郑重声明：现在我要站在共产国际的路线上坚决进行两条战线上的斗争——反对"左"倾和特别要反对右倾危险。对于过去的机会主义错误，无论是我犯的还是其他同志犯的，我都将坚决进行斗争，我尤其要反对粉饰或重犯这种错误的企图。

为了实现共产党所面临的巨大任务和为了加速党的布尔什维克化，现在比任何时候都更需要每一个党员，特别是党的领导干部，具有政治上的明确性、纯洁性和坚定性。也就是必须更明确地进行两条路线的斗争——在理论上和实践上进行反对"左"倾的斗争，特别要站在共产国际执委会的路线上反对最严重的右的危险；对于右倾和"左"倾以及小资产阶级的无原则性，要进行反对两面派行为、调和主义态度的斗争。只有在共产党内开展两条战线的不调和斗争，才能彻底战胜陈独秀主义和托洛茨基主义集团，也才能消除对他们的调和主义态度。[2]

从《声明》可以看出，张国焘为了取得共产国际的充分信任，在一些问

---

[1] 即张国焘。

[2]《共产国际、联共（布）与中国革命档案资料丛书》第九卷，中央文献出版社2002年版，第521–524页。

题上作了违心的检讨,这也给张国焘留下了难以忘却的记忆。他后来回忆说:"共产国际所一直希望于我的,是我公开宣告我过去对共产国际的不满是我自己的错误,而现在是不折不扣的拥护共产国际的路线。……我一直避免满足这种希望,事到如今,低头认罪,究系心有未甘。无言的接受共产国际关于中大事件的谴责,还可说是被迫接受,现在似是自动承认不肯应承的过失,更不是味儿。"[1]

12月15日,共产国际执行委员会主席团召开关于"立三路线"问题的讨论会,出席会议的有共产国际主席团成员和东方部负责人。张国焘也参加了这个会议。在轮到张国焘发言时,他先是将12月4日写的《声明》读了一遍,然后按照共产国际定的调子说:"立三的错误是半托洛茨基的冒险主义的性质。立三执行了反马克思反列宁反国际的路线。这些错误不但在罗明纳兹影响之下,而且在陈独秀鲍罗廷影响下。现在党的领导在红军之中实行进攻的策略,没有彻底执行土地革命,不反对富农对于土地革命的影响,这不是'左'的错误,这是右的错误。""三中全会是秋白同志领导的,有了两面派的对待共产国际的态度,而对立三的错误调和,拥护他的错误,而自己没有清楚的路线。"

在发言中,张国焘承认自己以前对共产国际领导中国革命曾有过若干不满。他说:"这些不满多半是出于我自己的错误,最近一年在莫斯科学习的结果,我才认识了这一点。我愿与李立三同志互相鼓励,互相督促,更深一层去了解自己的错误,站在拥护共产国际的立场,尽自己所应尽的职责。"他还表示:"自然承认错误不应当只是口头上的,应当在实际工作上来证明。中国党现在正在最紧急的时机,要巩固党必须实行坚决的两条战线上的斗争,反右反'左',反对一切国民党式的纠纷小团体斗争。这样才能实行当前最重要的任务。"他发誓要服从国际路线、执行国际路线。[2]

就在张国焘为自己回国"铺路"的同时,这年10月下旬,受共产国际执委会派遣到上海指导中共中央的东方部副部长兼远东局局长米夫又把事

---

[1] 张国焘:《我的回忆》(第二册),中国现代史料编刊社1980年版,第443页。
[2] 见《共产国际执委主席团关于立三路线的讨论》,《布尔塞维克》第四卷,第三期。

情向前推了一把。12月2日，米夫在给共产国际执委会的信中，报告了他到上海后的情况，在表示了对中共中央的不满后，他写道："我请求尽快让张彪和蔡和森到这里来，这里的工作非常需要他们，他们在这里会改善局面。"[1]12月16日，在米夫指导下，中共中央政治局通过《关于张国焘同志问题的决议》：

中央政治局根据国际的通知与国焘同志的声明，对于三中全会关于国焘问题的讨论和决定，特成立下列的决议：

一、刘明复（佛）同志关于国焘同志要在国际提出的意见书的说明，是站在掩蔽立三路线的立场上来反对国焘同志意见的。因此，他对于国焘同志意见的批评与攻击，是完全不正确的，应受到布尔什维克党的指责。

二、因此，三中全会对国焘的批评与攻击，之夫（瞿秋白）同志结论中所提到国焘同志的问题都是错误的了。同样根据这一讨论发生十多个同志签名要求撤销国焘同志工作以及对于国焘同志的决定也是错误的。

三、现在取消三中全会对于这一问题的决定，并公布这一决议。[2]

张国焘回国的路就此终于铺就。

---

[1]《共产国际、联共（布）与中国革命档案资料丛书》第九卷，中央文献出版社2002年版，第504页。

[2]《党的建设》第一期。

| 第六章 |

初到鄂豫皖

张国焘回到上海，面对的是六届四中全会后党内的分裂局面，由于反对王明一伙控制中央，罗章龙等人作出激烈反应，张国焘只得以"元老"身份稳定局势，并做出支持王明中央的姿态。

为了"系统地改造党"，王明中央派出"得力"干部到各苏区，张国焘自动要求到鄂豫皖。

1931年4月，张国焘到鄂豫皖苏区任中央分局书记、军委主席，从此有了施展其领导才能的一片天地。

张国焘到任伊始，一手抓经济建设，解决粮食短缺问题；一手抓党的建设，整顿党的组织。粮食问题的解决使张国焘很快在群众中树立了威信；而整顿党的组织则是采用残酷斗争、无情打击的方式，处分了鄂豫皖根据地的主要开创者舒传贤，以图在鄂豫皖党内军内形成威慑之势。

支持王明中央

1930年的冬天，天气虽然寒冷，张国焘却感到了严寒中的一丝暖意：共产国际终于同意他回国工作了。

圣诞节后，张国焘和夫人杨子烈离开柳克斯旅馆，住进一个秘密居所，开始作回国的准备。共产国际为他们准备了回国必备的衣物行装，还给他们搞到了两本中华民国国民政府的"护照"，上面注明张国焘夫妇系由德国留学返回。当然，名字是假的。

1931年元旦过后，张国焘和杨子烈踏上了东行的列车，途经满洲里、哈尔滨到达大连，再搭上一艘日本轮船直赴上海。

就在张国焘归国途中，1月17日，从莫斯科发出的一封信也紧随其后向上海而来。写这封信的人是共产国际东方部副部长马季亚尔，信是写给驻上海的共产国际执委会远东局的。此信的部分内容涉及到了张国焘："（共产国际执委会）政治委员会的同志们得出了这样的印象：现在在（中共）中央委员会内已开始进行争夺领导权的斗争。李（立三）、张彪（张国焘）、蔡和森都宣称自己忠实于共产国际执委会的路线，这就不排除他们之中的每一个人都在争夺首脑地位。谨慎是智慧之母，你们也应该小心谨慎。"[1] 这表明，共产国际对张国焘的"忠诚"还是持怀疑态度的。

张国焘的政治命运如何，就看他回国后怎样表现了。

约在1月20日前后，张国焘夫妇安抵上海，住进东方旅社。巧的是，一小时后，杨子烈在马路上竟遇到先期归国的沈泽民，从而使张因焘很快与

---

[1]《共产国际、联共（布）与中国革命档案资料丛书》第十卷，中央文献出版社2002年版，第27页。

中共中央取得了联系。不过,随之了解到的情况,令张国焘由与中央取得联系而引发的兴奋变为深深的焦虑。

张国焘得知:就在他们到达上海之前,1月7日,中共中央召开了六届四中全会。会议在米夫的全面掌控之下,增补了中央委员和改造了中央政治局:李维汉、贺昌退出中央委员会,增补王明、沈泽民、夏曦等九人为中央委员;瞿秋白、李立三、李维汉退出中央政治局,新选王明、任弼时、陈郁、刘少奇、王克全五人为政治局成员。1月10日,中央政治局召开会议,决定向忠发、周恩来、张国焘为中央政治局常委,常委会主席仍由向忠发担任。会上,共产国际远东局提出王明为候补常委,周恩来则提出王明仍应做江南省委书记,才使王明做政治局常委的意图没有实现。但由于米夫会后仍留在中国,实际上中共中央的领导权由米夫支持的王明所操纵。不久,党内反对四中全会路线的十几个同志被捕,由四中全会引起的党内矛盾已十分激烈……

由于王明是在极不正常的情况下上台的,故尔引发了党内剧烈的震动,也遇到了极大的阻力。王明知道,只有取得党内有威望的同志的大力支持,才能压服不同意见。正在这个时候,张国焘回国了。

历史将张国焘推到了这个风口浪尖上,使他立即陷入十分矛盾的境地。张国焘向来对王明没有好感,在莫斯科的经历他仍然记忆犹新。所以,从内心来说,张国焘并不愿意支持王明等人,但现实却迫使张国焘不得不迅速做出支持王明的抉择。

张国焘之所以决定支持王明,有其深刻的历史和现实的原因。

从党的历史上看,从1920年到六届四中全会,中国共产党对所有重

王明是中共党史上重要的人物,张国焘一生和他多有交集

第六章
初到鄂豫皖

大问题的决策和处理几乎都与共产国际有密切关系。张国焘作为党的元老之一，亲身体验过共产国际高度集中体制的威严和神圣不可侵犯。他深知，一旦共产国际决定了的事情，是很难改变的，即使有不同意见，最终也只能是服从。况且，张国焘已经在莫斯科表示了要服从国际路线、执行国际路线。

从现实来看，共产国际代表米夫已经扶植王明进入了中央领导核心，如果要改变这样一个既成事实，只会在党内再次掀起风波，使党陷入更大的混乱。作为一个阅历丰富的党的高级领导人，张国焘不会不知道其后果的严重性。

张国焘决定支持王明等人是违心的，但他必须这样做。张国焘后来曾说："我素来将中共和共产国际分别看待，我对中共有难以形容的感情。好像中共是我亲生的儿子，我一直全心全意爱护它……我最痛恨斯大林对待自己的同志采取残暴的手段，我向来是反其道而行之，对自己的战友采取友爱和宽容的态度。因此，我一向不将陈绍禹与米夫等量齐观。我认为陈绍禹等二十八个布尔什维克，不过是在米夫错误领导之下，犯了不少的过失。现在在中国极端白色恐怖之下，他们既然准备冒死奋斗，将有逐渐改过的机会，我不应排斥他们，宜大量宽容，不究既往。"[1]

更为重要的是，当时由于王明上台已使党处于彻底分裂的边缘，作为党的元老也好，作为现任的政治局常委也好，张国焘有责任使党恢复统一和团结。要达到这个目的，只能维持四中全会的决议，即支持王明中央。

当然，做出如此决定的不仅是张国焘。四中全会之后，党内较有影响的人物，除像罗章龙等人因反对四中全会等而做出极端举动[2]外，大多数人都是采取了"相忍为党"的态度，以支持四中全会后的中央领导来维护党的团结和统一。周恩来忍辱负重，瞿秋白检查错误，其目的也是如此。

---

[1] 张国焘：《我的回忆》（第二册），现代史料编刊社1980年版，第463页。
[2] 当时，有三十余名中共中央委员发起成立了"中共中央非常委员会"，罗章龙被选为书记。"非委"发表了拒绝承认六届四中全会合法性的声明、《告全党同志书》和《致共产国际信》。罗章龙等因此被开除出党。很快，"非委"大部分成员被国民党捕杀。罗章龙辗转逃生后，从1934起，在河南大学开始了教学生涯。

张国焘

张国焘一旦做出选择,就开始行动,2月7日,他在《实话》第九期上发表了题为《拥护四中全会与两条路线上的斗争》的文章。文章批评了立三路线,也批评了六届三中全会的"调和立场",指出"四中全会是完完全全接受了国际路线,它建立了在实际工作中执行国际路线的基础。四中全会是根据国际的指导和批准召集的,现在又已为共产国际所承认,因此反对四中全会便是反党反国际的"。这些观点并没有超出四中全会和王明等人对于立三路线和三中全会的指责范围。值得注意的是,这篇将近一千七百字的文章中,有将近一千二百字是批判罗章龙等人分裂党、破坏党的错误。文章指出:"以罗文虎(即罗章龙)为首的右派小组织,并不敢提出明显的右派纲领,可是利用一般党员反对立三路线的愤激,和党内小资产阶级的无原则的派别成见来欺骗一部分同志,用意只在于分裂党和破坏党,来便利敌人对于我们党的破获。"

文章结尾,张国焘写道:"只有坚决的拥护四中全会的决议,在四中全会革新了的党的指导下努力工作,不受叛徒罗文虎的小组织的欺骗,而坚决与之斗争,同时不放松反立三主义,因为反立三主义并没有结束而是才开展出来,尤其要反对'左'右联合反对党和国际的一切企图。这样,才是真正拥护国际路线,才能把国际路线执行出来,使中国革命得到新的胜利。"

王明中央虽有张国焘等人的支持,但当其决定开除罗章龙等人的党籍时,还是在党内引起了很大的反响。尤其是2月7日,反对四中全会的何孟雄、林育南、李求实等人被敌人杀害后,党内的震动就更大了。面对这样的情况,张国焘开始发挥"粘合剂"的作用。他回忆说:

> 我与不少同志个别谈话,间或参加支部小组会议。我向他们说明我的团结方针和努力的经过,对于他们有过的反对意见不予责备,但强调现在同志们除团结奋斗外,别无出路。我这样做,收到很好的效果。同志间彼此不满的情绪减低了,相互间的信任逐渐恢复。[1]

---

[1] 张国焘:《我的回忆》(第二册),现代史料编刊社1980年版,第465页。

第六章
初到鄂豫皖

2月初，张国焘受中央委派，去天津解决中共顺直省委的问题。

原来，还在六届三中全会召开之前，中共顺直省委就对立三中央不重视北方党的工作等做法严重不满。六届四中全会后，罗章龙等人坚决反对王明上台，遂派张金刃（张慕陶）、韩连会、袁乃祥等人到河北、北平、天津一带活动，并与前不久成立的所谓"河北省紧急会议筹备处"（即"北方紧急会议筹备处"）的曹策等人进行合作，派员到北方各地活动。在北方工作的许多党员虽然对四中全会和王明上台有很大意见，但反对罗章龙、张金刃、曹策等人分裂党的活动，认为这是原则错误，希望尽快解决问题。

四中全会后，1931年2月初，中共中央专门组成有张国焘参加的中央代表团，派往天津以解决顺直党组织的问题。张国焘到天津后，听取了顺直省委关于党组织状况的汇报，了解到党员的不满情绪和存在的思想问题，宣布取消河北省紧急会议筹备处，停止原省委工作，免去贺昌的书记职务，任命为山西巡视员；同时成立临时省委：由徐兰芝任书记、陈原道任组织部长、陈复任宣传部长、阮啸仙任军委书记。

3月5日，张国焘在《实话》再次发表文章。这篇文章可以说是张国焘支持六届四中全会路线的一篇力作，不仅明确地阐述了四中全会反对立三路线和调和路线的合理性，点出了开除罗章龙等人出党的必要性，而且明确指出：反王明就是反党反国际。文章一开始便表示："四中全会和四中全会以后的过程，是党的布尔塞维克化的重要关键。"文章申明：

> 我们党内还存在着许多小资产阶级无原则性的派别成见，这些派别观点是最易混淆两条战线上的争斗，而且右倾分子和立三主义的残余分子都企图利用派别观点来掩盖他们反党反国际的行为。他们或明或暗地反对所谓陈绍禹（王明）派，这就是借反对所谓陈绍禹派为名，反对党和国际却是实，因为陈绍禹同志等是坚决执行国际和党的路线的最好的同志。[1]

---

[1] 特立：《执行党的路线与加紧两条战线上的争斗》，《实话》第十三期。

张国焘传

张国焘的这种立场，对于党内统一思想还是起到很大作用的。因为谁都知道，张国焘与王明的积怨颇深，他自己也曾在莫斯科吃尽米夫派的苦头，而现在他却能不计前嫌，支持六届四中全会的中央以及王明等人，确实使党内不少反对王明教条宗派的同志转变了态度，逐渐统一在四中全会的中央之下。对于张国焘在党内统一思想、凝聚组织方面所发挥的作用，米夫和王明等人还是满意的。

辗转抵达苏区

六届四中全会后，在米夫支持下，王明宗派集团为了推行"左"倾教条主义的政治路线，以中共中央的名义，开始推动所谓"系统地改造党"的举措，即任用由王明等人认可的"斗争干部""新生力量"来"改造和充实"党的各级领导机关，实际上是实行"顺我者提，逆我者撤"的宗派干部政策。中共中央派遣许多中央代表或"新的领导干部"到各根据地和国民党统治区组织中央局或中央分局，对当地党的领导机关进行所谓的"改造"，如派陈原道赴顺直省委，曾洪易到赣东北苏区，夏曦到湘鄂西，王稼祥、任弼时、顾作霖组成中央代表团到江西苏区，沈泽民赴鄂豫皖苏区。

这些中央代表被赋予很大的权力。据《中央关于苏维埃区域党的组织决议案》规定："中央局或中央分局是代表中央的，他有权可以改正和停止当地最高党部的决议与解散当地党委，当地（当地党委）是错了的时候。所以中央局或中央分局只能由中央派遣或指定，而当地最高党部委员会则在公开的领导政权的党中一般地都是由当地党的代表大会产生的，两种组织绝不容混淆与合并起来。"这样，就把各地党的组织控制在中央局、中央分局、中央代表的手中。

不仅如此，5月初，中共中央还制定了《中央巡视条例》，建立了派巡视员指导各级党部的所谓"活的领导"体制。实行这种委派"钦差大臣"式的领导方法，目的只有一个，就是保证"左"倾教条主义路线能够在各地"百分之百地执行"。

在这种情况下，张国焘提出了去鄂豫皖的要求。他回忆说："我是自愿

第六章
初到鄂豫皖

去鄂豫皖的。当时鄂豫皖还保留有较多的立三路线的残余，负那个区域领导责任的曾钟圣（曾中生）就是著名的立三路线的拥护者，我的同志们觉得我去那里纠正立三路线的错误是游刃有余的。我自己也觉得我对那一带的情况较为熟悉，而且大好中原，正是便于驰骋的所在，我为之向往。"[1]

同时，中共中央亦认为，应当对鄂豫皖革命根据地予以特别关注。3月28日，中央政治局常委会议讨论鄂豫皖革命根据地问题时，周恩来发言说：此地较中央苏区为好，更易发展，而形成对敌人京汉铁路的威胁，必须加强。会议决定，由中央政治局常委张国焘前往鄂豫皖革命根据地，担任中央分局书记兼军委主席。这表明，中共中央对鄂豫皖革命根据地最高领导人的人选还是非常慎重的。当然，派张国焘赴鄂豫皖贯彻四中全会路线，也表明了王明等人对张国焘的信任和器重。

中央决定由张国焘出任鄂豫皖中央分局书记、军委主席职务后，不得不改变原来由沈泽民任鄂豫皖中央分局书记的决议。5月6日，中央正式作出《中央关于鄂豫皖省委的决议》，该决议说："中央指定张特立、沈泽民与陈昌浩为中央局的委员，特立为书记，特立同志兼革命军事委员会主席，泽民同志兼鄂豫皖省委书记。"[2]

鄂豫皖革命根据地（亦称"鄂豫皖苏区"）处于湖北、河南、安徽三省交界地区，气势雄伟的大别山脉位于根据地中央，其间有木兰山、天台山、万紫山、大雾山、大悟山、白马尖、天堂寨、九峰山、鸡龙尖、古角、桐山诸峰纵横盘结，绵亘数百里，横贯鄂豫皖三省交界处，襟长江而带淮河。此地可以北窥豫中，南瞰武汉，东控江淮平原，西扼平汉铁路，战略地位十分重要。这里又是河流众多，水泊棋布，土地肥沃，物产丰富，地势险要，为历代兵家纵横大江南北、逐鹿中原的必争之地。

鄂豫皖群众在近现代史上有过多次反压迫的英勇斗争事迹。1921年中国共产党成立后，鄂豫皖边区很快就建立了共产党的组织。大革命时期，随着

---

[1] 张国焘：《我的回忆》（第二册），现代史料编刊社1980年版，第487–488页。
[2]《中共中央文件选集》第七册，中共中央党校出版社1991年版，第254页。

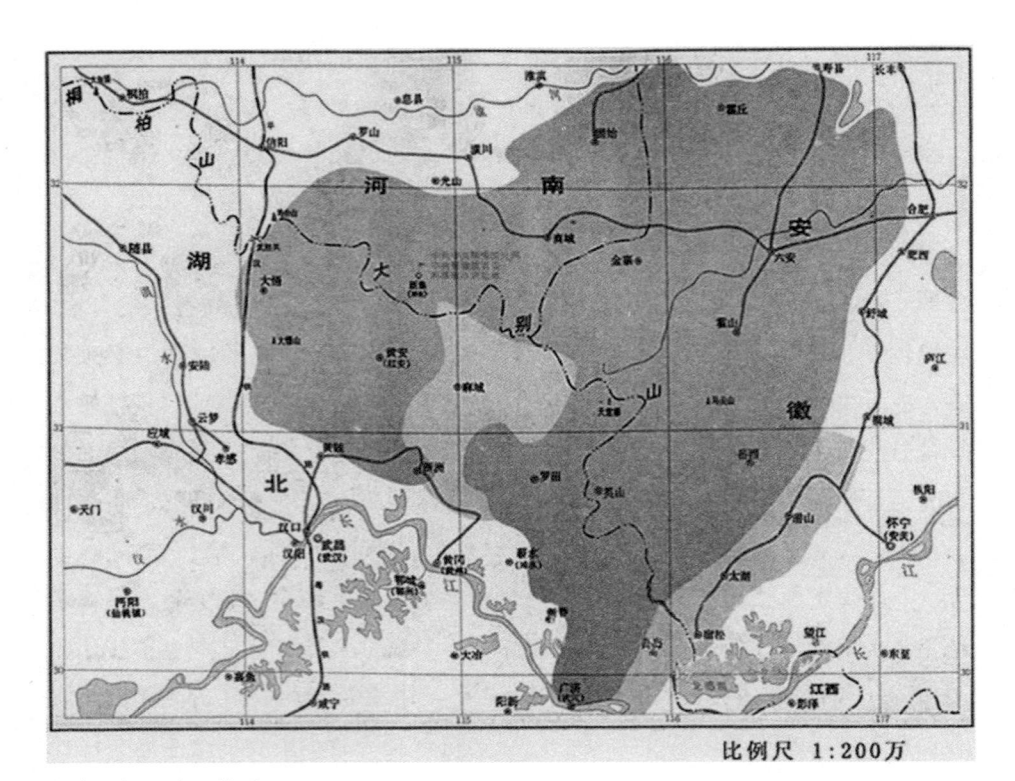

鄂豫皖根据地形势图

国民革命军的北伐胜利进军，鄂豫皖边区的农民运动蓬勃发展，并建立了一些革命武装。

1927年蒋介石和汪精卫相继叛变革命后，鄂豫皖边区的革命势力同全国一样，遭到严重摧残。但是，鄂豫皖边区的共产党人，按照中共八七会议所确定的实行土地革命和武装反抗国民党反动派的总方针，根据中共湖北省委制订的秋收暴动计划，发动和组织农民群众，举行了黄（安）麻（城）起义、商南起义、六（安）霍（山）起义，创建了红军，开创了革命根据地。

1929年9月，中共中央为统一鄂豫边、豫东南根据地和红军的领导，决定将黄安、麻城、黄陂、黄冈、罗田、商城、光山、罗山八县划为鄂豫边特区，改组鄂东北特委为鄂豫边特委。

1930年2月25日，中共中央发出给湖北省委、河南省委、六安中心县

第六章
初到鄂豫皖

黄麻起义策源地（湖北黄安七里坪长胜街）

委的指示信，决定将湖北的黄安、麻城、黄陂、黄冈、孝感、罗田，河南的商城、光山、潢川、固始、息县，安徽的六安、英山、霍山、霍邱、颍上、寿县、合肥等县划为鄂豫皖特别区，在中共湖北省委领导下建立中共鄂豫皖特别区临时委员会。

3月18日，中共中央又发出给鄂豫皖临时特委和红三十一师、红三十二师、红三十三师的指示信，作出两点重要指示：第一，中共鄂豫皖临时特委由郭述申、许继慎、曹大骏、何玉琳、王平章、姜镜堂、周纯全、甘元景、徐朋人九人为常委，郭述申任特委书记；第二，将红三十一师、红三十二师、红三十三师合编为中国工农红军第一军，以许继慎任军长、曹大骏任政治委员、徐向前任副军长、熊受暄任政治部主任，全军共两千一百余人。

6月下旬，鄂豫皖边界第一次工农兵代表大会召开。大会经过选举，产生了鄂豫皖边区苏维埃政府，甘元景当选为苏维埃政府主席。

至此，鄂豫皖革命根据地（亦称"鄂豫皖苏区"）正式形成。

张国焘 传

　　1930年11月，国民党军队以十万兵力，对鄂豫皖革命根据地进行第一次"围剿"。在地方武装和游击队的配合下，红一军和前来支援的红十五军携手作战，于1931年1月初打退了敌人的"围剿"。

　　1月中旬，红一军在商南与红十五军会合后，合编为中国工农红军第四军，旷继勋任军长，余笃三任政治委员，徐向前任参谋长，曹大骏任政治部主任，全军一万两千余人。红四军成立后，在巩固和扩大革命根据地的斗争中建立了巨大的功勋。

　　2月初，根据中共中央指示，鄂豫皖临时特委召开扩大会议，正式组成中共鄂豫皖特委和鄂豫皖革命军事委员会，曾中生任特委书记兼军委主席，蔡申熙、郑行瑞任军委副主席。

　　两个月后，当鄂豫皖红军正处于第二次反"围剿"的激战之中时，张国焘来到了鄂豫皖革命根据地。

青年陈昌浩。张国焘与陈昌浩此后多年搭档

　　张国焘和陈昌浩是在1931年4月初离开上海前往武汉的。

　　据张国焘回忆，他在4月1日凌晨3时，扮成普通商人，在上海的杨树浦码头乘上了一条货船奔赴武汉。同行的陈昌浩扮成伙计，摆出一副侍候老板的神气，对他多方照顾。几天后，张国焘和陈昌浩安抵武汉，住进一处僻静的地方，等候鄂豫皖根据地派来的秘密交通员。

　　在中央特科负责人顾顺章的安排下，张国焘、陈昌浩很快便与鄂豫皖来的交通员接上了关系。随后，交通员带领张国焘和陈昌浩乘上经黄陂到麻城李家集的公共汽车。这是一辆很破旧的公共汽车，散发着浓烈的汽油味，在简易公路上颠簸向前。在经过几次国民党军队的检查之后，汽车载着张国焘等人逐渐接近目的地。下午4时左

第六章
初到鄂豫皖

右，汽车到达离李家集约四公里的一个小站。张国焘、陈昌浩随同交通员下了车，沿着乡间小道远离公路而去。

此时，一心想着尽快到达目的地的张国焘，根本没有料到，那个曾为他们的行程作出周到安排的顾顺章，在送走他们之后，并没有立即返回上海，而是留在汉口，化名登台表演魔术。不料，在一次表演时被叛徒认出，遭到国民党特务逮捕。被捕后，顾顺章很快叛变，供出了中共在上海和武汉的重要机关和人员，导致这些机关遭到重大破坏，许多重要人物被捕，包括时任中共中央总书记的向忠发在内，此人后来亦叛变。顾顺章叛变后，因破坏共产党组织有功曾红极一时，后来被国民党囚禁，1935年被秘密处死于苏州监狱。

张国焘和陈昌浩跟着交通员疾步前行，翻过几个小山坡后，才放慢了脚步。交通员告诉他们，要到达目的地还要走一个钟头，为了避免人们的注意，最好在黄昏以后再进入村庄，在那个村庄藏着一支鄂豫皖苏区专门派来迎接他们的特务队。

黄昏时分，交通员把张国焘和陈昌浩引入一家店堂。刚一进门，便突然围上来一群人。正在张国焘惊疑之际，交通员介绍说："这是专门来迎接你们的特务队。"张国焘和陈昌浩这才如释重负地与这些年轻战士们一一握手。

饭后，稍事休息，张国焘、陈昌浩便跟着特务队踏着茫茫夜色上路了。为了远离村庄和敌人的哨兵，他们不得不走山冈小径，尚不习惯走夜路的张国焘和陈昌浩深一脚，浅一脚，步履艰难。张国焘回忆这天夜里行军的情形时说："我这个不习惯行夜路的人，越走越觉得我这双脚有些不济事。我在黑夜中急行，高一脚，低一脚，有时脚被石块打着发痛，有时跌跤，我用尽气力还不免掉队几步。"

天亮时，一行人终于到达鄂豫皖革命根据地的黄安县高桥区。一夜的紧张奔波使得张国焘、陈昌浩疲惫不堪。张国焘回忆说："赶紧解脱我的鞋袜，看看我的双脚，使我自己也为之惊奇，原来双脚已布满了水泡和由鞋带子所勒成的血渍印。"张国焘成了"伤兵"，前来迎接他的特务队不得不抬着他继续赶路。

4月11日，张国焘和陈昌浩到达大斛山特委和苏维埃政府所在地后，当

张国焘

地同志报告说：红四军已决定到长江下游去行动，以策应中央红军的反"围剿"斗争。张国焘当即指出：在敌人的"围剿"期内，红军脱离赤区，进行单独军事行动，放弃了巩固这一赤区的任务而空谈截断长江，是错误的。他提出，目前红四军的任务是应迅速肃清商城之亲区民团，打通商（城）光（山）路线，将黄麻、光山与皖西连成一片，巩固和扩大这一赤区，只有这样才能帮助中央苏区。这一提议得到当地同志的同意。

制止红四军南下截断长江、威吓武汉，并要求红四军迅速肃清商城亲区民团，是张国焘到达鄂豫皖根据地后做出的第一个重大决策。由于红四军此时已到达商城亲区，正准备经由皖西到长江下游去，因而，张国焘又亲自赶往亲区，以改变红四军的行动计划。

到亲区后，张国焘陈述了自己的意见，红四军领导人均表示赞同。不过，由于此时皖西方面敌人已开始进攻，皖西形势紧急，红四军已不能从容肃清亲区之敌。张国焘见事已至此，不得不暂时搁置肃清亲区的计划，与陈昌浩、旷继勋带领红四军奔赴皖西，打击进犯根据地的敌人陈调元部。

红四军主力第十师、第十一师在张国焘、陈昌浩、旷继勋带领下由商南亲区向东行动，与红十二师会合。4月24日，红十师、红十一师自金家寨以北地区出发，经石婆店向独山前进；红十二师经过敌正面向麻埠以北迂回，进占东西香火岭。4月25日，红十师、红十一师各两个团猛攻敌侧后的独山据点，红十二师于麻埠外围阻击敌援。在附近群众的支援下，红四军经四小时激战，全歼敌陈调元部一个团又一个营，毙、伤、俘敌两千余人，缴枪一千二百余支，给乘隙进犯的敌人以迎头痛击。同日，麻埠、诸佛庵之敌因惧怕被歼，仓皇逃回霍山，皖西之危遂解。

敌人在皖西遭到打击后，又重新部署，准备实施第二步计划，即合击金家寨、麻埠。红四军主力解皖西之危后立即西返，通过敌人阻击线到达鄂豫边，与红二十八团会合，在新集北部浒湾与敌人展开激战，毙、伤、俘敌近千人。

5月下旬，红四军为进一步打破敌人"围剿"，保卫夏收，乃转向南线黄安地区。5月28日，红四军围攻黄安、宋埠间之敌桃花镇据点，歼敌第四十四师一个营，后又在十里铺设伏，歼敌第二六三团两个营和第二六四团

第六章
初到鄂豫皖

一个营大部。

至此,敌人发动的对鄂豫皖根据地的第二次"围剿"被粉碎。

立威:整顿组织、解决粮食

1931年5月12日,张国焘以中共中央代表身份在新集召开鄂豫皖边特委会议,宣布中共中央关于撤销鄂豫皖边特委、成立中共鄂豫皖中央分局的决定。中共鄂豫皖中央分局由张国焘、陈昌浩、沈泽民、曾中生、王平章、蔡申熙、舒传贤、旷继勋、周纯全、郭述申、高敬亭十一名正式委员和甘元景等十五名候补委员组成,张国焘任中央分局书记。

中共中央鄂豫皖中央分局旧址(河南新集)

鄂豫皖中央分局成立的同时,还改组了鄂豫皖革命军事委员会。鄂豫皖军事委员会由张国焘、曾中生、旷继勋、徐向前、郑行瑞、沈泽民、陈昌浩七人组成,张国焘兼任军委主席,曾中生、旷继勋任副主席,另设鄂豫皖军

张国焘（上）

委会皖西分会，姜镜堂任主席（后为许继慎）。

鄂豫皖中央分局、军委成立不久，即对红四军的领导干部作了调整。红四军军长仍为旷继勋，原鄂豫皖特委书记曾中生调任红四军政治委员，陈定侯任军政治部主任。红四军所辖三个师的主要领导人为：第十师，师长刘英、政治委员康荣生；第十一师，师长周维炯、政治委员余笃三；第十二师，师长徐向前、政治委员陈奇。

张国焘担任鄂豫皖中央分局书记和军委主席后，深知自己要真正起到第一把手的作用，有一呼百应之威信，就必须大刀阔斧地干好几件事。根据实际情况，张国焘决定首先抓两件事：一是整顿党的组织，搞好党的建设；一是解决最急迫的粮食短缺问题。

整顿党的组织是与推行四中全会路线结合在一起的。张国焘通过对鄂豫皖根据地工作的考察，认为当时党的组织"的确自中生同志等到后，虽然有了相当的转变，但仍然是对立三路线的调和"，因此根据地的工作还没有得到彻底的转变，"当前的任务是加紧两条路线的斗争，在实际工作中彻底转变"。[1]

6月28日至30日，在张国焘主持下，中共鄂豫皖中央分局召开了第一次扩大会议。会议在张国焘的推动下，全面接受了中共六届四中全会的政治路线。会议对鄂豫皖革命根据地的各项工作提出批评，认为根据地的工作是在立三路线和三中全会的调和路线之下进行的。故决定对鄂豫皖根据地的党、政、军等领导机关进行"改造"。[2]

舒传贤，这位鄂豫皖根据地的创始人之一，便首当其冲成为被"改造"的对象。

舒传贤，又名唯宁，安徽霍山县人。1926年加入中国共产党。1927年任中华全国总工会执行委员、中共安徽省临委工委书记、安徽省总工会委员长。1929年任中共霍山县委书记，中共六安中心县委书记。是年11月，领

---

[1]《张国焘给中央政治局的报告——关于鄂豫皖区的工作》（1931年5月24日），《鄂豫皖革命根据地》第一册，河南人民出版社1990年版，第243–244页。

[2] 见《政治决议案》（1931年6月），《鄂豫皖革命根据地》第一册，河南人民出版社1990年版，第295页。

导发动了六（安）霍（山）农民武装起义，是中国工农红军第三十三师的主要创始人之一。

1930年11月，舒传贤前往上海向中共中央汇报并请示工作。此时，正是六届四中全会召开前夕，中共中央的工作在王明等人咄咄逼人的气势下已处于两难境地。舒传贤到上海后，向中央指出立三路线的错误，承认皖西工作在立三路线指导下犯了严重错误，但不是他个人的错误。[1]但是，在1931年春召开的中共皖西分区特委第一次扩大会上，在舒传贤本人不在场的情况下，会议以"腐化的民主主义""妥协改组派""感情超过组织"等罪名，决定开除舒传贤的党籍。这一决定得到中共鄂豫皖特区第二次代表大会的批准。

然而，在中共中央于3月10日通过的《关于鄂豫皖苏维埃区域成立中央分局决议案》中，决定舒传贤为鄂豫皖中央分局委员。[2]为了落实中央决定，4月17日，中共皖西北特委成立后，重新讨论了舒传贤的问题，决定恢复舒传贤的党籍，但给予书面警告。

但是，在中共鄂豫皖中央分局第一次扩大会议上，不仅未执行中央的决定，还给了舒传贤以处分。原因是什么呢？张国焘在5月24日给中央政治局的报告中写得很清楚："舒传贤同志却在这次会议（指中央分局成立大会）上发生了问题，原因是皖西同志说他曾妥协改组派，因此决定开除他的党籍，鄂豫皖第二次党的代表大会又批准皖西这一开除党籍的决定。传贤同志到皖西后，皖西扩大会是取消了开除他党籍的决定，不过同时批评他对改组派曾有不坚定不敏捷的政治错误。这些事件，当中央决定传贤同志任组织部时，中央是完全不知道的，因此中央分局决定暂不分配传贤同志工作，改由郭述申同志任组织部。对于传贤同志，组织一审查委员会来审查传贤同志的错误，现在审查委员会尚未结束。"

在6月召开的中共鄂豫皖中央分局第一次扩大会议上，决定给舒传贤的结论是："给唯宁最后的严重警告。开除唯宁的中央分局委员。由分局支配

---

[1] 见《皖西北特委第一次扩大会对于唯宁同志的决议》（1931年4月）。
[2]《中共中央文件选集》第七册，中共中央党校出版社1991年版，第188–189页。

唯宁到下层工作。"[1]对舒传贤的处分，充分体现了"残酷斗争""无情打击"的党内过火斗争特色。当大会宣布结论后，舒传贤立即站起来要求发言进行申诉。但大会主席团说：时间不允许。张国焘也不许舒传贤作简单的发言。扩大会议通过了对舒传贤的处分。大会主席团询问舒传贤是否接受处分，舒传贤表示完全服从决议，但要求准许他请求中央作最后的决议。张国焘的答复是：准许舒传贤的要求。扩大会议后，舒传贤被中央分局分配到光山县砖桥区做基层工作。遭受到扩大会议无情打击的还有徐朋人、余笃三。同时，曾中生、陈定侯、曹大骏等人也受到批评指责。

张国焘之所以对这些鄂豫皖根据地的创始人进行打击，原因主要有三：其一是来自中共中央的指示，如对余笃三的打击和调换工作、调整职务，是按照中共中央1931年5月31日对曾中生、旷继勋等人的报告的复示执行的；其二是受到原鄂豫皖特区委及当地干部的影响，如对舒传贤的处分，是按照当地干部反映的情况进行处理的；其三是中央分局和张国焘执行四中全会路线，对于反对四中全会的人进行打击，如对徐朋人、陈定侯、曹大骏、曾中生的批评和打击。

不可否认，张国焘对鄂豫皖根据地一批老干部的打击和批评，除了执行四中全会的错误路线外，还有个人的目的——确立自己在鄂豫皖根据地的地位。

为了进一步巩固和扩大根据地，鄂豫皖中央分局第一次扩大会议制定了党、政、军十大任务，包括扩大红军和苏区，执行正确的土地革命政策，纠正土地革命中的"左"、右倾机会主义和富农路线，武装农民，改善工人生活，加紧"肃反"，解决苏区粮食问题，在国际路线旗帜之下实行党的改造，淘汰不坚定的分子，引进和教育工农干部，严密党的纪律等。[2]在这些任务中，解决苏区粮食问题可以说是最急迫的。

在鄂豫皖中央分局成立前，根据地粮食困难的问题就已开始显露。

---

[1]《舒传贤为被处分给中央的报告第二号》(1931年7月23日)。

[2]见《鄂豫皖中央分局第一次扩大会议政治决议案》(1931年6月)，《中国工农红军第四方面军战史资料选编》(鄂豫皖时期·下)，解放军出版社1993年版，第253-256页。

第六章
初到鄂豫皖

鄂豫皖根据地的土地革命到1930年春夏之际已基本完成,广大农民的生产积极性极大地调动起来,起早贪黑,辛勤耕耘。但由于受到"左"倾土地政策的影响,土地革命的成效大打折扣。

1930年3月,中共中央根据共产国际关于"加紧反对富农"的指示,要求鄂豫皖边特委加紧反富农,指出"肃清富农路线,坚决建立无产阶级的领导,是边特农运的中心任务。特委的富农与机会主义的路线非常的严重。"[1] 为了贯彻中央的指示,鄂豫皖边特委在莲花背召开会议,通过了《反富农问题决议案》。

1930年9月18日,中共鄂豫皖边特委发布《通告第十六号——组织贫农委员会》,要求各地党、政机关及群众组织"加紧反对富农"。鄂豫皖根据地贯彻这个文件的结果是:许多地方没收了富农的土地,或者给富农分一些坏地;还有的地方将富农驱赶上山开荒;更有甚者,索性将富农一杀了之。在反富农过程中,还侵犯了一部分中农甚至贫农的利益,引起了农民群众的极大恐慌。

在"左"倾路线影响下,鄂豫皖边特委在1930年秋决定将农民的土地集中起来办农场,使得"农民除吃饭外就没有足够其他的需要,其余的土地都拿来做农场","深怕多要了土地或财产就是富农"。[2] 办农场的实际结果是劳民伤财,再加之战争时期无法正常生产,至1931年春,鄂豫皖根据地的粮食短缺问题已非常严重。曾中生奉中央派遣来鄂豫皖纠正立三"左"倾错误政策时,由于季节关系,只能以开源节流、调剂平衡来缓和粮食不足,无法增加粮食收入。

张国焘到鄂豫皖根据地后,在七里坪同区苏维埃主席和区委书记座谈时,了解到粮食问题的急迫性,便开始考虑如何尽快解决。他建议增加生产,并提出能否先种植一些早熟作物。

由于张国焘是鄂豫皖根据地的最高领导人,他提出增加生产的办法,无异于突破了此前"左"倾错误控制时期"有剩余者即为富农"的框框,为广

---

[1]《鄂豫皖革命根据地》第二册,河南人民出版社1990年版,第96页。
[2]《鄂豫皖革命根据地》第二册,河南人民出版社1990年版,第182、171页。

张国焘

大农民群众尽可能多生产粮食开了绿灯。

当张国焘从皖西考察结束时,他已得出结论:粮食问题必须尽快解决。决心已下,他便立即行动起来。

5月16日,中共鄂豫皖中央分局在同一天发出两份文件,即中央分局通知第一号、第二号。第一号内容是宣布成立鄂豫皖中央分局,第二号通知即是《为节约粮食各机关日吃一顿稀饭的决定》。该决定指出:"现在敌人正在加紧其封锁经济的手段,加以数万红军在前线的需要,跑反群众的经济和青黄不接,都要我们进行正确的粮食政策,尤必须尽量节省,减去靡费。现特决定无论什么机关,每天吃稀饭一次,希即执行。"[1]

紧接着,5月17日,鄂豫皖中央分局又发出通知第三号,决定将每日吃一顿稀饭改为吃两顿稀饭。这就是说,中央分局成立后的两个文件,都是与粮食有关的。

5月29日,中央分局发布《通告第二号——关于举行粮食运动周的事》,指出:"粮食的种植依靠天时,一再蹉跎,就要酿成不可挽救的饥荒,现在播种时期已快过去,没有紧急办法,一切都要变成空谈。因此分局决定立即举行粮食运动周,把接到通告的日子起算做第一天,大约到六月七号,各处都须举行完毕。在这七天之内要举行一个全体动员,凡是后方工作人员,或普通公民都须参加这运动,而党员、团员必须更加积极参加,成为这一运动的领导者。"该通告要求每个党、团员至少必须种五棵瓜藤(最好是南瓜)或等量其他杂粮。种了以后必须负责照料直到收获,如果因事他往,必须托旁人代为照料。而且还要劝老婆婆、小孩子每人至少种一棵瓜藤。[2]

6月4日,中央分局又发出通告,要求开展春耕运动,"务必要做到使苏区内的每亩耕地都能栽上秧"。

在中央分局接二连三的号召和动员下,根据地党政机关和广大群众纷纷行动起来,掀起了热火朝天的春耕生产运动。

张国焘对粮食问题的重视程度还反映在鄂豫皖苏区第二次苏维埃代表大

---

[1]《鄂豫皖革命根据地》第一册,河南人民出版社1990年版,第220页。

[2]《中国工农红军第四方面军战史资料选编》(鄂豫皖时期·下),解放军出版社1993年版,第172页。

会通过的《粮食问题决议案》上。这个决议案提出了解决根据地粮荒问题的八项措施，包括奖励生产、节约粮食、粮食互济、放开粮食价格、储蓄粮食等。可以认为，这个决议案是彻底否定立三路线"左"倾粮食政策的最重要的文件之一。

鄂豫皖中央分局、张国焘在抓根据地的粮食生产上面取得了巨大成绩。1931年，是中国历史上水灾记录最为严重的年份之一，沿长江中下游的许多地区都遭受了严重的洪涝灾害。鄂豫皖根据地的许多地区也被洪水淹没，受灾严重。但也正是这一年，鄂豫皖根据地人民群众在中央分局和张国焘领导下，通过努力增加生产，不仅度过了春夏之交的极度粮荒，而且夺得了农业生产的巨大丰收。

张国焘在粮食问题上的成功，使

红军时期的张国焘

他在鄂豫皖根据地声望日渐提高。更重要的是，有了粮食，就有了发展鄂豫皖根据地的最好资本。张国焘对此十分清楚。他也正是抓住了当时鄂豫皖根据地这个最主要的矛盾，在后来的一段时间内，创造了鄂豫皖根据地更大的辉煌。有了粮食，可以扩大红军，增加消灭敌人的有生力量，可以增强根据地反"围剿"的实力以粉碎敌人对根据地疯狂的包围会"剿"；可以增强根据地军民的团结，稳定人心；可以有效地冲破敌人的经济封锁以扩大根据地的影响……总之，粮食的作用是极为重要的。

不过，张国焘和鄂豫皖中央分局在解决根据地粮食问题的过程中，也推行过一些"左"的政策。如，在鄂豫皖中央分局发布的关于举行粮食运动周的通知中提出，对种五棵瓜藤或等量其他杂粮的态度问题"是一个斗争的任务，不论哪个负责同志，如果对于这一工作存玩忽的态度，他就不了解粮食问题对于我们目前斗争的重大意义，就是间接帮助了敌人"。从正面意义来理解，这种说法无非是要求每个党员、负责同志以高度负责的态度来重视

张国焘●

粮食问题。但在战争年代,在斗争情况极为复杂的情况下,"间接帮助了敌人"就不是个简单的态度问题,而是要掉脑袋的问题。除此之外,张国焘在指导解决粮食问题的过程中,还不断在人们头顶上挥舞着各种各样的"机会主义"帽子,给一些干部群众思想上带来很大压力。

第七章
分歧、争执、"肃反"

1931年五六月间，在红四军行动方向问题上，张国焘等中央分局领导人与曾中生、徐向前等四军领导人发生了"东进南下之争"。

张国焘按中央"援助中央根据地"的要求，主张四军攻英山，东出潜山、太湖，进逼安庆，威胁南京；四军领导人则主张打下英山后南下蕲春、黄梅、广济地区，使之与鄂豫皖边区连成一片，同时相机出击武穴，牵制敌人。

争论的结果，四军决定执行中央分局命令。

7月，四军在执行任务的过程中，根据实际情况，决定改变中央分局确定的方向，仍实行南下计划，并向中央作了汇报，申明南下理由。

张国焘得知情况后，不仅接连写信批评四军，并且派陈昌浩星夜赶往四军，宣布撤销曾中生政委职务。

这时，鄂豫皖苏区已经开始"肃反"工作，且有了扩大化倾向。而主持"肃反"的政治保卫局查出敌人给第十二师师长许继慎的信，则使东进南下之争由"战略问题"转变为"政治问题"，导致"肃反"严重扩大化，包括许继慎在内的大批党政军领导人被杀害或关押。

第七章
分歧、争执、"肃反"

东进南下之争

曾中生，1925年加入中国共产党，为黄埔军校第四期毕业生，曾参加过北伐战争。1927年9月赴莫斯科中山大学学习。1928年参加中国共产党第六次代表大会，是年冬回国，任中央军事部参谋科长。1929年10月，负责工农武装工作。1930年秋，任鄂豫皖特委书记、军委主席。

对于曾中生，徐向前有这样的评价："曾中生同志来担任鄂豫皖特委书记、军委主席，相当得力。这位同志，有战略头脑，工作实际，善于总结经验，也能团结同志。……根据地

曾中生

远离党中央，独立性大，主要领导人的选择特别重要。后来拿掉曾中生换上张国焘，是失策的。"[1]

中央以张国焘取代曾中生，原因并不复杂：曾中生是在六届四中全会召开前，中央派到鄂豫皖工作的。四中全会后新组成的中央领导集体，受米夫和王明的控制，对这个任命是不太认可的，认为曾中生执行的是三中全会的"调和主义"路线。因此，中央在《关于鄂豫皖苏维埃区域成立中央分局决议案》中写道："钟圣同志，必须在坚决的放弃立三路线与对立三

---

[1] 徐向前：《历史的回顾》，解放军出版社1988年版，第138–139页。

张国焘(上)

徐向前著:《历史的回顾》

路线调和主义的错误,而坚决执行国际路线的条件下,才能参加中央分局,与担任军委书记"。[1]但实际上,无论曾中生如何表现,他都被打入另册了。

张国焘到鄂豫皖后,通过鄂豫皖中央分局第一次扩大会议和实际工作的表现,很快就站稳了脚跟,但他同时也看到,根据地的一些领导人对六届四中全会和中央分局不满。张国焘在给中央的报告中,谈到扩大会议的情况时说:

在正式会议中,一般同志均同意中央分局的路线及决议全文,至多在会场上对中央分局有一些次要的批评而已。但在会场上就有许许多多同志中之议论,表示其对中央分局之不满,不是说中央分局督促批评太严,就是说中央分局使党员恐慌离心,不敢说话,不敢做事。因中央分局公开批评了陈定侯极端右倾的关于工会问题的文章,他就到处宣传其他同志不敢做文章了,因做文章受打击,此种言论并未遇党员群众的反抗。就是中生同志也经过了中央分局与他的两天会,批评说服他对中央分局之不满是不正确的,在他完全承认错误与允许将中局路线传达到四军中去后,中央分局才赞成他继续四军政治委员之工作;但他始终不服昌浩同志之批评,对中局采取了外交手段,他到四军后,不但没有传达中央分局扩大会议决定改造红军之任务,反进行反中局之斗争。[2]

---

[1]《中共中央文件选集》第七册,中共中央党校出版社1991年版,第189页。
[2]《中国工农红军第四方面军战史资料选编》(鄂豫皖时期·下),解放军出版社1993年版,第456页。

第七章
分歧、争执、"肃反"

张国焘信中提到的曾中生"进行反中局之斗争",就是指在曾中生等人与他之间发生的"东进南下之争"。事情还要从1931年5月鄂豫皖根据地红军粉碎敌人第二次大规模"围剿"之后说起。

第二次"围剿"被打破后,蒋介石便调整兵力,对中央革命根据地发动第三次"围剿",而对鄂豫皖根据地则暂取守势。曾中生等红四军领导人鉴于外线敌人暂处守势,根据地内粮食供应十分困难的情况,乃向中央分局建议:"留一部分兵力结合地方武装扫清商南亲区等地的反动武装,集中主力南下蕲黄广[1]地区,恢复根据地,解决粮食问题,并牵制敌人,配合中央革命根据地的反'围剿'斗争。"[2]

对于红四军的军事行动,中央在5月6日曾有指示说:"在军事策略方面,党部、第四军及独立师目前最主要的任务是在鄂豫皖区(罗山、光山、商城、固始、安徽的西南部及湖北的东北部)建立坚实的苏区……在完成这个主要任务以前,不要将红军的主力派遣到京汉线上企图占领。"

曾中生等人提出南下主张,显然与中央指示精神不符。张国焘经过权衡,认为红四军目前的主要任务是巩固根据地,而不是南下。因此,他主张红军主力应集中亲区,解决顾敬之反动民团。这是因为,当时在鄂豫皖根据地内部,横亘于皖西与鄂豫边两块苏区之间的商城亲区和麻城黄土岗、木子店的反动武装还没有肃清,仍是巩固根据地和连接苏区东西两边的严重障碍。

然而,红四军在执行解决顾敬之反动民团的任务时,由于亲区地主武装裹胁群众坚壁清野,实行反共的游击战,使得单纯的军事打击难以奏效。同时,大军云集方圆数十里的山区,粮食供应极为困难。

有鉴于此,红四军领导人再向中央分局、军委建议,"以两个团的兵力留在亲区,以主力南下打英山,直取蕲水,巩固阵地和向前发展,以配合中央根据地的反'围剿'斗争"。[3]为抓住有利战机,红四军领导人一面向中

---

[1] 即蕲春、黄梅、广济地区。
[2]《中国工农红军第四方面军战史资料选编》(鄂豫皖时期·下),解放军出版社1993年版,第146页。
[3]《中国工农红军第四方面军战史》,解放军出版社1989年版,第134–135页。

张国焘 卷

央和中央分局、军委作详细报告，请求批准这一建议；一面加紧政治动员，并开始移动部队。

5月31日，中央回复了曾中生、旷继勋的报告。信中指出：红军大部到长江行动，占领武穴，截断长江，炮击敌人兵舰等是立三路线的残余观点。[1]

根据中央的指示精神，张国焘对红四军领导人提出的行动方针提出了批评："有一种'左'倾的观念，认为我们现在必须立即去做截断京汉路线或截断长江的工作，这是无目的盲动的立三路线的见解。我们不应当放弃骚扰京汉路的工作，但这在目前绝不是主要的任务。世界革命危机日益成熟的目前，我们要团结力量作最后的伟大的斗争就是和帝国主义的战争；截断京汉路，或者截断长江都是必需的步骤，但这个必须动员千万劳动群众来做十倍扩大红军和苏区的战斗力才能够完成。在目前我们所做的正是必需的准备工作，这种'左'倾的见解在实际上不能得到什么，只能够叫我们把自己的力量去葬送牺牲，或者阻碍真正积极的准备大举进攻，帮助了右倾机会主义。"鄂豫皖红军的行动方针是："调动一部分红军力量去打通商光路线，肃清亲区，完成中央指示我们的把整个苏区打成一片的任务。不但肃清亲区，同时要扩大苏区。"[2]

6月28日，中央分局召开第一次扩大会议时，红四军出席会议的曾中生、余笃三、许继慎等领导人，再次提议红军主力南下。张国焘为执行中央要求援助中央革命根据地反'围剿'斗争的任务，才表示赞同。但是，这次扩大会议对红四军南下的具体方向和兵力使用，并没有作出具体决定。因此，7月上旬，鄂豫皖中央分局、军事委员会又在商城西南的余家集召开会议来解决这一问题。

会上，在红军出击的方向问题上又发生了分歧。张国焘认为，要援助中央根据地，必须威胁或攻占敌人的大城市，从而提出了攻英山，出潜山、太

---

[1]《中国工农红军第四方面军战史资料选编》（鄂豫皖时期·下），解放军出版社1993年版，第187页。

[2]《中国工农红军第四方面军战史资料选编》（鄂豫皖时期·下），解放军出版社1993年版，第196–197页。

第七章
分歧、争执、"肃反"

湖，进逼安庆[1]，威胁南京的计划，并限期一个月完成。红四军领导人认为，援助中央革命根据地的手段主要不在于攻击敌人的重要城市，而在于消灭敌人有生力量，红四军应巩固扩大根据地，以牵制敌人的兵力。因此，仍然主张打下英山后出蕲春、黄梅、广济地区，恢复这一地区的革命根据地，并使之与鄂豫皖边区连成一片，同时相机出击武穴，牵制敌人。经过激烈争论，张国焘仍坚持按自己的意见作了决定。会议决定：留第十二师一个多团在皖西活动，留第十三师全部和第十师第二十九团、第十一师第三十二团开辟新区和巩固鄂豫边地区，其余第十师、第十一师各两个团和第十二师一个多团南下发展。[2]

其实，在中央分局扩大会议上，对于红四军南下长江行动的意图已经予以否定。扩大会议政治决议案明确指出，特委准备采取截断长江的行动是"立三路线的策略"；扩大会议的政治报告中亦说："截断长江的决定是立三路线的残余"；扩大会的总结中也认为本次会议打击了"左"倾的估计（即"目前立即采取截断长江的行动等等口号"）和想把红军行动限制在赤区以内逃避打击敌人主力与忽视帮助中央苏区的右倾观点。中央分局及张国焘刚刚在扩大会议上批评了"南下长江行动"，当然不会赞同红四军领导人的建议。

余家集会议后，中央分局立即掀起了发动群众支援红军的宣传热潮。7月8日，中央分局发出通告第六号，号召鄂豫皖的全体工农群众要坚决执行"扩大会所指出的方针和实行苏维埃大会一切法令中猛烈斗争，巩固扩大苏区援助中心（央）苏区"，并要求"必须动员广大群众做以下的工作：扩大红军，补充红军，准备运输、粮食、做鞋等等去拥护红军"；"各地方组织必须与红军负责同志共同决定整个地方武装配合红军行动的计划"[3]等。

7月9日，鄂豫皖中央分局党团联合发出通知第一号，要求动员群众参加运输队配合红军行动。7月11日，中央分局发布《反军阀战争运动日和援助中心苏区宣传大纲》；7月16日，中央分局发布《反军阀战争运动日援助

---

[1] 安庆是当时安徽省城。
[2] 见《中国工农红军第四方面军战史》，解放军出版社1989年版，第135–137页。
[3]《鄂豫皖革命根据地》第一册，河南人民出版社1990年版，第312–314页。

265

张国焘传

早年徐向前

中心苏区告群众书》……总之，在中央分局的大力宣传和督促之下，鄂豫皖根据地的工农群众积极投入到支援红军的运动之中。

中央分局为使红四军能够顺利地执行"攻英山，出潜山、太湖，进逼安庆，威胁南京的计划"，对红四军的领导进行了改组：红四军军长旷继勋调任红十三师师长，徐向前出任红四军军长，曾中生任政治委员，刘士奇任政治部主任。红四军接受任务后，立即进行了南下作战的深入动员，部队士气十分高涨，积极进行南下英山、东出潜（山）太（湖）的准备工作。

7月中旬，在徐向前、曾中生等率领下，红四军第十、十一、十二师的五个团由商城亲区出发，冒着酷暑行军，直取英山。

当时，英山守敌为第五十七师一六九旅的一个团（辖三个步兵营、一个重机枪营和一个迫击炮连）以及地主武装三百余人。8月1日拂晓前，红军开始发动进攻。战斗十分激烈，战至午后，红军只打下了城南、城西的几个要点。见部队推进缓慢，徐向前、曾中生当即调整兵力：以一部佯攻城北鸡鸣尖，集中主力从城西北角攻城。

下午四时，红军再次发起猛攻，部队一举突破城西北角船形山、凤形山敌阵地，迅即登城。经两小时的激烈巷战，全歼守敌一千八百余人，缴枪一千余支，重机枪十八挺，迫击炮四门以及大批弹药和军用物资。红四军南下首战告捷。

按照中央分局和军事委员会的部署，红四军打下英山后，下一步是向安庆进军。但是，曾中生、徐向前等人在估计了敌情与地势，特别是群众的

第七章
分歧、争执、"肃反"

革命基础和及时配合中央苏区行动的要求后,认为不如出蕲黄广直捣武穴为好。因此,"曾中生同志最后决定,红军趁势进据蕲、黄、广,一面行动,一面将这一决定报告分局"。[1] 红四军领导人决定留第十二师在英山地区掩护后方,开辟工作,由军部率第十、十一师四个团向南进击。

不料,当部队行至武穴境内时,发生了意想不到的事情。据徐向前、曾中生、刘士奇给中央的报告说:

> 事前我们不知武穴沿江尽成泽国,迄抵武穴百数十里之地,始知无法达到这一任务,由此而进据蕲水,发动了此地群众工作,解决红军物资问题,和诱致敌军来攻而扑灭之,地方工作与群众武装都是有极大的进展的,经济问题除得到二十余斤金子,千八百斤银子,数万现洋外,并相当的解决衣服问题。惟各路进攻的敌人徘徊不敢进,不是深沟高垒的死守,就是随时准备逃遁,因此我们不能不以飘忽行动迅速突溃敌之一路……[2]

红四军在消灭敌人一部后,乘胜进占广济,并派倪志亮率一部兵力去打黄梅,但因城壕水深,没有成功。

红四军在南下一个月的时间里,以五个多团的兵力,取得了连克英山、蕲水、罗田、广济四城,歼灭敌人七个多团的重大胜利,俘敌五千余人,缴获长短枪四千余支,迫击炮二十八门,机枪二十六挺,电台一部和大批子弹、药品,牵制了敌原拟派往江西的部分兵力,有效地配合了中央苏区的反"围剿"斗争。

尽管取得了一定战果,但红四军改东进为南下的行动显然违背了中央分局和军委东出潜山、太湖,威逼安庆的决定。曾中生、徐向前、刘士奇等人估计到改变行动方向会招来麻烦,于是,由曾中生起草,由他们三人联名,向中央写信作了汇报,特别申明南下的必要性。信中说:"现在我们的战略

---

[1] 徐向前:《历史的回顾》,解放军出版社1988年版,第147页。
[2]《中国工农红军第四方面军战史资料选编》(鄂豫皖时期·下),解放军出版社1993年版,第359页。

张国焘

是要巩固黄、广、蕲苏区，与皖西苏区、黄麻苏区打成一片，同时相机而据武穴（水不退仍然不能去），尤其是准备这一阵地的群众基础。敌人能来则集中力量而必消灭他数师以上，敌人不来则从宿松、太湖、潜山一带巩固阵地的发展而出安庆。""在战略上，如果想脱离苏区几百里的阵地，如我们由英山直取安庆等，不但做不到而且要发生许多不能解决的困难，如果勉强行之，必然成为单纯军事行动，根本上却忘记了巩固阵地发展的任务了。我们深深认识中央苏区胜利的伟大，就是有了强固群众基础的阵地所致，自然这与把主力束缚在苏区范围内来防御敌人的计划是根本不同的。"[1]

徐向前后来评论说："曾中生同志在上海期间，看过中央革命根据地的一些工作报告，对毛泽东、朱德同志的建军思想和创建根据地的经验，十分重视。他起草的这个报告，反对远离根据地攻打安庆，主张依托根据地群众的强固基础逐步向外发展，是符合毛泽东同志的思想的。"[2]

在当时情况下，尽管徐向前、曾中生在报告中详细阐述了变东进为南下的正当理由，但还是不得不写上："这是否是错误，是必然要请中央指示的。"[3]

当张国焘得知，红四军攻克英山后，其领导人没有按照中央分局、军委会的决定东出潜山、太湖，而是南下的消息后，大为恼怒，连续写了三封信，提出严厉批评。张国焘指出，红四军出武穴的行动不能完成打击敌人和援助中央苏区的任务，在政治上是根本错误的；出武穴是脱离后方无阵地，是无把握的作战，也是错误的；不以政治任务为重，而以经济为目的，也是错误的。总之"放弃援助中央苏区，拒抗分局指示，放弃后方赤区，给敌人以良机紧攻中央苏区，给敌人以可能扰乱后方赤区与秋收，使后方二百万群众不能安全秋收，这样解决经济问题，是工农红军绝不如此，是负责党与苏

---

[1]《中国工农红军第四方面军战史资料选编》（鄂豫皖时期·下），解放军出版社1993年版，第362页。

[2] 徐向前：《历史的回顾》，解放军出版社1988年版，第150页。

[3]《中国工农红军第四方面军战史资料选编》（鄂豫皖时期·下），解放军出版社1993年版，第359页。

第七章
分歧、争执、"肃反"

维埃的使命来领导红军的同志绝不应当如此"。张国焘在信中要求部队立即北返,"不能有丝毫的停留"。[1]

红四军领导人事先曾预料,南下的行动将可能招来麻烦,但认为只要申述正当的理由,即使有麻烦也不会太大。然而,接到张国焘的信后,他们从字里行间异常严厉的批评语气中,才真正意识到问题的严重性,便当即命令部队撤除叶家湾之围,北进至英山以南的鸡鸣河。

鉴于张国焘如此急迫的命令和咄咄逼人的态度,以及指战员们对突然撤叶家湾之围极为不满的情绪,红四军领导人一面进行创建鄂东临时特委,领导蕲黄广地区的斗争,一面于9月4日在曾中生主持下召开支部书记、指导员以上的活动分子会议,讨论张国焘的来信(来信署名为中央分局、军委会——引者注)。会上,绝大多数人认为,红四军南下已取得了重大胜利,应继续留下,恢复蕲黄广根据地,并在长江北岸积极活动,牵制敌人,配合中央革命根据地反第三次"围剿"的行动。而且,鄂豫皖根据地周围的敌人尚无发起新的"围剿"的迹象,老区粮食和物资供应又相当困难,调四军北上是不适宜的。会议在群情激愤的情况下,通过了给中央分局的"申明书",并决定派军政治部主任刘士奇赶回新集,向中央分局陈述意见。[2]

红四军给中央分局的申明书,实际上是对张国焘信中所指责和批评的反驳。申明书认为:中央分局给红四军的指示"是根本不合事实的,我们除在组织上采取绝对服从,立刻开向福田河一带待命外,在政治上有不得不向中央分局及军委会作极诚恳的申诉之必要"。

针对张国焘信中对红四军的四点批评意见[3],申明书说:"我们再四考虑,认为分局这种指示,完全凭借片面的根据和纯从主观出发,与我们前方行动的事实意义和客观环境是绝对不相符合的。""我们深深认为配合中央苏

---

[1]《中国工农红军第四方面军战史资料选编》(鄂豫皖时期·下),解放军出版社1993年版,第369–370页。

[2] 见徐向前:《历史的回顾》,解放军出版社1988年版,第151页。

[3] 即:没有执行进攻安庆威胁南京的决定而出武穴是放弃了援助中央苏区的政治任务;由英山出黄、广往武穴而援助中央苏区既不能而又脱离后方阵地;陈调元力量弱,可乘英山之胜直抵安庆,而出黄、广,夏斗寅力量强,而前者地势优过后者,后者军事或有危险更是不值;经济问题成为中心,而不从政治上去解决经济。

张国焘[上]

区红军的行动,是要以占领敌人要害打击敌人主力两者并重,而且在今日技术拙劣的红军,其战略目的应后者超过于前者;同时要能真正地巩固自己阵地向敌人作有准备有把握的进攻,尤其是要整个苏区有全盘的计划与准备工作,才能集中主力向外发展,而更有全盘部署进攻有力阵势。如此,才不致因为一局部问题而牺伤全部计划。这样与那绝对没有准备而发出命令去占领大城市和空喊进取安庆,威胁南京的主张,丝毫不相同的。"[1]

申明书认为,红四军南下蕲黄广地区在军事上取得了重大胜利,在政治上也产生了重大影响:"牵动了统治阶级整个的军事布置,的确有重要而切实的配合中央苏区的意义";红四军的地方工作"武装了八万农民以上","均分配了土地,工会农会均已成立,蕲、黄、广均已成立革命委员会及部分的苏维埃,沿途作战,均有广大的农民群众送饭送茶送伤病员以及运输胜利品";"在经济上,除军用胜利品及医药外,现金在七万元以上,纯银在千六百斤以上,纯金在二十斤以上,兵士衣服均已换齐,棉衣亦已部分的准备……""这种胜利正是争取全部胜利的必由之路,离开这种必由之路而用'左'倾的名词——进取安庆威胁南京来代替这一脚踏实地的任务,不但是空想,而且会使革命力量遭受惨败的。"[2]

申明书针对中央分局、军委会对于红四军违背出潜太、威逼安庆、威吓南京的决定而南下的批评进行反驳说:红四军虽打下英山,但英山没有旧的群众基础,如果没有相当时期的工作,英山无疑不能成为阵地。因此,红十二师留在英山不但可以得到休整,而且可使英山成为阵地。但是如果十二师留英山成为必要,则前线上只有四个团,而要以四个团的兵力驻守和巩固后方,那么出安庆的兵力更不足两个团了;如果不留兵潜山、太湖两地,而直入安徽,虽然有四个团,则是孤军冒出,"稍有军事常识者,必曰必败"。[3]"果而如此,吾辈将举鄂豫皖数年斗争的结晶,离开国际和四中全会

---

[1]《红四军给鄂豫皖中央分局的信》,《鄂豫皖革命根据地》第一册,河南人民出版社1990年版,第355–356页。

[2]《鄂豫皖革命根据地》第一册,河南人民出版社1990年版,第356–357页。

[3]《中国工农红军第四方面军战史资料选编》(鄂豫皖时期·下),解放军出版社1993年版,第390页。

的路线和立场，贸然送给于帝国主义国民党的铁腕之下，生不为革命之罪人也几希！"

申明书进而分析说，由英山到潜山两百七十里等于三百里以上，由英山到太湖一百八十里山路等于两百里以上，从太湖到安徽，水路交错，平时也不易通过，由潜山到安庆九十里，合潜山到英山三百六十里至四百里以上。"以四百里非苏区的山路，又无群众的基础，炎暑行军，病号日增，如果经一恶战，伤号五百或千余人，亦绝对无法运送。即此一点亦属兵家之忌。就敌情言，当时潜山一团兵力以上，太湖一旅，宿松望江一旅，潜山太湖均有城，太湖城更坚固，城外有竹围，周围有开阔的沙滩，我们要走近二百里才可接触，又不能做到突击。如果敌人集中一点，死守待援，则我们粮食经济均在山地不能解决，势必将徘徊于潜太之间，安庆之夸大目标更不能得，而潜太山地于全国政治影响更无甚轻重，其不能多少影响鄂赣湘的'剿匪'布置更不待言。这样又有什么配合中央苏区的意义？"[1]

申明书还论证了红四军南下蕲黄广地区的优势，对出潜太、进逼安庆、威胁南京的决定提出了尖锐批评。申明书说："进攻安庆威胁南京，是这样轻率不加准备而可发出军令吗？武穴何地，我们答复的是不及安庆远矣，然而安庆何地，我们不能不申言之，安庆之取是不能离开全国革命形势和估量的，而且沿江近处之要镇没有工作，长江海军与海员没有工作，城市工人贫民没有工作，城外近郊农民没有工作，城市驻兵没有工作，城市及近郊党的力量是根本没有关系。英山到安庆近四百里的无苏区又是山地清团匪军，而后方运输使役侦探干部又无多少的准备"，而以一个月为限，命令不足一个师的红军进取安庆威逼南京，"这恐近于共产党之夸大狂了。"申明书进而分析说："如果单就武穴不如安庆政治意义之大而言是对的，可是武汉南京比安庆意义又更大，我们能不能离开整个的政治形势和大城市群众工作基础之估量，而下一进攻武汉南京之命令？这是一种很明显的事。"[2]

红四军领导人在申明书中对张国焘及中央分局的反驳和毫不客气的批

---

[1]《鄂豫皖革命根据地》第一册，河南人民出版社1990年版，第358页。
[2]《鄂豫皖革命根据地》第一册，河南人民出版社1990年版，第361页。

张国焘(下)

评，引起了张国焘极大的反感和恼怒。他认为，这是曾中生等人向中央分局送来的一个"哀的美敦书"，夸大了渡过长江和切断长江交通的重要性，表示"将在外君命有所不受"。

张国焘到鄂豫皖苏区不久，就患上了疟疾，不久又并发肠胃病，此时卧病在床。为了解决红四军的问题，便在病榻上主持召开了鄂豫皖中央分局和军事委员会紧急会议。会上，张国焘提出，现在曾中生等人"竟到了公开反抗的地步，那是他们的执迷不悟，除了撤换以外，别无其他办法"。[1]据此，中央分局、军委会决定：由陈昌浩接替曾中生任红四军政治委员。除正式决定外，与会人员还共同署名写了一封致红四军各军领导人的信，要求他们遵守党中央和中央分局的正确决定。

中央分局紧急会议之后，陈昌浩便乘鄂豫皖红军仅有的一架"列宁号"飞机赶往红四军军部所在地。然而，无论"列宁号"怎样往返搜索，也无法找到可以安全降落的场地。陈昌浩在飞机上从望远镜里看到红四军正在向皖西方向运动，但由于飞机油料行将告罄，遂不得不返回新集。第二天，陈昌浩再乘飞机向皖西方向飞去，但同样无法找到可以着陆的地方，只好再次返回。陈昌浩只得放弃了乘飞机赴红四军的选择，于当天带着三名随员，骑马向皖西进发。一行人日夜兼程，用五天时间走了七八百里，终于在安徽六安县的麻埠赶上了红四军的队伍。

红军的"列宁号"飞机

陈昌浩一到，立即召开红四军领导人会议，宣布中央分局的决定：撤销曾中生的军政委职务，由陈昌浩接任。这个决定一宣布，与会者大为震惊。徐向前回忆说："我心里很不痛快，因为是分局的决定，也不便说什么。

---

[1] 张国焘：《我的回忆》（第三册），现代史料编刊社1980年版，第100页。

第七章
分歧、争执、"肃反"

曾中生同志表现很好,并没因为遭受打击而灰心丧气。"[1]

10月上旬,张国焘在泼陂河召集全军团以上干部会议。会议作出《鄂豫皖中央分局关于红四军的决议——改造红四军路线上的错误的具体方针》,对红四军的南下行动进行了严厉指责,对部队的军事、政治等各方面工作进行了系统批评,并且对红四军的主要领导人曾中生予以重点打击。

《决议》将中央分局与红四军在军事行动方向上的分歧,上升到政治路线的高度,认为中央分局与红四军领导人之间的争论是路线上的争论。由于红四军在政治路线上重复了已经破产的立三路线,所以采取了一个完全错误的军事计划;由于政治工作没有做好,分配土地完全是地主富农路线;由于混入了"改组派",才使反动派钻入红军来破坏军队。而这一切都应由政治委员曾中生负主要责任。

张国焘对曾中生深为不满的,是曾中生越过中央分局,给中央写信汇报四军与中央分局在军事行动方向上的不同意见,并且在事前事后都未向中央分局汇报。故此,《决议》明确指出:

> (曾中生)虽然在中央分局面前已经承认了他的错误,可是后来又知道四军在反抗中央分局政治路线的时候,已经写了一个信,把斗争的情绪告诉中央,而中生同志对于中央分局却是把这些事实瞒起不说的。中央分局认为四军有权可以写信给中央,但是必须使中央分局知道。现在中生同志有瞒起这事不说的事,可见中生同志在承认自己的错误上是不诚实的,他还没有把所有的事一齐说出来。中生同志承认了他在政治上应负主要责任,而不承认他在这次争论中煽动的主动作用与小组织的企图。这次中央分局不得不重新单独考察中生同志的错误的问题。

《决议》历数了曾中生的"错误"后宣布:"中央分局要决定撤销中生同志的政治委员,调到后方来考察,另外决定中央分局委员陈昌浩作军政治委

---

[1] 徐向前:《历史的回顾》,解放军出版社1988年版,第153页。

张国焘[传]

员，去加强红军的政治领导。"[1]

曾中生违反纪律的行为固然应受到批评和处分，但这其中也夹杂着张国焘的一些个人恩怨。实际上，张国焘对曾中生的不满已非一日。据张国焘说，他初到鄂豫皖根据地时，曾经提出鄂豫皖根据地要立即解决几个问题：纠正乱打土豪的风气，以期改善赤区与白区间的关系；厉行增产节约，解救粮荒；实施新政策，主要是奖励经商，活跃市场，提高粮价，输出土产品，建立税收制度和银行，发行苏区纸币；健全土地政策和苏维埃制度以及党的组织等。但这些主张遭到曾中生的质疑。张国焘说：

> 曾钟圣对我的主张表示疑虑。他显然轻视了打土豪所发生的错误，认为既要打土豪，偏差是难免的。他还认为我的办法缓不济急，不能解决实际问题。他以军人的头脑，认为我所说的这些偏差，只有在军事有了决定性的胜利之后才能纠正。他向我说："我素来认为国焘同志雄才大略，一定有办法取得军事上的惊人胜利，不料他现在竟注意一些不易解决的次要问题。"我觉得这些话正是立三概念的标本，但也不便直接指出来。……曾钟圣这样的观点，在这个苏区内是具有代表性的，也是不容易完全纠正过来的。[2]

两人一接触就有互不信任的感觉，这给张国焘的心里留下了阴影。在紧接着召开的鄂豫皖中央分局第一次扩大会议上，曾中生虽然表示接受批评，但张国焘仍未消除戒心。张国焘回忆说，扩大会议后，鄂皖边区地方委员会的一些负责人，开始散布对这次大会不满的言论，这是一股反中央分局领导的暗流，而这股暗流又以金家寨为起点。再后来，就是东进南下之争，尤其是曾中生召开鸡鸣河红四军活动分子会议以及在会上通过的"申明书"，更令张国焘难以容忍。

如果说此前中央分局、张国焘与曾中生等人的分歧尚在根据地高级干部

---

[1]《鄂豫皖革命根据地》第一册，河南人民出版社1990年版，第454–456页。
[2] 张国焘：《我的回忆》（第三册），现代史料编刊社1980年版，第38页。

第七章
分歧、争执、"肃反"

的小范围之间争论,影响还没有扩散,对张国焘的威信并没有大的伤害的话,那么,在鸡鸣河会议之后却大不一样了。鸡鸣河会议不仅将中央分局、张国焘与红四军领导人之间的分歧公开化,而且已发展成大规模的、有组织的反对中央分局、张国焘的行为。这对于领袖欲很强的张国焘来说,已经不是挑战,而是直接冒犯。张国焘绝对不会允许这种情况继续存在,否则他将威信扫地,难以实施在根据地党政军内的权威和影响。

毋庸讳言,张国焘这次取得了成功。他不仅制止了事态的进一步扩大,打击了以曾中生为代表的反对四中全会错误路线的势力,而且剪除了他在根据地建立个人家长统治的障碍,并得到了中共中央的支持。徐向前说:

> 我们给中央写了报告,中央是个什么态度呢?十一月三日,党中央给鄂豫皖分局的信里,做了回答。那时的中央,对他们派来的张国焘等人相当器重和信任,所以尽管张国焘的东出方针不对头,中央也不同意,但用词相当委婉的。所谓"军委会及中央分局对于决定出潜、太到六霍,而不到黄、广去恢复苏区的决定是战略上的疏忽",仅此而已。对于坚持南下方针的我们就不同了,罗织了一大堆罪名。……这就为张国焘进一步打击曾中生同志,推行王明路线,提供了"尚方宝剑"。[1]

从此,曾中生厄运连连。

曾中生被张国焘以"反抗中央分局""纵容反革命分子活动"的罪名,调离部队接受考察后,不久即提任独立第一师师长。1932年,鄂豫皖根据地第四次反"围剿"失败,红军主力退出鄂豫皖根据地,曾中生以书面形式向张国焘陈述大家对他错误领导的意见。红四军开辟川陕革命根据地后,曾中生一度担任西北革命军事委员会参谋长。1933年9月,张国焘以"右派首领"等罪名逮捕了曾中生,对他长期监禁。曾中生在遭禁期间系统地总结红四军反"围剿"作战的经验,写成《与川军作战要点》《游击战争要诀》《与

---

[1] 徐向前:《历史的回顾》,解放军出版社1988年版,第152页。

张国焘⑯

"剿赤军"作战要诀》等军事理论著作。1935年6月,红一、四方面军会师后,曾中生给中央写信,要求工作,并表示愿接受中共中央审查,结果信被张国焘扣留。1935年8月中旬的一个夜晚,张国焘派人将曾中生秘密杀害于四川西北部的卓克基。时年三十五岁。1945年,党中央为曾中生彻底平反昭雪。1988年,曾中生被中华人民共和国中央军事委员会确定为三十三位中国人民解放军军事家之一。

制定"肃反"政策

"东进南下之争"如果以撤去曾中生的红四军领导人职务而告结束,对曾中生来说虽不公正,但对于红四军来说则是一大幸事。然而,令人遗憾的是,事情并未到此为止。

红四军领导人与张国焘和中央分局在东进南下问题上的争论,最终导致了鄂豫皖根据地历史上最惨痛的白雀园"大肃反"。几十年后,徐向前回顾说:"白雀园'大肃反',是鄂豫皖根据地历史上最令人痛心的一页。将近三个月的'肃反',肃掉了两千五百名以上的红军指战员,十之六七的团以上干部被逮捕、杀害,极大削弱了红军的战斗力。"[1]

原来,红四军改变军事行动方向、南下蕲黄广一事,与一起所谓"反革命事件"搅在了一起,使得张国焘坚信鄂豫皖根据地确实存在有"一极大反革命组织",而且这些所谓的"反革命"已经混进了根据地的党、政、军等各级组织中,只有采取"大肃反"的形式,才能纯洁党的组织和革命队伍。

与打击和镇压公开的阶级敌人、反革命分子不同,"肃反"是在社会上、革命阵营内以及党内、红军内部寻找、发现、揭露和制裁那些貌似同志、朋友和革命者的阶级敌人、反革命分子,极为特殊。因此,"肃反"工作要求必须严肃、细心、认真,不能有丝毫的轻率和大意。由于这项工作极为复杂困难,加之对敌斗争尖锐、激烈,不可能像镇反那样粗线条地进行,

---

[1] 徐向前:《历史的回顾》,解放军出版社1988年版,第152页。

第七章
分歧、争执、"肃反"

尤其是在工作中发生意见分歧、产生矛盾时更要慎重，否则，极易搞成冤假错案，造成难以挽回的损失。

然而遗憾的是，恰恰是在这个十分必要而又非常复杂的问题上，由于受共产国际和联共（布）中央的反倾向斗争和清洗政策的影响，中共中央在指导各根据地"肃反"工作时犯了严重的扩大化错误。

当时，共产国际指示各国共产党要把"反右倾"作为主要任务，而中国党的反右倾却联系到十分广泛的党内斗争，不仅涉及党内和革命队伍，也涉及党外和社会的各个领域，而且把右倾同调和派、改良主义、取消派、改组派、第三党等都联系了起来，加之中国苏维埃运动正处于激烈的异常尖锐的斗争时期，在这种特定的主客观条件下，中国各革命根据地的"肃反"运动，无一例外地都犯了严重扩大化错误，给革命事业带来了巨大损失。

鄂豫皖革命根据地的"肃反"工作在这个大背景下，同样难以幸免。但应当说明的是，鄂豫皖革命根据地的"肃反"，在张国焘到鄂豫皖之前和离开鄂豫皖之后，都曾发生了程度不同的扩大化错误。这样说并不是为了减轻张国焘的罪恶，而是为了说明当时"左"倾路线给党和革命带来的负面影响是持久的、普遍的，造成的损失也是相当严重的。

张国焘认为鄂豫皖根据地有必要进行大规模"肃反"，并非始于他与红四军领导人在军事行动上的分歧。实际上，因受共产国际和中共中央"左"倾路线的影响，在他刚到鄂豫皖时，就对当时的敌情作了严重估计，并开始对"肃反"工作进行准备。

1931年5月24日，张国焘到鄂豫皖不久，就给中央写了《张国焘关于鄂豫皖区情况给中央政治局的综合报告》。这就是被后来的党史研究者们称之为"张国焘下车伊始就对鄂豫皖根据地工作全盘否定"的证据之一。

实事求是地说，这份报告中相当多的内容还是比较客观的。例如，报告中提到："黄安仙居区之一部，高桥之一部，二程区之大部，麻城赤白交界一带，都曾引起了群众的相当动摇，这里有许多我们与群众的关系不正确的错误，是被敌人利用之一因。"这与曾中生给中央的报告中所说的"反富农反到中农，对改组派只靠屠杀""过去的征发弄坏了不少事情"等说法并无二致。同时也印证了徐向前所说的："根据地内部因贯彻立三路线，推行反

277

张国焘 ⑮

富农的过'左'政策，引起黄安南部部分农民反水。土豪地主乘机东山再起，外部的红枪会、绿枪会、黄枪会等反动武装也趁主力红军西出平汉路，攻来大烧大杀，搞得八里区、西斋区、二程区、桃花区、高桥区的红色政权大都坍台，跑反群众达数万人之众。特委着了急，要一师回黄安南部收拾局面。我们去后，坚决打击反动枪会和地主豪绅，积极争取参加反水的农民，帮助跑反的群众重整家园，形势有好转。但因'左'的政策伤害了部分群众的感情，恢复工作很费周折。"[1]

再如，张国焘在报告中谈到根据地土地分配中存在的问题时写道："分配土地时是组织一个很小的土地委员会（多半CP包办的）来调查统计分配，不是广大的发动群众的分配。分配土地时，有些苏维埃执委有对自己亲戚朋友营点私利的勾当，机械式的平均，有时侵犯少数中农，有时连红军士兵家属（贫农或中农地位的）的土地，都平均出一些土地去了……这不但侵犯了中农，还侵犯到贫农，简直是反对土地革命最好的办法。"[2] 这与曾中生报告中所讲的"苏维埃分子要分好地的恶现象""农民除吃饭外就没有足够其他的需要，其余的土地都拿来做农场""农民的生产与收获减少了""木梓无人收""山林无人禁""什么菜与麦地也很少的人种"，从而影响土地革命的说法，并没有什么区别。

这里要说的，主要是张国焘对鄂豫皖根据地内反革命势力的估计问题。他在报告中说："在这一苏区活动最力的反动组织是改组派，他们的领导人物，多半是从前武汉时代国民党省委张国恩等和我们的董必武同志等在武汉时代我们党和国民党左派共同的活动分子。改组派就是当地富农、地主的一个集团，他们利用苏区的困难和我们缺点来造谣，反对苏维埃政府。麻城改组派竟然影响了一部分贫农。这是异常严重的问题。"还说："敌人用种种方法来破坏红军，有些富农混进我们军队里来，改组派企图有组织地来破坏。"[3]

"改组派"正式名称为"中国国民党改组同志会"，成立于1928年，主

---

[1] 徐向前：《历史的回顾》，解放军出版社1988年版，第106–107页。
[2]《鄂豫皖革命根据地》第一册，河南人民出版社1990年版，第240–241页。
[3]《鄂豫皖革命根据地》第一册，河南人民出版社1990年版，第243、240页。

第七章
分歧、争执、"肃反"

要领导人为汪精卫、陈公博、顾孟余等，在南京、上海、北平（今北京）、天津、江苏、安徽、浙江、江西等十七八个省市及法国、日本、越南、香港等国和地区设有地方支部，成员最多时达一万余人。改组派的主要目标是企图通过改组国民党，与蒋介石争夺党权和政权，是国民党的反对派，曾多次对蒋介石发动政治攻势，并策动多起"讨蒋"的军事行动，在一定程度上削弱了蒋介石集团的统治力量。1931年初宣告解散。受共产国际、联共（布）"左"倾路线和反右倾运动的影响，中共中央未能正确判定改组派的性质，不仅将改组派作为主要敌人，而且认为在根据地党政军内包括各阶层中都有改组派成员。

对于鄂豫皖根据地内部存在改组派和对富农反革命倾向的情况估计的过分严重化，在当时是比较普遍的现象。从中共中央到鄂豫皖特委，从鄂豫皖的早期领导人舒传贤到曾中生、沈泽民，再到后来的张国焘等人，都对根据地内的敌情持基本相同的看法，认为反革命的改组派不仅存在，而且还发展有较大的组织、较多的人数。这些反革命的改组派分子的构成主要是富农、地主、豪绅、流氓、被党开除的分子以及受过处分的人，还有一些被"解决"[1]的改组派的亲属等人；认为反革命的改组派已经打入到了党组织内、苏维埃政权机关内、工农红军内、青年团等革命群众组织内，随时随地都在进行着反革命的破坏活动；认为鄂豫皖根据地的"肃反"工作犯了右倾机会主义的错误，致使反革命的活动愈加严重；认为造成根据地"肃反"工作错误的主要原因在于立三路线没有肃清，等等。

在这种认识的基础上，以张国焘为书记的中共鄂豫皖中央分局将对根据地的"肃反"工作采取什么样的政策，就可想而知了。

在中共鄂豫皖中央分局第一次扩大会议上，张国焘强调：为了做好"肃反"工作，"今后要加紧建立政治保卫局的工作、革命法庭的工作，以打击一切反动派"。[2]张国焘的话为扩大会议有关"肃反"问题定下了调子。会议对"肃反"工作的要求是："加紧'肃反'工作。改组派、第三党等反革

---

[1] 指处死。
[2]《鄂豫皖革命根据地》第一册，河南人民出版社1990年版，第278-280页。

张国焘

命组织,在苏区尽力破坏革命。党要在理论上去揭露改组派和其他各种反革命政党政纲,要针对着国民党改组派、第三党、取消派等反革命的宣传口号,进行日常宣传工作。严密戒严和政治保卫局的工作,去消灭苏区境内反革命的组织和他们的活动。"[1]

6月30日,张国焘在会上作总结时,谈及"肃反"问题时说:"'肃反'工作——富农路线是主要危险,要坚决反对富农。反对富农不是杀尽富农。要好好建立保卫局的工作。要加紧肃清改组派的工作,对改组派的谣言与反动宣传要在政治上做大的斗争,肃清改组派的影响。要没收富农家的武器。"[2]

这样,在张国焘的主持下,中央分局制定了一套比较完整的"肃反"工作方针政策,即在鄂豫皖根据地政治保卫局这个"肃反"主要责任机构领导之下,肃清根据地内部的反革命改组派、富农、第三党、取消派的组织和个人,以保证根据地的党、苏维埃、红军和其他革命群众组织不受反革命分子的破坏,最终保证土地革命的胜利。这种建立在"左"倾错误路线之上的"肃反"政策,不久便显露出其严重恶果来。

鄂豫皖中央分局第一次扩大会议结束后第三天,1931年7月1日,鄂豫皖第二次苏维埃代表大会即在新集召开。为了加强"肃反"工作,在大会通过的《苏维埃政府临时组织大纲》中规定:鄂豫皖区苏维埃政府下特设"政治保卫局"和"革命法庭",作为根据地"肃反"工作的执行机构。在《关于"肃反"决议案》中,对政治保卫局的性质和任务做出如下规定:

> 政治保卫局是"肃反"主要组织,但单靠保卫局是非常不够的。必须动员广大群众来帮助这一工作,使广大群众深刻了解"肃反",不只是保卫局的工作。各乡、各村以至每个群众,都应该自动注意起来。这样保卫局与群众打成一片,就是说要使"肃反"工作建立在广大群众基

---

[1]《鄂豫皖革命根据地》第一册,河南人民出版社1990年版,第290页。
[2]《鄂豫皖革命根据地》第一册,河南人民出版社1990年版,第307-308页。

础上，一致的同一切反革命斗争。

在阶级斗争激烈时，群众多因痛恨反动而自行处决，这是证明群众"肃反"的热忱。但是，以后应捉送保卫局并报告其事实，保卫局即根据这些事实，予以必要的处理。过去，乡苏维埃间，有自动处决反动分子的事实，今后必须送交保卫局处理。

各级苏维埃及革命团体，都必须以极大的力量，经党供给保卫局的材料，特别是要以阶级意识坚决的分子来担任"肃反"工作。务使一切反革命的阴谋活动，都要完全肃清下去，使苏维埃的政权铁一般地巩固起来。

大会为要有效地进行"肃反"工作，特批准政治保卫局临时组织大纲，及委托政治保卫局进行全苏区内人口、枪支、经济组织、反动家属……的登记。

这样，政治保卫局就有了负责"肃反"的全权，为后来"大肃反"做了组织上的准备。

鄂豫皖根据地经历过初创时期的镇压反革命，打击土豪劣绅的激烈大搏斗和"左"的盲目烧杀错误，此后又经历了根据地内反富农、反改组派等运动，到鄂豫皖中央分局成立前后，根据地"肃反"扩大化的思想、理论准备已基本完成。再由鄂豫皖中央分局、张国焘等推波助澜，经过中央分局第一次扩大会议和根据地第二次苏维埃大会，使"左"的"肃反"扩大化理论终于有了实践的群众基础。至此，"肃反"扩大化已是箭在弦上了。

鄂豫皖区第二次苏维埃代表大会闭幕后，中央分局和军委会在红四军的战略行动方针上即发生分歧，即前文所述的东进南下之争。张国焘以此为切入点，将"肃反"的大棒首先向红四军领导人的头上挥去。

问罪许继慎

要谈张国焘主持的大"肃反"，必须从许继慎谈起。

张国焘⑮

许继慎

许继慎 1901 年生于安徽六安，1924 年加入中国共产党。为黄埔军校第一期毕业生。国共合作的大革命时期，在国民革命军中历任排、连、营长，叶挺独立团参谋长，第二十四师七十二团团长等职，是北伐时期英勇善战的骁将。大革命失败后到上海，在中共中央机关工作。1930 年受中央军委委派，赴鄂豫皖根据地，任红一军军长。1931 年任红四军第十一师师长、皖西军分会主席、第十二师师长等职。

张国焘与许继慎相识在大革命时期。据张国焘说，许继慎曾受过他很多熏陶。1928 年南昌起义前，许继慎在讨伐夏斗寅的战斗中负了重伤，正在九江。当时负责中央疏散工作的张国焘、周恩来认为，许继慎等重伤员不能参加南昌起义，决定让许继慎去上海疗养。当张国焘受罗明纳兹的派遣前往南昌时，途经九江，见到许继慎，要他往上海去医治。张国焘对许继慎的印象是："一个才华毕露的军人，爱谈政治"。[1] 应当说，在张国焘到鄂豫皖根据地之前，两人之间还是互有好感的。

张国焘与许继慎之间的关系开始紧张，是在张国焘到鄂豫皖根据地之后。

张国焘到鄂豫边苏区不几日，便去皖西苏区考察，到达皖西根据地的首府金家寨时，许继慎曾派政治部主任到金家寨来见张国焘，并转达许继慎的意见：许继慎不满沈泽民，也不满旷继勋的领导，且有取旷而代之的想法。张国焘听后很吃惊，便再三追问这是否是许继慎的原意，当得到确切答复后，张国焘颇为生气，他觉得许继慎的这种想法充分表现了"军阀主义"的

---

[1] 张国焘：《我的回忆》（第三册），现代史料编刊社 1980 年版，第 62 页。

第七章
分歧、争执、"肃反"

倾向,非予以纠正不可。[1]

从此,张国焘就开始注意许继慎了。他发现,许继慎的确有不少问题:在皖西金家寨地区没有赤白区的明显对立,离金家寨愈远,苏维埃的色彩愈淡。据当地同志告诉张国焘,这是许师长的"德政"。在六安境内,许师长只赞成打击那些为富不仁的人,打土豪的范围也就缩小了。许继慎不重视政治工作,并说军政治委员余笃三能力薄弱,其他各级政工人员也多为后进。他还发现,许继慎的声望有时高于党和苏维埃之上:当红军在独山一带发动当地农民起来分土地、组织苏维埃的时候,地主富农常出入于许继慎之门,许继慎有时也公然袒护他们,等等。[2] 张国焘发现许继慎这么多问题,对许继慎显然是非常不利的。

如前所述,在张国焘到鄂豫皖之前,这里已有"肃反"扩大化现象。张国焘到鄂豫皖之后,不仅对这种扩大化的错误倾向予以认可,而且为了贯彻四中全会路线,将这种扩大化推向了更为严重的地步。

"东进南下之争"事件发生后,张国焘视之为对他威权的一种冒犯,而红四军召开的鸡鸣河会议和这次会议形成的申明书,更使张国焘无法容忍。在张国焘看来,他作为中共中央政治局委员、常委,鄂豫皖中央分局书记、军委会主席,在红四军军内居然不能得到尊重,那么他将怎样在鄂豫皖根据地开展领导工作,怎样树立起党的领导的威信呢?红四军领导人敢于不执行"东出潜太、威逼安太、威吓南京"的任务,那么今后中央分局的其他决定、命令是否还会被红四军领导人拒绝执行呢?

这个口子绝不能开!张国焘认为,"现在曾许[3]竟到了公开反抗的地步,那是他们的执迷不悟,除了撤换之外,别无其他办法"。[4]

张国焘要拿许继慎开刀。恰在此时,发生了一件对许继慎极为不利的事情。

1931年3月9日,红四军在广水以西的双桥镇地区全歼敌第三十四师岳

---

[1] 见张国焘:《我的回忆》(第三册),现代史料编刊社1980年版,第60页。
[2] 见张国焘:《我的回忆》(第三册),现代史料编刊社1980年版,第62—63、67—68页。
[3] 指曾中生、许继慎。
[4] 张国焘:《我的回忆》(第三册),现代史料编刊社1980年版,第100页。

张国焘[传]

维峻部来犯之敌，俘敌师长岳维峻以下官兵五千余人，其中有部分当时被扣押在根据地内。当红四军南下攻克英山时，政治保卫局在后方则破获了一起反革命大案。据张国焘说：

> 八月初就破坏了一个岳维峻所组织的反革命团体，名AB团，自成一系统，约一百二十之谱，最大多数是岳的旧部。由于过去对岳的机会主义，甚至幻想他，过分准其自由，甚[直]至中央分局成立后，组织保卫局，始将其禁闭起来。岳经常供给这一反革命团体之计划和经济，建立赤区内外之交通网及侦探网，联络赤区一切反革命分子及组织，计划于九月十五日暴动，毁医院药房，抢岳维峻出去。岳之参谋孟守先亦为其组织者，已枪毙。其宣传要点就是红军生活不好，白军生活好、势力大等。因为岳之反革命组织之破坏，就部分地破获了黄麻赤区AB团的组织。它们团结了富农、地主残余流氓首领等，也有九月十五日暴动的阴谋。并在他们的供词中，说明过去AB团、改组派、第三党各种侦探是从各方面来的，于今年春间即企图统一，而且成了功。民团侦探，蒋介石及赤区周围各军队派来之侦探，改组派、AB团、第三党在许多实际行动中充分证明联成一气。这时我们就知道反革命必然有一中心组织。接着又由政治保卫局破获了一些改组派的县委、区委组织……[1]

政治保卫局破获的案件，牵扯到了红二十八团团长潘皈佛的妻子——一位红军医院药房的护士。据说潘皈佛的妻子在所谓九月十五日暴动中承担了投毒和炸毁药房的任务。潘妻在严刑逼供之下供出了李荣桂，而李荣桂又供出了许继慎等人。

据张国焘向中央汇报说："在'肃反'紧张中，军事委员会之参谋主任李荣桂（他曾在四军中长期工作，做过师政治委员及全军党委书记等要职），日益表现动摇恐惧，企图洗刷自己。其时并有反革命首领潘皈佛之妻

---

[1]《中国工农红军第四方面军战史资料选编》（鄂豫皖时期·下），解放军出版社1993年版，第457页。

第七章
分歧、争执、"肃反"

确实供出他来,因逮捕李荣桂,没有费半点力气,他就供出许继慎、熊受暄及他自己之全盘反革命计划,这样就逮捕了许、熊及周维炯等。而反革命之全盘组织就均陆续破获,计从九月十三日至现在七十天内,我们用了全力来肃清四军之反革命及整理四军。"[1]

破获反革命组织与红四军南下的军事行动又有什么直接联系呢?陈昌浩在彭杨学校报告"肃反"经过时,曾对此作了较为详细的叙述:

在新集开第二次会时,姜镜堂、许继慎、周维炯用大力量提议截断长江,当时曾中生(立三路线)极端赞成,结果做了这样的决议案。南下是他们最痛快的整个断送红军的机会,当着攻下英山的时候,第一天蒋介石就派有两个全权代表钟俊、钟梅桥来勾结许继慎等,许他们为暂编第十四军军长,肖方、周维炯都是师长,并许大洋三十万元,准备将英勇武装同志牺牲流血换来的红四军拖到武穴去消灭,去缴枪,扯起青天白日的旗帜。红军攻下英山后,改组派、AB团、第三党分子全体动员,主张与拥护曾中生去占据武穴的计划,在熊受暄公馆内开了一个秘密会议,要改变行动到武穴去,同时许继慎立即派钟俊到汉口去找老蒋去接洽一切。老早武穴有三只大兵舰送洋钱等候,并准备徐、夏(斗寅)军队夹击。许继慎等又由黄、广方面找了两个改组派装着地方农民来接头,说那地方如何如何。决定到武穴改变中央分局对四军的计划。曾中生由英山来信说:蕲、黄、广组织派了很多负责人去接头,要求四军去武穴,这些代表就是改组派派来的。蒋介石派的钟俊,他们不说出真名,说他是钟蜀吾,出一个假布告说钟蜀吾是蒋介石派来的侦探,现已执行枪毙。其实老许放他走了,并给有信和路费路单。还有一个钟梅桥是钟俊之弟,在十二师政治部住三十一天,走的时候给了他一个出来的介绍信,并在罗田方面办了一个交通站,时常与夏

---

[1]《中国工农红军第四方面军战史资料选编》(鄂豫皖时期·下),解放军出版社1993年版,第458页。

张国焘 下

斗寅、郑其玉的代表接头。[1]

无论陈昌浩这里说的其他问题是否属实，有一点是可信的：即南京方面派人来找过许继慎，并带来了一封信，写信人是曾扩情。多年后，曾扩情著文讲了事情的原委：约在1929年8月，上海警察局曾破获了中国共产党地下组织几处，抓捕了黄埔一期同学张际春（与后任中共中央宣传部副部长的张际春不是同一人）及彭湃等多人。蒋介石想借此瓦解当共产党员的黄埔同学，并派曾扩情到上海将张际春保释出来，其余如彭湃等多人，被上海警备司令部熊式辉杀害了。曾扩情在文中写道："距上述事件不久以后，我认为，在安徽红军中，任军长的第一期同学许继慎，有争取回到蒋介石领导下的可能。我经蒋的特许，写了一封很短的文言信给许，开首写的是'继慎兄无恙'几个字，信中的大意说明：蒋介石之怀念他，有如父兄之怀念子弟一样；望幡然改图，回到南京，定将受到最为优厚的待遇云云。交由第六期同学钟俊设法派人送交，事被红军查获，将我的信，译成白话，'继慎兄无恙'几字，译成为'继慎哥哥好么'？并加以极为尖锐的讽刺，登在当时的红旗周报上。"[2]

曾扩情给许继慎写信一事，充分说明当时国民党蒋介石确实动过策反许继慎的念头，并作了一些尝试。此事并不像后来国民党特务冷欣亲口对陈毅吹嘘的那样："我们略施小计，你们就杀了许继慎。"因为曾扩情写信的目的，并不在除掉许继慎，而在于策反，但结果却使许继慎遭到杀害。

曾扩情策反的目的没有达到。正直坦然的许继慎将信和来人一起交给了党组织，这使得今天人们能够得知信的内容：

继慎吾兄无恙：

前由钟俊同志奉书吾兄，幸荷察纳，钦佩至极，此得钟同志返命，即为详呈校座，奉批照办，匐匍来归之子，父母惟有热泪加怜或是自伤

---

[1]《中国工农红军第四方面军战史资料选编》（鄂豫皖时期·下），解放军出版社1993年版，第446页。

[2] 曾扩情：《黄埔同学会始末》，《文史资料选辑》，中华书局1961年版，第179–180页。

第七章
分歧、争执、"肃反"

其落之不周耳,宁忍加省难于其子哉,苍苍此天,于孝行后,分无再见,乃后来归,虽忧千里,心实谨喜,只所领名义防地,俟钟俊同志赴赣请示校座,自当以给。

校座返京百务等决,故一时未能缕缕呈耳,愿吾兄之勿虑也,西望停云我心劳结,诸希自珍,以候龙命,并颂

戎安

弟曾扩情志
九月十九[1]

当年曾任红四军军长的徐向前回忆此事时说:"许继慎立即将特务逮捕,连人带信一起送交军部处理。曾中生和我审讯了特务,转送分局处理。我们还给分局写了封信,说明根据许继慎同志的一贯表现,他不会有什么问题。敌人下书是搞的阴谋,企图离间和破坏我们。""对此,曾中生和我在八月二十日致党中央的报告中也作了说明:'打下英山后,有名钟蜀吾者,自称来找许继慎的,经过我们秘密审讯以后,他说名义上是从南京政府派来运动许继慎倒戈,实际上他是第三党,受邓演达之命来找许继慎的。''钟某我们还在密禁着,将解到中央分局去,由中央分局去处办。这里我们要负责,许继慎在组织上当然不会有什么问题,然而许多社会关系不能打断这一点,我们已严重警告他。总之,这完全是敌人用各种阴谋来破坏我们,这里,我们更有严密党的非常重要(的)意义。'"徐向前元帅分析说:"他要是和蒋介石真有秘密勾结,还能把特务和信件,交给组织上处理吗?"[2]

尽管如此,这封信交出后所引起的后果,是使中央分局、张国焘与红四军领导人在东进南下战略问题上的争论发生了质的变化,即不仅是战略问题,而是事关红四军前途的政治问题。因此,张国焘认为,红四军如不北上,就有被反革命搞坍的危险,所以才坚决调红四军北返。[3]对此,中央分局是这样解释的:"这次事变最初由于在医院中几个反动派的发现,招认苏

---

[1]《许继慎与蒋介石勾结的一封信》,《肃反专刊》第一期。
[2] 徐向前:《历史的回顾》,解放军出版社1988年版,第155—156页。
[3] 参见徐向前、倪志亮:《鄂豫皖苏区红军历史1930年春—1932年秋》(1945年)。

张国焘传

区改组派已有广大阴谋组织，并供出红四军许多重要干部。""他们的阴谋计划，最初是在九月十五号在红军和地方苏区举行暴动，这一阴谋在苏区和红军都因为我们的先期发觉而制止了。他们举行暴动的方法是怂恿将四军开到武穴，就在那里发动起来，因为他们在各方面都布置得有人，就先杀军长及军政委，各师师长、师政委及各团领导同志，举行暴动，将这军队拖到白色军队去，由白色军队来将红军缴械。这次因为中央分局严调红四军回来，不曾实现。第二次他们计划走到了麻埠时举行。这一次因中央分局派了陈昌浩同志去做军政治委员，开始'肃反'工作，许多首领被我们逮捕，所以又未实现。"[1]

在"肃反"过程中，许继慎等人又有不少"犯罪事实"被揭露出来：在去年和今年就组织一个领导机关，反革命的军事委员会，委员共九人，许继慎、周维炯、高建斗、廖业琪、肖方、吴精赤、熊受暄、潘皈佛、姜镜堂是他们九个领袖，主席是许继慎。再在下面各师、团、营、连发展组织。四军第十师、第十二师、第十三师加入改组派、AB团、第三党的有两个师长、一个师政治委员、八个团长、五个团政治委员、两个师政治部主任、十二个团政治处主任，各级经理处、参谋处、副官处也有许多，连、排长也有一部分，皖西北四个县委书记，几个党、团特委委员及蕲、黄、广的组织大半都是。这些人的阴谋是拖枪跑，杀工农分子及共产党员，投降国民党，破坏红军和苏区。[2]

由于发现了这些"阴谋"，中央分局又发现了许继慎等人在军事行动中的"破坏行为"，如有意使红军吃败仗，将土地分给地主富农，吃喝嫖赌，抛弃病号……真是到了"十恶不赦"的地步。

这些罪名大都是不实之词，或是捕风捉影，也有重刑之下的口供。但由于政治保卫局掌握着无限的"肃反"权力，谁也无法对此提出异议。因为在《鄂豫皖苏维埃政府革命军事法庭暂行条例》中明确规定："革命军事法庭对

---

[1]《中共鄂豫皖中央分局为肃反致各县的指示信》（1931年10月），《鄂豫皖革命根据地》第一册，河南人民出版社1990年版，第467—468页。

[2]《中国工农红军第四方面军战史资料选编》（鄂豫皖时期·下），解放军出版社1993年版，第445页。

第七章
分歧、争执、"肃反"

于军队中之政治案犯,在经过军事委员会主席或政治委员、政治部主任之许可时,得接收处理。但经常在初审以后,对于违背军事纪律之罪,定谳后,应将其转解政治保卫局,或通知保卫局前来会审处理之。最低限度,革命军事法庭对于政治犯之处理情形,必应通知其就近或与本案有关之某地政治保卫局。政治保卫局在审理某种有关事件之案件时,革命军事法庭在得到政治保卫局许可时,得参加会审。""政治保卫局在处理某种有关军事组织之案件时,革命军事法庭在得到政治保卫局之许可时,得参加会审。""革命军事法庭对于案犯之最后定谳及执法,必经过其直属之上级军事委员会主席,或直属上级军事长官与政治委员之批准。""革命军事法庭与同级政治保卫局,应发生极亲密的横的关系,而同受政治委员之领导与指挥。"[1]

从上述规定来看,政治保卫局无疑有着可以裁决任何案件的权力,而这种权力又是张国焘和中央分局赋予的。说到底,是作为鄂豫皖根据地一把手的张国焘拥有了特殊的且不受任何监督制约的无限扩大了的权力。在这种权力之下,政治悲剧开始在鄂豫皖根据地上演。

妄杀无辜

张国焘主持的"肃反",以红四军的"白雀园大肃反"为起点。

潘皈佛,红十师参谋长,原红二十八团团长,是这场"大肃反"的第一个牺牲者。据王宏坤将军回忆:"早先的'肃反'并不是公开进行,大家并不知道。红二十八团团长潘皈佛在打了漕家河以后调到师部任参谋长。一天,副营长对我说,师部手枪队绑着一个人到我营驻地附近的山沟里枪毙了,我很奇怪,因为这样的事,以前从来没有发生过,我到团部去问团长高建斗,政委封俊,他们说,我们不知道,你也不要问。我还是在猜测,到底是什么人?是在外面抓的?没听说呀,外抓的要枪毙也只能交地方,不能带

---

[1]《中国工农红军第四方面军战史资料选编》(鄂豫皖时期·下),解放军出版社1993年版,第373—374页。

到我们部队上来呀，百思不得其解……第二天出发，从麻埠向叶家集开，叶家集在金家寨以北，属河南固始的地盘。那里是平原，一路上我注意就是不见潘皈佛。后来才知道，枪毙的果然就是潘皈佛。潘皈佛是张国焘'大肃反'受害的第一个。"[1]

张国焘的专横和政治保卫局的"肃反"特权，很快在鄂豫皖根据地的党政军群等组织内造成一种恐怖气氛。鄂豫皖中央分局、苏维埃政府政治保卫局根据不可靠的证据破获的所谓许继慎、熊受暄、周维炯、潘皈佛等九人委员会准备把红军拉到长江边上并于9月15日举行暴动，投降蒋介石，从根本上消灭红四军和鄂豫皖根据地的反革命计划的案件，以及根据该案件指责红四军变东进为南下的作战行动是曾中生继续立三路线、反对中央分局路线，是对于"肃反"和红四军政治工作不加丝毫注意的必然结果，是受到了反革命分子的怂恿和蒙蔽，并为反革命分子所利用等等，使得根据地内的党政军高级领导人无言以对，而中央分局和张国焘则收到了一石两鸟的实效：一方面消除了他们推行六届四中全会路线的最大障碍，另一方面也为建立中央分局，尤其是张国焘的个人绝对权威打开了通道。

鄂豫皖中央分局、张国焘等挥舞着在红四军中肃清反革命阴谋这面大旗，对所有不听从指挥或受到无端怀疑的人进行残酷打压，确实令许多人不寒而栗。徐向前回忆说：

> 说这些人是四军中的反革命，要举行兵变，拖走红军去投降国民党。开始，我将信将疑。一方面，在"赤白对立"的那种严重形势下，敌人派特务、探子、狗腿子来根据地内部进行破坏、策反，屡见不鲜，我们过去就处理过这类的事。而且，中央也不断有指示来，强调肃清混入我党我军内部的改组派、第三党、AB团等反革命组织。说我一点都不相信，那是假话。但是，另一方面，我有怀疑，也是真的。因为陈昌浩同志抓起来的那些红军干部，都是跟我们一起打游击走过来的，作战勇敢，平时没有什么异常表现，一夜之间就成了改组派、AB团，使人

---

[1] 王宏坤：《我的红军生涯》，人民出版社1991年版，第97页。

第七章
分歧、争执、"肃反"

不可理解。我们一边行军、打仗，他就一边抓人，越抓越多，给了我很大的震动。

有天，部队走到商城以西的余家集，我正站在路边的山坡上看着队伍行进，陈昌浩也在。队伍里抬着两副担架，上面蒙着白布，我就问他："谁负伤了，抬的什么人？"他看了我一眼说："没有谁负伤，那是许继慎、周维炯，反革命，逮捕了！"我大吃一惊。许继慎、周维炯都是师长，也成了反革命啦？！我说："怎么搞的，把师长抓起来，也不和我说一声！"他知道我不满意，但没再说什么。按照那时的规矩，"肃反"是单线领导，决定权在政治委员。捕人他有这个权力，相反，你要过问，便是越职擅权，不允许的。搬的是苏联的那一套，有什么办法呀！[1]

徐向前还回忆说："他们把一些人抓起来，逼、供、信，宣称许继慎组织了反革命集团，要利用南下带上部队投降蒋介石；所谓在英山活捉的敌团长张汉全，亦被许继慎放走；曾中生包庇他，所以才被撤职。有鼻子有眼，以证明张国焘东出方针的正确和'肃反'的必要性。他一手拿着中央的'肃反'指示，一手抓着许继慎等人的'证据'，谁还能说话呀！"[2]

徐向前元帅几十年后回忆这段往事时，许继慎一案早已平反昭雪。而在当时，尽管徐向前是鄂豫皖根据地军事委员会委员、红四军军长，也只能是"将信将疑"，不能明确表示反对。

其实，在当时"肃反"空气十分浓厚的情况下，根据地内相当一部分干部战士都相信鄂豫皖中央分局、张国焘主持的"肃反"是正确的。如鄂豫皖中央分局委员、彭杨军政干部学校校长蔡申熙在给徐向前、刘士奇、王树声等人的信中就表示："此次'肃反'，直革命紧急关键也。彼等正企图置死难阵伤同志之血与命，数百万工农劳苦群众之血与汗，所争得苏维埃政权、土地革命利益，及工农红军之绝境，以求逞其屠杀工农之惯技。观于如首犯之口供（暴动、炸药房、焚医院）及屡次战争中，彼等之延时抗命，便豁然

---

[1] 徐向前：《历史的回顾》，解放军出版社1988年版，第154–155页。

[2] 徐向前：《历史的回顾》，解放军出版社1988年版，第159页。

矣！尤其于最近所获彼等于南京政府方面接洽来往文件中，更显其狰狞之兽性，亦更证明不可与彼等共戴天下。兄等能以坚绝之手段，处此稍纵即逝之事，不仅挽鄂豫皖苏区前途于累卵，直已建最后胜利之坦途矣……此次虽减少红四军人员数量，不在少数，但对今后工作，不仅绝无损害，反为加强也。兄等应视此之胜利，胜似消敌人兵力三师以上。至干部问题亦不应稍为犹豫，须知彼等虽有才，其才不仅不为我用，而正用其才杀我也。望兄等在培养自己干部上努力，工农干部今日虽弱，忠质之弱腹似狡猾之强百倍也。"

蔡申熙的这种看法和态度，当时在鄂豫皖革命根据地的高级干部中，是有一定代表性的。

正是基于这样的一种思想认识水平，在红四军中的"肃反"不仅迅速开展起来，而且被严重地扩大化了。据史料记载，陈昌浩接替曾中生任红四军政委的当天，即开始捕人，先在麻埠逮捕了红四军参谋长潘皈佛、红四军参谋主任范陀、红十师参谋主任柯柏元等二十多人，继而在斑竹园又逮捕了红三十团团长高建斗和政委封俊、红三十五团团长王明、红三十六团团长魏孟贤等人，接着又在余子店逮捕了红十二师师长兼皖西军分会主席许继慎、红十二师政治部主任熊受暄、红十一师师长周维炯等人。[1]

10月上旬，红四军移驻河南省光山白雀园地区。张国焘便从新集专程赶到白雀园，主持红四军的"肃反"。

"白雀园'肃反'闹得真凶。"徐向前回忆说，"张国焘亲自审讯。开始还让我参加会议，因为我提了些不同意见，保人，说我刚来鄂豫边时廖荣坤等同志就是营长、连长，打仗好等，以后就干脆把我甩到一边，连会也不让参加，甚至暗地里审查我。'肃反'的对象，主要有三种人：一是从白军中过来的，不论是起义、投诚的还是被俘的，不论有无反革命活动，要审查；二是地主富农家庭出身的，不论表现如何，要审查；三是知识分子和青年学生，凡是读过几年书的，也要审查。重则杀头，轻则清洗。为了防止部队发生异动，张国焘等分局领导人还决定，以营为单位拆散混编；中央分局和

---

[1]《中国工农红军第四方面军战史资料选编》（鄂豫皖时期·下），解放军出版社1993年版，第458页。

第七章
分歧、争执、"肃反"

鄂豫皖省委（此时鄂豫皖省委尚未建立——引者注）组成巡视团，派到各师，监督'肃反'。弄得人人自危，熟人见了面都不敢说话，生怕被说成是'秘密组织'、'反革命活动'。就连王树声、倪志亮这些老同志见到我，都不敢说什么。真是一片白色恐怖的气氛！"[1]

鄂豫皖中央分局和张国焘主持的白雀园大"肃反"，捕捉了大批的红军干部和战士，搞到风声鹤唳的程度，那么中共中央是什么态度呢？

白雀园殉难烈士纪念碑

张国焘等人将在红四军内破获的所谓改组派的情况，写成《鄂豫皖中央分局关于红四军的决议——改造红四军路线上的错误的具体方针》，向中央作了汇报。1931年11月3日，中共中央发出《中共中央给鄂豫皖中央分局的信》，明确表示"中央完全同意关于反对四军领导干部反抗中央分局的正确路线的决议"，并且指出：红四军领导干部占领武穴和截断长江的计划如不被许多客观原因所阻碍，而得到顺利实现时，将造成极大的罪恶，而使鄂豫皖苏区受到严重的损失。也是在这封信中，中央给了张国焘"肃反"的尚方宝剑：

关于肃清反革命派的工作，必须坚决地进行。在进行中必须根据阶级的立场，分别首从。严厉的处置首领，而对于被欺骗的工农分子应尽

---

[1] 徐向前：《历史的回顾》，解放军出版社1988年版，第158–159页。

293

量设法使其改悔……许继慎，中央除得到你们的报告外，并得到情报说"改组派曾声称如北伐军到达两湖，许继慎部即可响应"，又许曾致信王保需担保释放其父（被我们逮捕的土豪）。据此，中央局对许应作严厉的考查。[1]

正是在中共中央的支持下，张国焘大开杀戒，杀害了包括许继慎在内的一大批红军官兵。在《中国工农红军第四方面军烈士名录》内，载有由于受"肃反"扩大化之害而牺牲的团以上干部就有七十五人，其中在白雀园被害者二十七人。[2]

张国焘主持的"肃反"不仅杀人过多，且刑讯逼供也是非常残酷的。据袁克服说："那时捉一个就问，问了就打，打了就供，供了再捉。地主富农出身的，不是反革命的也清洗，如像袁克服当政委的那个团，连'肃反'到清洗共八十几个人，内中有连长、排长、支书、青年工作者等，思想上没有经过整风，当然多少有些毛病，如像调皮骡子及说些怪话的人，有一二年历史的、打仗打的很勇敢，很多被清洗出去时哭着不想走，该团的三个连长，换了两个，连长与指导员换了三分之二，政治处只肃了两个股长，杀只杀了两个，其他都送交上级去了。其他连长、排长、班长等被供出来而没有捉的共一百多，虽然尚未影响到共产党员要求脱党，但是三二年以后，部队中就不敢加入党，因为支部书记一捉，一供说下面党员都是，当然大家都害怕。"[3]

杨克武在回忆"肃反"时也说：

张国焘搞"肃反"时，我在四方面军政治科任科长，专搞"肃反"，杀了一些人。刑法也是很残酷的，如灌辣椒水、手指头钉竹签子、站火砖、捆绑吊打等等，苦打成招，非要你承认是反革命，还要你说和你说话的也是反革命。譬如，我俩在一起说过话，给我抓去了，苦

---

[1]《中央给鄂豫皖中央分局的信》（1931 年 11 月 3 日）。
[2] 此处不包括张国焘后来在川陕苏区和长征途中借"肃反"等名杀害的团以上干部。
[3] 袁克服：《鄂豫皖苏区三〇、三一年时一些"左"的政策》。

第七章
分歧、争执、"肃反"

打成招,承认了自己是反革命,这还不饶,非要说你也是反革命组织的人,这样又把你抓去,如法炮制,株连一些人,然后一一给杀害了。战士们年轻,爱玩,走路拣石子打着玩,看到了,这叫"石头队"。那时生活艰苦,战士们打地主的东西,在一起吃一顿饱饭,说这是"吃喝委员会"。仗没打好,说是对反革命手软。从团长到马夫、火夫都说不好,也都不得了。总之,无奇不有,随便安个名堂都可以。

这种毫无限制的"肃反",使得捕人、捉人、杀人严重地扩大化了,其场面之大,情景之恐怖也是罕见的,张竞回忆"肃反"情况时说:"白雀园'大肃反',主要是杀军队干部。白雀园河湾、砖桥、新集是杀人地点,在白雀园大河湾里杀人杀不及,用机枪扫射。""1932年农历正月初五,商城第三次打开。红军总医院分出一个分院到里罗城,不久又分出一个分院到城东何店。一个医生、八个护士,杀了七个,我因年纪小和李院长爱人没杀,但我陪了两次绑。谢医生(东北人,是国民党军医,投过来的)是何店分院唯一的医生,到何店来,当天晚上就杀了。"

至于许继慎,对于张国焘等强加在自己头上的所谓"罪行"根本就不承认。在白雀园火星庙的"公审"大会上,当张国焘宣布他的"罪行"时,他当众怒斥说:"诬蔑,统统是诬蔑!假的,统统是假的!我对党、对革命问心无愧。我一生经历了几十次战斗,用鲜血和生命创建了红一军,扩大了鄂豫皖根据地,这些足以证明我是忠于党、忠于人民的。红白忠奸,历史自有公论。我相信,总会有一天,党会作出公正的结论的。"

白雀园"公审"后,许继慎被押回到中央分局所在地新集,关在政治保卫局的一间禁闭室里。11月中旬,张国焘根据中共中央11月3日给鄂豫皖中央分局信中关于"中央完全同意关于反对四军领导干部反抗中央分局的正确路线的决议"和"中央局对许应作严厉的考查"的指示,下令将许继慎勒死,年仅三十岁。同时遇害的还有周维炯、王培吾等人。许继慎的夫人王望春,也在此前后被杀害于英山县城关的上河摆。[1]

---

[1] 见鲍劲夫:《许继慎将军传》,解放军出版社1986年版,第138–139页。

张国焘 传

张国焘等人以种种残酷刑法杀害了红四军多少干部战士，至今还没有具体数字。1931年11月22日，陈昌浩在《彭杨学校报告"肃反"经过》一文内承认："这次共计肃清改逆一千人，富农及一切不好的分子计一千五六百人。"另据《中国工农红军第四方面军战史》记载："从九月十三日到十一月中旬，先后以所谓'改组派'、'第三党'、'AB团'等莫须有罪名而逮捕杀害的红四军中的高级干部就有：第十一师师长周维炯，第十二师师长兼皖西军分会主席许继慎，第十二师政治委员庞永俊、副师长肖方、政治部主任熊受暄，第十师政治部主任关叔衣、参谋主任柯柏园，第二十八团团长潘皈佛、政治委员罗炳刚，第二十九团团长查子清、政治委员李奚石，第三十团团长高建斗、政治委员封俊，第三十二团政治委员江子英，第三十三团团长黄刚、王长先、政治委员袁皋甫，第三十四团政治委员吴荆赤，第三十五团团长王明，第三十六团团长魏孟贤，第三十八团政治委员任难，以及十二个团的政治处主任等。在白雀园遭杀害的军事系统的高级干部，还有军委政治部主任王培吾，前任皖西军分会主席和第十二师政治委员姜镜堂，原红一军独立旅旅长廖业祺等多人。"[1]

鄂豫皖中央分局、张国焘在白雀园主持红四军"大肃反"的同时，还发动了鄂豫皖根据地各级党政机关、地方武装和群众团体的"肃反"运动。

1931年9月8日，鄂豫皖中央分局发布《通告第十一号——动员全党力量加紧"肃反"工作，改善党与群众的关系》，指出："最近从多方发觉反动在苏区大规模计划的活动，企图举行暴动，推翻工农专政的苏维埃和工农红军"，因此"严厉镇压反动是党在目前的争斗中一个非常主要的任务"。"党对'肃反'的策略是一面实行无情的镇压，一面要从积极方面改正党与群众的关系，在广大群众积极地参加'肃反'争斗的基础上，消灭反动的活动的一切其他现象。"[2]

这个通告实际上是发动根据地地方"肃反"的动员令。此后一段时间

---

[1]《中国工农红军第四方面军战史》，解放军出版社1989年版，第143页。
[2]《中国工农红军第四方面军战史资料选编》（鄂豫皖时期·下），解放军出版社1993年版，第411–412页。

第七章
分歧、争执、"肃反"

内,鄂豫皖中央分局和苏维埃政府等机构,就发动和指导"肃反"运动发布了一系列文件,要求地方"肃反"的范围涉及党、政、军、群等各个方面,"肃反"的对象除了改组派、第三党、AB团、豪绅地主、富农分子等外,还包括青洪帮、土匪、流氓、小马子等。从文件看,中央分局对"肃反"的要求是相当急迫的。在鄂豫皖中央分局和苏维埃政府的三令五申之下,根据地的地方"肃反"运动很快便掀起了狂飙。

为了加紧推动"肃反",扫清对于"肃反"的阻力,中央分局在10月4日以"鄂豫皖区苏维埃政府革命法庭"名义,公布了《鄂豫皖区苏维埃政府革命法庭的组织及其与政治保卫局的关系》,这个文件连同《鄂豫皖区苏维埃政府革命军事法庭暂行条例》,赋予了政治保卫局无限的权力,成为鄂豫皖根据地"肃反"扩大化的法律依据。正是有了这两个法律文件,地方"肃反"也发生了滥杀乱打的严重问题,几乎达到县县"肃反"、区区"肃反"、乡乡"肃反"、村村"肃反"的程度,政治保卫局手握"肃反"大权,横行乡里,为所欲为。

在鄂豫皖中央分局和张国焘支持下,政治保卫局以高于一切、大于一切的权力,凌驾于中央分局以下各级党、政、军组织之上。捕人名单一律由政治保卫局决定,且到地方捕人,既不与地方党、政组织联系,更不征求他们的意见。不论是鄂豫皖政治保卫总局,还是分局,在审理所谓"改组派""第三党"等案件时,多是遵循"要把'肃反'工作和党内两条路线的斗争密切联系起来""对于不正确的政治观点斗争中间去找寻反动组织的线索""和不正确的倾向斗争,一定能够发现敌人的组织"以及"对于地主富农或坚决反革命不能悔改的分子,加以严厉处理"等原则行事的。[1]

按照这套混淆了敌我界限的"左"倾"肃反"理论,那些坚持正确路线、给张国焘等人提出过批评意见、抵制六届四中全会路线的干部,几乎全被列为"肃反"对象,受到重点打击。

政治保卫局在审理案件时只重口供,不重证据,更没有调查研究。为了

---

[1] 沈泽民:《肃反工作和两条路线》(1931年12月),《中国工农红军第四方面军战史资料选编》(鄂豫皖时期·下),解放军出版社1993年版,第470–471页。

张国焘（七）

急于得到口供，对所谓的"犯人"动用各种酷刑。有的人受不了折磨，就乱招乱供，造成株连一片的恶果。据史料记载：

> 中共六安县委，除两个炊事员外，从县委书记到一般干部，全部被杀；中共霍邱县委机关干部也全遭屠戮；赤南县苏维埃政府的干部共四十八人，被捕杀四十五人；英山县苏维埃十一个委员，有十人被杀害；红安独立师，在一个晚上杀了二百多人；六安独立团有二百余人以反革命罪被一次逮捕；红山警卫团第八连从战士到连长一百余人一次被杀光；白雀园区赤卫军团长彭开尧被杀，三个营长两个被杀，九个连长有七个死于张国焘手下。[1]

在这场"肃反"狂潮之中，根据地的早期著名领导人也未能幸免，这其中有原中共鄂东北特委书记徐朋人，原鄂东特委书记、红四军政治部秘书长王秀松，原鄂豫边革命委员会主席、红十一师政治部主任曹学楷，原红一军一师政治委员、红四军警卫团长戴克敏，原六安中心县委书记、鄂豫皖中央分局委员、常委舒传贤，原红十五军政治委员、红十师师长陈奇，原红四军政治部主任、鄂豫皖区苏维埃政府文教委员会主席陈定侯，原鄂豫边革命委员会委员、麻城县武装总指挥、群众领袖王宏学，原罗山独立团团长、鄂豫边特委委员、群众领袖郑新民，六安县指挥长毛正初，麻城县委书记雷绍全，中共皖西北特委书记、鄂豫皖中央分局委员方英等。[2]

在张国焘所谓"发现一万二万改组派也不奇怪"的奇怪逻辑下，"肃反"给党、苏维埃、红军、根据地造成了难以估量的重大损失。但张国焘在给中央的报告中却自夸说："现在我们可以向中央报告，我们在四军中，在黄、麻、皖西的党、苏维埃和地方武装中，'肃反'都已得确定的胜利"。"现在的确开始了全苏区及红军的一个彻底转变，这一转变是执行中央路线之中局领导着工农群众长期斗争过程中所获得的。""红军中的战斗情绪

---

[1]《鄂豫皖革命根据地斗争史简编》，解放军出版社 1987 年版，第 214 页。
[2] 另一说是方英被关押，于 1932 年冬西征转战途中病故。

第七章
分歧、争执、"肃反"

提高,大批工农干部加入红军,他们说,现在的红军才是真正的工农红军了。"[1] 对此,中共中央曾表示赞赏,并将鄂豫皖的所谓"肃反"经验加以肯定和推广,使之对其他革命根据地也造成恶劣影响。

尽管鄂豫皖中央分局、张国焘是打着保卫革命利益、保卫党、保卫红军、保卫苏维埃、保卫革命根据地的旗号进行"肃反",并且也利用了根据地广大群众对敌人的仇恨心理,但由于"肃反"严重的扩大化,挫伤了群众的积极性,引起了人民群众和广大干部的强烈不满,以至于引发了黄安五区,即仙居区群众的强烈反抗。

仙居区是黄安县党的工作、群众基础比较好的一个区。在"肃反"过程中,政治保卫局抓捕了区苏维埃主席祝凤阶和熊海峰、秦国珍等人,不久又抓了十多名干部,进而又将手伸向村苏维埃一级。群众目睹身边成长起来的干部一批批遭到杀害,心情非常沉重,他们联名写信给县委、县苏维埃、县保卫局,信上说:"我们区出去的干部很多,一出去就被捉了,捉了以后也不知其是否反革命,就不见回来了。如果是反革命,请交回五区,我们开群众大会来枪毙,如不是反革命,可以调回五区工作,我们全体老百姓作保。"

信转到中央分局后,张国焘等人不仅不进行自我反省,反而认为群众受了反革命的欺骗,要严加惩办。于是,县里和省里都派了便衣队,像老虎一样到处视察。老百姓知道,视察以后就接着捕人。区级、乡级干部及老百姓等更加恐慌了,就只派了一个区工委的委员长留在那里,其他所有五区的干部老百姓,都搬到西山去住,还集中了两个赤卫队营共八九百人,准备保卫局来捉人时就打。[2]

1932年2月20日,县保卫局一行九人带着手枪、绳索来仙居区抓人,当他们进入王家冲时,周围各村几百名男女老少手持锄头、扁担等"武器",将王家冲团团围住。人群中有人高喊:"反对不走群众路线的'肃反'政策!""不许保卫局乱抓乱杀!""打倒杀人的刽子手张国焘!"大家一拥而

---

[1]《中国工农红军第四方面军战史资料选编》(鄂豫皖时期·下),解放军出版社1993年版,第458页。

[2] 见袁克服:《鄂豫皖苏区三〇、三一年时一些"左"的政策》。

上，解除了保卫局人员的武装，并将他们捆绑起来。区委书记闻讯赶来，才说服群众还枪、松绑。余怒未消的群众在区苏维埃政府所在地刷标语、写传单，表示拥护红军，拥护共产党，反对乱抓乱杀。

仙居区群众反对"左"倾"肃反"政策的斗争，被张国焘和政治保卫局视为暴动，认为有反革命、地主、富农在里面起作用，因此采取了镇压手段，将区级的干部全部抓了起来，进行公审，当场杀了两个。抓捕十一个乡的干部共一百多人，有嫌疑的都逮捕了，没有嫌疑的也都停止了工作。据《红安革命斗争史》记载："三月八日，保卫局奉命在禹王城召开群众大会，将徐德聪等六十三名干部群众扣上'改组派'的罪名，一次杀害。"

黄安仙居区人民群众反抗鄂豫皖中央分局、张国焘"肃反"扩大化错误的斗争，虽然以数十名同志被害的悲剧结束了，但这种大规模的群众性反抗行动，以及在党内、红军指战员中、各级苏维埃和群众团体中存在的反抗与不满情绪，迫使张国焘等人不得不开始考虑这种以屠杀为主要手段的"肃反"政策能否继续下去，以及继续下去将会产生什么样的严重后果。再者，经过白雀园"大肃反"，张国焘认为已肃清了一些军阀土匪倾向，也打击了立三路线的残余，纠正了一些右倾的和堕落的倾向，并铲除了一个反革命的阴谋[1]，贯彻六届四中全会路线的阻力不存在了，自己的绝对权威已经树立起来。现在敌人新的大规模"围剿"即将到来，红军需要休整，根据地人民需要增加生产改善生活支援红军，继续坚持屠杀性的大规模"肃反"已经弊大于利。因此，他开始考虑改变"肃反"的一些具体做法，将以捕杀为主，改为以自首为主。这样，大规模的捕杀渐趋停止。1932年7月，鄂豫皖中央分局将政治保卫总局及所属各县分局的所有人员进行整编，并在不久之后宣布撤销鄂豫皖区政治保卫总局。

鄂豫皖苏区的"肃反"运动至此才告结束。

张国焘主持的鄂豫皖"大肃反"造成的损失之严重是难以估量的，其教训之深刻更是令人刻骨铭心的。徐向前元帅曾沉痛地说：

---

[1] 张国焘：《我的回忆》（第三册），现代史料编刊社1980年版，第107-108页。

第七章
分歧、争执、"肃反"

鄂豫皖根据地的"大肃反",不是孤立的。那个时候,是教条主义者统治中央的时候。教条主义、主观主义、宗派主义搅在一起,在全党,在各个根据地,搞"肃反",搞扩大化,他们把中央革命根据地挖AB团的经验,推广到鄂豫皖来,又把鄂豫皖、湘鄂西的"肃反"经验扩大到别的根据地去,来回折腾,大搞特搞,造成特别令人痛心的损失。历史的教训,值得注意。我们子孙后代,一定不要再重演。[1]

---

[1] 徐向前:《历史的回顾》,解放军出版社 1988 年版,第 161–162 页。

| 第八章 |

巅峰与跌宕

1931年5月，红四军粉碎国民党军第二次"围剿"后，鄂豫皖根据地得以大发展，形成东西长约一百五十多公里、南北宽约七十五公里的广大区域，拥有人口一百七十万；红军也壮大至四个师，近两万人，部队装备亦大为改善。头年缴获敌人飞机业已修好，命名为"列宁号"，成为支援红军作战的有力武器。

1931年11月7日这天，张国焘同时逢到两件喜事：一是张国焘在黄安七里坪主持大会，庆祝中国工农红军第四方面军成立；一是远在中央革命根据地的首府瑞金，召开第一次全国苏维埃代表大会，宣布成立"中华苏维埃共和国临时中央政府"。二十天后，张国焘被选为临时中央政府副主席。

从1931年11月至1932年6月，张国焘和徐向前、陈昌浩、蔡申熙等人，指挥红四方面军积极开展外线进攻，连续进行了黄安、商（城）潢（川）、苏家埠、潢（川）光（山）四大战役，取得歼敌六万余人的辉煌战果。

一时间，各根据地都在学习宣传鄂豫皖红军，"张国焘"的名字也成为耀眼的焦点。陶醉在喜悦中的张国焘，轻敌思想恶性膨胀，无视敌人第四次"围剿"的严峻性，制定了"左"倾冒险军事进攻方针。

在惨遭损兵折将之痛的情况下，1932年10月12日，红四方面军主力被迫越过平汉路，撤出鄂豫皖苏区。

在强敌追剿下，红军将士们只能疲于应战。12月8日，部队进抵秦岭南麓的小河口后，在高级将领参加的会议上，大家对张国焘的领导提出严厉批评和质疑。张国焘虽表示虚心接受批评，但日后对向他权威挑战的人进行了残酷报复。

第八章
巅峰与跌宕

辉煌鄂豫皖

> 鄂豫皖苏区转军委会张主席转中国工农红军第四方面军徐总指挥、陈总政委和全体指挥员、战斗员鉴：
>
> 　　接湘鄂西转来捷电，欣悉你们在苏区及全国工农劳苦群众的拥护和援助之下，于皖西北以革命的英勇消灭白军数师之众，缴获枪支一万五千以上，俘虏大批白军师、旅、团长，占领了苏家埠、韩摆渡，取得了空前的胜利。你们的胜利给予全国反帝国主义反国民党的革命运动以无限的兴奋，更加强了苏维埃红军对于全国革命运动的领导。临时中央政府极热烈的庆贺与慰劳你们全体指挥员、战斗员之空前的胜利与杀敌的英勇和坚决，对于伤亡战士表示极大的敬意并慰问……

这些今天读起来仍然使人感到振奋的文字，是1932年5月23日中华苏维埃临时中央政府致贺鄂豫皖红四方面军胜利的电报中的一段。这个电报既是对鄂豫皖红军的赞扬，也是对张国焘的褒奖。

徐向前论及张国焘时曾说："张国焘这人不是没有能力，但品质不好"；"像张国焘这种品质不好的人，搞家长制统治的人，根本就不该派来鄂豫皖当一把手"。[1] 然而，实实在在的历史却是：他是鄂豫皖根据地"左"倾路线和"大肃反"灾难的制造者，又是使鄂豫皖根据地发展到鼎盛时期的领导者。

1945年4月20日，中共六届七中全会通过的《中国共产党中央委员会关于若干历史问题决议》指出："我们在否定各次右倾路线的错误时，同时要牢记和实行毛泽东同志'对于任何问题应取分析态度，不要否定一切'的

---

[1] 徐向前：《历史的回顾》，解放军出版社1988年版，第159、160页。

指示。应当指出：犯了这些错误的同志们的观点中，并不是一切都错了，他们在反帝反封建、土地革命、反蒋战争等问题上的若干观点，同主张正确路线的同志们仍然是一致的。""第三次'左'倾路线统治时间特别长久，所给党和革命的损失特别重大，但是这个时期的党，因为有广大干部、党员群众和广大的军民群众在一起，进行了积极的工作和英勇的斗争，因而在许多地区和许多部门的实际工作中，仍然获得了很大的成绩（例如在战争中、在军事建设中、在战争动员中、在政权建设中、在白区工作中）。"

按照《决议》的精神，一分为二地评价张国焘在鄂豫皖根据地的工作，可以说，他既给根据地带来了巨大的损失，也确实为根据地的发展做出了重要贡献。

如前所述，张国焘到鄂豫皖之初，即解决了当时最紧迫的粮食问题。但他深知，要巩固和发展根据地，仅有粮食还远远不够，如果没有强大的革命武装力量来支撑和保卫根据地，即使有更多的粮食也无法粉碎敌人的包围和会剿。因而，张国焘在抓粮食的同时，极为重视发展红军的工作，在打击敌人、巩固和发展根据地的条件下，下大力气开展了扩大红军的运动，并取得了很好的成绩。

据《中国工农红军第四方面军战史》记载：在张国焘到达鄂豫皖之前，1931年1月下旬至3月上旬，即在取得第一次反"围剿"胜利后的五十多天里，红军利用敌人暂时转入守势的时机，主动发动进攻性作战，取得了很大胜利，不仅使根据地的地域面积继续扩大，人口达到一百余万，而且红四军也由改编时的一万两千余人扩大到一万五千余人。

张国焘、陈昌浩到达根据地时，正值第二次反"围剿"斗争进入激烈阶段。当张国焘得知红四军准备以一部兵力肃清当地反动武装，以大部兵力向长江沿岸行动，以乘机占领武穴、截断长江，恢复蕲黄广根据地时，当即加以制止，决定红四军去肃清商城亲区的民团，打通商、光路线，将黄、麻、光与皖西连成一片，以巩固和扩大这一根据地。这可以说是张国焘对红四军战略行动第一次实施领导和指挥。

当张国焘做出改变红四军南下长江沿岸的决定后，皖西方面告急，张国焘和红四军领导人便决定集中红军主力首先打击深入皖西根据地的敌军。于

第八章
巅峰与跌宕

是，张国焘、陈昌浩亲率红四军军部、红十师、红十一师主力由商南亲区向东进军，以与红十二师会合，共同打击进犯皖西之敌。4月25日，红四军主力在皖西独山镇全歼独山守敌，毙、伤、俘敌两千余人，迫使敌余部仓皇败退，皖西被敌人侵犯之地均得以恢复。

正当敌人调整部署，再次将"围剿"的重点放在皖西时，红四军主力又迅速西返，于5月9日到达新集以北的浒湾，给予进犯新集之敌第五十三师四个团以重创，毙、伤、俘敌近千余人，使敌人企图合击红军的计划遭到失败。不久，红四军又在桃花店歼敌四个营。同时，根据地广泛的群众性游击战亦不断地袭击敌人，消耗敌人的"追剿""堵击"部队，给敌人以沉重打击。到5月底，蒋介石发动的第二次"围剿"鄂豫皖红军的行动即告彻底失败。

随着第二次反"围剿"的胜利，鄂豫皖根据地又有了新的发展，形成了东西长约一百五十多公里、南北宽约七十五公里的广大区域，包括黄安、黄陂、孝感、麻城、罗田、商城、光山、罗山、潢川、固始、六安、霍山、霍邱、英山等十余县的大部或一部，均已成为根据地和游击区。全区拥有人口一百七十万。[1] 红军也壮大起来，鄂豫皖中央分局、军委将警卫师改编为第十三师。至此，全军已有第十、第十一、第十二、第十三师共四个师，各师均辖三个团。从第二十八团编到第三十九团，共十二个团，近两万人。部队的装备也大为改善：每师有步枪三千余支，短枪六百余支，迫击炮四门；每团有重机枪六挺。此外，党中央派来的飞机机师已将1930年初缴获的飞机修好，命名为"列宁号"，可以支援红军作战。

可以说，鄂豫皖红军的力量在张国焘到达根据地前后有了较大规模的发展，并且正确地处理了运动战和游击战、进攻和防御的关系，开始力求在运动战中集中力量打歼灭战等。然而，与敌人的力量相比，现有红军的力量还是很薄弱的，不足以完全抵御敌人的疯狂攻击。因而，张国焘和中央分局、军事委员会决定进一步扩大红军，增强战斗力量。

鄂豫皖中央分局成立后的第三天，1931年5月18日，中央分局发布了《紧急通知第一号——加紧扩大红军的工作》。将加紧扩大红军的任务作

---

[1] 参见《中国工农红军第四方面军战史》，解放军出版社1989年版，第131–132页。

张国焘传

红四方面军战史

为中央分局紧急通知第一号,向根据地的党政群团组织发布,足见张国焘和中央分局对扩大红军工作的重视程度。该通知提出,在五天之内扩大红军两千人,要求"各县委接着这一通知后,应即规定自己要做的数目,动员区委支部的每个同志及所有的群众团体、政府机关来努力这一宣传鼓动工作,向广大群众说明投入红军与消灭包剿、保护春收的关系,使他们自动地自愿地为自己的利益,踊跃地加入红军"。通知还制止一切强拉和欺骗的征兵方式。[1]中央分局还十分注意红军的阶级成分,要求不能让反对工农利益的分子混进革命队伍。

这一紧急通知拉开了鄂豫皖中央分局时期努力扩大红军的序幕。5月30日,中央分局再次发出加紧扩大红军的通知。在中央分局的督促下,各级党政机关和群众团体都为此作出了巨大努力。

在扩大红军的同时,中央分局还实行了一系列拥军优属政策,如对红军家属的帮助救济、彻底实行分配好的土地给红军家属,以及"红军公田"的代耕制度等。中央分局还要求,各地在扩大红军时,更要注意吸引广大饥饿贫困的群众来投入红军。

正是由于张国焘、中央分局的有力领导和根据地人民群众对红军的拥护和爱戴,不到三个月即有一万余人参加了红军。到1931年11月初,鄂豫皖的红军总兵力已达三万余人,成为当时中国工农红军的主力部队。鄂豫皖红军的壮大,为根据地走向极盛时期奠定了重要基础。

---

[1] 见《中国工农红军第四方面军战史资料选编》(鄂豫皖时期·下),解放军出版社1993年版,第152页。

第八章
巅峰与跌宕

应当指出的是，中央分局、张国焘为了督促扩红运动，除了制定一些正确的政策和策略外，还运用了党内反倾向斗争的方式。如在中央分局通知第十三号中，就明确指出："因为'包剿'严重形势的减轻，就对扩大红军的工作松懈，毫无疑问的这是右倾机会主义的观念，取消党的紧急任务的危险倾向。"这种不分析具体情况、上纲上线的武断认识，确实给各级党政群组织的负责人以很大的压力，因而他们在完成扩大红军的工作中，不得不使用一些带有强迫性的措施。对此，中央分局又批评说"一切命令欺骗等不正确的方式须肃清灭绝"，搞得下级领导人诚惶诚恐，左右为难。

1931年11月7日，中央革命根据地的首府瑞金召开了第一次全国苏维埃代表大会，宣布成立"中华苏维埃共和国临时中央政府"。二十天后，临时中央政府执行委员会举行第一次会议，选举毛泽东为临时中央政府主席，张国焘和项英为副主席。张国焘还当选为中央革命军事委员会委员和司法人民委员。张国焘已成为中国共产党领导的全国性的中华苏维埃共和国临时中央政府的主要领导人之一了，而远在鄂豫皖的他对此还一无所知。[1]

第一次全国苏维埃代表大会

---

[1] 据张国焘说，他是在1932年春才知道"一苏大"的情况的。见张国焘：《我的回忆》第三册，现代史料编刊社1980年版，第95页。

张国焘(上)

红四方面军总部旧址

巧合的是，也是11月7日这一天，张国焘在鄂豫皖根据地的黄安七里坪，主持召开了另一盛大集会——庆祝中国工农红军第四方面军成立大会。大会选在七里坪开，有两重意义：一是为了庆祝"十月革命节"；二是七里坪乃为当年黄麻起义队伍首次集合攻打黄安的出发地，因而也是大别山区第一支工农红军的诞生地。[1]

这一天，七里坪披上了节日的盛装，人们奔走相告。七里坪西门外的会场上，更是人山人海，锣鼓喧天。当张国焘和中央分局、军事委员会的领导人步入会场时，军号嘹亮，金鼓齐鸣，雄壮有力的《国际歌》响彻云霄。张国焘站在主席台上，面对着一片红色的海洋，心情十分激动。

参加这次大会的群众对张国焘既熟悉又陌生。说熟悉，是因为他们从众多的文告、通知、指示中，知道中央派来了个大人物"张主席"；说陌生，是由于当时环境复杂，张国焘受到高级别的警卫保护，不多露面，一般人

---

[1] 见徐向前：《历史的回顾》，解放军出版社1988年版，第165页。

更很难见到。所以，当张国焘出现在主席台上时，立即成为人们关注的焦点。人们看到的"张主席"是什么样子呢？据说，张国焘"一副中等略胖的身材，阔嘴方脸，颧骨略突，细眉小眼，肌肤白净，戴着眼镜，一副斯文模样"。[1]

根据中央分局决定，中国工农红军第四方面军由红四军和1931年10月25日在皖西六安麻埠成立的红二十五军组成，方面军总部由徐向前、蔡申熙、陈昌浩、刘士奇等人组成。徐向前任红四方面军总指挥，蔡申熙任副总指挥，陈昌浩任政治委员，刘士奇任政治部主任。红四军不设军部，归红四方面军总部直接指挥。

红四方面军下辖红四军和红二十五军。红四军共三个师：红十师，师长倪志亮，政治委员甘元景，辖第二十八、第二十九、第三十团；红十一师，师长王树声，政治委员甘济时，辖第三十一、第三十二、第三十三团；红十二师，师长陈赓，政治委员刘杞，辖第三十四、第三十五、第三十六团；红二十五军，军长旷继勋，政治委员王平章，也有三个师：红七十三师，师长刘英、政治委员吴焕先，辖第二一七、第二一八、第二一九团，另有红七十四师、红七十五师尚在组建中。全军兵力近三万人。

红四方面军的成立，是鄂豫皖根据地历史上一件举足轻重的大事。张国焘对此十分重视，不仅决定在七里坪召开庆祝大会，还决定举行盛大的阅兵式。庆祝大会上，张国焘宣读了中共中央军委关于成立中国工农红军第四方面军的命令后，在阅兵总指挥王树声的导引下，徐向前和陈昌浩检阅了受阅部队，并分别在会上讲了话。

红四方面军刚刚成立，便立即投入到第三次反"围剿"的斗争之中。

四大战役

1931年5月底，国民党军队对鄂豫皖根据地的第二次大规模"围剿"失

---

[1] 见范江怀：《大将王树声》，解放军文艺出版社1998年版，第89页。

张国焘

败后，蒋介石决定暂对鄂豫皖根据地取守势，而集中兵力对付中央根据地。有鉴于此，鄂豫皖中央分局和军委均认为，这是一个向外发展的好机会。然而，由于张国焘、中央分局与红四军领导人发生了东进南下之争，导致红军内部的"大肃反"，使红军向外发展的行动在时间上和力量上都受到严重影响，不过，反对敌人第三次"围剿"的准备还是有的。

早在第二次反"围剿"胜利结束后，张国焘等领导人即开展了广泛的反敌人第三次"围剿"的政治动员，同时抓紧时机进行根据地的内部整顿，积极发展地方武装，筹集粮食物资，进行长期反"围剿"的准备。

8月至9月间，根据《鄂豫皖特苏军委会关于整顿地方武装的通令》，根据地内的地方武装进行了整顿和扩编。所有不脱产的地方武装除统一改为赤卫军外，由村到县分别以三三制为原则，规定每班人数九至十二人，三至四个班至一个排，三至四个排为一连，三个连为一营，三个营为一团，三个团为一师。团部、营部编侦探、交通、救护各一队，人数按各地环境和条件决定，侦探队、救护队内要有强健妇女参加。凡年满18岁至35岁的男子，除少数地主富农分子和残疾者外，均动员加入赤卫军。对17岁以下的少年，则组织少年先锋队。对地方武装和赤卫军加紧军事、政治训练的同时，还因地制宜大量制造刀、矛、土枪、土炮等，以求每个有战斗能力的人都武装起来。到1931年10月，根据地内赤卫军共组成十五个师，仅县独立团即达二十多个。

1931年9月18日，日本关东军按照精心策划的阴谋，由铁道守备队炸毁辽宁沈阳柳条湖附近的南满铁路的路轨一段，并嫁祸于中国军队。日军以此为借口，突然向沈阳北大营的中国驻军发起进攻。这就是在中国抗战史上至关重要的九一八事变。九一八事变后，在不到半年的时间内，整个东北三省一百万平方公里的土地被日军占领。

日军侵占东北三省，激起全国抗日救亡的怒潮。中国共产党发出全国人民武装起来抵抗日本侵略者的号召，各阶层爱国人士也纷纷要求国民党、蒋介石停止内战，枪口对外，武装抵抗。但蒋介石却顽固地坚持对日本侵略者的"不抵抗"政策，和"攘外必先安内"的反共政策，仍然将枪口对准根据地。

第八章
巅峰与跌宕

鄂豫皖根据地的大部分区域是山区，消息相对闭塞，直到九一八事变爆发半个月后，张国焘才得知消息。他十分震惊和愤懑，马上意识到中国历史面临一个转折关头，对此不能袖手旁观。

根据张国焘的指示，10月6日，鄂豫皖中央分局作出《动员广大群众反对日本帝国主义出兵满洲的决议》；10月19日，中央分局颁布《为反对日本帝国主义出兵满洲的宣传大纲》；10月25日，中央分局又发出《反对帝国主义共管满洲宣言》，号召根据地的人民群众，坚决反对日本帝国主义的侵略，发动广泛的游击战争，努力扩大红军和支持红军作战。

为了统一对时局的认识，张国焘又召开了中央分局会议，并在会上系统阐述了自己的观点。张国焘后来回忆说："十一月在一次中央分局的会议上，我指出现在反日情绪在全国已激成极大的浪潮，我们应当重视这件事。土地革命是反地主豪绅的，也是捣毁南京政权基础的步骤，可是与反帝运动不易发生密切的联系。各地爱国人民会觉得，既要举国一致对日，中共就不能在乡村中专搞土地革命。苏维埃政府对于反日的知识分子缺乏吸引力，更不易将反日军人团结在苏维埃的旗帜之下。我虽然提出了反帝与土地革命相互关系这个严重问题，但也没有说出具体的结论。同志们大体也受到中共中央既定政策的约束，不能有什么新的阐明，我们仍认定南京政权是卖国媚外的，保有苏维埃政权才是真正反帝的。有效的反日运动，必须以打倒蒋介石和推翻南京政府为先决条件。"[1]

当时对于反日与反蒋的关系，几乎所有的共产党人都还没想得很透彻，红军直接面对的不是日军，而是要消灭红军的国民党军队。因此，当时仍然坚持土地革命和反抗国民党反动统治的方针，也是必然的。

1931年1月28日，驻上海的国民党十九路军与侵入上海的日军展开了激烈战斗。国民党军淞沪抗战的消息传到鄂豫皖苏区，张国焘大感意外：原来只执行"攘外必先安内"政策的国民党军队，居然也参与对外作战！经过一番思考，他认为，国民党一部分军人和全国人民是抗日的，阻挠抗日的是蒋介石南京政府，应该将蒋介石与国民党爱国军人区别对待。于是，张国焘

---

[1] 张国焘：《我的回忆》（第三册），现代史料编刊社1980年版，第124页。

张国焘⑮

指示中央分局提出了"中国人不打中国人""国民党军人应来参加红军一致抗日"的宣传口号。但这也仅仅是口号而已,因为当时鄂豫皖根据地的军民面对的,并不是一致抗日的国民党军,而是要消灭红军的国民党军。

1931年9月,蒋介石对中央革命根据地发动的第三次"围剿"失败后,即将注意力转向鄂豫皖根据地,开始向这里调兵遣将,准备发动新的"围剿"。到同年11月间,蒋介石调往鄂豫皖根据地周围的兵力已增至十五个师。

在张国焘主持下,鄂豫皖中央分局和军事委员会根据中共中央的指示和当时敌我的态势,决定红四方面军的行动计划是:以外线出击的进攻策略,打破第三次"围剿"计划,占领一两个中心城市,与湘鄂西及湘鄂赣根据地打通联系,为造成湘、鄂、赣、闽、豫、皖六省的整片根据地打下基础。

徐向前评论说:"这一战略方针,从对付蒋介石消灭红军的部署来看,有积极意义;但从鄂豫皖红军力量上来看,却是难以胜任的。有正确的方面,也有'左'的倾向。偏差出在对总形势和自己力量的过高估计上。估计客观形势的力量对比,要实事求是,留有余地,不能一厢情愿,满打满算。"[1]

张国焘在这个问题上恰恰没有留有余地,最终导致鄂豫皖根据地第四次反"围剿"的失利,使得四方面军主力被迫撤出鄂豫皖根据地。此是后话。

根据中央分局的战略方针,从1931年11月至1932年6月的八个月内,军事委员会、红四方面军总指挥部和张国焘、徐向前、陈昌浩、蔡申熙等领导人,指挥红四方面军积极开展外线进攻,连续进行了黄安、商(城)潢(川)、苏家埠、潢(川)光(山)四大战役,取得了极其辉煌的战果。

黄安战役

黄安(现名红安),位于大别山南麓,是鄂东北重镇。此时为鄂东敌人靠近根据地中心的最大前哨基地,守敌是第六十九师的两个旅共四个团。师长赵冠英,由于瞎了一只眼,人称"赵瞎子"。他的部队是国民党"围剿"

---

[1] 徐向前:《历史的回顾》,解放军出版社1988年版,第169页。

军中的杂牌军，战斗力不强。而且赵部窜入黄安时间不长，人地生疏，城内存粮不多，主要靠后方接济。从地形和交通情况来看，敌六十九师显然处于孤立突出的地位。敌赵冠英部的侧翼和后方，还有四个师为援应。敌人在根据地南部的兵力部署为一线兵力，呈"山"字形。根据敌情，张国焘和徐向前、陈昌浩等总部领导人决定从"山"字的头上开刀，重锤首先砸向赵冠英，以围城打援的战术，兵围黄安，吸引援敌，野外聚歼，粉碎南线敌人的"进剿"部署。

11月10日夜，黄安战役打响。红军首先插向黄安城的外围地带，夺取要点，控制重镇。经过十多天的战斗，全部肃清了县城外围的八个据点，完成了战役的第一步——包围县城。随即转入第二步，围城打援。

被包围在黄安城里的赵冠英，像热锅上的蚂蚁，急得团团转，连连向武汉告急。驻宋埠的敌三十师看到赵冠英部陷入困境，不免有兔死狐悲之感，师长彭振山乃率领三十师的两个旅奔向黄安救援。12月7日，敌人开始行动，经永佳河出援。12月9日，红三十三团经桃花镇诱敌进至红军主阵地嶂山地区后，埋伏在两翼的红三十团、三十一团突然向敌发起猛烈反击，一举歼其先头团，其余敌人在红军的凌厉攻势之下慌忙溃逃。

12月18日，敌葛云龙第三十三师和第三十师一个旅共八个团从坡亭、宋埠再次北援，猛攻嶂山阵地。担任打援主力任务的红十一师在师长王树声指挥下，与敌人展开了激烈战斗。凶狠的敌人向红军阵地猛扑，红军阵地一度被敌突破，情况十分危急。

此时，张国焘也亲临前线。他回忆说："敌军突破了我军一团人所据守的阵地，直向我们的军部所在地挺进，使我军陷于险境。我和徐向前、陈昌浩急起应战，可是身边所能指挥的部队已只有百余人，徐向前就在这次战斗中，为流弹击中，左肩骨[1]受伤，但他仍是沉着应战，直到这次战斗转败为胜为止。"[2]

敌人被困月余，粮弹将尽，饥寒交迫，加之外援无望，突围不易，士气

---

[1] 徐向前说是右肩骨。
[2] 张国焘：《我的回忆》（第三册），现代史料编刊社1980年版，第114页。

极为低落。12月22日,"列宁号"飞机开始向敌军阵营投撒传单,并轰炸了敌人课子山的核心工事。当晚,红军发动了总攻。赵冠英见城池难保,便化装逃命。敌人军心涣散,溃不成军。天亮时战斗结束,赵冠英被俘。

黄安战役历时四十三天,红军先后歼敌一万五千余,其中俘敌近万人,缴枪七千余支、迫击炮十余门、电台一部。这次胜利,使黄安、麻城、黄陂、孝感等县连成一片,迫使南线敌人处于守势,不敢轻易向鄂豫皖根据地进犯。

黄安大捷使鄂豫皖根据地的广大军民士气大振,也使张国焘兴奋不已,因为这是红四方面军第一次取得攻克敌人有整师兵力设防的强固据点的重大胜利。此次战役说明,鄂豫皖中央分局、军委和红四方面军总部的战略决定是正确的,而且战役中的战术亦是正确的。此役不仅攻破了敌人重兵防御的城池,消灭了敌人大量的有生力量,更为重要的是彻底打破了敌人企图固守据点的信心,对红军以后的作战产生了极大的影响,丰富了红四方面军围城、打援相结合的经验。

黄安大捷使张国焘不禁飘飘然起来,这种心态在中央分局发布的《反对帝国主义共管满洲宣言》中得到充分反映。《宣言》说,由于国民党军阀反革命派的公开卖国行为,使得全国反对帝国主义、反对国民党的群众斗争不断高涨和扩大,"对于这种群众的革命斗争,国民党军阀显然已经是无法制止,另一方面赤区和红军的伟大胜利,显然成为这次反帝的基础,黄安县城攻下,更要使这些反革命派心惊胆落,使蒋介石不得不宣告下野。""最近我们打下黄安县城,不过是试试刀锋,更大的斗争和胜利还在面前。"[1]这些话如果出于鼓舞士气的目的,当属正确。但或许更多的是轻敌苗头:彻底推翻国民党反动统治,消灭国民党反动军队并不是一件很难的事情。

黄安大捷前后,其他革命根据地的反"围剿"斗争都获得了程度不同的胜利。11月7日,中华苏维埃共和国临时中央政府成立,从一个方面反映出当时各根据地的形势发展是很好的。12月14日,原国民党第二十六路军

---

[1]《中国工农红军第四方面军战史资料选编》(鄂豫皖时期·下),解放军出版社1993年版,第591–592页。

第八章
巅峰与跌宕

一万七千余人，在赵博生（共产党员）、董振堂、季振同、黄中岳率领下起义，参加了红军。1932年1月间，湘鄂西革命根据地的红三军，积极向东发展，连克皂市、黄陵矶等地，并在应城附近歼敌一个旅。再加上红四方面军的黄安大捷，一时间革命根据地呈现出令人欣喜的胜利之势。

面对这样的形势，中共中央"左"倾思想进一步发展。1932年1月9日，中央作出《关于争取革命在一省与数省首先胜利的决议》，指出："目前的任务：为扩大苏区、为将几个苏区联系成整个一片的苏区而争斗，为占领几个中心城市以开始革命在一省数省首先胜利而争斗。"决议提出："在大江以北，应以鄂豫皖区为中心，而将皖西北、鄂东、鄂豫边、湘鄂西苏区联系一起，造成威胁武汉长江上下游及平汉路的形势。"[1]

根据中央指示精神，张国焘等鄂豫皖根据地领导人分析了当时根据地周围的敌情，认为打击北线敌人，夺取商城，向北扩大根据地，使根据地东、西两部在宽广的范围上连成一片，是执行中央将皖西北、鄂东、鄂豫边、湘鄂西连为一片的指示精神的一个好时机。于是，他们率领红四方面军又打了几个大仗。

商（城）潢（川）战役

商城、潢川两城均为豫东南的军事重镇，敌人重兵集结在这个地区。曾万钟第十二师位于潢川城区，一部布于城南商潢公路上的北亚港；蒋介石嫡系汤恩伯第二师及唐云山独立第三十三旅，布于北亚港东南商潢公路上的傅流店、豆腐店、江家集一线；陈耀汉第五十八师主力驻商城，一部布于商潢公路上的河凤桥；戴民权第四十五师驻商城以北、潢川以东的固始地区，与商潢之敌互为犄角。

红四方面军军部决定战役分两步：第一步先打汤恩伯，控制商潢公路，切断商、潢两城敌军的联系，对汤恩伯第二师取"腰斩"之势；第二步相机夺取县城。

1月19日，商潢战役打响。至1月26日，长达六十公里的商潢公路为

---

[1]《中共中央文件选集》第八册，中共中央党校出版社1991年版，第36、43页。

潢川城旧景（河南信阳）

红军完全控制。商潢战役进入第二阶段后，红军采取"围点打援"的战术，将汤恩伯第二师打得一败涂地，蒋介石为此撤了汤恩伯第二师师长的职务。

商潢战役前后共十五天，歼敌五千余，缴枪两千余支，拔掉了敌人横插在鄂豫边和皖西之间的据点，使鄂豫皖革命根据地连成了一片。

商潢战役的胜利使张国焘原有的轻敌思想更加严重起来。他认为，装备低劣的红军竟能把包括汤恩伯部在内有着精良武器装备的蒋介石嫡系部队打得落花流水，说明国民党军队已到了不堪一击的地步。有这种思想也并非张国焘一人。在鄂豫皖全省第一次党员代表大会上，沈泽民就提出，"在进攻苏区与红军的战场上主要的火线将由帝国主义者所直接担负，而国民党的洛阳政府和其他军阀政府只担任偏师的职务"，"各苏区尤其是鄂豫皖苏区面前的第一件大事就是我们快要和帝国主义者直接战争"[1]的观点。对此种说

---

[1]《鄂豫皖苏区省委决议——关于目前形势和党的紧急任务》（1932年2月17日）。

法，张国焘不仅赞成，而且补充说："估计国民党主力只剩下七师人，其余的都是杂色部队"，"红军有这样的力量，已经不论多少敌人都不怕了"。[1] 这便是有名的"偏师"说。

沈泽民和张国焘的"偏师"说，反映了当时张国焘等人在鄂豫皖根据地红军取得重大军事胜利的情况下，头脑已经很不冷静，也说明鄂豫皖中央分局、鄂豫皖省委的"左"倾思想已经相当严重了。这一情况甚至使执行六届四中全会"左"倾路线的中共临时中央也感到十分震惊。3月6日，中共中央发出《中央为反帝问题致鄂豫皖中央分局的信》，对"偏师"说提出了极为严厉的批评："以为国民党政府及其他军阀政府在进攻苏区红军中只担任偏师的任务，这是不顾事实的胡说"，事实上，国民党政府"用于进攻鄂豫皖苏区的武力约在十五师以上，设立了三个'清剿'司令部（鄂南、鄂东、皖西），可以把它当作无关重要的偏师么？不，绝对不能够的。对于国民党这个进攻有丝毫的忽视与轻敌将造成极大的罪恶"。[2] 在中央文件中，使用"胡说"这个字眼来批评下属还是极少见的，这足以说明临时中央对"偏师"说是多么不满。

对于中央的批评，张国焘不以为然。3月21日，他与陈昌浩联名致信中央政治局："我区不仅肃清了内部敌人，又给外部敌人以极严重打击，苏区迅速巩固与扩大。商城（攻）下后，赤区又已打成一片，现我们不但以打破敌人'包剿'、推翻国民党统治为主要口号，并在三月前即提出准备与帝国主义作战为中心口号。在此口号下，不但加紧反帝宣传，并在军事上、物质上积极准备，目的以在更厉害的经济封锁条件下与技术更进步之外国军作战而取得胜利。"[3]

红四方面军取得商潢战役胜利后，即在固始地区进行休整。此时已是3月份了。3月的大别山，春光明媚，鸟语花香。峰峦起伏的山间，流淌着清莹透彻的溪水；岸边的青松、翠竹、绿柳、白杨透出一片片盎然生机。受到

---

[1] 见《中国工农红军第四方面军战史》，解放军出版社1989年版，第155页。

[2] 《中共中央文件选集》第八册，中共中央党校出版社1991年版，第152–153页。

[3] 《中国工农红军第四方面军战史资料选编》（鄂豫皖时期·下），解放军出版社1993年版，第623页。

张国焘⑯

黄安大捷和商潢战役胜利鼓舞的张国焘，此时正踌躇满志，希望红军在新的战斗中取得更大的胜利。

苏家埠战役

商潢战役结束后，方面军总部决定红二十五军第七十三师仍回皖西活动，红四军北上围攻固始。但固始城坚难下，红四军随即在固始地区一边进行休整，一边发动群众进行土地革命。这时，红四方面军总部获悉皖西敌陈调元部已进占苏家埠和青山店，并准备继续向根据地进攻，便决定留红十二师在商潢地区活动，总部率红十师、红十一师东出皖西击敌。

3月18日，红军开始行动。3月20日，部队进至六安独山镇时，与红二十五军第七十三师、霍山独立团会合。总部随即在独山镇召开军事会议，对军事行动进行了具体部署。

3月21日夜，红军在青山店以西的两河口，临时架起一座浮桥，趁着沉沉夜幕迅速而隐蔽地渡过了淠河。红七十三师和霍山独立团首先包围了青山店的敌人，红十师和红十一师绕过青山店向北疾进，分别包围了苏家埠、韩摆渡的敌人。

红军将敌人围困在三个据点里，并不急于攻打，而是将部队部署在六安到韩摆渡、苏家埠之间地区，占据有利地形，修筑工事，准备打击来自六安方面的援敌。

3月底，敌岳盛暄第四十六师从六安倾巢而出，敌警备第二旅也从霍山出动，企图南北夹击红军。然而在红军的猛烈打击下，岳盛暄率残部仓皇逃回六安，警备第二旅亦被迫退回原地。战斗过程中，青山店的敌人冒死突围，被歼过半，残部逃入苏家埠。红军占领青山店后，又将苏家埠和韩摆渡围得像铁桶一般。

至4月中旬，苏家埠、韩摆渡两处的守敌已焦头烂额，弹尽粮绝，占据六安县城的岳盛暄和安徽省主席陈调元，面对被围的苏家埠、韩摆渡一筹莫展，只得频频向蒋介石告急。

本来，蒋介石的"围剿"重点还在中央苏区的"朱毛红军"那里，对于鄂豫皖并未投入很大兵力。然而，从鄂豫皖接连传来的坏消息却令他坐卧

第八章
巅峰与跌宕

不宁：赵冠英全军覆没，汤恩伯大败而逃，又有上万人被围。蒋介石气急败坏，下令出动厉式鼎的两万兵力向苏家埠、韩摆渡进攻。

围点打援，本是张国焘、陈昌浩、徐向前等发起苏家埠战役的初衷。但敌人来了这么多援兵，却是始料未及。苏家埠、韩摆渡两个据点都在淠河东岸河边上，敌人由东向西压来，红军如果顶不住，背后只有猛涨的淠河，没有退路。

打，还是不打？张国焘等人犯了难。打胜了，一切皆好；万一打败了，后果不堪设想。这不仅是红四方面军的名誉问题，而更重要的是鄂豫皖根据地的安危问题。在张国焘看来，与其打没有绝对胜利把握的仗，倒不如不打，以免打了败仗。

张国焘的犹豫不是没有道理。万一红军顶不住，附近只有韩摆渡一个渡口，敌众我寡，又背水作战，这是兵家大忌。两万红军一旦战败，连退路也没有。情况摆到了中央分局和军事委员会会议上。总指挥徐向前和总政治委员陈昌浩不同意张国焘撤出苏家埠战役的意见，坚决主张打。

徐向前摆出四个理由："一是援敌虽多，但除第七师未经我打击，战斗力较强外，其余的十二、五十五、五十六师等部队，均曾遭受过我军的打击，里面有不少人是我们放回去的俘虏，士气不振。二是敌远道而来，为疲惫之师；我军以近待远，以逸待劳，兵力虽少，胜敌一筹。三是丘陵地带作战，具有便利发挥我军野战、近战长处的地形条件。四是有地方武装和群众的配合。"徐向前还分析说："我军的士气当然是最重要的因素。但是，如果我们不打，仓促撤退，被敌追击，或是打了吃不掉敌人，而被援敌和苏家埠、韩摆渡的守敌两下夹击，后面只有一个渡口，你士气再旺，也会吃大亏的。"[1]

张国焘明白，此时已箭在弦上，不想打也得打了，而且还必须打胜。于是他改变了主意，同意坚决打击敌人。

总部领导人意见一致后，总指挥徐向前迅速调整部署：命令红七十三师布于樊通桥以东地区构筑工事担任正面阻击，红十、红十一两师主力布于红七十三师两翼伺机迂回诱敌深入，对于两据点之敌则以少部兵力予以

---

[1] 徐向前：《历史的回顾》，解放军出版社 1988 年版，第 184 页。

围困。

5月2日，敌先头部队厉式鼎第七师第十九旅与红军诱伏部队接触后，不顾一切冒险冲过陡拔河，向红七十三师阵地猛攻。红七十三师利用工事予敌重大杀伤后，立即向敌发起猛烈反击。敌人前进受挫，后续部队又未跟上，处于孤军背水作战的不利境地。而天公又不作美，大雨如注，河水猛涨，敌人仓皇后撤。此时，向西疾进的后面部队不知前面情况，霎时前退后拥，人踩马踏，阵势大乱。红军则乘势冲杀。很快敌人便溃不成军，混乱中落水者无数。敌第十九旅大部被歼。

敌河东岸部队见先头部队失利，慌忙抢占附近老牛口、婆山岭等高地企图顽抗。红七十三师则乘胜涉过陡拔河向敌展开猛烈进攻。徐向前亲自指挥红十一师主力、六安独立团向敌右侧包抄过来；红十师主力向敌左侧包围过来。被围在苏家埠、韩摆渡的敌人，在战斗展开之后，数次想突围出来，都被红军顶了回去。

徐向前见红军将敌完全包围后，发出总攻击令，红军七个团与游击队、赤卫军多路突击，向敌猛烈穿插、分割、围歼，并突入敌纵深，一举打乱敌指挥系统。战斗持续至下午5时结束。敌人来援之两万多人，全部被红军歼灭。敌总指挥厉式鼎也当了俘虏。

5月8日，苏家埠、韩摆渡两据点的守敌得知援敌覆灭，面临外失援兵、内无粮弹的局面，在红军的军事压力和政治攻势下，遂缴械投降。历时四十八天的苏家埠战役至此结束。

苏家埠一战，红四方面军取得了建军以来最大的胜利。此役歼敌皖西"围剿"军及其援军共十九个团和两个警备旅共三万余人，生俘敌总指挥厉式鼎以下官兵两万余人，缴枪两万余支、炮四十三门、电台四部，击落敌机一架，解放了淠河以东的广大地区。

苏家埠战役纪念塔（安徽六安）

战后，红四方面军乘胜

前进，向东逼近合肥，向北占领霍邱县城，直抵淮河岸边，鄂豫皖革命根据地进一步扩大。

潢（川）光（山）战役

苏家埠战役之后，红四方面军趁敌人尚未得到喘息之机，又发起了潢光战役。此役于6月12日开始，仅五天时间即告结束，共歼敌正规部队八个团和反动民团一部，毙、伤、俘敌近万人，缴枪七千余支。消灭了潢川、光山地区的敌人，向西扩大了根据地，彻底粉碎了敌人对鄂豫皖根据地的第三次"围剿"。

鄂豫皖红军在七个月内，先后进行了黄安、商潢、苏家埠、潢光四次战役，总计歼敌六万余人，歼灭敌正规部队四十个团，取得了规模空前的重大胜利，极大地鼓舞了根据地的广大人民群众。

进剿鄂豫皖的军队一败再败，使蒋介石又恨又怕。他知道，鄂豫皖苏区地处战略要冲，红四方面军动辄可以威胁武汉、截断长江和京汉路的主要交通线，所以，必须除掉这个心腹大患。5月21日，蒋介石命令在武汉设置"鄂豫皖剿匪总司令部"，自任总司令，以张学良为副司令，开始再次部署对鄂豫皖根据地的"围剿"。

对此，张国焘并没有在意，仍然沉浸在胜利的喜悦之中。苏家埠战役后，张国焘即要求以各种形式广泛宣传红四方面军的伟大胜利，以鼓舞广大军民的斗志。5月7日，陈昌浩在《给合肥县委的信》中要求："请火急大大宣传我红四方面军伟大胜利，动员白区广大群众来开展一切群众斗争"。[1] 5月8日，徐向前、陈昌浩联名致信中共中央并转全国红军及中华苏维埃中央政府，信中说："这次胜利有绝大政治意义，不仅消灭了蒋介石五师主力，而且基本上冲破四次'包剿'以鄂豫皖为中心的新计划，大大巩固与发展我赤区，争取一省几省更近之伟大胜利，准备更能与帝国主义作战。""请中央

---

[1]《中国工农红军第四方面军战史资料选编》（鄂豫皖时期·下），解放军出版社1993年版，第626页。

大大宣传，动员全国红军来争取目前之一省几省首先胜利。"信中还说："我们马上进攻六安城，直出合肥、舒城，进逼安庆。"[1]

实际上，红四方面军的胜利此时已在各主要根据地引起极大反响。在湘鄂西根据地、中央苏区和其他革命根据地，以及国民党统治区域，都在宣传红四方面军的"伟大胜利"。一时间，鄂豫皖中央分局书记、军事委员会主席张国焘，便成为继中央根据地的"朱（德）毛（泽东）"之后又一个党和红军内的焦点人物。

张国焘再次走上了辉煌之路。但遗憾的是，这只是暂时的。不久，张国焘便同红四方面军主力黯然退出了鄂豫皖根据地。

反"围剿"失利

当张国焘陶醉在四大战役胜利的喜悦之中时，他的轻敌思想便开始恶性膨胀起来，以致无视反敌人"围剿"的紧迫性，制定了冒险的军事进攻方针。当然，这与中共中央"左"倾冒险的进攻路线也有直接的关系。

1932年5月23日，中华苏维埃临时中央政府在致红四方面军胜利电中，即表示出要求鄂豫皖红军继续不断进攻的意图。[2] 6月5日，中共中央下达了《为反对敌人"围剿"给各苏区的军事训令》，其中要求红四方面军除以二十五军巩固皖西北新发展苏区外，主力应向西行动，造成京汉路两旁孝感、武胜关间比较巩固的新苏区，必要时可重新进攻黄陂、威吓武汉，调动敌人进攻湘鄂西力量，求得战争的解决，以造成包围武汉的形势。[3] "左"倾的军事进攻路线再次提出的"包围武汉"的冒险主义计划，

---

[1]《中国工农红军第四方面军战史资料选编》（鄂豫皖时期·下），解放军出版社1993年版，第628页。

[2]《中国工农红军第四方面军战史资料选编》（鄂豫皖时期·下），解放军出版社1993年版，第629页。

[3]《中国工农红军第四方面军战史资料选编》（鄂豫皖时期·下），解放军出版社1993年版，第664页。

被张国焘等人全盘接受。

6月19日夜，鄂豫皖中央分局召开新集市各机关团体党、团活动分子联席报告会，中心内容是动员起来，继续向敌人进攻。这次会议充分表现了鄂豫皖中央分局、张国焘的"左"倾冒险进攻方针。会议的报告认为："单以我们鄂豫皖苏区六万多支枪，就可使中国局面起很大的变化，况且现在并不仅是我们的苏区得到大胜利，各苏区都得到大胜利。所以现在已经转变到我们同敌人决胜负战争的时候了……"因此，"过去是敌人包围我们，现在是我们由冲破包围已经进到消灭敌人包围的时候。就是说我们的势力占优势，我们去包围敌人，彻底消灭国民党统治。"[1]

这时，受到红军重大打击的"剿匪"总司令蒋介石于6月29日亲赴汉口，指挥"围剿"鄂豫皖革命根据地。他将国民党军分为左、中、右三路，除以左路军专门对付湘鄂西苏区外，中路和右路共二十六个师又五个旅，约三十余万人，另有四个航空队，全力向鄂豫皖根据地压来。蒋介石还亲自兼中路军司令官。为表示"剿共"的决心，蒋介石对部下宣称："匪如一日不肃静，本人即一日不回京。"此后直到1933年3月，蒋介石以武汉、庐山为中心，一直在亲自指挥"剿共"战争。

蒋介石频繁地调动部队，引起了鄂豫皖红四方面军总部领导人的注意，他们认为，我军连续作战，疲惫已极，当务之急是养精蓄锐，休整训练。应当停止外线进攻作战，把主力摆到鄂豫边界，一脚踏在根据地，一脚踏在白区，边休整部队，边掩护地方开辟工作，为粉碎敌人的"围剿"做准备。[2]

但是，急于执行中央进攻路线以取得更大胜利的张国焘，不同意徐向前等人的意见，在夏店会议上，决定红四方面军南下夺取麻城，向武汉进逼。正是这种带有"左"倾冒险特征的决定，种下了鄂豫皖红军反第四次"围剿"失败的根苗。

湖北麻城是国民党军队长期占据的一个坚固城池，也是敌人安插在鄂豫皖革命根据地内的一个顽固堡垒。蒋介石认为，占据麻城具有重要的战略意

---

[1]《中国工农红军第四方面军战史资料选编》（鄂豫皖时期·下），解放军出版社1993年版，第667–668页。

[2] 见徐向前：《历史的回顾》，解放军出版社1988年版，第194页。

义,即可以牵制红军兵力,又可从东西相援,配合中路军、左路军作战。为此,蒋介石下达了死守麻城的命令。

麻城守军为国民党"围剿"部队第四纵队,指挥官为第三十一军军长张印相。张印相将其所辖的第三十、三十一师和一个特务旅分驻于麻城、宋埠、黄陂,以便作战时互相支援,但其重点是加强麻城防备,并筹集了大量的粮食和弹药,做好了坚守的充分准备。

鄂豫皖中央分局作出的"围攻麻城"的决定,实际上是部署了一个硬碰硬的军事行动。红军冒着酷暑抵达麻城地区后,当即向麻城外围据点发起猛攻,以实现孤立和围攻麻城,吸打黄陂、武汉方面援敌的作战企图。

7月7日至8日,红军占领了骑龙铺、长岭岗、阎家河、梅花脑、邓家竹园等地,并于红石堰、七里桥一带全歼敌第三十一师九十三旅,俘敌旅长章祖卿以下官兵两千余人,缴枪两千三百余支、机枪四十余挺、迫击炮四十余门。进而,红四方面军以主力控制了麻城以西的霸王山、麻姑洞、红石嘴一带高地,在城西南中馆驿包围了敌第三十师九十二旅,切断了麻城与宋埠、歧亭、黄陂等地的交通线,待机打援。

为了稳固后方,红军还派出一部分兵力,与地方武装配合,将麻城周围纵横百余里的反动地主民团一扫而光,毙、俘千余人,活捉了一批土顽首脑,解放了黄土岗、福田河一带。这样,麻城敌人便陷入红军的重重包围之中。但守敌凭借坚固的城防工事,固守不出,红军虽发起多次进攻,都无法攻破。

第三十一军军长张印相见麻城被围,立即调黄陂的第三十一师,避开红军设伏打援的战场,绕道经宋埠北进来援麻城。徐向前当即决定改变作战计划,乘黄陂空虚之机,率红军主力立即南下,于7月18日攻占黄陂以东距汉口仅三十公里的要点仓子埠,歼敌一部,缴获食盐万余斤。

红军前锋部队逼近武汉,使武汉的敌人大为震惊。蒋介石急调郝梦龄第五十四师由水路直趋仓子埠,彭振山第三十师由宋埠、歧亭向南进逼,汤恩伯第八十九师集中于祁家湾车站一带阻止红军西进,妄图对红军实行夹击。

红四方面军总部得知敌人动向后,当机立断令部队反击。7月26日,红军回师李家集、靠店、甘棠铺一线,重创敌第三十师、第三十一师,歼敌一

第八章
巅峰与跌宕

个旅,溃敌逃回宋埠、歧亭。红军再次回兵围攻麻城。

红四方面军南下围攻麻城以来,虽然取得了一些胜利,但并没有实现南下作战计划,麻城一直未克,而红军主力又被敌人吸住,失去主动。敌人则乘机从容部署"围剿"。当红四方面军主力在麻城地区作战之时,敌人已开始紧缩包围圈,从皖西地区开始向根据地进攻。

7月7日,敌右路军徐庭瑶纵队进犯霍邱县城。霍邱县城是红二十五军在军长旷继勋率领下解放的。霍邱解放后,张国焘认为应该守住它,使霍邱成为红军从大别山伸向淮河边上的一个据点,与商城、六安互为犄角,左可以驰援六安、右可以驰援商城,而六安、商城两城也可以驰援霍邱。这个战略意图并不错,问题在于当敌军集结兵力准备大举"围剿",企图对红军各个击破的时候,固守霍邱县城显然是极端错误的。旷继勋恰恰在这个问题犯了错误。

据徐向前回忆:当皖西的红二十五军一部遇到敌徐庭瑶的进攻时,"旷继勋军长打来电报说,他们正在霍邱城内坚守,'以城攻城',与敌决战。张国焘拿到电报气坏了,说:'什么叫以城攻城!'我们也认为,这种和敌人硬拼的办法不对头。所以,马上派蔡申熙同志去皖西。可是,已经来不及了。红二十五军的守城部队一千多人与敌人血战五昼夜后,全部损失,仅军长旷继勋及少数人脱险。"[1]

霍邱失守,意味着敌人向鄂豫皖根据地紧缩包围圈的第一步已经得手。由于红四方面军主力正在麻城地区与南线敌人呈相持胶着状态,敌人便从东、北、西三面大举向鄂豫皖根据地进犯。蒋介石"进剿"军的主力是卫立煌第六纵队和陈继承第二纵队,他们分别由花园向河口、由罗山向七里坪压向根据地中心;其他还有平汉路东侧的马鸿逵纵队,豫南的张钫纵队,皖西的徐庭瑶纵队,蕲黄广的上官云相纵队,麻城、黄陂的张印相纵队,摆成一个分进合击的架势,向鄂豫皖根据地纵深涌来。

在武汉坐镇指挥"围剿"的蒋介石,见各路部队进入根据地后未遇有力

---

[1] 徐向前:《历史的回顾》,解放军出版社1988年版,第196页。

张国焘

抵抗，遂改变其步步为营、稳扎稳打的战术，决定"进剿"部队开始总攻。8月10日，陈继承纵队向七里坪急进，卫立煌纵队亦进抵河口一带，扑向黄安。

张国焘看到形势相当严峻，立即改变围攻麻城的作战计划，命令部队主力迅速撤离阵地，向黄安以西转移，迎击敌人主力，粉碎敌人的"围剿"。红军主力星夜匆匆赶向黄安，仓促开始了第四次反"围剿"的大规模战斗。

红四军第十二师第三十四团和三十六团作为全军的先行，顶着烈日赶到黄安城西的冯寿二地区。因天气炎热，中暑掉队的人不少。指战员们疲惫不堪，但又不得不马上进入战斗。与红十二师遭遇的敌先头部队是卫立煌纵队的李默庵第十师。这是蒋介石的嫡系部队，尚未与鄂豫皖红军主力交过手，气焰甚是嚣张。

红军在敌强我弱的情况下，顽强地进行阻击。徐向前总指挥带领后续部队跑步前去支援，战斗空前激烈，部队上来一批投入战场一批，顶住敌人的疯狂进攻。激战至下午，红十一师向敌左翼迂回，河口独立团主力抄袭敌人后路，配合红十二师正面反击成功，歼敌第三十旅旅长王劲修以下两千余人，才迫使敌人后退。红军伤亡也较重。而敌十师、八十三师联合据地固守，红军攻不下，双方形成对峙。同时，曾中生指挥黄安独立师与汤恩伯第八十九师激战于高桥河，红军援军到达，敌依托工事固守，又形成相持状态。

战局的发展对红四方面军越来越不利。当红军在冯寿二、高桥河与敌对峙时，敌陈继承纵队正从宣化店向七里坪开进，红军有被敌人抄后路的危险。红四方面军总部研究了敌情后，决定放弃黄安，转向七里坪攻击敌人。

七里坪是根据地的中心地带，地形条件、群众条件都很好，利于红军作战。徐向前总指挥将红十一、十二两师放在北面控制酒醉山；红十师、七十三师居中，控制大小雾嘴山；独立第一师（黄安独立师）和少共国际团在南面控制古风岭，准备迎敌。总部的意图是：七里坪一仗，要一鼓作气，把西来之敌彻底摧垮。

8月15日，天刚蒙蒙亮，天空中就响起了沉闷的马达声，敌机在红军阵地上空盘旋，一排排炸弹落在各个山头上，霎时腾起了冲天烟雾。紧接着，敌人地面部队全线出动，向红军阵地猛扑。蒋介石的嫡系部队有精良的武器装备，又有飞机大炮掩护，攻势相当凌厉。红军以劣势装备对敌之优势装备，与敌人拼搏。当敌人冲上来时，战士们拔出大刀跃入敌群，与敌展开白刃格斗。时至中午，敌人攻势略减，徐向前看到反击时机已到，下令红军五个主力师集中出击，务求全歼敌人。红军从两侧扑向敌阵地，歼敌第五旅两个团大部。

陈继承急调第四旅第八团、第六旅第十一团加强阵地，第三师一部策应第二师固守阵地。黄昏时分，红军终于突破敌人正面阵地，向纵深发展。敌人第二师全线溃逃。敌第四旅第八团和第六旅第十一团大部被歼。红军乘胜向前推进了八九里，直插白马嘶河，占领敌第二师指挥所，逼近陈继承纵队司令部。

陈继承此时已惊慌失措，准备撤退。但敌卫立煌部赶到，要陈继承继续坚守。这时，红军四个主力师和黄安独立团均已投入战斗，无后续力量。敌依托山地坚守，红军攻不上去。徐向前看到天色微明，相持下去对红军不利，于是下令部队停止进攻，撤回河东。

冯寿二和七里坪之战，在红四方面军战史上是数得上的硬仗。指战员们英勇顽强，重创蒋介石嫡系第十师和第二师，共杀伤敌军官兵五千余人，缴枪三千余支。尤其是七里坪一战，毙、伤敌三千三百余，使敌第二师受到严重打击。然而，此两战均未击破敌之一路，也未能使整个战局发生有利于红军的重大变化，还伤亡了两千余人，黄安独立师师长曾中生负伤。

张国焘并没看到危机，仍一味强调进攻。8月29日，张国焘在给中央局转发鄂豫皖分局的电报中认为："敌经济恐慌急剧，全国群众革命情形更为高涨，我全国红军应趁此时机起来消灭'围剿'，迅速完成一省数省首先胜利。"并对冯寿二、七里坪战后根据地的形势作出这样的估计："进攻黄安之敌第二、三、十八、十三、八十九、八十共六师，两次被我军击溃。""敌军被击溃后，已无斗志，军阀又起冲突。"[1]基于这样的认识，当张国焘看到红军与敌对峙中不能前进，久留又有被合击的危险时，他不是命令红军避开敌

---

[1]《中国工农红军第四方面军战史资料选编》（鄂豫皖时期·下），解放军出版社1993年版，第680页。

张国焘传

人主力实施有利的机动作战，而是令红军主力北出，打击正在与陈继承纵队靠拢的张钫纵队，企图保住新集。此一着恰恰适应了敌人的战略企图。

根据张国焘的指示，红四方面军总部决定红军主力向新集以北的胡山寨[1]转移，准备打击北路之敌。红军进至新集地区后，虽与敌拼杀数日，毙、伤敌两千余人，但仍有被敌人三面包围之势。这种情况大大出乎张国焘的意料。于是，他一面令红四方面军主力向东转移，一面责成鄂东北道委留在当地领导地方武装坚持斗争。他自己则率鄂豫皖中央分局、鄂豫皖省委及省苏维埃政府等机关撤出新集地区，随方面军主力经白雀园、余家集、挥旗山、汤家江，向皖西金家寨转移。

红四方面军总部接到命令后，立即率主力部队冒着滂沱大雨向东疾行。从这时起，红四方面军主力将在较长时期内处于艰苦转战之中。

红四方面军主力在向皖西方面进军。然而，皖西的形势并不乐观。早在鄂东北、豫东南之敌发起总攻之时，皖西之敌在右路军副司令王钧的统一指挥下，也分路向皖西地区猛攻。敌徐庭瑶纵队已西越淠河、独山一线，占领了叶家集、独山镇、流波镇等地。红二十五军第七十四师、七十五师在北起叶家集、南迄英山的广大地区与地方武装一起同各路进犯之敌展开激战。

红四方面军总部率领红十、十一、十二、十三师到达皖西金家寨与红二十五军会合后，决定首先挥师六安方向，打击深入根据地叶家集、独山镇的徐庭瑶部。但由于部队隐蔽行动不够，行至东西香火岭，即与敌遭遇。而后面的敌卫立煌、陈继承两纵队又经沙窝、新店追来，与徐庭瑶纵队形成对红军的东西夹击之势。方面军总部遂决定率部队南下英山，会合地方武装，寻机歼敌。走到霍山县燕子河时，得知英山也被敌人占领，部队只好停止前进，就地休息待命。

从红四方面军南下围攻麻城至此，只有两个多月，形势发生了巨大逆转。在国民党大军进逼、前堵后追的情况下，张国焘由进攻中的大意轻敌，一变而为转战中的一筹莫展。他再也不提国民党军队只是"偏师"了。

9月13日，张国焘、陈昌浩、徐向前三人联名致电党中央，除报告鄂豫

---

[1] 另一说为"扶山寨"。

皖红军的转战情况外，主要是请求中央"紧急动员各区红军及工农群众急起策应"红四方面军。党中央接电后，将其转发给在前方指挥作战的周恩来、毛泽东、朱德、王稼祥。

周、毛、朱、王等对红四方面军的情况十分关注。他们立即致电中央局并转鄂豫皖分局，建议"红四方面军目前应采取相当的诱敌深入到有群众工作基础的、地形便利于我们的地方，掩蔽我主力目标，严格的执行群众的坚壁清野，运用广大的游击队，实行四面八方之扰敌、截敌、袭敌与断绝交通等动作，以疲劳与分散敌人力量。在运动中选择敌人薄弱部分，猛烈打击与消灭敌人一点后，迅速转至另一方，以迅速、果敢、秘密和机动求得各个击破敌人。"[1]

徐向前评价说："这一电文，提出鄂豫皖红军应通过诱敌深入击敌一路、群众配合、运动歼敌来粉碎敌人的'围剿'，无疑是非常正确的。如果在反'围剿'的准备和开始阶段，分局领导人有这样明确的指导思想，局面一定会好得多。"[2]然而，此时的红四方面军已经失去了采纳上述建议的条件。

面对敌人的重兵分路合击，张国焘在燕子河召集陈昌浩、徐向前、沈泽民、蔡申熙、王平章、曾中生、方英等人开会，讨论下一步的行动方针。会上，红二十五军军长蔡申熙提出："红军主力必须跳出根据地实行外线作战，以保存实力。但东出潜、太不如出平汉路以西的应山、随县、枣阳一带有利。因那儿有党的基础，有红三军在那里活动；南靠桐柏山，西可入大洪山，而平汉路的敌防线属兵站性质，过往甚繁，防守反而薄弱，从这儿突围，将出敌不意。待条件成熟，回过头来，很快就能回到我们的中心地区。"[3]张国焘见他的意见得到大家的赞同，便决定以郭述申和独立师师长徐海东等带少部分兵力和地方武装，在皖西和潜山、太湖一带地区扰敌后路，方面军主力则先取英山，再向黄安、麻城地区转移。

9月底，红四方面军主力由燕子河经西界岭、五显庙直趋英山。红军原

---

[1]《中国工农红军第四方面军战史资料选编》（鄂豫皖时期·下），解放军出版社1993年版，第692–693页。

[2] 徐向前：《历史的回顾》，解放军出版社1988年版，第207页。

[3] 参见范青：《陈昌浩传》，中共党史出版社1993年版，第93页。

准备在英山地区打击敌上官云相纵队，但因这路敌军和其他敌军一样，依托工事坚守防御，红军未获战机，遂移师西进。

10月上旬，红军刚抵达黄麻地区，敌军就尾追而来。红军在激烈的遭遇战中，用刺刀和手榴弹同敌人战斗，红二十五军军长蔡申熙身先士卒，身负重伤，躺在担架上继续指挥战斗，直到打退敌人最后一次冲锋。红十师政委甘济时也在激战中身负重伤。几天后，这两位红四方面军重要的领导人因伤势过重相继去世。两位战将的牺牲使张国焘受到了沉重打击，他流着眼泪在烈士的遗体前鞠躬致哀，表示自己深深的负疚之情。

10月8日至9日，红四方面军在河口镇和冯寿二地区与敌激战两天，歼敌一部后，急忙向黄安县东北的黄柴畈转移。当红军主力抵达黄柴畈时，敌陈继承部的先头部队又尾追而来，向红军发起猛攻。担任阻击任务的红七十三师在陈昌浩率领下顽强地阻击敌人，虽然毙、伤敌第二师副师长柏天民以下近千人，但敌人已经形成对红军的包围之势。红军处于方圆仅几十里的弹丸之地，四面临敌，岌岌可危。

是继续留在根据地打？还是跳到根据地外面打？10月10日夜，在黄柴畈，鄂豫皖中央分局连夜召开紧急会议，讨论红军的行动方向。张国焘认为，红军必须跳到外线作战，因为敌人的力量大大超过红军，红军经过各次战斗未能完成击溃敌人的任务，已完全处在被动、失败的地位。根据地内的主要城镇被敌占领，红军主力没有周旋余地，无法粉碎敌人的"围剿"。只有跳出敌人的包围圈，才能保存力量。如果将红军主力继续留在根据地进行战斗，是毫无希望的。因此，他提出去平汉路以西，与红三军会合。张国焘的意见得到了绝大多数与会者的支持，于是，张国焘最后决定：留下第七十四、第七十五两师与各独立师团，由沈泽民负责，在根据地坚持斗争；方面军总部率第十、第十一、第十二、第七十三师及少共国际团，跳出根据地，暂到平汉路以西活动，然后再伺机打回根据地。

张国焘没有想到，鄂豫皖根据地第四次反"围剿"会遇到如此大的挫折。他更没有想到，鄂豫皖根据地的辉煌，以红四方面军主力撤到平汉路以西画上了句号。

根据黄柴畈会议的部署，陈昌浩率领先头部队开路先行。红四方面军总

第八章
巅峰与跌宕

部和剩余师团及总部直属各单位共约两万余人，分左右两个纵队，于10月12日夜行动，跨过平汉路，踏上了漫漫征途。被迫撤出鄂豫皖根据地，是在很仓促的情况下决定的。当时绝大多数红军指战员并不了解这次行动的战略意图，只是知道要过铁路，准备同贺龙指挥的红三军会合。他们不知道，这一去竟然越走越远。即使是张国焘也同样不知道，迈出鄂豫皖根据地就再也无法回来了。

对于红四方面军第四次反"围剿"失利的原因，《中国工农红军第四方面军战史》作了如下总结：

> 张国焘到达鄂豫皖革命根据地以来，全面贯彻了第三次"左"倾路线的各项错误政策，并逐步建立起他的家长制统治。这就在很大程度上损害了革命力量和人民战争的基础，为严重的反第四次"围剿"斗争种下了不利因素。而张国焘的错误指导，则是造成这次反"围剿"斗争失败的直接原因。开始，张国焘基于轻敌的形势估计和执行"左"倾冒险主义的战略方针，一方面无视严重"围剿"即将到来的事实，毫不进行必要的准备，另一方面坚持不停顿的进攻，大大疲惫和消耗了自己。这就使红军在敌人严重"围剿"面前，丧失了措置裕如的能力。当转入反"围剿"作战之后，张国焘又不采取诱敌深入、待机破敌的方针，却令红军在不利条件下与敌实行决战，以致继续受制于敌。等到几仗均未打好，才不得不匆忙将部队主力转移到外线，最后被迫战略转移，终致反"围剿"斗争的失败。[1]

张国焘在《我的回忆》中写道：对于第四次反"围剿"的失败，"我这个鄂豫皖苏区的园丁，真有感慨万千之叹"。张国焘自称为"园丁"，说明他对鄂豫皖根据地这段经历是无限怀念的。只是他这个"园丁"种下的"左"倾冒险种子，结出了"左"倾冒险的恶果，在敌强我弱的情况下，最终导致第四次反"围剿"失败。

---

[1]《中国工农红军第四方面军战史》，解放军出版社1989年版，第203-204页。

张国焘⑮

漫漫西征路

1932年10月12日夜，红四方面军主力在平汉路的广水、卫家店车站之间越过铁路，进入大洪山区，经洛阳店、新店向原红三军活动过的璩家湾一带转进。

蒋介石发现红军主力西越平汉路，跳出包围圈后，立即部署对红军的"追剿"，妄图一举将红四方面军主力聚歼于襄阳、枣阳、宜城地区。

张国焘此时心事重重，因为红四方面军遭遇的挫折，无论怎样解释，他都有不可推卸的责任。他希望部队能在离鄂豫皖不太远的地区找到新的据点，以便反击，打回鄂豫皖。在黄柴畈会议上，张国焘曾表示：红军向外线转移，只是让主力跳出包围圈，打击敌人，保卫根据地。我绝不离开鄂豫皖根据地。[1]

然而，战事的变化并不以张国焘的意志为转移。敌人的围追堵截非常凶猛，部队疲于应付，根本没机会选择立足点，只能打到哪儿算哪儿。用徐向前的话来说就是："离开鄂豫皖以后，没有讲清到哪里去，大家急得很……但是那时没有一个什么目的地，也同中央苏区出来相似的，想到什么地方也不行，也是走一步，看一步，打一仗，算一仗，就是这样的情况。"[2]

红军昼夜兼程疾进，奔向璩家湾一带，原指望能与在此地的红三军会合，但迎接他们的不是红军兄弟，而是一片荒芜的田野，破败的村庄，衣衫褴褛的孱弱百姓，更多的人则躲藏在深山野林中。"红三军已经走了，根据地早垮台了。没有政权，没有红军，没有游击队，没有党组织，剩下的只是一片断垣残壁的荒凉景象。"[3] 红四方面军的指战员真是失望极了。

原来，湘鄂西根据地在敌人"围剿"下丧失后，红三军于10月中旬从

---

[1] 见成仿吾：《记叛徒张国焘》，北京出版社1985年版，第47页。
[2]《中国工农红军第四方面军战史资料选编》（鄂豫皖时期·下），解放军出版社1993年版，第743–745页。
[3] 徐向前：《历史的回顾》，解放军出版社1988年版，第215页。

第八章
巅峰与跌宕

钟祥地区转移到了大洪山区。10月下旬,湘鄂西中央分局在枣阳王店举行会议,决定放弃恢复根据地的想法,绕道豫西南和陕西转往湘鄂边地区。[1] 接着红三军即从随县以北越过桐柏山进入豫西南,不久又进入伏牛山区,向西北方向转进。这时,红四方面军如果能迅速行动,极有可能与红三军会合。但遗憾的是,红军在新集、枣阳遇到了强敌追击,不得不进行抵抗,以致贻误了这一机会。

10月19日,红军到达新集地区后,再次遭到敌人的包围,这使得张国焘经受了一次惊险考验。他回忆说:

> 这次战斗最惊险的一幕,是敌军攻到了我和徐向前的指挥阵地不及五十码的地方。敌军似已侦知我军的总指挥所,于第二天下午集中强大兵力,向我指挥所猛扑。由于我军正面一部约三百人伤亡过重,连排班级的指挥人员均告阵亡,无法继续作战,纷纷向指挥所败逃。眼看敌军向指挥所蜂拥而来,徐向前沉着应付,立令整理队伍,指定其中精神较强健者,担任连排班级的指挥人员。我则动员所有参谋政工以及各种直属部队约二百余人,临时编组,当敌军逼近到我们指挥所的地方,徐向前一声号令,我们这几百临时编组起来的部队,便冲杀出去,手榴弹一齐向正在疯狂前进的敌军抛掷,烽烟起处,血肉横飞,敌人就这样败下去了。这最惊险的一幕,竟使我们化险为夷。[2]

红四方面军自从过平汉路后,在敌军的压迫下连续向西北行军、作战,十天十夜没有睡过一觉,没有吃过一顿饱饭,全体指战员疲惫至极。徐向前说,他从来没有那样累过,两条腿都拖不动了,话都不想说。张国焘也说:"在后卫团的掩护下,我们下马步行,向北行进,走了二十里后,在一个山冈上与徐向前、陈昌浩等会合,因连日过度疲劳,我一看见他们之后,不由自主的便倒卧在地上了。陈昌浩等大多数人也已累得不能再动。只有徐向前

---

[1]《中国人民解放军战史》第一卷·土地革命战争时期,军事科学出版社1987年版,第202-203页。

[2] 张国焘:《我的回忆》(第三册),现代史料编刊社1980年版,第140-141页。

等少数身体特别强健的军人，还能支持得住。"[1]

10月22日，红四方面军主力经枣阳七房岗向西转进，到达南化塘。此时，张国焘已经放弃了打回鄂豫皖根据地的意图。他回忆说："我们这些军事首脑……修正了我们原来的策略，决定如一时没有消灭敌人的机会，又不能在鄂北一带立足，不如前进到更远的西部去。……我们向全军解释，打回鄂豫皖区既一时无此可能，便只有向西寻找新的根据地。"[2]

11月13日，张国焘致电中央，检讨了红四方面军失利的原因，提出准备在鄂豫陕边联合湘鄂西、鄂豫边、陕甘边赤区和红军，在襄江上游建立巩固的根据地。[3]但这一计划未能实现。红军在南化塘刚驻三天，敌人又跟踪追来，再次对红军造成合围之势。这种情况下，总部决定经鄂陕边界之漫川关，西进汉中。

漫川关，是崇山峻岭中的一个小镇，周围都是千米以上的悬崖峭壁，仅有几条羊肠小道可以通行，地势十分险要。11月11日，当红四方面军进至漫川关东康家坪、任坪地区时，陕军杨虎城的重兵三个团已卡住漫川关的关口，挡住了红军西去道路。胡宗南第一师也由郧西进到漫川关东南任岭、雷音寺、古庙沟一线，并当即与红十二师先头部队发生激战。

情况在继续恶化。11月13日，敌第四十四师由鲍鱼岭地区进占漫川关东北张家庄、马家湾一线，与红七十三师二一九团激战竟日；敌第六十五师、五十一师也尾追红军至漫川关东大沟口、当山地区；敌冯钦哉第四十二师则经漫川关北之石窑子向南压下来。蒋介石严令其各追堵部队：务必将红军歼于康家坪到任岭十余里的悬崖峭壁之间。

红四方面军一万七千余名指战员与围敌的数量相比，完全处于劣势，但与驻守在漫川关的陕军数量相比，则处于绝对优势。然而，漫川关的隘口属于"一夫当关，万夫莫开"的险隘，如果红军先头红十二师乘胡宗南立足未

---

[1] 张国焘：《我的回忆》（第三册），现代史料编刊社1980年版，第141-142页。
[2] 张国焘：《我的回忆》（第三册），现代史料编刊社1980年版，第144页。
[3]《中国工农红军第四方面军战史资料选编》（鄂豫皖时期·下），解放军出版社1993年版，第696页。

第八章
巅峰与跌宕

稳、情况不明，一个冲锋打上去，有可能把敌人击溃。但由于红十二师师长旷继勋指挥不力，贻误了战机，致使红军的处境十分危急。

为解决迫在眉睫的问题，方面军总部领导人立即召开紧急会议。之前，红军在山林中捉住了三个化装成老百姓的敌探，经过动员，其中一人说漫川关的右侧离这里十五公里的地方，有一条险要的小路，通往山谷外的陕境，如果肖之楚部尚未赶到那里布防，比较容易通过。

根据这一消息，张国焘认为，现在红军部队最好是化整为零，分散游击，让敌人摸不着主力的真实动向，才易于突围。突围出去后，按指定地点集合，再归建制。徐向前非常了解张国焘一到紧要关头就乱了手脚、往往瞎指挥这一弱点，认为在关键时刻不能全听他的，便直言道："这支部队不能够分散，在一块儿才有办法。我们好比一块整肉，敌人一口吞不下去；如果分散，切成小块，正好被人家一口一口吃掉。所以，无论如何不能分散打游击，要想尽一切办法突围。"[1]陈昌浩也表示同意徐向前的意见。张国焘自知指挥军事不如两位主帅，便不再坚持自己的意见。于是，会议决定从北面敌之薄弱部实行突围。会后，徐向前、陈昌浩立即策马向红十二师驻地驰去。

总政委陈昌浩带着红三十四、二一九团向漫川关的北山垭口飞奔。敌肖之楚部也在向北山垭口快速运动。红军向东北方向前进，敌人朝西南方向行动。这是一个敌我比体力，尤其是比毅力的竞赛。

一个多小时后，陈昌浩率领的十余骑兵首先赶到北山垭口，随即占领了山谷右侧的高地，并抢挖工事，扼守北面的小道。后面的指战员们也及时赶到，进入阵地。此时敌人正黑压压一片向垭口爬来。经过反复苦杀肉搏，红军终于在敌人的结合部撕开了一条约两公里宽的口子。时间就是生命！为了以最快速度突围，部队再一次轻装，冒着炮火疾进。

守敌深知丢了垭口就意味着蒋介石在漫川关聚歼红四方面军的计划化为泡影，凭着装备和兵力上的优势，发疯般地向红三十四团防守的右侧阵地和红二一九团的左侧阵地扑了过来，想把缺口重新堵上。战斗白热化，敌我双

---

[1] 徐向前：《历史的回顾》，解放军出版社1988年版，第220页。

方都尽全力拼搏。战至 11 月 13 日黄昏，红四方面军主力全部通过北山垭口。当敌人的两个旅再次合拢时，包围起来的只是红军轻装时砸碎的一堆破烂。

红军在漫川关突围后，连夜翻越海拔一千六百多米的野狐岭，横跨大大小小的山峦，直插竹林关。至此，红军终于摆脱了敌人重兵的围追堵截，向西挺进。于 11 月 23 日进入关中平原。

这时，张国焘鉴于红四方面军主力部队已经远离鄂豫皖根据地，"鄂豫皖革命军事委员会"的名称已没有多少实际意义，便决定将其改为"西北革命军事委员会"。

红四方面军进入关中平原后，进逼西安古城，这一行动大大出乎敌人意料。敌十七路军总指挥、陕西省主席杨虎城忙调孙蔚如第十七师在王曲、子午镇一带阻击红军，尾追红军的敌第一、第三十五、第四十四、第五十一、第六十四师，也蜂拥扑向关中地区，敌第二、第四十二师则沿陇海铁路匆忙西进，星夜向西安奔来。

11 月 24 日，红七十三师在师长王树声指挥下，在西安南郊二十公里的王曲镇同敌阻击部队陕军混成旅和特务团接火。跟随红七十三师行动的张国焘，命令王树声带领七十三师出击，将对面敌人打掉。王树声得令后，未来得及做好充分准备和部署，就命令前卫第二一八团出击，以求速战速决。不料，敌人以逸待劳，红二一八团与陕军一交火，竟被敌一个反突击打了回来，双方呈僵持状态。

张国焘十分紧张，但强打精神，板着脸对王树声说："你们有没有能力将敌人打掉？如果不行，我调其他师上来打。"这一激将法，把战功卓著的王树声师长着实给激怒了，他认为让其他部队来打，那是他的奇耻大辱，涨红着脸表示："张主席，我要是不能把敌人打垮，你枪毙我！"说罢，便拔出手枪，转身飞奔而去。这一次，王树声重新进行了部署，亲自率领部队旋风般地向敌人冲去。经过几个回合的厮杀，敌人被歼四个营，溃败而去。[1]

---

[1] 见范江怀：《大将王树声》，解放军出版社 1998 年版，第 131 页。

第八章
巅峰与跌宕

11月25日，红军后卫部队红十一师在子午镇被敌第十七师截断，红十师先头部队第三十三团和第十师一部，立即折回配合红十一师主力与敌激战，将敌击溃。溃敌向西安方向逃去。

11月27日，红四方面军主力抵达户县以南的彷徨镇后，分两个梯队向西继续行进。张国焘带第一梯队的十一师、七十三师先行，徐向前、陈昌浩带第二梯队的十师、十二师殿后。途中与敌人发生激战，歼敌一部，红十师代理师长曹光南不幸牺牲。

11月28日，红四方面军进抵周至县南二十余公里的马召镇之新口子时，总部收到中央27日电。来电批评张国焘等人由于对国民党崩溃过分估计及由此而产生的对四次"围剿"严重性的估计不足，使红军不得不离开原有的根据地，这是很大损失，指出红四方面军现在的任务是：在鄂、豫、陕边建立新的根据地；迅速与红二军团取得联系与行动的呼应；恢复鄂豫边苏区，发动游击战争，开展土地革命；红军主力整理休息补充之后，应取向回发展的方向，造成时时威胁襄樊及武汉的形势。[1]

对于中央的这个指示，徐向前的评价是："教条主义的中央领导人，远在江西根据地，他们提出的上述任务和要求，远远脱离我军转战的实际，是行不通的。"[2] 红四方面军此时已远离鄂豫边而深入陕境，张国焘也认为中央的这一指示无法执行，乃决定部队南进汉中。

11月29日，红四方面军由新口子出发，再次翻越秦岭。经过九天的艰苦行军，一连翻过九座海拔两千米至四千米的大山，于12月7日进抵秦岭南麓的小河口。张国焘没有料到，正是在这里，他遇到了红四方面军撤出鄂豫皖根据地西征以来第一次公开的党内挑战。

红四方面军抵达小河口的当晚，早已对张国焘有意见的部分高级干部聚在一起，商议同张国焘进行斗争。这是在红四方面军撤离鄂豫皖根据地后指战员们对张国焘错误领导日益不满的基础上爆发的。

鄂豫皖根据地是自1927年起经过党和人民群众艰苦努力才创立起来

---

[1]《中国工农红军第四方面军战史资料选编》（鄂豫皖时期·下），解放军出版社1993年版，第699页。

[2] 见徐向前：《历史的回顾》，解放军出版社1988年版，第225–226页。

的，红四方面军在这里成长壮大，与这里的人民有着血肉之情。可是在敌人第四次"围剿"时，由于张国焘的错误领导，红四方面军被迫离开这个地方，实行大转移。转移前既未向部队说明原因，转移途中又对今后的行动不作指示。于是，广大指战员存有怀疑，许多干部提出"为什么放弃了根据地？""究竟要到哪里去？"

部队到小河口后，曾任红四军政治委员的余笃三和总部干部王振华、朱光便商议到中央去揭发张国焘的错误，要求中央迅速采取措施加以纠正。他们将此事告诉第七十三师政治部主任张琴秋后，张琴秋认为不妥。当天夜里，王振华、朱光、李春霖、张琴秋到曾中生、刘杞的住处，讨论对张国焘的意见，并推举曾中生以书面形式向张国焘陈述大家对领导的不满以及对当前行动方针的意见，即停止退却，争取迅速在陕鄂一带创建新的根据地。希望张国焘能采纳大家的意见，改正错误，并将这一意见转报中央。[1]

12月8日，张国焘在小河口召开部队师级以上干部会议，讨论部队今后的行动方针。会上，曾中生、旷继勋、余笃三、张琴秋、刘杞、王振华、朱光等纷纷发言，表示出对红四方面军前途的忧虑，对苏区人民的怀念，对红四方面军的领导工作提出了不少意见，希望红军能迅速摆脱敌人的追击，建立新的根据地。张国焘对大家提出的意见进行了反复辩解，不过也表示虚心接受大家的批评。

曾中生等人在会上敢于发表对张国焘的批评意见，确实是需要勇气的。据李天焕说："当时，大家的确是把张国焘当神仙，盲目的信任他个人，我自己也是曾经信仰张国焘的一个，一方面不了解张国焘那种行为是错误的，另一方面以为张国焘是党中央代表，又是中华苏维埃副主席，又是军事委员会主席，所以以为他是神仙，以为有张主席一路哪还有错的呢？当时我想不但是我一个人如此，恐怕四方面军的绝大多数干部也是如此。"[2]

红四方面军走到今天这个地步，张国焘知道自己难逃其责。其实，从离开鄂豫皖的那一刻起，张国焘的压力就随着红军往西的征途而愈来愈大，这

---

[1] 见《中国工农红军第四方面军战史》，解放军出版社1989年版，第198–199页。

[2] 李天焕：《红四方面军在川北发展与建设》(1945年2月1日)，《中国工农红军第四方面军战史资料选编》(川陕时期·上)，解放军出版社1993年版，第38页。

第八章
巅峰与跌宕

小河口会议旧址。当年的红四方面军就是在这里召开了批评张国焘的师以上干部会议

种压力来自三个方面：

　　首先，来自中共中央。张国焘曾写道：中共中央对于红四方面军脱离鄂豫皖区，西行到川北，甚表不满，认为是右倾的逃跑主义。我们离开鄂豫皖西行，中共中央事先是毫不知道的。他们似是因为不知道我们的处境，对我们的行动颇感焦虑。最先是告诉我们一些敌情，等到我们到达豫西南一带的时候，就转而反对我们继续向西退却的指示。等我们越过秦岭进到关中时，中央来电的语气更加严重了，甚至说"如果你们再继续向西逃跑，那我们就公开反对了"。我们接到这个严重警告之后，曾详细加以研讨，仍不敢将我们的行动计划据实电告，仅以"正在寻觅新的根据地"的含糊语句作答，以免泄露军机。[1]这说明，张国焘对中共中央的态度是十分重视的，但实际情况迫使他又不得不做出与中央意图相反的决定，所以他感到巨大的压力。

---

[1] 见张国焘：《我的回忆》（第三册），现代史料编刊社1980年版，第171–172页。

第二，来自西撤后始终无法摆脱国民党军队的围追堵截。由于红军疲于奔命，难以找到落脚之地，所以无法实现"寻机打回鄂豫皖根据地"的战略计划，只好一直向西北方向转进。但越是向西，丧失根据地的责任就越重。这使得一贯自负的张国焘越来越感到难堪，思想压力日益增大。

第三，来自红军中领导干部的不满情绪。张国焘说："由于一般高级干部不仅没有机会参与决策，甚至不能完全明了决策的底蕴，大多数同志不赞成远离鄂豫皖苏区，他们宥于'坚决保卫鄂豫皖苏区'的口号，就不免多少忽视实际的困难。对于我们某些不得已的行动，往往不能谅解。……等到他们知道我军行动的箭头指向西面，就开始有所疑虑。他们纷纷议论，向西是没有前途的，远离了全国的其他苏区。""在军事策略上，同志们也发生了或左或右的不同见解。有的低估了敌军的力量和他们追击我军的决心，反对向西急退。他们批评我们军事策略是'逃跑'，是'避战'，认为这会将红四方面军拖垮。与其拖垮，不如与敌军作孤注一掷的决战。有的同志又高估了敌人的力量和决心……这些反对意见，终于汇集起来，形成不满现有领导的反对派。"[1]

由此可见，从红四方面军西撤到小河口会议期间，张国焘的处境十分窘迫。小河口会议虽然对张国焘的权威有所触动，但并没有形成与张国焘的公开对抗，其原因是：第一，张国焘当时仍是中央代表，仍有很高的威信。第二，广大干部对张国焘的错误还缺乏更进一步的认识。但这次行动迫使张国焘不得不将其家长制的领导作风暂时收敛，这对于迅速创建川陕革命根据地也有一定积极意义。

尽管张国焘在会上表示虚心接受大家的意见，但后来事实证明他对提意见的人极为不满。徐向前说："张国焘对那些反对他的同志怀恨在心。川陕革命根据地建立后，张国焘便借口'肃反'，陆续将曾中生、余笃三、旷继勋等人逮捕或杀害，张琴秋也被降职使用。"[2]

小河口会议后，红四方面军继续南进，渡过汉水。在渡汉水时，为了照

---

[1] 张国焘：《我的回忆》（第三册），现代史料编刊社 1980 年版，第 173—174 页。
[2] 徐向前：《历史的回顾》，解放军出版社 1988 年版，第 227—228 页。

顾伤病员，张国焘、徐向前、陈昌浩等都将自己的马送给伤病员骑，他们与普通战士一样趟过冰冷刺骨的汉水，这一行动鼓舞了全军将士。渡过汉水后，红军向镇巴、西乡转移。

从此，部队摆脱了敌人的追堵，取得了主动权，使敌人的"此股残匪，不死于炮火，即死于冻饿"的企图彻底破灭。在战火中死里逃生的一万四千多名红军指战员，成为开创新的根据地的骨干力量。

第九章
川陕根据地:"惊人的胜利"

1932年12月下旬，红四方面军夺取通江、南江、巴中。12月26日，红旗插上了通江城头。张国焘等领导人决定向四周展开，控制通江附近的大部地区，深入发动群众，开展土地革命，建立以通（江）南（江）巴（中）为中心的川陕革命根据地。

川陕根据地建立的速度是惊人的：1933年1月，中共川陕省委员会正式成立；2月，川陕省苏维埃政府正式成立，标志着拥有一百多万人口的川陕根据地基本形成。1933年1月，四川军阀田颂尧部署对通南巴根据地进行三路围攻，红四方面军采取灵活机动的战略战术，经过四个月的战斗，毙、伤敌官兵一万四千余人，俘敌旅参谋长李汉城等以下官兵万余人，缴长短枪八千余支、机枪两百余挺、迫击炮五十余门。

川陕根据地面积也扩大了一倍以上，全区人口达两百余万，面积近三万平方公里。根据地的中心通南巴地区，基本完成了分配土地的任务，新区的土地革命斗争也迅速展开。

中共中央评价这是"惊人的胜利"，根据地群众认为张国焘是"真命天子"。

1933年7月上旬，红四方面军进行整顿扩编，全军达四万余人。与杨虎城十七路军孙蔚如部之间达成的互不侵犯协定和开通秘密交通线，使川陕根据地解除了腹背受敌的威胁，也打开了对外往来的大门，从而打破了蒋介石企图将红军包围封闭在川北地区加以消灭的妄想，根据地建设也如火如荼地开展起来。

8月中旬至10月底，红四方面军集中主力连续发起三次进攻战役，歼敌近两万，缴获长短枪一万两千余支，还有大量军用物资，极大鼓舞了根据地军民。

第九章
川陕根据地:"惊人的胜利"

新创根据地

陕南地区北濒汉水,南倚巴山,地方上党的组织工作有一定基础。红四方面军到达此地后,张国焘与红四方面军前敌委员会决定在城固、西乡、镇巴、石泉、紫阳、安康等县就地展开,建立革命根据地。这个决定一作出,张国焘就立即行动起来,与陈昌浩、徐向前等人一面进行历史和民情调查,一面发布各种命令,布置工作。

然而,调查了解的情况使张国焘等人甚为失望。他们发现,这里已经多年干旱歉收,不仅粮食极缺,而且土匪横行,居民稀少,根本不适合大部队久住,更别说建立根据地了。

恰在这时,张国焘等人从敌人报纸上得知:四川军阀正在成都一带混战,川北兵力极为空虚。这个消息给了他们另外一条思路:川北地势险要,物产丰富,回旋余地更为广阔,以川北为中心建立根据地,显然要比陕南更为有利。根据这个思路,他们遂决定集中力量向四川发展,创建以川北为中心的川陕边革命根据地。

1932年12月15日,红四方面军在西乡县钟家沟召开了团以上干部会议,讨论传达进军川北、创建川陕革命根据地的战略方针。会场上产生了很大震动:红四方面军刚刚在陕南落脚,板凳还没有焐热,又要去翻山越岭,太出人意料了。为了消除大家的疑虑和厌战心理,张国焘耐心地解释说:川北比陕南的地势更险要,物产更丰富,回旋余地更广阔,而且四川军阀林立,目前正在川西一带混战,川北防务十分空虚,正是我军入川的大好机会。大家一听,豁然开朗,遂一致同意了翻越大巴山,占领通江、南江、巴中地区的战略计划。

进军川北,横在红军面前的首道难关,即"巴山天险"。早在一千多年

张国焘 传

前，唐代诗人李白就发出"蜀道难，难于上青天"的感叹，更何况这雄峙于川陕交界处，横断两省通道的大巴山脉此时已被厚雪覆盖，要通过谈何容易。方面军总部考虑到翻越大巴山的种种困难，要求每个指战员打两至三双草鞋，带三天的炒米和铺路、取暖用的稻草，并将马匹集中起来供伤病员使用，还向周围群众尽可能多买了些衣被。

12月17日，红四方面军总部命令：红七十三师以二一七团为先遣队，先行出发；主力于19日相继出动。

寒冬腊月，顶风冒雪翻越积雪覆盖、山势险峭的大巴山，其险难程度可想而知，红军将士们只能互相帮扶着向大山进发。翻过大巴山需要两天的行程。这就是说，必须有一夜是在山上度过。也就是这一夜，给张国焘留下了终生难忘的印象。他在二十年后回忆说："第一天傍晚我们在山顶宿营，那里只有两间破屋，容纳伤兵亦感不敷。于是我将全部重伤兵安置住在那两间破屋内，其余的人连我在内，一概露宿。谁知那些重伤兵们，认为我是全军首长，军旅倥偬，心力劳悴，他们大声呼喊，我应与他们同住屋内。我在盛情难却之下，乃第一次挤住在伤兵的行列中。那天晚上，伤兵们因要避免扰我睡眠，连呻吟声都忍扼住。今天回忆当时的情景，觉得我的战友们，对我爱护的真挚之情，仍觉得十分感动。"[1]

红军指战员们就是凭着忘我牺牲和顽强拼搏的革命精神，征服了风雪严寒、艰难险阻的大巴山，突然出现在川北的崇山峻岭之中，出现在川北的大地上。

四年后，1936年，当批判张国焘的浪潮在陕北掀起后，红四方面军撤离鄂豫皖，到川北创建根据地的行动，便被定性为"逃跑主义"。对此，徐向前等人是有不同看法的。1982年，徐向前在接受中共中央党史研究室有关人员访问时，对这段历史进行了如下解说：

> 四次反"围剿"失败了，苏区不能存在，怎么办？只有退出鄂豫皖。我回想当时召开了黄柴畈会议，有二十多人参加，我也参加了。会

---

[1] 张国焘：《我的回忆》（第三册），现代史料编刊社1980年版，第150–151页。

第九章
川陕根据地:"惊人的胜利"

议临时决定离开老根据地,到平汉路以西,兜个圈子,打败敌人再回去。原来是这样计划的。结果过了平汉路以西,敌人追得很厉害,仗打得很多。我们在枣阳的新集和土桥铺一带打得很凶,损失也很大。在敌强我弱的形势下,我们也没有什么退却不退却的问题。我们是被迫撤离的。第二天早上我们冲破敌人的阻击,向西走。关于这个问题,在延安的时候陈云同志,还有康生找我谈过。他们问,你们到四川是不是有计划去的?我就把战斗的经过说了一下。我说不是有计划的,是被迫的,开始是准备兜个圈子,等打下敌人再回去。后来回不去了。回不去就往西退。起初准备在豫西建立根据地,不行;又准备进入陕南一带建立根据地,也不行。那时杨虎城已守住漫川关,胡宗南已经追来,进入陕南,我们去汉中的路被堵住了。我们在敌人追击下,越过秦岭转到西安附近。在西安附近,遇到敌人重兵堵截围追。经过激战后,我们再越秦岭,到了汉中。接着我们就到了四川。那时四川军阀混战,反动统治力量薄弱。到了四川我们站住脚了。我对陈云、康生叙述了这一过程。至于中央给张国焘有什么电报,我没有看到过,也不知道。但今天看起来,退出鄂豫皖是不是退却、逃跑?当时被围困在苏区里面,在敌强我弱的形势下,想到苏区继续战斗下去,就有被消灭的危险。所以只有在外围兜圈子,结果被迫兜到四川去了。[1]

> **共产党·苏维埃·红军**
>
> 国 焘
>
> 共产党是无产阶级的政党,是领导广大工农兵士群众起来斗争的。共产党是无产阶级先锋队的组织,也就是工农兵士群众斗争的领导中间,整个阶级斗争的总指挥部。
>
> 苏维埃就是工农兵士的代表会议,也就是工农兵士的政权机关。这一政权由工农兵士群众组织而成,在无产阶级先锋队共产党领导之下,拥护整个被压迫阶级的利益,压迫压迫阶级。
>
> 红军是工农群众的武装队伍,在共产党领导之下,为维护苏维埃政权,消灭压迫阶级的武装和政权而斗争。
>
> 因此不是苏维埃领导共产党,也不是红军领导共产党,而是共产党领导苏维埃和红军以及整个阶级斗争。
>
> 共产党领导广大青年群众斗争,目的就是要建立苏维埃政权和工农红军。苏维埃和工农红军建立起来了,就是广大工农群众手里的有力武器。
>
> 整个被压迫阶级只有有了自己的先锋队的组织——共产党,才能夺取政权,推翻反动统治,建立苏维埃和红军。共产党就是整个阶级斗争的发动机和船上的舵一样,在未夺取政权前,他领导群众有组织、有计划的去夺取政权,在夺取政权中间,共产党就是英勇的用武力去摧毁旧的政权,组织新的政权;在夺取政权胜利以后,就巩固这一政权,领导工农群众学习使用政权,维护工农群众利益,镇压压迫阶级的反革命。共产党并领导这一工农兵政权,将整个革命推上前去。
>
> 因此整个工农群众不仅需要苏维埃和红军,而且需要自己的共产党,就是自己的阶级中最先进分子的组织,共产党不是加入了共产党的党员才有份的,乃是整个阶级的领导武器。
>
> (中共川陕省委机关报《川北穷人》第9期,红江县苏维埃出版,1933年2月16日)

张国焘著《共产党·苏维埃·红军》

---

[1]《徐向前元帅生前的肺腑之言》,《炎黄春秋》1993年第一期。

张国焘◎

四川，号称"天府之国"，地广人多，物产富饶，这里的群众素以勤劳勇敢著称。但是，在军阀和地主阶级的暴虐统治之下，百姓们受到各种剥削，生活极端贫苦。四川自1920年实行"防区制"以来，全省即为刘文辉、刘湘、田颂尧、邓锡侯、杨森、刘存厚等军阀所控制。他们对外是一个大的割据，不仅与邻省壁垒森严，就是对蒋介石的中央政府，也呈半独立状态；对内则钩心斗角，各霸一方，为了争夺地盘，连年混战。

在红四方面军决定入川前，1932年10月间，爆发了刘湘与刘文辉争夺四川霸权的大混战，全省大小军阀多被卷入这场混战之中，大部兵力集中于成都、内江一带。川北田颂尧第二十九军的防区尤为空虚，这给红军占领川北地区提供了良好战机。

12月21日，红四方面军主力通过两河口、泥溪场，进至苦草坝后，当即兵分三路，迅速实施战略展开，夺取通江、南江、巴中。12月26日，红旗插上了通江城头。之后，张国焘等领导人决定向四周展开，控制通江附近的大部地区，抓紧时机，深入发动群众，开展土地革命斗争，建立以通（江）南（江）巴（中）为中心的川陕革命根据地，并充分做好迎击敌人进攻的准备。

当田颂尧得知自己的防区被红军攻入后，连忙从嘉陵江沿岸调兵堵击红军，令李炜如第一路和罗乃琼第三师第七旅进抵巴中、刘汉雄第二路进抵南江，企图趁红军立足未稳之时，反攻通江。国民党刘茂恩第六十五师也从陕西西乡尾追红军向万源前进。

鉴于敌人的动向，红四方面军总部令红十一师、十二师由通江西进，在城西之恩歌嘴，抢占有利阵地，构筑工事，迎击巴中方向来犯之敌。同时，红第七十三师向通江西北之涪阳坝前进，向南江进攻。此后仅月余时间，红四方面军不仅击溃了敌人的进攻，歼敌三个团，溃敌八个团，而且解放了通江、南江、巴中三县的绝大部分地区，初步实现了进军川北的战略预想。

川北地势偏僻，交通不便，文化落后，没有经受大革命的洗礼，共产党组织的活动处于极为薄弱的状态。但这里人民因为深受军阀压迫的痛苦，要求解放的情绪十分高涨。张国焘、徐向前等经过初步调查，基本掌握了川北的敌情、民情、出产以及山形地貌，认为只要政策对头，把群众发动起

第九章
川陕根据地："惊人的胜利"

红四方面军总指挥部旧址纪念馆（四川巴中）

来，红军就一定能够在此立脚生根，打出一个红色苏区，让红旗飘扬在通南巴地区。

红四方面军总部进驻通江后，即召开会议，决定利用田颂尧的反攻部署尚未就绪之机，休整部队，发动群众，建党建政，实行土地革命，拔除军阀地主的反动社会根基，为建立革命根据地奠定坚实的基础。会后，徐向前、陈昌浩分别去前线随军行动，张国焘和曾中生则留在通江，领导建立政权、发动群众、巩固后方的工作。

12月29日，以旷继勋为主席的川陕省临时革命委员会成立，作为省苏维埃政府正式成立前当地的最高政权机关。

红四方面军从部队陆续抽调了数以千计的指战员，由师团政治部主任带领，组成工作队，深入城乡，走家串户宣传群众，组织群众。粮食和土地是农民的命根子。为了满足农民对土地的渴求，方面军总部制定了土地分配政策：以乡村为单位，按土地和人口的总量，抽多补少，平均分配。除留部分红军公田外，一般成人人均各五背[1]田，小孩人均各两背田。地主豪绅的土

---

[1] "背"是川北计数土地的单位，每背相当于两斗粮的产量。

地、山林、房产、牲畜、财物全部没收,富农的部分没收,分给贫苦农民。中农的土地和财产不动。[1]

红四方面军在通南巴地区发动群众,建立革命根据地的速度之快、成效之大是惊人的。余洪远回忆说:"在部队和地方干部群众的共同努力下,不到一个月时间,就相继建立了赤江、红江、南江、赤北、巴中五个县的临时县委。在此基础上,于1933年2月7日至13日在通江城召开中共川陕省第一次党员代表大会,出席代表共五百多人,除方面军总部和所属四个师的党员代表外,各县参加会议的代表人数不等,最多的是通江县一百二十人,其次是南江九十人,巴中、赤江、赤北三四十人。"[2]

根据川陕省委第一次党员代表大会决议,2月17日至24日,在通江城召开了川陕省第一次工农代表大会。会议对当前开展土地革命斗争、扩大红军、建立地方武装和准备粉碎敌人围攻等问题,进行了讨论和布置,通过了《川陕省苏维埃临时组织法大纲》,正式成立了川陕省苏维埃政府,选举熊国炳为主席,杨孝全、罗海清为副主席。

川陕省苏维埃政府下设军区指挥部、政治保卫局、革命法庭,以及监

"平分土地"石刻标语(四川巴中)

---

[1] 参见徐向前:《历史的回顾》,解放军出版社1988年版,第263页。
[2] 余洪远:《力量的源泉胜利的保证》,《川陕革命根据地论丛》,四川大学出版社1987年版,第4页。

第九章
川陕根据地："惊人的胜利"

察、内务、文教、粮食、劳工、土地、交通、外交、经济、财政等委员会，并设有红江、赤江、赤北、南江、巴中五县和巴中特别市及陕南特别区（包括陕南镇巴、西乡各一部地区）等苏维埃政权，辖区内人口约一百余万。

俗话说：万事开头难。红四方面军要在川北建立新的革命根据地，无疑是一件极为艰巨的工作。就张国焘本人而言，此前还没有亲自参与过创建共产党领导的红色根据地的经历，因而创建川陕革命根据地对张国焘来说是第一次。应当说，张国焘在参与领导创建川陕根据地时的各种条件，要比当时初创鄂豫皖、湘鄂西、湘鄂赣和井冈山等各革命根据地时的条件好得多，至少在张国焘身边还有一支极富革命斗争经验和献身精神的强大的革命武装，以及一批忠诚于党的优秀干部。正是这些同志的存在，使得川陕根据地能在较短的时间内建立和成长壮大起来。

创建川陕革命根据地，在当时来说是红四方面军的头等大事。张国焘在他的回忆中曾提到：在进入川陕之前，他就在考虑新创立的根据地建立什么性质的政权问题。他说："我决心扬弃苏维埃的公式，因为这个公式不适合于西北落后地区。我们要寻求一种革命的人民政府的新形式。"

在两河口的一个茶铺里，张国焘草拟了入川纲领，内容有两部分，第一部分是红军所到之处要立即实行的，如废除苛捐杂税、减租减息、禁止任何人捕人杀人、废除笞刑及一切体刑。这是最低限度的政治纲领。第二部分是入川十大纲领，要求全川人民与红军共同组织一个四川全省的人民政府，其基本政策包括：分配土地、职工利益、男女平等、统一税则、提倡文化考试、反对帝国主义和日本侵略、打倒蒋介石等。另外还有废除防区制度、各军互不侵犯、禁绝鸦片等专门针对四川的政策。[1]

张国焘回忆说，他之所以制定这样的入川纲领，是因为苏维埃的基础过于窄隘，苏维埃运动的致命弱点是不能与全国反帝和反日联系起来，而被孤立在偏僻的乡村之中，失去了与各大城市广大知识分子和小资产阶级的联系。入川纲领就是为了纠正这些政策上的错误而制定的。但这个纲领报告中央后，却遭到反对，要求他立即扯起苏维埃的旗帜，"最后并严重警告，如

---

[1] 见张国焘：《我的回忆》（第三册），现代史料编刊社1980年版，第153–156页。

张国焘⑰

川陕革命根据地纪念馆（陕西汉中）

果我们能改正这个错误政策，中央仍任张国焘同志为中央全权代表……否则，中央将考虑撤换领导的必要措施"。[1]

奇怪的是，张国焘的入川纲领以及他与中央的有关文电，至今尚未见到。张国焘所谈到的一些"知情人"的回忆文章中也没有反映。所以，是否有"入川纲领"这个东西还是值得怀疑的。不过，张国焘对苏维埃政策的怀疑是有的，这从他后来的检讨中可以得到证实。

尽管有认识上的不同，张国焘还是按照中共中央的政治路线和方针政策，继续举起苏维埃大旗，开始领导川陕根据地的工作。这是一段争分夺秒的岁月。张国焘说："为了争取时间，遇事都是迅速进行，工作自欠精细，我们很迅速的组成中共省委机构，开始在各地征求党员，并成立分支机构。在这时还没有中央分局的组织，由我个人以军委会主席的身份指挥军队，以中共中央代表的名义指导省委工作。党政军事务，纷集一身，殊感忙迫。所以有很多事，我都酌交各方负责同志相机处理，以不失时机为第一要义。"[2]

---

[1] 见张国焘：《我的回忆》（第三册），现代史料编刊社1980年版，第176–177、172页。
[2] 张国焘：《我的回忆》（第三册），现代史料编刊社1980年版，第184页。

第九章
川陕根据地:"惊人的胜利"

张国焘深知"土地革命"一词对于世世代代受地主阶级剥削压迫的川北贫苦群众意味着什么,对于艰苦转战的红四方面军意味着什么,因此全力以赴地投入到发动土地革命的工作之中。

红四方面军由陕南进入川北后,西北革命军事委员会和西北军区政治部发布了《关于土地问题的布告》,提出反对军阀地主豪绅、废除苛捐杂税、没收地主土地分配给农民、建立苏维埃政权的主张,号召群众拥护和参加红军。这个布告是由"主席张国焘""主任陈昌浩"签署的。之后,张国焘和红四方面军总政治部还领导创办了一些报刊,及时宣传党的方针政策。

为了尽快推动土地革命的深入进行,使人民群众尽快地了解苏维埃、共产党的土地革命政策,红四方面军总政治部编了《怎样分配土地》的小册子,分"为什么要分配土地""怎样分配法""农村阶级说明""土地问题解答"等四个方面对土地革命的政策做了详细的说明,在人民群众中引起了巨大的反响。川陕省苏维埃政府成立后,又公布了《川陕省苏维埃政府关于土地改革布告》和川陕省苏维埃组织法,对苏维埃政府的组织机构及其职能做了详细说明。

在张国焘和红四方面军总部的支持下,土地革命政策广为传播,并收到了很大的效果。同时,包括张国焘在内的根据地领导人也纷纷发表指导性的文章和讲话,各级机关也颁布、印发了大量有关土地革命的法令和政策性文件。这些政策法令的颁布实施,有力地推动了土地革命运动的开展。

川陕根据地的土地革命路线是:依靠雇农、贫农,联合中农,反对富农,消灭地主阶级,发展农业生产。应当指出,这条路线在实施过程中产生了一些"左"的错误。这里虽然规定了"联合中农",而且在其他政策性文件中也规定中农的土地不动、财物不受侵犯、土地不足和家境较差的中农还可以分到没收来的土地和财产、中农可以参加红军和苏维埃工作等。但在具体实施过程中,由于阶级划分的不准确,也侵犯到了中农的利益。"反对富农"是被理解为完全消灭富农经济来执行的。富农的土地被没收后,如果他们愿意服从苏维埃法律,可以分给一份坏地,由他们自己耕种,而且其山林、水塘及多余的农具也被没收,并且经常对富农进行征发;富农在政治上也没有公民权。所有这些都对根据地建设和巩固带来一定不良影响。

张国焘

在进行土地革命的同时，张国焘等人还抓了根据地的党组织建立和发展，以及苏维埃政权建设。在根据地党组织的建立和发展问题上，张国焘完全清楚共产党组织在革命根据地的建立和巩固中的作用，对此工作抓得非常紧。徐向前回忆说：

> 通南巴过去党的基础很薄弱，群众对共产党性质、任务知之甚少。但根据当时的斗争形势，发展一批党员作为领导和团结群众的骨干，又是刻不容缓的事。怎么办？部队政治机关和工作队除个别考察考试吸收（一般是给红军带路、送情报和打土豪中的积极分子）外，还采取了召开群众大会，宣传党的性质和主张，让群众自愿报名的办法。像扩大红军一样，会场上放一块大门板，上面写着"加入中国共产党报名"。开完大会后，将报名入党的人登记下来，进行谈话和调查，经政治机关审查批准，即履行入党手续，宣誓入党。这是一种不得已而为之的发展方式，所以当时发展的二百多名党员质量不高，后来逐步淘汰了一些。[1]

发展党员本来是一件十分严肃的事情，当时采取这种办法，确实是不得已而为之。然而，正是通过这种办法，到1933年1月，就在通南巴建立起赤江、赤北、红江、南江、巴中五个县委。此时距红四方面军入川才一个月。在此基础上，张国焘主持召开了中国共产党川北党第一次代表大会，成立了中共川陕省委员会。之后，则开始对党组织进行整顿，要求公开征求农村中的雇工与贫农积极分子入党，反对拉夫式和不注意成分的倾向；对于已混入党内的地主富农投机分子等，要特别洗刷；要有计划地进行党的教育工作，提拔大批新的工农干部和红军干部到领导机关。

为尽快提高党员的政治素质和工作能力，张国焘、徐向前、陈昌浩、曾中生、傅钟、张琴秋等四方面军的高级领导人做了大量工作，撰写了许多宣传理论文章。张国焘写的《共产党·苏维埃·红军》不到六百字，却以清晰的语言、简练的文字，将什么是共产党、苏维埃、红军以及他们的性质、

---

[1] 徐向前：《历史的回顾》，解放军出版社1988年版，第263-264页。

第九章
川陕根据地:"惊人的胜利"

作用、目的和三者之间的关系,包括党的阶级斗争、政权建设、党的领导等理论,讲得清清楚楚。

张国焘在抓紧川陕根据地党组织创建的同时,为川陕根据地红色政权的建立做了大量工作。红四方面军进入通江后的第五天,即成立了川陕省临时革命委员会,这充分反映出张国焘及方面军总部领导人对根据地政权建立的迫切性和重要性的认识程度。在政权主要领导的人选上,他选择当时在四川具有较高声望的旷继勋为主席,以便借助旷的声望迅速开展根据地工作。这样,很快就建立起省苏维埃组织机构,并在通南巴地区建立起一些县、区、乡、村四级苏维埃政权。

川陕省党的领导机构和省苏维埃政府的建立,标志着川陕根据地的初步形成。尽管在建立根据地的工作中,有许多方式欠妥,工作粗糙,但能够在几个月时间内建立起拥有约一百万人口、地跨通南巴数县的一块革命根据地,恐怕在中国革命根据地发展史中也是绝无仅有的。

在创建川陕革命根据地的许多工作中,禁烟运动是其中较突出的一例。

鸦片烟是川北人民的一大祸患。军阀田颂尧在通南巴一带勒令群众种植鸦片,以从中牟取暴利,而留给老百姓的则是无穷的祸害。这里多半人是烟鬼,成年男子吸食鸦片者达九成以上,妇女吸烟者约七成,连十二三岁的小孩也有不少染上烟瘾。

张国焘敏感地意识到,如果任其发展,不但危害老百姓,对红军的兵员补充也很不利。因此,禁烟、戒烟问题就成为刻不容缓的任务。于是,张国焘决定,以川陕省苏维埃政府的名义,领导开展一场禁烟运动。这一举措受到了广大群众的热烈欢迎,尤其是妇女群众更是全力拥护。

为了切实有效地开展禁烟、戒烟运动,张国焘、陈昌浩、徐向前、张琴秋等总部领导人专门走访了当地的老中医,找来草药郎中,请他们参加红军医院的工作,用中草药配制戒烟丸。还在苏维埃政府内设立了戒烟局、戒烟所,红军的政治人员也以各种形式广为宣传戒烟的好处。

戒烟运动很快收到了成效。通江县城的戒烟所里,首批就接纳戒烟者三百余人,第二批增加到一千余人。为了配合戒烟运动,方面军总部还改变

357

张国焘卷

了不准抽大烟者参加红军的规定，提出"先入伍后戒烟"的办法。这样一来，不仅减少了社会上的烟鬼，也扩大了红军队伍。

禁烟、戒烟运动对于后来川陕根据地的发展壮大起了相当重要的作用。

扬威通南巴

红四方面军入川的举动，并未引起四川军阀的高度重视。他们认为，入川的红军只是一些东流西窜的"残匪"，区区之灾，不足为虑，仍醉心于互相火并。直到通江、南江、巴中等地被红军占领的消息传到正在成都参加混战的军阀田颂尧耳朵里，他才真的坐不住了。1933年1月28日，田颂尧宣誓就"川陕边区剿匪督办"职，将在川西参加混战的部队调向川北，部署对通南巴根据地进行左、中、右三路围攻。

田颂尧

田颂尧的第二十九军拥有五个师及军、师独立旅，共六十个团，而他投入到围攻红军的总兵力即达三十多个团，约三万余人，他是拿出一半兵力来对付红军的。根据蒋介石着重左翼、防止红军西进的指令，田颂尧以左纵队为主攻、中央纵队和右纵队为助攻，命令部队于2月上旬分别集结于旺苍坝、通江、巴中。

田颂尧还网罗了四川的地主武装，成立左、中、右三个游击司令部，每股几百人至千余人不等，要求配合其主力部队作战。同时，盘踞于营山、渠县的杨森第二十军和万源、达县的刘存厚川陕边防军（后改为第二十三军），亦准备相机出动配合。

2月1日，田颂尧任命其亲信、副军长孙震为前敌总指挥、军政治部主

第九章
川陕根据地:"惊人的胜利"

任刘大元任川西北十余县的"清剿"保安司令。2月12日,田颂尧下令开始总攻。

一年一度的春节来临了,但张国焘、徐向前、陈昌浩等方面军领导人却顾不得消受这喜庆的节日,他们的心思全部用在如何打破田颂尧的三路围攻上。

红四方面军总部的电台在破译敌人电报上很有一套,尤其是在这次反三路围攻前后,不分昼夜捕捉敌人的信息,只要敌人以"通密"发报,电台工作人员就可向领导念出电报的内容。因而,在田颂尧即将回师进击通南巴时,张国焘等人就知道了敌人的动向。

为了对付田颂尧,在通江城小公园内张国焘的办公室里,召开了军事会议。会议由张国焘主持,徐向前作了重点发言。针对川军各自分立的特点,徐向前提出,对田颂尧作战应以"收紧阵地""节节御敌"为战略方针,但首先应分兵把口。也就是说,从全局上、整个防御战线上看,兵力相对要分散;从局部上、一个防御方向上看,兵力相对要集中。[1]

徐向前提出的这一套新的反"围剿"军事方针,很得张国焘的欣赏,他将此方针解释为:"我们暂避与田部决战,但在每一道防线上,都给敌军一些挫折,然后再缓缓向后撤退。我们这样做,目的是逐渐消耗敌军的实力,战事愈拖得长久,敌军的创痕愈深,而且敌军的补给线也愈拖愈长,然后在一个适当的时机和地点,再行反攻。""表面上看来,我军是在退却,但实际上,我军驻地愈缩小,便愈能集结更多的兵力来反攻。"[2] 张国焘完全理解了徐向前的战术思想,这使得他能够在一年后写出他一生中不多的军事著述之一《从收紧阵地,到最后胜利》。

张国焘在会上的发言,打消了一些同志的顾虑,大家一致支持徐向前的作战方针。会议决定:红军作战事宜由徐向前总指挥负责;政治动员、群众工作、后方工作、"肃反"工作、支前工作由张国焘、陈昌浩、周纯全等负责。

---

[1] 见徐向前:《历史的回顾》,解放军出版社1988年版,第293页。

[2] 张国焘:《我的回忆》(第三册),现代史料编刊社1980年版,第181、183页。

会后，徐向前即返回巴中前线，进行军事部署；张国焘等人也开始了战前的各种准备工作。

2月12日，敌军开始出动，并很快控制了巴河右岸地区。2月18日，敌军左、中、右三个纵队向巴河左岸全线发动攻击。敌军有蒋介石和各路军阀撑腰打气，加之熟悉地形和民情，在人数、装备上又占绝对优势，所以根本没把红军放在眼里，骄横不可一世，攻势十分凌厉。

双方战至3月18日，敌军虽占领了巴中、南江两座县城，却付出了伤亡近八千人的惨重代价，且士气大挫，攻势顿减。红军主力则在北起贵民关，南沿官路口、观光山、大明垭、杀牛坪到得胜山一线进行阻击后，又由得胜山向东北沿麻石场、龙凤场、竹峪关一线占领了新的阵地，继续阻击敌人。从3月下旬至4月25日，双方呈对峙状态。

西北革命军事委员会、红四方面军总部、中共川陕省委、省苏维埃政府则利用这个时机，抓紧进行了三件大事：一是休整训练部队，加强政治工作；二是动员群众，稳定人心；三是扩大运输队伍，增强运输能力。

4月26日，敌人又向红军发起强大攻势，前沿阵地一片硝烟火海。红军运用第一阶段作战经验，继续以少数兵力依托险要阵地、工事，以猛烈的火力和灵活的战术顽强进行阻击，消耗敌人的有生力量，然后再次收紧阵地，放弃通江县城。

此时，田颂尧完全陶醉在占领通江、南江、巴中县城后的喜悦之中。看到红军一次次地撤退，他误以为红军只有招架之功，而无还手之力，下令再次发起全线进攻，以将红军南北夹击围而歼之。

大巴山南麓有一座海拔两千五百多米的高山，名空山坝。在空山坝的半山腰处，有几座隐蔽在密林中的破茅草房，红四方面军总部就设在这里。5月17日，徐向前在此主持召开军事会议，张国焘、陈昌浩、曾中生及各师主要负责人均参加了会议。会议经过分析敌我态势，决定红军不再收紧阵地，而是转为对敌反攻，反攻的首要打击对象是已冒进到空山坝西南的敌左纵队十三个团。会议对红军部队的行动进行了具体部署。

5月20日晚，红军各部队奉命开始大反攻。仅十余日，就将田颂尧花了四个月占领的地区全部收复，毙、伤敌官兵一万四千余人，俘敌旅参谋长李

第九章
川陕根据地："惊人的胜利"

汉城等以下官兵万余人，缴长短枪八千余支、机枪两百余挺、迫击炮五十余门。田颂尧用来围攻的兵力损失近半，残部退守嘉陵江沿岸。

田颂尧的惨败，使得四川军阀不得不重新估计红军的力量。这时，于5月间爆发的刘湘、刘文辉川西混战胜负未分，双方欲罢不能；其他四川军阀慑于红军的威力，提心吊胆，自保"防地"，谁都不想贸然进犯川陕根据地，不想落个"田颂尧第二"的下场。不仅如此，杨森为了尽可能避免单独与红军作战，以保存实力和地盘，还派代表到江口与红军联络，提出互相支持和互不侵犯，并派人送给红军军用地图和部分药品。陕南的西北军孙蔚如部也主动同红军谈判，暂时达成互不侵犯的默契。这样一来，川陕边区暂时出现了有利于根据地建设的相对稳定的局面。

粉碎敌人三路围攻之后，川陕根据地面积扩大了一倍以上，北起陕西的镇巴、西乡南部，南至四川的仪陇、江口，东达万源，西抵广元和苍溪附近，纵一百余公里，横一百五十余公里；新建立了江口、仪陇（县北部地区）、广元（旺苍坝地区）、长池、恩阳（巴中恩阳河地区）、苍溪、万源等七个县的苏维埃政府。全区人口达两百余万，面积近三万平方公里。在根据地的中心通南巴地区，基本完成了分配土地的任务，新区的土地革命斗争也正在迅速展开和深入。

红四方面军反三路围攻的胜利，极大地振奋了川陕根据地人民群众的革命精神。张国焘深知，反田颂尧三路围攻的胜利，意味着红四方面军已经彻底摆脱了撤出鄂豫皖根据地以来的被动局面，新建立的川陕根据地已得到初步巩固，红四方面军已在通南巴站稳了脚跟。这一点，不仅对红四方面军将来的发展极为重要，从某种意义上来说，对他本人也极为重要。

当中共中央通过张国焘等人的汇报了解到红四方面军取得反三路围攻的重大胜利后，一改对张国焘和红四方面军领导人的指责，在8月25日致红四方面军的指示信中，高度评价了这一胜利的重大意义："这种惊人的胜利，给整个西北的革命运动，奠定了一最强固的基础，在征服中国各省革命发展之不平衡上，前进了一大步"；"你们在整个苏维埃运动中所处的地位，是非常重要的，你们在执行这些任务中每一成绩，都将增加革命势力的比重"；"你们有伟大的前途，全党都在注视你们，你们应该采取积极进攻的路线，在巩固原有阵地的基础上，来迫切地争取苏维埃首先在四川全省的胜利"。[1]

自从红四方面军撤出鄂豫皖根据地以来，张国焘的压力是很大的，上有中共中央的批评指责，下在红四方面军许多干部的不满情绪，特别是小河口会议反映的问题，使张国焘深深感到，没有一个稳固的立足之地，红军无法发展壮大，不仅无法向中央交代，也难以面对英勇奋斗的红四方面军指战员。所以，自红四方面军入川后，张国焘兢兢业业。反三路围攻胜利之后，红四方面军内对他有意见的同志转变了态度，中共中央也大为称赞，张国焘才彻底解脱了思想包袱。

张国焘到鄂豫皖时，根据地初创时期最艰难的日子已经过去，他接手领导的是一大块已经成长壮大起来的革命根据地，不但有强大的红军主力部队，巩固的苏维埃政权，经过革命风暴锻炼的人民群众和坚强有力的各级党组织、党的领导干部，而且根据地正处在上升发展阶段，因此张国焘到鄂豫皖后便可取得成就。但在川陕根据地，情况则大不一样，用张国焘的话来说："四川在中国地理形势上，偏处一隅，而'通南巴'地区更是全省的偏僻地方。""这里的乡下人没有直接受过革命风云的锻炼，他们不知道一九二七年有过国民革命，也不知道农民协会是怎么一回事。"在这样贫困落后、封建军阀统治极为严酷的地区，建立革命根据地自然是相当困难的。不过，这里也有它的优越之处：除了四川军阀之间矛盾重重，连年混战，互相之间不统一外，尚有地形条件、自然条件和人民群众受压迫、受剥削的程度非常重，要求翻身解放的愿望极为迫切等有利条件。再加上红四方面军是一支英勇善战的军队，在川陕创出一块根据地在客观上也是可能的。另外，张国焘为创建新的根据地也确实付出了不少心血，川陕根据地的一切政治、经济、军事、文化、教育、社会改造等政策的制定和执行，他都参与和过问。这种担负最高领导职务，指挥一切，调动一切，乃至最后裁定一切的家长式领导方式，虽然令张国焘甚为繁忙，但也在一定程度上满足了他的领袖

---

[1]《中国工农红军第四方面军战史资料选编》（川陕时期·上），解放军出版社1993年版，第498—500页。

第九章
川陕根据地:"惊人的胜利"

欲。他很自得地说:"我这个领导人自然是一般乡下人所注目的,对我就有许多牵强附会的解释……一般人觉得通南巴出了一个'真命天子'。"[1]

1933年6月23日,中国共产党川陕省第二次党员代表大会在通江县新场坝召开。在会议通过的《中共川陕省第二次代表大会关于目前政治形势与党的任务的决议案》中宣布:"川陕赤区广大工农群众和红军几个月激烈战争的结果,已消灭田颂尧部。这一伟大胜利,树立了川陕赤区的真根基,赤区大大的扩展和巩固,红军百倍加强,群众中的阶级分化愈见显明,积极性愈见增加,新工农武装队伍迅速发展。这样,川陕赤区和红军就开辟一个更巩固和能够发展的新局面,整个西北将卷入苏维埃革命的巨浪中去。"[2]

大会规定了川陕根据地当前的十项任务,其中包括:扩大红军、游击队和赤卫队;扩大和深入土地革命;健强工会组织,实行劳动法令;健强苏维埃政权和党的组织;建立与群众的亲密关系,维护群众利益等。会议还通过了《组织问题决议案》《红军与地方武装决议案》等文件。

这次会议对于在新形势下川陕根据地各项工作的开展起到了推动作用。但在"左"的思想路线影响下,会议在对整个形势的估计上,夸大了资本主义的危机和革命势力的增长,忽视了革命发展的不平衡性。政治路线上的"左"倾错误,最终导致了反富农扩大化和"肃反"扩大化。

依据中共川陕省第二次党员代表大会的决议精神和西北革命军事委员会的决定,红四方面军于6月底在木门召开了军事会议。这次会议作出两项重大决定:一是对四方面军进行整顿扩编;一是停止军内"肃反"。

根据木门会议决定,红四方面军于7月上旬进行了整顿扩编,具体情况是:

以西北革命军事委员会为川陕革命根据地的最高军事领导机构,主席张国焘,副主席陈昌浩、徐向前,参谋长曾中生。下设红四方面军总指挥部、总政治部(兼西北军区司令部、政治部),总指挥徐向前、总政治委员陈昌

---

[1] 张国焘:《我的回忆》(第三册),现代史料编刊社1980年版,第186–187页。
[2] 《中国工农红军第四方面军战史资料选编》(川陕时期·上),解放军出版社1993年版,第294页。

浩、副总指挥王树声；总政治部主任陈昌浩兼、总政治部副主任傅钟和曾传六。方面军直辖机关和部队有参谋处（主任舒玉章）、总经理部（即后勤部，主任郑义斋）、总医院（院长苏井观）和警卫第一、二团，以及妇女独立营等单位。彭杨军政学校直属军委领导，校长倪志亮。

部队的具体编制是：

以第十师为基础，连同赤江、赤北两县独立团和万源、江口两县独立营扩编为第四军。军长王宏坤，政治委员周纯全，政治部主任徐立清；下辖第十、十一、十二师。

以第十一师为基础，连同苍溪、长池等县独立团和其他地方武装扩编为第三十军。军长余天云，政治委员李先念，参谋主任文建武，政治部主任张成台；下辖第八十八、八十九、九十师。

以第十二师为基础，连同巴中市、巴中、恩阳、仪陇、阆中等县独立团、独立营扩编为第九军。军长何畏，政治委员詹才芳，副军长许世友，参谋主任王学礼，政治部主任王新亭；下辖第二十五、二十七师。

以第七十三师为基础，连同南江、红江、广元等县独立团、独立营扩编为第三十一军。军长王树声，政治委员张广才，政治部主任黄超，下辖第九十一、九十二、九十三师。

整个红四方面军共四万余人。

在扩军整编的同时，部队还大力开展了整训工作，深入进行政治教育和军事训练。为适应部队整编中的组织变动，部队建立和健全了各级党的组织和政治工作机关，并以军为单位开办了政治训练班，以师、团为单位普遍进行了党、团支部骨干分子的训练。各级政治机关翻印和编印了《党员须知》《支部组织及其工作》《连指导员须知》《红军政治指导员工作暂行条例》等许多教材和大量宣传品。红四方面军总政治部还办有《战场日报》（后改为《红军》）和《干部必读》等报刊，各军分别出版有《红星》《红旗》《赤化全川》《红光》等小报。部队还以中共"六大"的《十大政纲》和编印的《红色战士读本》《红色战士必读》《红色战士丛书》等教材进行政治教育。政治教育的主要内容为：共产党的政治主张，红军的性质、任务、斗争历史和纪律，革命光明前途及其艰苦性，如何进行群众工作和瓦解敌军，遵守俘虏政

第九章
川陕根据地:"惊人的胜利"

策等,并强调养成持久作战、吃苦耐劳、英勇顽强的战斗作风。

在红四方面军大规模的政治教育运动中,张国焘、陈昌浩等四方面军领导人都做了大量工作。张国焘写了不少文章以指导部队政治教育工作。在《干部问题》一文中,他提出要加紧培养干部以适应革命的需要,并具体说明了培养干部的各种方式、方法,包括建立彭杨党校、苏维埃学校、党校,开办各种内容的训练班等,同时还提出"加紧学习"的口号,要求"首先要提高领导干部对会议的兴趣和积极性","使每次会议都是一次好的训练班";要"使这种会议,不是说空话的,不是叙述历史上零细的事件的,不是干燥无味的,而是根据实际材料和党的路线讨论如何进行工作的"。[1]在《俘虏兵工作》一文中,张国焘说明了做白色士兵和俘虏兵工作的重要性,提出"应当百倍加紧白色士兵工作和俘虏兵工作,将来消灭敌人,就可更节省气力",要求"在政治工作会议上,须经常讨论白色士兵和俘虏兵工作",并且提出了一些具体问题要经常进行讨论和研究。[2]

随着部队政治教育的开展,张国焘、陈昌浩、徐向前等抓紧进行红四方面军的军事素质训练,号召各级干部在总结和研究过去作战经验和教训的基础上,学习军事理论,创造新的战术,提高指挥能力。除颁发《连、排、班长须知》,设立各种训练机构进行轮训外,主要采取战后检讨会、军事研究会等办法,进行教育。四方面军总政治部还在《干部必读》上大量刊登介绍军事知识和实战经验的文章,并专门印发了一些有关的小册子,如陈昌浩的《与川军作战的要点》,曾中生的《游击战争的要诀》《与"剿赤军"作战要诀》《与川军作战要点》,舒玉章的《追击要点》《军事知识研究》,以及张国焘、徐向前等方面军负责人写的文章,对于提高红军干部的指挥能力、管理能力和军事理论水平起了很大作用。

针对当时部队的实际情况和敌情、地形特点,部队还开展了大规模军事训练。在技术上,强调射击、投弹、劈刺和土工作业的训练;在战术上,根据川北的地形险要、道路崎岖和敌人多据险固守、害怕夜战等特点,着重加

---

[1]《川陕苏区报刊资料选编》,四川省社会科学院出版社1987年版,第47页。
[2]《川陕苏区报刊资料选编》,四川省社会科学院出版社1987年版,第341页。

张国焘⑮

强山地战斗、河川战斗和夜间战斗的训练。

军事工作虽不是张国焘的专长,但为了提高全军的军事素质,他也写了一些军事著述。在1933年8月23日出版的《干部必读》上,张国焘发表了题为《军事上应注意的几点》短文,提出军事上应注意的五点:一是射击技能;二是蒋介石办爬山学校;三是杨森学抛石头;四是日本狗有大战功;五是学习对付飞机。所谓"蒋介石办爬山学校",是指当时国民党军队训练下级军官爬山,以对付红军。所以张国焘提出:"爬山是我军特长。现在部队仍要学习爬山,每日的早起以爬代替跑步的操演,务使反动军队爬山爬不过我们。"至于"杨森学抛石头",是要求红军训练中要像杨森军队训练抛石头那样"经常学习抛石头,有计划的学习抛掷炸弹"。"日本狗有大战功",是讲红军各连要喂一两只狗以作侦探和输送弹药的工具等。[1] 张国焘的军事训练文章虽不规范,但也符合当时部队军事训练的实际要求。

为了战争的需要,张国焘还努力研究军事理论。他在一篇题为《消灭刘湘》的文章中,总结进攻杨森部的经验教训时说:"我们这次消灭杨森战争中得到三点要紧的经验:一、战争前担任向杨森攻击的部队,事先对营山渠县一带的地形没有细密的调查,调查得不详细,调查范围也不远;二、对敌人内部情形还缺乏严密研究;三、对反动杨森部下士兵和民团团丁的工作,宣传煽动和组织杨森防区内群众斗争的工作事先都没有充分进行和准备。因为这三点,就使我们的行动比较迟缓了,如果这些工作做好了,得到的胜利就更大得多。"[2]

张国焘是在战争中学习战争的。1934年7月21日,他在《干部必读》上发表了《从收紧阵地到最后胜利》一文。此文应是他军事理论著述中的代表作。他在文章中写道:"收紧阵地表面上看来似乎是退守,实际就是集中兵力与敌决战。收紧阵地表面上看来似乎是放弃一部分赤区,实际是为要消灭敌人来扩大赤区。"他结合与刘湘作战的实例,说明:"我们收紧阵地的策

---

[1] 见《中国工农红军第四方面军战史资料选编》(川陕时期·上),解放军出版社1993年版,第491页。

[2]《中国工农红军第四方面军战史资料选编》(川陕时期·上),解放军出版社1993年版,第568页。

第九章
川陕根据地："惊人的胜利"

略，不是单纯防守，而是决战。在决战防御中，因为敌人的挫败，就造成一种条件，使我们能够集中兵力大举进攻敌人。"[1]

经过三个月的整军训练，部队在军事、政治、后勤工作上都取得了明显成效。这是自红四方面军成立以来进行的第一次大规模练兵运动，对部队的建设和发展，对根据地的巩固和扩大都产生了深远的影响。

红军在进行扩编和整训的高潮的同时，还在各县清除了一大批长期打家劫舍、鱼肉乡民、坑害百姓的"棒老二""东霸天"之类的地头蛇、土匪和破坏新生政权、袭击红军的地主反动分子，有力地保障了根据地后方的安全和人民群众生活的安定，大大提高了红军在群众中的声望。

统战工作

在红军取得川北战斗胜利的形势下，张国焘领导的西北军委在统战工作中也取得了一定成绩。

国民党驻陕第十七路军总指挥、陕西省主席杨虎城，因不满蒋介石排除异己的政策，同时鉴于红军力量日渐强大，看到再与红军继续敌对于己不利，便开始对蒋介石的剿共指令采取应付态度，对红军佯攻而实守，同时希望与红军接通关系，实行互不侵犯。

中共西安地下组织了解到杨虎城这种态度后，遂指示时任国民党十七路军三十八军少校参谋的中共地下党员武志平积极开展对杨虎城西北军的统战工作，以打破蒋介石在军事上对川陕根据地的军事包围和经济上的严密封锁。

1933年5月上旬，杨虎城致信武志平，要他在第三十八军军长孙蔚如指导下进行联络工作。武志平与孙蔚如经过长谈后，确定由武志平到川北红四方面军总部进行联系。后武志平几经艰险，于5月21日到达位于川北苦草坝的四方面军总部，先是见到了傅钟、曾中生、郑义斋、张琴秋、苏井观，后又见到张国焘、陈昌浩等人。

---

[1]《川陕苏区报刊资料选编》，四川省社会科学院出版社1987年版，第320–321页。

张国焘 传

张国焘专门与武志平进行了几次交谈，对武志平带来的军用地图和一些重要情报非常感兴趣。在听了武志平的工作汇报后，张国焘认为，白区地下党组织要求武志平利用公开身份为党搜集情报、建议孙蔚如不要与红军正面冲突、设法建立川陕苏区秘密交通线，并向红军输送物资和情报等工作，都是正确的。

根据武志平带来的消息，西北革命军事委员会和红四方面军总部召开专门会议，研究对杨虎城等人的策略。会议认为，十七路军主动来建立联系，无论从战略上还是从整个川陕根据地发展上考虑都是一个极好的机会。一方面，在川北根据地的后方，翻过大巴山便是汉中，是杨虎城十七路军控制的地区，如果能和他们打通关系，就可解除后顾之忧；另一方面，红四方面军急需打开与外界的联系，需要与临时中央沟通，并解决部队物资困难。所以，会议决定与十七路军建立联系是正确的。会后，张国焘派红四方面军参谋部主任徐以新作为代表，到汉中与孙蔚如进行谈判。临行前，张国焘、陈昌浩、曾中生等人规定了三点谈判方针：一是了解对方意图；二是了解杨虎城十七路军内部情况；三是尽可能在杨虎城、孙蔚如内部找到可以争取的人。

6月初，徐以新到达汉口，开始与孙蔚如进行会谈。孙蔚如提出，希望红军放弃川陕地区向甘肃方面发展，红军西进时，孙愿率军佯追而实在后作掩护，还可能接济适量的弹药；红军如仍在川陕地区不动，希望不要向陕西地区发展，双方互不侵犯。徐以新向孙蔚如介绍了红军的宗旨和川陕根据地的情况，提出，只要十七路军遵守"一一七宣言"提出的三项条件[1]，红军愿与其保持友好关系，双方可以巴山为界，互不侵犯。孙蔚如最后表示，愿意与红军建立一条经常来往的交通线，并愿意为川陕根据地提供物资，并希望尽快确定与红军的关系。

徐以新、武志平带着孙蔚如所赠的地图、药品和购置的急需物资返回苏区后，向张国焘、陈昌浩、徐向前等汇报了会谈的情况。张国焘等人经过认

---

[1] 1933年1月17日，中华苏维埃临时中央政府、工农红军革命军事委员会发表《为反对日本帝国主义侵入华北愿在三个条件下与全国各军队共同抗日》宣言，宣言提出的三个条件是：一、立即停止进攻苏维埃区域；二、立即保证民众的民主权利（集会结社言论罢工出版之自由）；三、立即武装民众创立武装的义勇军，以保卫中国及争取中国的独立统一与领土完整。

第九章
川陕根据地:"惊人的胜利"

真分析,基本上同意孙蔚如的方案,把与杨虎城的关系确定下来,订立互不侵犯的停战协定;并决定对西北军内部情况作进一步了解;立即在汉中建立交通站,开辟交通线。

徐以新带着这一精神再度赴汉中,继续与孙蔚如谈判。双方经过协商确定:第一,双方互不侵犯;第二,配合打胡宗南;第三,红军可以设立交通线,十七路军提供给红军一定物资。另外还规定了具体联络办法:由武志平在赤白交界地带设立一个联络点,并负全责。至此,红四方面军与十七路军孙蔚如之间达成互不侵犯协定。

红四方面军与孙蔚如部之间的互不侵犯协定和秘密交通线的开通,不仅使川陕根据地的巴山后方减少了后顾之忧,解除了腹背受敌的威胁,以便红四方面军可集中力量对付四川军阀的围攻,而且使川陕根据地打开了对外往来的大门,可以搞到根据地急需的战略物资,还可以与之交换情报,从而打破了蒋介石企图将红军包围封闭在川北地区加以消灭的妄想。因而,对十七路军孙蔚如部的统战工作的成功,是极具战略意义的。

这种战略意义,在不长时间后便明显体现出来:在红四方面军几乎倾全力进行的长达六个月的反刘湘六路围攻的激战中,川陕边界基本无战事,切实保障了红军后方的安全。不仅如此,红军还通过秘密交通线,输入了大量的战略物资,以及大批党的干部,有力地支援了红军的反围攻军事斗争,增强了党的战斗力,为反六路围攻的胜利起到了不可估量的作用。

与十七路军达成的互不侵犯协定,说明张国焘等人看到了民族危机给国共关系带来的转机,并且抓住了这个机遇,为后来国共两党建立抗日民族统一战线做了有益的探索和尝试。

张国焘对孙蔚如的统战工作取得了成效,但对杨森的统战工作却始终难以令人满意。杨森对红军毫无诚意,每当四川军阀大力进攻红军时,他总是加入其中,企图捞一把;而当军阀们的进攻失败时,他又首先向红军发出求和要求。对付这样的人,张国焘只得采取要谈就谈、要打就打的政策,而且不打则已,打则必胜。

在西北军委、方面军总部、川陕省委、省苏维埃政府领导之下,川陕苏区各项工作不断取得新的进展。8月1日,川陕省苏维埃政府在巴中城召开了第二届工农兵代表大会，通过了《目前政治形势和川陕省苏维埃的任务》的决议，制定了《优待红军及其家属条例》《公粮条例》和婚姻、禁戒鸦片等条例。大会还奖励了在反三路围攻作战中有突出功绩的部队，分别授予原红三十二团、三十三团、二一七团等单位"以一胜百""百战百胜""夜摸常胜军"等奖旗。会议改选了省苏维埃政府，健全了政府机构，省苏维埃政府下设财政、经济建设、外交、交通、土地、劳工、粮食、文化教育、内务、工农监察等委员会和政治保卫局、革命法庭、戒烟局，为有力地行使领导权提供了组织保障。

经过根据地党政军民的共同努力，根据地内各项事业都取得令人欣喜的发展。

农业方面，由于广大农民分得了田地，并在老区普遍开展了查田运动，农民的生产积极性特别高涨，当年即获得了历史上少有的大丰收。

工业方面，恢复和新建了一些农具、纺织、造纸、被服、军工等小型工厂，还在通江城内外和沙溪嘴地区开挖盐井，解决根据地缺盐问题；制斗笠、制药、染坊等工业也恢复了生产。

交通方面，省苏维埃政府先后发动五十万民工，劈山炸石，疏浚巴中至江口、江口至苦草坝部长达一百五十余公里的河道，不仅保证了舟船的顺利通行，而且减少了巴河下游的水患。还修整了道路、桥梁，改善了根据地内的交通运输条件，方便了群众。

财政方面，颁发了公粮和各种税务条例，设立工农税务局，征收统一累进税，建立了工农银行和造币厂，发行根据地的银币和布币。

文化教育方面，除建立干部学校外，在通、南、巴三县各建列宁中学一所；各县区均建立了列宁小学，进行义务教育；每个集镇还设立群众俱乐部，开展群众性的文化学习娱乐活动和普遍进行军事化的动员教育工作。

在进行根据地建设的同时，针对敌人内部矛盾重重、互相观望，无法对根据地形成一致进攻的有利时机，为进一步扩大根据地，解放更多的劳苦群众，壮大革命力量，在张国焘领导下，西北革命军事委员会采取依托根据地，由北而南，各个击破，全面推进的作战方针，命令红四方面军主动发起外线进攻。

第九章
川陕根据地:"惊人的胜利"

从8月中旬至10月底,红四方面军集中主力连续发起仪(陇)南(部)、营(山)渠(县)、宣(汉)达(县)三次进攻战役,历时两个半月,歼敌近两万,缴获长短枪1.2万余支,还有大量军用物资。这三次战役的胜利沉重地打击了敌人,也极大地鼓舞了根据地军民。

值得一提的是,在宣达战役中,红四方面军得到了王维舟领导的川东游击军的有力配合。战后,川东游击军改编为红四方面军第三十三军,以王维舟为军长,杨克明为政治委员,下辖三个师:第九十七师,师长蒋群麟;第九十八师,师长冉南轩;第九十九师,师长罗南辉(不久罗南辉调任副军长,王波接任师长)。全军一万余人。

三次进攻战役,不仅是川陕根据地红军军事斗争史上的重要一笔,也是土地革命战争时期红军由内线作战转到外线作战,主动进攻敌人取得重大胜利的范例。三次进攻战役之后,新区、老区的群众纷纷参加红军,使红四方面军发展为五个军,共八万余人。川陕根据地扩展到东起城口近郊,西抵嘉陵江沿岸,南起营山、达县,北至陕南镇巴、宁羌的广大区域内,总面积达四万两千平方公里,人口约五百余万。控制了通江、南江、巴中、仪陇、营山、宣汉、达县、万源八座县城,先后建立了二十三个县市的革命政权,使川陕革命根据地和红四方面军的发展达到了鼎盛时期。

对于川陕苏区的发展和红四方面军的重大胜利,当时远在数千里之外的中华苏维埃共和国临时中央政府主席毛泽东也有所了解。在第二次全国苏维埃代表大会上,毛泽东在报告中高度赞扬了川陕根据地。他说:

> 川陕苏区是中华苏维埃共和国第二大区域,川陕苏区有地理上、富源上、战略上和社会条件上的许多优势,川陕苏区是扬子江南北两岸和中国南北两部间苏维埃革命发展的桥梁,川陕苏区在争取苏维埃新中国伟大战斗中具有非常巨大的作用和意义。这使蒋介石与四川军阀都不得不在红四方面军伟大的胜利面前发抖起来。[1]

---

[1]《中国工农红军第四方面军战史资料选编》(川陕时期·上),解放军出版社1993年版,第3页。

张国焘㊥

"赤化全川"石刻标语(四川巴中)

　　红四方面军三次进攻战役取得的胜利有十分重大的战略意义。徐向前评价说:"我军的三次进攻战役,势如破竹,锐不可当,不仅打得田颂尧、杨森、刘存厚焦头烂额,溃不成军,而且造成了'赤化全川'的战略态势。红军西抵嘉陵江东岸,如跨江而进,可横扫岷嘉流域、两开地区,进而可据下东江的万县、夔门,端掉刘湘老巢,扼住全川咽喉;沿长江而上,则涪陵、重庆亦岌岌可危。因而各路军阀如坐针毡,成都和重庆的豪绅巨商、达官贵人,纷纷转移资财,逃往武汉,全川为之震动。"[1]

　　作为川陕根据地的最高领导人,张国焘对于三次进攻战役胜利后四川将出现的形势是有预见的,并已经将视线从川北地区扩展到了四川全省。早在仪南战役刚结束时,他就在《干部必读》上发文表示:仪陇县城的占领,"取得了进攻南部与阆中的门户,并威胁杨森之营山、蓬安与联军之顺庆,同时威胁到刘湘防地",是"乘敌之新进攻未布置就绪前而突破了其包围弧

---

[1] 徐向前:《历史的回顾》,解放军出版社1988年版,第343—344页。

第九章
川陕根据地："惊人的胜利"

线，定下了消灭以刘湘为首的新进攻中之胜利基础并开始这一胜利……有力推动了川北及全川的群众争斗"。[1]

营渠战役后，张国焘发表了《战胜杨森的意义——消灭杨森即是对刘湘进攻的回答》，文中指出：随着四方面军发动的外线进攻战役的胜利结束，将会产生巨大的政治影响，引起全川包括敌人在内的强烈震动，也将会导致"四川军阀的联合行动"来对付红军。因此，他提醒说"不要骄矜，不要懈惰"，要红军做好充分的应战准备。[2]

在另一篇题为《消灭刘湘》的文章中，张国焘指出，消灭刘湘是目前最中心最紧迫的任务，他提出了一系列有关全局的指导性意见：第一，须向全体红军干部和战士进行有系统的政治工作和军事训练，以大大提高战斗的坚决精神。第二，须对当前的敌情、地形有系统的较远大和仔细的研究，各级干部必须学会看地图，了解四川军阀的整个情况。第三，须经常向敌军士兵和白区群众做细密而有效的工作。第四，要好好帮助地方武装独立团、游击队、赤卫军、少先队等，经常在自己阵地前布置以地方武装为中心的游击战争网。同时加紧扩大红军。第五，反对害怕敌人，消极怠工，悲观失望等右倾危险，同时也要反对胜利冲昏头脑，放松消灭敌人的准备的"左"倾，经常清洗成分、深入"肃反"来严密我们自己的队伍。

针对打杨森战役中出现的一些问题，张国焘在文中要求：要对敌人的阵地情况进行细密的调查、对敌人内部情形做严密的研究和对敌人士兵、团丁的宣传煽动工作等要进行充分的准备。针对刘湘拥有飞机的情况，他要求红军注意有计划地训练红色战士，特别是加紧训练新兵，以使红军了解和掌握有关飞机的知识，防止在行军作战、运输物资伤员过程中遇到飞机轰炸扫射时引起不必要的混乱等。[3]

不难看出，张国焘的上述观点和要求，基本符合当时红四方面军的实际情况，为红四方面军做好反六路围攻的战斗准备起了很好的指导作用。不

---

[1]《川陕苏区报刊资料选编》，四川社会科学院出版社1987年版，第292–293页。
[2]《川陕苏区报刊资料选编》，四川社会科学院出版社1987年版，第293–294页。
[3]《中国工农红军第四方面军战史资料选编》（川陕时期·上），解放军出版社1993年版，第568–569页。

过,字里行间也可以看出,此时他仍然坚持"最坚决的进攻路线"和"左"的"肃反"政策,并认为"右倾是主要危险"。

还应该指出的是,对于红军接连取得的反三路围攻和三次进攻战役的胜利,张国焘所看重的,不仅是胜利本身,更重要的是这些胜利所造成的全局性影响。1933年10月21日,中共川陕省委宣传部在印发的一份动员提纲中说:要更加努力以"粉碎帝国主义进攻苏联的和平政策","拥护苏联政府,消灭帝国主义国民党的第五次围剿,消灭以刘湘为首的进攻,争取苏维埃在西北一省数省的首先胜利,争取苏维埃的中国"。还说:"红四方面军的大举西征,创造了几千里的苏区,在战争中打垮了田颂尧、杨森,现在又开始消灭刘存厚,正在拿全线进攻去粉碎刘湘,在不断的胜利中,又发展了大块的新苏区,打得四川、陕西的反动统治更快地垮下去。"[1] 提纲一再提及"争取苏维埃在西北一省数省的首先胜利""争取苏维埃的中国"等。提纲还指出,在苏联和中国苏维埃的伟大胜利面前,"托陈取消派、右派和一切反革命派别,是最后的破产了","特别川陕新苏区的巩固扩大,更是粉碎了取消派、右派和党内右倾机会主义的西北各省落后的观念"。这些提法不仅针对以曾中生为代表的曾经给张国焘提出批评意见的同志,也针对认为红四方面军西越平汉路向西北战略转移为"盲目西逃"的批评和指责。

这一时期,张国焘的思想状况集中地体现在他在中共川陕省第三次代表大会上所作的《为保卫赤区消灭刘湘而战》报告中。报告的基本内容是:围绕"保卫赤区""消灭刘湘"的最紧急任务,根据地必须在川陕共产党组织领导下,以宣传队、画报、宣传品、演说、个别谈话等各种形式动员群众,揭露敌人的种种造谣诬蔑,号召广大群众起来同敌人作决死斗争。在宣传中要联系群众的实际利益,工会、农会、青年团、妇女生活委员会等要动员起来,支持红军作战;建立群众武装,包括独立团、独立营、少先队的模范营、游击队、袭击队、妇女侦探队、工人纠察队等,袭扰敌人;扩大红军;大大发展党团组织并加强党团工作等。从报告的内容可以看出,张国焘当时已抓住了川陕根据地最主要的任务,并提出了一系列解决的办法。

---

[1]《川陕苏区报刊资料选编》,四川社会科学院出版社1987年版,第67–69页。

第九章
川陕根据地："惊人的胜利"

这个报告的价值不仅体现在内容上，而且体现在风格上。这个报告与张国焘绝大多数严肃刻板的文章不同，充满了清新的大众化的语言和平民百姓一听即懂的深刻道理。如他讲大家应该团结起来共同对敌时说："好像一间屋子，这屋子是我们的，有粮食有猪有小孩子。棒老二[1]来了，把屋子围起来了。屋子里有几个兄弟，有二三十口人，老小男女都有。兄弟中有一个顶能打的，是不是一家人都坐在那边不动，在家睡觉吃酒烧烟，让他一个人去打？如果棒老二打进来了，把你养的猪喂的鸡啥子都拿走了，把你的头砍掉了，这样是不行的。大家以为行不行？（大家答：不行。）只有几个兄弟一律起来斗争，这样棒老二就能打下去。"他又以坐船打比方："船上很多人，起了大风浪，船上只让一个人把舵，其他人都不管。发财人棒老二又混在里边，拿刀子砍船筏、砍船舱、穿眼、拼命破坏，大家还是不管。我们看了反动破坏，好像太平无事地说：'反动没有了，发财人跑光了。'那船里的人一定要淹死。如果大家都摇桨把舵，看了反动马上便打他，这样我们才能顺利的走到胜利和成功的岸上。"他接着讲道："现在我们川陕赤区也和这个屋子、这个船一样，要全赤区的工人农民士兵来打棒老二，保卫赤区；要全体工人农民兵士整个被压迫阶级来保卫赤区，来冲破眼前大的风浪。"[2]一间屋子、一条船，张国焘在谈笑间引出深奥的道理。

张国焘的报告成为川陕根据地反刘湘六路围攻战略指导思想的蓝本。在川陕省第三次党员代表大会通过的大会总结中有这样的表述："大会一致接受了国焘同志的报告，指出目前川陕赤区正处在异常紧张的环境当中，我们和刘湘的残酷战争已经开始，川陕全党目前唯一的紧急斗争任务，便是从组织上转变党的全部工作，深入到群众中去，动员和组织川陕千万群众，扩大五万红军主力，参加革命战争，组织大规模游击运动，配合红军主力作战，以最大决心，用一切力量来促进巩固苏区，彻底消灭刘湘，争取全川苏维埃胜利，消灭五次'围剿'，争取苏维埃中国。"[3]

---

[1] 四川方言，指土匪。此处指国民党反动军阀。
[2] 《川陕苏区报刊资料选编》，四川社会科学院出版社1987年版，第14页。
[3] 《中国工农红军第四方面军战史资料选编》（川陕时期·下），解放军出版社1988年版，第16页。

张国焘[上]

这一时期,张国焘对红军未来反六路围攻的战斗作出了许多正确的指示,但在"左"倾路线占统治地位的大环境下,张国焘在一些重大问题上也未能摆脱"左"的羁绊。如他赞成"争取一省数首先胜利"的"进攻路线";反复强调"要加紧两条战线的斗争,特别要反对在目前紧急斗争关头害怕敌人、悲观消极的右倾机会主义";要求"反对党内右倾主要危险","左"的"肃反"路线等。

川陕根据地红军所取得的胜利,苏维埃政权的普遍建立,根据地土地革命广泛深入的开展,根据地经济建设的恢复和发展,以及社会秩序的安定好转,使得共产党、苏维埃、红军受到了根据地广大人民群众的广泛拥护和赞誉。与此相应的是,根据地的主要领导人,特别是张国焘,也一时间名声大振。

| 第十章 |

强胜与苦战

1933年5月始，川陕根据地逐步开始了镇反和"肃反"运动。对于新建立的共产党政权而言，此时进行镇反和"肃反"都是必要的，而且是刻不容缓的，但由于过"左"的"肃反"政策和干部政策中的宗派主义纠缠在一起，使大批优秀的同志被诬害，造成根据地党政军各方面的惨重损失。

1933年10月，刘湘根据蒋介石的命令，将四川军阀部队编为六路，总兵力达一百一十个团，约二十万人，向川陕根据地发起进攻。面对敌六路围攻的严峻形势，张国焘一面命令前线部队抗击敌人，一面在通江召开会议研究对策。会议根据徐向前的建议，决定采取收紧阵地、积极防御的战略方针，以求得在节节抗击的过程中，大量消耗、疲惫敌人，创造反攻破敌的条件。

反六路围攻战斗历经十个月，其中尤以万源保卫战最为激烈和艰难，在军民齐心努力下，彻底粉碎了敌人的围攻计划，毙、伤敌副司令郝耀庭等以下官兵六万余人，俘敌官兵两万余人，缴枪三万余支、炮百余门，击落敌机一架，极大振奋了红军将士战胜敌人的勇气和信心，也教育和鼓舞了根据地人民。然而，战争也使根据地元气大伤：良田久荒，十室半毁，新冢满目，哀鸿遍野。

面对这样的局面，以张国焘为首的川陕根据地领导人连连发出号召，要求根据地军民全力以赴，医治战争创伤。

经过三个多月的紧张工作，根据地的各项事业得到较好恢复，军队也扩红两万人。

这时，张国焘得到中央苏区第五次反"围剿"失败，中央和红一方面军已经撤出根据地的消息。12月19日，中革军委来电，要求四方面军配合中央红军行动。于是，红四方面军总部于1935年1月发动广（元）昭（化）战役。在攻打广、昭未克，吸打援敌计划难以实现的情况下，以张国焘为领导的西北革命军事委员会决定：红四方面军主力强渡嘉陵江，策应中央红军。

第十章
强胜与苦战

川陕再"肃反"

据《中国工农红军第四方面军战史》评价:红四方面军入川后,张国焘所犯的严重错误及其危害,主要集中在"肃反"(包括军队和地方两方面)镇反,执行了肉体上消灭地主、经济上消灭富农、损害中农利益、不保护中小工商业等错误的土地、经济政策等方面。这些错误对当时和后来的红军及根据地的建设和发展都带来了严重危害和不良后果。尤其是张国焘主持的川陕根据地的"肃反",所造成的损失尤为惨重。研究者温贤美在《川陕革命根据地研究综述》一文中曾根据相关资料统计后判断,在川陕革命根据地的"肃反"中,被杀掉的干部、群众约两万余人。[1]

张国焘主持的川陕革命根据地的"肃反"包括两个方面:一是党政军团组织内的"肃反",一是社会上的镇反。应当说,"肃反"和"镇反"在当时都是十分必要的,而且是刻不容缓的,但将其严重扩大化则是错误的。导致犯严重扩大化错误的原因,主要是张国焘执行了"左"倾的"肃反"政策,另外还夹杂有其树立家长式权威的意图。

川陕根据地的镇反

红四方面军一入川,即面临着极其复杂严峻的阶级斗争形势。川北的军阀封建势力、豪绅地主、土匪恶霸等反动统治者在红军进川后,都或多或少地增加了精神压力,这种压力最终演化成为疯狂的反扑和破坏革命根据地创建的活动。当时,在根据地周围,有国民党四川军阀接连不断的多路围攻;在根据地内,隐匿于深山密林和古刹山洞中的反动武装,或打家劫舍,或盘

---

[1]《川陕革命根据地论丛》,四川大学出版社1987年版,第304页。

张国焘传

踞要道杀人放火,特别是杀害红军战士、苏维埃干部和群众的手段极其残酷。这些破坏活动严重危害着苏维埃政权的巩固和土地革命的进行。

对于这些暗藏的、公开的反革命分子必须予以坚决镇压,才能保住红军的立足之地,才能解放川北的穷苦百姓。为此,西北革命军事委员会和红四方面军总部决定,依靠川北地区的广大人民群众、地方武装配合红军部队,严厉镇压反动分子。因而,镇反工作在根据地初创时,即成为党政军组织的日常工作。

根据西北军事委员会和中共川陕省委的指示,为了保证镇反工作的有力进行,川陕省第一次工农兵代表大会在通过的《川陕苏维埃组织法》中明确规定,在川陕根据地设立"政治保卫局"和革命法庭。其中政治保卫局的职能是:"保障苏维埃政权,镇压反革命的有力组织;调查各县反革命分子活动的情形;有计划地进行肃清反革命分子及其活动;指导各县保卫局的工作。"[1] 革命法庭由审判委员会、国家公诉处、申诉登记处、执法管理处组成。对于在政治保卫局和革命法庭领导之下的县、区、乡等各级政治保卫机关和法庭工作机构、人员,也都规定了明确的职责。

根据省苏维埃组织法的规定,根据地的各级政治保卫机构和革命法庭、裁判机构很快设立起来,组成川陕根据地镇反、"肃反"的领导机构和执行机构。从此,川陕根据地的镇反、"肃反"工作便在政治保卫局和革命法庭的领导之下开展起来。

川陕省委、省苏维埃领导下的镇反运动,对根据地公开的和暗藏的敌人予以了极为严厉的打击,其规模之大,打击之重,是空前的。

据史料记载:1933年5月,红七十三师某团在旺苍县吴家垭(今燕子乡)和当地乡苏维埃一起召开四百余群众参加的斗争大会,会上当场处决了反动地主任老武。五权乡豪绅地主何仕义倚仗其父团总之势,横行乡里,无恶不作。红军将其逮捕后,立即召开了群众大会,宣布其罪恶,然后红军卢科长问广大群众:"何仕义该杀不该杀?"群众异口同声地回答:"该杀!"于

---

[1]《中国工农红军第四方面军战史资料选编》(川陕时期·上),解放军出版社1993年版,第258页。

第十章
强胜与苦战

是，当场予以镇压。

红军部队和各级苏维埃政府不仅采取这种现场开会、公审、当场处决的办法镇压反革命，而且还通过深入侦察，待机出击；搜山清剿、一网打尽；分化瓦解，包围聚歼等手段，给予社会上各种反革命分子以毁灭性的打击。

为了指导镇反工作的进行，张国焘经常在各种报刊上发表文章，作出指示，对镇反工作起了积极的促进作用。他强调，根据地内只有坚决镇压反革命，才能战胜敌人，工农群众才能获得土地，苏维埃政权才能巩固。[1]

通过镇压反革命，不仅保证了川陕根据地新生的苏维埃政权的巩固和发展，为根据地反围攻战争的胜利提供了可靠的后方战略基地，而且保证了根据地各项建设事业的顺利进行，使得赤白交通线畅通无阻。打破了敌人的封锁，也大大提高了人民群众的革命觉悟。

镇反工作在取得巨大成就的同时，也暴露了不少问题，影响了党和红军同人民群众的关系。主要表现在，执行"首恶必办，胁从不问"的原则不够严格，以致杀人过多。有的地方宣布"是罪魁、是国民党员、区正、团正、甲长、侦探、坐探要一律斩尽杀绝"。[2] 结果，"只要当过牌（长）、保长、甲长的一律采取镇压政策"[3]，"甚至巫师、妓女也被杀不少"[4]；不仅如此，有的地方"连反动的亲戚朋友、小男幼女都被牵连到反动身份上去而遭残杀"[5]。对此，人民群众意见很大。

由于缺乏广泛深入的宣传教育，镇反工作并没有得到人民群众的理解。一方面，群众害怕红军和苏维埃镇反；另一方面，群众又害怕反动武装报复，因而使镇反工作难以深入甚至开始。如南江、巴中、赤北等县，就出现

---

[1] 张国焘：《毋忘长胜县的反动》，《川陕苏区报刊资料选编》，四川省社会科学院出版社 1987 年版，第 149–151 页。

[2]《川陕省巴中道各县苏维埃主席联席会议的决议》，《中国工农红军第四方面军战史资料选编》（川陕时期·下），解放军出版社 1993 年版，第 22 页。

[3] 李天焕：《红四方面军在川北的发展与建设》，《中国工农红军第四方面军战史资料选编》（川陕时期·上），解放军出版社 1993 年版，第 66 页。

[4]《川陕革命根据地史》，四川省社会科学院出版社 1988 年版，第 201 页。

[5]《川陕革命根据地史料选辑》，人民出版社 1986 年版，第 246 页。

了"捉了反动派还有人来保,说他是好人"的不正常现象。[1]

另外,由于各级苏维埃政府人员和政治保卫人员素质参差不齐,多数人政治水平不高、能力有限,对党的政策理解有偏差,镇反中不认真执行组织原则的更是不在少数。有的区、乡苏维埃"关案子、打案子,甚至判决与执行死刑,完全没有执行上级的决议";[2]还有些"不当捉的捉了,不当放的放了,不当罚的罚了,不当没收的没收了。"[3]对于一些危害严重的大股土匪和神团等反动武装,没有及时予以歼灭,致使反动分子极为嚣张,多次残杀苏维埃和党的领导人以及群众积极分子,一些区、乡苏维埃政权多次被捣毁。

川陕根据地的镇反工作中,确实存在这样那样的失误和偏差,但主流还是正确的。而且在发现错误和偏差之后,还在一定程度上给予了纠正。1933年8月,川陕省苏维埃政府公布了《川陕省苏维埃政府"肃反"执行条例》《川陕省苏维埃政府关于反革命自首条例》;9月,又公布了《川陕省革命法庭条例(草案)》,并召集各县革命法庭主席开会,专门讨论纠正镇反工作中的错误,作出《川陕省革命法庭联席会议的总结》,进一步提出了一系列正确的镇反方针政策,如规定:"地方各机关无杀人之权,如是反动分子得由群众大会或经革命法庭或保卫局交群众大会处决";"必须根据阶级路线,分别成分、首从","坚决处置反革命头目,设法挽救被欺骗被压迫而加入了反革命的工农分子";"不能把工作上一般或不自觉犯的错误与真正反革命的错误混在一块"等。[4]此后,为了纠正镇反中的失误,川陕省苏维埃政府还屡次颁发通令、文告,对镇反工作予以指导。

川陕根据地镇反工作中的失误和偏差的出现,原因是多方面的。首先是川陕边区阶级矛盾斗争激化的结果,统治阶级压迫愈重,被剥削压迫的劳苦

---

[1] 周纯全:《川陕第四次全省党员代表大会总结》,《川陕革命根据地史料选辑》,人民出版社1986年版,第140页。

[2] 曾传六:《深入群众工作,肃清地方反动》,《川陕苏区报刊资料选辑》,人民出版社1988年版,第235页。

[3] 徐立清:《赤山县工作情形和错误的报告》,《川陕苏区报刊资料选编》,四川省社会科学院出版社1987年版,第55页。

[4]《中国工农红军第四方面军战史资料选编》(川陕时期·上),解放军出版社1993年版,第366–367页。

第十章
强胜与苦战

大众反抗就愈烈。红四方面军入川给了川北地区劳苦大众以巨大的震撼力，促其奋勇斗争。反动分子试图依靠旧势力继续为非作歹时，群众的愤怒是无法抑制的，因此出现杀人多了一些的偏差和失误是难以避免的。第二是由于根据地初创，各方面的工作尚不完善，机构很不健全，各级政治保卫局和镇反领导机构数量少且人员素质差；广大群众的觉悟也不高，识别和判定反革命的能力比较弱。第三是川陕根据地是在"左"倾错误统治全党时期创建起来的，张国焘执行了"左"倾政策，也严重影响到根据地的镇反工作。

在川陕根据地的历史上，曾留下了一个众说纷纭的话题，这就是根据地内的"万人坑"是否是张国焘领导的镇反、"肃反"所形成的。在此，本书试就所谓"万人坑"问题略作论述。

"万人坑"是川陕根据地历史上一个长期被误解和歪曲的问题。国民党反动军阀和其基层政权的一些人物，以及土豪劣绅、流氓土匪等曾广为张扬过什么"红军镇反是乱杀人，制造'万人坑'"；而在共产党内和党史研究者中也有关于"'万人坑'是张国焘搞'肃反'扩大化造成的"等说法。这在相当长一段时间内影响甚大，造成了非常恶劣的影响，在败坏张国焘形象的同时也严重败坏了党和红军的形象。实际上，"万人坑"的流言是国民党反动势力采用的欲盖弥彰、嫁祸于人的手段，企图掩盖其制造"万人坑"的真相。

川陕根据地在创建和发展过程中，国民党反动势力不断向红军和工农群众疯狂反扑，烧、杀、掳、掠，无所不用其极，手段之残忍骇人听闻。据资料记载：当时仅在南江、长赤两县境内就有反动武装140股，约1.38万人，有枪6169支、大刀4531把、其他武器257件。他们或单独行动，或聚集作案，先后残害县、区、乡、村苏维埃干部674人，其中县级干部310人；残害红军指战员737人，其中干部256人、女战士200人；残害工农群众积极分子1590人；抢劫苏维埃机关112次、枪450支、食盐10多万斤，其他资财物品不计其数。仅上述被害的人数计达3001人。[1]

据《川陕革命根据地南江斗争史》载："在根据地时期，南江、长赤

---

[1] 见《川陕革命根据地南江斗争史》，中共党史出版社1991年版，第241页。

（县）两地，因战事和国民党军阀杀戮等原因死亡的人数有两万余人；红军战士牺牲的有3000余人；各种武装组织牺牲的有2000余人；各级各类干部牺牲的有1000余人；各级各种组织牺牲的有2000余人"。[1] 上述数字共计两万八千余人。这个数字中，包括了根据地时期因各种原因死亡的人数。红四方面军于1935年4月上旬撤出南江、长赤后，敌人的反攻倒算所杀害的人数也是惊人的。仅南江一县，"杀红军战士、干部1560人，杀红属210人，杀工农群众1100人"。[2]

这些被杀害者、被饥馑灾荒饿死者，以及"镇反""肃反"运动所波及者，均需要善后处理，这便是"万人坑"的起源。在南江、长赤两县，共有"万人坑"150余处。长赤县的下两区黄桷树"万人坑"里埋有310人，其中属地方反动头目廖丰伍及其帮凶所杀害的区、乡、村苏维埃干部、群众119人，占38.4%；属国民党军阀田颂尧、刘湘部队杀害的121人，占39.3%；属镇压反革命和土豪劣绅地主的有70人，占22.3%。在关田乡三溪铺"万人坑"里，埋有750余人，其中被反动派杀害者为167人，占22.3%；战争死亡者310人，占41.3%；1936年饥馑饿死者169人，占23.8%；红军镇压反革命所杀者104人，占13.9%。其他"万人坑"死亡者的比例也大致如此。

所以，可以毫无疑问地得出如下结论："万人坑"的真正制造者是国民党反动势力；"万人坑"是川陕边区统治阶级残酷剥削、压迫、杀戮劳苦大众和革命势力的铁证。当时南江、长赤一带曾流传这样的民谣："南江县啦长赤坝，恶霸地主的天下；'万人坑'边穷人泪，阎王殿里农民家。"[3]

多年来，关于川陕根据地"万人坑"问题，一直被人们误解成是张国焘所为，这其中很重要的一个原因是张国焘确实在川陕根据地犯了"肃反"严重扩大化错误，加之他最后叛党，因而在批判张国焘时将"万人坑"与其联系起来；其次，当初不少"万人坑"确实是红军战士和苏维埃政府所挖掘，用来掩埋被镇压的反革命分子和反动的土豪劣绅。后来国民党反动派进入苏

---

[1]《川陕革命根据地南江斗争史》，中共党史出版社1991年版，第300页。
[2]《川陕革命根据地南江斗争史》，中共党史出版社1991年版，第303页。
[3]《川陕苏区历史研究》1990年第一期，第72页。

区复辟后,"万人坑"又成为他们屠杀红军战士、苏维埃干部、红军家属和革命群众的刑场,这就使问题复杂而难以澄清。最后,也是最主要的原因,就是国民党反动派利用舆论宣传工作嫁祸于人,掩盖事实真相。

根据地的"肃反"

与川陕根据地镇压反革命运动所造成的失误和偏差相比,张国焘主持的川陕根据地"肃反"及其扩大化错误造成的损失,则更使人刻骨铭心。从一定意义上说,川陕根据地的"肃反"是鄂豫皖"肃反"运动的延续,这是因为张国焘在川陕"肃反"中基本采取了鄂豫皖时期"肃反"的政策、方针和方法,仍然是以"左"的"肃反"路线指导工作,因此出现扩大化问题也是必然的,所不同之处只是政策上的微调与对象的变换而已。

在川陕根据地进行"肃反"是必要的。红军入川之初,对地方情况不熟悉,在发动群众建党、建政、进行土地革命的过程中,一些地主、豪绅等反革命分子混入苏维埃政权内和党内,伺机进行破坏活动。如在江口县的高峰、六门、录山等十个乡苏维埃政权中,反革命分子约占总数的两成。当时,六门乡苏维埃的七个干部中,有三个是反革命分子。甚至一些县级苏维埃政府里也混进了反革命分子。1933年,震动川陕根据地的长胜县观音河发生的反动武装暴动,很大程度上就是由于反革命混进了县苏维埃。再者,由于红军为粉碎敌人的围攻,在作战中曾数度收紧阵地,根据地不少地方出现过敌我"拉锯"现象。当敌人进攻来时,一些经不起考验的党员干部倒戈相向。

地方上是如此,在红军队伍和地方武装组织中,也有因为反革命分子混入其中而造成重大损失的。中共陕南特委书记陈浅伦就是因为任用当地"神团"首领为游击司令,并企图依靠这个反动分子发动起义,结果起义被敌人镇压,原计划起义后建立红二十九军的计划因之泡汤,红军游击队也不得不转入秘密活动。[1]

川陕根据地的基层党组织内也有反革命分子混入。红军入川后,由于形

---

[1] 1933年2月13日,红二十九军才正式成立。

势所迫，急需发展党组织，结果使一些投机分子、反动分子乘机钻进了党内。在江口，混入党内和苏维埃政权内的反动分子，白天为苏维埃办事，暗中侦探红军活动情况，晚上给民团头子报信，结果反动民团在1934年年初的一天夜里接连洗劫了两个村苏维埃，杀害苏维埃干部三人、红军战士十多人。

上述事实表明，国民党反动派、地主豪绅、民团土匪，不仅试图利用军事手段消灭红军、苏维埃和共产党，而且利用一切手段妄图从党内、苏维埃政权内、红军内对革命势力加以破坏。面对这种情况，张国焘和川陕根据地其他领导人认识到，肃清革命阵线内的反革命分子与消灭外部敌人，是有着同等重要意义的。因此，"肃反"工作是不能放松的，只有加紧与深入"肃反"，才能更加巩固和增强革命的力量。但由于"肃反"工作是在"左"的路线指导之下进行的，使得对反革命的力量作了不切实际的估计，扩大了打击面，犯了严重扩大化错误。

张国焘在川陕根据地主持的党内、军内"肃反"，虽说是鄂豫皖根据地"肃反"的继续，但也带有不少川陕特色。首先，张国焘在鄂豫皖时期的"肃反"对象是所谓"改组派""AB团""第三党"等，而现在他则按照中央的指示精神，提出反对所谓"托陈取消派"[1]。对此，张国焘的解释是："红军中肃清了改组派、AB团、第三党之后，又在过铁路西进的艰苦奋斗中形成了托陈派的活跃。……现在是托陈取消派起主要的反革命作用了。""红四方面军中托陈派的主要领袖，也就是整个反革命的领袖，就是余笃三、赵箴吾、王振华、徐永华、王振亚、杨白等。"[2]

那么这些托陈取消派的主要罪行是什么呢？陈昌浩在一篇文章中罗列了十三条，其中第一至八条、第十一条、第十三条是与张国焘、陈昌浩等人在

---

[1] "托陈取消派"表述中的"托陈"，即托洛茨基和陈独秀。1929年以陈独秀为首领导了中国共产党的反对派组织"中国共产党左派反对派"，即中国托派组织。由于陈独秀等人认为中国资产阶级已经取得胜利，无产阶级只有待到将来才能进行社会主义革命，而目前只能进行以"国民会议"为中心的合法运动，故被称为"托陈取消派"。

[2] 张国焘:《红军中的肃反工作》，《中国工农红军第四方面军战史资料选编》（川陕时期·上），解放军出版社1993年版，第422—423页。

一些问题上的观点不一致，第九条专指小河口会议。陈昌浩在第八条说：托陈派和右派"运用托洛茨基组织阴谋斗争手腕，以反对个人来掩饰其反对革命，到处活动宣传党的领导不正确，所谓'个人独裁'，'军阀投机'，'家长制度'，企图以推翻党的领导来间接推翻红军"。[1]

在张国焘的指示下，红四方面军在川北基业辅定之后，即开始了军内的"肃反"。在"肃反"大棒之下，许多从鄂豫皖根据地来的革命骨干，如第十师参谋主任吴展、第七十三师第二一七团政治委员闻盛世、第二一八团政治委员陈少卿和大批中下级干部、老战士受到牵连甚至遭到杀害。一些高级干部也在劫难逃，如原鄂豫皖军委总经理部主任余笃三，被无端指为"托陈派首领"加以捕杀，第七十三师政治部主任赵箴吾、参谋主任杨白以及总部工作人员李春霖、王振华、王占金等多人，也遭到逮捕，其中多数被杀。"肃反"扩大化就像瘟疫般传染开，6月间，原川陕省革命委员会主席旷继勋竟也被诬为"通敌"罪犯，遭逮捕后被秘密处死。[2]

红四方面军内的"肃反"，不仅涉及原鄂豫皖根据地来的老部队，而且也涉及川陕根据地创建时期新编入红四方面军的任玮璋独立师和红三十三军。

红四方面军独立师的"肃反"

任玮璋，四川南部人。早年在泸州讲武堂学习，后在四川军阀杨森部任旅长。1932年2月兼渠县县长，7月弃职起义。初建"人民军"于渠县，后在共产党员李载溥协助下，组织"川北民众救国义勇军"（简称"川北民军"），任玮璋任司令。1933年1月，红四方面军进至南江县赶场溪时，任玮璋经与红七十三师师长王树声、政委张广才取得联系后，率所部参加红军，遂被改编为红四方面军独立师，由任玮璋任师长、张逸民任参谋长、李载溥任政治部主任。为了加强对该师的政治教育，红四方面军又派刘杞任政治委员，还从红七十三师抽调了一批政工干部到部队工作。其后，独立师配合红七十三师解放了南江县城，并在反田颂尧三路围攻的战斗中取得了较好

---

[1] 陈昌浩:《反对托陈取消派与右派》,《中国工农红军第四方面军战史资料选编》(川陕时期·上)，解放军出版社1993年版，第458页。

[2] 见《中国工农红军第四方面军战史》，解放军出版社1991年版，第250页。

的战绩。当时任川陕省委巡视员的余洪远，在检查了独立师的工作后，认为整个部队是可以信赖的。

在战场上不能战胜独立师的敌人，采用卑劣的手段离间红军主力与独立师的关系，利用根据地"肃反"的机会，将一封"策反"信由打入独立师内部的奸细送交政治机关，制造了任玮璋所谓谋反的"罪证"。从此，任玮璋开始受到怀疑。后来由于战争纷繁，敌人四处派奸细活动，并再向红军投递"策反"信件。

接二连三的"策反"信事件引起了张国焘的高度重视，他认为独立师的成分严重不纯。为了解决独立师的问题，先是将独立师师部所在地的两个团调走，然而以"开会"为名，拘捕了任玮璋，将其杀害于南江大河口。之后，张国焘又将独立师拆散混编，将独立师参谋长张逸民、政治部主任李载溥等数十名团营以上干部予以逮捕、杀害。

红三十三军的"肃反"

如前所述，红三十三军是由川东游击军改编而来。王维舟回忆说，川东游击军改编为红三十三军以后，处处受到张国焘的歧视。改编后三十三军人多弹少，武器弹药缺少补充。但最不幸和最令人痛心的，是经过党培养多年的三百余名青年革命干部遭到无辜杀害。游击军刚与四方面军会合，张国焘就派人在宣汉属双河场以开会名义，杀害了地下党的干部百余名；在巴中县，张国焘把三十三军第九十八师和第九十九师的师长蒋群麟、冉南轩从前线调去，也暗中杀害；在宣汉属之清溪乡三弯崖，以过去曾当过保长为由，杀害了三个团的团长；正在前线指挥作战的军政委杨克明被撤职调离，其他排以上干部五十余人也被命令离开前线，不久，这些人大部分被害。[1]

川陕根据地的党内"肃反"

张国焘领导的川陕根据地党内"肃反"，也是以反所谓"托陈取消派"

---

[1] 见王维舟：《川东游击战争时期》，《中国工农红军第四方面军战史资料选编》（川陕时期·上），解放军出版社1993年版，第640–641页。

和"右派"为主进行的。由于川陕根据地创建时的特殊情况,根据地的党内"肃反"在很多情况下是与红四方面军的内部"肃反"相互交叉进行的,也是张国焘打击不同意见者的手段之一。在党内"肃反"时,张国焘除了打击前面所提及的人外,还将张琴秋、徐以新、余天云、朱光等作为打击对象,令其检讨反省,以消除党内的不同声音。来自鄂豫皖根据地的老同志,凡是给他提过意见的人,都遭到了不同程度的打击和迫害。对于中央和白区党组织派到川陕根据地的干部,张国焘也不信任,监禁了中央派到根据地的何柳华(即廖承志)、四川省委书记罗世文、汉中特委书记张德生;杀害了陕南特委书记杨珊和由四川党组织派来的两百多名党、团干部。

苏维埃政府内的"肃反"

在川陕根据地"肃反"中,始终贯穿着"改造苏维埃运动",这是由川陕根据地的具体情况决定的。苏维埃内的"肃反",大体可分为三个时期:从1933年2月川陕一苏大到二苏大,为第一时期,以"改造混入苏维埃的阶级异己分子,提拔斗争坚决的真正工农分子到乡、村苏维埃工作"为主要内容。期间,基本肃清了混入苏维埃中的阶级异己分子,但也出现了把一些犯错误的人当作敌人杀害的现象。从1933年8月到1934年底,为第二时期。随着根据地内敌我战争的进行和根据地的扩大,各级苏维埃中又有阶级异己分子混入,张国焘又开始"改造苏维埃",这一时期的"改造"运动波及一些真正的革命同志,如川陕省苏维埃副主席罗海清、省工农监察委员会书记余典章、赤江县苏维埃主席谭永寿、南江县苏维埃主席岳冠斗、巴中县苏维埃主席刘开贤等多人被诬害。从1935年1月至4月,为第三时期,根据地区工作转向"发展川陕甘""配合中央红军北上",因此"改造苏维埃运动"接近尾声,加之川陕省委和省苏维埃政府对"肃反"扩大化错误已有所认识,尽管在纠正错误的过程中仍错杀了一些干部,但是苏维埃内的"肃反"渐趋停止。

反思川陕根据地"肃反"严重扩大化的错误,自然离不开对张国焘责任的追究。从客观上讲,当时根据地党政军内有反动分子的存在和破坏,这是无疑的;但从主观上讲,张国焘对川陕根据地敌情作出了过于严重化的估计。

张国焘 传

从红四方面军西进以来，特别是小河口会议以后，张国焘即认为根据地及红军内部的右派开始形成，并助长改组派、AB团、第三党、托陈取消派、罗章龙右派等进行破坏，以响应外部敌人的进攻。此时，张国焘对根据地内党政军的情况都作出了过于悲观的估计。他认为，一些党的基层组织不尽如人意，"各级政治部发展地方工作时，没有注意到真正在乡村中发展雇工、贫农，所发展的同志多是场口上的大烟瘾子，甚至流氓地棍、老头，不起作用的"。"支部发展亦多半是用感情式的拉拢……没有提拔到积极的好的当地干部。"[1] 他还认为，红军和苏维埃政权内混入了许多地主、富农和其他阶级异己分子，因此必须加紧"肃反"。

在张国焘主持下，川陕根据地"肃反"的范围是相当广泛的，不仅涉及来自鄂豫皖根据地的红四方面军的一些高级将领和党的重要领导人，而且涉及川陕根据地党政军群团体和个人。这使得"肃反"范围无限制地扩大化了。在党内，张国焘最主要的是加紧两条路线斗争，反对右倾主要危险；在党外，是把"肃反"斗争联系到分配土地，扩大红军，改造苏维埃，整理地方武装，侦探戒严工作与集中粮食，消灭敌人等诸工作上，还规定要将省委、省苏维埃、省工会以及各重要机关加以彻底清洗和改造，这就不能不导致"肃反"执行机构的权力严重扩大化，酿成不少滥用权力的恶性案件。

川陕根据地"肃反"工作犯有严重扩大化错误，其原因是多方面的。从根本上看，主要有以下几点：一是张国焘在川陕贯彻了一条"左"的"肃反"路线，这条路线根源于中共中央"左"倾错误指导，这是指导思想方面的原因。而张国焘以及川陕省委在执行和制定"肃反"路线、"肃反"政策时，又发展了中共中央的"左"倾"肃反"路线，这是造成川陕根据地"肃反"扩大化错误的主要原因。二是川陕边区人民群众的认识和识别反革命能力较弱，同时又对反革命分子怀着极端痛恨的心理，这是"肃反"扩大化的社会原因。三是张国焘的家长作风和"肃反"执行机构政策水平不高、人员素质较差，这是造成"肃反"扩大化的直接原因，也是最重要的原因。

在川陕根据地，张国焘高高在上，集党政军群大权于一身，根据地的所

---

[1]《川陕苏区报刊资料选编》，四川省社会科学院出版社1987年版，第53页。

第十章
强胜与苦战

有工作在很大程度上一切由他个人说了算,这使得张国焘能够根据中共中央的"左"倾"肃反"政策,再一次大刀阔斧地在红四方面军以及川陕根据地内大力开展所谓反"右倾"、反"托陈取消派"、反"改组派""AB团""第三党"等的肃清反革命斗争。

总之,张国焘主持的川陕根据地的"肃反",犯了严重的扩大化错误。这一错误,恰如中共中央《关于若干历史问题的决议》中所指出的:"由于错误的'肃反'政策和干部政策中的宗派主义纠缠在一起,使大批优秀的同志受到了错误的处理而被诬害,造成了党内极可痛心的损失。"

值得注意的是,当时在红四方面军的干部中间,有相当一部分人对张国焘主持的"肃反"是采取抵制态度的。

徐向前回忆说:"反三路围攻开始不久,张国焘即借口部队'不纯',令陈昌浩和保卫局'肃反'。老一套的办法,单线领导,搞逼供信、'自首'运动,任意捕人杀人,军委主席和政治委员说了算。罪名无非是什么'托陈取消派''右派''通敌''AB团''改组派'等,天晓得!当时,战争异常紧张,部队整天和敌人拼杀,一个人顶好几个人用,有生力量宝贵得很。我在前线听说一些干部、战士被捕的消息,真是恼火极了。九军七十三团政委陈海松,年仅二十岁,很能打仗,被列为'审查'对象,要抓起来。军长何畏跑来找我,我说:他是个小孩子,有什么问题呀,不能抓!我打电话问陈昌浩:'同志,你们想干什么?我们的部队从鄂豫皖打到四川,是拼命拼过来的,哪来那么多'反革命'嘛!现在弄得人心惶惶,仗还打不打呀?命还要不要呀?'陈昌浩有张国焘撑腰,'奉命行事',我的话他当然听不进去。电话里应付了我几句,实际上仍在坚持'肃反'。部队意见很大,层层进行抵制。李先念同志在十一师,就没有照保卫局列的黑名单抓人,说:'打完了仗再说!'保护了一些干部。"[1]

王宏坤回忆说,他向倪志亮要干部和战士,后来倪志亮将"劳改队"给了红四军,一下来了四百多人,粗粗一摸,都是班、排、连级干部,都是原某师搞"肃反"抓起来的。王宏坤向他们宣布:"你们不是'改组派',对以

---

[1] 徐向前:《历史的回顾》,解放军出版社1988年版,第297页。

前的事一概不问,你们都是革命的。都是好同志!大家的工作,我们将迅速安排。"话没讲完,有人"哇"的一声哭了,立即全场一片哭声。[1]

张国焘推行的"肃反"政策引起了四方面军广大干部和战士的不满、怀疑和抵制,最终促成了木门会议作出停止军内"肃反"的决定。

1933年6月28日起,为了总结反三路围攻的作战经验,对下一步工作作出部署,张国焘和红四方面军领导人陈昌浩、徐向前、王树声、李先念等一百余人,在四川旺苍县的木门镇,召开了为期六天的会议。

木门会议会址

木门会议在预定的议程中,并没有对是否继续"肃反"进行讨论一项。会上,广大干部出于义愤,强烈要求停止部队内部的"肃反"。这一呼声引起张国焘、陈昌浩的高度重视,迫使他们的头脑开始冷静下来。陈昌浩在会上承认抓错了人,同意将错抓的人放回。陈昌浩态度的改变,使木门会议最终作出了停止军内"肃反"的重大决定。这一决定的形成,在红四方面军的历史上,乃至在红军的历史上都是前所未有的,因为在"左"倾路线统治全党的时期,能形成这样的决议实属罕见。同时也应看到,张国焘能同意并接

---

[1] 王宏坤:《我的红军生涯》,人民出版社1991年版,第229页。

受这个决定，亦属不易。因此徐向前评价说："木门会议，在抵制张国焘的罪恶'肃反'上，取得了胜利，意义非同小可"。[1]

木门会议作出加强全党团结，加强部队军政建设；提高部队战斗力，扩编部队为四个军；加强部队政治工作，大力开展军事训练，恢复彭扬部队军事学校（为红军大学的前身）等决定，为红四方面军的发展和川陕根据地的巩固起到重要推动作用。

但木门会议的重要意义远不止于此。木门会议作出停止在军队"肃反"的决定，说明红四方面军以徐向前为代表的绝大多数干部，认识到了错误的"肃反"政策的危害，并起而进行坚决斗争，最终以广大指战员的意志采取集体讨论决定的方式，抵制了张国焘的"肃反"错误。这在党和红军的历史上是不多见的。这个决定的实施，使一些受冤枉的干部免遭不测，稳定了部队情绪，巩固了部队团结，对部队和根据地建设都起到了积极的作用。

反六路围攻

1933年9月，四川军阀之间的混战以刘文辉的失败暂告停止。9月10日，蒋介石致电刘湘，要求集中兵力大举"进剿"红军，并限命三个月将红军彻底肃清。

9月12日，刘湘在成都召集四川各军阀将领会议，商筹"剿匪"规划。10月4日，刘湘就任四川"剿匪"总司令职，将总司令部设在成都，将四川军阀部队编为六路，分布于川陕根据地东、南、西三面的周边地区，准备以绝对优势兵力发动对红军的进攻。其具体部署是：

第一路为邓锡侯第二十八军，共十八个团，由广元、昭化向木门、南江方向进攻；第二路为田颂尧第二十九军，共二十四个团，由阆中向巴中方向进攻；第三路为李家钰新编第六师和罗泽洲第二十三师，共十五个团，由南充向仪陇、巴中东南的曾口场方向进攻；第四路为杨森第二十军，共十二个

---

[1] 徐向前：《历史的回顾》，解放军出版社1988版，第298页。

四川军阀刘湘

团,由蓬安向鼎山场、通江方向进攻;第五路为刘湘第二十一军,共二十四个团,由开江、开县向宣汉、达县方向进攻;第六路为刘存厚第二十三军,另有土匪王三春部,共十八个团,由开县、城口地向万源方向进攻。

刘湘用来进攻红军的总兵力达一百一十个团,约二十万人,另有空军两队,十八架飞机。依靠这些兵力,刘湘在西起广元、东迄城口的千余里弧形线上,形成了对川陕革命根据地的合围态势。

按照刘湘的部署,对红军的六路围攻分三期进行:第一期占领宣汉、达县、江口、营山、旺苍、木门、恩阳河、曾口场等地;第二期进占通江、南江、巴中;第三期会攻红军战略后方苦草坝。刘湘的意图是以分进合击、步步为营、稳扎稳打的战法,将红四方面军围歼于川陕边境。

针对敌人的军事行动,张国焘和红四方面军领导人做了充分的应战准备,适时发起了"消灭刘湘运动周",在根据地内掀起了准备消灭刘湘的活动高潮,还成立了各级"战斗委员会",为红四方面军粉碎敌人的六路围攻奠定了坚实的群众基础。

10月底,方面军总指挥徐向前正带领红四军第十师等部向南追击从万源弃城而逃的刘存厚军所辖的廖震部,准备乘胜进占开县、开江两地。不料到开县以西的杨柳关地区后,却同刘湘第二十一军即六路围攻红军的第五路第三师王陵基部遭遇。就这样,反六路围攻的第一战随即开打。

面临四川军阀联合进攻根据地的严重形势,西北革命军事委员会和张国焘一面命令前线部队抗击敌人,一面在通江召开会议研究对策。会议认真分析了红军反六路围攻的不利条件和有利条件,并讨论了作战方针。会议认为:敌人这次围攻对红军构成了比三路围攻严重得多的威胁,一方面各路军

第十章
强胜与苦战

阀在接连遭到红军打击的形势下有联合起来共同报复红军的愿望，一方面刘湘刚刚战胜刘文辉，新胜之余，气焰嚣张，摆出一副与红军决一死战的架势；而红军虽然在数量上有很大发展，但新战士、新干部多，缺乏很好的训练，军事政治素质不高。这些不利条件预示着反六路围攻将是长期的艰苦斗争。但红军反六路围攻的有利条件还是很多的：一方面，由于敌人内部矛盾依然很多，预料其步调难以一致；另一方面，根据地内由于各次战役的胜利，红色政权已遍布二十余县，且通过土地改革，农业获得了大丰收。在新的解放区，也初步发动了群众。红军在人力、物力上已得到不少补充，地方武装也有很大发展。此外，红军在与川军交战中，已经积累了不少作战经验，加之红军与陕南敌第二十八军孙蔚如部继续遵守互不侵犯协议，从而减轻了后顾之忧，可以集中力量来对付川军。因此，只要采取正确的作战方针，粉碎敌人的围攻是有可能的。

会议根据徐向前的建议，依据反三路围攻的经验，决定仍采取收紧阵地、积极防御的战略方针，以求得在节节抗击的过程中，大量消耗、疲惫敌人，创造反攻破敌的条件。

会议对兵力作了具体部署，决定以敌主攻兵力——刘湘的精锐部队所在的东线为主要方向，集中红四军、红三十三军全部、红九军和红三十军各两个师，共二十余团，布于万源至宣汉、达县的东线地区，由方面军总指挥徐向前亲自指挥，对付敌第五、第六两路；西线为牵制方向，以红三十一军为主力，红三十军九十师、红九军二十七师等十余团，配置于北起广元沿嘉陵江以东至营山、渠县以北地区，由方面军副总指挥王树声和红三十军政治委员李先念统一指挥，分别钳制敌第一、二、三、四路；另以红三十一军二六七团和二七八团分置于通江县北境的碑坝和旺苍坝以北的三道河地区，监视陕南敌军。会议结束后，徐向前和王树声分别去东、西两线，陈昌浩居中调度，张国焘则坐镇后方。

12月11日，川陕省委在巴中召开了第三次党员代表大会，中心议题即是进一步动员和组织党政军民全力投入反围攻斗争。张国焘在会上发表了鼓舞性很强的讲话。他说："我们和刘湘最激烈的战争已经开始了。前方正在剧烈的战争中。这是一个决死的战争。……现在是我们生死存亡顶紧急斗争的关头，这一紧急任务，是一时一刻也不能迟缓的。"[1]

会议根据张国焘的讲话精神，提出了争取胜利、消灭刘湘的六项任务：宣传动员群众；迅速扩大红军；组织大规模游击战，有计划地配合红军作战；进行土地改革，优待红军及其家属；积极领导白区群众进行土地改革和反军阀斗争，建立党的组织，进行瓦解敌军的活动；有系统地培养干部，改造各级地方党部，增加党的战斗力。[2]

在川陕省第三次党代会的推动下，在"消灭刘湘""保卫赤区"的口号声中，根据地内很快掀起了拥护和扩大红军的高潮，党政军民全体动员，团结一致、万众一心地投入到反对刘湘六路围攻的各项工作中。

11月16日，刘湘下令各路"剿匪"军发起总攻，并颁布赏罚令及封锁"匪区"条件。然而，拥兵自重的"诸侯"们并不听其调遣。尽管刘湘与蒋介石连电催促，要求从速行动，各路军阀依旧左顾右盼，其军队不紧不忙地龟速前行。只有第四路杨森想在西线夺取头功，急于收复失地，于11月下旬，命其第三、第五、第六混成旅，分别由营山境内花桥、渠县、周口向营山发动攻势，结果遭到红九军的沉重打击。之后，杨森为保存实力，同时为削弱刘湘以泄私愤，采用了下属的秘计，与红军达成"双方都不进攻"协议。此后数月，杨森部与红军少有接触，使红军得以腾出更多的力量，反击最主要的敌人。

在蒋介石、刘湘的一再催促下，至12月上旬，六路"进剿"军才算全部出动。红四方面军在东起南坝场，北到广元附近，与敌全线接触。12月中旬，敌第一期进攻开始，其目的是侵占宣汉、达县、仪陇三城和旺苍坝。

12月15日凌晨，敌第五路和第六路利用浓雾掩护，强渡州河、前河。东线敌人以第五路为主，辅以第六路，分左、右两兵团，向红军展开多路进攻。红四军一部在宣汉城东三河场，红九军主力在宣汉城西曾家山，分别趁敌半渡之际，给其右路第二十三军廖震第一师和第二十一军王陵基第三师以

---

[1]《川陕苏区报刊资料选编》，四川省社会科学院出版社1987年版，第14-15页。
[2] 见《川陕革命根据地史料选辑》，人民出版社1986年版，第125-127页。

第十章
强胜与苦战

大量杀伤，共歼敌三千余人。红三十军主力也在达县城东南雷音铺等地，给敌左路军第二十一军范绍增第四师以大量杀伤。

因敌人投入的兵力越来越多，攻势相当凶猛，致使红军未能阻止敌人进攻。经过两天激战，歼敌一部后，红军遂于17日主动放弃宣汉，18日放弃达县，收紧阵地至东起庙坝，西经井溪场、东升场、双河场、碑牌河迄北山场一线。在转移中，红军于宣汉城西北的万鼓楼和东北的拱桥河等地又杀伤不少敌人，并击落敌机一架。

红军东线部队到达新阵地后，以主要兵力在主阵地上作纵深梯次配置，依山凭险构筑集团工事和多道堑壕，设置大量鹿砦等障碍物，以便有力在阻击和消耗敌人。在次阵地上，则以少数兵力配合游击队和赤卫军防守，并于密林要隘遍竖红旗、广布疑阵，迷惑敌人。

在西线，红军在王树声指挥下，抗击着敌四路军阀的进攻，给敌以重大杀伤。红三十一军在广元县的元坝子、王家坝、快活岭一战，歼敌近千人；红三十军九十师在阆中县鸡山梁，击溃敌第二路田颂尧三个旅的进攻；红九军第二十七师在仪陇城外围至佛楼寺一线，连挫敌第三、第四两路，不断致敌遭受损失。

从1933年11月16日敌人发动第一期总攻到1934年1月中旬的两个月间，红军东西两线部队和地方武装，英勇抗击，共毙伤敌一万三千余人，有力地抑制了敌人的锐势，使刘湘原准备为期一个月完成的第一期总攻计划未能实现。

前线的战斗如火如荼地进行着，坐镇后方的张国焘则在想方设法发动群众支援战争。在他的督促下，根据地内开展了大力宣传群众、支援战争的动员、组织工作。

据1933年12月1日《共产党》

王树声

第二十二期载："西南各县，最近广大群众在红军伟大胜利中，都风起云涌参加红军和地方武装，最近十天内：仪陇扩大红军四百六十人，阆南扩大红军五百七十三人，苍溪扩大红军四百七十四人，恩阳扩大红军二百多人。地方武装在最近六天内：苍溪五、六两区扩大赤卫军两团，恩阳成立了独立第六团……"[1]群众捐钱捐物品种和数字更是不胜枚举。

后方的支援红军的热潮，极大地鼓舞了身处前线的红军指战员们，他们纷纷表示要努力杀敌保卫苏区，保卫党，保卫人民群众。

在有效地遏制了敌人第一期总攻计划之后，红四方面军总部为进一步创造反攻的有利条件，骄纵敌人，诱敌深入，下令红军东线部队左翼阵地收缩至沿山场、罗大湾、罗文坝、固军坝一线，右翼阵地则继续坚守北山场、马渡关等山险要冲地带。1934年1月20日，红军主动撤至新的防御阵地。

2月3日，刘湘在成都召集各路将领开"剿匪"军事会议，会商第二期"剿匪"计划。邓锡侯、田颂尧、李家钰、罗泽洲、杨森均出席了会议。2月17日，刘湘颁发第二期"剿匪"作战计划，宣布在一个月内，将西线红军压至通江和巴中以北、木门以东地区；在东线，敌人企图占领万源，推进到石盘关至竹峪关以东之线，封锁川陕边界至镇巴门户，截断红军退往陕南的通道。

3月3日，刘湘下达第二期"剿匪"总攻令。3月4日，西线敌军首先出动。敌第一路邓锡侯部进攻旺苍坝；第二路田颂尧部进攻恩阳河；第三路李家钰、罗泽洲部进攻玉山场、鼎山场；第四路杨森也撕毁了"双方互不进攻"协议，向巴中之兰草渡进攻。

西线之敌以四路大军齐头并进，攻势颇猛。防守西线的红军在方面军副总指挥王树声指挥下，利用有利地形节节抵抗，在给敌以大量消耗后，从7日至19日，先后主动退至通江附近的杨柏河、得胜山一线，构筑工事进行防守。

东线之敌鉴于第一次全面进攻失利，损失惨重，乃改用重点进攻，企图

---

[1]《川陕苏区报刊资料选编》，四川省社会科学院出版社1987年版，第192–193页。

第十章
强胜与苦战

集中优势兵力，突破一点，再全面推进。3月5日，敌第五路新任总指挥唐式遵赴双河场就职。3月12日，唐式遵以其第五路第四师三个旅和独一旅，从北山场、青龙场向红三十军及红四军各一部固守的板庙、红灵台发起猛攻，企图从红四方面军东西两线的结合部打开一个缺口，插入根据地的腹心地带，但几次进攻都毫无进展。3月13日，敌人再次发起进攻，又被红军击退。

3月19日，红军利用夜袭战术，从红灵台四路楔入敌纵深，在李家山、卧牛山等地给敌第十旅周绍轩部、第十二旅孟浩然部以沉重打击，敌阵地动摇。第四师师长范绍增、副师长罗君彤获悉情况后，连忙夜驰前线督战，方使该师免于全线崩溃。天亮时，红军撤回原阵地。

敌人见对红灵台进攻不能得手，遂于3月22日集中五个旅的兵力改向红军的东线中段防线毛鹰嘴、毛坪一线进攻。红三十军、九军、四军各一部恃险据守，以昼防夜攻，对付敌之昼攻夜防。经两天激战，歼敌两千人，红军阵地仍岿然不动。至此，敌人在这里的重点进攻又被挫败。

此时，陕南方面的国民党十七路军孙蔚如部根据蒋介石的密令，破坏了与红军的"互不侵犯"协定，出兵配合刘湘进攻红军。

指挥对红军进行六路围攻的刘湘，这时对于总的形势并没有作出正确的估计。他认为，经过二期进攻，红军伤亡甚大，子弹缺乏，红军的核心部队（原鄂豫皖的老红军）业已分散配备到各部，向陕南发展的企图已被杨虎城阻回。因此，红军向陕南发展的可能性很小，而集中主力突破下川东，进袭川鄂边境，与在万县、奉节境内活动的红二军团会合的可能性极大。刘湘还认为：第一、二、三、四路"围剿"军当面的红军不断收紧阵地，是兵力减少的缘故，而第五、六路"围剿"军当面红军的进攻战斗，常有激战，则是兵力增加的表现。他由此判断，这是红军将以主力突破第五、六路"围剿"军而下川东的意图。因而，刘湘特意命令唐式遵密切注意，并以其独立第二旅杨国桢部、第一师第二旅饶国华部、第二师第四旅王泽浚（后林毅）部、第二十一军边防第一路（五个团）陈兰亭部等二十个团加入第五路，以防堵红军南下。

3月26日，刘湘颁发第三期"剿匪"计划，妄图在东线完成夺取万源的原定计划，在西线进占南江、通江，然后东西两线相向合围，消灭红军。4

月3日，刘湘下达第三期总攻击令，限期会师通江、南江。

为进一步集中兵力，继续诱敌深入，红四方面军再次收紧阵地。4月2日、3日、7日，西线红军主动退出江口、长池、南江，撤至贵民关、观光山、得胜山一线。在撤退过程中，红军分别在杀牛坪、梁炮台、甄子垭等地，给尾追之敌以重大打击。红军东线部队也于4月上旬开始相继撤至万源城南二十余里的亮垭子，西经石人坝、河口场至镇龙关、刘坪一线。东线红军在收紧阵地过程中亦给敌以重大打击。

4月23日，敌第三师师长许绍宗指挥该师全部及第二、第四、第五旅，连续向镇龙关、石窝场、高白寨一线猛烈进犯。红军经六天激战，将敌击溃，杀伤颇众。红军在镇龙关及其附近地区近二十天的防御中，敌人连续猛攻了五六十次，损失兵力八千多人，仅镇龙关战斗即被歼四千人，却始终未能前进一步。至此，敌人第三期总攻又告破产。

敌人对根据地的三期围攻共付出了损失三万五千人以上的代价，却未能达到摧毁川陕革命根据地和消灭红军的计划，而随着旷日持久的围攻，其困难日益增加，内部矛盾也有所发展。为消除四川军阀之间的矛盾，在蒋介石的劝说和刘湘的周旋下，5月15日，四川"剿匪"总司令部在成都召开第三次"剿匪"会议。刘湘答应拨出三百万元军费和三百万发子弹接济各路，并担保军事行动结束后各路后方都得到安全。为了使各军阀听令于己，刘湘抬出一个叫刘从云、外号"刘神仙"的人，示意各路军阀公推其为"剿匪"前方军事委员会委员长，进驻南充指挥各军。这次会议制订了第四期"剿匪"计划，企图夺取通江、万源，西线主力则自通江北部川陕边界向东横扫，以达到最后消灭红军的目的。敌人参加围攻的总兵力达一百四十余团，这表明四川军阀拿出了其大部分"家当"，孤注一掷。

在敌人忙于调整兵力部署之际，张国焘等人也在根据地内进行大规模的反围攻准备工作，一方面加紧部队的军事训练，补充战斗连队；另一方面深入进行政治动员，发动人民群众支援前线，突击扩大红军，加强地方武装，努力生产，厉行节约。

针对敌人的第四期"围剿"部署，张国焘与徐向前、陈昌浩等人审慎地

第十章
强胜与苦战

研究了抗击敌人的计划,决定从西线敌之左侧依托巴山进行反击,首先打击敌第一路邓锡侯部,成功后转入反攻,由北向南横扫西线敌军,尔后转进东线。

为迷惑敌人,打乱其部署,更好地集中兵力创造战机,方面军总部决定西线红军放弃通江以南得胜山一线阵地,接着又撤出通江县城,再派红三十三军二九七团在游击队配合下向东出击,击溃敌陈国枢部,攻占城口。这一系列行动于6月21日完成。敌人果然认为红军将由城口出巫溪、奉节,直冲云阳、万县,与川鄂边境的红三军会师。于是,急忙重新调整部署,将第五路主力第一、二、三师及第六路廖震师由通江地区东移万源地区。新任敌前方总指挥刘从云到达前方后即指挥发起第四期总攻。

其时,正为红军主动撤出通江等地之际,刘从云"刘神仙"借机吹嘘"占卜有灵",狂妄发表所谓"三十六天内消灭赤匪"的宣言。6月22日,敌人第四期总攻一开始,刘从云便将总预备队全部投入战斗,以东线为重点,集中五十余团向万源城南至通江城北一线红军阵地猛攻,妄图迅速攻占万源,围歼红军。

红四方面军总部见调动敌人主力东移的目的已经达到,即令红九军第二十五师和红四军、红三十军各一部,坚守万源以南迄通江城北一线阵地;另集中十余团兵力于西线,准备在贵民关、观光山之间的分水岭地区开始反击。

6月26日,敌第一路邓锡侯部开始猛攻分水岭红军阵地。红军在给敌以迎头痛击后,立即转入反击。尽管红军在反击的两天内奋勇杀敌,给敌以沉重打击,但由于没有向敌实施大纵深的穿插迂回,以致在敌凭险顽抗下未能继续获得进展,又由于暴雨骤至,小通江河水猛涨,严重妨碍了红军后续部队的运动和粮弹供应,反击战没有取得预想的战果。徐向前见此情况,遂决定停止反击,将部队撤回小通江河以东,隔河与敌相峙,另寻反攻战机。

在此期间,东线红军在7月7日主动撤出城口后,在万源至通江一线上,有力地阻止了优势敌人的猛烈进攻。敌人死伤累累,未能前进一步。

敌人在东线进攻的企图很明显,这就是重点夺取万源,截断川陕通道,一举将红军消灭在通江以北地区。而此时红军已经退到根据地的后部,扼守东起万源以东的甄子坪,西经大面山、孔家山、南天门、插旗山、火嵌子

张国焘⑯

山、鹰龙山,向北沿小通江河东岸至碑坝一线,纵横仅一二百里地的范围。如果万源失守,红军则有被压出川北的危险。刘湘也看到了这一点,便将其"剿匪"总兵力的五分之四,即八十余团十多万人压向东线。

面对敌人的强大攻势,7月上旬,西北军事委员会在万源召开军事会议,研究作战方针。川陕根据地的主要领导人张国焘、陈昌浩、徐向前、王树声、熊国炳等和红军东线部队师以上干部、少数团营干部参加了会议。会议由总指挥徐向前和总政委陈昌浩主持。在会上,有人提议放弃川陕根据地,北进汉中,另找出路。徐向前和陈昌浩不同意这种意见,他们认为,绝不能轻易脱离根据地。从现时敌我力量的对比来看,消灭刘湘争取最后胜利还是有把握的。张国焘表示支持徐、陈的意见。与会者就此统一了思想。

会议接着研究了反攻作战方案,决定反攻从东线开始,而西线则在小通江河左岸钳制敌第一、二、三、四路于原阵地,利用万源附近有利阵地,以少数部队实行坚守防御,继续耗损敌第五路有生力量。

万源地处巴山腹心,历来号称"秦川锁钥",是四川东北的门户。万源县城坐落在一个小平坝上,四周群山簇拥,地势极为险要。东有陡峭绝险的花萼山、笋子梁雄峙,南有雄浑挺拔的大面山、孔家山、香炉山环列,西有峥嵘嵯峨的南天门、玄主殿屏障,平均海拔在一千五百米以上。红四方面军总部根据万源军事会议精神作出兵力部署:将主力部队放在第二线休整,做好反攻准备。其他兵力部署是:以红四军十二师大部坚守万源西南的玄主殿;以红四军十师和红三十三军三个团,及红十二师三十四团大部,分别置于万源两侧之黄中堡、花萼山,阻击敌左右两翼的进攻。另以红三十军八十八、八十九师和红三十一军二七四、二七九团为总预备队,分别配置在万源周围。

7月上旬,敌人第五、六路压向万源方向的兵力已增至十五个旅以上。通江方向范绍增师的四个旅及陈兰亭部也正陆续右移。刘湘得知红军退出城口,判断红军已不可能南下川东,乃令各路再次发动总攻。坐镇南充的敌前方军事委员会委员长刘从云,通过占卜,择定7月11日为"黄道吉日"。他用黄缎子包裹命令,下达给各路军,要求统一于是日开始总攻。

7月11日,敌人开始了以万源为主要目标的全线猛攻,妄图完成第四期

第十章
强胜与苦战

总攻计划。第一路向川陕边界的两河口推进，拟切断红军入陕道路；第二路和第三路以德汉城为进攻目标；第四路和总预备军以竹峪关为进攻目标；第五、六两路企图攻占万源及其以西一线，其中以唐式遵的第五路担任主攻。

一场为万源为重点的激烈攻防战开始了。此役便是红四方面军战史中著名的"万源保卫战"。"万源保卫战，是积极防御中的一个决战防御，打得极其艰苦。敌人筋疲力尽，我们也是筋疲力尽。"[1]徐向前如是说。"万源保卫战，是关系着川陕革命根据地和川陕红军生死存亡的一场你死我活的战斗。"[2]张才千将军这样看。

7月16日，唐式遵以八个旅进攻万源的孔家山和南天门等阵地。敌军以猛烈炮火掩护，进行波浪式的冲击，但在红军步机枪火力和手榴弹、滚木、石块等的杀伤下，每前进一步都要遭到重大损失。战至十余日，敌人三次猛攻均被红军打退。刘湘见连攻不克，焦灼万分，乃于8月初发布奖惩条例，宣布以三万银圆作为夺下万源及其附近阵地的奖赏，规定擅自放弃阵地者军法从事，师长、旅长在所属两旅、两团上阵而不亲临前线指挥者处死。但是重赏严罚并不能挽救他的失败。8月6日、7日，敌我双方展开了激战，敌人损兵四千人，红军缴获步枪数百支，机枪十余挺，迫击炮十余门。

万源战事牵动着张国焘的心，他无时无刻不为前线的战况担忧，常常打电话了解情况。许世友回忆说，当他正在前线指挥作战时，张国焘打来电话问："大面山能不能守住啊？"许世友马上回答："刘湘就那么两下子，没什么了不起！他们人多，我们也不少，就是不还手让他杀，也够他杀几个钟头的。你放心，我们保证人在阵地在就是了。"[3]

从7月下旬到8月下旬，敌人共发动了五次大规模的进攻，死伤万余人，却未获进展。刘湘抬出来的前方军事委员会委员长"刘神仙"，一次次地掐香卜卦，选定"黄道吉日"下令进攻，预言川军必胜，结果却是一次次损兵折将，大败特败。

---

[1] 徐向前：《忆创建革命根据地》，《川陕革命根据地史料选辑》，人民出版社1986年版，第449页。

[2] 张才千：《回忆反六路围攻》，《艰苦的历程》（上），人民出版社1984年版，第451页。

[3] 许世友：《我在红军十年》，战士出版社1983年版，第276页。

张国焘

时值酷暑季节，天气炎热，疫病流行，敌军病员大增，逃亡不断。有些只剩下二十至六十人不等。敌人抓来运粮食和作战物资的民夫也大批逃亡，供应发生了严重困难，使得士气低落，官兵怨声载道。红军则乘机开展强大的宣传攻势，用战场喊话、释放俘虏、顺河流放宣传牌等形式，瓦解敌军。敌人士气更为沮丧，纷纷指责"刘神仙"骗人妖道，害苦了他们。这一切都表明，总反攻的时机到了！

西北革命军事委员会、红四方面军总部敏锐地抓住了这一战机。为鼓舞士气，一举粉碎敌六路围攻，8月8日，西北革命军事委员会主席张国焘、副主席陈昌浩、徐向前签署了《万源大捷嘉奖通告》，通告中宣布："刘湘主力在前此四战中，总共伤亡在六千以上，七日之战敌伤亡又超过三千人。这样刘湘进攻赤区的企图就受到根本打击，他的精锐损失殆尽，因此我们乘胜大举反攻敌人的时机也就成熟了。"通告号召"全军继续百倍努力，誓达消灭敌，赤化全川的目的"。[1]

张国焘深知，反攻的突破口选择是否得当，成为能否取得突破胜利的关键。在反六路围攻的战斗过程中，张国焘虽然绝大部分时间待在后方，但他还是十分关心前线的战事，经常搜集各种情报，进行分析对比，供前方参考。可以说张国焘对战争发展的情况是很了解的。因而，当战事发展到红军即将反攻的时候，张国焘便根据宋侃夫等人从电台侦察的情报，提议以青龙观为反攻的突破口。[2]

青龙观作为红军反攻的突破口，有它独特的有利条件。那里由敌二十三师汪铸龙师一个旅驻守，该部是刘存厚的部队，已被红军打怕了。该部处于敌第五路右翼第一、二、三师和左翼第四师等部的中间，是东线上的薄弱环节。青龙观地形异常险要，悬崖壁立，易守而难攻。这个最险要的地方，也是敌人守备最薄弱、战斗力最差、意想不到红军会进攻的地方。红军在这里突破，不仅出人意料，而且便于分割其第五路，达到迂回包抄刘湘主力的目的。

---

[1]《川陕苏区报刊资料选编》，四川省社会科学院出版社1987年版，第322页。
[2] 见徐向前：《历史的回顾》，解放军出版社1988年版，第362-363页。

第十章
强胜与苦战

对于张国焘的这个选择,方面军总指挥徐向前和总政委陈昌浩均表赞同。于是,总部决定:总反攻的战法是夜袭突破,大纵深迂回包抄,由红三十一军九十三师二七四团执行奇袭青龙观的任务。

8月9日傍晚,红二七四团副团长易良品率领突击营由南天门出发,向青龙观前进。那天晚上没有月亮,部队在荆棘丛生的山上穿行了三个多小时,便神不知鬼不觉地摸到了青龙观脚下。部队休息片刻,整理武器装备后,即开始以攀藤附葛、搭人梯的方法,或用红缨枪、带铁钩的竹竿、绳索为辅助工具,从青龙观西侧艰难地向上攀登。干部战士的脸上、身上划出了不少血口子,但没人在意。待全营全部到达山顶后,即向敌人旅部发起冲击。敌人顿时惊慌失措,旅部一片混乱。红军乘势从三面向敌指挥所所在的大庙进攻,经短暂激战,占领了敌旅指挥所,旅长周绍武化装脱逃。

8月10日晨,敌一个团分三路向红军发起反冲锋,被红军击退。红二七四团另两个营也沿山路突上主峰,迅即向敌两翼出击。在红军三面夹击之下,经过近一小时激战,敌大部被歼,余敌见大势已去,纷纷逃窜。红军全部占领青龙观,将敌人自西向东五百余里长的防线从中间撕开一个口子,为全线反攻创造了重要条件。

8月10日晨,红二七九团继红二七四团之后,由突破口楔入敌纵深阵地,向石人场、赵塘方向的溃敌追击。红九军和红四军主力则自左右两翼发起进攻。敌人见青龙观阵地被突破,其左翼位于龙池山附近的独立第二旅和右翼位于青花溪的第五旅,连忙相向靠拢,并调边防第一路陈兰亭部和第四师第十二旅向石窝场方向前进,企图填补缺口,阻止红军前进。无奈敌人已是惊弓之鸟,在红军的勇猛攻击之下,这一企图宣告失败。

突破青龙观和向敌纵深发展的胜利,造成了进一步分割包围敌人极为有利的态势。这时,徐向前主张部队向东,即向左旋对敌实施大迂回、深包围,歼灭万源附近的刘湘主力第一、二、三师。这样迂回地形极为有利,可获得重大战果。然而,后方的张国焘却打电话来,命令红军向西,即向右旋,迂回打击与红军部队处于平行地位的范绍增第四师。这样的平行地位显然不利于作战。

徐向前在电话里与张国焘展开了一场激烈争论。张国焘认为,红军先向

张国焘

右旋，消灭范绍增第四师后再向东打，这样做没有后顾之忧，刘湘的一、二、三师几万人短时间也还跑不掉。徐向前、陈昌浩等人则认为，现在敌人拼命后退，跑得快，时间不抓紧，敌人是会跑掉的，从长远看，向左旋追击歼灭刘湘主力，对今后作战更有利，即使第四师跑掉了，也是划得来的。双方争来争去，竟然用了五个小时。徐深吉将军回忆说：

> 张国焘在通江的洪口场，徐向前、陈昌浩同志还有各军的领导同志，在宣汉的马渡关，前后相距二百多里，电话听不清，让我在州河岸边的罗文坝传电话。我记得清清楚楚那是大雨后的一天下午，天气很闷热，从下午两点多开始，一直讲到晚上七点多才结束。五个小时的长电话，几乎说破了嘴，张国焘还是死硬坚持他的错误主张，别人的正确意见半句也听不进。……后来，张国焘有些不耐烦地喝问："你们听不听我的意见？"停了停，亮着大嗓门喊："告诉他们，听，就按我的意见办；不听，就算了！"[1]

张国焘是中央代表、西北军委主席，徐向前等人不得不服从他的意见，命令部队向西进攻。结果果然不出徐向前等人所料，范绍增是土匪出身，滑头得很，还没等红军接触到范绍增部，他已带着队伍掉头鼠窜，五昼夜窜了两百余公里，后卫筑起工事凭险固守。徐向前见红军在短时间内无法消灭范绍增部，便命令部队向左旋。等到红军再转向左边时，左边的敌人早已退了下去，只好追着敌人的屁股打，结果只消灭了一小部分敌人。由于张国焘的错误命令，本应大量歼灭敌人的战机错过。

西线敌军见东线第五、六路总崩溃，各路惊恐万分，仓皇调整部署：第四路由通江撤至得胜山、元山场一线；第三路由通江西北草池坝向鸣盛场、得胜山方向延伸；第一、第二路仍维持原防线，企图在北起贵民关南迄江口，依托通江河西岸山地构筑防御阵地，阻止红军西进。

---

[1] 徐深吉：《徐向前同志在红四方面军》，《艰苦的历程》（上），人民出版社1984年版，第40–42页。

第十章
强胜与苦战

8月下旬，红四方面军总部在通江附近开会，决定留一部兵力于东线，由陈昌浩指挥，牵制敌人；徐向前和王树声率主力部队红三十军、红四军、红九军及红三十一军九十三师，迅速西转。

8月28日，红军从通江城南上老官庙渡过通江河，利用夜袭，成功突破敌第三、第四路结合部——得胜山附近的冷水垭，然后继续向前发展。敌人急忙缩至清江渡和巴中间的同观寨、右垭口、南垇场一线，企图继续顽抗。红军再度夜袭，突破右垭口，并迅速向巴中前进。

西线敌军见红军攻势勇猛，自知很难拦阻红军，于是开始全线溃退。李家钰第三路向仪陇方向退却，杨森第四路向营山方向退却，北面的邓锡侯第一路、田颂尧第二路也准备逃跑。红军则顾不上连续作战的疲劳，甩开大步，昼夜疾进，同敌人抢时间。大家心里十分明白，时间就是胜利，耽误了时间，又会像东线反攻那样，失去战机。王树声率红九军追击第三路，王宏坤率红四军一部追击第四路，徐向前和李先念带红三十军及红三十一军九十三师直扑巴中。9月11日，红三十军攻克巴中。

此时，尚在北面的敌第一、第二路虽在原防地，但随时准备西逃。徐向前和李先念在巴中商量，决定大纵深迂回，直插黄猫垭、旺苍坝方向，免得敌人跑掉。

不料，张国焘又来了电话，命令位于巴中的部队向长池方向迂回。根据前次的东线教训，徐向前认为，这样迂回太浅，很可能还是追着敌人屁股打，便向张国焘解释自己的看法。张国焘听不进徐向前的意见，两个人在电话中讲来讲去，没有结果。最后，张国焘很不高兴地说："你们不听我的话算了，随你们的便吧！"[1]

有了东线的教训，徐向前横下一条心，不听张国焘的。他说："那是抓兔子尾巴，抓不住的，这回就是犯错误也不听他的，打完仗再说，我负责！"李先念也说："对呀，'将在外，君命有所不受'嘛，我们听总指挥的命令。"徐向前说："好！我们来个机断专行，搞大纵深迂回。"[2] 他当即命令

---

[1]《徐向前传》，当代中国出版社1993年版，第195页。
[2] 徐向前：《历史的回顾》，解放军出版社1988年版，第367页。

张国焘 15

程世才先紧急集合身边一部兵力,沿凤仪场、雪山场,直插木门以西的黄猫垭、旺苍坝,向敌第二路兜去。

程世才率领红三十军先头部队急速穿插,徐向前、李先念带后续部队跟进。红军和川军展开了抢时间、比意志的急行军。在红军行动之时,田颂尧发现第三、四路溃逃后,已下令部队西撤了。红军经一个多月的连续作战,日夜追击,疲惫到了极点。指战员们跑得上气不接下气,跑着跑着,有人就一头栽倒在路边的草丛里,呼呼睡起来。害烂脚病的人拖着红肿的双腿,吃力地赶路。长着苔藓的小路,又湿又滑,跌得战士们浑身都是泥污、伤痕。战马也由于疲乏饥饿摇头摆尾喘粗气,拿鞭子抽也不想动弹。行进的队伍越拉越长,掉队的人越来越多。经过一天一夜的急行军,赶到黄猫垭的才刚够一连人!

红军刚把阵地占住,敌人恰恰退了下来。他们挑着枪支行李,大摇大摆向黄猫垭走来,做梦也没想到会在这里当了红军的俘虏。程世才带领的红军先头部队从抓来的俘虏口中得知,这些是打前站的,大股敌人还在后面,于是,立即投入紧张的战斗准备。

黄猫垭周围皆崇山峻岭,是敌军西逃的必经之地。徐向前和李先念带后续部队赶到时,程世才正指挥红军死死地顶住敌人的攻势。徐向前向程世才简要询问了一下情况,长长地舒了口气,高兴地说:"好!这下我们可要痛痛快快打个歼灭战啦!"旋即命令部队展开,包围敌人。

红军在黄猫垭包围了敌人十多个团。经过一天一夜激战,歼灭敌人一万余人,缴长短枪七千余支、迫击炮四十余门,获得反攻以来歼敌最多的一次大胜利。

事后,徐向前评价说:"这一仗打得不错,证明深迂回是正确的。迂回问题,该迂回哪部分敌人?哪个方向?迂深迂浅?看来是个战术问题,但对战斗能起决定性的作用。"至于张国焘是什么态度,徐向前说:"战绩摆在那里,张国焘自然无话可说。"[1]

在此期间,红三十一军两个师于通江以北对敌第一路发起反攻,先后在

---

[1] 徐向前:《历史的回顾》,解放军出版社 1988 年版,第 368 页。

408

第十章
强胜与苦战

分水岭、官田坝等地给退却之敌以有力打击，9月17日收复南江。继在南江以西三江坝、旺苍坝等地又歼敌第二师第四旅、第五旅和第三师第七旅各一部，前锋直逼广元城郊。追击敌第三路的红九军一部，于16日收复仪陇，继之收复阆中县嘉陵江以东除县城以外的广大地区，先后缴枪千余支。接着，红三十军于9月22日攻克苍溪。

至此，北起广元、南至阆中的嘉陵江东岸地区均行收复。敌第一、二、三路逃至嘉陵江西，第四路逃至营山、渠县地区。刘湘大肆吹嘘的六路围攻全部破产。

红四方面军彻底粉碎六路围攻后，四川各路军阀垂头丧气，士兵士气极度低下。刘湘亦自感极为丢脸。他在致南京蒋介石的电文中不得不哀叹："剿共"一年，耗资千九百万元，官损五千，兵折八万"，要求辞去四川"剿匪"总司令职务。敌前方军事委员会委员长刘从云"刘神仙"，被迫通电辞职，从南充潜回成都。四川各派反对势力则把战争失败的责任归咎于刘从云，强烈要求刘湘将刘从云砍头示众，以平众怒。

反六路围攻斗争历经十个月，取得了辉煌的战绩。总计毙、伤敌副司令郝耀庭等以下官兵六万余人，俘敌官兵两万余人，缴枪三万余支、炮百余门，击落敌机一架，基本上恢复了宣达战役后的根据地辖区，并扩大了部分新区。这一伟大胜利，严重打击了四川军阀的暴虐统治，极大地振奋了红四方面军战胜敌人的勇气和信心，同时也教育和鼓舞了川陕边区广大人民群众。

张国焘雕像（四川巴中将帅碑林）

张国焘⑮

广昭战役

1934年1月，正当川陕革命根据地开始深入进行反敌人六路围攻的时候，远在江西瑞金的中共临时中央召开了六届五中全会，博古主持会议并作了报告。这次会议把六届四中全会以来以教条主义为特征"左"倾错误发展到顶点。

六届五中全会不顾敌强我弱和中央苏区第五次反"围剿"战争开始后的不利形势，照搬共产国际第十二次执委会决议，认为中国革命的危机已到了新的尖锐阶段——国民党的统治正在急剧崩溃，革命形势正在急剧高涨，从而断定第五次反"围剿"的斗争将决定中国"苏维埃道路与殖民地道路之间谁战胜谁的问题"，并估计这个问题将会在最短的历史时期内得到解决。会议还宣称，"在我们已将工农革命民主专政推广到中国重要部分的时候，实行社会主义革命将成为共产党的基本任务"。

由于对形势的错判，六届五中会全会制定了一系列"左"的方针政策，比如，要求集中火力反对中间派别，提出在反帝运动和工人运动中只搞下层统一战线等。会议在反对"主要危险的右倾机会主义""反对对右倾机会主义的调和态度"等口号下，继续在党内和军内推行宗派主义的过火斗争和打击政策。[1]

"左"倾错误的进一步发展，使得中央红军在第五次反"围剿"战争中连连失利，陷于被动局面。到1934年10月初，国民党军已推进到中央根据地腹地，兴国、宁都、石城相继失守。为了摆脱危机，10月10日晚，中共中央、中革军委率红军主力五个军团及中央、军委机关和直属部队共八万六千余人，分别自瑞金、雩都地区出发，被迫开始长征。

中央根据地的形势，一直是川陕根据地高层领导人所十分关注的。徐向前回忆说："中央红军的动向，一直是我们急切关注的问题。我记得除了由

---

[1]《中国共产党历史》上卷，人民出版社1991年版，第379页。

第十章
强胜与苦战

四方面军电台不断将情报向中央提供外,陈昌浩还经常想办法搜罗这方面的消息,私下里同我研究、讨论。中央的命运,谁不关心呀!因为情况不大好,也不便向下面去讲,反正大家心里都很着急就是了。"[1]

张国焘对中央根据地的情况也极为关注。他说:"到了八九月间,我们将敌军先后击溃,中央来电表示十分欣慰。从这些电报的字里行间,我们就感觉到了中央苏区的处境不佳。"[2] 尽管如此,当得知中央红军于10月间撤出中央根据地时,张国焘仍然感到十分震惊。

作为中共中央的领导人之一,张国焘并不愿意接受中央红军遭受挫折这个事实,在很多情况下是从好的方面去理解中央苏区和中央红军的。在红四方面军党政工作大会上,张国焘在作政治报告时,对中央革命根据地的成就大加赞扬,对中央红军也给予了极高的评价。对于中央红军撤出中央根据地的行动,张国焘认为,这是冲破敌人的封锁线,迂回到敌人后方,大力发展根据地的举措。他还提出了中央红军西征的四点"伟大意义",并且认为,在川陕根据地军民彻底消灭刘湘,冲破川陕会剿的战争中,由于中央红军的西征,就使得川陕红军不仅有萧克、贺龙领导的红二、六军团的配合,也加上了中央红军西征军的直接配合,从而形成了夹击刘湘的形势,"这样消灭刘湘,截断长江,会师渝万的目的就更易达到了"。[3]

此时,张国焘仍然抱有与红二、六军团和中央红军会师渝万、争取全川首先胜利的良好愿望,但客观现实却相去甚远。

中央红军长征出发后,遭到蒋介石国民党军队的追围堵截,连续突破四道封锁线,也付出了相当惨重的代价。为了摆脱尾追和堵击的敌军,毛泽东建议中央红军放弃去湘西同红二、六军团会合的企图,改向敌军力量薄弱的贵州挺进。1935年1月7日,红军攻克黔北重镇遵义。

1935年1月15日至17日,中共中央政治局在贵州的遵义召开扩大会议。会议的主要议题是总结第五次反"围剿"的经验教训。会议首先由中共

---

[1] 徐向前:《历史的回顾》,解放军出版社1988年版,第387—388页。
[2] 张国焘:《我的回忆》(第三册),现代史料编刊社1980年版,第200—201页。
[3] 张国焘:《中央红军西征》,《中国工农红军第四方面军战史资料选编》(川陕时期·下),解放军出版社1993年版,第372—373页。

张国焘⓯

中央负责人博古作关于第五次反"围剿"的总结报告，在报告中为"左"倾错误辩护。接着，周恩来作了副报告，主要分析了第五次反"围剿"和长征中战略战术及军事指挥上的错误，并作了自我批评，主动承担了责任。毛泽东在会上作了重要发言，着重批判了第五次反"围剿"和长征以来博古、李德在军事指挥上的错误，以及博古在总结报告中为第五次反"围剿"失败辩护的错误观点。张闻天、王稼祥、朱德、刘少奇等人也在会上发言，支持毛泽东的意见。会议经过激烈的争论，在统一思想的基础上，委托张闻天起草《中共中央关于反对敌人五次"围剿"的总结决议》。会议决定取消博古、李德的最高军事指挥权，仍由中央军委主要负责人周恩来、朱德指挥军事。会后，常委进行分工：由张闻天代替博古负总责，毛泽东、周恩来负责军事。在行军途中，又成立了由毛泽东、周恩来、王稼祥组成的三人军事指挥小组，负责长征中的军事指挥工作。

遵义会议会址

遵义会议在中国革命的危急关头，挽救了党，挽救了红军，挽救了中国革命，是中共历史上一个生死攸关的转折点。遵义会议是中国共产党第一次独立自主地运用马列主义基本原理解决自己的路线、方针和政策的会议，是中国共产党从幼年的党走上成熟的党的标志。遵义会议事实上确立了毛泽东在全党的领导地位。遵义会议后，中央红军向川黔边的赤水河进军，拟从泸州至宜宾一带渡江北上，向川西北转移。

第十章
强胜与苦战

此时，川陕根据地的情况也不容乐观，虽取得了粉碎敌人六路围攻的巨大胜利，军民为之鼓舞欢欣，但战争结束后，根据地的困难局面也突显出来。徐向前回忆说：

> 十个月的反六路围攻，固然以我军的胜利和敌人的失败而告终，但川陕根据地的元气，却受到了严重损伤。我们的面前，废墟一片，困难重重。战役结束后，我从前线回到后方。沿途所见，皆为战争破坏带来的灾难景象。良田久荒，十室半毁，新冢满目，哀鸿遍野，令人惊心悚目。[1]

面对这样的局面，以张国焘为首的川陕根据地领导人连连发出号召，要求根据地所有军民全力以赴，医治战争创伤。但根据地元气大伤，短时间内并不能收到可观成效。

为了总结根据地粉碎敌人六路围攻的经验，确定新的行动方针和战斗任务，11月1日，红四方面军在通江县毛浴镇召开了党政工作会议，参会人员为连以上政治工作干部，共八百余人。红四方面军总政治委员陈昌浩主持了会议。西北革命军事委员会主席张国焘作了形势与任务的政治报告和总结，陈昌浩作了党政工作报告，徐向前作了军事工作报告。会议历时九天，至11月9日结束。

毛浴镇党政工作会议讨论了当前的形势与任务，总结了反六路围攻以来的党政工作，并根据政治工作长期积累的经验作出了《红四方面军政治与党务工作决议案》，制定了《团政治处暂行工作细则》《军师政治部的暂行工作细则》和《红四方面军军训训词》。此外，还表彰了战斗英雄、模范；提出了开展竞赛活动等。这次会议明确指出：红军目前的中心任务是"在坚决的进攻路线之下，彻底消灭刘湘，冲破川陕反革命的'川陕会剿'来汇合红二、六集团军、中央苏区红军，争取苏维埃新中国的实现"。[2]

---

[1] 徐向前：《历史的回忆》，解放军出版社1988年版，第380页。
[2]《中国工农红军第四方面军战史资料选编》（川陕时期·下），解放军出版社1993年版，第316页。

张国焘●

毛浴镇党政工作会议，是继木门会议后红四方面军政治工作建设的又一次重要会议，对于统一全军思想，加强政治工作，提高政工干部的责任感，鼓舞广大指战员的革命斗志起到了重要的作用。这是一次着重从政治上建军的重要会议，也是一次冲破敌人"川陕会剿"计划的政治动员会。

继毛浴镇会议后，红四方面军的军事工作会议又于11月中旬在巴中县清江渡召开。会议由方面军总指挥徐向前主持，参加者为师以上干部和少数团的干部。这次会议除总结反六路围攻的经验，研究加强部队军事建设和训练工作外，还着重研究了打破敌人"川陕会剿"的战略方针和作战计划。会议还制定了军事教育、参谋、经理、医务、组织等工作大纲。

清江渡会议期间，红四方面军总部向与会者介绍了中央红军长征后的情况，并拟定了向川陕甘发展的战略方针和作战计划，其主要内容是：依托老区，发展新区，以打击敌胡宗南部为主要目标，夺取甘肃南部的文（县）武（都）成（县）康（县）地区，将川陕根据地发展为川陕甘根据地。

根据以上两次会议精神，川陕根据地的党政军各级机关广泛深入动员群众，争分夺秒加紧工作。鉴于大片恢复区饱受反动军队的蹂躏、摧残，人口减少，田园荒芜，乡村残破，经济濒于崩溃，红四方面军各部队按驻地划分区域，派出大批工作队到地方，协助党政机关开展工作。同时，领导群众恢复生产，开办农村合作社，促进物资交流；关心群众生活，特别注意解决少数贫苦农民的实际困难；稳定群众情绪，提高群众的生产、备战的积极性。红四方面军各级领导机关抓紧对部队的调整、补充和训练，同时在部队中开展大规模的政治教育和各项战备工作。

经过三个多月的紧张工作，根据地的各项事业和工作，都有了很明显的恢复。仅红四方面军的扩军工作就有很大的成绩，到1935年1月，即有两万名新战士补入部队。

而受到红军反六路围攻打击而遭巨创的四川各军阀此时则焦头烂额，其舆论惊呼"形势险恶"，四川终于成了"江西第二"。四川的军阀、地主、资本家、官僚惊恐万状，纷纷将存款汇往上海，以至申汇暴涨，出现四川交两百元而在上海只收百元的事。

第十章
强胜与苦战

为了挽救危局,在成都的所谓"头面人物"召集会议,商筹办法。会上对四川"剿匪"军前方军事委员会委员长刘从云大加指责,认为军事失利,皆刘从云指挥谬误所致,决议以"安抚会"名义致刘从云,要其自裁,以谢川人。前方各部亦纷纷攻讦刘从云毫不知兵,指挥不当,以致全军溃败。第三师第八旅旅长刘若弼还电请刘湘,杀刘从云以安军心。

刘湘也十分清楚,四川各路军阀和各色人等对刘从云横加指责,其实是对他自己的指责,他无计可施,只好通电辞职,出走重庆。令人啼笑皆非的是,在乘汽车从成都去重庆途中,经过内江附近时,刘湘从汽车中跑了出来,表示要投江自尽。

刘湘到重庆后,表面装作消极,既不办公又不见客,其实是以退为进,在幕后开始了一系列活动。不料这个把戏被早已谙熟此道的蒋介石看穿,于8月27日致电刘湘,以示挽留。刘湘也就半推半就,所谓辞职一事不了了之。

9月16日,蒋介石致电刘湘及川军各路总指挥,对川军各路将领大加指责,同时命令各路军稳固阵地,拼命死守,但仍然未能阻挡六路围攻的失败。

蒋介石为红四方面军反六路围攻所得到的胜利所震慑,生怕红四方面军继续发展壮大,进而席卷整个四川,使四川成为全国各地红军的汇聚之地,成为"大患"。为了稳定对四川的统治,他又着手布置对川陕革命根据地的"川陕会剿"。为此,他一面电促刘湘复职,一面亲自飞到西安,与陕西实力派人物杨虎城策划从北面进攻红四方面军。刘湘在蒋介石的催促之下,于10月27日通电复职,表示即日赴开江前方督师与红军作战。

11月20日,刘湘到南京与蒋介石商谈"会剿"红军问题。双方经过反复折冲樽俎,讨价还价,最后达成协议:蒋介石应允在政治、经济、军事上大力支持刘湘,刘湘则同意蒋介石集团向四川发展其势力。会谈后,南京政府任命刘湘为四川省政府主席,统一指挥全省军队,并拨给其军费两百四十万元及武器弹药一部分作为"剿匪"补助,还运进白银一千万两,以稳定金融,维系人心,允许四川发行公债。

与此同时,蒋介石为进一步控制四川,调其嫡系部队胡宗南第一师由甘

415

张国焘 ⑯

南入川，接替广元、昭化川军防务；第四十七师、五十四师进入川东奉节、万县一带；上官云相第四十四师和独立第四旅，经鄂西进入陕南安康地区，准备经紫阳、安康、平利、岚皋，夺取万源。同时，蒋介石还派财政要员陈绍妫到四川任整理财政特派员，又命其南昌行营在重庆设立驻川参谋团，由贺国光为主任、杨吉辉为副主任，以监督川军"进剿"红军。

12月中旬，刘湘从南京返回四川后，立即电令各地方长官"抖擞精神""坚定民心""整饬民众武装，充实自卫能力"，同时准备采取"北守南拒"的战略方针，急调潘文华为南路总指挥，率领四十余团兵力开赴川黔边境阻挠中央红军北渡长江；在川北调兵遣将，调整部署，督饬各路广修碉堡，坚筑工事，深沟高垒，纵深配备，据险扼守，加强对红四方面军的封锁。但是，由于四川各路军阀在六路围攻中遭受严重损失，加之蒋介石正在忙于集中主力在川黔边境追堵中央红军，"会剿"计划迟迟未能开始执行。

在此期间，张国焘、徐向前、陈昌浩等人就川陕根据地的发展方向交换了意见。在毛浴镇会议期间，张国焘与徐向前闲谈时，曾征求意见说："你看将来该怎么办？现在根据地物力、财力很困难，如果刘湘再发起新的进攻，该怎么个打法？去汉中行不行？"徐向前不同意离开川陕苏区，他说："西渡嘉陵江的战机已经丧失，敌人筑碉防御，我们再向南部一带发展，有很大困难。汉中地区是块盆地，南面有巴山，北面有秦岭，回旋余地不大，去不得的。我看还是依托老区想办法比较好。"[1]

其实，徐向前这时已经觉察到张国焘对川陕老根据地的信心不足了，只是没明说。张国焘的回忆录中也有所表示，他认为，川北是挤掉了汁的柠檬，单凭这里要求发展是不易的。张国焘承认，他之所以产生如此看法，是由中央红军退出中央苏区引起的："他们（指中央红军——引者注）这次行动，我们事先毫无所知，根据我们直接获得的资料，认为中央红军这次行动是在敌人的压力之下，不得已的退却行为。我们不敢断定他们是否能阻止敌人的追击，是否能在西南地区立足，但确认中央红军不能在江西立足，是整个苏维埃运动受着严重打击的表现。……根据这些估计检讨红四方面军今后

---

[1] 徐向前：《历史的回顾》，解放军出版社1988年版，第384页。

的方针，我们都主张今后应配合中央红军的行动，力求向外发展，不必死死守住这个川北苏区。"[1]

正在这时，中革军委于12月19日作出《关于执行中央政治局十二月十八日的决议》，要求"四方面军重新准备进攻，以便当野战军继续向西北前进时，四方面军能钳制四川全部的军队"。这样，"配合中央红军行动"成为红四方面军的主要任务。

为贯彻清江渡会议期间确定的川陕甘计划，配合中央红军行动，冲破敌人的"川陕会剿"，红四方面军总部决定，乘敌人"会剿"一时难以开始之际，组织广（元）昭（化）战役。

广元，为川陕之咽喉，又在嘉陵江东岸，历来是兵家必争之地。红四方面军若拿下了广元、昭化，就控制了嘉陵江两岸，进而可图川西平原、甘南、陕南，伺机策应中央红军和红二十五军。

1935年1月下旬，红四方面军以红三十一军全部、红九军主力和红三十军、四军各一部共十八个团，向广元、昭化地区集结。此地驻敌五个团和两支游击支队，统归胡宗南部独立旅旅长丁德隆指挥。广昭战役的目的就是歼灭这部分敌人，夺取广、昭两城，以利今后向甘南的文县、武都、成县、康县地区发展，寻歼胡宗南主力。红四方面军总部确定的作战计划是：首先扫清广元、昭化外围敌军，并以主力突击敌侧背，以割断两城敌军与外部联系，然后相机转入攻城或打援。

1月22日，广昭战役开始发动。

当天，红四军十师和红三十一军一部进逼广元城，形成对该城的包围。同日，红军一部向转斗铺敌军展开进攻，上午十时，红军又派一部约两百人经黄坝河附近迂回转斗铺侧背，断敌退路。驻转斗铺的敌第一游击支队在红军南北夹击之下大部被歼，小部向北逃窜。敌第二游击支队奉命由得胜关往援，当其进抵黄坝河附近之李家坪时，被红军预伏部队包围，经三小时激战，敌伤亡甚众，残部乘暗夜突围逃回得胜关。红军即占转斗铺、黄坝河地区，使主力部队得以顺利渡江西进。

---

[1] 张国焘:《我的回忆》（第三册），现代史料编刊社1980年版，第201页。

红三十军、九军于 1 月 22 日晚由朝天驿渡江，间道迂回羊模坝，1 月 23 日下午 5 时许，将羊模坝敌人包围。敌胡宗南部补充旅第一团团部有两个营，凭借着有利地形进行防御。红九军主力向该敌发起攻击后，经一夜激战，全部占领敌各阵地，歼敌绝大部分。敌另一个营由大坝口来援，也大部被歼。这时，驻三磊坝之敌第一旅第一团因惧怕被红军聚歼，在红军与羊模坝之敌接触时，即放弃防地逃向碧口。这两次战斗共俘敌八百余人，缴枪六百余支。

与此同时，红三十一军九十三师于 1 月 22 日晚，从昭化、广元间渡过嘉陵江，占领河湾场，切断广、昭两地敌军的联系，并以一部进至昭化以北宝轮院，乘势进围昭化城。红三十军在三十一军部队配合下，于 1 月 27 日占领广元飞机场，1 月 29 日又占机场东侧敌重要外围阵地乌龙堡，并歼敌一部。但因昭、广两城敌军凭坚固守，红军攻击数日进展不大，而胡宗南也不派兵增援，还将驻阳平关的一个团调回碧口，意在凭坚固守县城，以疲惫红军。此时，敌邓锡侯第二十八军一部已逼近广、昭，威胁红军侧背。

红四方面军总指挥徐向前、总政委陈昌浩鉴于攻打广、昭未克，吸打援敌计划难以实现，无法大举西进，而长期屯兵坚城之下，也非所宜，乃决定放弃原定战役企图，下令撤广、昭之围，执行西北革命军事委员会的决定，准备强渡嘉陵江，策应中央红军。

第十一章
会师后的分歧

1935年3月28日，红四方面军打响强渡嘉陵江战役，在二十四天时间里，歼敌十二个团，约一万余人，控制了嘉陵江以西的广大地区。通过广泛发动群众，打土豪、分田地，建立政权和群众武装，很快站稳了脚跟、打开了局面，部队发展到十万之众。

　　5月下旬，得知中央红军已进入川康边地区，正经会理、冕宁北上，张国焘决定派第三十军政委李先念率部西进小金川地区，扫清敌人，迎接中央红军。同时动员部队大力筹集慰劳品，以欢迎中央红军的到来。

　　6月12日，李先念率领的部队与中央红军的先头部队在达维会师。

　　6月15日，张国焘、陈昌浩、徐向前代表四方面军全体指战员，向毛泽东、朱德、周恩来及中央红军全体指战员发去热情洋溢的贺电。

　　6月20日，中央致电张国焘，要他立即赶到懋功的两河口镇商谈一切。张国焘接电后星夜兼程，于6月25日在两河口和毛泽东等相见，喜悦之情难以言表。

　　会合后的两军一时间亲如兄弟。兵强马壮的张国焘一方面拨人拨枪接济中央红军，一方面谋划要职要权，加之双方在未来军事行动方向上一再发生分歧，导致矛盾日渐加重。

　　8月3日，红军总部制定《夏洮战役计划》，决定两军混合编制，组成左、右两路军北上，左路军由总司令朱德、总政委张国焘指挥。

　　在部队忙着准备北上的节骨眼上，张国焘提出，中央红军丢失根据地，是因为执行了机会主义路线，要求改组中央，增补四方面军的干部进中央。

　　为了统一认识，中央在沙窝召开政治局会议。会议讨论了一、四方面军会合后的政治形势与任务的决议，毛泽东等在发言中不点名地批评了张国焘。

　　张国焘则要求清算中央政治路线的问题，但孤掌难鸣。在讨论组织问题时，张国焘提出增补四方面军领导为中央委员和政治局委员，中央为了大局，作出了一定让步。对于沙窝会议的结果，张国焘很不满意。

第十一章
会师后的分歧

策应中央红军

　　1935年1月22日，中共中央和中央军委向红四方面军总部发来电报。电文说：中央红军决定进入川西，"为使四方面军与野战军乘蒋敌尚未完全入川实施'围剿'以前，密切的协同作战，先击破川敌起见，我们建议：你们应以群众武装与独立师、团向东线积极活动，钳制刘敌，而集中红军全力向西线进攻。……西线则田部内讧，邓（锡侯）部将南调，杨（森）、李（家钰）、罗（泽州），胜利把握较多，与我军配合较近，苏区发展也是有利的。故你们宜迅速集结部队完成进攻准备，于最近时期，实行向嘉陵江以西进攻。"[1]

　　接到中央电报后，西北革命军事委员会在旺苍坝召开紧急会议，对中央电报作了认真研究。徐向前回忆说：

　　　　中央发出这个电报时，红一方面军已离开遵义，向川黔边的赤水方向前进，形势紧迫，不容我们犹豫不决。我从前线匆忙赶回旺苍坝，出席总部举行的紧急会议讨论这一牵动全局的作战方针。……中央要求红四方面军集中全力西渡嘉陵江，突入敌后，运动歼敌，策应红一方面军渡江北进。这就是说，红四方面军的主力，将离开川陕根据地，向嘉陵江以西发展。大家认为，如果不是中央红军的处境相当艰难，中央不会作出这样的决定，因而西进策应中央红军作战，是头等紧要的事。会议决定，第一，暂时停止与胡宗南的角逐。第二，由三十一军和总部工兵

---

[1]《中国工农红军第四方面军战史资料选编》（川陕时期·下），解放军出版社1993年版，第379页。

营，火速搜集造船材料，隐蔽造船，解决渡江工具问题。第三，适当收缩东线兵力，准备放弃城口、万源一带地区。第四，即以主力一部出击陕南，调动沿江敌人北向，为在苍溪、阆中一线渡江创造战机，并接应已经进入陕南商县一带的红二十五军。[1]

2月初，红四方面军发动了陕南战役，以扫除西渡嘉陵江之敌。仅十多天时间，红军就先后占领了宁羌、沔县两城和阳平关重镇，歼敌四个多团及一批地方民团，缴机枪七十余挺、步枪五千余支，俘敌团长以下官兵四千余人。

2月中旬，红四方面军回师川北，准备渡过嘉陵江西进，以策应中央红军入川。然而，这时情况又发生了变化。2月16日，中央军委来电称，由于中央红军渡过长江的计划未能实现，决定在川滇黔边区创建苏区。也就是说，暂不进入川西。

中央红军改变行动计划，四方面军领导人虽感到意外，但也表示充分理解。不过，在此之前，四方面军一直是按照中共中央和军委1月22日来电的指示精神进行军事部署的。由于红四方面军主力在陕南作战期间，减弱了川陕根据地的防御力量，于是围攻川陕根据地东线、西线的敌军都向根据地进攻。2月3日，敌东线第二十一军占领万源，8日占领巴中，9日占领通江。敌西线之罗泽洲暂编第二十三师于2月5日攻占仪陇，田颂尧部罗乃琼第三师于2月21日占领苍溪。川陕根据地的地盘越来越小，红四方面军的后方机关也已转移到南江地区。

在这种情况下，红四方面军的西渡嘉陵江已是"箭在弦上，不得不发"。于是，总部决定继续贯彻原定向川甘边界发展的方针，配合中央红军在川南、黔北的活动，仍在苍溪、阆中之间西渡嘉陵江。

为了顺利实施西渡嘉陵江战役，张国焘先期驰往苍溪地区，主持渡江的准备工作，组织发动川陕根据地的人民群众支援红军。渡江战役最主要的工作之一，就是解决渡江的工具问题。在张国焘和红四方面军各级领导人的积

---

[1] 徐向前：《历史的回顾》，解放军出版社1988年版，第393–394页。

极努力之下，川陕根据地的人民群众对红军造船给予了巨大的支援和帮助，许多船工、木工、铁工，由各地跋山涉水赶赴苍溪，为红军造船。人民群众还从远处运来造船用的大批木材，筹集了大量的废旧钢铁。在"打过嘉陵江，扩大根据地""为迎接中央和中央红军加快造船"的口号鼓舞下，大家情绪高，干劲足，不分昼夜拼命干活，实在困了就三五一堆背靠背地蹲一会。为了避免引起敌人注意，工地上不准生火，吃饭只能由附近的村子送来，所以大家只能喝凉水，吃冷饭。就这样，经过一个多月的艰苦努力，造成了一百余只大小不等的木船，其中大船有三十多只。

红军渡雕塑（四川广元）

嘉陵江是四川的四大河流之一，江宽水深流急，两岸多是悬崖峭壁，地势非常险要。3月28日夜，渡江战役开始。红军乘着船，趁夜黑风大，江面浪涛哗哗作响，对岸敌人不易发觉的有利条件，奋力向江对岸划去。直到突击队员全部上岸，守敌还在哨棚内赌博，毫无察觉。当突击队向东岸发出胜利登岸的信号后，敌人沿江防线才射出密集的炮火，企图封锁江面。红军的奇袭立即转为强攻。经过几个小时的奋力拼杀，红军终于在拂晓前全部到达嘉陵江西岸，并立即向纵深和两翼展开。

整个强渡嘉陵江战役历时二十四天，红军攻克了阆中、南部、剑阁、昭化、梓潼、平武、彰明、北川八座县城，控制了东起嘉陵江、西迄北川、南起梓潼、北抵川甘边界纵横二三百里的广大地区，总计歼敌十二个团，约一万余人，给敌人第二十八军、第二十九军以沉重打击，使其不少师、旅失去作战能力。

红四方面军西渡嘉陵江后，南克中坝、彰明，直接威胁成都；北占青川、平武，又有北出甘南之势，迫使蒋介石一边忙着调兵到陕西、甘肃，防止红军北上，一边将刘湘主力十三个旅西调绵阳地区。这就是说，红四方面军的行动打乱了蒋介石原来的战略部署，牵制了大量川军于川西地区，从而有力地配合了中央红军西入云南，北渡金沙江的行动，为以后红一、四方面军会师创造了有利条件。

西渡嘉陵江战役，还使红四方面军获得了大量的人力、物力的补充。红军在嘉陵江以西的广大地区内，广泛发动群众，建立政权和群众武装，开展了轰轰烈烈的打土豪、分田地的斗争，受到广大穷苦百姓的欢迎。他们筹粮筹款，运送物资，踊跃参加红军，支援红军作战。部队发展到五个军十一个师三十三个团，共八万多人，加上川陕根据地撤出的党政机关人员和职工，总计不下十万之众。

对于下一步的行动，如按原"川陕甘计划"，红军应向甘南进攻。此时，蒋介石为防止红军在嘉陵江与涪江之间建立新的苏区，同时阻止红一、四方面军会合，决定对红四方面军实行南北夹击，企图一举将红四方面军消灭在涪江地区。

5月初，各路敌军从南北两面向红四方面军逼近。以红四方面军的兵力，很难应付这一局面。在前方指挥作战的徐向前总指挥对此异常焦虑，不断电告后方的张国焘和陈昌浩，催他们表态：下一步怎么办？张国焘则举棋不定。经过反复衡量，张国焘最后决定放弃川陕根据地。

放弃川陕根据地，历来被指责为张国焘所犯的重大错误之一。的确，自

第十一章
会师后的分歧

从红四方面军反六路围攻胜利后,面对川陕根据地严重困难的状况,张国焘对是否坚持川陕根据地已有考虑,认为"川北是挤掉了汁的柠檬",再坚持在这里对红军不利。尤其是得知中央红军撤出中央苏区后,张国焘更认为,这标志着整个苏维埃运动遭受了严重打击。

李德评价说:"张国焘则把放弃中央苏区和一方面军的长征视为一次失败。他声称,首先在一省或数省,然后在全中国取得苏维埃革命胜利这个以前在中央全会提出的、在遵义又重复了的论战已过时了。他认为,苏维埃革命现在处于低潮时期,应该提到议事日程上的不是苏维埃革命,而是抗日战争"。[1]

可以说,红四方面军取得强渡嘉陵江战役胜利后的一段日子里,正是张国焘思想深处激烈斗争的时期。他认为,强渡嘉陵江战役"这个军事计划的实施,为我们与一方面军在懋功地区会师提供了可能,也是川北以通江为中心的苏区事实上归于结束的标志。"[2]

当红四方面军主力进行嘉陵江战役时,留在川陕根据地内的红三十三军、四个独立师和妇女独立团以及若干支游击队,在张国焘、陈昌浩统一指挥下,抗击着东线敌人,并逐步收缩战线。在收缩战线的过程中,根据张国焘的指示,把地方武装集中起来,编为四个独立师全部带走,给根据地日后坚持带来了困难。

在敌人重兵压迫之下,方面军后方机关、省委机关、第三十军和地方武装以及地方干部,陆续撤到嘉陵江以西,仅有刘子才、赵明恩等三百余人留在根据地坚持斗争。

4月14日,敌唐式遵部占领旺苍坝,21日又占苍溪。至此,敌人占领了嘉陵江东岸地区,并封锁了嘉陵江。

对于张国焘决定红四方面军撤出川陕根据地的原因,徐向前也作过认真分析。他认为:首先是优势敌人的联合进攻。红四方面军入川时,四川军阀混战犹酣,并反对蒋介石的势力染指四川"剿赤"事宜。敌人营垒的四分

---

[1] 奥托·布劳恩:《中国纪事 1932—1935》,现代史料编刊社 1980 年版,第 175–176 页。
[2] 张国焘:《我的回忆》(第三册),现代史料编刊社 1980 年版,第 205 页。

张国焘 ⑤

五裂,是红军立脚自下而上和发展壮大的基本条件之一。但是,自从刘湘组织六路围攻起,这个条件便发生了变化。四川军阀从内乱走向联合,开始统一对付红军。我川陕根据地军民,费尽九牛二虎之力,艰苦鏖战十个月,才粉碎了六路军阀的联合围攻。接踵而至的是蒋介石与四川军阀的联合。刘湘等军阀不仅同意蒋介石的势力入川,而且在军事上甘愿服从蒋介石的统一调度。于是,蒋介石发起了"川陕会剿",企图一举将红军置于死地。蒋介石在川陕根据地周围部署的兵力,达两百个团以上,层层筑碉,严密封锁。一旦"川陕会剿"开始,敌东西堵截,南北夹击,势必陷我于背腹受敌、进退失据的极端不利境地。在这种情况下,提前冲破敌人的"川陕会剿",打出外线,保存和发展有生力量,是唯一正确的选择。第二,川陕根据地民穷财尽。革命根据地要支持战争,支持红军的存在和发展,离不开必要的人力、物力、财力。没有这些,所谓保存自己,消灭敌人,便是空想。川陕根据地后期的情况,由于长年战争消耗、破坏和"左"的政策的推行,使得根据地内已是民穷财尽。只有另打出路,才能生存和发展。第三,策应中央红军的战略需要。总之,以上几个方面的原因,使得红四方面军不得不撤出川陕根据地。但张国焘的失误在于,主力红军撤出川陕根据地后,未能留下足够的兵力坚持游击战争;在强渡嘉陵江后,又犹豫徘徊,失去了进击甘南的战机,使得创建川陕甘根据地的计划流产。

为打破敌人的合围计划,策应中央红军北上,红四方面军总部召开了高级干部参加的军事会议。会上,张国焘阐述了四方面军撤出川陕根据地迎接中央红军北上,以及两军会合后,建立川西北根据地,赤化川、康、陕、甘、青等省的设想,并提出四方面军下一步应首先占领北川、茂县、理番、松潘一带,在岷江地区建立川西北根据地。考虑到岷江地区是少数民族聚居区,他认为,应首先成立"苏维埃西北联邦政府",以便于开展民族地区的工作。与会者一致同意张国焘的意见。

5月上旬,部队先后撤出彰明、中坝、青川、平武等地,向西进发。经过激烈的征战,于5月中旬控制了以茂县、理番为中心的广大地区。茂县位于川西北西进藏区、北进回民区的要道之上,全县约六七万人口,羌族占总人口的百分之八十以上,多从事畜牧业或经商。红四方面军总部就设在茂县

第十一章
会师后的分歧

县城。

5月下旬，中央红军已进入川康边地区，经会理、冕宁向北。这样，红四方面军的首要任务，就是策应中央红军北上，并做好迎接中央红军的准备。为此，总部决定立即派三十军政治委员李先念率该军第八十八师及九军第二十五师、二十七师各一部，西进小金川地区，扫清敌人，迎接中央红军。同时动员部队做好两军会师的准备工作，要求以坚守战斗岗位、多多消灭敌人、认真执行民族政策、大力筹集和捐献慰劳品等实际行动，欢迎中央红军的到来。

当时，四方面军所面临的最大问题是能否在茂县、理番一带站住脚。一方面，部队虽然控制了这一带地区，但敌人并没有放弃对红军的围攻。胡宗南和川军不断发起新的进攻，激战一直不停。四方面军由于兵力有限，只能采取守势。另一方面，茂县一直在四川军阀邓锡侯的控制之下，不少群众在红军到达后，就弃家出走，逃进了深山老林。红军离开了群众，基本给养无法解决，不要说迎接中央红军到此，就是本身的生存也面临严重问题。

为了尽快克服困难，争取同情和支持，少数民族工作就成为四方面军的重要工作。为使这一工作有组织地顺利开展，张国焘等人成立中共西北特委，以西北特委的名义颁布了少数民族政纲，宣布实行民族自决、遵从民族风俗习惯、语言文字和信教自由等，还要求干部战士严格遵守群众纪律，学习回、番（藏）民族语言文字，保证买卖公平。

为了适应在少数民族地区的工作，5月30日，四方面军在张国焘主持下，宣布组成"中华苏维埃共和国西北联邦政府"，以及少数民族委员会和西北特区委员会等，由张国焘任西北联邦政府主席，熊国炳、刘百成任副主席，周纯全任少数民族委员会委员长。

当天，张国焘以西北联邦政府主席的名义，发布了《中华苏维埃共和国西北联邦政府成立宣言》，指出："中华苏维埃共和国西北联邦政府的成立，树立了西北革命斗争的中心，统一了西北各民族解放斗争的领导，从此南取成都，北定陕、甘，西通青、新，进一步与中央红军西征大军打成一片。"[1]

---

[1]《张国焘问题研究资料》，四川人民出版社1982年版，第449–450页。

张国焘传

西北联邦政府成立后，颁布了一系列法令和政策，如实行民族自决，保护信教自由，增加工资，救济失业，没收地主阶级和官僚财主的土地财产、牛、羊、布匹、粮食、茶叶、衣物等，分给穷人，取消一切苛捐杂税。

经过强大的政治宣传和红军指战员多方面的艰苦工作，才真正把群众发动起来，迎接中央红军的准备工作才有了积极的进展。分得土地的群众，纷纷把自己的财物捐献出来，使部队在短时期内筹集到羊毛、羊皮、牛羊、盐巴、茶叶等大批物资。群众工作愈深入，筹集工作就做得愈好。一时间，从前线到后方，从总部机关到连队，从地方政府到人民群众，处处都在为迎接中央红军而忙碌着。

为了及时与中央红军取得联络，并请示今后的行动方针，6月2日，张国焘、陈昌浩、徐向前致电中共中央，内容大略为：我们已派一小队向西南进占懋功，与你们联络。你先头部队确取联络后，请即电示以后行动总方针。

从这封电报可以看出，在西渡嘉陵江之后，张国焘等人对于以后的行动还处在犹豫之中。起初，张国焘成立了西北联邦政府，并颁布了一系列政策和法令，帮助地方建立了人民政权，准备在川西北扎下根，开创新的根据地。但实地考察川西北的情况后，他又产生了动摇。川西北山高地广，人烟稀少，地瘠民贫，物资匮乏，又是少数民族的聚居地区，历史上留下的民族隔阂影响了红军和少数民族的沟通。要在这样的环境中建立根据地，必然会遇到很大的困难。究竟该怎么办？张国焘一直举棋不定。

徐向前认为，还是原来的川陕甘计划比较好。如果中央红军上来，两军的力量加在一起，可以消灭胡宗南的一部分主力，在川陕甘建立根据地，与通南巴游击区打通联系，可以更好地发展。其他领导人也有别的想法，但始终未能形成一致意见。

雨中拥抱

为保证一、四方面军胜利会师，四方面军总部时刻注意着敌军的动向，

第十一章
会师后的分歧

并及时向中央红军通报敌军调动情况。同时,迫切希望得到中央对今后行动的指示。

6月12日,张国焘在给朱德、周恩来、毛泽东的电报中,要求"请立发整个战略,便致作战,请指定会面地点"。他还表示:"数月来,我方战略为与西征军[1]配合行动。今日会合,士气大为振奋。西征军艰苦卓绝之奋斗,极为此间指战员所欣服。诸同志意见,认为目前西征军须稍微休息,可立将我军包抄打主要方向,南打薛岳、刘湘,或北打胡宗南。"徐向前在致中央的报告中,也进一步表达了等待中央指示的焦急心情和盼望两军会师的热情。

达维会师纪念碑(四川阿坝)

6月12日,李先念率领的部队与中央红军的先头部队在达维会师。

6月15日,张国焘、陈昌浩、徐向前代表四方面军全体指战员,向毛泽东、朱德、周恩来及中央红军全体指战员发去一封热情洋溢的贺电,其中说:

> 你们胜利的转战千里,横扫西南,为了反帝的苏维埃运动与神圣的民族革命战争,历尽艰苦卓绝的长期奋斗,造成了今日主力红军的会合,定下了赤化西北的最有利的基础和条件。我们与你们今后在中国

---

[1] 即中央红军。

共产党统一指挥之下,共同去争取西北革命的胜利。直至苏维埃新中国胜利。[1]

6月16日,朱德、毛泽东、周恩来、张闻天等代表中央红军全体指战员给张国焘、徐向前、陈昌浩和四方面军全体指战员们发来复电,同样热情地说:"今后,我们将与你们携手,打大胜仗,消灭蒋介石、刘湘、胡宗南、邓锡侯等军阀,赤化川西北。"[2]

同一天,张国焘等人还接到了中央对今后行动方针的指示,其主要内容是:"为着把苏维埃运动之发展放在更巩固更有力的基础之上,今后我一、四方面军总的方针就是占领川陕甘三省,建立三省苏维埃政权,并于适当时期以一部组织远征军占领新疆。"至于目前的行动计划,中央认为:"目前计划则兄方全体及我野战军主力均宜在岷江以东,对于即将到来的敌人新的大举进攻给以坚决的打破,向着岷、嘉两江之间发展。至发展受限制时,则以陕、甘各一部为战略机动地区。因此坚决的巩固茂县、北川、威州在我手中,并击破胡宗南之南进是这一计划的枢纽。"

很显然,中央的战略意图是,两大主力红军会合后,合力粉碎刘湘、邓锡侯、胡宗南以及薛岳、杨森等国民党军队的进攻,以四川为中心建立川陕甘根据地。

中央关于今后行动的指示,使张国焘心中甚为不快,因为中央的计划与他原来的设想并不吻合。

对于今后行动,张国焘曾设想了两个方案。第一个方案是西进,到西康、青海、新疆去,在经济落后、文化落后的区域发展;第二个方案是南下,直到成都,然后出长江,打到武汉去。中央的计划恰恰否定了他的两个方案。

尽管心中不快,但张国焘经过与陈昌浩磋商,还是于6月17日复电中央,表示同意向川陕甘发展,但对两军的具体行动路线,提出了自己的意

---

[1]《中国工农红军第四方面军战史资料选编》(长征时期),解放军出版社1992年版,第55页。
[2]《中国工农红军第四方面军战史资料选编》(长征时期),解放军出版社1992年版,第57页。

第十一章
会师后的分歧

见,认为东出北川和北打松潘,地形与敌情均极不利,主张一方面军沿金川地区进占阿坝,四方面军则从茂县、理番北上进占松潘以西,然后两军去青海、甘肃,以一部组成远征军占领新疆,觅机东向陕西发展。为解决给养,隐蔽作战企图,暂时可南下先取岷江以西的天全、芦山、各山、雅安等地。[1]

这样,张国焘与中央领导人还没有会面,便在今后行动方向问题上产生了分歧。

6月20日,为了统一两军会合的行动,中央致电张国焘,要他立即赶到懋功的两河口镇商谈一切。

尚在茂县的张国焘接到中央的电报后,怀着既兴奋又复杂的心情上路了。自从他到鄂豫皖之后,虽然不时得到中央的指示,偶尔也略知朱、毛等人的一些情况,但始终没有见到中央领导人。张国焘在鄂豫皖、川陕艰难奋斗之际,朱、毛等人也在江西等地苦苦抗争,尤其是第五次反"围剿"失败后,大家更是经历了千辛万苦,忍受了百般磨难。能有机会见面,正是张国焘久已盼望的事情。但是,能不能说服中央红军接受自己的意见,张国焘心怀忐忑。

由茂县到懋功的两河口,沿途多为藏族聚居的村寨。这一带茂密的原始森林遮天蔽日,一座座彼此相接的高山险峻挺拔耸立,峡谷中河流湍急,被急流冲断的山路崎岖泥泞,险象环生。昼夜兼程,张国焘一行终于在三天后赶到了两河口镇。

6月25日,两河口镇的大街小巷热闹非凡。早一天到此地的军委纵队已经让战

长征途中的(从左至右)王稼祥、毛泽东、朱德、周恩来

---

[1] 张国焘:《新的胜利和新的形势》,《干部必读》第一百二十七期,1935年6月14日。

张国焘 传

士们在镇外搭起了台子，布置好会场。镇里的墙上也刷写了大幅标语："欢庆一、四方面军胜利会师！""中国共产党万岁！""中国工农红军万岁！"

这天，尽管天空中浓云密布，大家的热情却丝毫未减。毛泽东、周恩来、朱德、张闻天、博古、刘伯承等中央领导人，很早就等在镇外的会场上，一方面军的指战员们也排着整齐的队列，准备欢迎张国焘的到来。

突然间，大雨倾盆而下，直到下午五时许，透过浓密的雨丝，一行人骑着马飞奔而来。张国焘到了。

红一、红四方面军会师地——两河口

毛泽东从帐篷中移步而出，翻身下马的张国焘赶快上前去拥抱。会场上立时响起了嘹亮的《两大主力会合歌》。歌声中，毛泽东、张国焘并肩走上主席台。

朱德总司令先致欢迎词。他说："同志们！……两大主力红军的会合，欢呼快乐的不只是我们，全中国的人民，全世界的被压迫者，都在那里庆祝欢呼！这是全中国人民抗日土地革命的胜利，是党的列宁战略的胜利！"

张国焘接着代表四方面军讲话。他说:"我们今天有这里的胜利大会师,是两军指战员们英勇的结果,我们欢庆我们的成功!我们欢庆我们的胜利!我代表四方面军的全体同志,向党中央致敬!四方面军过去一直远离中央,没有直接接受中央领导。现在好啦,中央就在我们身边,和我们在一起。今后我们要在中央的直接领导下,去战斗,去奋进。这里有着广大的弱小民族(指藏、回),有着优越的地势,我们具有创造川康新大局面的更好条件,我们一定能够取得更大的胜利!"[1]

雨渐渐小了,欢迎会在歌声和口号声中结束。

会后的酒宴充满了亲情。毛泽东、朱德、周恩来、张闻天、博古与张国焘和他的秘书黄超等人相互敬酒,共同为一、四方面军的会师干杯。久经患难的战友,今日终于相逢。酒宴上大家互诉离别之情,披肝沥胆,充满赤诚。于张国焘来说,如此拥抱弥足珍惜。只怕当事者却浑然不觉。

碰壁两河口

两河口是个依山傍水的小镇。此时尽管已盛夏时分,仍气候凉爽、风景宜人。

1935年6月26日,在两河口的一座喇嘛庙里,中央政治局召开了扩大会议。出席会议的有张闻天、毛泽东、朱德、王稼祥、周恩来、张国焘、博古、刘少奇、刘伯承、凯丰[2]、邓发、林彪、彭德怀、聂荣臻、林伯渠、李富春。会议的中心议题是讨论一、四方面军会合后的战略方针问题。会议首先由周恩来代表党中央和军委作关于战略方针和军事行动方案报告,其核心内容是夺取松潘,建立川陕甘根据地。

张国焘在发言中对今后的军事行动提出了三个计划:一是以现在所占领的地区为起点,向川北甘南至汉中一带发展,以西康为后方,即"川甘康计

---

[1] 见莫休:《大雨滂沱中》,《党史资料》1954年第一期。
[2] 即何克全。

两河口会议会址位于小金（旧称懋功）县城北 70 公里处的小河口镇一座庙中

划"；二是转移到陕西北部行动，夺取宁夏为后方，以外蒙古地区为靠背，即"北进计划"；三是转移到兰州以西的河西走廊地带，以新疆为后方，即"西进计划"。他依次分析了三个计划各自的利弊，但总的指导思想是：暂时在川康地区立下脚来，以便有时间整理队伍，训练对骑兵作战的战术。如果经过试验，能够实现川康计划，那又何必北进或西进；如果事实证明不能在川康立足，然后再行北进或西进也不迟。即使那时北进路线被敌人封锁，仍可西进，因为西进路线是敌人所不易封锁的。[1]

从张国焘的发言可以看出，他仍然固守于川西北一带的计划，并认为此计划的优点在于可以打向成都，消灭南部的敌人。

毛泽东发言表示同意周恩来的报告，主张在川陕甘建立根据地，认为这是向前的方针。他不同意张国焘的计划，不同意打成都，并要求张国焘对四

---

[1] 见张国焘：《我的回忆》（第三册），现代史料编刊社 1980 年版，第 228–230 页。

第十一章
会师后的分歧

方面军同志作解释。[1]

与会者一致同意周恩来代表中央提出的战略方针，这使张国焘完全陷于孤立的境地，最后他不得不口头表示同意中央北上建立川陕甘革命根据地的方针，但在心里并没有放弃西进的计划。

会后，朱德为了打通张国焘的思想，与他进行了彻夜长谈。朱德对张国焘说，蒋介石虽然派来十万人攻打我们，可是我们也有大约十万兵力。四方面军经过长期休整，兵强马壮，占领松潘地区，夺取战略要点，借以打开北进的道路是没有问题的。但张国焘仍然有顾虑，认为敌人的防御工事强大，攻打松潘并不像想象的那么容易。

从当时的敌情来看，张国焘的主张确实是错误的。一、四方面军先头部队刚刚会师之后，6月20日，蒋介石行营参谋团即判断：红军会合后，稍事整理，势必合力攻打汶川、灌县，进而袭取成都，以谋赤化全川；如果不逞，再向甘、青北进，以期接通国际路线之目的。根据这种判断，其提出的作战方针是："我军以先巩固碉线封锁，再行觅匪进击之目的，除于甘、青边境趁时宣抚番夷，坚壁清野，筑碉设防外，对川西地区，应限期巩固各纵横碉堡封锁线，并分集重兵于要点，防匪进犯，及准备尔后之进剿。"根据这个八点方针，敌人制订了十分详细的作战计划，并开始调动胡宗南、薛岳、邓锡侯、孙震、李家钰、杨森、刘文辉各部，以全力对付会合后的红军主力。[2]

张国焘对中央的战略方针虽心存疑虑，但还是决定执行。6月27日，他向徐向前、陈昌浩发电，就战略方针及北进部署要点作了指示。电文说："战略以首先集中兵力消灭松潘之胡敌[3]，迅速转到甘南，用运动战向前灭敌的方略，创造川陕甘赤区。同时，以小部在洮河、夏河区域行动，以便将来在甘、青、新、宁广大区域发展成为后方。"

6月29日，中央政治局常委召开会议，张国焘出席了会议。会议听取了博古关于华北事变、日军向北平进攻等情况的报告，决定以中共中央名义发

---

[1]《毛泽东年谱》上卷，中央文献出版社2002年版，第460页。
[2]《国民党追堵红军长征档案史料选编》（四川部分），档案出版社1986年版，第281–283页。
[3] 指胡宗南部。

表宣言或通电，写文章，准备向国民党军派工作人员。同时，为了统一军事指挥，决定张国焘为中央军委副主席，徐向前、陈昌浩为军委委员。

同一天，中央军委主席朱德、副主席周恩来、张国焘、王稼祥等人根据两河口中央政治局扩大会议精神，根据敌人兵力部署情况，确定松潘战役的纲领是：以运动战消灭敌人的手段，北取甘南为根据地，以赤化川陕甘之目的，首先迅速、机动、坚决地消灭松潘地区的胡敌，并控制松潘以北及东北各道路，以利北向作战和发展。他们还制订了松潘战役的详细计划，决定兵分左、中、右三路，对各路的政委、兵力、地区及经过道路都作了详细部署。

6月30日，中共中央、中央军委离开两河口北进。

同一天，张国焘也离开两河口返回茂县。与来时怀着急切、兴奋的心情完全相反，离开两河口时张国焘的心情相当沉重。他认为，除了朱德之外，其他人如毛泽东、张闻天、博古等是联合起来共同对付他的。他还认为，中共中央由于苏维埃政策的错误，招致了军事上的失败，如今只有乞怜于控制手段。对于中央委任他为军委副主席一职，张国焘也甚为不满，觉得自己拥有八万大军，只给一个副主席的职位，未免有点看轻了。他认为，中央之所以如此安排，是出自急于控制四方面军的意图，即直接指挥四方面军，达到立即实行北上的目的。[1]

一、四方面军会师后，张国焘一有机会就在一方面军中广交朋友，特别是对一方面军的主力——一、三军团的领导，更是关怀备至。本来，同是革命队伍中的战友，张国焘略尽地主之谊，也是分内之事，不应该挑剔和指责。但不免有人感到，他这种拉拉扯扯的做法，似有反常。

两河口会议期间，张国焘邀请一军团政治委员聂荣臻和三军团的军团长彭德怀吃饭。张国焘与聂荣臻还是在1927年南昌起义时有一面之缘。那时，张国焘是中央特派员，聂荣臻是国民革命军第十军的党代表。斗转星移，转眼八年过去了。一个成了统率四方面军的首领，一个是一军团的政委，感慨万千。张国焘热情地拉着聂荣臻的手，问这问那。对于初次相识的

---

[1] 见张国焘：《我的回忆》（第三册），现代史料编刊社1980年版，第246页。

第十一章
会师后的分歧

彭德怀，也分外亲热。

为了招待二位客人，张国焘准备了在当时看来十分丰盛的筵席。席间，张国焘问寒问暖、唏嘘感叹，而对于最终能摆脱敌人完成会师，无比兴奋和赞许。考虑到一方面军减员严重，张国焘还告诉客人，他决定拨两个团过去补充力量。

告别了张国焘，聂荣臻若有所思地问彭德怀："今天为什么请我们二人吃饭？"彭德怀笑笑，答非所问："人家拨兵给你，你还不要？"聂荣臻忙说："我要。"但心里的疑云仍未散去。

聂荣臻后来回忆道：

> 两河口会议是张国焘野心暴露的起点。这时，经过万里之行的中央红军，军衣破破烂烂，五光十色，在张国焘的眼里，还不如"他的"队伍有战斗力。本来不管哪个方面军，都是中国工农红军，都是党的队伍，谁有战斗力都是好事，可是张国焘他动了野心。我们当时看到四方面军的队伍人员比较充足，除五万多部队外，还从川北带来一些帮他们运东西的男男女女，总共约有八万人。张国焘把这些看成是他闹独立的资本。另外，在两个方面军会合以后，一方面军中也确有人从一种不正确的动机出发，歪曲地把一方面军的情况和遵义会议的情况，偷偷地告诉了张国焘，也使张国焘起了歹心，认为中央红军不团结，他有机可乘。对张国焘这个人，过去我是了解的。他狡猾阴险，个人野心很大。所以，我对他是有警惕的。[1]

后来，当张国焘与中央再次发生争论时，聂荣臻告诫一军团军团长林彪说："你要注意，张国焘要把我们'吃'掉。"因为当时聂荣臻获悉张国焘有个方案，要把他调到第三十一军去当政治委员，把林彪调到另一个军去任军长。林彪听了聂荣臻的话，不以为然，说聂荣臻是宗派主义。聂荣臻回答："怎么是宗派主义呢？对这个问题，我们要警惕。张国焘和中央的思想

---

[1]《聂荣臻回忆录》，解放军出版社1983年版，第277–278页。

一贯不一致。我们应该想一想。我说这是路线问题。"林彪却反驳说:"既然是路线问题,你说他路线不对吗?那他为什么有那么多人哪?我们才几个人哪?"聂荣臻说:"蒋介石的人更多哩,难道能说蒋介石的路线更正确?"两个人谁也不肯退让,竟然动气拍了桌子。[1]

两河口会议之后,四方面军领导人和部分队伍在彭德怀的接应下来到芦花镇。

张国焘的秘书黄超找到彭德怀,说芦花这个地方给养困难,他是特地来慰劳的。彭德怀见黄超送来几斤牛肉干、几升大米,另外还有二三百元银洋,虽然吃了一惊,但开始并没有在意。黄超在芦花住下后,在与彭德怀的闲谈中,十分关心两军会师前中央召开的会理会议的情形。因为在这次会议上,毛泽东严厉批评了给周恩来、毛泽东、王稼祥写信的林彪,对林彪所谓"走了弓背"的右倾悲观论调大加驳斥。由于林彪在信中提议请彭德怀任前敌总指挥,这实际上是要剥夺毛泽东的指挥权,所以毛泽东又指责彭德怀,认为林彪写信是受了彭德怀的鼓动,甚至对张闻天也产生了怀疑。[2]

实际情况是,在会理会议前彭德怀根本不知道林彪写信这回事,也只是在会议召开时他才看到这封信,也没有介意,"以为这就是战场指挥呗,一、三军团在战斗中早就形成了这种关系:有时一军团指挥三军团,有时三军团指挥一军团,有时就自动配合。"[3]但毛泽东却把问题看得很严重,而且把根子找到彭德怀、张闻天那里。关于这件事,两军会师后,张国焘在与一方面军干部的交谈中,已经有所耳闻。也许正是因为有这一件事,张国焘才特别看重彭德怀。

黄超询问会理会议的事,引起了彭德怀的警觉。他暗自思忖:他们为什么知道会理会议?是不是中央同他们谈的?如果是中央谈的,又问我干什么?他不明白问话者的意图,所以只轻描淡写地说:"仗没打好,有点右倾情绪,这也没有什么。"

黄超见彭德怀不愿谈论会理会议,便话头一转,很认真地说:"张主席

---

[1] 见《聂荣臻回忆录》,解放军出版社1983年版,第283–284页。
[2] 见程中原:《张闻天传》,当代中国出版社1993年版,第221–222页。
[3]《彭德怀自述》,人民出版社1981年版,第198–199页。

很了解你,知道你很会打仗。"接着,黄超谈到当前的战略方针。他说两军会合后,应该在川康一带好好发展一下,待时机成熟后,再行北进,并举出诸葛亮"欲北伐必先南征"的战略名言,来说明南下川康的道理。彭德怀回答说,那是诸葛亮为了巩固蜀国后方的战略计划,与我们目前的战略意图不符合。黄超又谈到西北的马家骑兵十分厉害,红军没有同骑兵作战的经验,一旦遭遇,恐难以制胜……

一席话后,彭德怀想到两军会合以来的一些情况。包括张国焘同中央在行动方针上的冲突,要求纠正中央政治路线的提议等。黄超是来替张国焘做说客的,这点确定无疑。想拉拢更多的人反对中央北上的计划,争取一方面军的内部的支持。联想到黄超带来的礼物,彭德怀心头一紧:送了一点点吃的倒不稀奇,送二三百元银洋是什么意思?使出旧军阀的手法,恐怕不简单!

由于对张国焘有警惕,北进途中,彭德怀对与四方面军的四军、九军、三十军共同行进的一方面军前敌总指挥部的领导安危甚为担心,怕中央没有察觉。从前敌总指挥抵达巴西后到离开的五天时间内,彭德怀每天都从约二十里远的驻地赶到前敌总指挥部和毛泽东的住处,秘密派第十一团隐蔽在不远的地方,以防万一。[1]

喜怒芦花镇

张国焘从两河口返回茂县的途中,经下东门时见到了徐向前。徐向前急于知道他会见中央领导及两河口会议的情况,而张却不愿多谈,他只告诉徐向前,中央红军一路很辛苦,减员很严重,和四方面军刚到通南巴的情形差不多。

徐向前最关心的是下一步军事行动,张国焘只是简单地告诉他:"中央的意见,要北出平武、松潘,扣住甘南,徐图发展,我看还是先取川西南

---

[1] 见《彭德怀自述》,人民出版社 1981 年版,第 200–201 页。

比较好，否则，粮食、给养都不好办。"徐向前听后便说："北打有北打的困难，南打也有南打的困难。平武那边，地形不利，硬打不是办法；松潘地区不利大部队展开。我和昌浩商量，准备扣住黑水，分路迂回袭击，或许能够取胜。南下固然能解决目前供应上的困难，但一则兵力有限，二要翻越雪山，且不是长久立脚之地，万一拿不下来，北出将会遇到更大的困难。"听了徐向前的一席话，张国焘沉默良久，最后表示同意先打松潘。

张国焘回到茂县后，又打电话给徐向前，要他按中央的决定，攻打松潘，具体部署是：以王树声率岷江支队四个团于岷江东岸，控制北川至茂县一线阵地，继续阻止和牵制川军，并吸引胡敌南向；以徐向前、陈昌浩分别率中路和右路，分路经黑水、芦花北进，出毛儿盖，迂回松潘。

7月6日，徐向前、陈昌浩率部从理番、茂县出发，执行攻打松潘的计划。

两河口会议后，中央派出了慰问团赴杂谷脑红四方面军总部所在地进行慰问，慰问团的成员是：中共中央组织部长李维汉、中央政府财政人民委员林伯渠、中国工农红军总参谋长刘伯承和总政治部主任李富春等。

杂谷脑处于川西高原的东端，逶迤起伏的草原缓缓延伸，与远处苍茫的群山相接，阳光下繁茂的花草争奇斗艳，充满了诗情画意。

7月初，中央慰问团到杂谷脑后，张国焘一面安排迎接慰问团的工作，一面暗自思忖：中央为什么派慰问团来？再一看慰问团到处宣传两河口会议精神，对干部战士十分关怀，受到了广大干部战士的热烈欢迎，红九军政治部编印的《不胜不休》小报更是登载文章，号召广大指战员在党中央和中央军委统一指导下彻底消灭川敌残部和胡宗南部，为赤化川陕而斗争。张国焘断定：中央慰问团此行的目的不在慰问，而在向四方面军传达贯彻两河口会议精神。张国焘感到了压力。

两河口会议上，张国焘深深感到自己人单势孤，在会上无法形成多数意见，致使自己的方案和意图难以得到认可。他决心利用一切机会，一方面为自己争权，一方面在中央和军队的最高领导机关中尽量安插自己信得过的人。于是，他利用慰问团来杂谷脑的机会，开始了向党要权的第一步。

在与慰问团成员的谈话中，张国焘一再提出解决统一组织问题，建议充

第十一章
会师后的分歧

实总司令部,让徐向前、陈昌浩参加总司令部工作,以徐向前为副总司令,陈昌浩为总政委;建议中央军委设常委,决定战略问题。李富春见事关重大,于7月6日致电中央作了汇报。

这时,发生了一件令张国焘十分恼火的事。6月10日刚刚由中共中央总政治部创刊的《前进报》,在一篇文章中批评了"西北联邦政府",这使本来就有怨气的张国焘难以容忍。在张国焘策动下,随四方面军长征的中共川陕省委致电中共中央,表示反对对西北联邦政府的批评。其内容是:

> (甲)中华苏维埃西北联邦政府,是在两大主力未会合以前适应客观环境的需要成立起来的。在理论上、在组织上都是正确的,事实上现在已团结了广大的群众在联邦政府的旗帜下而斗争。最近看到前进报上凯丰同志对联邦政府的批评,据云并未经过组织局正式计划,这一批评,我们是认为不正确的。在目前,苏区必须建立政权,才便利于实际领导群众,仍用西北联邦政府名义或改名,究用何名及如何组织,请指示。
>
> (乙)自两大主力会合后,整个革命形势有新的发展与推动,要求中央作一决议,估计目前的形势,并指示各级党部的工作;同时建议在全党要大大发展反倾向斗争,反对对创造苏区失掉前途的情绪,对会合意义的估计不足,失败情绪,夸大敌人的力量,集中火力反对这种失败的情绪;同时要反对自寻的主观主义,不实际进行战斗动员的"左"倾,对红军中的反革命活动要发动斗争,来巩固红军工作情绪。[1]

第二天,川陕省委又致电中央,建议加强总司令部与军委,增设常委。电文提出:为统一指挥,迅速行动,进攻敌人起见,必须加强总司令部。向前同志任副总司令,昌浩同志任部总政委,恩来同志任参谋长,军委设主席一人,仍由朱德同志兼任,下设常委,决定军事问题,请中央政治局速决速行。

拿这封电报与张国焘对慰问团的建议相比较,就可以看出,川陕省委完

---

[1]《中国工农红军第四方面军战史资料选编》(长征时期),解放军出版社1992年版,第84页。

全是秉承张国焘的意志而行事的。

7月10日，当张国焘得知一、四方面军先头部队已抵毛儿盖后，致电朱德、周恩来、毛泽东、王稼祥、张闻天，再次提出宜迅速解决统一指挥的组织问题，开展反对右倾的斗争。

同一天，抵达芦花的朱德、毛泽东、周恩来等人致电张国焘，要他与徐向前、陈昌浩速来芦花。7月16日、17日，张国焘、徐向前分别到达芦花镇。

7月18日，陈昌浩得知张国焘、徐向前抵芦花后，便致电张、徐并转朱德，提出："职坚决主张集中军事领导，不然无法顺利灭敌。职意仍请焘任军委主席，朱德任总前敌指挥，周副主席兼参谋长。中政局示决大方针后，给军委独断决行。"[1]

张国焘多次争权的电文，中央始终未予答复。但为了团结张国焘，在芦花会议前，毛泽东和张闻天还是决定尽量满足张国焘的要求。据当时任中央秘书长的刘英回忆：

> 毛主席说："张国焘是个实力派，他有野心，我看不给他一个相当的职位，一、四方面军很难合成一股绳。"毛主席分析，张国焘想当军委主席，这个职务现在由朱德总司令担任，他没法取代。但只当副主席，同恩来、稼祥平起平坐，他不甘心。闻天跟毛主席说："我这个总书记的位子让给他好了。"毛主席说："不行。他要抓军权，你给他做总书记，他说不定还不满意，但真让他坐上这个宝座，可又麻烦了。"考虑来考虑去，毛主席说："让他当总政委吧。"毛主席的意思是尽量考虑他的要求，但军权又不能让他全抓去。同担任总政委的恩来商量，恩来一点也不计较个人地位，觉得这么安排好，表示赞同。[2]

徐向前到芦花镇后，从朱德那里知道一方面军保存的干部较多，兵员较少，便和陈昌浩商量，向张国焘建议从一方面军派些干部来四方面军工作，

---

[1]《中国工农红军第四方面军战史资料选编》（长征时期），解放军出版社1992年版，第89页。
[2] 刘英：《难忘三百六十九天》，《瞭望》1986年第40-43期。

第十一章
会师后的分歧

提出抽调四团兵力，补充一方面军。张国焘当即同意。后经中央同意，抽了三个团去一方面军。

7月18日，中共中央政治局常委扩大会议在芦花召开，中心议题是组织问题。张闻天主持会议，首先提出人事安排的初步方案：

"军委设总司令，国焘同志任总政治委员，军委的总负责者。军委下设小军委（军委常委），过去是四人，现增为五人，陈昌浩同志参加进来，主要负责还是国焘同志。恩来同志调到中央常委工作，但国焘同志尚未熟习前，恩来暂帮助之。"

讨论中，张国焘提出，要提拔新干部，有的可到军委。毛泽东则说："提拔干部是需要的，但不需要集中这么多人到军委，下面也需要人。目前必须抓紧战局的工作，迅速打击敌人。"张国焘见如此，只得作罢。

会议经过讨论，通过了张闻天所提的方案：张国焘为红军总政治委员，徐向前、陈昌浩为前敌总指挥部总指挥和政委，博古为总政治部主任。[1]

当天，中革军委通知各兵团首长："奉苏维埃中央政府命令：一、四方面军会合后，一切军队均由中国工农红军总司令、总政委直接统率指挥。仍以中革军委朱德同志兼总司令，并任张国焘同志任总政治委员。"

7月21日，中革军委发出《关于一、四方面军组织番号及干部任命致各军首长电》，决定：组织前敌总指挥部，即以四方面军首长徐向前兼总指挥，陈昌浩兼政委，叶剑英任参谋长。

同日，中央军委发出《关于重定松潘战役兵力区分及部署致各军电》，指出："任徐向前为前敌总指挥，陈昌浩为政委，前方一切作战部队均归其统率指挥，并即以四方面军总指挥部兼前敌总指挥部。"

至此，张国焘的心情一直是很愉快的，甚至可以用"欣喜"二字来形容。由徐向前、陈昌浩统一前敌指挥的要求已得到满足；张国焘本人虽未能担任军委主席职，但能任总政委也是可喜的。因为这样一来，军队行动的决定者主要是朱德、张国焘、徐向前、陈昌浩四人。朱德为人谦逊，不喜争

---

[1] 见《毛泽东年谱》上卷，中央文献出版社2002年版，第463页；张培森主编：《张闻天在1935—1938》，中共党史出版社1997年版，第19页。

权；徐向前、陈昌浩又被张国焘认作是"自己人"。张国焘认为目的已基本达到，于是欣然就职。

然而接下来发生的事情，却使张国焘转喜为怒，与中央分歧进一步扩大，甚至对毛泽东等人产生了怨恨情绪。

7月21日至22日，中共中央政治局在芦花召开会议，集中讨论红四方面军的工作问题。出席会议的有：毛泽东、张闻天、朱德、周恩来、张国焘、博古、王稼祥、李富春、邓发、凯丰、刘伯承、徐向前、陈昌浩。张国焘首先汇报了红四方面军在鄂豫皖和川陕根据地对敌斗争情况及反"围剿"情况，徐向前接着讲了四方面军军事斗争的一些情况，陈昌浩也对部队的政治工作作了简略的汇报。

接着，会议开始进行讨论。毛泽东在发言时说，红四方面军从鄂豫皖起，关于红军的扩大巩固，两个苏区的发展和巩固，无数次击破敌人，总的看路线是没有问题的，但有缺点和错误。军事指挥上的缺点，军委将另行讨论。在鄂豫皖粉碎敌人第四次"围剿"时，没有充分准备，既没有准备打，又打得不好。在通南巴打退了刘湘部队，胜利后又放弃是个严重错误。毛泽东指出：红四方面军领导对建立政权有不足和错误的地方，没有严格了解建立政权与建立红军的密切关系，提出西北联邦政府在组织上、理论上都是错误的。[1]

张国焘听了毛泽东的话，登时就坐不住了。毛泽东的话刚一说完，他就说："通南巴固应保卫，松潘也应当控制，但这决定于四方面军的力量，而非决定于主观愿望。我们当时的主要努力是策应一方面军，而我们的兵力有限，不能过分分散使用。如果中央并不认为四方面军策应一方面军的行动是多余的或错误的，就不应苛责四方面军不能完成力不能胜的军事任务。川北苏区即使当时留置了较多的兵力，事实上也不能达到保卫的目的，而一方面军当时能否渡过大渡河到达懋功，尚成疑问，四方面军果真全力北向夺取松潘，中央不会批评我们隔岸观火，看轻休戚相关的大义？"[2]

---

[1]《毛泽东年谱》上卷，中央文献出版社2002年版，第463–464页。

[2] 张国焘：《我的回忆》（第三册），现代史料编刊社1980年版，第254页。

第十一章
会师后的分歧

会场一阵沉默。只有陈昌浩发言附和了张国焘。

博古发言时，先肯定了四方面军的成绩，同时指出了张国焘领导工作中的缺点和错误。[1]

朱德提出，对四方面军应给予正确的估量。他肯定了四方面军在创建革命根据地，扩大红军力量，多次打破敌人"围剿"中取得的成绩，也分析了部队政治工作、地方工作及战略战术配合等方面存在的缺点和不足。他表示希望四方面军总结教训，加以改进。他还提出，目前正处在行军作战期间，一切服从战争的胜利，暂缓讨论军事以外的问题。[2]

张闻天作了总结发言。他首先肯定四方面军一般领导是正确的，部队很有战斗力，同时指出其缺点和错误在于：在第四次反"围剿"开始时领导对形势估计上有"左"的倾向，后当敌人分兵合击时，未能抓住敌人弱点，集中打他一路；通南巴打了胜仗还是放弃了，反映对根据地的重要是了解不够的；出通南巴后缺乏明确的战略方针，没有一定的发展方向，造成了现在一些困难。张闻天还指出，四方面军对待少数民族方面也有些问题，如在两河口把藏民的土地拿来分，以至引起了群众的反对，再如关于西北联邦问题，实际也未弄清怎样才算"联邦"，少数民族还没有发动就首先成立"联邦"，结果必将是徒然的。他还强调，在新的环境下创造新苏区是当前的中心任务，提示过去工作的弱点是为了总结经验。[3]

会议最后肯定了四方面军的成绩，认为四方面军执行的是中共中央的正确路线，实现了苏维埃政权的建设，执行了土地革命的政策，对蒋介石和各地军阀进行了卓有成效的打击。同时指出了四方面军第四次反"围剿"失败的原因，批评退出通南巴和退出后发展方向不明的错误，以及成立西北联邦政府不妥的问题。

这次会议上对四方面军的批评，成为张国焘心中永远也忘不掉、抹不去的阴影。

---

[1] 见李志英：《博古传》，当代中国出版社1994年版，第201页。

[2] 金冲及主编：《朱德传》，中央文献出版社1993年版，第350页。

[3] 见张培森主编：《张闻天在1935—1938》，中共党史出版社1997年版，第20–21页。

张国焘传

波澜再起沙窝

芦花会议后，红军主力继续北上，经过长途跋涉，于 7 月 28 日到达松潘县西部的毛儿盖村[1]。

抵达毛儿盖的中共中央和中革军委，经研究敌情后，决定放弃攻打松潘的部署，以红军主力西指阿坝，北进夏河地区，争取在洮河流域消灭阻敌，进入甘南。徐向前和陈昌浩在会上提议，集中红军主力，向一个方向突击。张国焘则主张分左、右两路行动。会议采纳了张国焘的意见。

8 月 3 日，红军总部制定《夏洮战役计划》：中央红军第五、第三十二军和四方面军第九、第三十一、第三十三军共二十个团，编为左路军，由总司令朱德、总政委张国焘指挥。以主力一部迅速经卓克基，打通到大藏寺、查理寺、阿坝的道路，消灭番兵马队。阿坝攻下后，则应急以主力向北探进，以一部兵力打通阿坝到墨洼路，以接引右路军。另以一部兵力在抚边、党坝坚守要点，积极打反（动派），以掩护红军主力转移，同时川敌如进，应坚决遏阻，在有利时机应集中兵力一部，实行回击而消灭之。中央红军第一军和四方面军第三十军共十二个团，编为右路军，由前敌总指挥徐向前、政治委员陈昌浩指挥，经竹勋坝向班佑、阿西侦察，准备走此路遭遇和消灭胡敌一部，然后向后转移，以争取进占夏河流域的先机。除左、右路外，四方面军第十、第十一师和第三十五团共七个团，为钳制部队。中央红军的六个团组成总预备队，策应各方。中共中央、红军大学随右路军前进。

《夏洮战役计划》确定后，部队即忙着做北上的各种准备。但张国焘此时却另有打算。他对芦花会议上对四方面军的批评一直耿耿于怀，认为只批评四方面军而不检讨中央的政治路线是不公平的。而且在他看来，中央的政治路线问题不解决，以后的军事行动还会遭到失败。为了迫使中央承认其政治路线是错误的，张国焘在部队忙着准备北上的节骨眼上，召开了四方面

---

[1] 现属四川省阿坝藏族羌族自治州松潘县上八寨乡。

第十一章
会师后的分歧

红军"左路军"主要将领之朱德（左）、刘伯承

军紧急干部会议。在会上，他宣布中央执行的是机会主义路线，指责遵义会议是调和主义，要求博古退出书记处和政治局，周恩来退出军委，并提出要将四方面军的十几个干部分别批准为中央委员、政治委员及书记处书记。这次会议的召开，严重影响了四方面军与一方面军的团结，实际上制造了一定程度的分裂。

为了抵制张国焘的行为，求得共同北上计划的实现，也为了促进张国焘的转变，争取四方面军的干部战士，毛泽东、张闻天、周恩来等中央领导人决定在距离毛儿盖约十公里的沙窝举行中央政治局会议。

红军"右路军"主要将领之徐向前（左）、叶剑英

张国焘传

沙窝会议会址

　　会前，张闻天、毛泽东、周恩来、博古等人就沙窝会议的内容进行了商讨，提出两项议程：一是关于一、四方面军会合后的形势与任务；二是组织问题。关于第一项议程，张闻天同毛泽东等人交换意见后，拟就了一个决议草案，并征求四方面军陈昌浩、傅钟等人的意见，得到了他们的赞同。关于第二个议程，针对张国焘提出的一个增补四方面军同志为中央委员、中央政治局委员的名单，张闻天同毛泽东交换了看法，又同陈昌浩、傅钟商量了几次，基本取得了一致意见，就此做好了沙窝会议的准备工作。8月3日，由张闻天签发了《八月四日在沙窝召开政治局会议》的通知。

　　8月4日至6日，中共中央政治局会议在沙窝召开。参加会议的有张闻天、毛泽东、朱德、周恩来、张国焘、陈昌浩、刘伯承、傅钟、凯丰、邓发、博古十一人。会议开始后，张闻天首先作《关于一、四方面军会合后政治形势与任务的决议》草案的报告，然后由大家对报告进行讨论。

　　毛泽东首先发言，就决议草案作了补充说明。他着重分析了西北地区的有利条件和困难条件，指出有利条件是：西北地区的主要敌人是蒋介石，他用全部力量来对付我们，但总的方面他的统治是削弱了；西北地区是帝国主义和封建势力统治最薄弱的地方，也是蒙、回、藏等少数民族最集中的地方，他们的革命要求很强；西北地区靠近苏联，受苏联影响大，且能得到政治上物质上的帮助。这些特点于革命有利。困难条件是：人口稀少，物资缺乏，少数民族和气候复杂等，但这些都是能够克服的。

毛泽东发言后，朱德、邓发、凯丰、张国焘、陈昌浩、刘伯承、周恩来、傅钟、博古等相继发言，表示赞同张闻天的报告，并对决议草案的内容提出了一些补充意见，同时强调必须提高党在红军中的威信，认为这是增强红军战斗力的关键。这实际上是不点名地批评了张国焘。

张国焘的发言采取了迂回战术。他没有直接指出中央政治路线是错误的，而是说：中央的政治路线可能是错了，也可能是共产国际错了，也可能是我们执行错了，也可能是时移势易而必须改变。但是，我们要求检讨中央的政治路线，绝不等于推翻整个中央。我们都经过艰苦奋斗，都为共产主义卖过力，党不能舍弃我们，我们也不能舍弃党。虽然我们不宜贸然肯定中央的政治路线是正确或是错误的，但苏维埃运动不是胜利了，而是失败了，却是显而易见的事实。现在所有的苏区都丧失了，红军遭受了重大的损失，我们退到了藏族地区，这些失败的事实是无法否定的。至于苏维埃运动遭受挫折的原因，既不能说成是敌人飞机大炮的厉害，也不能当作只是我们军事上的失算，主要还是这一运动不合时宜，没有为广大群众所接受。所以，不能不从中央政治路线上找原因。他还对中央的批评表示不满，不承认退出通南巴是由于轻视根据地的思想造成的，而是为了接应一方面军。他还对一方面军提出了种种指责，要求一方面军的领导应检查自己的缺点和错误。[1]

针对张国焘要求清算中央政治路线的问题，多数人发言表示同意遵义会议对这个问题所作的结论，即中央的政治路线是正确的，没有粉碎敌人第五次"围剿"的主要原因是军事路线上的错误，经遵义会议已得到了纠正。

现在看来，张国焘提出要检讨中央政治路线问题，确实是抓住了问题的关键。实际上，在遵义会议上，刘少奇就曾要求全面检讨六届四中全会以来

---

[1] 见张国焘：《我的回忆》（第三册），现代史料编刊社1980年版，第258页。

张国焘⑮

中央的政治路线问题[1]，但被毛泽东所制止。毛泽东为什么采取这种态度？1943年11月13日，毛泽东在政治局会议上说："遵义会议为什么不能提出路线问题？就是要分化他们这个宗派。这是我打祝家庄实行内部分化的一幕。如果当时提出政治路线，三人团便会分化。"[2]这是毛泽东事后的解释。但当遵义会议决议指出"党中央的政治路线无疑义的是正确的"时候，谁也不知道毛泽东是怎样想的。

但张国焘的不幸在于，由于其他与会者本着六届四中全会后的中央其错误只是"军事路线问题"，不是"政治路线问题"这样一个既定的思想，所以他在沙窝会议上提出要检讨中央政治路线问题，自然就成了孤掌难鸣。

然而，谁又能想到，党中央到延安后，最早提出要检讨中央政治路线的，则是毛泽东。1940年12月4日，毛泽东在中央政治局会议上，提出要公开检讨中央"左"倾政治路线的错误，但当时有许多人接受不了，以至毛泽东在公开发表这一讲话时（即《论政策》），不得不删去这一提议。直到1941年9月，中央核心领导层在初步整风学习中，才重新提出讨论这一问题。[3]这一史实说明，在延安整风前，党内真正认识到苏维埃运动的失败是由于中央政治路线的错误，只有刘少奇、毛泽东、张国焘等极少数人而已。

在沙窝会议上，张国焘见大家无意讨论中央政治路线问题，又提议召集一次高级干部会议，并说他在鄂豫皖和川北时，曾屡次举行过这样的会议，成绩都很不错。特别是现在一、四方面军的干部互有隔阂，对中央也有不满，这样，扩大的会议更有必要。他还说，大家不用惧怕这种会议，认为一定会吵架散场，如果我们现在研究好一致的意见，提交高级干部会议讨论，解释一些过去的误会，嘉许两军奋斗精神，提倡互相学习，反而会收到团结的实效。[4]

---

[1] 见王双梅：《刘少奇是否在遵义会议上提出了政治路线错误的问题？》，《党的文献》1996年第六期。

[2]《胡乔木回忆毛泽东》，人民出版社1994年版，第294页。

[3] 见王双梅：《刘少奇是否在遵义会议上提出了政治路线错误的问题？》，《党的文献》1996年第六期。

[4] 见张国焘：《我的回忆》（第三册），现代史料编刊社1980年版，第259页。

第十一章
会师后的分歧

张国焘的提议根本不符合当时的情况,尤其是紧迫的军事问题亟待解决的情况,所以没有人响应他的提议,对此张国焘深为失望。

大家发言结束后,张闻天就第一项议程的讨论作结论说,对决议案大家意见无大分歧,同志们也都是一致的,这是一、四方面军胜利前进的保障。他还说,关于一方面军,四方面军的批评是好的,是帮一方面军来纠正缺点的。但须注意可能发生的不好影响,过分的批评会妨害团结。

当会议进行第二项议程——讨论组织问题时,张国焘又开始发难了。张闻天本着"吸收四方面军干部参加中央工作"的精神,代表政治局提出预先经过磋商的名单:增补徐向前、陈昌浩、周纯全为正式中央委员,何畏、李先念、傅钟为候补中央委员;增补陈昌浩为正式政治局委员,周纯全为候补政治局委员。张国焘一听,这个名单并不符合他原来的意图。他原来的意图是增补四方面军干部九人为中央政治局委员,以便在数量上形成压倒多数。因此,他十分不满意地说:"在坚决提拔工农干部的原则上,还可以多提几个人嘛!"并借机发挥:"吸收新人参加工作,只是实施党内民主,并不是什么推翻中央领导的阴谋。反之,不让新人参加中央工作,政治上军事上的重大问题也不让同志们有发表意见的机会,这就无异于阻塞了团结之路。"他进而提出,应该从一、四方面军遴选少数干部列席政治局会议,并参加军委会和其他中央机关的工作,将有百利而无一害。

毛泽东对张国焘说:"四方面军有很多好的干部,而我们只提这几个同志,是很慎重的。本来政治局不能决定中委,是在特别情形下这样做的。其他部队也有很多好的干部,可以吸收他们到各军事政治领导机关工作。"[1]

张国焘大有一股不达目的不罢休的气势,他说:"本来我们的意见,要提这几个同志都到政治局的,这样可以提拔工农干部,他们有实际经验,又可以学习领导工作。"

毛泽东肯定地说:"国焘同志的意见是很好的。四方面军的好干部将来很可以吸收到中央机关及其他部门来。"

张国焘仍不肯让步,争来争去。毛泽东、张闻天等人已看透张国焘的用

---

[1]《毛泽东年谱》上卷,中央文献出版社 2002 年版,第 465 页。

心是企图形成多数来控制中央，所以在中央委员的人数上坚决不松口。但为了大局，尽一切可能与张国焘搞好团结，在组织问题上还是作了一些让步，决定陈昌浩、周纯全为政治局正式委员。

沙窝会议后，中央印发了《关于一、四方面军会合的政治形势和任务的决议》。其要点如下：

一、苏维埃革命的形势并未低落，而是继续发展着。尤其是一、四方面军两大主力在川西北的会合，造成了中国苏维埃运动在西北开展极大胜利的前途。

二、一、四方面军会合后的基本任务是执行两河口会议决定的北上方针，创建川陕甘根据。

三、加强党对红军的绝对领导，遵义会议以后"在军事领导上无疑义的是完全正确的"，"完成了党中央预定的战略方针"。

四、目前在一、四方面军内部产生的某些个别问题，主要的是由于相互了解的不够，缺乏对于一、四方面军的正确的估计。"一方面军一万八千里的长征是中国历史上的空前的伟大事业"，"最后达到了与四方面军会合的预定目的，使蒋介石等进攻我们的计划完全失败"。"四方面军英勇善战，不怕困难，吃苦耐劳，服从命令，遵守纪律等许多特长，特别是部队中旺盛的攻击精神与战斗情绪，是现在一方面军应该学习的。"但两个方面军也有的弱点与不足。两军的团结是完成创造川陕甘苏区历史任务的必要条件。

五、开展反对"左"右错误的两条战线斗争，特别要坚决反对各种右倾机会主义的动摇，如"对于党中央所决定的战略方针表现怀疑""企图远离敌人避免战斗""对创造新根据地没有信心""对革命前途悲观失望"，等等。

《决议》还不点名地批评张国焘，指出"红军中个别的同志，因为看到党在某些工作中的错误与弱点，而认为是党中央政治路线不正确，这种意见是完全错误的"。

对于沙窝会议的结果，张国焘很不满意。徐向前回忆说：

沙窝会议之后，张国焘满肚子不高兴，脸色阴沉，不愿说话。陈昌

第十一章
会师后的分歧

浩向我发牢骚，说中央听不进国焘的意见，会上吵得很凶。我对张国焘、陈昌浩说：现在不是吵架的时候，这里没有吃的，得赶紧走，我们在前面打仗，找块有粮食吃的地方，你们再吵好不好呀！当时的确到了闹粮荒的严重地步，我心里着急得很。部队天天吃野菜、黄麻，把嘴都吃肿了。……我想这么困难的情况下，要命第一。我一再催促张国焘、陈昌浩早走，以后再吵，原因就在这里。[1]

为使夏洮战役计划能够顺利实现，沙窝会议后，左路军各部开始以卓克基为中心集结；右路军各部开始以毛儿盖为中心集结。

8月15日，朱德、张国焘率左路军北上，执行夏洮战役计划。

同一天，中共中央领导人经过对左、右路军行动计划的分析，决定改变夏洮战役计划中关于左路军主力经阿坝北上的决定，致电朱德、张国焘：

"不论从敌情、地形、气候、粮食任何方面计算，均须即时以主力从班佑向夏河急进……毛儿盖到班佑仅五天，到夏河十二天。班佑以北，粮、房不缺，因此一、四方面军主力，均宜走右路。左路阿坝，只出支队，掩护后方前进。"[2]

这就是说，左路军主力改变前进路线，与右路军主力一起经班佑到夏河。

8月18日，徐向前、陈昌浩致电朱德、张国焘，指出：左路军大部不应深入阿坝，应从速靠紧右路，速齐并进。

8月19日，朱德、张国焘致电徐向前、陈昌浩，认为阿坝仍需取得，一是财粮策源，必要时可助右路，二是可多辟北进道路，三是可作为后方根据地。而且大金川、大藏寺有三四条平行路向阿坝北进，人粮甚多，比芦花、毛儿盖好多了。

同一天，朱德、张国焘又致电徐向前、陈昌浩："查理寺情况不明，由查理寺至班佑路更不知。事实上，右路与左路联络困难，左路若不向阿坝攻击，将无粮并多番骑扰害。"

---

[1] 徐向前：《历史的回顾》，解放军出版社1988年版，第438—439页。
[2] 《中共中央文件选集》第十册，中央党校出版社1991年版，第541—542页。

张国焘⑯

这两封电报表明，张国焘是不准备放弃西进阿坝这条路线的。

为了进一步统一战略思想，确定今后的发展方向，8月20日，中央政治局在毛儿盖的一座喇嘛庙内召开扩大会议。参加会议的有：张闻天、毛泽东、博古、王稼祥、陈昌浩、凯丰、邓发、徐向前、李富春、聂荣臻、林彪、李先念十二人。朱德和张国焘因在前方指挥左路军攻阿坝，未能参加会议。周恩来因重病也未到会。

毛儿盖会议会址（四川阿坝）

会上，毛泽东首先作关于夏洮战役后的行动问题的报告，提出红军主力应向东向陕甘边界发展，不应向黄河以西。其理由是：

一、从敌情来说，如我们向黄河以西，敌人则在黄河以东筑封锁线，把我们限在黄河以西。这个地区虽然大，但多是草地、沙漠、人口也很少，将会发生很大的困难。因此，我们要迅速攻破敌人迫我向黄河以西的封锁计划，第一步占洮河流域，第二步占天水一带，第三步在平凉一带击敌，向陕西发展。求得在运动战中消灭敌人。

第十一章
会师后的分歧

二、从地形来说，由兰州至潼关一带地域广大，我们需要在广大的区域建立政权，创造后方。

三、从经济条件来说，西北要比黄河以东差，同时气候寒冷，给养困难。

四、从民族条件来说，黄河以西大部是回族、蒙族，汉族很少，我们到西边去，只能壮大回民的地方革命军，而不能扩大红军本身。

根据以上分析，毛泽东认为，夏洮战役的目的，主要是得到洮河流域的东岸。我们应以洮河流域为基础建立川陕甘革命根据地。因为这一区域，背靠草地，四川军阀很难来；西北靠黄河，便于作战；同时又可以黄河以西为退路。将来向东大大发展时，后方应移到甘肃东北与陕西交界的地区去。

陈昌浩、王稼祥、凯丰、林彪、博古、徐向前在发言中，一致表示同意毛泽东的意见。他们认为，向东是转入新的形势，向西是军事上及政治上的退却，这个问题是关系于前途的关键。为达到这一战略目的，左路军一定要向右路军靠拢。不过，与会者也充分估计到左路军不来与右路会合的可能性。

毛泽东在作会议讨论结论时再次强调：向东向西是一个关键。如果不采取积极方针，将要给敌人迫向西。所以我们应采取积极的向东的方针。左路军应向右路军靠拢，我们应坚决坚持向东打，以岷州洮河为中心向东发展，不应以一些困难而转移向西。会后，毛泽东起草了《关于目前战略方针之补充决定》。

毛儿盖会议是两河口会议和沙窝会议的继续。这次会议的重要性在于确定了夏洮战役后红军的发展方向是向东，而不是向西，从而对于克服张国焘的阻挠，促进红军北上起到了重要作用。

第十二章
矛盾扩大　铤而走险

1935年8月下旬，朱德、张国焘率左路军北上，拟经过诺尔盖大草原，与右路军会师于包座。

9月2日，左路军被草原上的噶曲河拦住了去路。本来不愿北上的张国焘，以此为借口，一方面电告中央河水上涨难以通过，一方面要求右路军折返松潘。此时，右路军先头部队已向俄界探路开进，中央迫切希望一、四方面军合力北上。但张国焘决心一意孤行，9月5日令左路军折返阿坝，彻底放弃了北上计划。

此后，中央与张国焘有多电往来，但张国焘不改初衷。在这种情况下，中央决定率右路军中的一方面军部队单独北上。

9月12日，中央政治局在俄界召开扩大会议，作出《关于张国焘同志的错误的决定》。在阿坝的张国焘，则召开大会公开了与中央的分歧，并通过《阿坝会议决定》，指责毛泽东、张闻天等人是右倾逃跑、破坏主力红军的团结。

9月15日，张国焘以"中国工农红军总政治部"的名义发布《大举南进政治保障计划》，提出"打到成都吃大米"的口号。

10月5日，张国焘在卓木碉召开有四十多人参加的高级干部会议，不顾朱德的反对，宣布另立中央。南下红军遭遇四川军阀的压迫，只能连续作战，虽然取得了一些重大胜利，但已经人困马乏。

11月19日拂晓，敌人组织了十几个旅的兵力，在飞机、大炮掩护下，从东、南、北三个方向向红军占领的百丈镇发起进攻。红军将士们与敌人搏杀七天七夜，终因寡不敌众，主阵地失守。此役毙、伤敌人一万五千人，红军也付出了伤亡近万人的代价。

百丈决战的失利，是南下红军从战略进攻被迫转为战略防御的转折点，也标志着张国焘南下方针的破产，不幸应了中央"南下是绝路"这句话。

第十二章
矛盾扩大　铤而走险

分　裂

1935年8月下旬，朱德、张国焘率左路军从卓克基北上，向阿坝前进。同张国焘合作共事，对朱德来说并不是一件容易的事。朱德后来曾回忆说：

> 张国焘这个人，在中央苏区的时候，一般的还不知道他是怎样的人。有些老同志对他印象都不好，但也没有谁说过他的坏话，因为他那时还是一个党的负责同志。也听说到他是一个"机会主义"，但到什么程度也不知道。
>
> 两河口会议后，在那儿革命军事委员会、党以及苏维埃政府代表们都开了会议，讨论了几天，作下了决议要继续北上。当面张国焘他并不提出反对，却在背后去阴谋来反对这个决议，不执行这个决议——当时我们还不了解他素来就是反对中央的这种情形。他开过会回去后马上鼓动自己部下的队伍来进行反对了……
>
> 当时他愿意北上，又不愿意北上的原因，就是想争官做……到了毛儿盖后，他悲观失望了，他感觉革命没有前途，拼命想往西，到西藏、青海，远远地去躲避战争，他却不晓得，在那里人口稀少，地理条件虽然好，只想巧取，采用脱离群众的办法。他最错误的观念是想到一个偏僻最落后的地方去建立根据地。中央完全否决了他这些意见，中央决定还是北上……
>
> 张国焘领导四方面军是一贯以个人为出发点，因此党的组织、军事上的组织也就很薄弱了。总之，一切都从个人出发，凡是反对他的，都要遭到他的征服，或者被赶走了，或者被杀掉了。这种机会主义路线和正确的路线是势不两立的，结果，他搞的党、政、军都集中在他一个人

> 手里，成为一个独裁者。[1]

张国焘这个"独裁者"，在与朱德共同领导左路军后，以个人意志挟制总部领导，以至于朱德等人正确的意见得不到贯彻，中央正确的指示得不到执行，最终酿成了分裂红军的恶果。

从卓克基向西北行至阿坝，中间要通过草地的边缘。秋天的草地点缀着五颜六色的花朵，但行进中的指战员们却来不及细细欣赏。因为脚下并非平坦的大道，而是经过畜群践踏的羊肠小道，这些小道被泛滥的河水纵横分割，不时会遇到低洼处形成的泥沼，人马稍有不慎，就会直陷下去再也不能上来。

毛儿盖会议当天，8月20日，徐向前、陈昌浩即致电朱德、张国焘，将毛儿盖会议精神扼要传达，提出"左路主力应速攻取阿坝，不然则向右路靠进，以便集中灭敌"。

8月21日，左路军王树声部攻占阿坝。同一天，陈昌浩、徐向前又致电朱德、张国焘：查理寺占后，阿坝已下，左路可以一部经阿坝，不待肃清该敌，只可迅速向目的地前进。中央局决定主要是以岷州为根据地向东发展，首先以岷、洮、哈达铺为主要目标，争取在洮河东岸与敌决战。今后的发展，或向文县、武县、成县、汉中县，向东南；或向天水、庆阳，向东北，当依当时情况决定。目前主力西向或争取西宁不当。

尚在西进途中的张国焘、朱德于8月22日到达安得山南，接到徐向前、陈昌浩的上述两封电报后，怎样决定今后行动方向的，后人不得而知。但从他们当天发给王树声的电报可以看出，当时张国焘对中央关于左路军向东行动的指示仍持保留态度，电文中要求王树声："主力由阿坝前进时，应留相当兵力巩固阿坝。"

8月24日，正在艰难地通过草地的右路军指挥徐向前、陈昌浩得知蒋介石命令胡宗南向岷州移动，敌周岩部第十七旅到隆德截堵红二十五军，夏河县已有马步芳部活动等敌情后，致电朱德、张国焘："右路军单独行动不能

---

[1] 金冲及主编：《朱德传》，中央文献出版社1993年版，第352–353页。

第十二章
矛盾扩大　铤而走险

彻底灭已备之敌，必须左路马上向右路靠进，或速走班佑，以便两路集中向夏、洮、岷进。主力合而后分，兵家大忌。前途所关，盼立决复示，迟疑则误尽中国革命大事"。[1]

同日，中共中央发出《关于目前战略方针之补充决定给左路军的通报》，再次强调左路军主力向东，而不能向西。

虽然迭接右路军方面的电报，张国焘却按兵不动。一直拖到8月30日，他才发出了左路军向班佑集中与右路军靠拢的命令。但仍指示："川康省委以阿坝为中心，瑞龙在阿坝，将来三十一军政治部亦开阿坝，大大开展工作，使阿坝成为苏区一部。"

张国焘留下部分力量在阿坝开展工作，并要将阿坝辟为苏区之一部，这显然与中央所要求的速攻阿坝后全力东进是不一致的。

8月30日，朱德、张国焘率左路军第一纵队离开阿坝，向东进入若尔盖大草原。

一望无际的大草原，水气弥漫，茫茫一片。脚下是终年浸泡在水里的烂草，踩上去软绵绵的，冒出枯草烂叶的气味。有些地方看上去与别处没什么两样，实际上却是很深的泥潭，人马一旦踏上去，就会很快向下陷，直到被泥潭吞没。草原的天气变化无常，一会儿晴，一会儿阴，一会儿细雨霏霏，一会儿暴雨冰雹。指战员们就在这样恶劣的条件下艰难地向前移动着，许多人被大草地夺去了生命。

右路军在徐向前、陈昌浩率领下，于8月末全部走出草地，尔后立即向敌人重兵防守的包座发起进攻。经过七八小时的激战，占领了包座，扫清了红军北上的障碍。

这时，甘肃南部的文县、武都、西固、岷县广大地区敌人兵力空虚，碉堡封锁线尚未筑成，正是红军北上陕甘的有利时机。9月1日，毛泽东、徐向前、陈昌浩联名电朱德、张国焘，催促左路军迅速出班佑向右路军靠拢。

9月2日，已在草地上行军三天的左路军，被一条名叫噶曲河的河流拦

---

[1]《中国工农红军第四方面军战史资料选编》（长征时期），解放军出版社1992年版，第132—133页。

张国焘传

红军走过的草地

住了去路。他们立即致电徐向前、陈昌浩，报告了情况，希望右路军能派工兵连在右岸架桥，接应左路军。[1]

这封电报和此后的电报虽然是以朱德、张国焘两个人名义发的，但朱德并没有签字。中共中央在1936年7月14日致共产国际书记处的报告中指出："朱德同志过去与中央完全一致，分离以来受国焘挟制，已没有单独发表意见的自由，但我们相信基本上也不会赞成国焘的。"朱德在1960年11月9日的谈话中明确说："到阿坝时，张就变了，不要北上，要全部南下，并发电报要把北上的队伍调回南下，我不同意，反对他，没有签字。"

9月3日，张国焘又发电报给徐、陈并转呈中央，完全改变了上封电报的口气，内容是：

（甲）上游侦察七十里，亦不能徒涉和架桥。各部粮食只能吃三天，二十五师只有两天，电台已粮绝。茫茫草地，前进不能，坐待自

---

[1] 此电及此后以朱、张名义发出的违背中共中央战略方针，以至反对党中央、分裂党和红军的电文，均系张国焘的错误主张，朱德是始终拥护中央、维护党和红军团结统一的。

第十二章
矛盾扩大　铤而走险

毙，无向导，结果痛苦如此，决于明晨分三天全赶回阿坝。

（乙）如此，已影响整个战局，上次毛儿盖粮绝，部队受大损；这次又强向班佑进，结果如此。再北进，不但时机已失，恐亦多阻碍。

（丙）拟乘势诱敌北进，右路军即乘胜回击松潘敌，左路备粮后亦向松潘进。时机迫切，须即决执行。[1]

噶曲河的水究竟大到什么程度，部队能不能过去？在噶曲河边又发生了什么事？当年朱德的警卫员潘开文在1999年1月7日接受我们采访时，回忆了当时的情况：

> 到噶曲河边后，支起了帐篷。总司令跟我们警卫排的这些人住一个帐篷，张国焘住一个帐篷，两个帐篷相邻。刚到的时候，水正在涨。就住了下来。老总一有功夫，就到河边上走走，有的时候就与干部谈话。
>
> 可能是住下的第二天，五军团团长董振堂就在张国焘的帐篷里谈话。在座的有黄超、张国焘、总司令、董振堂，还有什么人，记不清了。在谈话的过程中，只听黄超的声音很大。我们就靠近一点，看见黄超"啪、啪"打了董振堂几个耳光。当时张国焘没作声，老总也不好作声。但董振堂很沉住气，他什么也没有说。黄超是很嚣张的。静了一会儿，老总就出来了，董振堂跟着出来，进了老总的帐篷，他就掉泪了。老总就宽慰他。这个事情我们看到也很难过。[2]
>
> 董振堂走了后，老总一直在河边上转悠。这时他看到水比我们刚到的时候小了一点，就对我说："你骑马过去试试看。"于是我就骑上他的马，他的马高大一点。下到最深的地方，水刚到马肚子的地方。走到那边，水又浅了。老总看见以后，说："哎，这可以嘛！"从当时的水情看，说不深，也还困难一点，但要想办法，还是可以过的。第二次我们

---

[1]《中国工农红军第四方面军战史资料选编》（长征时期），解放军出版社1992年版，第139页。

[2] 从《康克清回忆录》（解放军出版社1993年版，第170页）看，这可能是一次讨论是否过河的会议，因董振堂坚持要过河，激怒了黄超，才遭到如此侮辱。

过噶曲河的时候，也是拉着绳子过的嘛。

老总看到能过，就同张国焘商量。张国焘说："那不行！"张国焘就是不同意。

另据陈明义回忆："在总部的一个帐篷里，张国焘和他的秘书同朱总吵，要朱总同意南下，态度很激烈。当时我是总部一局一科参谋，不知道他们吵得对不对，但总觉得他们用这样态度对待总司令不对。张国焘还煽动个别人给朱总施加压力，但朱总一直很镇静，他说他是一个共产党员，要服从中央，不能同意南下。"[1]

徐向前接到张国焘9月3日的电报后，就意识到张国焘是不同意北进方针的，实际上是要南下。因为，他很清楚，张国焘电报中所提的"理由"并不能成立。一是噶曲河涨水，无法徒涉和架桥。其实，四方面军有一支一百多人的造船队，正随左路军行动，就地取材，营造简便渡河工具，不成问题。二是所谓粮食缺乏。其实，阿坝一带，粮米较毛儿盖地区要多，张国焘以前也来电说过。徐向前根据右路军过草地的经历，认为：右路军从毛儿盖出发，每人只带了供两三天吃的炒青稞，还不是通过了草地！他们的粮食，绝不会比我们少，过草地有什么不行？更何况右路军还要派部队带粮接应他们呢？所以，他断定：张国焘这是找借口，与中央的北进方针相抗衡。[2]

这时，徐向前已令红一军一师为先头部队，向俄界地区探路开进。中央一方面急切地希望早日北上，一方面又焦急地等待张国焘回心转意，希望一、四方面军能够合力北上，共同创建川陕甘苏区。

但张国焘决心一意孤行，彻底放弃北进的方针。9月5日，已经到达噶曲河畔的左路军第一纵队，在张国焘的强令下，开始二过草地，折返阿坝。

左路军返阿坝，急坏了徐向前和陈昌浩。陈昌浩天天往中央驻地跑，希望能找出个妥善的办法来。

9月8日，徐向前、陈昌浩根据所掌握的情况，致电朱德、张国焘，

---

[1] 金冲及主编：《朱德传》，中央文献出版社1993年版，第355页。

[2] 见徐向前：《历史的回顾》，解放军出版社1988年版，第447页。

第十二章
矛盾扩大　铤而走险

提出"我们意以不分散主力为原则，左路速来北进为上策，右路南去南进为下策，万一左路若无法北进，只有实行下策。如能乘敌向北调时，取松潘、南坪仍为上策。请即明电中央局商议，我们决执行。"

徐向前、陈昌浩的电报明明要求张国焘与中央局商议后，再定北进或南下的问题。但张国焘根本没有与中央局商议的愿望，于当天复电徐、陈，命令"一、三军暂停留向罗达进，右路军即准备南下，立即设法解决南下的具体问题"。[1]

《徐向前元帅回忆录》。关于红一、四方面军的分歧内幕，这本书作了比较客观的记述

徐向前接到电报后，认为这表明党中央的北进和张国焘的南下之争已发展到针锋相对的明朗化地步，成为牵动全局的影响红军命运、前途的斗争焦点。于是他告诉陈昌浩：这样重大的的问题，不向中央报告不行，你还是跑一趟吧。陈昌浩马上带着电报去找中央局驻地。

一次紧急会议在周恩来的住处召开。参加会议的有毛泽东、张闻天、博古、周恩来、王稼祥、陈昌浩、徐向前共七人。会前，毛泽东等人已拟好了一份要张国焘执行中央北进指示的电文，会上念了一遍，要陈昌浩和徐向前表态。陈昌浩表示，同意电报的内容，建议力争左右两路军一道北上；如果不成，是否可以考虑南下。徐向前表示同意中央的意见。

接着，中央即以与会七人名义致电朱德、张国焘、刘伯承，严正指出左路军不应改道南下。电文说"左路军如果向南行动，则前途将极端不利"，因为"地形利于敌封锁，而不利于攻击"；"经济条件，绝对不能供养大军"；"北面被敌封锁，无战略退路"。"因此望兄等熟思深虑，立下决心，

---

[1]《中国工农红军第四方面军战史资料选编》（长征时期），解放军出版社1992年版，第141页。

张国焘

在阿坝、卓克基补充粮食后，改道北进。"[1]

9月9日，中央为再次争取张国焘北上，发出如下指示：

> 国焘同志并致徐、陈：
>
> 　　陈谈右路军南下电令，中央认为完全不适宜的。中央现恳切地指出，目前方针只有向北是出路，向南则敌情、地形、居民、给养都对我极端不利，将要使红军受空前未有之困难环境。中央认为北上方针绝对不应改变，左路军应速即北上，在东出不利时，可以西渡黄河，占领甘、青交通新地区，再向东发展。如何速复。[2]

然而，执迷不悟的张国焘根本不理会中央的一再要求。

9月9日24时，张国焘致电徐向前、陈昌浩并转周恩来、张闻天、博古、毛泽东、王稼祥，再次分析了敌我力量对比，认为只有南下才有出路。电报还明确表示："左右两路决不可分开行动，弟忠诚为党、为革命，自信不会胡说，如何？立候示遵。"[3]

也就是在这个关节点上，留下了张国焘历史上一个至关重要的问题：据说，9月9日这天，张国焘有一封要求徐向前、陈昌浩"武力解决中央"或威胁中央安全的"密电"。1937年3月，毛泽东在政治局会议上讲到，张国焘的电报中有"南下，彻底党内斗争"等语。但此电迄今未能找到。

徐向前生前在接受中共中央党史研究室有关同志访问时，曾就"密电"问题谈了如下看法：

> 　　1935年（左路军）南下时，张国焘是否发过"武力解决中央"的电报问题。1977年的文章[4]说有这样的电报，是不对的。我没有看过这样

---

[1]《中国工农红军第四方面军战史资料选编》（长征时期），解放军出版社1992年版，第142-143页。

[2]《中国工农红军第四方面军战史资料选编》（长征时期），解放军出版社1992年版，第144页。

[3]《中国工农红军第四方面军战史资料选编》（长征时期），解放军出版社1992年版，第144页。

[4] 指徐向前在1977年9月19日《人民日报》发表的《永远坚持党指挥枪的原则》。

第十二章
矛盾扩大　铤而走险

的电报。帮助我写文章的同志，是按照传统的说法写的。那时我很忙，对这个问题没有多加思索。有人认为我对这个问题很清楚，其实我对这个问题不清楚。在毛儿盖开会的时候，会议决定到川陕去搞根据地，于是才兵分两路北上（你们可能也看到张国焘写的《我的回忆》，他也谈到这点）。原来是决定一路走的。中央主张一路走，我和陈昌浩也是主张一路走，同中央红军一块走。但张国焘要把红四方面军分两路走，他有野心，想当头头。张国焘决定要把四方面军分两路走，我们是没有办法的，他是红军总政委，中央对他也没有办法，我们对他更没有办法。我和陈昌浩带四军、三十军到了包座，到了班佑、巴西一带，在巴西停下来。张国焘和朱老总、刘伯承同志带九军、三十一军到阿坝。我们在巴西停下以后，我和陈昌浩曾经给张国焘去过两次或三次电报，催他过河。我们说，草地久驻不行，一是外面敌人在调集兵力围追，二是我们这个地方吃饭也成问题。那时，驻巴西的四方面军天天都向中央报告，陈昌浩究竟每天向中央报告些什么，中央有什么指示，我也记不太清楚了。我们给张国焘的电报中还说，你们应该赶快过河（噶曲河），从阿坝快些来，争取时间出草地。最后我们还去电报说，你们实在不好走，我们派四军的三十一团带粮食去接应你们。而张国焘回电说，那里是草地，噶曲河下雨涨水，实在过不来。

接张国焘要我们南下的电报后，我们最大的错误就是同意南下。至于张国焘是否发过要用"武力解决中央"的电报，我负责地对你们说，我是没有看到过的。毛主席在延安讲过张国焘的危害。至于怎样危害，我们也不好问，我们也说危害。我们执行过张国焘路线，我们也不便怎么说。

至于"武力解决"的问题，这里有一个小插曲。一方面军和四方面军会师以后，我们四方面军文化太低，一方面军人才多，我们请求中央派人来红四方面军，中央就派了叶剑英同志来当参谋长，还有陈伯钧、张宗逊、彭绍辉等同志。"武力解决中央"的电报我是没有看到过的。当时，他们（一、三军团）夜里走了，我们不晓得。早上，前面部队打电话来，说他们走了，还筑了工事，放了警戒，打不打？当时接电话的是陈昌浩，他手中拿着话筒，面对我说："这事怎么办？"我肯定地对陈说："天下哪有红军打红军的道理？怎么说也不能打。"这句话是我亲口讲的，这是事实。我不回避上述的事实，我不隐瞒事实。

还有，我们那时候军队有保密制度，像这样机密的电报，是指定人译的。发给谁，译的人就直接拿给这位首长看；叫谁译就是谁译。这样的电报不是一般人可以看到的，不是什么人都可以看的，这是军队的保密制度。张国焘发的这类电报都是指定人译的，但谁译的我不知道。有没有这电报？谁看过？我也不知道。过去都是这样说的。但要南下的电报是有的，我们南下了，这是违反了纪律，我们承认错误。[1]

9月10日凌晨2时，中央率红一、红三军等部北上。
同日，徐向前、陈昌浩收到中央政治局发来的指令电，内容如下：

徐、陈：
　　一、目前战略方针之唯一正确的决定，为向北急进，其多方考虑之理由，已详屡次决定及电文。
　　二、八日朱张电令你们南下，显系违背中央累次之决定及电文，中央已另电朱张取消该电。
　　三、为不失时机的实现自己的战略计划，中央已令一方面军向罗达拉界前进，四、三十军归你们指挥，应于日内尾一、三军后前进，有策应一、三军之任务。以后右路军统归军委副主席周恩来同志指挥之。
　　四、本指令因张总政治委员不能实行政治委员之责任，违背中央战略方针，中央为贯彻自己之决定，特直接指令前敌指挥员（党员）及其政委并责成实现之。[2]

---

[1]《徐向前元帅生前的肺腑之言》，《炎黄春秋》1993年第一期。
[2]《中国工农红军第四方面军战史资料选编》（长征时期），解放军出版社1992年版，第144页。

第十二章
矛盾扩大　铤而走险

另立中央

1935年9月10日，中共中央发出《为执行北上方针告同志书》，指出：

> 目前形势完全有利于我们，无论如何不应该南下退回原路。南下是草地、雪山、老林，人口稀少，粮食缺乏，敌人在那里的堡垒线已经完成，我们无法通过，南下只能是挨冻挨饿，白白地牺牲生命，对革命没有一点利益，对于红军，南下是没有出路的。南下是绝路。只有中央的战略方针是唯一正确的，中央反对南下，主张北上，为红军为中国革命取得胜利。你们应坚决拥护中央的战略方针，迅速北上，创造川陕甘新苏区去。[1]

张国焘得知党中央率一方面军第一、三军团单独北上后，于9月10日发电给林彪、聂荣臻等人并转中央领导人，表示对中央此举不以为然，并称：一、四方面军会合后又分离，党内无论有何讨论，决不应如是。只要能团结一致，我们准备牺牲一切。一、三军刻已前开，如遇障碍仍请开回。不论北进南打，我们总要在一块，单独东进恐被敌击破。

9月10日，由四方面军政治部编印的《红旗》附刊第一期发表了一篇《为争取南下每一战役的全部胜利而斗争！》的未署名文章。此文从表面看是一篇动员南下的号召书，宣传张国焘南下的主张，但字里行间却透出杀机，有谁敢提出反对南下的意见吗？那他就是"反革命的造谣破坏"，等待他的就是"逮捕以至处决"。所以，尽管当时四方面军的许多指战员对南下想不通，但谁也不敢发表不同意见。张国焘以强大的政治高压态势和严密的政治组织纪律控制全军将士，才使他的分裂和南下计划得以实现。

9月11日，中共中央率红一军团到达迭部县达拉乡的高吉村，与先期到

---

[1]《中国工农红军第四方面军战史资料选编》（长征时期），解放军出版社1992年版，第146页。

张国焘

达的红三军团会合。当天,中央致电张国焘,命令左路军立刻北上。

张国焘接到中央电令后,不仅置若罔闻,拒不执行,反而于9月12日去电气势汹汹地责怪中央和一方面军:

> 一、据徐、陈报告:三军撤去脚丈寺、班佑警戒,乘夜秘密开走,次日胡敌有番反占班佑。三十团开班佑,在途与敌遭遇,团长负伤,伤亡百余。贯彻战略方针岂应如此。
>
> 二、红大已分裂,剑英、尚昆等均须(?)逃,兄等未留下一人在徐、陈处,用意安在。
>
> 三、兄等走后,次晨胡敌即知彭德怀部北窜,请注意反动乘机告密,党中央无论有何争执,决不可将军事行动泄之于敌。
>
> 四、诸兄不图领导全部红军,竟率一部秘密出走,其何以对国际和诸先烈。
>
> 五、弟自信能以革命利益为前提,虽至最严重关头,只须事实上能团结对敌,无不乐从。诸兄其何以至此,反(?)造分裂重反团结,敬候明教。"[1]

此电发出后,张国焘仍不罢休。同一天,他又给红一、红三军团负责人发去电报:

> (甲)一、三军单独东出,将成无止境的逃跑,将来真会悔之无及。
>
> (乙)望速归来受徐、陈指挥,南下首先赤化四川。该省终是我们的根据地。
>
> (丙)诸兄不看战士无冬衣,不拖死也会冻死。不图以战胜敌人为先决条件,只想转移较好地区,自欺欺人论真会断送一、三军的。诸兄其细思吾言。"[2]

---

[1]《中国工农红军第四方面军战史资料选编》(长征时期),解放军出版社1992年版,第148页。
[2]《中国工农红军第四方面军战史资料选编》(长征时期),解放军出版社1992年版,第149页。

第十二章
矛盾扩大　铤而走险

为了对张国焘坚持南下的错误主张进行揭露和批判，确定下一步的行动方针，中共中央政治局于9月12日召开了扩大会议。史称"俄界会议"。毛泽东在会上作了关于同红四方面军张国焘的争论与目前行动方针的报告。他指出：中央常委决定的向北发展的战略方针，请政治局批准。有同志反对这个方针，有其他机会主义的方针，代表是张国焘。中央同张国焘作过许多斗争，想了许多办法与他接近，纠正其军阀主义倾向，但是没有结果。

会上，有人提出要给张国焘作组织结论，开除其党籍。毛泽东说，对于张国焘，要尽可能做工作，争取他。最后作组织结论是必要的，但不应马上作。关于张国焘的错误及处理办法，毛泽东说，张国焘在通南巴苏区时已经犯了部分的严重错误；在粉碎四川敌人的六路进攻，退出通南巴苏区后，便形成了一条错误路线。张国焘的错误发展下去，可能成为军阀主义，或者反对中央，叛变革命。同张国焘的斗争，是两条路线的斗争，应采取党内斗争的方法处理。最后作组织结论是必要的，但现在还不要作，因为它关系到团结和争取整个四方面军的干部，也关系到一方面军在他那里的很多干部的安全。你开除他的党籍，他还是统率几万军队，还蒙蔽着几万军队，以后就不好见面了。我们要尽可能地做工作，争取他北上。[1] 与会同志一致同意毛泽东的报告。

会议最后通过了《关于张国焘同志的错误的决定》，指出：由于张国焘的机会主义与军阀主义的倾向，他对于党的中央，采取了绝对不可容许的态度。他对于中央的耐心的说服、解释、劝告与诱导，不但表示完全的拒绝，而且自己组织反党的小团体同中央进行公开的斗争，否认党的民主集中制的基本组织原则，漠视党的一切纪律，在群众面前任意破坏中央的威信。决议强调：政治局认为张国焘这种右倾机会主义与军阀主义的倾向是有着他的长期的历史根源的。这种倾向的发展与坚持，会使张国焘同志离开党。因此政治局认为必须采取一切具体办法纠正张国焘同志的严重错误，并号召红四方面军中的全体忠实于共产党的同志团结在党中央的周围，同这种倾向做坚决

---

[1] 见《毛泽东年谱》上卷，中央文献出版社2002年版，第472–474页。

张国焘[上]

的斗争，以巩固党与红军。[1]

根据俄界会议精神，中央再次致电张国焘、徐向前、陈昌浩，指出：一、四方面军目前行动不一致，而且发生分离行动的危险的原因，是由于总政委拒绝执行中央的战略方针，违抗中央的屡次训令与电令。总政委对于自己行为所产生的一切恶果，应该负绝对的责任。只有总政委放弃自己的错误立场，坚决执行中央的路线时，才说得上内部的团结与一致。一切外交的词句，绝不能掩饰这一真理，更欺骗不了全党与共产国际。中央先率领一、三军北上，只是为了实现中央自己的战略方针，并企图以自己的艰苦斗争，为左路军及右路军之四军、三十军开辟道路，以便利于他们的北上。张总政委不得中央的同意，私自把部队向对于红军极端危险的方向（阿坝及大小金川）调走，是逃跑主义最实际的表现，是使红军陷于日益削弱，而没有战略出路的罪恶行动。中央为了中国苏维埃革命的利益，再一次的要求张总政委立即取消南下的决心及命令，服从中央电令，具体部署左路军与四军、三十军之继续北进。[2]

张国焘此时已经利令智昏，非但不听中央的劝告，反而在军内大造反对党中央的舆论。他扬言中央率孤军北上，不拖死也会冻死；并且预言一、三军一定不能北上，一定会被消灭、葬送。

习惯于"老子天下第一"的张国焘，对中央拒绝南下、单独北上的行动恼羞成怒，他从噶曲河返至阿坝后，即利用各种场合制造反党舆论。对于张国焘的这种举动，朱德总司令坚决反对，因而也遭到张国焘等人的攻击。

几乎在中央政治局召开俄界扩大会议的同时，张国焘在阿坝召开了川康省委及红军中党的活动分子会议。

在阿坝的一个喇嘛寺——格尔登寺的大殿里，挂着"反对毛、周、张、博向北逃跑"的大横幅。张国焘主持会议并首先讲话，他攻击党中央率一、

---

[1] 见《中共中央文件选集》第十册，第556–558页。这个决定作出后，中央出于与张国焘斗争的策略考虑，当时没有立即公布。到1935年12月间，才在党的中央委员范围内公布，在一方面军高级干部中口头传达。

[2] 见《中国工农红军第四方面军战史资料选编》（长征时期），解放军出版社1992年版，第155页。

第十二章
矛盾扩大　铤而走险

格尔登寺（四川阿坝）

三军北上是逃跑主义，极力鼓吹他的南下方针如何正确。时任川陕省苏维埃政府副主席的余洪远回忆这次会议的情景时说：

> 会议的发言很乱，而且总是带着质问的口气："北上是右倾逃跑，是错误的！""什么北上抗日，完全是逃跑主义！"你一言，他一语，嗓子很高，"帽子"满天飞。我一听这乱哄哄的发言，更感到气味不对。我忙看看朱总司令，他从容镇定地坐在那里听着发言，时而翻翻放在面前的一本书，时而扭转头去看看坐在他旁边的张国焘。张国焘在众目睽睽之下，一个劲地喝水。当人们发言不积极的时候，张国焘就装腔作势地说："同志们，还有什么意见呀？有意见就讲嘛？"他的话里带着明显的煽动。
>
> 接着，又是一阵起哄、围攻，有的甚至拍桌质问："朱德同志，你必须同毛泽东向北逃跑的错误划清界限！""你必须当众表示态度！反对毛泽东、周恩来他们北上抗日的决议！"
>
> 停了一会，朱总司令发言了。他镇定自若、和颜悦色地说："中央决定北上抗日是正确的。现在日本帝国主义侵占了我国的东三省，我们红军在这民族危亡的关头，应该担当起抗日救国的重任。我是个共产党

员，参加了中央的会议，举手赞成这一决定，我不能出尔反尔，反对中央的决定。我和毛泽东同志从井冈山会师以来就在一起，他挽救了党和红军的命运，我是完全信得过他的。人家都叫'朱毛，朱毛'，我朱德怎么能反毛泽东？遵义会议上确立了毛泽东同志在党和红军中的领导地位，我不能反对遵义会议的决定。"

朱总司令转过头，问张国焘："遵义会议精神，中央曾电四方面军，你看到电报了吗？"张国焘支吾不语，只是点了点头，然后，凶相毕露地说："你必须回答大家提出的问题，承认毛泽东他们北上是逃跑！"朱总司令大义凛然地对张国焘说："我再重复一下，中央北上抗日的决定是正确的，我绝不会反对。毛泽东同志我信得过，你可以把我劈成两半，但你绝对割不断我和毛泽东同志的关系！"[1]

张国焘想借这次会议争取朱德共同反对中央北上的企图并没有达到，但他造成的声讨毛、周、张、博的声势仍然起到了很大的煽动作用。会议通过的《阿坝会议决定》中说："目前的革命形势是革命正处于两个高潮之间的低潮时期，党的任务是组织好革命有秩序地总退却。可是，现在还有人要同国民党搞什么统一战线，北上抗日，那纯粹是小资产阶级的幻想，实际上是逃跑主义。"《决定》还声言："中央政治局一部分同志，毛、洛、博、周等同志，继续他们的右倾机会主义的逃跑路线，不顾中国革命的利益，破坏红军的指挥系统，破坏主力红军的团结，实行逃跑。"决议还提出对反对张国焘路线的、经过斗争和教育仍不转变的分子，要给以"纪律制裁"。

1935年9月15日，张国焘以"中国工农红军总政治部"的名义，发布了《大举南进政治保障计划》。9月17日，张国焘发布南下命令，提出"大举南下，打到成都吃大米"的口号。

在张国焘的命令下，徐向前、陈昌浩带领的第四军和第三十军从巴西地区南下，二次踏入草地。10月初，由徐、陈带领的部队和左路军在党坝

---

[1] 余洪远：《"南下是没有出路的！"——回忆敬爱的朱总司令》，《红旗飘飘》第二十一辑。

第十二章
矛盾扩大 铤而走险

会合。

10月5日，张国焘在理番县卓木碉[1]乡的白赊寨一座喇嘛寺庙内，召开了有40多人参加的高级干部会议。史称"卓木碉会议"。会上，张国焘提出了蓄谋已久的"另立中央"的要求。张国焘在讲话中攻击中央是右倾逃跑主义路线，是分裂红军的罪魁祸首，然后说："中央已威信扫地，失去了领导全党的资格。我认为，我们应该仿效列宁与第二国际决裂的办法，组成新的临时中央。"

张国焘突然提出另立中央，这是与会人员根本没有想到的。徐向前说，另立中央的事，来得这么突然，人们都傻了眼。就连南下以来，一路上尽说中央如何如何的陈昌浩，似乎也无思想准备，没有立即表态支持张国焘。会场的气氛既紧张又沉闷，谁都不想开头一"炮"。

张国焘见此情景，便先指定一方面军的一位干部发言。这位同志在长征途中，一直对中央领导有意见，列举了一些具体事例，讲得很激动。四方面军的同志闻所未闻，不禁为之哗然。大家你一言，我一语，责备和埋怨中央的气氛，达到了高潮。[2]

张国焘看看大家激动的样子，心里掠过一阵快意，他认为在这种情况下，朱德是不会违背众意的。于是，他要朱德对另立中央的事表态。

朱德静静地环视了一下会场，然后平心静气地说："大敌当前，要讲团结嘛！天下红军是一家。中国工农红军在党中央统一领导下，是个整体。不论发生多大的事，都是红军内部的问题，大家要冷静，要找出解决的办法来，可不能叫蒋介石看我们的热闹！"

朱德的话犹如给张国焘浇了一瓢冷水。他不甘心，又让刘伯承表态。刘伯承也讲目前革命正处于困难时期，应该讲团结，不要搞分裂。

张国焘见此，心里很恼火，但又不便发作，便阴沉着脸，宣布成立临时"中央委员会""中央政治局""中央书记处""中央军事委员会""中央政府""共青团中央"。"临时中央"主席由张国焘担任；为了借重朱德的声

---

[1] 卓木碉，本名为"脚木足"，在其辖区内的白赊寨，矗立着雄伟的石碉。所以，张国焘把这次会议称为卓（音跟"脚"近似）木碉会议。

[2] 徐向前：《历史的回顾》，解放军出版社1988年版，第459页。

张国焘（上）

望，他宣布朱德为"中央委员""中央政治局委员""中央书记处书记"。会议以多数通过的名义，形成了决议。

这时，朱德站起来严正声明："我按党员规矩，保留意见，以个人名义做革命工作。"[1]

卓木碉会议在宣布成立"临时中央"的同时，还通过决议，宣布毛泽东、周恩来、博古、洛甫应撤销工作，开除中央委员及党籍，并下令通缉。杨尚昆、叶剑英应免职查办。

张国焘另立"中央"，不仅遭到朱德、刘伯承的抵制，就是一直跟随他的四方面军干部，也有许多人想不通。徐向前就毫不客气地对张国焘说："党内有分歧，谁是谁非，可以慢慢谈，总会谈通的。把中央骂得一钱不值，开除这个，通缉那个，只能使亲者痛，仇者快，即使是中央有些做法欠妥，我们也不能这样搞。现在弄成两个中央，如被敌人知道有什么好处嘛！"[2]

张国焘本想通过另立中央加强他对部队的控制，没料到事与愿违。长期以来，张国焘靠着自己许多令人炫目的头衔，培养了四方面军指战员对他的崇拜心理。但是，自从他另立中央后，人们对他的崇拜心理开始动摇。这是一种张国焘无法控制的情绪，它一旦产生，就会很快增长起来。

张国焘另立"中央"，制造了党的分裂，而他自己并没有从中捞到任何好处。相反，他所立的"中央"，却像一个沉重的包袱，压在他的身上，使他有一种难以解脱的负重感。这种负重感既来自周围的压力，更来自远方共产国际的压力。中国共产党是共产国际的一个支部，中共领导人的任命要经过共产国际批准，对此张国焘是再清楚不过的了。现在他私自设立"中央"，共产国际能批准吗？如果共产国际不批准，他的中央又算什么"中央"？怎样行使中央的职权呢？对此，他不免顾虑重重，寝食难安。

使张国焘感到为难的另一个原因，是朱德等人坚决不支持他的"临时中央"。朱德在党和红军中的威望，张国焘是知道的。张国焘虽然向来权力欲强烈，比较霸道，但对朱德这块难啃的骨头还是怵头的。自从他另立中央

---

[1] 见金冲及主编：《朱德传》，中央文献出版社2002年版，第359—360页。
[2] 徐向前：《历史的回顾》，解放军出版社1988年版，第460页。

第十二章
矛盾扩大　铤而走险

后,朱德就在这个问题上与他唱对台戏。只要一有机会,朱德就指出他的所谓"中央"并不是中央,应该服从党中央的领导,不能另起炉灶,闹独立性。张国焘虽然能找出各种理由为自己辩解,但总是气不壮,理不直,仿佛自己比朱德矮了半截。他说服不了朱德,也不敢过于得罪朱德。因为他知道,没有朱德的支持,他的中央也好,军委也好,都只能是徒有其名。而朱德在坚持原则的前提下,总是不断地警告他,开导他,使得他心中很是忐忑。

由于朱德等人的反对和制约,张国焘的"中央"始终未能行使其"中央"的权力,就连张国焘自己后来也觉得自己的"中央"是个怪物,自己另立"中央"只不过是一场闹剧而已。他说:

> 我觉得事态发展至此,中共中央固然难辞其咎,但莫斯科的死硬作法,确是逼使我们走到这个牛角尖的主因。其实,我们中国共产主义者无论在一起或暂时分离,总是背靠背在作战;我们有争执,但也互相依存。我们当时最主要的问题是生存与死亡,我们主要的努力,也始终是对付敌人,任何时候,也不会因内争而忽略了对外。因此,这次分裂也不过是中共奋斗史上的一个插曲。[1]

南下是死路

在张国焘的命令下,红四方面军和一方面军的第五、第三十二军踏上了南下的征程。

国民党川军得悉红军南下,立即沿大、小金川布防:其第二十四军两个旅,位于大金川沿岸之绥靖、崇化、丹巴一线;第二十军四个旅另一个团,位于小金川沿岸之懋功、抚边、达维一线;第二十八军一个团驻守抚边以东之日隆关等地,企图凭借高山峡谷,阻止红军南下。

为了打开通往天全、芦山的道路,实现在川康边创建根据地的计划,

---

[1] 张国焘:《我的回忆》(第三册),现代史料编刊社1980年版,第273–274页。

张国焘

1935年10月7日，张国焘发布了《绥（靖）崇（化）丹（巴）懋（功）战役计划》，令红四方面军副总指挥王树声率第九军第二十五师、第三十一军第九十三师及第五军组成右纵队，沿大金川右岸前进，强占绥靖、丹巴；红四方面军总指挥徐向前、政治委员陈昌浩率第四、第三十、第三十二军及第九军第二十七师大部组成左纵队，出大金川以东地区，夺取崇化、懋功。

10月8日，左右两纵队开始行动。右纵队第九军第二十五师在绥靖以北强渡观音河受阻后，方面军总部调整部署，以左纵队第四军从党坝地区强渡大金川。10月11日，第四军渡河成功后即沿右岸疾进，12日克绥靖，击溃守军两个团，继续向南发展，16日攻克丹巴县城。第三十军于11日渡过党坝河，15日占崇化。第九军第二十七师于15日夜对绥靖以东两河口之第二十军第七旅发起攻击，激战三小时将其击溃，并连夜追击，于16日克抚边，歼其两个营大部，19日夜袭占达维，击溃第二十军第四旅。20日，红三十军一部攻克懋功，守军第二十军两个旅向夹金山以南溃逃，进占达维之红九军第二十七师主动截击，俘获甚多，接着该师迅速向东南发展，连占日隆关、巴郎关、火烧坪、邓生等地。至此，绥崇丹懋战役结束。

此役，红四方面军击溃敌杨森、刘文辉部六个旅，毙、俘敌三千余人，占领了懋功、丹巴两城及懋功属之绥靖、崇化、抚边三屯和达维、日隆关等要镇，取得了南下初战的胜利。

绥崇丹懋战役是在地理位置十分复杂的大小金川地区进行，这里到处是深山绝壁和峡谷急流。红四方面军在两过草地之后，减员很大，未得到休整。将士们以坚忍不拔的毅力和迅速果敢的行动，运用夜摸、奇袭和小部队大胆迂回等战术，有的部队七天五战，疾进五百余里，以疾风暴雨般的攻势打败了据险坚守的敌军。

绥崇丹懋战役后，四川军阀再次调整防务，以第二十四军防守四川省和西康省（今分属四川、西藏）边界的金汤镇及泸定至汉源、雅安一线；以第二十军防守宝兴至大硗碛一线；以第四十五军防守宝兴东北大川场至水磨沟一线；以模范师九个团集中天全、芦山待机；另从绵竹等地抽调十八个团向西增援。

10月22日，张国焘下达《天（全）芦（山）名（山）雅（安）邛

第十二章
矛盾扩大　铤而走险

（崃）大（邑）战役计划》。

10月24日，红四方面军翻越终年积雪的夹金山后，分左中右三个纵队向宝兴、天全、芦山守军发起进攻。11月1日，由第三十军、第三十一军第九十三师、第九军第二十五师组成的中纵队攻占宝兴，击溃第二十军之三个旅，乘胜进占灵关镇，继又挫败敌模范师一个旅又一个团的阻击，直逼芦山城下。沿途俘敌一千余人，缴获步枪两千余支、轻重机枪五十余挺。

与此同时，左右两纵队日夜兼程疾进。11月7日，由第四、第三十二军组成的左纵队攻占大川场，歼敌第四十五军一个旅一部，前锋抵进邛崃县境。由第九军第二十七师组成的右纵队攻克金汤镇后，再攻天全以西之紫石关、大岗山，击溃敌模范师一个旅，11月10日攻占天全县城，随即向东迂回，协同中纵队包围芦山城。

刘湘为解芦山之围，急令独立旅从名山地区西援。第三十军、第九军各一部当即分两路实施钳击，将其歼灭。继克名山西北之五家口镇，歼守军一个团。11月12日，芦山守军弃城撤逃，红军进占该城。

至此，红军经十余日作战，攻占了邛崃山以西、大渡河以东、青衣江以北和懋功以南的川康两省边界大片地区，毙伤俘川军一万余人，击落飞机一架。随后，红四方面军乘胜向名山、邛崃地区进击，东下川西平原。

四方面军南下战役的顺利进行，使张国焘十分欣喜。11月12日，他致电一方面军领导人及中央，称红军南下作战的胜利"打开了川西门户，奠定了建立川康苏区胜利的基础，证明了向南不利为胡说，达到了配合长江一带的苏区红军发展的战略任务，这是进攻路线的胜利。"[1]

红军南下战役取得重大胜利，令蒋介石和刘湘十分恐慌。蒋介石急令他的嫡系部队薛岳两个军迅速参加对红四方面军的围攻。刘湘也纠集了一切可能抽调的力量，以阻止红军凌厉的攻势，屏障成都平原。

在刘湘的紧急命令下，川军主力第二十一、第二十三、第四十四军各一部及第一〇四师星夜赶赴名山及其东北的夹门关、太和场、石碑岗地区集结，连同当地原有的守军，合计兵力达八十余团共二十多万人。此外，刘湘

---

[1]《中国工农红军第四方面军战史资料选编》（长征时期），解放军出版社1992年版，第266页。

还组织了地主、土匪、袍哥武装参战。此时，敌强我弱的形势非常明显。南下方针已经显露出其失败的端倪。

红四方面军领导人对川军死保川西平原的决心和作战能力估计不足，认为川军是红军的老对手，对付川军，红军还是有把握的。于是决定从名山和邛崃间的通道上，实施夜袭突破，完全切断两城敌军的联系，进而围攻名山，吸打邛崃方向的援敌，相机发动攻势，打到岷江西岸，控制青衣江以北、岷江以西、邛崃以南的三角地带。

11月13日攻击开始，红军进展还较顺利。红四方面军以中纵队全部及右纵队第四军共十五个团的兵力，由五家口向东攻击，14日击溃守军暂编第二师两个团，占朱家场、太和场。16日攻占名山东北的要镇百丈，打退川军六个旅的反扑后，沿百丈至邛崃大路攻击前进，相继占领黑竹关、治安场、王店子。

11月19日拂晓，敌人组织了十几个旅的兵力，在飞机、大炮掩护下，从东、南、北三个方向向红军占领的百丈镇发起进攻。

刘湘为了保住成都，向川军下了死命令，要川军拼死夺回百丈，援救名

百丈关战役纪念馆（四川雅安）

第十二章
矛盾扩大　铤而走险

山守敌，临阵不前者，一律就地枪决。所以，川军表现出了少有的凶猛。战斗一打响，敌人即集中强大炮火，向红军突出于百丈地区十余里长的弧形阵地猛烈轰击，还派出成批的飞机疯狂地向红军阵地投弹轰炸。在大炮、飞机的掩护下，整团整营的敌军轮番向红军阵地猛攻。广大红军指战员忍受着疲劳和寒冷，与优势之敌展开了浴血苦战，打退了敌人一次次的进攻。

百丈的周围是大片起伏的丘陵和稻田，地形开阔，无险可依。部队在开阔地带运动和作战，不易隐蔽，又缺少对付敌机的炮火，所以伤亡甚大。红军指战员们拼死坚守阵地，消灭了大量敌人。但由于该地交通方便，敌人调兵迅速，后续力量不断增加，攻势丝毫未减。

一场恶战在百丈进行着。水田里、山丘上、深沟中，都成了敌我相拼的战场。杀声震天，尸骨错列。

经过七天七夜的搏杀，红军共毙、伤敌人一万五千人，但终因寡不敌众，主阵地被敌人突破，红军付出了伤亡近万人的代价。

在这种情况下，长期固守阵地与敌拼消耗显然不利。因此，总部命令红军撤出百丈一带阵地。天芦名雅邛大战役至此结束。

百丈决战的失利，是南下红军从战略进攻被迫转为战略防御的转折点，也标志着张国焘南下方针的破产。

这时，由于四川军阀主力的严密封锁，红军东进、南出均不可能，处境极为被动，只得以巩固天全、芦山、宝兴、丹巴地区为中心任务，在这一带与敌对峙，同时发动群众，准备过冬。这一带多为藏族聚居区和汉藏杂居区，由于历史上历代政府大汉族主义的统治，民族之间隔阂甚深。藏族中的反动分子，不仅组织反动武装反对红军，还利用一切机会煽动和威胁群众不与红军合作。因而，红军在这里始终未能形成巩固的根据地。

老天爷似乎也专门和红军作对。时值冬季，天气异常寒冷，红军所在的宝兴、天全、芦山等地，下了多年未遇的大雪。部队派出筹集粮食、牦牛的人员，大都得了雪盲症，有些人冻死在雪地上。这一带本来就人口稀少，物产贫乏，数万大军在此辗转作战，更难以满足兵员、粮食、被服补给的要求，部队多以野菜、土豆充饥，最好的时候每日也只能吃到两稀一干。再加上敌军重兵压迫，战斗不止，当地虽有一些群众参军，但补充不了红军由于战斗和疾病的大量减员，有生力量日渐削弱。

南下红军的艰难处境，充分证明张国焘的南下方针是行不通的，中央关于"南下是绝路"的预见是正确的。

与南下红军的百丈失利形成鲜明对照的是，北上红军在党中央领导下，取得了直罗镇战斗的胜利，全歼敌人一个师。当党中央把这个消息电告前敌总指挥部后，徐向前高兴地拿着电报去找张国焘，对他说："中央红军打了大胜仗，咱们出个捷报，发给部队，鼓舞鼓舞士气吧！"张国焘听后反应冷淡。

几天后，这个消息还是在小报上登了出来。四方面军的干部战士看到了这个消息，联想到南下以来的艰苦卓绝的战斗，尤其是百丈战斗失利后的困境，愈发感到南下方针是错误的。不少同志在私下议论，认为南下没有出路，还是应该执行中央北上的方针。

一种强烈要求北上的思想情绪开始在南下红军中悄悄酝酿。

| 第十三章 |
曲折的北上路

百丈失利、南下碰壁并未使张国焘改变与中央抗衡的决心。12月5日，张国焘向已经到达陕北的党中央发电，提出以后他将用"党中央"的名义与陕北发生关系，而陕北则应称"北方局"，"不得再冒用党中央名义"。

针对张国焘的狂妄行为，1936年1月22日，中共中央政治局常委扩大会通过《关于张国焘同志成立第二"中央"的决定》，认为他的做法"无异于自绝于党"。但为了争取张国焘，从莫斯科到陕北的林育英以共产国际代表名义出面劝说。

在多种压力之下，张国焘于6月6日宣布取消第二中央。7月1日，红二、四方面军会合后，决定共同北上。

途中，张国焘因担心到陕北后中央要追究他的政治问题，企图改变行军计划，拖延北上，但遭到朱德等人的抵制。

10月10日，张国焘抵达会宁城。会宁会师，结束了红四方面军艰难曲折的长征，也使张国焘从权力的顶峰跌入谷底。

按照中央部署，10月下旬，徐向前、陈昌浩率五军、九军、三十军及四方面军总部共两万一千八百人西渡黄河，执行宁夏战役计划，从此开始艰苦卓绝的孤军奋战。

在西路军征战的过程中，张国焘除了与其他人共同署名向西路军发出电报外，以他个人署名发给西路军的电报有两封，都是要求徐向前、陈昌浩服从中央命令，听从中央指挥，克服困难，完成任务。

深入河西走廊的西路军，遭到马步芳、马步青等部的围追"兜剿"。西路军与马家军血战高台、倪家营等地，由于无根据地作依托，又无兵员、物资的补充，将士们虽然不怕牺牲，浴血奋战，毙伤俘敌约两万五千余人，但在敌众我寡、弹尽粮绝的情况下，最终遭到惨败。

第十三章
曲折的北上路

争取张国焘

1931年九一八事变后，东北三省沦陷，日本侵略者进而侵占冀东二十二个县和察哈尔省北部，并策划了"华北五省自治运动"。1935年12月9日，北平爆发了大规模的抗日救亡运动，矛头直指日本帝国主义和蒋介石国民党的不抵抗政策。运动迅速向全国漫延，其势如波涛汹涌，标志着全国抗日民主运动新高潮的到来。

形势的变化要求中国共产党迅速调整战略方针，以适应国际国内新形势。恰在这时，中共驻赤色职工国际代表林育英（化名张浩）由莫斯科回国，到达中共中央所在地——保安。

12月17日，中共中央在陕北子长县的瓦窑堡召开政治局扩大会议。会上，林育英传达了共产国际第七次代表大会的精神。在毛泽东的主持下，会议分析了华北事变后国内阶级关系的新变化，讨论了抗日民族统一战线、国防政府和抗日联军等问题，批判了党内长期存在着的"左"倾关门主义，制定了抗日民族统一战线的策略方针。12月25日，会议通过了《中共中央关于目前政治形势与党的任务的决议》。《决议》指出，目前党的策略任务是发动、团结和组织全中国和全民族一切革命力量去反对主要敌人日本帝国主义。

此时，远在四川的张国焘正纠结于如何使他的"中央"成为正统。自另立"中央"以来，张国焘对南下部队的命令，多以第二"中央"的名义发出。百丈失利、南下碰壁并未使他改变与中央抗衡的决心。

12月5日，在陕北的党中央接到这样一个电报：

　　甲、此间已用党中央、少共中央、中央政府、中央军委、总司令部等名义对外发表文件，并和你们发生关系；

乙、你们应称北方局、陕北政府和北路军，不得再冒用党中央名义；

丙、一、四方面军名义应取消；

丁、你们应将北方局、北路军和政权组织状况报告前来，以便批准。[1]

12月18日，张国焘致电林彪转林育英，指责毛泽东、周恩来等为"右倾机会主义"，北上行动是"逃跑"，要求"尽力反毛周路线"，并要陕北苏区及红军接受他的领导。

林育英于12月22日致电张国焘，要求他维护党内团结，一致对敌。电文指出：党内争论，目前不应弄得太尖锐，因为目前的问题是一致反对敌人。

张国焘对陕北来电不予理睬，不顾团结大局，仍然重弹他所谓"反机会主义"的老调。1936年1月6日，张国焘致电林育英，指出所谓"反党的机会主义路线"的种种错误，并说这些错误若不揭发，党就不能成为列宁主义的党。

1月16日，林育英致电张国焘："共产国际派我来解决一、四方面军问题"，"我已带有密码与国际通电，兄如有电交国际，弟可代转"。

接到林育英这一电报后，张国焘于1月20日复电，疑心重重："是否允许你来电自由？为何不将国际决议直告？"他还再一次要求中共中央取

林育英对制止张国焘继续分裂中央起到了至关重要的作用

---

[1]《中国工农红军第四方面军战史资料选编》（长征时期），解放军出版社1992年版，第286页。

第十三章
曲折的北上路

消中央名义。

针对张国焘屡次要求中共中央取消名义，而以他另立的"中央"取而代之的狂妄行为，1月22日，中共中央政治局常委扩大会通过《关于张国焘同志成立第二"中央"的决定》，指出：

> 张国焘同志自同中央决裂后，最近在红四方面军中公开成立了他自己的"党中央""中央政府""中央革命军事委员会"与"团的中央"。张国焘同志这种成立第二党的倾向，无异于自绝于党，自绝于中国革命。党中央除去电命令张国焘同志立刻取消他的一切"中央"，放弃一切反党的倾向外，特决定在党内公布一九三五年九月十二日中央政治局在俄界的决定。[1]

1月24日，林育英致电张国焘、朱德，明确指出："共产国际完全同意于中国党中央的政治路线。……兄处可即成立西南局直属代表团，兄等对中央的原则上争论可提交国际解决。"

同日，张闻天致电朱德，一方面表示尊重朱德与张国焘等人，希望张国焘"放弃第二党"；一方面表示张国焘等可成立西南局，直属国际代表团，暂时与党中央发生横向的关系。[2]

对于中央在组织关系问题上作出的大让步，张国焘并不满足。1月27日，他致电林育英和张闻天，提出："强迫此间承认兄处中央和正统，不过在党史中留下一个不良痕迹，一方让步，必是种下派别痕迹的恶根……"他还打出"急谋党内统一"的旗号，提出"此时或由国际代表暂代中央，如一时不能召集七次大会，由国际和代表团商同我们双方意见，重新宣布政治局的组成和指导方法，亦可兄处和此间同时改为西北局和西南局"。[3]

---

[1]《中国工农红军第四方面军战史资料选编》（长征时期），解放军出版社1992年版，第328页。

[2] 林育英、张闻天电报见《中国工农红军第四方面军战史资料选编》（长征时期），解放军出版社1992年版，第328–329页。

[3]《中国工农红军第四方面军战史资料选编》（长征时期），解放军出版社1992年版，第331–332页。

张国焘 ⑮

可以看出，张国焘的意思是，即使他的第二"中央"无法得到承认，也不能再服从于党中央的领导，至少他应该和陕北的中央领导人平起平坐，共同服从于共产国际。不过，这封电报也反映出，张国焘坚持第二"中央"的决心已经动摇。

瓦窑堡会议后，中央向张国焘转达了会议精神。1月28日，张国焘在红四方面军总部所在地任家堡召开了各机关活动分子会议，重点传达中共中央政治局瓦窑堡会议精神，并作了《关于民族革命的高潮与党的策略路线》的报告，他根据自己对党的统一战线策略的理解，对这个问题作了详细的阐释。

中共中央统一战线策略的制定和对四方面军的不断关怀，连同四方面军《红色战场》报上不断刊载的陕北红军的战斗捷报，在部队里引起了强烈反响。尽管张国仍然认为中央执行的是机会主义路线，但陕北红军胜利的消息却使他的说法不攻自破。而张国焘分裂党和红军，南下碰壁的事实，也从反面教育和提醒了广大指战员。因此，要求维护党的团结，要求北上抗日与中央会合的情绪日益高涨。

此时，张国焘虽在电报中仍坚持与中央平分秋色，同受国际领导，但他内心是很矛盾的，不稳定的。与毛泽东等人相比，他显然落了下风。在政治方面，毛泽东等人得到了林育英这个共产国际代表的支持，他们根据共产国际"七大"精神制定的抗日民族统一战线政策，符合国情，深得人心，虽然张国焘可以拿自己的入川纲领、西北联邦政府来自慰，但这些毕竟没有理论上的系统性，也没有在全国产生效应。现在，由于大势所趋，他对毛泽东等人的正确策略不得不采取拥护的态度。而林育英也好，陕北的同志也好，都有捐弃前嫌，急谋党内统一的要求。与他一起南下的朱德、刘伯承、徐向前更是反对他的分裂行为，甚至一向支持他的陈昌浩，此时也改变了态度，使他在政治上成了孤家寡人。在军事上，他曾认为毛泽东等人率军北上是死路一条，不料，他们不仅没有被拖死冻死，反而发展壮大起来，有了坚固的根据地。而由他命令南下的部队，虽然一开始打了一些胜仗，但百丈战斗的严重失利，使部队处于困境之中。两相对比，优劣分明。再拿搞统一战线来说，陕北方面在争取张学良的工作上已有了很大的成就，而张国焘虽然向西

第十三章
曲折的北上路

南军阀发出号召，要求一致抗日，但对方却毫无反应。所以，张国焘不得不承认："我自己在党内的地位开始转居劣势"[1]。

1936年2月初，敌人集中了薛岳等部六七个师及川军主力，开始向天全、芦山地区大举进犯。南下红军处于前有强敌，后无根据地的困境。粮弹得不到补充，仗打得十分艰苦。

2月14日，林育英、张闻天致电朱德、张国焘，对南下红军的战略行动提出三个方案供选择：第一为北上陕甘；第二为就地发展；第三为南下转战。电报中说，中央认为第一方案为上策。[2]

南下红军领导人讨论的结果，一致赞同北上的方案。张国焘此时也同意北上，因为林育英在电报里说，斯大林希望主力红军向北发展，靠近苏联，与苏联红军联合抗日。

2月中旬，南下红军分三路撤离天全、芦山、宝兴地区，向道孚、炉霍、甘孜进军。红军翻过夹金山，跨过铁索桥，爬过大雪山，受尽了千难万苦，于3月1日到达道孚。3月15日又攻克炉霍，设总部机关于此。

至4月上旬，红军控制了东起丹巴，西至甘孜，南达瞻化、泰宁，北连草地的大片地区。总部原来的计划是不在此地久留，筹集到足够的物品后，立即北上。但此时红二、六军团正通过电台联系，向红四方面军靠拢。这样，四方面军为迎接红二、六军团，便在原地休整、训练。这期间，部队整编为六个军[3]，十九个师，共四万余人。一方面军的第五军、第三十二军也正式编为四方面军的第五军、第三十二军。

远在陕北的党中央对于红四方面军与红二、六军团的会合十分关切。为了争取张国焘迅速北上，5月20日，林育英、张闻天、毛泽东、周恩来等致电朱德、张国焘、刘伯承、徐向前等，恳切地指出："弟等与国焘同志之间

---

[1] 张国焘：《我的回忆》（第三册），现代史料编刊社1980年版，第297页。
[2]《中国工农红军第四方面军战史资料选编》（长征时期），解放军出版社1992年版，第371—372页。
[3] 这六个军分别是：第四军，军长王宏坤、政治委员王建安；第五军，军长董振堂、政治委员黄超；第九军，军长孙玉清、政治委员陈海松；第三十军，军长程世才（代）、政治委员李先念；第三十一军，军长王树声（兼）、政治委员詹才芳；第三十二军，军长罗炳辉、政治委员李干辉。

与红四方面军会合的红二、六军团领导人（从左至右）贺龙、任弼时、关向应

现在已经没有政治上与战略上的分歧，过去的分歧不必谈。唯一任务是全党全军团结一致，反对日帝与蒋介石……"5月25日，中央又来电，分析了目前的形势，提出了红二、六军团和红四方面军迅速北上的战略方针。

此时，张国焘最关心的还是他的权力。他十分急切地想知道，共产国际如何处理他与党中央的关系。5月30日，张国焘致电林育英，询问："兄是否确与国际经常通电？国际代表团现如何代表中央职权？有何指示？"

6月6日，张国焘召开中央纵队活动分子会议，宣布取消他所设立的第二"中央"。对张国焘来说，这是迫不得已的。自从他另立"中央"以来，虽然一直以"中央"名义发号施令，但以朱德、刘伯承为首的一批人并不承认他这个所谓的"中央"，所以他内心虚弱了。现在，同二方面军会合在即，他知道任弼时、贺龙无论如何是不会承认他这个"中央"的。共产国际代表林育英也只同意他与陕北发生横向的关系，并不同意以他的"中央"代替在陕北的中央。这样，张国焘觉得坚持下去已没有任何意义。与其顽固到底落个孤家寡人，还不如趁早收场或许能得到同情。不过，张国焘也知道，要取消第二"中央"，必须找一个合适的理由，并且不能承认自己另立"中

第十三章
曲折的北上路

央"是错误的。所以，张国焘绞尽脑汁，极力淡化"取消第二中央"这些字眼，尽量强调成立第二"中央"是必要的。他向与会人员说："我们反对错误路线是对的，现在既然陕北同志们已回归到国际路线下，我们就应当一致起来，向敌人奋斗。过去我们的反对逃跑路线，是站在原则上的，现在为着党的一致，甚至采取相当的让步，这也是为着原则上的。"现在既然在政治上取得了统一，"我们双方都同时取消中央的名义，中央的职权由驻国际的代表团暂行行使"。[1]

张国焘宣布取消第二"中央"，但却把分裂的罪名转嫁于别人头上，而且为自己另立"中央"的错误寻找了种种理由进行辩护。由于张国焘不是在彻底认识自己错误的基础上取消第二"中央"的，所以他后来并没有在思想上和行动上与党中央保持一致，而是寻找机会摆脱党中央的领导，乃至最后走上了叛党的道路。

7月1日，红二、六军团与红四方面军胜利会师。当天晚上，当会师后的部队指战员们沉浸在联欢的愉快气氛之中时，张国焘与任弼时进行了一场艰难的谈话。当张国焘提出要召开党的会议时，任弼时问："报告哪个做？有争论，结论怎么做？"当张国焘指责毛泽东等人率红一方面军单独北上是毛泽东等人疑忌太多时，任弼时针锋相对地说："四方面军中一些人的反对呼声加强了这种疑忌。"[2] 张国焘本想通过谈话拉拢任弼时，结果话不投机。他还找贺龙谈过话，也碰了一鼻子灰。

7月5日，中革军委发来指示：红军第二、第六军团与红军第三十二军（原第一方面军之第九军团改称），组成红军第二方面军，总指挥贺龙，政治委员任弼时，副总指挥萧克，副政治委员关向应。

7月5日，在二、四方面军领导人会议上，任弼时又与张国焘进行了面对面的斗争。与会人员一致同意北上。

会后，红二、四方面军先后开始北上。

---

[1] 见《中国工农红军第四方面军战史资料选编》（长征时期），解放军出版社1992年版，第533—540页。

[2]《任弼时传》，中央文献出版社、人民出版社1994年版，第359—360页。

张国焘 传

北上途中

为了让莫斯科方面了解中央同张国焘之间的矛盾和斗争情况，1936年6月，中共中央在给中共驻共产国际代表团团长王明的电报中，简要报告了这方面的情况：

> 国焘同志领导的红四方面军，由于红军中的军阀作风以及政治和军事战略上的机会主义错误，在去年下半年拒绝接受我党中央的政治和组织领导，推行自己的打通西康省（蕃人少数民族区）的计划，并成立了我党的第二中央。但是在今年1月，张国焘同志开始改变自己的立场，同意接受我们建立反日和反蒋广泛统一战线的方针，并声明撤销他成立的第二中央。今年5月，由于当地歉收，红四方面军已不能在这里坚持，人数急剧减少，尤其是朱德同志促使其接受建立中国西北国防政府的方针，现在他们准备北上。如果没有新的障碍，他们有可能在两个月内到达甘肃省南部。但是，张国焘同志在组织上还不承认我党中央，并自称为中央西北局，而我们中央他认为是中央北方局，这表明他把自己置于与党中央平行的地位。现在我们正在竭力争取在坚持原则政策的基础上同他和解，以便团结成一个整体，争取成立西北国防政府，推动中国革命走向更高的阶段。红四方面军以前有四万多人，现在大概总计约有两万人。[1]

王明收到中央电报后，即向共产国际领导人季米特洛夫作了汇报。7月初，季米特洛夫在给斯大林信中，将中共中央给王明的电报全文抄录，并在信中提出：中共中央书记处多数成员与其个别成员张国焘之间的分歧，需要

---

[1]《共产国际、联共（布）与中国革命档案资料丛书》第十五卷，中共党史出版社2007年版，第224–225页。

第十三章
曲折的北上路

进行商量并得到您的指示。[1]

此时,张国焘正与红四方面军在北上途中。

红四方面军是第三次过草地了。广大指战员回想起几个月前第一次、第二次穿越草地的情景,看着前进路上死亡的战友的遗骸,再想想南下之后的艰难挫折,心情都十分沉重。

党中央对二、四方面军共同北上深为欣慰和关切。在部队通过草地的艰难日子里,不断给予指示。7月13日,中革军委电示红二、四方面军北出草地后迅速攻占岷州。7月22日,中央来电说:"我们正动员全部红军并苏区人民粉碎敌人之进攻,迎接你们北上。"7月27日,中央批准成立西北局,由张国焘任书记,任弼时任副书记,朱德等为委员,统一领导红二、四方面军。

8月1日,当四方面军胜利攻占了草地边缘的包座后,中革军委即来电视贺。当天,中革军委又来电通报了敌朱绍良封锁二、四方面军北进计划的部署。党中央的关怀极大地鼓舞着二、四方面军广大指战员的斗志。

红二、四方面军占领包座时,国民党军第三、第三十七军及新编第十四师,分三路在甘肃省南部之西固至洮州、天水至兰州构成两道防线,企图阻止红军北上。根据中央革命军事委员会的指示和国民党军部署尚未就绪,援兵一时难以赶到的情况,以张国焘为领导的中共中央西北局决定发动岷(州)洮(州)西(固)战役,以利于继续北进。

岷洮西战役以第四方面军第五、第九、第三十军组成第一纵队,主攻岷州相机夺取西固;第四、第三十一军为第二纵队,夺取洮州旧城后,主力向临洮方向活动,一部向夏河、临夏发展,保障左翼安全;以红二方面军为第三纵队,出哈达铺,策应第一、第二纵队行动。

8月5日至12日,红军各纵队先后由包座地区向甘南开进。8月9日,第一纵队先头部队第三十军第八十八师抢占腊子口;10日,第三十军第八十九师攻占大草滩、哈达铺,歼敌一千余人,包围了岷州。第二纵队第

---

[1]《共产国际、联共(布)与中国革命档案资料丛书》第十五卷,中共党史出版社2007年版,第229页。

张国焘

三十军第八十九师于19日攻占漳县，第四军第十师在妇女独立团配合下，于20日攻占洮州旧城，歼守军一个营，后与青海军阀马步芳部警备第一旅（骑兵）苦战一周，将其击退。

在此期间，第四军第十二师攻克洮州后，继续向临洮方向发展。8月26日，第三十军第八十九师一部攻克渭源。9月7日，第三十一军第九十三师攻克通渭。红二方面军经救济寺、腊子口，于9月初到达哈达铺，策应了红四方面军的行动。

至此，红四方面军进入甘南，并占领了漳县、洮州、渭源、通渭四座县城和岷州、临洮、武山等县广大地区，挫败了国民党军阻止红军北进的企图，为红二、四方面军和红一方面军会师创造了有利条件。

此时，中央正考虑依靠红军主力打通新疆与苏联联系的问题。

8月23日，中央来电，征询张国焘等西北局领导人的意见：依托现实力量，假如以二方面军在甘南、甘中策应，而以四方面军独立进取青海及甘西直至联系新疆边境，兄等认为有充分之把握否？假如在冰期前过黄河，能否解决渡河工具？兰州、青海线之黄河，何时开始结冰，冰期长短如何？[1]

当时，陈昌浩尚在岷州前线，徐向前率前敌指挥部驻漳县，红军总司令部驻岷州以西三十里铺。接到中央来电后，张国焘打电话给徐向前，征求对中央电报的意见。徐向前答复说：四方面军有力量夺取甘西。事后，徐向前即派参谋人员搜集河西的地形、民情资料，考虑出兵青海，进据河西走廊的问题。

8月30日，中央致电朱德、张国焘、任弼时提出，准备在冬季打通苏联，发展甘南为抗战根据地，并对9月至11月的军事行动作了具体部署。

根据中央这一部署，四方面军之第三十一军九十三师向北进击，于9月7日占领通渭；红一方面军第一师由聂荣臻、左权、陈赓率领南下，直插静宁、降德地区，逼近西兰公路；红二方面军由哈达铺地区东出，于9月1日占领礼县，继向陕甘边发展。

这时，中央来电通报了陕甘宁边区的经济困难情况，认为不适于大军进

---

[1]《中国工农红军第四方面军战史资料选编》（长征时期），解放军出版社1992年版，第659页。

第十三章
曲折的北上路

驻。相形之下，四方面军目前甘南的处境还是比较好的。

9月9日，朱德、张国焘致电徐向前、陈昌浩、周纯全，就西渡黄河作出指示："一方面军来电主张过黄河，在西宁、宁夏、甘凉地区发展，不得已时才向川陕豫鄂发展。……估计目前情况，我一、二、四方面军应以两个军渡黄为宜，两个军尽量在黄河右岸活动，现在须立即准备。"[1]

中共中央将派部队打通新疆，以便取得苏联援助的计划电告共产国际后，9月11日，共产国际书记处电复中共中央："同意你们占领宁夏区域和甘肃西部的计划。同时，坚决指出不能允许红军再向新疆方面前进，以免红军脱离中国主要区域。在占领宁夏区域以后，将给你们帮助。"

据此，中央于9月14日就占领宁夏的部署电示四方面军：四方面军以主力立即占领隆德、静宁、会宁、通渭地区，控制西兰大道，与一方面军在固原西部硝河城地区之部相当靠近，阻止胡宗南西进，并相机打击之，10月底或11月初进取靖远、中卫南部及宁安堡之线，以便12月渡河夺取宁夏南部。

中央的来电改变了原来朱德、张国焘关于由一、四方面军主力南夹敌人的计划，而是要求四方面军在西兰大道上单独迎击胡宗南部。

9月16日至18日，中共西北局在岷州三十里铺的红军总部召开会议，讨论中央关于抗日民族统一战线的政策和西北地区的地方工作等问题。会议的前两天，张国焘都在会后找来朱德、陈昌浩，与他们讨论军事行动问题。张国焘认为，既然一方面军主力不能南下，四方面军单独在西兰大道地区作战，十分不利，四方面军应西渡黄河，进据古浪、红城子一带，伺机策应一方面军渡河，夺取宁夏，实现冬季打通苏联的计划。朱德和陈昌浩则主张，四方面军应北上静宁、会宁地区，会合一方面军，与敌决战。由于意见难以统一，双方只好决定，将两种意见都汇报给中央。

决定是决定了，但张国焘仍然不愿由中央选择四方面军的行动。于是，在第三天开会时，张国焘突然宣布辞职，然后就带着警卫员和骑兵住到岷江对岸的供给部里去了。朱德当时就气愤地说："他不干我干！"于是找来作战

---

[1]《中国工农红军第四方面军战史资料选编》(长征时期)，解放军出版社1992年版，第688页。

岷州会议会址

参谋,挂起地图,着手制订部队行动计划。

可能感到自己的这一举动太过轻率,当天黄昏,张国焘又派人通知继续开会。朱德、陈昌浩和西北局成员只得赶到张国焘的住处。参加会议的多数人都支持朱德、陈昌浩的主张。最后,张国焘只好言不由衷地说:"党的组织原则是民主集中制,是少数服从多数,既然你们大家都赞成北上,那我就放弃我的意见嘛。"[1]

9月18日,朱德、张国焘、陈昌浩联名向在漳县的四方面军前敌总指挥部发布《静(宁)会(宁)战役纲领》,决定:四方面军在胡敌未集中静宁、会宁以前,先机占领静、会及定西通道,配合一方面军在运动战中夹击该大道上之胡敌与静宁之骑七师,相机占领静宁,争取与一方面军会合为目的。

张国焘虽然在岷州会议上勉强同意了静会战役计划,但在实际行动上却又另搞一套。当部队在为执行静会战役计划开始北上时,张国焘又擅自命令部队转向西进,但遭到陈昌浩的抵制。陈昌浩回忆说:

---

[1] 潘开文:《临大节而不辱》,《工人日报》1979年7月6日。

第十三章
曲折的北上路

岷州会议是西进与北上的争论。张国焘是不会合的。会议开了好几天，张国焘坚决主张向青海之西宁进军，怕会合后他就垮台了。我们坚决反对西进，与他争。他最后以总政委的身份决定西进，决定后就调动部队。那时，我和朱总司令、刘伯承都谈过了，无论如何要会合，甘孜会议的决定不能在半路上违反。向前那时不在，可能他先到的漳县。我认为张国焘的决定是错误的，我有权推翻他决定，即以四方面军总指挥部的名义下达命令，左翼部队停止西进，准备待命；右翼部队也停止西撤。

命令下后，张国焘就知道了。他深夜三点多钟找我来了，谈了三点：一、我无权改变他的计划；二、命令是错误的，今天革命形势应该保存四方面军；三、会合后一切都完了，要让我们交出兵权，开除我们的党籍，军法从事。说到这里就痛哭起来。我当时表示：一、谁有权决定，要看是否符合中央要求，而你的决定是错误的；二、必须去会合，会合后就有办法了，分裂对中国革命是不利的。我们是党员，有错误要向中央承认，听候中央处理，哭是没有用的。谈到这里张国焘就走了。我以为他回去睡觉了，准备明天再去漳县对向前说明。但哪知当天晚上他就连夜到漳县去了。我知道后立刻骑马赶了去。"[1]

9月20日清晨，张国焘到了设在甘肃定西东南部漳县的四方面军前敌总指挥部。进门后二话不说，就让徐向前把周纯全、李特、李先念等几个人找来，对他们说："我这个主席干不了啦，让昌浩干吧！"然后，向众人介绍了他与陈昌浩在军事行动上的分歧。

因为这是张国焘与陈昌浩共事以来第一次尖锐的冲突，加上张国焘又有个另立"中央"的包袱在身上，所以他的情绪很激动。他流着泪说："我是不行了，到陕北准备坐监狱，开除党籍，四方面军的事情，中央会交给陈昌浩搞的。"

---

[1] 陈昌浩：《北上和西进的争论》，《中国工农红军第四方面军战史资料选编》（长征时期），解放军出版社1992年版，第763页。

张国焘⑮

在大家的劝说下，张国焘才安静下来，并开始申述自己的理由。他指着地图，边讲边比画："四方面军北上静、会地区，面临西兰通道，与敌决战不利；陕甘北地瘠民穷，不便大部队解决粮食问题，如果转移到河西兰州以北地带，情形会好得多。"

从军事观点看，徐向前等人认为张国焘的意见并非没有道理。于是，当场制定了第二套行动部署。当陈昌浩赶到漳县时，见众人都同意张国焘的方案，也就不再坚持原来的意见了。

9月21日，张国焘给朱德发电，提出坚决反对静会战役计划，自主采取第二方案，并要朱德到漳县来面商。

朱德接到张国焘的电报后，一夜未眠，接连起草了三封电报。一封给徐向前、周纯全并转张国焘，对改变军事计划提出反对意见；一封给中央及二方面军负责人，报告了张国焘推翻原案，表示自己坚决遵守原案。电报说："（甲）西北局会议通过之静、会战役计划，正在执行，现又发生少数同志不同意见，拟根本推翻这一原案；（乙）现将西北局同志集漳县续行讨论，结果再告；（丙）我是坚决遵守这一原案，如将此案推翻，我不能负此责任。"[1]还有一封给在外地筹粮的第九军政治部主任曾日三，要他速去漳县开会。

9月22日，西北局会议在漳县四方面军前敌指挥部召开。会上，朱德和张国焘争论得很激烈。朱德指出，四方面军北上同一方面军会合，对整个形势是有利的。现在迅速北上，可以不经过同敌军决战而实现会合。他问张国焘："可能会合为什么不会合？岷州会议的决定是西北局成员集体讨论作出的，为什么不经过西北局重新讨论就改变会议决议？"张国焘说："我是书记兼总政委，调动部队我完全负责，经我决定了可以不经你同意。"朱德严正地表示："我坚持岷州会议原案，要强使我同意是不可能的。"张国焘反复强调，西进可以避开强敌。大多数人认为，四方面军自从南下百丈失利后，元气大伤，不适宜与强敌作战，便同意了张国焘的西进方案。朱德见再僵持下去会延误时间，只好说："那就暂照第二方案执行，大家做好工作，减少损

---

[1]《中国工农红军第四方面军战史资料选编》（长征时期），解放军出版社1992年版，第713页。

498

第十三章
曲折的北上路

失。我建议向中央报告，如中央不同意，就坚决执行第一方案。"他还要求张国焘对这个改变负责。

漳县会议后，张国焘一面起草电报报告中央，一面命令部队停止北进，向西前进。

中央接到张国焘报告后，为实现三个方面军胜利会师，多次向四方面军发出电报，希望张国焘能够改变西进的决定。但张国焘总是找出许多理由予以拒绝。

然而，当部队行至洮州后，先头部队从老乡处得知，现在黄河对岸已进入大雪封山的季节，气候寒冷，道路难行，西渡黄河的计划难以实现。西北局只得在洮州再次开会讨论部队的行动方向问题。会上，大家都同意放弃西进计划，张国焘也只好同意北上。

从9月30日起，四方面军分五个纵队，先后由岷州、漳县等地向通渭、庄浪、会宁、静宁前进。

10月2日，一方面军的部队攻占会宁县城。10月8日，四方面军先头部队在会宁与第一方面军会师。10月9日，徐向前率四方面军总部到达会宁城，受到一方面军部队的热烈欢迎。10月10日，朱德、张国焘抵达会宁城，受到红一师师长陈赓及部队的热烈欢迎。

会宁会师，结束了红四方面军历尽艰难险阻和曲折斗争的长征。

会师纪念塔（甘肃会宁）

西路军

1936年10月10日，红一、四方面军主力在甘肃会宁会师。10月22日，红一、二方面军主力在将台堡会师。由此，实现了中国工农红军三大主力的会师。

大会师后，红一、二、四方面军部分团以上干部合影

红军三大主力会师后，造成了雄峙西北的态势。蒋介石急忙部署西北"剿共"计划，准备第一步进行"通渭会战"，第二步组织最后的"围剿"，其设想是：集中几十万大军，配属一百架新式飞机，将红军主力压迫在黄河以东、西兰通道以北地区，一举消灭。

根据变化了的形势，中共中央和中革军委于10月11日发布《十月份作战纲领》，给四方面军的任务是："四方面军以一个军率造船技术部迅速进至靖远、中卫地段，选择利于攻击中卫与定远营之渡河点，以加速的努力造船，11月10号前完成一切渡河准备。四方面军主力在通（渭）马（营）静（宁）会（宁）地区就粮休整，派多数支队组成扇形运动防御，直逼定西、陇西、武山、甘谷、秦安、庄浪、静宁各地敌军附近，与之保持接触，敌不进我不退，敌进节节抵抗，迟滞其前进时间，以期可能在10月份保持西兰

第十三章
曲折的北上路

大道在我手中。"

同时,中央还决定三个方面军的行动统由朱德、张国焘分别以总司令、总政委的名义,依照中央与中革军委的决定组织指挥。[1]

根据中央的战役部署,四方面军总指挥部决定:以三十军开至靖远的大芦子地区,秘密造船,侦察渡河点,准备渡河事宜。以四军、五军、三十一军抗击敌人,以九军置于会宁至靖远之间,作预备队。如果三十军渡河成功,九军即迅速跟进;如渡河不成而南敌突击,则以四、五两军牵制敌之侧翼,而以三十一军、九军反击南敌,为三十军渡河争取时间。10月16日,朱德、张国焘致电中央及一、二方面军,报告了四方面军的上述部署。

10月18日,朱德、张国焘致电毛泽东、周恩来:三十军来电谓20日晚可开始偷渡。19日,毛泽东、周恩来复电:"三十军渡河以至少备足十个船开始渡河为宜,恐船过少载兵不多,不能一举成功。20日渡河问题,是否推迟数日,请依具体情况斟酌。"[2]

10月21日,敌人分别从东、南、西三个方向,向静宁、通渭、会宁地区猛进。由于地形开阔,利于敌人飞机、大炮火力的发挥,四方面军打得非常艰苦,多次与敌人展开肉搏,双方伤亡都很惨重。22日,敌人占领华家岭等地;23日,敌人又占会宁县城以及通渭、静宁、界石铺等地。接着,敌人全力向靖远、海原方向前进,企图压迫红军于黄河以东歼灭之。

战局的发展使渡河问题刻不容缓。这时,四方面军的三十军已造船十六只,还在当地搜集了部分船只。

残害西路军的军阀马步芳(左)和马步青

---

[1]《中国工农红军第四方面军战史资料选编》(长征时期),解放军出版社1992年版,第813-814页。

[2]《中国工农红军第四方面军战史资料选编》(长征时期),解放军出版社1992年版,第828页。

10月22日，徐向前、陈昌浩电告朱德、张国焘：三十军在靖远附近，决于23日晚抢渡黄河；四、五、三十一军以运动防御迟滞敌人，以争取时间为目的。

10月23日，朱德、张国焘电令三十军立即渡河，九军跟进，如渡河不成，南敌继续突进，则以九军配合南线部队击敌。

10月24日半夜时分，三十军从靖远以南十公里处的虎豹口（今河包口）渡河成功，从而揭开了宁夏战役的序幕。

10月25日晚，三十军全部渡过黄河，并摧毁了马家军的防线，控制了纵横上百里的沿河地带。徐向前、陈昌浩即电告朱、张，决定九军续三十军之后渡河。

10月26日，中革军委致电朱德、张国焘、彭德怀：三十军、九军过河后，可以三十军占领永登，九军必需强占红水以北之枢纽地带，并准备袭取定远营。等二三日后如证实胡敌无北进之意，再以一个军渡河不迟。[1]

根据中革军委电报精神，朱德、张国焘于10月27日指示徐、陈："四方面军除三十、九两军及指挥部已过河外，其余各部应停止过河。"[2]

对于中革军委的这个决定，徐向前、陈昌浩有不同意见，于当天致电朱、张、彭、毛、周，提议：四方面军全部渡河，以一个军对待兰州之敌，四个军迅出中卫、宁夏，并放船到大庙及中卫，迎接一、二方面军。如果一、二方面军可单独完成宁夏战役计划，无须我们技术力量上配合时，提议四方面军亦须全部渡河，准备在兰州、平番间与敌部分决战，亦乘机占兰州之线死守均较妥当。四方面军如不全部渡河，各方掩护顾此失彼，不但开路、掩护、决战都难完成，甚至影响战役计划，望重决速示。[3]

但徐向前和陈昌浩的意见未被中革军委接受。直到10月29日12时，中革军委根据朱德、张国焘、徐向前的意见，为迅速夺取宁夏起见，才同意三十一军立即渡河。[4]

---

[1]《中国工农红军第四方面军战史资料选编》（长征时期），解放军出版社1992年版，第842页。
[2]《中国工农红军第四方面军战史资料选编》（长征时期），解放军出版社1992年版，第845页。
[3]《中国工农红军第四方面军战史资料选编》（长征时期），解放军出版社1992年版，第846页。
[4]《中国工农红军第四方面军战史资料选编》（长征时期），解放军出版社1992年版，第853页。

第十三章
曲折的北上路

三十一军接到渡河命令后,在军长萧克、政治委员周纯全带领下,迅速向河边急进。但彭德怀建议该军留河东作战,待胜利后直接由中卫渡河。中革军委于是改变命令,于10月30日指示三十一军折向麻城堡前进;指示河西部队暂时控制一条山、五佛寺地区休息待机,准备在击破南线敌人后继续北取宁夏。

孰料,当天南线之敌关麟征师即向靖远突进,负责监视靖远守敌及看守船只的五军无法向打拉池靠拢,遂奉朱德、张国焘命令,全部撤至河西的三角城地区,看守船只,休整待命。

至此,黄河两岸的红军被敌割断。河东红军向打拉池、海原地区集中,诱敌深入,待机歼敌。河西红军为五军、九军、三十军及四方面军总部共两万一千八百人,开始了孤军奋战的艰难历程。

11月初,红四方面军指挥部鉴于河西地区人烟稀少,粮缺水咸,大部队不便久停,加上与马家军连日激战,部队已有伤亡,于是数次致电红军总部及中革军委,请示河西部队的行动方针。

11月3日,中革军委电令红四方面军指挥部:"所部主力西进占领永登、古浪之线,但一条山、五佛寺宜留一部扼守。"[1]

11月5日,朱德、张国焘致电河西部队,要求其以消灭马步芳部为主要任务,首先占领大靖、古浪、永登地区,必要时应迅速占领凉州地区。

11月6日,河西部队向中革军委提出平(番)、大(靖)、古(浪)、凉(州)战役计划。7日,又向中革军委建议,组织党的西北前敌委员会和军委西北分会。

11月8日,毛泽东、周恩来电示:"徐、陈向凉州进,作战时集中兵力打敌一旅,各个击破之。"[2]

根据这一电令,11月9日,徐向前、陈昌浩率河西部队开始西进。

11月11日,中共中央和中革军委致电红四方面军领导人,令河西部队称"西路军",领导机关称"西路军军政委员会",管理军事、政治与党

---

[1]《中国工农红军第四方面军战史资料选编》(长征时期),解放军出版社1992年版,第860页。
[2]《中国工农红军第四方面军战史资料选编》(长征时期),解放军出版社1992年版,第869页。

务，以陈昌浩为主席，徐向前为副主席。[1]

就笔者目前掌握的资料，西路军在此后征战的过程中，张国焘除了与其他人共同署名向西路军发出电报外，以他个人署名发给西路军的电报有两封。

第一封电报发出的时间是1937年1月8日。

当时，西路军遇到了强敌马步芳、马步青骑兵的"兜剿"，遭到相当严重的损失。鉴于敌强我弱的严峻局面，西路军军政委员会于1月6日致电军委主席团，建议将第四军、第三十一军归还建制，也就是说，让四军和三十一军西渡黄河，支援西路军。1月8日，徐向前和陈昌浩再次请求，将四军、三十一军向凉州进，以便彻底夹击敌人，"不然，单靠西路军恐难完成其任务"。[2]

在这种情况下，张国焘向西路军领导人徐向前和陈昌浩发了一封电报，内容是：

> 甲、你们在甘北这一时期英勇卓绝的奋斗，和用自我批评精神检查过去工作中的错误来源，求得进步，都是值得敬佩的。
>
> 乙、蒋回南京后，亲日派主张再向西安进兵。目前整个战略中心是巩固张、杨部队和红军的联合，在西安附近击退亲日派领导的进攻，稳定抗日派，争取中间的动摇派别，求得停止内战一致抗日的实现。这种方针是正确的，并已得到中外舆论的同情。
>
> 丙、目前西路军是处在独立作战的地位，要达到甘北根据地和接通新疆的任务，必须击退二马的进攻，在临泽、高台、甘州地区站住脚跟，如此远方接济才能得到手和更有意义，对于西北整个局面的配合才更有力。
>
> 丁、军委对西路军的指示是一贯正确的，对西路军是充分注意到的，可（不）能经常供给情况，因为二×电台声音过小的缘故。如果

---

[1]《中国工农红军第四方面军战史资料选编》（长征时期），解放军出版社1992年版，第878页。

[2] 这两封电报分别见《中国工农红军第四方面军战史资料选编》（长征时期），解放军出版社1992年版，第922、924页。

第十三章
曲折的北上路

还有因过去认为中央路线不正确,而残留着对领导的怀疑,是不应有的。应当在部队中,特别在干部中,提高党中央和军委的威信。

戊、相信和细密准备独立击退二马,是西路军必须负担的。提高士气,坚强信心,争取群众,提高战术,来克服任何困难。[1]

第二封电报发自1937年3月4日。

进入2月下旬,西路军的情况已经岌岌可危。2月24日,当倪家营子战斗正在激烈进行之际,徐向前、陈昌浩致电中革军委,提出"只要八个足团,一两千骑兵,带足较强火力及山炮迫击炮一部即可,最好能速抽出这样兵力过河,以归还建制名义向凉州进攻",只有这样,才能解西路军之危并消灭敌人,"不然我们只有抱全部牺牲决心,在此战至最后一滴血而已"。[2]

经过五天五夜的战斗,2月27日,西路军在遭到重大伤亡后,撤出倪家营子。第二天,2月28日,徐向前、陈昌浩向中革军委电告倪家营子战况,建议"在已指定部队(此处指增援西路军的部队)中研究此方敌情、地形、战术,多带子弹、炸弹、炮弹、大刀、刺刀等各器具,特别要养成耐战与顽强性,多带电料炸药与硫磺来。"[3]

至3月4日,当西路军仍得不到援军的消息时,徐向前、陈昌浩、李特联名致电中革军委,提出"西路军弹药将尽,最近战斗主要靠白刃格斗,但刀矛又少,体力亦不强,不及敌兵强悍"。在这种情形下,"援军早到一天,则我无上英勇红色之战士少受一天之损失。万一援军来迟,前途危险堪虑"。但他们仍表示:"我们坚信胜利前途,并号召全军斗争到底。现虽日食一餐,前天无水,而绝不灰心,准备战到最后一滴血,同时恳望援军星夜奔来,或以更迅速而有效办法灭马敌,保全西路军之精神,取得甘北,奠定大计,策之上也。事急,时盼望速复。"[4]

---

[1]《中国工农红军第四方面军战史资料选编》(长征时期),解放军出版社1992年版,第926页。
[2]《中国工农红军第四方面军战史资料选编》(长征时期),解放军出版社1992年版,第949页。
[3]《中国工农红军第四方面军战史资料选编》(长征时期),解放军出版社1992年版,第954页。
[4]《中国工农红军第四方面军战史资料选编》(长征时期),解放军出版社1992年版,第959-960页。

张国焘[16]

收到西路军领导人的电报后，延安即以"中央书记处"名义回电表示，"中央现在决定派队向你们增援，利用各种其他方法帮助你们团结干部，激励士气，派×增援军，战胜当前敌人。"同时批评说，西路军陷入危险境地的主要原因，"是由于西路军的领导者没有依靠自己力量战胜一切困难，消灭敌人，完成自己的任务，自信心因而扫地，希望寄托在外力的援助上，同时对群众的关系上，特别是回民的关系与战略战术上的错误也是其中的重要原因。因为据敌我力量对比结果，我们是有完全可能战胜二马"。

中央在电报中还从历史上找出西路军遭受挫折的原因，指出："中央认为西路军领导者的这种错误，是同过去四方面军成立第二中央时，采取右倾的退却机会主义（注：原文如此）。因此遇到新困难时，又发生这种错误。因此中央极诚恳地希望你们深刻检查此次西路军受到重大的损失的经验与教训，彻底揭发对过去与现在的错误，以布尔什维克的自我批评在实际工作中执行中央过去的一切指示与方法，西路军在政治上，军事上，得到彻底的转变，及（只）有这种转变，才能保证西路军最后的胜利。"[1]

同日，张国焘单独向"西路军军政委员会诸同志"发去电报，内容如下：

甲、希望你们能够依照中央三月二日指示，发展自我批评，从克服错误中求得胜利。

乙、你们上次来电谈到你们所受的损失，应由军委负责，那是错误的。

丙、谈和平不可靠，红军主力应当西移，这是对于统一战线的成就有不正确之估计。

丁、要求四军、三十一军归还建制的观点，也是错误的。

戊、希望你们坚决拥护中央，在中央领导之下，团结得像一个人一样。克服困难，战胜敌人。不要从自己手里失去了党和红军的光荣呀！[2]

---

[1]《中国工农红军第四方面军战史资料选编》（长征时期），解放军出版社1992年版，第960页。
[2]《中国工农红军第四方面军战史资料选编》（长征时期），解放军出版社1992年版，第961页。

第十三章
曲折的北上路

　　从张国焘以个人名义发出的这两封电报内容来看,他仅要求徐向前、陈昌浩等人完全服从中央的领导和指挥,勉励他们克服困难,并没有其他要求和指示。这说明,西路军的征战是完全在中央指挥下进行的。

　　深入河西走廊的红军西路军,遭到马步芳、马步青等部的围追"兜剿"。西路军与马家军血战高台、倪家营等地,由于无根据地作依托,又无兵员、物资的补充,将士们虽然不怕牺牲,浴血奋战,毙、伤、俘敌约两万五千余人,但在敌众我寡,弹尽粮绝的情况下,最终遭到惨败。红五军军长董振堂和红九军军长孙玉清、政治委员陈海松等许多干部、战士壮烈牺牲。

　　3月14日,西路军军政委员会在甘肃石窝山南麓召开了最后一次会议。会议决定,徐向前、陈昌浩离开部队,回陕北向中央报告,其余的部队分成三个支队,在由李卓然、李先念等组成的西路军工作委员会统一领导下,转入祁连山区打游击。

　　4月底,李先念率领的西路军左支队四百余人到达甘肃、新疆交界的星星峡,得到中共中央代表陈云、滕代远的接应,进入新疆,全国抗日战争爆发后分批返回延安。

1937年,突围后到达新疆的部分西路军指战员在迪化(今乌鲁木齐)合影

　　据不完全统计,在西路军两万一千八百人中,除上述四百余人外,牺牲七千多人,被俘一万两千多人,被俘后惨遭杀害者六千多人,回到家乡者三千多人,经过营救回到延安者四千五百多人,流落西北各地者一千多人。

张国焘[1]

西路军惨烈而悲壮的征战,在中国共产党领导的军队史上是不多见的。对于西路军失败的原因,陈昌浩、徐向前都有过详细的总结。按说,西路军历史本来不存在什么问题,然而自1937年至今,围绕西路军的种种争议却一直没有停息。

1983年2月25日,西路军重要领导人之一李先念写成《关于西路军历史上几个问题的说明》一文上报中央。在说明中,李先念首先指出,西路军自始至终都在中央军委领导之下,重要军事行动也是中央军委指示或经中央军委同意的。因此,西路军的问题同张国焘1935年9月擅自命令四方面军南下的问题性质不同。西路军根据中央指示在河西走廊创立根据地和打通苏联,不能说是执行的张国焘路线。

李先念结合当时国际国内的形势,分析了西路军失败的主客观原因,强调要实事求是地反映西路军的历史。他指出:过去中央只批判张国焘和批评陈昌浩同志,不仅没有追究其他同志的责任,而且还充分肯定西路军广大指战员的英勇奋战精神,这是很正确的。但是,有些文章、著作、讲话和文件,对西路军的历史评述不当,如张国焘擅自命令组成西路军和西渡黄河,西路军是在张国焘错误路线驱使下向新疆方向前进的,西路军是张国焘路线的牺牲品等等。这些说法,可能是由于没有占有大量史料等原因造成的,是可以理解的。我自己四十多年来对有些情况也确实不清楚。现在,许多情况比较清楚了,就应该按照历史事实改过来。这样做,更有利于团结。[1]

同年,陈云在谈到西路军问题时说,西路军打通国际路线,是党中央、毛主席过草地以前就决定的。当时,共产国际也愿意援助,两百门炮都准备好了,我亲眼看见的。西路军的行动不是执行张国焘的路线,张国焘路线是另立中央。西路军的失败也不是因为张国焘路线,而主要是对当地的民族情绪、对马家军估计不足。[2]

---

[1] 见郝成铭等编:《中国工农红军西路军·文献卷》(下),甘肃人民出版社2004年版,第261–263页。

[2] 见郝成铭等编:《中国工农红军西路军·文献卷》(下),甘肃人民出版社2004年版,第226页。

第十四章
受批与叛党

1937年1月，中共中央开始布置对张国焘的批判。

2月6日，张国焘向中央作了书面检讨，承认自己犯了五个方面的错误。

3月27日至31日，中共中央政治局扩大会议专题讨论张国焘的错误。会上，张国焘再次作了检讨。毛泽东在会上作了重点发言，张闻天代表中共中央作了总结讲话，指出"国焘路线"的表现是右倾机会主义、军阀土匪主义、反党反中央的派别主义，会议通过了《关于张国焘错误的决定》。

随后，延安开始了轰轰烈烈的批判张国焘运动。许世友等四方面军的一些干部因张国焘问题受到牵连和歧视，产生了再回到鄂豫皖或川陕去打游击的想法，但被误传要拉队伍走，结果被抓了起来，后予以释放。

在四方面军开展的批判张国焘运动，把一些人的不团结现象、锦标主义、口是心非等言行，都与张国焘联系起来，认为是"国焘路线在作怪"。受到批判的张国焘，陷入极端痛苦的漩涡。

全面抗战爆发后，根据国共谈判的结果，陕甘宁地区革命根据地的苏维埃政府正式改名为"陕甘宁边区政府"，林伯渠任主席，张国焘任副主席。

由于林伯渠还担任八路军驻西安办事处主任的职务，无法抽身回到延安，所以由张国焘代理主席职务。

12月初，中共驻共产国际代表团团长王明同康生等人飞抵延安。王明在延安大讲反托派斗争，并告诉张国焘，李特、黄超是托派分子，已在新疆被枪决。得知爱将被杀，张国焘又惊又怕，遂决心脱离延安。

第十四章
受批与叛党

批评与检讨

1936年12月1日,朱德、张国焘率领红军总部和红四方面军红军大学,来到陕北的保安,同党中央会合。

保安城的郊外,等候着保安红军大学的学生队伍。队伍的最前面,站着毛泽东等中央领导人。当朱德、张国焘率队走近前时,毛泽东和其他中央领导人伸出了热情的双手,对他们的到来表示衷心的欢迎。

1936年的延安

在一个预先搭好的台子上,双方都发表了激动人心的讲话。台上欢迎的标语,台下欢迎的人群,此情此景,使张国焘不由想起了一年前他与毛泽东在四川懋功相会的往事,一时间无限感慨涌上心头……

511

张国焘

一、二、四方面军会合后，由于人员的变动和战争的需要，急需调整和扩大中央革命军事委员会的组成。12月7日，中央革命军事委员会主席团转发《中华苏维埃中央政府关于扩大中央革命军事委员会组织的命令》，决定以毛泽东、朱德、周恩来、张国焘、彭德怀、任弼时、贺龙七人组成中央革命军事委员会主席团，毛泽东为主席；周恩来、张国焘为副主席；朱德为中国工农红军总司令，张国焘为总政治委员。

中央对张国焘的重用，并未减轻张国焘的思想压力。自从到保安后，他一直怀着忐忑不安的心情，随时准备着"达摩克利斯之剑"落到自己头上。不几天，他就闻到了火药味。

随朱德和张国焘来到保安的红四方面军人员，多数都进了保安红军大学进行学习。在那里，他们听取了毛泽东讲授的《中国革命战争的战略问题》。毛泽东的课生动活泼，语言明快，很吸引人。也就是在这次讲课时，毛泽东首次点名批评了张国焘。毛泽东在列举党的历史上所犯的错误时说："其二，是在1935年至1936年的张国焘右倾机会主义，这个错误发展到破坏了党和红军的纪律，使一部分红军主力遭受了严重的损失；然而由于中央的正确领导，红军中党员和指挥员战斗员的觉悟，终于也把这个错误纠正过来了。"[1]

毛泽东的话传到张国焘耳朵里，令张国焘心里一震。在此之前，张国焘虽然有接受批评的心理准备，但究竟会到什么程度，他心里没底。现在毛泽东把他的错误定为"右倾机会主义"，这显然预示着他不可能轻易过关。

岁末年初，是陕北最寒冷的日子。凛冽的西北风呼呼地刮着，时而裹挟着几片残雪。心情晦暗的张国焘，看着窑洞外衰枯的野草在寒风中无奈地摇曳着，破败的屋舍周围不时被风刮得扬起一阵尘土，眼前这荒凉的景象勾起他无尽的空虚感。

张国焘决定找林育英先摸摸底。两人一阵寒暄之后，言归正传。张国焘简要地向林育英汇报了几年来的工作情况，然后询问林育英准备采取什么步骤来弥合他与中共中央其他领导人之间的裂痕，使中共中央的领导正

---

[1]《毛泽东选集》第一卷，人民出版社1991年版，第185页。

第十四章
受批与叛党

常化。

林育英告诉他:"目前最重要的是抗日民族统一战线在全国范围内的发展。到了适当的时期,再行召集一次中共的扩大会议,解决党内问题。"

这期间,中央正在紧锣密鼓地处理西安事变之后的工作,张国焘也多次参加了中共中央政治局常委会议。

1937年1月,中共中央由保安进驻延安。张国焘没有料到,中央在延安刚刚落脚,即开始在中央内部布置对他的批判。

按照中央要求,2月6日,张国焘向中央作了书面检讨。在这份《从现在来看过去》的检讨中,张国焘首先申明:

> 我觉得我现在与党中央完全一致,原则上没有丝毫分歧,我是中国共产党的一个党员、也是中央执行委员会的一个委员和党的路线的一个坚决的执行者,我是中国苏维埃运动中和整个红军中一个战士,从鄂豫皖赤区到川陕赤区,我执行着四中全会的路线,从1935年12月决议以后,我执行着十二月决议的路线。我不是中国党中央的反对派,也不是有特殊政治见解的人物。我不是代表苏维埃运动中一种特殊形式,也不是代表红军中的某一系统,更不是所谓实力派,因为这是我坚决不愿意做的,没有什么理由使我这样做,因为我是一个布尔什维克的党员,我而且认为每一个布尔什维克的党员都不应当这样做,因为这是布尔什维克党所不容许的。

站在这样一个基点上来检讨自己的错误,显然有一种为自己辩护的意图。

张国焘不得不承认一、四方面军会合后,他与当时的党中央有过分歧。他写道:"因为当时目击一方面军减员和疲劳现状,就过分地估计了这一现状。由这时出发,就发生了为什么这样的疑问,发展到怀疑五次'围剿'中党中央的路线是否正确?现在看来,这正是我的错误观点得着发展的开始发动,错误观点在哪里呢?"

张国焘自问自答,列举了自己五种错误观点:

第一，没有充分估计到五次"围剿"中客观情况，过分估计了五次"围剿"的主观错误。

第二，抹杀了中央红军万里长征的英勇奋斗和布尔什维克的坚强。

第三，过分估计了五次"围剿"所受的损失，因而对中央所提出的战略方针怀疑。虽然一致同意北上方针，但将北上方针理解为不过是长期大规模的运动战和游击战，提出在比较更西北地区创建根据地的另一战略。

第四，对中央同志根据中央苏区党、苏维埃和红军各方面建设工作经验所给予四方面军的错误和缺点的批评表示不接受和误解。

第五，在左路军北上受着阻碍的条件下，以为北上既然会成为大规模运动战，倒不如乘虚南下。因此，成为北上和南下的对立，红军分开行动，发展到对中央路线不正确的了解和组织上的对立。

张国焘在承认自己有上述错误之后，对于红四方面军南下的军事行动，作出这样评价："南下虽然是发扬了艰苦卓绝的奋斗精神，获得了创造川西赤区、红军扩大和迎接二方面军北上的胜利，但在与北上对立和形成党和红军不正常的关系上说来，是错误的。假若南下没有发生党和红军组织上的对立，那么南下和北上不过是军事策略上的争论。如果认为南下是失败的，那是不应当的，南下在战略上虽然有他的不利之点和在左路军北上受着阻碍的条件下执行的，可是在党员群众英勇奋斗的基础上获得了相当胜利。"

张国焘承认，从一、四方面军会合到1935年12月，他的确犯了"反党反中央"的错误，最严重的表现是组织上的对立。在剖析犯错误的根源时，他首先肯定："领导四方面军的党的组织和自己，在基本上是执行着一贯的为苏维埃中国奋斗的基本路线，一贯的忠实于共产国际和中国共产党，进行着反帝国主义和土地革命，这也是后来转变到党中央领导下来的基础。"

接着，张国焘剖析自己犯错误的根源在于："对于五次'围剿'中，和中央红军万里长征中所受损失的过右估计，和夸大领导的错误，对于五次'围剿'后，正是民族危机严重关头，应当采取统一战线策略来领导民族革命战争的不了解，从单纯军事观点出发去估计当时的军事方针，发生了军事策略上的彷徨。对于四方面军工作中的错误和缺点估计不够。对组织原则不够布尔什维克的了解，军阀主义倾向得着发展……因此在过去一个时期认为中央路线不正确和组织上的对立，这在政治上是原则性的错误，组织上是组织路线的错误。"

在检讨书的最后，张国焘表示：

> 虽然我现在在政治上和组织上完全与中央一致，我应该申明坚决脱离过去有过的错误，而且反对过去的错误，并且劝告过去与我有过同样观点的同志们，应当坚决反对和脱离过去的错误。应当认识党中央的路线是一贯的正确的，坚决拥护党中央的路线和党中央。……应当扫清一切不正确的观点的残余，在党中央的领导之下，团结得像一个人一样，为党当前的历史伟大任务而勇往直前的奋斗。因为党的毫无缺陷的布尔什维克的团结和一致，是中国革命胜利的最重要保障。[1]

2月27日，中共中央宣传部部长凯丰发表了一篇题为《党中央与国焘路线分歧在哪里》的文章，从此拉开了延安批判张国焘的序幕。

凯丰的文章以大约三万字的篇幅，列出十三个问题，系统地总结了张国焘与中央的分歧，历数张国焘从进入鄂豫皖苏区到三军会合时的种种错误和分裂党、分裂红军的罪行。这十三个问题是：一、对当前政治形势的估计；二、军事战略问题；三、南下北上的问题；四、一、四方面军团结问题；五、红军和苏维埃建设问题；六、根据地问题；七、"肃反"政策问题；八、党的建设问题；九、民族问题；十、民族统一战线问题；十一、民族革命与土地革命的关系问题；十二、与苏联的关系问题；十三、党的统一问题。这十三个问题就是凯丰打向张国焘的十三发重磅炮弹。

凯丰的文章最后总结说：中央与张国焘的争论是政治上、原则上、路线上的争论。他一针见血地指出："国焘同志所代表的这种政治路线，是苏维埃运动中所产生的形式，右倾机会主义、军阀主义的路线，他的客观根源则由于中国军阀制度和农民狭隘落后意识，流氓破坏意识的反映，他的主观原

---

[1]《张国焘问题研究资料》，四川人民出版社1982年版，第605–610页。

张国焘

因是由于国焘同志过去错误的根源。在四中全会时，国焘曾反对这种错误，但他没彻底肃清他的错误，他与中央隔离，在没有中央的领导之下又发展起来，而成为苏维埃运动中的右倾机会主义退却逃跑路线和军阀、土匪主义的路线。"

凯丰还深挖了张国焘路线产生的"社会基础"和"历史根源"，明确地说："国焘路线的社会基础是：一、农民狭隘意识与流氓的破坏性的反映；二、中国军阀土匪主义的反映。国焘路线的历史根源是：一、与国焘过去一贯的错误相联系；二、与他的思想方法论相联系，即他的狭隘经验论机械唯物论相联系；三、与他的高漫的宗派主义与派别成见相联系。"总之，"国焘路线的性质是苏维埃运动中一种特殊形式的右倾机会主义和军阀、土匪主义。"[1]

凯丰的文章发表后，引起四方面军官兵的强烈不满。毛泽东为此曾严厉地批评凯丰，说他未能把张国焘与红四军广大干部战士严格区分开来。

中共中央开展对张国焘的批判，曾发64号电向共产国际执委会作了汇报。共产国际执委会收到中共中央电报后，于3月22日以"共产国际执行委员会书记处"名义向中共中央发来回电，内容如下：

> 对你们第64号电答复如下：我们没有十分准确的情报能够使我们对张国焘问题作出明确的表态。我们不相信，为了党的利益必须像你们所做的那样来审查西路军的地位问题。我们认为，无论如何现在不宜就张国焘以前的错误作出专门决议并就此展开讨论。要千方百计避免激化党内关系和派别斗争，时局要求团结党和红军的一切力量来对付敌人，并有必要准备齐心协力地反对无论来自何方的对红军的打击。
>
> 西路军失败的原因应该客观加以研究，吸取相应的教训，并采取适当的措施来帮助和保存这支部队的力量。请将这一点告知全体政治局委员。

---

[1]《张国焘问题研究资料》，四川人民出版社1982年版，第23-72页。

第十四章
受批与叛党

建议今后不要再让共产国际执委会书记处实际上面对已成既成事实的这类问题,这一点从你们要求在一天内作出答复就可以看出来。[1]

然而,中共中央并没有理会共产国际执委会的态度。

3月23日至31日,中共中央在延安举行政治局扩大会议(史称"延安会议")。会议分两个阶段:第一段从3月23日至26日,主要议题是讨论国民党五届三中全会后共产党的任务;第二阶段从3月27日至31日,主要议题是批评张国焘的错误。出席会议的有毛泽东、张闻天、博古、朱德、张国焘、凯丰、林伯渠、林彪、彭德怀、任弼时、贺龙、董必武等中央委员,以及候补中央委员和红军军以上干部,共五十六人。

3月27日,会议开始后,张国焘首先汇报了四方面军的工作,并作了检讨。他说:"关于我的错误,我前次的文章[2],已经觉得不够。我是路线的错误,是退却逃跑的错误,是反党反中央的错误。"他回顾了自己在过去工作中所犯的错误,他说,在鄂豫皖工作时期,路线是正确的,但错误也不少,没有巩固政权的观念,因此发生了失败的观念。开始在"肃反"中发生"左"的错误。在反第四次"围剿"中,以为国民党军队是"偏师",发生"左"的观点,影响到粉碎第四次"围剿"的胜利。"肃反"错误是进一步发展,一直到陕北。在川陕苏区时期,一般的路线是正确的,但是犯了很严重的错误。在城市政策中发生"左"的现象,"肃反"错误严重,不信任知识分子,在党内形成家长统治。1935年一、四方面军会合后,就发生了路线上的错误。由于对民族运动估计过低,对敌人力量估计过大,对中央红军的胜利估计不足,对群众的力量估计不足,因此,怀疑北上方针,发生向西退却,成为右倾机会主义的逃跑路线。由于军阀主义等错误,发生反抗中央的表示,最后发展到另立中央。以后便南下,南下不仅在政治上是反党反中央,而且在战略上也是错误的。发生错误的原因是由于对政治形势的估计不足,对党的领导的忽视。张国焘在检查中承认了自己的错误,但在一些具体

---

[1]《共产国际、联共(布)与中国革命档案资料丛书》第十五卷,中共党史出版社2007年版,第288–289页。

[2] 即《从现在来看过去》。

张国焘传

事实上，也为自己进行了辩解。

张国焘发言结束后，与会者中有三十多人先后发言，从政治、组织、军事、苏维埃问题、"肃反"政策、群众运动等方面清算张国焘的错误。

彭德怀批评张国焘违反毛儿盖会议的决定，擅自率军南下，造成红军的分裂；而且另立中央，破坏了党的团结。对四方面军的领导，则形同军阀土匪，把军队当成个人的工具。

贺龙的发言颇为激烈。他说："张国焘！你是知识分子出身，又是共产党创始人之一，也可以说是共产党出身。而我呢，则是土匪出身，又当过军阀，也可以说是军阀出身，我现在由土匪、军阀变成了共产党，而你则由知识分子、共产党变成了土匪、军阀。张国焘，现在请你和我比一比，你现在成了什么样的屁人物？"

长期受张国焘压制和迫害的部分四方面军干部，也揭发了张国焘执行错误"肃反"政策的罪恶，说到自身所受的迫害时，有人竟声泪俱下。

3月30日，毛泽东在会上发了言。他说，张国焘路线是毫无疑义的全部错误的。我们欢迎他们的转变，这是中央的干部政策。张国焘的哲学，一言一蔽之是混乱，其中主要的东西是机械论和经验论。他只承认看得到的东西，因此他的思想是反理论反原则的。他老是将自己描绘成实际家，恰恰证实他是真正的经验论。那次我们接到捉了蒋介石的消息以后，他举出几十条理由要求杀蒋介石。张国焘要改正自己的错误，首先要放弃自己的经验论。他只看到局部而看不到全体，只知有今天而不知有明天。由于进行科学的分析，所以我们能预见运动的法则，在军事上即是有战略

毛泽东和张国焘（陕西延安）

第十四章
受批与叛党

的头脑,这正是张国焘所缺乏的。张国焘的机械论,只看见形式,不看见内容。他把日本和蒋介石看作有无穷力量的魔鬼,害着恐日病和恐蒋病,说什么十倍于现在的力量也不能战胜日本,在革命战争中只想起后梯队的作用。他看不见日本和蒋介石都存在着种种矛盾。他不承认事物内部的矛盾,不知道红军中、共产党内部都有矛盾,只有加强党内斗争、思想教育和党内民主来解决这些矛盾。张国焘在鄂豫皖的初期,还不能说是机会主义的路线,自从打了刘湘以后,便完全形成机会主义路线。他到川西北以后,弄出一个联邦政府,还要造出一个政治局。会合后中央要迅速北上,他按兵不动,中央尽力迁就他,安他一个红军总政委。但是一到毛儿盖,就反了,要用枪杆子审查中央的路线,干涉中央的成分和路线,这是完全不对的,根本失去了组织原则。红军是不能干涉党中央的路线的,张国焘在分裂红军问题上做出了最大的污点和罪恶。左路军和右路军的时候,叶剑英把秘密的命令偷来给我们看,我们便不得不单独北上了。因为这电报上说:"南下,彻底开展党内斗争。"当时如果稍微不慎重,那么会打起来的。反党的"中央"成立之后,中央还是采取忍耐的态度。那时张国焘的电报却凶得很,"禁止你们再用中央名义"的话头都来了。我们却慎重得很,当时中央通过的关于反对张国焘错误的决议,只发给中央委员。张国焘入党以来,还曾有若干阶段是在党的路线下工作的,但他的机会主义的历史问题是必须要指出来的。我们应该用诚恳的态度要求张国焘转变,抛弃他的错误,今后应从头干起。[1]

3月31日,张闻天代表中共中央作了总结讲话。他说,什么叫国焘路

延安时期的张闻天

---

[1]《毛泽东年谱》上卷,人民出版社、中央文献出版社1993年版,第665–666页。

线？第一是右倾机会主义，第二是军阀土匪主义，第三是反党反中央的派别主义。他的右倾机会主义表现在对革命估计不足，以为反动时期又到来，夸大敌人的力量，认为红军即使有十倍也不能打日本，对于蒋介石也是最怕的，他看见胡宗南就跑。他是看枪杆子的多少来决定问题的，多了几杆枪，革命形势就高涨，少了几杆枪，革命形势就低落，因此他对革命形势是悲观失望的。他的军阀土匪主义首先表现于在军队中实行个人的独裁制度，因此反对他的而忠于党的同志，就被"肃"掉了，他的"肃反"和一切别的苏区不同，是为保障张国焘的个人统治的。其次他是标准的"实力派"，枪杆子高于一切。我们与他会合时，他一看我们只有这么多枪，于是乎一切吞并的手段和阴谋就都来了。后来发展到公开要书记当，要当总政委等。可见他是军权超过了一切。再者群众利益可以完全不讲。烧、杀，这一切都是违反群众利益的。至于他的反党反中央的派别主义是老早就开始了的，因此他成立第二中央是必然的结果。国焘主义本身有个发生、发展以至破产的过程。最初鄂豫皖时期一般说是正确的，然而这时国焘错误已经开始，不过未敢明目张胆而已。通南巴便是他最后完全的形成路线上错误的时刻，那时虽然部队打了胜仗，但不能证明路线上的正确。第三时期是一、四方面军会合时期，这是张国焘路线形成第二党的开始。第四时期是他取消"中央"，成立西北局，这是国焘路线破产的开始。这里有许多原因，南下的失败，少数民族区域根据地创立不起来，二方面军反抗他的路线，四方面军中的干部做了许多耐心的解释工作等。

张闻天在讲话中还指出：张国焘路线的错误和他过去的错误是有联系的，同时也有其社会的根源，而这条路线产生的恶果是说不尽的，它给中国以极大的损失，否则我们的力量还可以更大些。对于张国焘的错误，中央采取了正确的政策，用了各种方法向他们斗争；用尽了让步的方法，企图说服他。目前张国焘还基本上没有了解自己的错误。我们要求张国焘同志重新来检查自己的错误。但是我们与国焘路线斗争应注意几点：一、要无情揭发国焘主义来教育全党，教育同志；二、要把国焘主义和四方面干部分开；三、对犯错误的同志不应采取报复主义；四、对犯错误的人也不要轻易相信，要有实际，要看具体表现；五、要彻底肃清国焘主义，就要加强党内教育；

六、对国焘同志本人的处理。谈到这一点时，张闻天说：

> 许多同志提出了组织上做结论的要求，要开除其中委、总政委、政治局委员、副主席、党籍等。我以为继续在红军中做工作是不行的。因此再当总政委、副主席是不行的了。至于组织方面结论，我看现在还是不做结论为好。这里应估计到几个问题：
>
> 一、国焘同志是老同志，创立党的同志，虽有错误，还有功绩；
>
> 二、国焘同志已开始承认错误（座中有人说：假的！假的！），他已开始承认错误，我们就应该帮助他；
>
> 三、我们需要原则基础上的团结一致，还要他在中央工作，这是很重要的。以后六中全会、七次大会上再讨论他的问题。我以为党内不要太心急了！（鼓掌）[1]

张闻天的建议并没有被会议采纳，会议最后通过了《关于张国焘错误的决定》。

> 政治局听了张国焘同志关于四方面军工作的报告，并详细检查了四方面军各种文件及材料之后，认为：
>
> 一、张国焘同志在四方面军的领导工作中，犯了许多重大的政治的原则的错误。这些错误在鄂豫皖苏区的工作中已经开始存在着，在川陕苏区中尤其在他的最后一时期中，已经形成整个政治路线的错误。从退出川陕苏区到成立第二中央为止是右倾机会主义的退却路线与军阀主义的登峰造极的时期。这是反党反中央的路线。
>
> 二、张国焘同志由于对于中国革命形势的右倾机会主义的估计（否认中国革命的高涨，两个高涨之间的理论），因此产生了对于敌人力量的过分估计（特别在蒋介石主力的前面张皇失措），对于自己力量的估计不足（对主力红军的突围表示悲观失望，对全国人民抗日的民族命运

---

[1]《张闻天文集》（二），中共党史出版社2012年版，第156—157页。

表示不信任），因此丧失了红军在抗日前线的中国西北部战胜敌人，创造新苏区，使苏维埃红军成为抗日民族革命战争的领导中心的自信心，而主张向中国西部荒僻地区，实行无限制的退却。这是张国焘同志右倾机会主义路线的实质。

三、张国焘同志对于中国共产党在领导中国革命胜利中的决定的作用，是忽视的。因此他在他的工作过程中轻视党，忽视地方党的组织的创造，在红军中不注意政治委员制度、政治工作与党的工作的建立。相反的，他用全力在红军中创造个人的系统。他把军权看作高于党权。他的军队，是中央所不能调动的。他甚至走到以军队来威逼中央，依靠军队的力量，要求改组中央。在军队中公开进行反中央的斗争。最后，他不顾一切中央的命令，自动南下，实行分裂红军，成立第二"中央"，造成中国党与中国苏维埃运动中空前的罪恶行为。在同二方面军会见时，他曾经企图用强制与欺骗的方法，使二方面军同意他的路线，共同反对中央，虽是这一企图遭到了二方面军领导者的严拒而完全失败了。他对于创造红军模范纪律的忽视，造成了红军与群众的恶劣关系。军阀军队中的打骂制度与不良传统在红军中依然存在着。这就是张国焘同志的军阀主义的实质。

四、张国焘同志的退却路线与军阀主义，在他的一切工作部门中表现出来。在群众工作中，他不从政治上去教育群众，启发群众的积极性，组织群众与武装群众，而以军队威临群众，造成脱离群众的现象。青年团、贫农团、工会等群众团体，事实上完全没有工作。苏维埃工作方面，他没有正确的实行土地政策与经济政策，没有建立苏维埃的代表制度，实行苏维埃的民主。他在少数民族问题上以大汉族主义代替了列宁主义的民族政策。在同反革命斗争中，他以恐怖代表了明确的阶级路线与群众路线。他对于白区工作，完全表示消极，对白区党与群众组织没有信任心。他以无原则的方法与派别观念团结干部，把个人的威信与党的威信对立。他发展党内的家长制度，以惩办与恐吓来代替布尔塞维克的思想斗争与自我批评。

五、张国焘同志的南下行动，不但在反党反中央、分裂红军上看来，是根本错误的，而且南下行动本身也是完全失败的。不管四方面军在南下战争中，如何由于红色指战员艰苦斗争而得到了一些战术上的胜利，然而结果还是不能不被逼放弃天全、芦山，深入西康，使红军受到损失。而且由于南下的行动，使红军远离抗日前线阵地，削弱了红军在全国的影响与推动抗日民族统一战线迅速建立的力量，也使中国革命受到损失。

六、张国焘同志从口头上同意中央前年十二月决议起，到取消第二中央，与率领四方面军北上，最后同中央会合止，是他向党中央路线前进的表示。但是必须指出，推动张国焘前进的还是由于党中央路线的胜利与中央对于他的耐心的劝导，也由于当时的客观形势，广大红色指战员的要求，红二方面军的推动，一部分领导同志坚决拥护中央与反对他的错误的斗争。张国焘同志始终对于北上与中央会合是迟疑的，对于中央的路线的正确性，是不了解的。西路军向甘北前进与西路军的严重失败的主要原因，是由于没有克服张国焘路线。

七、中央必须指出，张国焘路线是农民的狭隘性、流氓无产阶级的破坏性及中国封建军阀的意识形态在无产阶级政党内的反映。长期的离开了党中央的正确领导，长期的在经济落后的农村中活动，使张国焘同志，不但不能以无产阶级的马克思列宁主义与无产阶级的组织力量去领导农民群众，改造流氓无产者提高他们到自己的水平，战胜军阀的意识形态，反而做了他们的俘虏，自己拒绝了无产阶级思想的领导。张国焘同志的这种错误，对于全党应该是一个严重的教训。这教训又一次指出，没有无产阶级先锋队马克思列宁主义的领导，不论是民族革命或是土地革命，必然不能得到彻底胜利的。这一教训也使我们明显地看到，张国焘路线是同他过去大革命时代陈独秀主义（民族资产阶级的意识在无产阶级政党内的反映）的错误如何紧密地联系着。

八、中央对于在国焘同志领导下的四方面军的干部的艰苦奋斗，不怕牺牲，不畏险阻，英勇苦战，献身于苏维埃事业的忠诚，表示深切的敬意。对于四方面军的干部在中央直接领导之下所获得的极大进步与对张国焘路线的正确认识，表示极大欣慰。过去红四方面军所犯的错误，应该由张国焘同志负最主要的责任。一切把反对张国焘主义的斗争故意解释为反对四方面军全体干部的斗争，把四方面军的干部同中央对立的企图与阴谋，应该受到严重的打击。四方面军的干部是中央的干部，不是张国焘个人的干部。中央号召四方面军的及整个红军的全体同志在开展反对张国焘路线的斗争中像一个人一样，团结在中央的周围，来完成党当前的伟大任务。

九、中央更号召全党同志，同张国焘路线做坚决斗争，在这一斗争中教育全党同志，如何在各种环境下坚决不动摇的为布尔塞维克的路线而奋斗到底。只有共产国际与中央路线的胜利，才能引导中国革命到彻底的最后的胜利。中央在估计到张国焘同志错误的重大性质之后，同时亦估计到他在党内的历史，及对于自己错误的开始认真的认识，与以后绝对忠实于党的路线的声明，认为暂时应该把党的组织结论问题保留起来，给张国焘同志及极少数国焘路线的坚决执行者，彻底发展自我批评，揭发自己的错误，同自己的错误作斗争，并在实际工作表现自己的机会。[1]

对于中央政治局扩大会议及其作出的决定，张国焘认为是"向失意者发挥一下斗争的残忍性"。[2]

会后，张国焘对来访的人说："现在共产党人的党内斗争，往往超越轨道，虽有充足理由，也不易获得人们的谅解。譬如我本人现在处境极不利，其基本原因是党内斗争并不是以真理为依据，而是随斗争形势和力量对比而转移。在毛儿盖的时候，我有充分理由批评当时的中共中央政治路线。可是现在形势不同，毛泽东等首先接通了与共产国际的关系，在执行抗日民族统一战线的政策上，又与张学良、杨虎城联盟，经过西安事变，可望与国民党和解。这些成就，改变了我反对毛泽东的意向。何况，西路军又遭到如此惨痛的失败，我正引咎自责，无意与他人辩论是非。"[3]

---

[1]《张国焘问题研究资料》，四川人民出版社 1982 年版，第 7—11 页。
[2] 张国焘：《我的回忆》（第三册），现代史料编刊社 1980 年版，第 356 页。
[3] 张国焘：《我的回忆》（第三册），现代史料编刊社 1980 年版，第 356 页。

第十四章
受批与叛党

私下议论归议论，张国焘在表面上还表现出对中央的批评心悦诚服的样子。因为他的第一份检讨书和在政治局扩大会议上的检查，中央是不满意的，认为他"刚开始"认识错误，并未承认他已经彻底认识了错误。因此，为了使批判张国焘运动尽快画上句号，他不得不收敛起自己的不满情绪，于4月6日写了另一份检讨书——《关于我的错误》：

> 我上次那篇"从现在看过去"的文章，虽然揭发了一些错误，但是非常不够，甚至对自己错误没有从基本上去了解。
>
> 经过中央政治局扩大会议，许多同志对于我的错误的彻底揭发，使我对自己的错误有更深刻的了解。的确我的错误是整个路线的错误，是右倾机会主义的退却路线和军阀主义最坏的表现，是反党反中央的错误。这个错误路线，不仅在各方面表现它的恶果，使中国革命受到损失，而且形成极大的罪恶，客观上帮助了反革命。
>
> 中央政治局关于我的错误的决议，我不但完全同意，而且对于我自己是最大的教育，我应当根据这个决议，来彻底改正自己的错误，与自己的错误作坚决的斗争。
>
> 我应当申明，我已经了解党中央的路线是一贯的正确，并坚决拥护党中央现在的路线，如果不去了解我自己过去的错误路线，就不会深刻了解党目前领导民族革命运动的策略路线，因此，对于我自己过去错误更彻底的了解，也就使我对党的路线有更深刻的认识和坚决的拥护。
>
> 我而且应当说到，在我与中央会合以后，是我了解和改正自己错误的过程，没有继续和加深自己的错误。但是在过去一时期中，没有更深刻的了解自己的错误，就没有能够与自己的错误作坚决斗争，对于那些对我的错误缺乏了解的同志，没有能够起积极的帮助作用。
>
> 我的错误是非常严重的，但是我与那些背叛共产国际的"左"右叛徒基本不同之点，就是我始终拥护共产国际。虽然这样严重的路线错误，实质上是与共产国际和党中央路线不相容的，可是因为我对共产国际的领导具有坚强信心，因此，我自信这是我能够改正错误最重要的保证。

由于我对马克思列宁主义不够了解,又有自高自大的恶习,堕入了狭隘经验论和机械论的泥坑,做了落后意识的尾巴,在苏维埃运动紧急关头和民族革命运动新高潮发展过程中,对于时局有了右倾机会主义的根本错误的估计。对于无产阶级领导作用估计不够,反而做了农民落后意识、流氓破坏意识和军阀意识形态的俘虏,没有能够彻底克服过去大革命时代陈独秀机会主义的错误,在苏维埃运动紧急关头,右倾机会主义的错误又重新表现出来。因此,要彻底克服错误,我自己必须加深对于马克思列宁主义的学习。

我并且要求全党同志,特别是曾经和我在四方面军一块工作过的同志,应当在党中央路线领导下,坚决与我的错误作斗争。我自己宣布我的错误路线已完全破产,每个同志与我的错误作毫不留情的斗争,是党的布尔什维克化最重要的一个保障。[1]

反国焘路线

批判张国焘运动在全党、全军上下轰轰烈烈地开展起来了。

原在保安的红军大学,1937年1月随党中央迁至延安后,根据国内政治形势的变化,将校名改为"中国人民抗日军政大学",简称"抗大",由林彪任校长,刘亚楼任教育长,莫文骅任政治处主任,杨立三任校务部长,邓富连(邓飞)任党总支书记。

批判张国焘运动在抗大开展后,根据中央决定,学校的方针是把张国焘与四方面军的干部分别对待,在认真学习中央决定和有关党的建设基本知识的基础上,引导学员逐步联系张国焘"右倾逃跑主义""反党反中央"的所作所为,进行回忆和对比,深刻认识、分析张国焘错误的性质、内容、根源及其严重危害。学校要求,无论是哪一方面军的同志,大家都要敞开思想,站在党的立场上,各抒己见,摆事实、讲道理。

---

[1]《张国焘问题研究资料》,四川人民出版社1982年版,第611–613页。

第十四章
受批与叛党

就是在这个时候，抗大发生了四方面军高级干部许世友等人准备"拖枪出走"的严重事件。这个事件不仅在当时引起了轰动，而且多年后的今天，仍然众说纷纭。

据《追求》杂志1992年第二期发表的衡学明《许世友蒙难记》一文所载，事情的经过是这样的：

> 在抗大开始有组织地揭批张国焘之后，四方面军学员被整得灰溜溜的，抬不起头来。许世友见下面干部非常宗派，看不起四方面军的同志，心里非常生气。可是他强压怒火，依然抱着"只要你不说到我头上，我就不管"的超然态度。但他没有做到这一点，他不同意那些说张国焘是逃跑主义的观点，更不能容忍那些对四方面军的无理指责。在抗大一队的批判会上，有人又把张国焘的问题与四方面军扯在一起，他再也坐不住了，径直走到队前放了一炮："怎么能说张国焘是逃跑主义呢！中央就没逃跑？中央红军不也从中央苏区撤出来了吗？如果说逃跑，应该都叫逃跑。中央有，中央红军有，四方面军有，所有红军都有！打不过敌人了，换个地方再打嘛，怎么叫逃跑呢！四方面军撤到川北，部队不是发展了吗？这样的逃跑，有什么不好！有人说张国焘搞分裂，我不那么看，我就知道有人一夜之间走没了。怎么跑了的不是搞分裂，没跑的倒是搞分裂，真让人想不通……"他发泄着自己心中的不满。这时，有人坐在队列里高呼："许世友，你这是反对中央！""不许你胡说八道！""你是托洛茨基！""你是土匪！"喊声打乱了许世友的发言，气得他暴跳如雷："我反对中央？我是托洛茨基？我是土……"他说不下去了，双手紧捂胸膛，口中喷出一道殷红的鲜血……

许世友住院了，但抗大的斗争会一天比一天开得厉害。四方面军的营、团、师、军级干部来看望许世友时，没有一个不哭的。这些过去的老同事老战友，都感觉到没有出路，对许世友的影响很大。当初，是他力排众议，坚决把四方面军的红军大学和党校学员带到了保安，但没想到会出现这样的结果。他想起了当初对大家的许诺："到中央去看看，不好再说嘛！"现在该怎样办？许世友一连三天未能入眠。

　　一天上午，詹才芳、王建安、吴民安等人来看望许世友，各人又是泪流满面。许世友说："你们就知道淌眼尿，哭有什么屁用？！"有人问："被人家捏在手心里，咋办呢？"许世友答："此处不留爷，自有留爷处。我们走！"又问："走？到哪儿？"许世友说："回四川找刘子才！他们还有一万多人，又是我们的老部下，巴不得我们去哩。在这里天天说我们是反革命，还要枪决。我们到四川去打游击，叫他们看看我们到底是不是革命的，愿去的就走，不愿去的也不要告诉中央。"大家当场表示赞成这个主意。

　　出走计划在秘密进行中。到第三天时，已有二十多个团级干部、两个营级干部、六个师级干部、五个军级干部表示愿意走。许世友后来回忆说："当时，他们决定不带张国焘、何畏、周纯全，因他们都要骑马。我们准备步行七天七夜，到四川汉中靠巴山会合刘子才再说。一切计划都是我作的，路线也是我画的，还有给毛主席的信都在我身上，准备4月4日夜10时出发。"这一天是个星期日，夜间十点正是人们熟睡之际，他不想伤害那些把守城门口的哨兵，决定从北城墙下的一个下水道出城。

　　转眼到了4月4日，准备出走的学员悄然整理行装，采购食品。许世友不动声色地从医院回到抗大，选派了吴世安和两名警卫员携枪出城，准备夜间在北门外接应。一切都进行得非常顺利。但在关键时刻，王建安变卦了，致使这一计划败露。

　　衡学明的文章发表后，引起一些当事人的注意，莫文骅在《炎黄春秋》1993年第七期发表文章，对衡学明文章的一些说法予以反驳，他写道："这次教育，完全是正面学习，没有搞任何的过火斗争。当然，斗争中可能有个别过火言论，但都及时纠正了。没有说什么'土匪''枪毙'的，更没有动手打人，因为这是党风思想斗争……'抗大'没有对张国焘面对面的斗争。他是红军总政治委员，'抗大'无权把他弄去斗争，就是中央扩大会议，对张国焘也只是背靠背批判，他没到会……至于'托洛茨基'这个词，当时没有用过。只在'七·七'抗战后，'抗大'才用这个词，这是三个月以后的事啦。是批'张慕陶'，不是批'张国焘'，大概误传了。……由于张国焘统治四方面军多年，又一直挂着马列主义知识分子的招牌，长期在四方面军内实行愚民教育，甚至伪造列宁的指示，说什么'两个工农分子监视一个知识分子''最落后的地区可以建立根据地'等等。所以四方面军的一些干部出于对党的朴素感情，对张国焘还有些盲目迷信，把他看作四方面军的化身和代表，不能把张国焘的错误和四方面军广大指战员的英勇奋斗区别开来，对'抗大'进行的批判张国焘错误的学习讨论产生了反感和不满情绪，而且他们对抗日民族统一战线路线不满。于是，在'抗大'发生了一件很严重的事情。"[1]

莫文骅作为当事人，其上述说法自然是可以令人信服的。不过，我们在其他一些当事人的回忆中，又看到了另一种说法。詹才芳的女儿詹杨曾出版《战将的足迹——詹才芳将军的故事》一书。詹杨在书中说，她为了澄清这一事件的真相，先后访问了洪学智、陈再道、徐深吉、李中权、肖全夫、张贻祥等老将军，他们"毫无顾忌地从各个侧面反映了事情的来龙去脉"。那么，詹杨所了解到的事实是什么呢？她这样写道："在此期间（即批判张国焘期间——引者注），有个别人没有按照中央的《决定》去做。在批判张国焘时，把四方面军的干部，尤其是高级干部说成是'张国焘的人'，是'张国焘的应声虫'……这大大激怒了许世友等同志。许世友、王建安、洪学智、詹才芳、桂干生、詹首奎等在下面议论，认为有些违背中央《决定》的精神，搞派性，搞山头主义。还说什么'我们中央'、'他们四方面军'怎么怎么。大家更加气愤。"[2]

詹杨在书中叙述说：当四方面军干部受到压力后，"许世友带着情绪发牢骚道：'我们是中央的干部嘛！为啥把我们说成是张国焘的人？！''在延安待不下去，没啥了不起的。回鄂豫皖或川陕根据地，打游击去！'其他同志也有类似的语言。当时，谢富治等人听到后，立即向抗大个别领导打了小报告，说：'他们当中没有一个好人'，又说'他们马上要把队伍拉走'，'要搞武装暴动'等等。有人听信了这些扩大事实的汇报和捏造的谣言。竟立即采取了紧急措施，把许世友和詹才芳他们都抓了起来。这就变成了'反

---

[1] 莫文骅：《许世友在延安受审真相》，《炎黄春秋》1993年第七期。
[2] 詹杨：《战将的足迹——詹才芳将军的故事》，湖北人民出版社1992年版，第162页。

革命事件'。"[1]

洪学智将军在回顾此事时，曾这样说："那时候说'到鄂豫皖打游击'这话，本是发泄一下不满，结果给汇报成了我们'马上就要出发了'、'拉队伍走'、'带枪走'……还说我们已'建立了反革命组织'了呐……真是胡诌！"[2]

徐向前元帅在《历史的回顾》一书中这样写道："其实，这是个冤案。起因在于抗大清算'国焘路线'，矛头指向四方面军的学员，整得好苦，引起强烈不满情绪。"[3]

事情的真相究竟如何，还有待于新的资料的公布。但不管怎样，"抗大"还是把许世友等人抓了起来，并进行了审讯。据莫文骅回忆，事情的经过是：

4月3日是星期日，天气晴朗，学校放假休息，教职员、学员们大多到延安城内，到宝塔山和清凉山等地去玩了。莫文骅因为有些事要做，没有外出。上午11点钟左右，校党总支书记邓富连突然跑来找莫文骅，他神情紧张，上气不接下气，急急忙忙地告诉莫文骅一件意外的事情。原来，他刚刚接到第二队的党支部书记、校党总支委员谢富治的报告：在"抗大"学习的少数四方面军的军、师级学员，由于不满意抗日民族统一战线，又受张国焘拒不承认错误的顽固态度的影响，对党中央开展批判张国焘错误的斗争心怀不满，由学员许世友领头，王建安、洪学智、陈再道、詹道奎、朱崇德、刘世模、詹才芳等十多名军师级干部参与，密谋带领每人身边的武装警卫员共二十多人，携枪逃跑。他们准备当晚午夜举事，杀死×××，然后从北门城边墙脚下的水沟爬出去（因为城门有卫兵），到山中去打游击。这是他们平时就侦察好的。水沟能同时爬出两个人，可以避免被城门口和墙上的哨兵发觉。

王建安（军长）是参与者，后来他觉得这一行动太不应该，认识到党内矛盾可以在党内解决，何必用暴力？况且又要杀死×××，这不是叛变革命

---

[1] 詹杨：《战将的足迹——詹才芳将军的故事》，湖北人民出版社1992年版，第162页。
[2] 参见詹杨：《战将的足迹——詹才芳将军的故事》，湖北人民出版社1992年版，第163页。
[3] 徐向前：《历史的回顾》，解放军出版社1988年版，第566–567页。

第十四章
受批与叛党

吗？这是非常危险的行为，政治上没有前途，人身也不保险。所以他决定不走了。上午，当许世友问他准备情况时，他说有病不走了。但他们逼他一定得走，否则采取强制措施。这样，王建安感到两头为难。走了不合适，不走又怕有意外危险。经过仔细考虑，不得不亲自向谢富治揭发了事变阴谋。

当莫文骅听邓富连讲完这件意外事后，心情也非常紧张。他决定让邓富连留下，注意继续了解情况，观察动静。他自己便去找刘亚楼、傅钟等校领导。跑了几处都没找着，于是只得直接去找林彪校长。他向林彪详细报告了此事，林彪听后，要他先回校，不动声色，注意了解新的情况，并做好防备。而林彪自己则先向毛泽东主席和中央报告后，再回校处理。这样，莫文骅便急忙回校向保卫科同志及身边人密告了此事，并布置好一切，以防万一。

不久，林彪回来了，马上召集刘亚楼、傅钟、莫文骅、邓富连、谢富治及保卫科同志等开会。宣布党中央、毛泽东主席的决定，立即将许世友等一伙人逮捕，以防止事变的爆发引起恶劣的后果。于是，当天下午4时，学校吹响了紧急集合号，召集学员在各队开会，高干的第一、二队学员也到各自教室开全体会议。第一队由党支部书记胡耀邦主持，第二人由队长倪志亮主持，由傅钟、谢富治分别向第一、第二队宣布了许世友等人密谋"拖枪逃跑"和中央的逮捕决定。宣布前，陕甘宁边区保安处长周兴，已派人把两个队的教室包围起来，各队把参与密谋的人一一点名叫了出去，由保安处人员捆绑起来押走了，一共抓了有十多人。与此同时，由邓富连带几个人到学员宿舍，收了所有的手枪。

6月6日上午，最高法院开特别军事法庭公审许世友等人拖枪逃跑一案。由各机关团体代表约一百五十人参加。审判长为董必武，书记周景宁，陪审雷经天、周兴等四人。由国家检察机关代表傅钟报告被告人许世友等人的犯罪行为。许世友等人供认：因对抗日统一战线发生怀疑，企图拖枪逃跑，去打游击，承认这是一种反革命行为。法庭经过审理，认为他们过去对干革命有过功劳，决定从轻判决：判处许世友一年半徒刑，其余分别判处一年、八个月或六个月不等。当时的《新中华报》于6月9日曾对判决许世友等人，作了公开报道。没过多久，党中央又决定对所有参与事变的人进行特赦，予以释放，重新安排了工作和生活。

那时，张国焘在延安。事情发生后，"抗大"震动很大，议论纷纷。学校在城隍庙门口坪里开大会，向全体教职员、学员进行传达解释。中央要张国焘去给大家，尤其是四方面军的干部讲一次话，希望他能作自我批评，启发四方面军同志认清他的错误，站到中央方面来。张国焘迫不得已由朱德总司令、林彪陪同到会讲了话。他对自己的错误和许世友等人的犯罪行为一字不提，却哼哼哈哈、不痛不痒地说什么"如果问题不能在抗大解决……每个同志都有权将问题向上级党部和中共中央提出，甚至向共产党控诉"。

此后，全校就此事开展了大讨论，大家列举了大量事实，愤怒地揭发了张国焘的军阀主义、逃跑主义、反党反中央的罪行，也批判了许世友等人的罪过。四方面军有的同志在揭发时甚至痛哭流涕，傅钟同志也作了长篇的揭发张国焘的发言。[1]

事件发生后，中央首先追查张国焘是否是幕后操纵者。因为正在批判张国焘运动中发生此事，而且平时张国焘与四方面军的干部又有许多接触。鉴于张国焘过去的行为，中央有这种考虑也在情理之中。根据中央指示，董必武、李克农、杜理卿等人负责审理与事件有关的人。他们与被捕的四方面军干部一个个谈话，详细询问事情的来龙去脉，结果证明与张国焘没有关系。

为了引导批判张国焘运动的开展，中央于4月24日在《党的工作》副刊上发表了《反对张国焘路线讨论大纲》。

"大纲"指出："张国焘同志在四方面军领导工作中，犯了许多极其严重的政治的原则的错误，这些错误形成了张国焘的整个政治路线。张国焘路线，是右倾机会主义，军阀主义，土匪主义，反党反中央路线。"

"大纲"回顾了张国焘路线的产生发展及其破产的经过，指出：西路军的失败是张国焘路线宣告最后的破产。由于张国焘的路线在西路军的领导者中根深蒂固地存在着，虽然向中央路线转变有些进步，然而并没有彻底揭发张国焘路线，没有执行中央路线与各种指示去转变部队中的工作，造

---

[1] 莫文骅：《许世友在延安受审真相》，《炎黄春秋》1993年第七期。

第十四章
受批与叛党

成了红军与回民间极恶劣的关系,引起回民到处的反对,使西路军遭受失败。西路军的失败是中国革命的损失,而同时也证明与宣告张国焘路线的最后破产。

"大纲"指出,张国焘路线的恶果是:第一,张国焘路线的执行,做下了数不清的卑鄙阴谋的行为,做下了客观上帮助反革命,摧残革命的罪恶的行为。第二,分裂红军,分裂党,使党的威信受到一些损失。第三,张国焘路线的向西退却,使红军受到损失,特别是西路军的失败,减弱了抗日的主力,使中国革命受到损失。

"大纲"认为,张国焘路线的发展前途无疑是走上取消中国革命的道路,在日本向中国的进攻面前表示张皇失措,主张退到甘西去,根本放弃中国共产党对民族革命运动的领导,反对统一战线政策,让中国任由日本强盗屠刀宰割,其结果就是起了汉奸、托派的作用,实际上帮助了日本帝国主义。因此一切企图坚持张国焘路线的分子其发展前途都必然会走向求助于托派与汉奸,而向托派汉奸的道路没落。

"大纲"还深挖了张国焘路线产生的根源,指出张国焘路线是半殖民地半封建社会环境中苏维埃运动过程中的特殊产物,同时与张国焘同志过去的许多错误有着不可解脱的因缘。在中国共产党全国第一次代表大会时国焘同志就反对大会的决议,大会过后国焘同志单独组织一部分人私自开会,进行反党的小组织活动。中国共产党第三次全国代表大会决定党加入国民党实行国共合作时,张国焘同时又反对国共合作,"反对在劳动群众中发展国民党的组织,主张工人应该在自己的政党的旗帜之下,参加民族革命,若加入资产阶级性的国民党便不免有混乱无产阶级思想的危险"(中共四次大会关于民族革命运动决议案)[1]。及后又主张工人党员不应加入国民党,而仅仅以知识分子党员、手工业者党员加入国民党。大革命时期,张国焘同志从反对国共合作一转而为民族资产阶级的尾巴,成为陈独秀主义最主要的帮手。八七

---

[1] 这里的引文和文件名均有误。据中共中央党校出版社 1989 年出版的《中共中央文件选集》第一册第 328、335 页载,文件应是:《对于民族革命运动之决议案》,引文应是:"(惟有大部分同志)反对在劳动群众中发展国民党的组织,主张工人应该在自己的政党旗帜之下参加民族革命,若加入资产阶级性的国民党组织,便不免有混乱无产阶级思想的危险。"

张国焘

会议时张国焘同志反对实行土地革命，认为知识分子党员（！）与土地有关系，实行土地革命将使党内发生分化。南昌暴动时，张国焘同志又提出自己的错误意见，主张实行土地革命只没收三百亩以上地主的土地。六次大会中张国焘同志对中国革命表示悲观失望，反对六次大会决议关于中国形势的分析——新的革命高潮之象征已经可以看见。六次大会后，张国焘同志在莫斯科的学习中又组织小组织（其中包括右派与托派分子）进行反共产国际的活动。所有这些都是张国焘路线形成的历史泉源。

总之，"大纲"认为："张国焘路线是反列宁主义的反国际反中央的政治路线，张国焘路线及张国焘路线残余的存在只能损害党，损害中国革命。因此全党必须与张国焘主义进行坚决的斗争，彻底揭发张国焘路线的实质……一切对国焘主义调和的倾向与对党的路线采取两面派的倾向都应防止与克服。"[1]

在中央的号召下，反对国焘路线的斗争在延安如火如荼地开展着。而军队中的反国焘路线斗争，主要在原四方面军之第四军、第三十一军进行，西路军余部到达新疆后也进行了这一斗争。

4月4日，第四军党的第一次代表大会向党中央致电表示："在部队中继续深入讨论反国焘路线斗争及他在新的形势面前新的动摇，模糊阶级意识、对统一战线无信心幼稚病，全党团结在党中央的周围，坚决执行党中央的正确路线，是求得四军工作转变与创造模范党军，迎接党的路线伟大的胜利的第一个重要的前提。"[2]

4月25日，任弼时到达设在平泉的第四军军部，随即召开第四军、第

---

[1]《张国焘问题研究资料》，四川人民出版社1982年版，第73-84页。关于西路军失败与张国焘的关系，中央直到1941年仍这样认为。1941年1月皖南事变发生后，中央作出《关于项袁错误的决定》，其中指出："过去的张国焘与现在的项英、袁国平，都因不服从中央而失败，全党全军应该警惕，引为鉴戒。当与张国焘的右倾机会主义作斗争时，项英、袁国平也是参加的，但随后他们却踏上了与张国焘相类似的覆辙。一切有个人英雄主义思想即是说党性不纯的同志，特别是军队的领导人员，必须深自省察。"见《中共中央文件选集》第十三册，中共中央党校出版社1991年版，第33页。

[2]《中国工农红军第四方面军战史资料选编》（长征时期），解放军出版社1992年版，第1133页。

第十四章
受批与叛党

三十一军党的活动分子会议,传达并解释中共中央政治局扩大会议《关于张国焘错误的决定》,号召部队全面展开反对张国焘的斗争。

5月1日,第四军、第三十一军领导致电中央,表示:"部队中反国焘路线不仅只做这一工作,尚需在今后工作中时刻联系到实际问题,深入这一斗争。"[1]

在第四军、第三十一军中开展反国焘路线,一开始并不顺利,干部战士中抵触情绪是很大的。经过耐心细致的思想工作和组织发动,加之西路军幸存官兵辗转到部队后谈到西路军的情况,大家的认识才有了提高。

据第四军领导人在7月12日所作的《四军四、五、六三个月政治工作状况的报告》,对第四军这三个月的进步作了如下叙述:"这主要表现在对国焘路线恶果有了深刻的认识(大家亲眼看到亲耳听到了西路军失败血的教训,以及在工作中时常遇到国焘路线作怪的障碍特别深刻),因此许多干部主观上都是努力来肃清国焘路线遗毒的。再也难找到像开始反国焘路线时那样对反国焘路线的不了解,不满,甚至反对的了。"[2]

干部战士的认识提高了,便开始将反国焘路线与具体工作联系起来,这样一来,便发现第四军中存在着很严重的问题:

第三十三团一连连长罗杏山,因为贪污腐化,怕党员告发他,便在支部会上对党员说:"你们哪个向上级报告了,我便打他几个耳光子。"结果党员们谁也不敢说话了。最后发展到连长、指导员、文书三人相携而逃。

第三十一团第一连连长黄学文,因有人向特派员报告了该连的缺点,便命令全连集合站队,进行清查,对着全连官兵厉声厉色地说:"是哪个报告的?报告一句,坐一天禁闭室;报告两句,坐两天禁闭室!"

第二十八团第二连连长赵显正,因有经济问题,在清查他的账目时,便发脾气,威胁说:"我的盒子要吃肉。"这样一来,党员谁也不敢做声,支书也想辞职。

第二十八团第三连连长郑太全,因在支部会上有人说他派公事不均,建

---

[1]《中国工农红军第四方面军战史资料选编》(长征时期),解放军出版社1992年版,第1135页。

[2]《中国工农红军第四方面军战史资料选编》(长征时期),解放军出版社1992年版,第1136–1137页。

议以后公平对待，他便大骂该人极端民主化，要求全体党员讨论该人的党籍问题。

第十师司令部两个文书，政治部技术书记，第三十三团团部文书、军直政治处技术书记以及个别文书司号员班长，对只发给他们一元津贴表示不满，公开要求"不干了"，"要下连"；还有人发牢骚"红军中不平等了，分官兵了""现在分阶级，将来还要打死人"。

除此之外，还有不团结现象、锦标主义、口是心非等等，都影响了部队的战斗力。出现这些问题的主要原因是什么呢？就是"国焘路线在作怪"。

错误和问题揭发出来后，第四军领导人决心花大气力肃清"国焘路线"的遗毒，整顿军风，首先从四个方面入手：一、提高党的威信，加强党的领导作用，肃清国焘路线和军阀主义的残余，实行党对军队的绝对领导。二、健全党的支部生活，加强党员教育，积极开展批评与自我批评。三、提高党员的政治文化水平，加强党的理论原则教育。四、加强各级党委会工作。[1]

军队中的反国焘路线运动大约进行了三个多月。

1937年前半年，是张国焘有生以来最难熬的一段日子。在此之前，他虽然经历过许多挫折和失败，但都不如这次批判自己的运动所受的心灵冲击大。这些年来，张国焘已经习惯了居高临下，发号施令；习惯了别人对他的意见表示赞同；习惯了批评那些他认为该批评的人却不需要考虑会产生什么不良后果；习惯了别人追随在他的周围。而现在，他这个堂堂的中共元老、红军总政委、四方面军的最高领导人，却站在受批判的位置，不得不一再检讨自己的过错，不得不硬着头皮听人家批判，以前追随过他的人绝大多数已离他而去，有的甚至转过来控诉他的罪恶。这种精神上的落差，使一向刚愎自用的张国焘陷入极端痛苦的漩涡之中。

时为张国焘警卫员的李凯国，曾对张国焘的精神状况作了如下描述：经过这场斗争，张国焘的心理有极大的变化。他变得很少说话，很少出门。一天，李凯国进屋去送水，张国焘慢悠悠地说："要是有人来，你就说我不

---

[1]《中国工农红军第四方面军战史资料选编》（长征时期），解放军出版社1992年版，第1142页。

在，不论是谁！"一次，中央派通讯员送来一个通知。李凯国进屋报告说："张主席，通知你去开会……"张国焘一边写着毛笔字，一边看也不看李凯国说："告诉通讯员，我不参加，身体不舒服！"李凯国看见他所写的几行大字是："天无柄兮地无环……猛士如云唱大风……"[1]

张国焘心情真是坏到了极点。他在回忆中这样写道："我决心搬出延安城，再也不愿问党内的事。我在延安近郊，游山玩水，并寻觅适当的住所。结果，在延安北面的山上，找着了一所破庙，其中有一个石头的窑洞，可供居住。我督率我的卫士们去修理，不仅使窑洞焕然一新，而且在庙的左侧，还开辟了一个小广场。不到两周，我就迁到新居了。"[2]

在弥漫着青草气息的山上，除了不知名的鸟儿时而鸣叫外，一切都显得那样静谧。张国焘漫步在山间小径，看似悠闲安逸，无所牵挂，但他的内心却如排山倒海，一刻也平静不下来。由于对自己的错误没有正确的认识，所以他不是反省自己，而是将全部思绪都集中在党中央和毛泽东等人对他的批评上，怨恨情绪油然而生。他认为，毛泽东等人是为了权力，抛弃了道义，并开始痛恨起共产主义运动来。

用张国焘自己的话说是这样的："我回忆以往，觉得我不赞成这个或那个政策，反对这个或那个措施，为这件或那件事奔忙，都不免是枝枝节节之事。我讨厌斗争和权力那些东西，觉得只是一些可笑的玩意儿。我觉得世界上什么事总有它黑暗的一面，政治就包含着罪恶，革命也不一定是圣洁。至于那些为了某种政治需要，不惜抛弃道义的行为，更是可鄙。我当时还没有决定脱离我自己所造成的圈子，但已经体会到这黑暗面的威胁，我意识到共产主义运动的基本缺陷实在太大，这极端反动的专制独裁会毁灭一切理想。"[3]

1936年12月12日张学良、杨虎城发动的西安事变和平解决后，中国共产党面临的主要工作，就是促进抗日民族统一战线早日实现。

1937年2月10日，中国共产党发表《致国民党三中全会电》，向国民党提出五项要求：停止内战，集中国力，一致对外；言论集会结社之自由，

---

[1] 参见彭江流：《张国焘成败记》，《萍乡古今》第十二辑。
[2] 张国焘：《我的回忆》（第三册），现代史料编刊社1980年版，第361页。
[3] 张国焘：《我的回忆》（第三册），现代史料编刊社1980年版，第368页。

张国焘

释放一切政治犯；召开各党各派各界各军的代表会议，集中全国人才共同救国；迅速完成对日作战的一切准备工作；改善人民的生活。电文还指出，如果国民党将上述五项要求定为国策，中国共产党愿意作出四项保证：实行停止武力推翻国民党的方针；工农政府改名为中华民国特区政府，红军改名为国民革命军；特区实行彻底的民主制度；停止没收地主土地的政策，坚决执行抗日统一战线的共同纲领。

从2月至7月全国抗战爆发前，中共中央派周恩来、叶剑英、林伯渠等作为中共代表，与国民党代表顾祝同、贺衷寒、张冲和蒋介石、宋子文等人，在西安、杭州、庐山举行谈判。谈判主要围绕国共合作问题、红军改编问题、陕甘宁边区的地位问题、停止进攻西路军和南方游击根据地问题进行。由于国民党缺乏诚意，谈判没有达成实质性协议。

为了配合谈判，中共中央决定主动作为，决定成立陕甘宁边区政府，并决定政府委员为林伯渠、高岗、徐特立、张国焘、博古、董必武、郭洪涛、张冲、杜斌丞。5月25日，毛泽东、张闻天、博古在致周恩来电中，报告了陕甘宁边区政府的组成情况。[1]

在周恩来等人与国民党进行谈判的过程中，南京政府提出，要派代表团到延安考察。毛泽东致电周恩来，同意这一提议。5月29日，由涂思宗、肖致平率领的南京政府军政视察团一行十多人到达延安，受到中共领导人的热烈欢迎。当晚，中华苏维埃中央政府举行了盛大的欢迎晚会。晚会由林伯渠主持，毛泽东致欢迎词。张国焘也参加了欢迎南京政府代表团的活动。

这再一次说明，党中央并不是准备将张国焘"一棍子打死"，在批判他错误路线的同时，还从团结同志的愿望出发，给他提供继续工作和改正错误的机会。

1937年7月7日，日本帝国主义发动卢沟桥事变，全面侵华战争开始。卢沟桥事变后的第二天，中国共产党即向全国发出通电，提出只有全民实行抗战，才是中国的出路，号召全国人民、军队和政府团结起来，筑起抗日民族统一战线的钢铁长城，抵抗日寇的侵略。

---

[1] 赵海：《毛泽东延安纪事》，陕西人民出版社1993年版，第12页。

这时，住在山上的张国焘也不时下山参加中央关于时局的讨论，表示拥护国共进行第二次合作，建立广泛的抗日民族统一占线，共同抵抗日寇。

为促进国共合作的早日实现，中共中央派周恩来、博古、林伯渠再次上庐山，同蒋介石谈判。

7月中旬，周恩来向蒋介石送交了由他亲自起草的《中共中央为公布国共合作宣言》。《宣言》提出，迅速发动全民抗战、实行民权政治、改善人民生活的基本主张；并声明中共愿为实现孙中山的三民主义而奋斗，停止推翻国民党政权和没收地主阶级土地的政策，取消苏维埃政府，改称特区政府，取消红军的番号，改编为国民革命军。但蒋介石却将《宣言》搁置一旁，另外提出他的一套方案。直到平津失守和上海形势日趋紧张之后，国民党当局才不得不认真对待国共合作问题。

8月4日，国民党邀请周恩来、朱德、叶剑英赴南京参加国防会议，谈判合作问题。通过谈判，达成将陕甘宁地区的红军主力改编为国民革命军第八路军的协议，国民党同意在三个师之上设总指挥部。还达成在国民党地区的若干城市设立八路军办事处和出版中共机关报《新华日报》等项协议。

8月22日，南京国民政府军事委员会发布将红军改编为国民革命军第八路军的命令，并任命朱德、彭德怀分别为正、副总指挥。

8月25日，中共中央军委发布命令：中国工农红军改编为国民革命军第八路军，朱德任总指挥，彭德怀任副总指挥，叶剑英任参谋长，左权任副参谋长，任弼时任政治部主任，邓小平任政治部副主任。八路军下辖三个师：第一一五师以原红军第一方面军为主编成，师长林彪，副师长聂荣臻，政训处主任罗荣桓；第一二〇师以原红军第二方面军为主编成，师长贺龙，副师长萧克，政训处主任关向应；第一二九师以原红军第四方面军为主编成，师长刘伯承，副师长徐向前，政训处主任张浩。全军共四万五千余人。

10月，根据国共谈判达成的协议，原活动在湘、赣、闽、粤、浙、鄂、豫、皖八省边界地区的红军和游击队，改编为国民革命军陆军新编第四军。军长叶挺，副军长项英，参谋长张云逸，副参谋长周子昆，政治部主任袁国平、副主任邓子恢。全军编为四个支队，共一万零三百人。

红军改编为国民革命军，表明国共两党在军事上达成了协议。9月22

日，国民党通过中央通讯社发表了《中共中央为公布国共合作宣言》。次日，蒋介石发表讲话，指出团结御侮的必要，事实上承认了共产党的合法地位。至此，第二次国共合作正式形成。

8月22日至25日，中共中央在陕北洛川冯家村召开政治局扩大会议。这就是著名的洛川会议。会议通过了毛泽东起草的《中国共产党抗日救国十大方针》，成为中国共产党实行抗战的纲领。会议期间，张国焘表示拥护党的政治路线，愿意为党工作。

9月6日，原陕甘宁地区革命根据地的苏维埃政府——中华苏维埃共和国中央政府西北办事处，正式改名为陕甘宁边区政府，林伯渠任主席，张国焘任副主席。由于林伯渠还担任八路军驻西安办事处主任的职务，无法抽身回到延安，所以由张国焘代理主席职务。

这样，张国焘由北山的窑洞搬下来，住进了陕甘宁边区政府院内。这个地方过去曾是基督教会传教的场所，比起延安街上破旧矮小的房屋来说，这里的房屋就显得整齐多了。张国焘的住房两室一厅，一间住着张国焘，另一间住着伍修权，房间铺着地板，摆着双人弹簧床，显然是当年某个牧师的留下来的物品。

不久，与张国焘分别近七年之久的杨子烈，也辗转来到延安。久别重逢，张国焘顿觉天地明亮了许多。令张国焘更加兴奋的是，他们的儿子也很快来到延安。一家人经过千辛万苦，终于团聚在一起，生活虽然比较贫困，但对于常年孑然一身、漂流不定的张国焘来说，其喜悦之情真是用语言难以形容。

杨子烈在上海时，曾在产科医院学习过。她到延安不几日，延安医院的院长傅连暲便向中央提出，请分配杨子烈到延安医院工作。这样，杨子烈被安排到延安医院工作，除负责接生外，还为边区政府的勤务员讲政治课，生活得很充实。几十年后，她在回忆录中还这样写道："我非常喜欢延安，虽然它的街道狭窄，房屋破旧，土地贫瘠，天寒地冻，大家都住在窑洞内。但我对这里的一草一木都感到浓厚的兴趣和喜爱。"[1]

---

[1] 杨子烈：《张国焘夫人回忆录》，（香港）自联出版社1970年版，第339页。

第十四章
受批与叛党

对于张国焘来说,这是一段难得的悠闲时光。携子同游或与年轻人聊天,参加文艺晚会或坐下来看一场球赛。他常常陪伴妻子散步,细心照料,以至于一些女同志称其为"模范丈夫"。他应该感到很满足了。卢沟桥事变后,毛泽东等中央领导人全力投入推动国共合作,建立抗日民族统一战线的工作,批判张国焘运动也随之结束。中央还对他委以重任,将全国唯一一个共产党力量占据的地区政府交由他来领导。

但是,由于受批判造成的心理阴影挥之不去,在工作中便感到处处受到限制和歧视。

陕甘宁边区政府成立后,其重要地位显而易见。陕甘宁边区及其首府延安,是中共中央所在地,也是人民抗战的政治指导中心,还是八路军、新四军和其他人民抗日武装力量的战略总后方,更是全国实行抗日民主政治的模范区。中共中央把这样一个重要地区交给张国焘来管理,确实是下了很大决心的,也体现了对他的关怀。

张国焘到任后,起初还是很认真工作的。他首先改组了原边区政府,除他任代理主席外,由潘自力任秘书长、马明芳任民政厅长、曹菊如任财政厅长、刘景范任建设厅长、周扬任教育厅长。接着又着手整顿财政。当时征收公粮是财政工作一个重要方面。为此,张国焘根据陕北及其他苏区以往的征粮办法,拟具了征收救国公粮法规,使征收公粮有法可依。他还为建立政府工作制度、规定政府职能和工作方针做了不少工作。

但工作刚刚起步,他与中央便在一些具体问题上发生冲突。本来这些冲突都可以通过协调和沟通来解决,但由于历史上难以弥合的裂痕和已经变异的心理,他对毛泽东和党的其他领导人产生了怨恨情绪。他认为,中央处处干涉政府的权力,实际上是希望使他成为一个有职无权、挂空名的政府主席。怀着这样的想法,张国焘便以消极的态度来对抗中央。他将工作交给接替潘自力任秘书长的伍修权,便真的做起了挂名的政府主席。

这时,张国焘已经有了脱离延安的打算。[1]

接下来发生的事,使张国焘加快了叛逃的步伐。

---

[1] 见张国焘:《我的回忆》(第三册),现代史料编刊社 1980 年版,第 429 页。

12月初，中共驻共产国际代表团团长王明和康生、陈云飞抵延安。

12月9日至12日，中共中央在延安召开政治局扩大会议，史称"十二月会议"。出席会议的有毛泽东、张闻天、王明、康生、陈云、周恩来、刘少奇、博古、林伯渠、彭德怀、凯丰、项英、张国焘。会议讨论了抗日民族统一战线的有关问题；研究了同国民党谈判的具体事项；通过了《关于准备召开党的第七次全国代表大会的决议草案》，并成立了以毛泽东为主席的二十五人筹备委员会；决定不再设总书记，书记处由张闻天、毛泽东、王明、康生、陈云组成。

1937年12月，中共中央在延安召开政治局会议。图为出席会议的部分人员合影。左起：张闻天、康生、周恩来、凯丰、王明、毛泽东、任弼时、张国焘

会上，王明按照共产国际的指示精神，作了题为《如何继续全国抗战与争取抗战胜利呢？》的长篇报告。报告虽然在坚持联合国民党抗战问题上发表了一些正确意见，但在如何巩固和扩大抗日民族统一战线问题上，却提出了比较系统的右倾错误主张。

当然，令张国焘不满的并不是王明提出的右倾主张，而是王明在会上大讲要抓紧反对托派，这使张国焘闻之不寒而栗。

事情还要从陈独秀说起。

第十四章
受批与叛党

大革命失败后，陈独秀便消极地隐居起来。后因组织并参与托派活动，于 1929 年 11 月 15 日被开除出党。1932 年 10 月 15 日，陈独秀被国民党逮捕，一直到抗战爆发后才于 1937 年 8 月 23 日被释放。陈独秀出狱后，面对中华民族危亡的关键时刻，怀着"天下兴亡，匹夫有责"的爱国之心，向中国共产党提出愿意回到党的领导下工作的要求。

对于陈独秀态度的转变，中国共产党是欢迎的。9 月 10 日，张闻天、毛泽东致电林伯渠，提出党对托派分子的几条原则：第一，我们不拒绝与过去犯过错误而现在真正悔悟、愿意抗日的人联合，而且竭诚欢迎他们的转变；第二，陈独秀托派分子能够实现下列三条件时，我们亦愿意与之联合抗日：一、公开放弃并坚决反对托派全部理论与行动，并公开声明同托派组织脱离关系，承认自己过去加入托派的错误；二、公开表示拥护抗日民族统一战线政策；三、在实际行动中，表示这种拥护的诚意。至于其他关系，则在上述三条件实现之后再考虑。[1]

正当此时，王明来到了延安。了解到中共中央此时对陈独秀等托派分子的态度后，王明在扩大会议上指责中央"过去忽视托派危险""对托派实质认识不够"，认为"托派是军事侦探的组织，主要是两面派的办法，运私货的办法……我们要特别注意"。

王明自己后来在《中共五十年》中也说："1937 年底，在我回到延安之后，便得知毛泽东已和陈独秀的代表罗汉达成协议。""由于我已回到延安，'恢复党籍'的计划才未实现。"[2]

这时，康生也积极配合王明，发表了《铲除日寇侦探民族公敌的托洛茨基匪徒》一文，诬陷陈独秀等与上海的日本特务机关进行了共同合作的谈判，日本特务机关给陈独秀的"托匪中央"每月三百元津贴，并由托派中央组织部长罗汉领取等。[3] 这一无中生有的说法产生了极坏的影响，从而关上了陈独秀回归党内的大门。

王明不仅拒绝与陈独秀合作，而且强调对托派的斗争，甚至夸大中共党

---

[1] 见《林伯渠传》，红旗出版社 1986 年版。
[2] 王明：《中共五十年》，现代史料编刊社 1980 年版，第 191 页。
[3] 《解放》周刊第一卷，第二十九期，1938 年 1 月 28 日；第三十期，2 月 8 日。

内的异己力量。他说:"联共内部有大量的托派和反党分子,难道中共内部就太平无事吗?中共内部必然暗藏着许多托派和其他反党分子,只是我们两条路线的斗争不够彻底,没有发现出来罢了。因此,现在绝不是与陈独秀恢复合作,而是加紧反托派。在抗战时期,必然有些叛党或离开党的分子,企图再行混到党里来,我们绝不能宽容他们。现在党内有过反党行为和思想不纯正的同志们,党对这些人也不应轻轻放过。"[1]

这些话使张国焘心惊肉跳。他虽然不是托派,但却是犯过重大政治错误的人,联共(布)"肃反"的残酷性,他也有所了解。王明这次回来,如果再祭起"肃反"大刀,那他张国焘必然是刀下之鬼了。

正当张国焘为王明拒绝陈独秀回党并大发议论而焦虑不安的时候,王明亲自找他谈话了。据张国焘回忆,这次谈话是这样进行的:

王明问张国焘,毛儿盖会议争论的症结究竟何在?张国焘答:"除批评党中央政治路线外可以说是争军事领导权。"王明说:"这不尽然,另一个主要原因是托派在暗中作怪。"他告诉张国焘:"李特、黄超就是托派,他们在迪化经邓发审问,已招认是托派,并已枪决了。"

王明的话对张国焘来说无异于晴天霹雳。张国焘的心里一阵剧痛,他切齿痛恨地说:"李特、黄超是托派!那任何人都可被指为托派!"王明回答:"你不是托派,不过受托派利用。"他向张国焘说,在莫斯科的大清党中,证明张国焘与托派并无联系;可是不能因此就说张所信任的左右中没有托派,也不能说张不会受托派利用。他还说,与张国焘接近的俞秀松、周达文、董亦湘等在莫斯科经过几次清党,都没有露出破绽,但他一直有些怀疑,这次在新疆,将他们逮捕审问,果然他们直供不讳,都是托派,自然只有把他们绳之于法了。[2]

李特和黄超都是张国焘的追随者,从1931年起就一直在张国焘左右,鞍前马后围着张国焘,是他的两个得力干将,当然也是张国焘路线的坚决支持者,在张国焘另立中央、率军南下的过程中他们起了推波助澜的作用。不

---

[1] 张国焘:《我的回忆》(第三册),现代史料编刊社1980年版,第424页。
[2] 张国焘:《我的回忆》(第三册),现代史料编刊社1980年版,第426页。

过他们随着四方面军南征北战,也为中国革命做出过贡献。尤其在西路军失败后,他们历尽艰辛,率余部到达新疆,保存了革命的有生力量。

李特、黄超被杀,就好像是挖去了张国焘心头的两块肉,再联想到俞秀松等人的悲惨下场,张国焘开始痛恨起王明来。他认为,王明效法斯大林那种疯狂的清党作风,犯下了不可饶恕的罪恶,暗自思忖:王明为什么将在新疆杀害李特等人的事告诉我?为什么硬说毛儿盖的争执是托派暗中作怪?为什么武断地说我受托派利用?他是想向我表示什么?难道是恐吓我吗?一个个疑问在他的脑海里形成,越思越想越感到害怕,他总觉得有一种潜在的危险在威胁着他。

与其坐以待毙,不如溜之大吉。张国焘到延安后曾产生过的脱离共产党的想法,此时更加顽固地支配着他的思想,他决定一旦时机成熟,就尽快行动。

叛 逃

陕西省中部的桥山镇有一座陵墓,是中华民族的始祖黄帝轩辕氏的衣冠冢。古往今来,这里一直香火未断,即使战乱年间,也有前来祭奠之人。人们把自己的苦难和希望诉说给黄帝,乞求他保佑他的子孙们平安无事。

1937年4月5日清明节,国民政府在从西安派出代表前往黄帝陵致祭的同时,便邀延安派代表一同参加祭祀大典。蒋介石或许想通过这种方式,向华夏始祖表明与共产党合作御侮的诚意吧。在中国人民不甘当亡国奴,奋起反抗日寇侵略的年代,国共代表同祭黄帝陵,不仅是国共合作的一个象征,而且有助于弘扬中华民族的正气,激发国人的爱国主义情操。所以,中国共产党也乐于派代表参加祭陵活动。

这天,林伯渠作为延安的代表,以鲜花时果之仪致祭黄帝之陵,并宣读了毛泽东起草的《祭黄帝陵文》:"赫赫始祖,吾华肇造;胄衍祀绵,岳峨河浩。聪明睿知,光被遐荒;建此伟业,雄立东方。世变沧桑,中更磋跌;越数千年,强邻蔑德……频年苦斗,备历险夷;匈奴未灭,何以家为。各党各

黄帝陵碑（陕西延安）

界，团结坚固；不论军民，不分贫富。民族阵线，救国良方；四万万众，坚决抵抗……"祭辞充分表达了中国共产党愿在抗日民族统一战线旗帜下，与国民党团结起来，率领全国人民共御外侮的决心。

1938年的清明节就要到来了，这次要派谁去与国民政府代表同祭黄帝陵呢？毛泽东等人经过商议，决定派陕甘宁边区政府副主席张国焘前往。

"机会来了！"张国焘得知此消息后，不由一阵心喜。几个月来，他一直苦苦琢磨怎样脱离延安，但总也找不到合适的办法。由于出逃之事关系重大，搞不好会彻底身败名裂，所以张国焘不仅不敢与身边的人商量，甚至连自己的妻子杨子烈也没有告诉，只是一个人暗自策划，而且表面上还要装出若无其事的样子。现在，机会终于来了。张国焘暗下决心，不管发生什么事，绝不放过这次机会！

4月2日，张国焘带着秘书和警卫人员，乘一辆大卡车，从延安出发前往一百二十四公里以外的桥山。

4月4日，张国焘与西安绥靖公署主任蒋鼎文同祭黄帝陵。祭毕，张国焘对秘书和警卫班的人说："你们先坐卡车回延安吧，我要去西安办事。"

第十四章
受批与叛党

警卫张海忙说:"毛主席不是说让你祭陵完毕就回延安去吗?"

张国焘回答:"我要到西安找林祖涵[1]同志研究事情。"说完,就钻进了蒋鼎文的小汽车。张海是负责保卫张国焘安全的,见张副主席要走,他也急忙挤进小车。

汽车在崎岖不平的道路上颠簸着前进。张国焘的心情也随之而起伏不定。几个月来,他一直在盼望着这一天,但当这一天终于到来时,他却丝毫没有如释重负的感觉。透过车窗的玻璃,他两眼茫然地看着外面一望无际的旷野,不知道等待着自己的将是怎样的命运,一种无助的感觉猛烈地撞击着他的心胸。

汽车开进了西安城。蒋鼎文把张国焘安排在豪华的西京招待所。4月7日,国民党方面安排张国焘乘火车去汉口。当时南京已经沦陷,国民政府的军政机关大都已迁往武汉。中国共产党也在武汉建立了八路军办事处和秘密的中共中央长江局[2]。

张国焘就要乘车离开西安了,他本来可以就这样走掉的,但或许出于一时的冲动,或许对是否与共产党决裂还没有想好,或者出于对未来前途的担忧,总之,他在临上火车之前,在车站给西安八路军办事处的林伯渠打了个电话,要林伯渠到车站见面。

林伯渠匆匆赶到车站后,张国焘简单地向他诉说了在延安所遭到的批判,说他在延安待不下去了,要到武汉去。林伯渠苦口婆心地劝他回心转

---

[1] 即林伯渠,时为八路军驻西安办事处主任。

[2] 1937年11月8日,中共中央召开政治局会议,决定成立中共中央长江局,领导南部中共党的工作;同时决定组成中共代表团,继续同国民党谈判。12月23日,中共代表团与长江局召开联席会议,决定:一、鉴于代表团同长江局成员大致相同,为工作集中和便利起见,合为一个组织,对外叫中共中央代表团,对内为长江局;二、中共代表团和长江局由项英(在新四军)、博古、周恩来、叶剑英、王明、董必武、林伯渠(在西安)七人组成;三、暂以王明为长江局书记,周恩来为副书记,以上三项须报中央政治局批准;四、长江局下设五个机构:参谋处,由叶剑英任参谋长;秘书处,由李克农任秘书长;民运部,由董必武兼部长;组织部,由博古兼部长;党报委员会,由王明兼主编。长江局的工作由王明主持。周恩来作为长江局副书记和中共中央代表团负责人,主要负责统一战线方面的工作。这样,抗日战争时期,中国共产党中央在国民党统治区的代表机关——中共中央长江局正式成立。但是由于国民党不允许共产党的组织公开活动,所以许多工作都以十八集团军办事处或《新华日报》的名义去做。

意，希望他放弃去武汉的打算，先回办事处再商量，但张国焘执意不从。

林伯渠见劝说无效，急忙返回办事处，立即向中共中央和长江局发出电报，报告了张国焘的去向。

中共中央收到林伯渠的电报后，马上给在武汉的周恩来等人发电，要他们设法找到张国焘，促其觉悟，回党工作。

4月8日清晨，担任中共中央长江局秘书兼机要科长的童小鹏，把林伯渠和党中央的电报交给了周恩来。周恩来看完电报，十分震惊，让童小鹏将电报送给王明、博古等人。

不一会儿，长江局秘书长李克农和副官邱南章、吴志坚已集合在周恩来的房间。周恩来把电报拿给李克农看，并严肃地说："张国焘一直不改正错误，现在又私自逃跑投靠国民党，已乘火车到武汉来了，你们立即打听西安来武汉的火车到站的时间，一起到火车站去。一定要把他接到办事处来，不要让特务接去。"

当李克农等人领受任务正要出门时，一向细心的周恩来又问道："你们都认识张国焘吗？"李克农等人回答说："在保安欢迎朱总司令和张国焘时，见过他，还听他讲过话。"周恩来嘱咐他们："你们见到张国焘后要以礼相待，要说明是王明、周恩来等负责同志派你们来接张副主席的。"

李克农等人离开周恩来的房间后，邱南章即去打听西安发来的客车的到达时间。当时西安到汉口的客车每天只有一趟，到站时间是晚7时。

吃过晚饭，童小鹏、邱南章、吴志坚即到李克农房间集合。邱南章、吴志坚是周恩来的随从副官，身穿第十八军集团军[1]的军装，挂着武装带、佩着手枪，显得十分威武；李克农虽穿便服，但身材魁梧，又戴副眼镜，也颇有风度；童小鹏身着灰色制服，倒像个地道的小秘书。李克农作了一番交代后，四人即分乘两部小汽车到大智门火车站去拦接张国焘。

晚7时，火车准时到站。李克农等四人分别站在车厢门口，瞪大眼睛注视着每一个下车的旅客，可就是没见到张国焘。他们又走进车厢，分头去

---

[1] 1937年9月12日，国民政府军事委员会将第八路军番号改为第十八集团军，随之，总指挥部改称总司令部，总指挥、副总指挥改称总司令、副总司令。在武汉的八路军办事处也改名为第十八集团军办事处。不过，习惯上仍称八路军办事处。

找，也未见张国焘的影子，只好回办事处向周恩来报告。李克农估计，因为林伯渠知道张国焘要坐火车到汉口，张国焘怕中共方面有人去接，就又回西安了。周恩来说："有可能，但你们明天照样去接。"

4月9日，李克农等人又按时来到火车站，还是没有见到张国焘。4月10日，仍然是空手而返。

难道张国焘改变主意了？

4月11日，李克农给大家鼓气说："今天再去接一次，一定要把他接来。"

晚7时，当由西安开来的客车到站后，他们四人又分头注视着每一个下车的旅客。人们一个个从身旁走过，张国焘仍然没有露面。正当大家灰心丧气的时候，邱南章终于在最后一节车厢里发现了张国焘。他马上招呼李克农、吴志坚上车。

车厢的一头，坐着一个面带愁容的中年人。此人正是张国焘。李克农一见，急忙走上前去，十分客气地对说："张副主席，我们是王明同志和周副主席派来接您的。"

张国焘一听，马上露出惊恐的神色。护送他的两个国民党特务，见李克农身后站着两个全副武装的副官，心里害怕，不敢作声。

李克农等人把张国焘和他的警卫员张海请下车，要他们坐上小车去办事处。张国焘听说要把他拉到办事处，执意不肯去，一定要住在外面。李克农决定让邱南章、吴志坚两人陪张国焘到江汉路先找个旅馆住下，他和童小鹏带张海去见周恩来。临分手时，李克农对邱南章、吴志坚说："你们两人要负责保证张副主席的安全，照顾好他的生活。"邱南章、吴志坚均是政治保卫局出身，对李克农的话当然心领神会，当即回答："报告秘书长，我们一定坚决完成任务。"

就这样，张国焘被邱南章、吴志坚夹着离开了车厢。两个特务一看情况不好，也急忙溜下车，一个去报信，一个则在后面跟踪。

当天晚上，王明、周恩来、博古、凯丰由李克农陪同来到旅馆。张国焘知道几位来的目的，但他顾左右而言他，提出是否可在相当独立的情况下与国民党解决党派问题。他还表示，陕甘宁边区如今就像是鸡肋，食之无味，弃之可惜。

张国焘传

王明、周恩来等人不同他讨论这个问题，只是批评他不该不报告中央就私自出走，希望他到办事处去，有什么问题可以商量解决。但张国焘坚持不去办事处。

周恩来见劝说不动，只好要求张国焘向中央发个电报，一方面承认私自出走的错误，一方面请示对他今后工作的指示。张国焘迫于无奈，只得起草了一个电报稿交给周恩来。内容是：

毛、洛[1]：

弟于今晚抵汉，不告而去，歉甚。希望能在汉派些工作。

国焘

周恩来看了看电报稿，然后说："你既然来到武汉，那就在这里等候中央的指示来再说吧。"

周恩来等回到办事处后，即向中央报告并请求处理办法。4月12日，中央书记处即给陈[2]、周、博、凯回电："为表示仁至义尽，我们决定再给张国焘一电，请照转。"电文是：

国焘同志：

我兄去后，甚以为念。当此民族危机，我党内部尤应团结一致，为全党全民模范，方能团结全国，挽救危亡。我兄爱党爱国，当能明察及此，政府工作重要，尚望早日归来，不胜企盼。

弟毛泽东、洛甫、康生、陈云、刘少奇

4月13日，周恩来拿着毛泽东等人的电报，来到旅馆交给张国焘，并向他详细介绍了当前抗战的形势和党的抗日民族统一战线、抗日救国十大纲领在广大人民群众中引起的强烈反响，劝他认清形势，不要一意孤行，并告诉

---

[1] 洛甫，即张闻天。
[2] 陈绍禹，即王明。

他，现在最好是先搬到办事处去住，一切都可以当面商量。

张国焘不听，仍坚持住在旅馆。他向周恩来说："现在中国的情形，国民党没有办法，共产党也没有办法。中国很少办法的。"对于目前自己的处境，他表示已无所求，说："我感觉极消极。请允许我回江西老家做老百姓。我家里饭有得吃的，我此后再也不问政治了。"

中共中央长江局主要领导人（从左至右）博古、王明、周恩来

周恩来回到办事处后，立即召开长江局会议，讨论张国焘的问题。大家认为，张国焘已决心投靠国民党，挽回的可能性很少。但为做到仁至义尽，决定让张国焘自己活动一天，以观动静。

4月14日白天，张国焘在邱南章、吴志坚两人监护下，只打了一些电话，并没有进行其他活动。4月11日那天从火车站尾随而来的那个特务，就住在同一个旅馆内，张国焘也没有与他接头。

4月14日晚上，周恩来同王明、博古、李克农来到旅馆，再次劝说张国焘搬到办事处去住。张国焘仍不同意。软的不行，只好来硬的了，李克农连劝带拉地把张国焘推上了汽车。车开了，张国焘无奈地摇摇头。就这样，众人才把张国焘"请"进了办事处。

张国焘到办事处后，不愿正式谈问题，总找借口外出，邱南章、吴志坚于是成了他的贴身"随从"。张国焘拜访过国民党的重要人物陈立夫、周佛海，以及刚从国民党监狱出来不久的陈独秀。他还向周恩来表示想见蒋介石，向蒋汇报边区政府的工作。这样，4月16日下午，周恩来陪同张国焘一起过江到武昌去见蒋介石。

张国焘见到蒋介石后，开口就说："兄弟在外糊涂多年。"周恩来听了十分生气，立即对他说："你糊涂，我可不糊涂。"接着，张国焘向蒋介石汇报了边区政府的一些情况，一来事先没有准备，二来他并不是为汇报工作而来，所以显得语无伦次。蒋介石见这种场面，也不便多说什么，只是随便敷衍了几句。回到办事处，周恩来严肃批评了张国焘对蒋介石谈话时奴颜婢膝的态度。

武汉八路军办事处旧址

第十四章
受批与叛党

当天下午，张国焘又以配眼镜、看牙病为由，要求上街。李克农派吴志坚随同，并嘱咐吴志坚带上钱，以供张国焘使用。

二人离开办事处后，张国焘既不去配眼镜，也不去看牙，而是在街上漫无目的地游荡。就这样转到天快黑了，他又说要过江到武昌去看个朋友。谁知来到轮渡旁边，张国焘却不上去，而是站在人群后边磨蹭。当轮渡快要关上铁栅门时，他才忽然跳了上去。吴志坚一看不好，这分明是想摆脱他，于是也紧随其后，一个箭步跳进了轮渡。

行至武昌，天色已晚。吴志坚怕时长生变，便劝张国焘回汉口办事处，但遭到张国焘拒绝。这时，两人又累又饿，只好找了个小旅馆吃饭。一面吃饭，吴志坚一面继续劝张国焘返回汉口。然而任他怎样说，张国焘就是坚持不回去。吴志坚没有办法，只好在旅馆开了房间，安置张国焘住里面，他住外面。趁张国焘不注意时，他写了一个条子，交给茶房，让茶房给八路军办事处打个电话，告诉他二人的去向，并要办事处尽快派人来。

办事处内，人们正为找不到张国焘、吴志坚的下落而着急，忽然接到茶房打来的电话，提着的心才放了下来。周恩来当即派邱南章和警卫人员过江。邱南章等人找到旅馆后，告诉张国焘，奉周副主席命令来请张副主席回办事处。张国焘仍然不肯走，几个人只好连拉带推地"请"他离开旅馆。张国焘见事已至此，只好跟着他们上了轮渡。

张国焘认为，不住八路军办事处，就是逃脱的机会。所以，几个人上岸后，他坚持不回办事处去住。这时夜已很深，邱南章只得暂时把张国焘安置在中山路太平洋饭店，同时派吴志坚回办事处报告。

周恩来、王明、博古等人听了吴志坚的报告，考虑到张国焘政治观点很悲观，个人行动又如此反常，知道很难改变张国焘的选择。但还是决定第二天与张国焘公开谈判，再做最后一次努力。

4月17日上午，周恩来、王明、博古一起来到太平洋饭店。周恩来正式向张国焘提出三个条件，要他考虑：第一，回到办事处，回党工作，这是大家所希望的；第二，暂时向党请假，休息一个时期；第三，自动声明脱党，党宣布开除其党籍。张国焘当即表示，第一条已不可能，可以在第二、第三条中考虑，请求容他考虑两日再予答复。

张国焘（下）

不料，周恩来等人刚走，张国焘即打电话约军统特务头子戴笠到饭店来，表示他要投靠国民党。随后，又约胡宗南司令部驻汉口办事处处长来谈话。

当天晚上，两辆小汽车停在太平洋饭店门口，从车上走下三个人。三人大模大样地走进饭店，直奔张国焘住的房间而来。在门口的邱南章一见这几个人来头不对，就马上迎上前去大声问道："你们要干什么？"

这几个人并不答话，其中两个人上去抱住邱南章，第三个人进屋，将张国焘拉着就往外走。抱着邱南章的那两个人估计张国焘已上了小车，才放开了邱南章。待邱南章赶到门口，特务们已上了车，对着他吹声口哨，便开着小车扬长而去。

邱南章折回到张国焘的房间，只见桌上放着一张字条，定睛一看，才知道是张国焘留给周恩来等人的，上面写着这样的话："兄弟已决定采取第三条办法，已移居别处，请不必派人找，至要。"邱南章拿着字条，马上回办事处向周恩来报告。

周恩来等人听了邱南章的报告，见到张国焘的字条后，马上召开紧急会议，决定以长江局名义向党中央报告事情的全部经过。

4月18日晨，周恩来起草了陈（绍禹，即王明）、周（恩来）、博（古）致中央书记处的电报，在报告了张国焘脱党的情况后，建议中央：公开开除张国焘的党籍，并迅速向党内军内进行解释，利用开除张国焘的机会加强党和军队的团结。[1]

当天，中共中央即作出《关于开除张国焘党籍的决定》，并向全党公布。《决定》的内容是：

> 张国焘已于四月十七日在武汉自行脱党。查张国焘历年来在党内所犯错误极多，造成许多罪恶。其最著者为一九三五年进行公开的反党反中央斗争，并自立伪中央，以破坏党的统一，破坏革命纪律，给中国革

---

[1] 张国焘到西安后至彻底脱党前的情况，见童小鹏：《风雨四十年》（第一部），中央文献出版社1994年版，第160–165页。

命以很多损失。在中央发布抗日民族统一战线总路线后，他始终表示不满与怀疑。西安事变时，他主张采取内战方针，怀疑中央的和平方针。此次不经中央许可私自离开工作，跑到武汉，对党的抗日民族统一战线总路线表示不信任，对中国革命的光明前途表示绝望，并进行破坏全国抗日团结与全党团结的各种活动。虽经中央采取各种方法促其觉悟，回党工作，但他仍毫无改悔，最后竟以书面声明自行脱党。张国焘这种行动当然不是偶然的，这是张国焘历来机会主义错误的最后发展及其必然结果。中共中央为巩固党内铁的纪律起见，特决定开除其党籍，并予以公布。[1]

4月19日，中共中央又向党内发表了《关于开除张国焘党籍的党内报告大纲》。"大纲"共有四部分：一、张国焘脱党的经过；二、张国焘脱党的历史根源；三、张国焘何以在统一战线成立之后与抗战紧张之时脱党；四、党对张国焘脱党的态度。

关于张国焘脱党的历史根源，中央认为，这是他机会主义的最后发展及其必然结果。张国焘是党内老党员之一，也是犯错误最多的一个人。他从做工人运动起，就进行无原则的小组织活动，直到成立伪中央，他始终以两面派的手段掩盖他的机会主义的政治面目。

张国焘何以在此时脱党呢？中央指出：首先，张国焘在抗战未发生之前，即对革命表示悲观，对抗日表示绝望，因此形成了他的退却逃跑的右倾机会主义路线。在抗战发生之后，他经不起这种残酷的长期的斗争，以至在日寇的横暴的进攻前面表示投降，而离开了最坚决抗日的中国共产党。其次，张国焘不了解党的抗日民族统一战线政策与中共在政治上组织上保持独立性之间的联系和区别。在国共合作之前，他对党的统一战线政策表示怀疑和不满；国共合作之后与正当抗战紧张之时，他又转到另一极端，走到投降国民党。再次，资产阶级的影响。最后，过去受国焘路线影响的同志，通过反国焘路线的斗争，认识到其错误之处，转而拥护中央路线，这样，张国焘

---

[1]《张国焘问题研究资料》，四川人民出版社1982年版，第12页。

在党内孤立了,于是只有从党内跑出去,在党外寻找反党的同盟者。

党对张国焘脱党的态度是:张国焘出党对于本党不但不是什么损失,而是去掉了一个腐朽的不可救药的脓包。这使得我党清洗了自己的队伍,使我党更能健康地与巩固地向着自己光荣的前途迈进。让张国焘这类腐化的叛党分子滚出去吧。更加巩固与扩大抗日民族统一战线,更加巩固与加强党的团结与一致。吸收成千成万的优秀的革命分子到党内来,回答这些东西的叛党吧。让我们全体忠实的共产党员高举起马克思列宁的旗帜,为最后战胜日寇,为民族的、社会的与共产主义的事业而奋斗到底![1]

为了教育全党全军从张国焘叛党事件中吸取教训,毛泽东在不同场合多次讲到这个问题。

1938年5月4日,毛泽东在抗大给全体学生作报告时,讲到了张国焘历史上不是"左"就是右,以及拒绝悔改的事实,毛泽东说:"张国焘到延安后,中央多次开会批评他,他多次承认错误,但尾巴犹在,一反一复,两面派行为始终存在。他资格老,过去做过工人运动。我们讲仁义道德,还让他做边区副主席,希望他割掉尾巴。他说割掉了,实际上穿起长袍子,尾巴藏在里面。这次他借口到陕西中部祭黄帝陵,黄帝抓他到墓里去了,我们也只好开除他的党籍。"[2]

5月7日,陕北公学举行第二期学员毕业典礼,毛泽东在讲话时再次提到张国焘的问题。他说:张国焘过去在政治上早已"开小差",现在在组织上也"开小差"了。此人一贯称自己是"中国的列宁",什么都要争第一,但实际上他是一个十足的"老机",历史上不"左"就右。党的"三大"讨论第一次国共合作时,开会十几天,他反对十几天。到了武汉,他又支持陈独秀右倾。长征路上,他反对北上抗日,主张到西藏去建立根据地。以后,又另立"中央"。到陕北以后,1936年10月,他反对党中央致国民党二中全会的信,反对第二次国共合作,说什么党中央的信是"韩文公祭鳄鱼文","与国民党合作是幻想"。西安事变后,他半夜敲我的门,坚决主张对

---

[1] 见《张国焘问题研究资料》,四川人民出版社1982年版,第13-20页。
[2] 李良志:《毛泽东对战时青年的亲切教导》,《北京党史研究》1993年第五期。

第十四章
受批与叛党

蒋介石（毛泽东用手比画着在脖子上一割）处以极刑。党中央进入延安后，张国焘说："延安是块鸡骨头，食之无肉，弃之有味。"这是曹操主义，结果味也没有了，开了小差，一直逃到汉口。延安有自由、有民主，有正确的政治方向，有好的工作作风，但张国焘没有看到。张国焘在革命的道路上从头到尾是机会主义，沿途开小差。

毛泽东最后勉励学员："我今天讲的是坚定革命的旗帜，就作为对同志们远行的礼物。每个同志出去要记住，坚决奋斗，不怕困难、不开小差，不学张国焘。"[1]

---

[1] 李良志：《毛泽东与陕北公学》，《湖南党史月刊》1993年第四期。

第十五章
最后岁月

1938年清明节，张国焘借代表陕甘宁边区政府祭黄帝陵的机会，投靠了国民党。在劝阻张国焘无望的情况下，中共中央于4月18日作出《关于开除张国焘党籍的决定》。9月，共产国际执委会批准了中央的决定。

起初，蒋介石对利用张国焘来进行反共活动充满期望，授予他中将军衔，交给军统局戴笠使用。张国焘也想做一番事业以便在国民党内站稳脚跟。但他所有努力筹划的计谋都没有得到较好的实现，因此遭到戴笠的冷落。后来他靠朱家骅推荐当上国民参政会第二届参政员，也是一个无所作为的闲差。

郁郁不得志的张国焘，在1946年靠同乡熊式辉推荐当上善后救济总署江西分署署长，本来想在这个肥差上大显身手的张国焘，却因江西省政府主席王陵基是他当年在鄂豫皖时期的手下败将，处处与他为敌，而不得不辞职回到上海。

1948年6月，张国焘拼凑班子办起反共的《创进》刊物，但情况并不如意。11月中旬，他不得不将《创进》停刊，带领全家随着国民党官员撤退的潮流到了台北。

受到冷落和挤兑的张国焘，1949年冬携全家到香港。

朝鲜战争爆发后，他本想借机炒黄金赚钱，结果赔得一干二净。他参加了所谓第三势力"中国自由民主战斗同盟"，干了不久即撤出。

20世纪50年代初，张国焘曾有回大陆的打算，但终未成行。

1953年，美国中央情报局找到张国焘，向他了解有关中国党政领导人的情况。

1961年前后，张国焘应美国堪萨斯大学邀请开始写回忆录，历时四年写就《我的回忆》共三册，约一百万字。

1968年10月，美国驻香港总领事馆人员与两个美国专家找到张国焘，就中国"文化大革命"的有关问题对他进行了访谈。之后，张国焘同杨子烈很快就离开香港，前往加拿大多伦多，投靠大儿子张海威。

1976年，张国焘突然中风，右半身瘫痪，妻子杨子烈腿有残疾，无力照料，张国焘便住进了老人病院。

1979年12月3日，张国焘去世。

第十五章
最后岁月

人在矮檐下

张国焘叛离共产党事件,曾在 1938 年的中国政坛掀起了一场不小的风波。拍手叫好者有之,批评唾骂者有之,借张国焘事件以攻击中共者更是大有人在。

4 月 20 日,中共中央在《新华日报》上登出《关于开除张国焘党籍的决定》之后,张国焘于 4 月 22 日在汉口的《扫荡报》上发表了《张国焘声明》。《声明》说:

中共中央关于开除张国焘党籍的决定
——一九三八年四月十八日——

张国焘已于四月十七日在武汉自行脱党。查张国焘历年来在党内所犯错误极多,造成多罪恶。其最著者为一九三五年进行公开的反党反中央斗争,并自立伪中央,以破坏党的统一,破坏革命纪律,给中国革命以很多损失。在中央发布抗日民族统一战线总路线后,他站在表示不满与怀疑。西安事变时,他主张采取内战方针,怀疑中央的和平方针。此次不经中央许可私自离开工作,跑到武汉,对党的抗日民族统一战线总路线表示不信任,对中国革命的光明前途表示绝望,并进行破坏全国抗日团结与全党团结的各种活动。虽经中央采取各种方法促其觉悟,回党工作,但他仍毫无改悔,最后竟以书面声明自行脱党。张国焘这种行动当然不是偶然的,这是张国焘历来机会主义错误的最后发展及其必然结果。中共中央为巩固党内纪律起见,特决定开除其党籍,并予以公布。

附一:中共中央关于开除张国焘

1938 年 4 月,中共中央宣布开除张国焘党籍

561

张国焘⑯

阅读中共中央关于开除张国焘党籍之决定一节，本人特为如下简单之声明：

一、本人素具抗战到底之坚强决心和抗战必胜之坚强信心，对于中国抗战建国之光明前途，并无丝毫失望。本人更愿贡献一切，为国家民族效力。二、当此国家民族存亡关头，本人认定国家民族建国高于一切。三、三民主义为中国今日之必需，中国国民党为主持抗战大计之领导中心，蒋先生为全国唯一之最高领袖，此三点中共中央亦不否认。中共中央主张抗日民族统一战线之方针，自是中共中央的进步，本人亦表赞成。但深感如此还是不够，因主张中共中央对于中国国民党临时全国代表大会宣言和抗战建国纲领，应即为更恳切之响应，以达更进一步之精诚团结，和增强抗战建国之力量之目的。四、本人曾本以上主张，用至诚态度，与陈绍禹、周恩来、秦邦宪三同志初步商讨，不料此项商讨仅于开始进行，中共中央突有开除本人党籍之决定，公布报端。本人与中共关系极深，该决定内所说各点，均不必急于答辩。甚望中共中央和中共诸同志对于本人上列主张，深切考虑，并与本人诚恳商讨，不使稍有遗憾，俾吾人与全国人士，均得共本抗战救国、抗战建国之主旨，向前迈进，则幸其甚矣。

同日，张国焘又派人给周恩来等人送去标有时间"二十一日""二十二日"的两封信。在"二十二日"的信中，他这样写道："连日因寓所未就绪，故不曾致函诸兄，昨天即写好一信，拟今晨派人送来，突阅报载有开除党籍的决定之公布，深使我痛心……千祈我们间应维持冷静而光明之政治讨论，万一决定不能改变时，亦希彼此维持最好友谊。"

按张国焘所言，似乎不是他执意要离党而去，反倒是中共不够仁义，竟在他"寓所未就绪"，正为住处而奔波时，就迫不及待地开除了他的党籍。这种全然不顾事实的说法，正好反映出了张国焘既走上了叛党之路，又想为自己解脱的扭曲心态。

张国焘叛离共产党、中共中央宣布开除张国焘党籍、张国焘的声明等

第十五章
最后岁月

等,接连发生的事情,在社会上引起了不小的轰动。一些反动的政客、文人乘机大做文章,也有一些人不明真相,产生出许多疑问。一时间,报章杂志上"张国焘"的名字频频出现,成为大众媒介关注的重点。

4月24日,《抗战向导》第五期发表了一篇署名"晓江"的文章,题目是:《张国焘去矣》。文章对中共中央开除张国焘一事大加攻击,说中共开除张国焘是"继陈独秀先生被骂为'托匪'和'汉奸'、李立三同志之被斥为'半托洛茨基主义者'以后共产党内部一幕重大的丑剧!"

作者以对张国焘说话的口气写道:"张先生,你知道吗?这就是齐诺维埃夫[1]、加米尼夫[2]、布哈林辈所尝试的滋味,你幸亏'私自离开工作,跑到武汉'来了,没有像夏曦、段德昌等一样,做'肃反'委员会祭坛上的礼品,应该感谢主耶和华哟!"

该文把中共中央开除张国焘党籍与联共(布)内斯大林排除异己的做法相提并论,与土地革命战争时期的中共党内"肃反"扩大化混为一谈,纯粹是别有用心的,目的就是为了借此来攻击中国共产党、攻击共产主义。

不仅如此,文章还利用《张国焘声明》中表示与国民党"达到进一步之精诚团结"的话来大做文章。作者问张国焘:"你主张怎样作'进一步之精诚团结'呢?是不是和我们的意见一样,提议解散共产党,加入到国民党里面,去做实现三民主义的工作呢?照你的意思看来,好像如此。若是真的,那我就要举起大拇指来称赞你一句:同志!对的!'愿意坚决实行三民主义'而要'和国民党共同建国'的共产党,在政治上已经失掉了灵魂,还有什么独立存在的必要呢?你有如此觉悟,不失为有见识一点的'老布尔什维克',比之纯用乌克兰白面包养大的好汉——陈绍禹、秦邦宪[3]、张闻天等,毕竟'鹤立鸡群'啦。"

该文利用张国焘的话和借赞扬张国焘,宣扬蒋介石的所谓"一个主义""一个党""一个领袖"的论调,公开提出取消中国共产党,在最后甚至狂妄地叫嚣:"共产党的'小同志',你们的中央政治局委员、苏维埃中央政

---

[1] 即季诺维也夫。
[2] 即加米涅夫。
[3] 即博古。

府的副主席兼第三国际的执行委员张国焘同志已经觉悟了，你们还不应该跟着他的后面诚恳地走到国民党三民主义的旗帜下来吗？"

继这篇文章之后，《血路周刊》《青年战线》《国魂周刊》《民心》《汗血周刊》都先后登载了反共文章，辱骂共产党，为张国焘叛党大叫其好，宣扬反共观点。一时间反共气氛甚嚣尘上。

在一片反共的鼓噪声中，有一位叫子健的从事教育工作的共产党员，曾写信给王明、周恩来、博古，在谈到中央开除张国焘党籍的问题时，他这样写道："另一个谈话的同学向我说：'据张国焘声明说，好像他不过有些政治意见想找陈绍禹、周恩来、秦博古三先生谈谈，而中共中央似乎在他正在谈判的过程中，便把他开除党籍了，这是否太急了一点呢？'我回答他说：'开除张国焘详细情形，我还不知道；不过我知道，张国焘在党内的确是个著名的老机会主义者和小组织者，党对他屡加教育和纠正，他却屡次承认错误后，又重犯错误，特别是一九三五年的重大反党错误，的确早已值得开除党籍。此次他又破坏党的纪律擅自离开工作，当然应该开除出党。我绝不相信张国焘所说的话，我知道共产党中央对每个党员党籍问题，素持慎重态度，此次开除张国焘党籍经过，绝不会像张国焘在各报上登的声明所说的那样简单……'请三位同志迅速帮助我更清楚地了解这些问题……"

4月29日，《新华日报》登载了子健的信，同时发表《陈绍禹、周恩来、秦博古答复子健同志的一封公开信》。信中首先声明："张国焘之所以被开除出党的直接原因，是因为他在政治上对抗日民族统一战线政策不信任及对于中国革命的光明前途表示绝望，因而达到组织上破坏党的纪律，自由离开工作，从陕西私自跑到武汉作反党和破坏抗日团结的活动。"然后列举了张国焘叛党前的错误及到汉口后拒绝挽救的经过，最后指出："在过去两年中，有不少同志再三要求中央开除张国焘党籍以维党纪，中央始终希望以教育方法改正一个较老同志的错误，但是，张国焘既已不能再留存于共产党的队伍之内，共产党为党的纪律，党的统一和党的政治纯洁起见，只有将张国焘这类自甘暴弃于革命队伍之人驱逐出党。"

这一封公开信，不仅正面回答了子健先生，也维护了共产党的声誉。

至于投向国民党的张国焘，自4月22日在汉口《扫荡报》发表声明后，觉得并没有把自己的意思全部表达出来。为了效忠于国民党，向蒋介石献上一份不薄的"见面礼"，他挖空心思，写了一篇《张国焘敬告国人书并与中共同人商榷抗战建国诸问题》，发表在5月6日的汉口《扫荡报》上。文章说，中共对于国民革命理论存在错误见解，不仅"处处以阶级利益抹杀民族利益"，而且"初则以三民主义为反动思想体系，而认国民党只是代表地主资本家的阶级政党，继又认国民党为法西斯主义之分派，国民政府为亲日卖国政府。"他指出，中共的认识是不正确的。

那么，应该怎样评价国民党蒋介石呢？张国焘写道："中国国民党实继承中国革命史上优良传统，它推翻满清专制政府，创立中华民国，北伐后逐渐完成统一中国的任务，迄今尚担负着神圣抗战建国的重任。即以此次抗战而论，举国上下，一致奋起，为中国历史上所仅见，将士牺牲者为数在五十万人以上，尤复再接再厉。此诸明显事实，无论何人，均不得不承认此为蒋先生领导成功之明证，国民党革命精神发扬之实例。"

张国焘接着写道："尤有进者，蒋先生为举国一致所公认之最高领袖，当此国本飘摇，千钧一发之际，挺身肩负此民族兴亡之重责，忠诚谋国，中外同钦；凡我国人均不应借口某些枝节问题，吹毛求疵，别谋发展，以快私图。所以那些认为国民党具有两面性，在目前抗战是革命的，抗战胜利后是不革命的谬误观点，不仅否认由抗战胜利而展开之革命光辉，而且对于正在进展中的抗战建国之伟大工作，亦必然予以严重损害，此则可以断言者！"

张国焘在赞美过国民党蒋介石之后，又对中共大加贬斥，他写道："中共已起了质的变化，已经不是什么无产阶级的政党，而是以农民占多数的小资产阶级的集团，不断地进行军事阴谋与暴动，以从事持久的阻挠内求统一与外抗强敌的斗争。"至于中共保持统一战线中的独立性，则"是一种争取领导权之陈旧思想，毫无放大眼光以维护国家民族利益为己任之气魄。保存实力，保持边区政府与某些游击区域的特殊地位，以徐图发展，乃其真正目的所在，抗战合作不过为达到此目的之宣传手段"。

这还不够，张国焘还要求中共交出政权与军队，他说："边区政府现已无存在之必要，应即还政中央，以昭大信于天下。在中共所领导之游击区域，亦应秉命中央，充分发挥其抗战作用。"这就是所谓"国家政权和军队应完全统一"。

不仅如此，张国焘还混淆是非，借以讨好国民党蒋介石，他将一、四方面军会合后他与中央的分歧说成是："毛泽东等估计到长征是胜利，主张应北进出陕西，形成川陕根据地，重建所谓中华苏维埃共和国中央政府。本人彼时估计长征是失败，一省数省首先胜利前途早成过去，吾人应在川西和西康地区或甘肃西北部甘凉肃一带，首先求得与中央军之休战，再图举国一致抗日方针之实现。"

至于这次脱离共产党的原因，张国焘称，这是出于对毛泽东等人的不满，因为毛泽东等坚持"独立自主，别立门户，不以国家民族为重"。他脱离延安来到武汉，乃"光明正大之举动""参加抗战建国之积极行动"，而中共负责人却"妄肆攻击，横加诬蔑，充分发挥其非政治的、褊狭自私的、阴谋煽陷的宣传"，攻击他这个"努力参加抗战建国之分子"。

张国焘的《敬告国人书并与中共同人商榷抗战建国诸问题》，完全是一篇反对共产党、投降国民党的"自首书"。但与一般共产党叛徒的"自首书"相比，张国焘的"自白书"严重地伤害了中共的形象，混淆了大众的视听，起到了国民党的反动宣传所无法起到的反动作用。而对于反共分子来说，张国焘的"自首书"正好给他们提供了用来攻击共产党的"内部材料"，一批反共文章由是纷纷出笼。

有的文章指责中共打了十年内战，造成了很大损失，"要是俾中共早日以安内的力量，专务攘外的话，则今日的统一，亦许不会使国人还感到这样的微薄；今日的国防，亦许不会使国人感到这样的单弱；其统一的力量，国防建设，亦许是使敌人不敢这样无忌惮的侵略我们欺侮我们"。[1] 可以看出，作者的目的很清楚，就是在"抗战"招牌之下，取消中共。

有的文章攻击中共不"民主"，无"自由"，张国焘因"不肯住八路军驻汉办事处，不和周恩来同行，私自搬家"，就被中共开除，还有什么"思想自由"和"民主"可言？继而要求中共取消边区政府，因为张国焘已供出"边区政府视若外人租界，封锁尤严……深闭固拒，排除异己，效法军阀割

---

[1] 薛达泉：《读了张国焘敬告国人书》，《国魂周刊》第九期。

第十五章
最后岁月

据。"中共既然承认国家民族利益高于一切,就应该"把那畸形的割据式的边区政府立刻取消"。[1]

还有的文章认为张国焘的《敬告国人书》"不仅内容具体,意见正确,而词句亦甚光明正大,与中共中央及其领袖前后所发表的文件和公开信之造谣、诬蔑和攻击的态度迥然不同的"。张国焘是"为了保持自己独立的意见,拥护自己认识的真理,不惜牺牲其中共内的领袖地位,而自动脱离其二十年所参加之共产党的。虽则他对中共政策的错误理解较迟,却不失为一个政治家的态度,自始至终为其自己理解的政治主张而奋斗,不容别人束缚其思想之自由,难道不是一个光明磊落的政治家应有的行为吗?"。张国焘作为老资格的共产党人,能够与共产党脱离关系,"不是共产党彻底崩溃的证明吗?"。作者肯定地说:"张先生之脱离共产党,是一件有意义、有价值、有人格的行为,于整个国家民族有极大的贡献,值得重视。"[2]

为了反击国民党反共分子借张国焘脱党事件对中共进行诬蔑和诋毁,为了驳斥张国焘在《敬告国人书》中的造谣、诡辩和反共宣传,6月7日,中共中央书记处书记兼中央宣传部部长、马列学院院长张闻天写出《读了〈张国焘敬告国人书〉之后》一文,以"洛甫"署名发表在《抗战文化》第四期。在这篇长达万字的文章中,张闻天谈了四个问题:

首先,张闻天指出:张国焘的敬告国人书,也就是张国焘的自首书。在这个自首书中,"凡共产主义叛徒以及一切日本帝国主义者及其走狗托派,汉奸们所用的谩骂中共的滥调,张国焘都完全用上了,甚至字句上都是完全相同的"。张闻天认为,张国焘的自首书倒帮了中共的忙,因为"张国焘在党内,是一个从来不肯讲老实话的人,然而这一次叛党之后他竟能赤裸裸的把他的全部立场全盘托出,我们不能不对他这次举动表示一点谢意。从张国焘的这个自首书上,现在谁都明白中共中央开除张国焘的党籍,完全不是像他所说的那样,是为了他到汉口同中共中央负责人'商讨'什么抗战建国问题,而正是因为他的思想与行动已经走到了违反抗日民族统一战线的方针,

---

[1] 黄恩沛:《读张国焘告国人书》,《汗血周刊》第九卷第二十二期。
[2] 张涤非:《读〈张国焘敬告国人书〉后》,《抗战向导》第八期。

走到了对共产党与共产主义绝对仇视的地步"。

其次,张闻天分析了张国焘在党内的一贯表现,指出其错误路线有三个组成部分:第一是腐朽的机会主义。时而"左"得发狂,时而右得可耻,其思想根源是反马克思反列宁主义的机械论、经验论与唯心论的凑合。第二是自私自利的极端个人主义。总是把个人的利益放在中国革命利益的前面,革命对于他不过是儿戏,是进身之阶。第三,口是心非,言不顾行,行不顾言,两面三刀的恶根性。张闻天指出:"我们并不否认张国焘曾经拥护过党的革命路线,曾经为党为革命做过一些工作,没有这个条件张国焘是绝不会一天混在革命队伍中与党内的。但是当我们彻底把握住了张国焘一贯的错误之后,我们应该说,张国焘这样做的目的,绝不是为了革命的利益,为了巩固与发展党,而是为了企图以此取得革命群众的与党的信任,取得与保持他在革命队伍中与党内的地位,为了欺骗群众与蒙蔽党,以便利于他反对革命与反对党的工作。今天他的自首书,不过用张国焘的口供来证明这一点罢了。所以,我们说,张国焘从来就不是一个真正的革命者,一个真正的共产党员,而是混在革命队伍中,混在中国共产党内的投机分子与破坏者,这是完全正确的。"

再次,他批判了张国焘破坏抗日民族统一战线的言论,指出张国焘的自首书中充满了反共言论,充满了挑拨国共关系的滥言,对陕甘宁边区进行各种造谣污蔑,这完全是为了破坏国共合作,企图造成国共以及全国各党派间的摩擦与分裂,使抗战失败。张闻天明确告诉国人:"真正为抗日民族统一战线的建立、巩固与发展而奋斗的是中共中央而不是张国焘。请张国焘永远放弃这样的念头吧。似乎中共为了抗日统一战线就应该首先取消自己;相反的,中共认为:为了抗日民族统一战线的巩固与发展,中共不但应该保持自己政治上组织上的独立,而且还要大大地使之巩固与发展,以适合于目前展开的抗战形势。今天全国多一个共产党员,这不但是共产党的要求,也是全中华民族的要求。"

最后,张闻天毫不客气地指出:"张国焘是一个自私自利的,极端的个人主义的,口是心非的,言不顾行、行不顾言的,两面三刀的,没有任何政治道德的政客。他可以公开奉承你,阿谀你,拍你的马屁,但同时他也可以暗算你、陷害你、叛卖你，他口里说的是一件事，他背地里所做的又是一件事。仁义道德、礼义廉耻在张国焘的身上都是一点找不出来的。革命与张国焘是根本不相容。"所以，"希望全国的抗战朋友们，不要上张国焘挑拨离间的当，中他花言巧语的奸计。我们所需要的是全国抗日民族统一战线的巩固与发展，是全国内部的更加团结——只有这样，我们才能克服抗战中一切困难，而最后战胜日寇！"

张闻天的文章，不仅揭露了张国焘的反动面目，打击了国民党反动文人和政客的嚣张气焰，而且也教育了中共党员和全国人民，使大家辨明了是非。

张国焘叛离共产党，是一次严重的政治事件。由于中共是共产国际的一个支部，张国焘又是共产国际执行委员会的委员，因此，中共中央决定把开除张国焘的前后情况，向共产国际做一汇报。

1938年9月，中共中央代表团在共产国际执委会主席团会议上汇报了张国焘事件的有关情况，并发表声明指出："党巩固自身的队伍，驱逐反对抗日统一战线的分子，党开除了前中央委员张国焘，因为他是党的事业与中华民族事业的叛徒与逃兵。"

在听取了中共代表团汇报后，共产国际执委会主席团通过如下决定：

一、共产国际执行委员会主席团声明完全同意中国共产党的政治路线。并声明共产国际与中华民族反对日寇侵略者的解放斗争是团结一致的。

二、主席团批准中国共产党开除前中央委员张国焘之党籍，他背叛了共产主义和抗日统一战线的事业，他将自己出卖给中华民族的敌人。主席团深信，张国焘背叛行为，不仅在中共队伍中而且在抗日统一战线的一切忠实的拥护者中，都会遭到完全的唾弃和蔑视。[1]

9月29日至11月6日，中共中央在延安召开扩大的六届六中全会。这次会议的目的在于总结全国抗战以来的经验教训，确定中国共产党在抗战新

---

[1] 转引自于吉楠编著：《张国焘和〈我的回忆〉》，四川人民出版社1982年版，第299页。

张国焘

阶段的基本方针和任务，统一全党的认识和步调。

会议期间，10月12日至14日，毛泽东向大会作了题为《论新阶段》的报告。在报告中，毛泽东数次提到张国焘，并批判了他的错误。

在谈到党的干部政策时，毛泽东指出："共产党的干部政策，应是以能否坚决地执行党的路线，服从党的纪律，和群众有着密切的联系，有独立的工作能力，积极肯干，不谋私利为标准，这就是'任人唯贤'的路线。过去张国焘的干部政策与此相反，实行'任人唯亲'，拉拢私党，组织小派别，结果叛党而去，这是一个大教训。鉴于张国焘的和类似张国焘的历史教训，在干部政策问题上坚持正派的公道的作风，反对不正派的不公道的作风，借以巩固党的统一团结，这是中央和各级领导者的重要的责任。"

在谈到党的纪律时，毛泽东宣布："鉴于张国焘严重地破坏纪律的行为，必须重申党的纪律：一、个人服从组织；二、少数服从多数；三、下级服从上级；四、全党服从中央。谁破坏了这些纪律，谁就破坏了党的统一。经验证明：有些破坏纪律的人，是由于他们不懂得什么是党的纪律；有些明知故犯的人，例如张国焘，则利用许多党员的无知以售其奸。因此，必须对党员进行有关党的纪律的教育，既使一般党员能遵守纪律，又使一般党员能监督党的领袖人物也一起遵守纪律，避免再发生张国焘事件。"

在讲到中国共产党已经从两条路线斗争中巩固和壮大起来时，毛泽东说："在党的六届五中全会以前，我们党反对了陈独秀的右倾机会主义和李立三同志的'左'倾机会主义。由于这两次党内斗争的胜利，使党获得了伟大的进步。五中全会以后，又有过两次有历史意义的党内斗争，这就是在遵义会议上的斗争和开除张国焘出党的斗争。""由于巴西会议和延安会议（反对张国焘路线的斗争是从巴西会议开始而从延安会议完成的）反对了张国焘的右倾机会主义，使得全部红军会合一起，全党更加团结起来，进行了英勇的抗日斗争。"

在谈到党内斗争的教训时，毛泽东指出："至于张国焘的组织路线，则是完全离开了共产党的一切原则，破坏了党的纪律，从小组织活动一直发展到反党反中央反国际的行为。中央对于张国焘的罪恶的路线错误和反党行为，曾经尽了一切可能的努力去克服它，并企图挽救张国焘本人。但是到了

第十五章
最后岁月

张国焘不但坚持地不肯改正他的错误,采取了两面派的行为,而且在后来实行叛党,投入国民党的怀抱的时候,党就不得不坚决地开除他的党籍。"

关于两条路线问题,毛泽东提出,既要反"左"又要反右。他说:"在反倾向的斗争中,反对两面派的行为,是值得严重地注意的。因为两面派行为的最大的危险性,在于它可能发展到小组织行动;张国焘的历史就是证据。阳奉阴违,口是心非,当面说得好听,背后又在捣鬼,这就是两面派行为的表现。必须提高干部和党员对于两面派行为的注意力,才能巩固党的纪律。"

毛泽东还对张国焘的"右倾机会主义路线"作了科学的分析和概括,他说:"张国焘的机会主义,则是革命战争中的右倾机会主义,其内容是他的退却路线、军阀主义和反党行为的综合。只有克服了它,才使得本质很好而且作了长期英勇斗争的红军第四方面军的广大的干部和党员,从张国焘的机会主义统制之下获得解放,转到中央的正确路线方面来。"[1]

毛泽东以张国焘为反面教材来教育全党。毛泽东从张国焘的错误与反张国焘路线斗争中所总结出来的正反两方面的教训,对于全党坚持马克思列宁主义,维护党的团结和统一,具有重要的指导意义。

会议根据毛泽东的报告,通过了《中共扩大的六中全会政治决议案》,其中指出:

> 站在右倾机会主义的立场和采取两面派手腕,进行反党反中央斗争的张国焘,现在成了一个公开背叛抗日民族统一战线和共产主义事业的叛徒和逃兵。政治局代表中央宣布开除张国焘的党籍,是绝对正确的。六中全会完全同意共产国际执委会主席团决定中开除张国焘党籍问题的意见,即是:张国焘的背叛行为,不仅在中共队伍中,而且在抗日民族统一战线的一切忠实的拥护者中,都会遭到完全的唾弃和蔑视。[2]

张国焘在中共党内近二十年,却落了个孤家寡人投奔国民党,甚至他的

---

[1]《毛泽东选集》第二卷,人民出版社1991年版,第519–535页。
[2]《中共中央文件选集》第十一卷,中共中央党校出版社1991年,第757–758页。

警卫员张海，也坚决不随他去。

据张海回忆：张国焘投奔国民党后，"还从国民党那边传话，要他的行李，并叫我也跟去。对此，周副主席曾征询过我的意见，我表示坚决不去。……在八路军武汉办事处的党员会议上，周副主席宣布了党中央的这个决定（即《关于开除张国焘党籍的决定》），并用这件事来教育大家。他说，张国焘事件不是偶然的，他是一贯的右倾，一直跟中央闹分裂。长征中，中央北上，他南下；到陕北后，中央还是挽救他，并给他安排了重要工作。他当面说得好听，表示承认错误，实际上准备最后叛党。现在，终于单人独马跑到敌人那里去了。会上，周副主席还让我给大家讲了一下事情的经过，并且表扬了我，说'张国焘叛逃，连一个勤务员也没有带走。'"[1]

张国焘选择了一条自认为光明的大道。作为中共的创始人之一，近二十年来，正确也好，错误也好；成功也好，失败也好，党对张国焘始终抱着爱惜的态度，没有因他犯了严重的错误而抛弃他。即使在反国焘路线的斗争中，党也是从"惩前毖后，治病救人"的目的出发，采取了思想斗争从严、组织处理从宽的政策，在指出了他的错误及其危害之后，仍保留对他做组织上的处理。而张国焘却从个人恩怨出发，发展到对共产党乃至对共产主义痛恨的程度，最后不惜脱离他生死与共近二十年的中国共产党，而投入国民党的怀抱。

失意的"反共强人"

为了保密，张国焘叛逃前并没有告诉妻子。丈夫的不告而别，杨子烈虽不解，却没有向任何人打听，或许是被党派去做秘密工作了吧——需要遵守党的相关规定。因此，尽管已怀有六个月的身孕，她仍然照旧在医院里工作着，没有任何疑虑。

---

[1] 张海：《横眉冷对，英勇无畏》，转引自于吉楠编著：《张国焘和〈我的回忆〉》，四川人民出版社1982年版，第290页。

第十五章
最后岁月

　　5月的一天，杨子烈忽然接到中央组织部的通知，要她去一趟。杨子烈回忆当时的情景时写道：

　　组织部有很多人，不知是才开完会，还是才吃毕饭。大家看见我都和颜悦色地向我微笑。我更感到高兴！陈云同志立刻招招手，请我到另外一间房里去。低声说："子烈同志，你知道吧？最近党内发生了一件震惊全党的大事。"
　　"噢！发生了什么事？我一点也不知道。"我一怔，惊奇地问。
　　"国焘走了！"陈云双眉紧皱，低着头说。
　　"噢！他不是党派往……"
　　"不是，他走了！"
　　"他走了？"我垂着头讷讷地说，心如刀绞。
　　"不要难过，子烈同志。"他诚恳地安慰。
　　这时候一个工人同志用大条盘送上四碟菜，有肉有鱼有蛋，另有一碗汤。陈云让我吃饭。
　　"我吃过了。"其实我并未吃饭，只是听到国焘走的消息，我难过得哪还吃得下饭。
　　"国焘有一封信给你，他在汉口等你，你去不去？"陈云将信交给我。
　　我心中又是一怔。满心想去找国焘，恨不得马上能够看见他。但一时不好意思出口，只低声说："我考虑一下。"
　　"好！你肚内的孩子已有几个月？"他看着大腹便便的我。
　　"六个月了！"
　　"那你要好好当心！若果有同志们闲言闲语，你来告诉我好了。"他异常关切地对我说。[1]

　　杨子烈艰难地走回家里，流着眼泪打开了张国焘的信，只见信上说道：

---

[1] 杨子烈：《张国焘夫人回忆录》，（香港）自联出版社1970年版，第345–346页。

张国焘[15]

子烈贤妻吾爱吾妹：

不告而别，请妹原谅。我在延安苦闷，现到汉口等你，希望妹携爱儿海威来汉口……

凯音[1]

是走？还是留？杨子烈进行着激烈的思想斗争。经过反复考虑，她最后决定向组织部要求去汉口见张国焘。在没有接到组织部的答复之前，她又找到毛泽东，提出要回家去养孩子。

出乎她的意料，毛泽东听到她的要求后，当即给组织部写了一张便笺："让子烈同志回家吧！"然后，毛泽东和蔼地对她说："你是好的，一切都因为国焘不好。现在国焘已被戴笠捉去了。戴笠是什么人，你知不知道，他是国民党的大特务呀！你去了汉口以后生养孩子的一切费用，党都可以负责，你无论何时候都可以回到党里来。"[2]

就这样，杨子烈带着儿子张海威和自己的妹妹，由延安派人派车护送到西安八路军办事处，又由西安八路军办事处派人乘火车护送到汉口八路军办事处，然后由八路军办事处将三人交给张国焘派来的人，使他们一家得以团聚。

张国焘投奔国民党之初，蒋介石对他还是相当器重的。

4月17日，张国焘由特务们陪同离开太平洋饭店后，蒋介石当即派军统局局长陈立夫与他晤谈。

当陈立夫问张国焘想做什么工作时，张国焘表示绝不担任党政方面的任何职务，只希望由他出面创办一种定期的民营刊物，从思想理论上揭发共产主义不适宜于中国的种种辩证论据，唤醒一般青年人的幻觉，使他们迷途知返，认为这才是反共基本的最有效的办法。只是办刊物需要资金，希望政府能从暗中接济。但必须高度保密，否则非失败不可。[3]

从张国焘的要求可以看出，他起初为自己寻找的是一个御用文人的位

---

[1] 即张国焘。
[2] 杨子烈：《张国焘夫人回忆录》，（香港）自联出版社1970年版，第345–346页。
[3] 见雷啸岑：《我所知道的张国焘先生》，《张国焘传记资料》（一），（台北）天一出版社。

第十五章
最后岁月

置：置身于党、政圈子之外，依靠国民党的金钱，办一份反共刊物，只要国民党不倒台，他就可以平平稳稳地度过余生。

可是，国民党的高级干部却认为他是个不可多得的"宝贝"，争相向蒋介石要人。中统头子陈果夫、陈立夫很想让张国焘去他们那里"帮忙"；军委会政治部则认为他们更需要张国焘这样的人；至于胡宗南、康泽，也纷纷向蒋介石请求把张国焘让给他们。一时间，张国焘还真成了人见人爱的"香饽饽"。

但蒋介石却自有打算。他考虑只有把张国焘放在军统戴笠那里，才能够更好地发挥张国焘的"特长"。

于是，当蒋介石第二次接见张国焘时，便用了很有礼貌的口吻，指着身边的戴笠向张国焘说："我想请张先生给他帮帮忙。"

毫无思想准备的张国焘，听了这句话，一下子呆住了。这的确太出乎他的意料了，居然安排他到军统局去当特务！张国焘心里虽有一百个不愿意，但却无法说出口，总不能刚一踏进国民党的门槛，就连"最高统帅"的命令也违抗吧。他只好点头头，表示服从分配。

就这样，张国焘被交给了军统局第二处处长戴笠[1]。戴笠如获至宝一样，把张国焘安置在武昌一个极为神秘的地方，准备从他身上捞到难以从别处获取的情报。

厄运开始降临在张国焘头上。

军统特务认为，张国焘是共产党的"大官"，自然知道共产党的许多

国民党特务头子戴笠

---

[1] 1934年4月，蒋介石把陈立夫和戴笠两个特务体系合并，以避免内部钩心斗角，互相抵消力量，成立了"军事委员会调查统计局"（简称"军统"）。以陈立夫为局长，陈焯（当时任国民党首都警察厅厅长）为副局长。下辖三个处：第一处由徐恩曾任处长，第二处由戴笠任处长，第三处由丁默邨任处长。

内幕。为了从张国焘口中捞到有关共产党的详细材料，特务们像审讯犯人一样，轮番向张国焘索取中共军队、党的各级组织乃至地下组织的情报。

张国焘既然已投靠国民党，也没有什么可隐瞒的，便尽自己的所能如实回答所有问题。尽管如此，特务们仍不满足，常常提一些连张国焘自己也不知道的问题，要他作出回答，使得有意从事整个反共大计的"归降首脑"，竟苦于"作眼线"的任务，降为一个小特务的角色。迫于无奈，张国焘只得穷于应付。

过了一段时间，张国焘已做到了倾囊而出，再也没有什么可往外掏的了，特务们仍然穷追不舍。无奈，张国焘在认识了蔡孟坚之后，只好时而抽身到既是同乡又是校友的蔡孟坚家去避难。

蔡孟坚何许人也？此人曾是与张国焘失之交臂的政敌。

那还是在1931年3月下旬，张国焘和陈昌浩受中共中央派遣，拟从上海到汉口，然后再秘密前往鄂豫皖根据地。时任中共中央政治局常委，主持党的地下交通工作的顾顺章受周恩来委托，负责安排这次秘密旅行的各项事务。

据张国焘回忆："顾顺章为我服务，十分卖力，他决定亲自护送我到汉口……他告诉我，有一艘来往沪汉之间的野鸡船，与他有密切关系，这艘船将于三月底开赴汉口，他要我坐那艘船，他自己则先赶到汉口物色人员护送我去黄安，他并详细向我说明每一细节所应采取的步骤，我决定照他的计划实行。"

在顾顺章的精心安排下，张国焘和陈昌浩顺利地由上海来到汉口。4月7日傍晚，顾顺章领着刚由鄂豫皖区来的交通到张国焘的寓所。据张国焘描述，"这位来迎接我们的青年人，身材矮小，沉默寡言，倒像一位经过磨炼的商店伙计。我们商定翌晨启程，乘公共汽车向目的地进发，顾顺章因不便在汽车站露面，决定派他的助手到站照料。"[1]

不料，就在张国焘、陈昌浩离开汉口的第二天，顾顺章被国民党特务

---

[1] 张国焘：《我的回忆》（第三册），现代史料编刊社1980年版，第3–6页。

第十五章
最后岁月

逮捕。主持这一逮捕行动的,正是国民党特务组织中统[1]驻汉口特派员蔡孟坚。蔡在汉口的公开身份是国民党武汉警备司令部稽查处副处长,专门从事侦查中共地下组织的工作。

顾顺章被捕后,蔡孟坚经过软硬兼施,才从顾顺章嘴里掏出他这次来汉口的任务是护送张国焘、陈昌浩去鄂豫皖,而张、陈两人已于他被捕前一日化装成商人乘公共汽车去了七里坪。

蔡孟坚得知这个情况后,当即发电报给沿途军警,命令缉捕张国焘、陈昌浩。但由于张国焘和陈昌浩在途中改变了下车站址,提前两站下车,才避免了被捕的厄运,张国焘也因此失去了与蔡孟坚在敌对立场上相逢的"机会"。

而现在,在投奔国民党后,张国焘却不得不主动寻找蔡孟坚这把保护伞了。

真是此一时也,彼一时也!

对于张国焘与蔡孟坚初期的交往,蔡孟坚有如下回忆:

> 因戴(即戴笠——引者注)悉国焘与我同系萍乡小同乡,即亲带他来我家会晤,嘱我对他力加保护,一如保护彼时已被释放也住在武昌粮道街的陈独秀……一样,恰好陈、张二人同是北大中共建党发起人,他们原属鱼水相得,又是同病相怜,我让他们见面,因而他们密切往返,我与国焘为小同乡又中学先后同学,从乡谊成为友谊,同时我对他与陈独秀均有保护责任,有时招待他二人便餐。……张在十六年宁汉分裂时,虽在武汉担任过工作,但抗战时期,人事全非,感觉人生地不熟,既要防范共产党对他为害,又要应付我方几个调查单位询问难题,一遇困扰,即来找我商量,如求庇护,我在公在私,必设法为他解决,而尽友谊协助责任,并促其早日赴渝。[2]

---

[1] "中统"的全称是"中国国民党中央执行委员会调查统计局"。
[2] 蔡孟坚:《悼念反共强人张国焘》,(台北)《传记文学》第三十六卷第一期。

张国焘在武昌能见到陈独秀，也给他孤寂的心中增加了一丝慰藉。他们在一起时，时常回忆以前在共产党内一起工作的岁月，抚今思昔，自然感慨万千，以至于有一次陈独秀竟然想起了建党前的一个小插曲。

那是一次在蔡孟坚家吃饭，陈独秀在与张国焘谈笑间告诉蔡孟坚说："民国十年前后，张国焘带着十二名主持北平学运的学生去上海做宣传工作，国焘为领队，最为努力，不论风雨，每天挟着我在北平主编的《新青年》报刊沿租界马路商店散发，并叫'群众运动'。张永远改不了萍乡土音，把'群众运动'，说成萍乡土话'同顿唔顿'，路人不知他说的什么，就把张起名'顿顿顿顿'。"张国焘听了，只是大笑，并不否认。[1]

张国焘在大笑的同时，心里一定在流泪。想当年不顾生死、不怕危险，一心要为共产主义奋斗，现在却成了共产主义的叛徒！境变时移，人生真是难以预测呵！

在与陈独秀的接触中，张国焘曾向陈独秀提议另组"共产党"，和中国共产党唱对台戏。但陈独秀仍像1927年大革命失败后听到张国焘建议要组织"工农党"一样，加以拒绝，他告诉张国焘，自己已没有那个能耐。

一个陈独秀，一个张国焘，同是共产党的元老，同是被共产党宣布开除的人，但两人对共产党的态度又迥然各异。陈独秀是从爱护共产党的角度出发批评共产党，虽被共产党开除却始终保持晚节，不当国民党走狗；张国焘是从痛恨共产党的角度出发反对共产党，心甘情愿地效忠于国民党。人格的差异在此见了分晓。

张国焘在汉口稳定之后，曾托人带口信给他母亲，要她到汉口来住。不久，在张国焘三弟张国杰的陪同下，他母亲来到汉口。细心而慈爱的母亲知道大儿子爱吃家乡菜，还专门带了一个厨师来。

与张国焘相处了一个月的张国杰，后来回忆说：

> 我很少外出，除了看书，就是打听大哥的经历。有一次，当我问起延安和苏区土地改革的情况时，大哥总是回避，说："老弟，什么事都

---

[1] 蔡孟坚：《悼念反共强人张国焘》，（台北）《传记文学》第三十六卷第一期。

第十五章
最后岁月

可以干,就是不要搞政治。政治场上是非多。红区的事,你不要打听,年轻人回去乱讲对时局的话,会有杀身之祸的。"片刻,大哥又说:"根据时局发展,国民党会垮台,未来的中国是共产党主宰天下。"那日,我们来到蛇山,大嫂突然忧伤地说:"三弟,你大哥既不会用权,又不会用人,我可真为他操心,弄得目前这个吃力不讨好的地步。"一天下午,大家坐在客厅里聊天,当我提起二哥国庶之死时,母亲伤心地流下了眼泪,大家许久没有说话。突然,大嫂指着大哥说:"这事全怪你大哥。江西一片白色恐怖,还让国庶这个亲弟弟去当江西省委书记。"大哥一边安慰母亲,脸上现出悲戚之色,一边对我说:"三弟,大嫂是错怪了我,国庶是自愿请求去江西的,我不能反对呀。再说搞革命总会有牺牲的。"[1]

张国焘投靠国民党之时,正是抗战形势极为严峻之际。5月中旬,日寇占领了徐州,便立即沿陇海路西进,5月下旬至6月初,连陷商丘、兰考、开封、中牟,准备夺取郑州,以打通津浦、陇海、平汉三条铁路的联系,造成进攻武汉的有利态势。

6月9日,国民党当局为了阻滞日军的前进,不顾老百姓死活,下令炸开郑州东北花园口黄河大堤,但此举并未阻挡日寇的铁蹄。从6月12日至7月5日,日军先后攻占安庆、马当、彭泽、湖口等沿江要塞,拉开了向武汉进攻的序幕。

9月,武汉已明显处于朝不保夕的地步,人心惶惶。张国焘也在为自己今后的命运发愁。这时,恰好有广西桂林和四川重庆的几个朋友邀他前往一游。张国焘经过再三斟酌,选择了广西桂林。

秋天的桂林真是风景如画,张国焘愉快地徜徉在山水之间,几个月来郁闷的心情一扫而光,一种脱离了樊笼的感觉激荡在他的心头,令他顿觉精神勃发。

但这种轻松的心境仅仅维持了三天,一件使他十分扫兴的事又找上门来。

---

[1] 彭江流:《张国焘成败记》,《萍乡古今》第二十二辑,第224页。

张国焘 ⑮

张国焘叛党后，共产国际执委会根据中共中央的报告，批准了中国共产党开除张国焘党籍的决定。这一决定公布后，引起了国内媒体的兴趣。不知是有意要丢张国焘的丑，还是出于什么别的原因，国民党广西省建设厅长黄公度在张国焘到达桂林的第三天，在他所主持的《建设杂志》上便全文公布了共产国际批准中共中央开除张国焘党籍的决定。

张国焘看到《建设杂志》上的登文后，十分气愤，认为是省里有意戏弄讥嘲他，于是观光旅游的兴趣顿时荡然无存，心情黯然地离开了桂林。此时武汉已经失守，他只得来到重庆，住进国民政府为他安排的张家花园三号。

桂林的碰壁，只是张国焘步入逆境的一个小插曲而已，更难堪的事情还在等着他。

张国焘投靠国民党后，原只想做一个国民党的御用宣传家，并不想出头露面。但究竟干什么，并不是由他说了算。他既然将自己卖身于国民党，就只能听命于国民党蒋介石的安排，除此之外别无选择。再说，蒋介石也是不会轻易放过张国焘的，他把张国焘作为反共事业的一个筹码，准备派大用场。于是，在蒋介石的要求下，张国焘不得不放弃自己原来只办刊物的想法，正式加入了军统，担任特种政治问题研究所主任，为中将军衔。

在军统局里，中将可是一个不小的官职。所以，许多一直在军统工作的特务人员，都对张国焘嫉妒得要命。因为当时在军统中，只有戴笠和郑介民是中将级，其他处长、主任，连毛人凤也都是少将。

张国焘也确实十分得意，由于蒋介石还给了他一个军委会中将委员的空头衔，所以，他去军委会开会时，便穿上军服，挂上中将领章。但他也挺知趣，在军统局上班时，特别是去见戴笠时，大都是穿着便服。据沈醉回忆说："有次他刚从军委会回去，戴笠约了几个处长去吃饭，也邀了他，我们都是挂少将领章，只有他一个人挂中将，他便感到有点尴尬，因为别人虽只挂少将，但权力比他都大，他只是限于研究范围，所以大家在谈日常工作时，他一言不发。"[1]

蒋介石这一招可以说是做到了"人尽其才"。张国焘在中共党内近二十

---

[1] 沈醉：《人鬼之间》，群众出版社1993年版，第276–277页。

第十五章
最后岁月

年，对于中共的所有内情基本完全掌握。按照兵法来说，知己知彼，方能百战不殆。一般情况下，敌我双方很难知道对方详细情况。现在有了一个深知中共内情的张国焘，岂不是蒋介石反共"大业"的"福份"？

所以，时任军统局第七处[1]处长的沈醉曾这样写道：

> 戴笠企图利用张国焘过去在中共的地位和关系，大搞对中共组织内部进行打入拉出的阴谋活动。最初对张国焘寄以极大的希望，满以为只要他肯卖一点力气，便可以把共产党搞垮。张国焘……说要在陕甘宁边区设立一些策反站，戴笠马上照他的计划办理。真是要人给人，要钱给钱。这时张国焘不仅是戴笠宴客时座上最受欢迎的嘉宾，也是戴笠最引为得意的部属。他每次请客，准备邀张国焘去参加时，往往先告诉他的朋友，并且用很骄傲的口吻先向朋友们介绍说："明天你来吃饭时，便可以看到共产党里面坐第三把交椅的人物了！"[2]

据沈醉说，张国焘对戴笠称他为"共产党里面坐第三把交椅的人物"还表示不同意。一次，赴宴回家的路上，张国焘对同车的沈醉说："在长征途上，要是我心狠手辣一点，我在共产党内的地位就不是第三第二了。"[3]

戴笠虽然如此器重张国焘，但由于多年来秉承蒋介石使用共产党叛徒的基本原则——"只能要他的，不能让他多了解我们的""尊而不敬，用而又疑"，故对张国焘还是存在一定戒心的。故此，张国焘的这个训练班不是像军统其他训练班那样，设在军统局乡下办事处的缫丝厂附近，而是设在磁器口的洗布塘。而且，张国焘主持的特研室，也不是设在罗家湾军统局局本部内，而是在外面另找的房子。据沈醉说："军统局一切重要会议不邀张参加，偶尔与军统几个处长、主任去戴笠家吃吃便饭，以表示不把他当外人看待，实际上对他有点敬而远之。可能防止他对军统也来'研究'吧！所以军统中许多科长一级的中等骨干都没有和张国焘往来过。有的只闻其名，未见

---

[1] 即总务处。
[2] 沈醉:《我所知道的戴笠》,《文史资料选辑》第二十二辑。
[3] 沈醉:《人鬼之间》, 群众出版社1993年版, 第276页。

其人。我由于负责总务工作,与各单位都得往来,除不过问各单位业务外,凡涉及生活方面的问题,我都能过问。不过我当时对张主持的那个研究室却不感兴趣,几年中我才去过两三次。"[1]

军统特务对张国焘处处存着戒心。派往他家照顾生活的勤杂人员,都是经过主管总务的沈醉一一挑选的。这些人既照顾张国焘的生活,也兼有"照顾"他的思想和言行。也许张国焘也意识到了这点,所以为了表示他对国民党的忠诚,不使人有所怀疑,凡是他在会客室与客人会面时,从不把门关上,有时还故意放大声音说话,怕监视他的人对他产生误会。

在自己家里也不得不做出这样的表演,令张国焘痛苦不堪。尽管如此,他知道自己寄人篱下,只能处处加倍小心。所以,在他家的工作人员虽经常向戴笠和毛人凤打"小报告",但也没有什么重大的事情可以汇报,因为他们从来没有听到张国焘在背地里发牢骚讲怪话,更没有听到他骂戴笠或蒋介石,一般总是对家里的人发发脾气,或因菜饭不合口味而训斥一番厨师而已。

张国焘为了博得戴笠的好感,只得使出自己的浑身解数为戴笠卖命。从他的性格来看,他是一个爱出风头的人,叛离共产党,虽然铸成了人格上永远的耻辱,却使他有了一个风光的机会。他想,只要抓住这个机会,好好表现一番,说不定还能得到上司的赏识,让别人看看他张国焘从来就不是平庸之辈。

新官上任伊始,张国焘首先抓特种政治问题研究室的组建工作。经过一段时间的筹备,研究室基本上搭起了架子。研究室下设秘书室、总务组、联络组、研究组,另外还设一个招待所。

秘书室设秘书一人,助理秘书一人。秘书初为黄逸公[2],后来黄逸公调西北特联站任站长后,其职务由助理秘书代。

联络组设组长一人,组员两人,具体任务是登记外勤各站已联络"来

---

[1] 沈醉:《人鬼之间》,群众出版社1993年版。
[2] 黄逸公,安徽桐城人,早年在上海参加中共地下党组织,后在莫斯科东方大学学习。回国后,1932年在上海被捕,被英租界巡捕房囚禁两年,放出后找不到党组织。后遇叛徒王克全,遂介绍他加入特务组织。经过多年考验,戴笠认为他忠实可靠,所以派他协助张国焘工作。

第十五章
最后岁月

归"的人,并指导外勤站的工作,由军统基干人员担任。联络组备有一种"来归人员调查表",上面列有:姓名、别号、性别、年龄、籍贯、永久通讯处、暂时通讯处、家庭成员、家庭经济状况、学历、曾参加何党、担任何职、上级下级人员姓名、住址、对三民主义的认识、社会关系等。特别是"曾参加何党"及"对三民主义的认识"两栏,留的空白处很大,是要求填写者详细填写的。

研究组设组长一人,研究员若干人,具体任务是研究共产党的政治、军事、经济各方面的策略,并提出对策供军统局及蒋介石参考。

总务组负责后勤。

招待所招待"来归"的人员,带有观察考查性质。

特研室的外勤设有华中特联站、华北特联站、西北特联站。每站设有站长一人、书记一人、编审一人、会议一人、文书一人、电台及报务员两人、译电员一人。其任务是执行张国焘的反共策略。站之下为单线联络的工作人员。

特研室的工作主要是用来对付共产党的。张国焘主持特研室工作,有他自己的一套对付共产党的策略,据曾参加特研室工作、又作过张国焘私人秘书的张之楚回忆,这些策略主要是:

首先,张国焘认为共产党有它的社会基础,是消灭不了的,只能让它成为中国第二大党,中国在抗战胜利后,应成为一个多党制的国家。

第二,张国焘认为国民党当时对共产党的策略,是限制、待机消灭。但是限制的实际内容,在国民党统治区则是以特务人员出卖党员等办法。这种办法并不高明,只能使部分共产党员屈服,买不了他们的心。正确的办法是联络他们,从政治上争取,而争取的治本办法则是国民党的政治清明而得人心,这是釜底抽薪,最根本的一条。那么治标的办法是什么呢?张国焘提出:

一、知道某某为共产党,首先派人联络,联络的主要内容是说服。稍带强制性地让他填"来归人员登记表",不必让他写自首书,登报脱离共产党;不愿说出同党姓名的不勉强。但写了"来归人员登记表"的,必须按时到指定的地方谈思想学习情况,绝对不能再作共产党活动。

583

二、如果一个共产党员填写了"来归人员调查表",即视为"来归"了。再有其他特务机关或地方政权机关……逮捕。则主"来归"其事的机构,可以出来担保,交涉释放,恢复自由。如果一个来归人员,在争取共产党员来归上,卓有成效,还可得到政治上的帮助,如介绍工作等。主其事的机构对来归者保密。

三、如果一个共产党员填了"来归人员调查表",还愿留在共产党内,为共产党工作,也可以。但须把共产党内部情况、重大事件,按时汇报,必要时扯旗"起义"。如遭逮捕,向逮捕单位说明原委,还可得人身安全。张国焘称这种办法叫"内线潜伏",是上等策略。[1]

张国焘的这些对付共产党的办法,有别于其他特务机关。在国民党特务看来,是新颖别致的办法,但这些办法能否在实践中行得通呢?事实给了张国焘一个很好的回答。

特研室办起来后,张国焘做的第一件事,就是办一个训练特务的学习班,名曰:"特种政治工作人员训练班"。由于戴笠对张国焘寄予厚望,所以特别指示军统人事处与训练处,要从军统其他训练班中挑选一批已毕业或正在受训、适合这项工作的所谓优秀分子,还得经过张国焘亲自谈话、考核后才能进入这个班。军统其他处的人闻之,都感到诧异,因为别的处办训练班,戴笠从来没有这样郑重其事过。

不过,令其他特务们瞠目结舌的还在后边。戴笠为了表示对张国焘工作的支持,亲自兼训练班的班主任,以张国焘为副班主任,主持实际工作,还委任黄逸公为教务组长。

训练班的课程主要有蒋介石的言论集、中共问题、马列主义之批判、情报学等等。张国焘亲自担任马列主义之批判这门课,每周两小时,内容主要是讲如何从思想上理论上反共。在张国焘看来,这是十分有意义的。他把共产党最擅长的思想教育和理论教育方法搬到了为国民党训练特务的特训班上,而且下了很大功夫备好课,很卖力气地讲给学员听。但效果如何呢?雷啸岑在《我所知道的张国焘先生》一文中回忆说:"迨经过四小时讲课后,

---

[1] 张之楚:《我所知道的张国焘》,《文史资料选辑》第十五辑。

第十五章
最后岁月

学员们的反应态度很冷淡,说是不如某位教师所讲的畅快爱听。张氏即将某教师发给学员的讲义,详加审阅,乃知其内容全系主张武力剿共的那套理论,幼稚可哂,然很受学员们欢迎,张氏深感失望,即不再前往授课了。"

张国焘不了解,特务们喜欢的是怎样真刀真枪地消灭共产党,而不是那种意识形态领域的东西,结果让张国焘碰了壁。特务们不仅不喜欢他的课,连他这个人也觉得讨厌了。据张之楚说:"在特种工作人员训练班第一期结业典礼的时候,典礼一毕,教官、学生以及军统局有关负责人在一起聚餐,戴笠、张国焘均在场。正当入席的时候,别的教官都互相关照,彼此打招呼入席,唯独没有一个人请张国焘入席。张的处境,极为尴尬,坐不是,站不是,不知所措。后来戴笠见了,才忙过来,请张国焘入席。"[1]

张国焘主办的训练班为期半年,因为学生是从别的特务训练班挑选来的,一般特务课程大都学过,不需要再去讲授。第一期满半年毕业后,戴笠又立刻让他开办第二期。当时,戴笠对训练班的毕业生寄以极大希望,在分配他们去西北前,分批接见并共进午餐,以示重视。接见时,戴笠一再鼓励他们应如何竭尽全力去完成"领袖"赋予的"光荣任务"。

但是,在培训班所学到的知识,在具体实践中根本无法运用。有几个张国焘认为最得意的学生,拿着他的亲笔信,去找张国焘过去在共产党内熟识的人,进行策反活动,结果是有去无回。

戴笠一看训练班没有达到预期的目的,便勉强办到第二期结束,就宣布停办。

在训练特务的工作上丢了脸,张国焘愈发想在其他方面再捡起来。于是,他便想出了在共产党控制区内设立策反站,以瓦解共产党的"高招"。

戴笠接受了张国焘的建议。然而钱是花了,人是派出去了,几个月也过去了,结果不但没有一个人被策反过来,被派出去的人中却有的一去不复返。例如,张国焘派人拿着戴笠的信件,到太行山区,请二十七军军长范汉杰帮忙进入八路军防区活动,结果此人从此杳无音讯。

戴笠本来以为得了张国焘,对共产党实行"拉出来、打进去"的策反手

---

[1] 张之楚:《我所知道的张国焘》,《文史资料选辑》第十五辑。

585

段，一定会有很大的收获，不想竟是这样一个结果，他觉得无法向蒋介石交差，便在洛川建立了个所谓"延安组"，摆了一部电台，以期找机会对延安进行渗透，也好敷衍一下蒋介石。

在共产党控制的区域内无法设立策反站，为了不让戴笠对自己完全失望，张国焘又绞尽脑汁，想出了一个主意，派人在陕甘宁边区外围工作。在汉中建立了一个特别侦察站，由戴笠选派程慕颐任站长，配合汉中军统掌握的汉中统一检查所，搞些半公开的活动，对去陕北或从陕北出来的革命人士、爱国青年进行检查、扣押等。在榆林建立一个陕北站（也称榆林站），由黄逸公任站长。同时加强在西北为军统工作的耀县地区行政专员梁干乔对边区的封锁。张国焘还建议在接近边区的一些地方设立几个策反站、组，并称之为"小虾钓大鱼"的战术。但仍然毫无收效。

张国焘原以为共产党内像他这样痛恨共产主义、决心叛变的并不在少数，由像他这样一个在中共党内具有相当影响力的人挑起叛党大旗后，虽不能收一呼百应之效，起码也能拉出一批人来。但他万万没有想到，自己绞尽脑汁想出的策反方式，都未能收到预想的效果。

张国焘自到军统后，便诸事不成，戴笠即由初时对他的满怀希望，一转而为满腔怨恨。张国焘的日子从此便更加难过，全然没有了被戴笠捧为座上宾时的风光。沈醉在《我所知道的戴笠》一文中这样说：

这时戴笠开始对张国焘冷淡起来了，原来交给他办的特种政治工作人员训练班也在办了两期以后停止，毕业的学生也无法按计划派遣出去，只好改派其他工作。一些策反站因毫无成绩，慢慢都撤销了。张国焘再也不受欢迎，半年、几个月都见不到戴笠一次；即令见到了，不是被当面讽刺几句，就是被严厉地训斥一番。有次不知道是为了一个什么问题，戴笠对张国焘答复他的询问不满意，便暴跳如雷地拍着桌子骂张。张走出去时，表现出垂头丧气的样子。我进去问戴："什么事又发气？"他没有正面答复我，只余怒未息地说："这家伙（指张国焘）太不知好歹。他不要以为这样可以对付得过去！"从那次以后，张很怕见戴。局里对张的一切优待，慢慢改变了，过去给张的一辆专用汽车也取

第十五章
最后岁月

消了。……以后几年,张只是坐冷板凳和受气。根据和张一起工作过的秘书黄逸公[1]和张国焘派去延安的沈之岳告诉我说:戴笠骂张国焘不肯为军统卖力,实在有点冤枉。他连吃饭睡觉都在想办法,实在是因为共产党组织太严,防范太周密,所以做不出特别成绩来。"[2]

从那以后,张国焘的日子不好过了。负责事务工作的沈醉,一切都是看戴笠的脸色行事。戴笠得意的人,沈醉便去恭维,要什么给什么;戴笠不得意的人,沈醉也来个不爱搭理。张国焘自然也不例外。原来军统对张国焘生活上有许多特殊的照顾,以后便慢慢降低或取消了。过去张国焘有一辆专用小轿车,沈醉也以汽油进口越来越困难为由,变为有事出门需要用车随叫随到。不过,这"随叫"就不一定能"随到"了。

有一次,军统刚从国外搞回来几辆新的小汽车,沈醉便去试试这些车的性能。当陪在他身边的汽车大队长和中队长等人正在向他介绍新汽车的优点时,一个值班员跑了过来向中队长报告:"张主任来电话要车。"沈醉便问了一声:"哪个张主任?"值班员回答:"报告,是张国焘主任。"沈醉马上说:"派一辆三轮车给他,就说今天小汽车都有事出去了!"站在沈醉身旁的汽车大队的几个负责人都笑了起来,知道沈醉在整张国焘,也只好照他的指示派了一辆三轮车去。

不料,当沈醉把几辆新车试了一遍,从一辆新车的驾驶室走出来的时候,只见张国焘被雨淋得周身湿透,坐在三轮车的边斗上进了汽车间来。因为重庆的天气说变就变,恰好让张国焘碰上了倒霉的天气。张国焘一跳下车,就气呼呼地直奔那个中队长的办公室,指着中队长大声斥责:"有这么多小车为什么不派,而派一辆破三轮车给我?"

沈醉从外面进来时,中队长正在向张国焘一个劲地赔礼、解释。张国焘仍然余怒未消。沈醉便歪着头,故意用一种瞧不起的神态,阴阳怪气地说了一句:"不要怪他嘛!是我叫他派的嘛!"张国焘一看沈醉这副模样,更加气

---

[1] 应为特种政治问题研究所副所长。见《细说中统军统》,传记文学出版社1992年版,第301页。

[2] 沈醉:《我所知道的戴笠》,《文史资料选辑》第二十二辑。

得暴跳如雷。

原来平日沈醉见着他，总是开口一个"张先生"，闭口一个"张主任"，今天居然用这种蔑视的态度对待自己！他指着外边放的几辆新车质问沈醉："你管汽车，就用这样的办法派车？我有公事出去，你却故意叫人派一辆这样的破车给我，你说得过去吗？"

沈醉在军统中一向以"年轻资格老"的所谓"正统分子"自居，对向张国焘这样"半路出家"的"外来客"，从来是不放在眼里的。过去是因为戴笠看重张国焘，他才对张国焘表面上很客气，现在张国焘失宠了，他就再也不把张国焘放在眼里了。今天见张国焘敢质问自己，气就不打一处来，只见他用力一拍桌子，冲着张国焘大声说："张主席！请收起你的那一套吧，这里不是延安！要识相一点！"

张国焘闻听此言，立即满面通红，眼泪几乎掉下来。沈醉还想再挖苦几句，在一旁的人便连劝带推地把张国焘拉出去，让他坐上一辆新车走了。张国焘一路上没说一句话，此时，他终于深刻体会到"在人屋檐下，不得不低头"的道理。

训练班的坍台，策反站的失败，导致了戴笠对张国焘的冷落，连戴笠手下的人也对他另眼相看。张国焘在沉重的压力之下，并不认为自己在反共方面已经黔驴技穷。为了摆脱窘境，他又挖空心思地想出了另一个主意。

武汉沦陷后，陈独秀迁到了四川江津。作为一个至死不渝的爱国者，针对日本帝国主义对中国的侵略和中国人民抗日战争的情况，陈独秀又拿起了他的战斗之笔，发表了不少针对性的文章，为中国的抗日战争贡献着自己的力量。

张国焘便在陈独秀身上打起了主意。他向蒋介石建议，由国民党知名人士访问陈独秀，请他谈谈对抗日战争的看法，将其中有利于国民党的言论，编辑成册，公开出版发行，来对付延安的宣传，其效果肯定要比国民党御用文人的反共文章好得多。蒋介石欣然接受了张国焘的建议，派戴笠和胡宗南去见陈独秀。

为了说服陈独秀接受他们的建议，并取得其好感，戴笠和胡宗南临行前着实做了一番准备。他们找到1938年3月陈独秀被捕后，傅汝霖、段锡朋、

第十五章
最后岁月

陈独秀江津故居

高一涵、陶希圣、王星拱、周佛海、梁寒操、张西曼、林庚等在《大公报》上为陈独秀辩护的启事等有关材料，随身带去。

在江津，陈独秀接待了这两位不速之客，也谈了一些自己对时局的看法。当得知国民党想让自己公开发表言论时，陈独秀坦率地表示："本人孤陋寡闻，唯不愿公开发表言论，致引起喋喋不休之争。务请两君对今日晤谈，切勿见之报刊，此乃唯一的要求。"戴笠和胡宗南见如此，只好扫兴而归。

从此，张国焘在戴笠眼中便一文不值，备受责难和冷落。

对于张国焘的处境，同乡蔡孟坚甚为同情，便开始为张国焘另谋出路。不久，蔡孟坚将张国焘介绍给了国民党中央组织部长朱家骅的机要秘书甘家馨。甘家馨也是萍乡人，对张国焘的处境也颇为同情，便将张国焘引荐给朱家骅。当朱家骅得知张国焘与他同为北大毕业的学生后，便对张国焘产生了怜悯之心，遂安排他担任组织部的"反共设计委员会"委员兼主任秘书。

这无疑又给了张国焘一次表现的机会。

张国焘又未尝不想表现一番！但他无功受禄，特务们甚不服气，对他更无信任感。开过几次会后，张国焘发现，特务们所向往的仍然是武力剿共，而对他那一套从思想和理论上反共的"高论"往往嗤之以鼻。不久，张国焘便成了事实上的"光杆司令"。他不得不向蔡孟坚抱怨："无计可设，无公可办，每日去坐一二小时，颇感无聊。"[1]

当1940年伴随着抗日战争的隆隆炮声来临的时候，张国焘叛离共产党已经两年多了。当初决心要在反共事业上做出一番惊天动地成就的张国焘，面对自己的屡屡失败，想到两年来在国民党内所受的嘲讽、冷落、排挤，禁不住黯然神伤。他把这一切都归因于自己曾是中共的一员，是国民党的异己分子，故而不无辛酸地对友人说："我在国民党人眼中，是身家不清白的人哟！"

张国焘叛离共产党后，曾被国民党有关人士封为"反共强人"。那么，现在的张国焘，充其量也不过是个失意的"反共强人"而已。

随江而下

张国焘在国民党统治区的生活并不如意，有时可以说是狼狈不堪。

1940年3月，由于朱家骅的推荐，张国焘当上了国民参政会第二届参政员。他本来很是满意，万万没有想到出席参政会时竟十分尴尬。

决定张国焘任职时，戴笠曾有个打算，希望他能在参政会搜集情报，摸一摸国民党以外的参政员对国民政府有什么意见和不满，以便在开会前能提早做好应对的准备。

国民参政会以国民党党籍的参政员为主体，另有共产党、青年党、民社党的参政员参加，还有一些无党派知名人士。张国焘在参政会中，并不属于国民党参政员，列入无党派人士。而在无党派人士中，他又不是知名人士。在参政会上成了孤家寡人。

---

[1] 蔡孟坚：《悼念反共强人张国焘》，（台北）《传记文学》第三十六卷第一期。

第十五章
最后岁月

更使张国焘难堪的是,在参政会上,大家都知他是共产党的叛徒,不愿同他交往。每每碰到中共方面的参政员时,总会有一种无地自容的感觉。为了避免碰面,行动也无法随意。这样一来,戴笠给他的任务就落了空。

到1945年7月,张国焘连任三届参政员,不仅无政可参,还备受歧视,以至于常常叹息不已。

在外面不顺心,回到家里有时就会大发脾气。当时与张家很熟的张之楚,曾说了这样一件事:"1943年秋冬之际,我在张家,见张与其妻子杨子烈争吵,张说:'我不承认你跟我共过患难。'那时杨子烈虽然年近半百,嘴上却涂抹口红,画眉,抹粉,烫发,俨然贵妇人。我第一次见张发这么大脾气,声音近乎粗野。心想:在党内时[1],听说张国焘有军阀作风,证之今日,确为信然。而杨子烈被骂后,哭哭啼啼地说:'谁像你,你看人家对太太多么好。'项乃光听说此事后,对我说:'张先生政治上不如意,心绪不正常,故有此表现。'"[2]

张国焘渐渐变得消沉了。诸事不顺,处处受打击,虽有抱负,却难施行。他觉得自己心灰意冷,再次产生了摆脱政治圈子的想法。据郑学稼回忆:"我到汪观之和薛农山家[3],常去看国老[4],但是,大家很少谈时局。偶然说到军事失利等事,他总是若无其事地说:'有些吃力。'别的不愿多谈。他的家,似乎悬一大牌子:'勿谈国事!'"[5]但张国焘偶尔也冒出一句:"只要民主,就有办法。"[6]

为了排遣无聊的时光,张国焘常常约三五人打麻将牌。久而久之,竟练出了高人一等的技艺,能知道对方"听"什么牌。尽管如此,他还是负多于胜。因为他知道别人需要什么牌,扣下这张又扣下那张,犹豫不决,而功夫不如他的人,无所顾忌,反而容易取胜。真是"时运不济"连带"牌运也不

---

[1] 张之楚原是共产党员,1941年被捕后叛变。故这里有"在党内时"之说。
[2] 张之楚:《我所知道的张国焘》,《文史资料选辑》第十五辑。
[3] 这两家都住在张国焘的住宅"张家花园"的附近。
[4] 即张国焘。
[5] 郑学稼:《悼张国焘先生》,(台北)《传记文学》第三十六卷第一期。
[6] 张之楚:《我所知道的张国焘》,《文史资料选辑》第十五辑。

济"啊！

1945年5月，国民党第六次全国代表大会召开，张国焘被选为中央委员。此后，他又兼任了"对共斗争设计委员会"委员。但这些都是挂名的，没有人重视他，也没人找他谈什么反共问题。

同年8月，在日本投降前夕的某一天，蒋介石突然召见张国焘，要他草拟一个今后如何管理全国粮食和物价问题的方案。

受到长时间冷落的张国焘，认为自己又到了时来运转的时候，决心不负使命，一展身手，改变国民党要人们对他的看法。所以，尽管他对经济问题一窍不通，仍然尽心竭力地去干。在一连熬了几个通宵后，张国焘拟就了一篇上万言的计划草案。他满以为这一下会得到蒋介石的赏识，不料呈上蒋介石后，却如石沉大海，再也不知下文。其时，蒋介石正趁日本投降后忙于准备与共产党打内战，哪里还有心思顾及什么粮食、物价问题。张国焘的辛苦就这样付之东流了。

1946年，张国焘以同乡关系，认识了时任国民党中央设计局局长的熊式辉。经熊式辉向国民党行政院善后救济总署署长蒋廷黻推荐，张国焘当上了善后救济总署江西分署署长。

张国焘走马上任了。当年在鄂豫皖，他作为共产党的领导人指挥红军与国民党军较量，在自己的家乡江西也颇有名望；如今他却作为国民党政府的官员面对父老乡亲，自然不免一番感慨。

张国焘本想在江西一显身手，干出一番事业，一来为家乡人民做点贡献，二来为自己在国民党内的名声添点光彩。但事情并不像他想象的那样尽如人意。

张国焘到任后，遇到的第一个难题就是政令难行。这是多种原因造成的：一来张国焘初次出任国民政府从事实际工作的官员，对国民政府的工作没有经验，对如何行政则一窍不通；二来江西虽是他的家乡，但由于他长期不在这里生活和工作，所以毫无根底，没有人为他捧场。加之江西救济分署为新成立，全部职员均为临时由中央和地方派系推荐而来，张国焘对其有无工作能力根本不了解，故尔他的官职虽然不小，但命令却很少行得通，救济分署的工作也无法开展。

第十五章
最后岁月

如果只是上面所说的原因，倒还不见得十分难以解决，只要时间长一点，积累了经验，拉好了关系，调整了人员，工作还是可以开展的。而令张国焘难以解决的，则是另一个问题：时任江西省政府主席的王陵基，虽从未与张国焘谋过面，但早已对他恨之入骨。原来，当年张国焘率红四方面军在川陕苏区活动时，王陵基曾是他的手下败将，并因此而丢了师长一职。

那还是在1933年冬。当时，王陵基是刘湘第二十一军第三师师长，奉命担任敌六路围攻红四方面军的第五路总指挥，配合各路向红军进攻。红军在给敌人一定杀伤之后，其东线部队左翼于1934年1月20日主动撤离阵地。

这一行动给了王陵基一个错觉，他认为："赤匪势穷力竭，子弹告罄，势将窜走"，是"全线溃退"，一面建议刘湘"转饬各路猛进穷追，勿亦划界固守，使该匪无整顿补充余暇，不能再谋抵抗"。[1] 一面命令所属各部，猛烈向前推进。这正好中了红军的计谋，红军在转移中乘敌举师轻进之际，不断予以袭击、杀伤。

当时，王陵基急欲夺取的是红军的右翼阵地马渡关。这里地当要冲，地势十分险要，山高林密，路险涧深，是通向城口、万源的必经之地，红四方面军总指挥徐向前的指挥所也设在此地，红军名将许世友率红九军一部在此防守。

1月19日，王陵基命第八旅代旅长刘若弼率部进犯马渡关。刘部首先集中机枪营和炮兵营向红军阵地猛烈射击，然后以步兵多组进攻，在马渡关沿山边工事前与红军展开肉搏。红军则以急风暴雨之势向来敌反击，敌军因后面有督战队威逼，虽积尸枕藉仍不敢后退。双方连续厮杀了两天，红军阵地屹然不动。

王陵基闻讯后狂叫："我不信共军是三头六臂，马渡关一定要打下来！"于是，他亲自率手枪大队和独立团杨勤安部到前方督战。他把第八旅代旅长刘若弼找来，毫不掩饰地说："你如把马渡关拿下来，当旅长的事由我负责，不然就以军法从事！"王陵基还在阵前许愿：先攻占马渡关的奖洋三千元。将士们在他的威胁利诱之下，像疯了一样扑向红军阵地。这一战就是

---

[1]《时事周报》第五卷第十二号，1934年1月21日。

张国焘

四昼夜。红军在毙伤王陵基部两千余人后，达到了作战目的，遂主动撤出阵地。

2月上旬，敌人的六路围攻从表面上看取得了一定进展。此时春节将至，敌各路头目陶醉于暂时的战绩，一面下令部队休整，一面麇集成都互祝"胜利"。占领马渡关的王陵基更是喜气洋洋，认为自己又有了晋升的机会。欣喜之余，他便离开部队，悄悄溜回万县，与家人团聚去了。

王陵基私回万县的消息，被红军后方电台侦知后，立即报告了张国焘。张国焘一听，喜出望外，认为这是一个消灭王陵基部的极好机会，便命令将这一消息和他希望乘机消灭王陵基部的意图，电达红四方面军前线总指挥部。

徐向前接到张国焘的命令，立即召开军以上干部会进行传达。大家一致认为，反攻时机已到，决定乘敌不备，向东线敌军发起大规模反击，首先消灭王陵基部。

会议决定报告张国焘后，他立即命令：集中红四军、九军、三十军各一师于2月10日（农历腊月二十六日）发起进攻。

2月10日夜，红四军十师、红九军二十五师、红三十军八十八师三支精锐部队，分别向敌后秘密穿插，迂回马鞍山、毛坝场等地。这是红四方面军以准备战机转入反攻为目的而实施的一次反击战，经过五天的战斗，歼敌一个多旅，在宽约十公里的地段上向前推进了十五公里。由于捕捉战机准确，突破点选择得当，取得重大战果，缴获了大批物资以及鸡、鸭、鱼、肉和罐头等食品，使红军官兵过了一个丰盛的新年。

正在成都欢度新春佳节的刘湘等人，在摆满酒菜的宴席上，接到了王陵基损兵折将的电报，犹如霹雳轰顶，一个个呆若木鸡。酒席立刻变成了声讨王陵基的会场，平时与王陵基有隙的人，更是谴责之声不断。刘湘震惊之余，一面急令各部相互靠拢，阻止红军继续进击；一面将擅离职守的王陵基召到成都，一顿劈头盖脸的训斥之后，将其撤职查办，软禁起来。

王陵基本是刘湘的一员得力干将，平时深得刘湘的器重。这次他以师长之职任第五路总指挥，就充分表明了刘湘对他的信任程度。在刘湘的庇护下，王陵基一向春风得意，颐指气使，养成了骄横傲慢的脾性。这次突然马失前蹄，不仅丢了官，还险些丢了小命，自然懊悔不迭。这样一来，他把账

第十五章
最后岁月

全记在红四方面军名下,发誓有朝一日再遇上红四方面军,一定要报这次丢官之仇。或许是命运的安排,王陵基此后再也无缘与红四方面军交锋于战场,所以对这笔未清的账他一直耿耿于怀,每每记起,恨得咬牙切齿。

没想到事隔十三年之后,当时红四方面军的最高领导人张国焘竟跑到他王陵基主持的这一亩三分地来混饭吃,真是冤家路窄!

张国焘就任善后救济总署江西分署署长后,很想与王陵基言归于好。刚到南昌,他就亲自登门拜访。不料王陵基仍念念不忘旧仇,将他拒之于门外。

按国民政府的规定,省府与救济分署为平行机构。所以,从理论上讲,王陵基与张国焘是平级。但救济分署的善后救济工作,必须在省府有关行政单位的配合下才能进行,没有王陵基的同意,救济工作根本无法启动。

果然,王陵基利用手中的职权,对张国焘的善后救济工作多方阻挠,使工作举步维艰。就连从来也没有停过水、电的办公楼,也不时水、电全停,无法办公。不仅如此,王陵基还利用一切公开场合,当众羞辱张国焘,常使张国焘感到很难堪。

张国焘在江西的工作难以进行,还有一个原因,就是当时分配到他这个救济公署来的物资虽然不少,但都是一些军用剩余的东西,以及美国人捐赠的旧衣服鞋帽之类。对于这些东西,眼馋的人还真不少。军统在江西省站的大小特务和在江西担任公职的军统特务,如南昌市长、省训团教育长、警察局长、检查所长等等,不断以照顾家乡各县为名,向张国焘要求多给分配些东西。

要不要满足军统特务们的要求,张国焘一时没了主意。因为这个县分多了,那个县分少了,就会吵闹起来,会有人说他分配不公平,甚至告他舞弊,但他又得罪不起这一帮军统特务。在无法应付的情况下,张国焘不得不硬着头皮,请求因事路过南昌的沈醉,希望沈醉能给这些大小特务们关照一下,不要再向他开口要救济物资。[1]

就这样,张国焘上任还不到两个月,已经感到身心交瘁,难以维系。思

---

[1] 见沈醉:《人鬼之间》,群众出版社1993年版,第286–287页。

来想去，觉得只有一条路可走，这就是辞职。于是，他不得不向蒋廷黻提出辞职，离开江西转赴上海。

事情并未到此结束。张国焘辞职后，蒋廷黻便呈请宋子文，征调时任甘肃民政厅长的蔡孟坚接替张国焘的职务。蔡孟坚到职前拜访蒋廷黻时，蒋廷黻告诉他，张国焘在任职期间，透支了法币4亿多元，嘱咐蔡孟坚到江西后，找张国焘好好清查交接。蔡孟坚因与张国焘在武汉时多有交往，并有同乡之谊，不愿再使张国焘为难，便向蒋廷黻表示："我知张为人正派无私，又系以共党首领，首先归向中央，如在交接上找他麻烦，何以号召后来归向者，如准仅由总署派员监督交接，我才愿去到任。"[1] 这样，张国焘才免却了受追查之苦。

仕途上屡遭挫折，张国焘深感压抑，他终于觉得不是自己无能力，而是因为自己是"来归"之人。他曾对与他同病相怜的张之楚说："我们这些人身家不清，在国民党无什么出路。"[2]

1948年初，国民党军队在中国人民解放军全面进攻下，已经损失惨重，士气低落，国民党政权在政治、经济上也面临着愈来愈严重的危机，蒋介石集团开始陷入四面楚歌之中。

这年6月，在上海沉寂了两年的张国焘又跳了出来，准备为蒋家王朝进行最后一搏。

6月18日，张国焘找到郑学稼，说自己决定办一个刊物，目前已筹好法币300亿以上的基金，并在施高德路租好了房子，特邀请郑学稼当总编辑。在此前后，张国焘还约了纪弦、瞿景白[3]、魏道明等人。

6月23日，张国焘拼凑起来的班子开始正式工作。张国焘将他的刊物命名为《创进》。解放战争期间，在诸多的反共刊物中，像《创进》这种由私人出资创办的刊物，还是不多见的，由此也体现了张国焘希望蒋介石国民党

---

[1] 蔡孟坚：《悼念反共强人张国焘》，（台北）《传记文学》第三十六卷第一期。
[2] 张之楚：《我所知道的张国焘》，《文史资料选辑》第十五辑。
[3] 瞿秋白之弟。据郑学稼回忆："开始之时我不注意景白的动作，后来我内心已知他是中共的渗透者……到大局恶化，我决定来台，景白有一天正经地同我谈话。主旨是劝我不必离沪。"见（台北）《传记文学》第三十六卷第一期。

维持统治的良苦用心。

《创进》为周刊,其主导思想是拥蒋反共。创刊之初,并未受到国民党当局的重视。按国民党中宣部规定,对京沪民营的报章杂志,凡采取反共立场的,按月分给比市价便宜得多的官价白报纸。不知为什么,起初张国焘的《创进》没有受到此种优待。后经张国焘托人向国民党中宣部部长黄少谷求情,才得到了配给的官价白报纸。

张国焘虽然尽力为蒋家王朝卖命,却仍然免不了受到国民党当局的打击。这年9月初,他的大儿子张海威,因演剧被人指控其动作有侮辱"领袖"之嫌,竟被逮捕。张国焘得知这个消息后,如五雷轰顶,一时不知该怎么办才好。思来想去,只好硬着头皮去向贺耀祖求情。为了能使儿子早日获释,张国焘说了数不清的好话,贺耀祖才高抬贵手放了人。

另觅他途

每个人都要在社会中寻找自己的位置。但总是处于寻觅之中的人,肯定是生活的不如意者。

张国焘就是这样。自从他投靠国民党后,完全脱离了他所熟悉的一切,在一种全然陌生的环境中,他不知道自己的人生定位在何处,已年过四十的他,需要重新选择属于自己的位置,但却总是发生错位,他不得不一次又一次地寻觅……

1948年冬,中国人民解放军在取得辽沈战役的胜利之后,又接连发动了淮海战役、平津战役,蒋介石统治政权在大陆的灭亡已成定局。国民党的高级官员们惶惶不可终日,纷纷携带家小逃往台湾。

张国焘做梦都没有想到,国共合合分分二十多年,最后竟是这样一个结局。11月中旬,他不得不将《创进》停刊,带领全家随着国民党官员撤退的潮流,到了台北。

据沈醉回忆,张国焘在到台北之前,毛人凤曾亲自把他叫到家里便宴招待,由沈醉作陪。毛人凤表示,希望张国焘留在大陆不要走,并说明这不只是他本人的意见，而是"老头子"亲自决定的。

张国焘听后回答说："我已考虑过了，我现在再也不想干什么，只希望到台湾山明水秀处当老百姓，写一点东西，其他的事都不想做了。"毛人凤却一再劝他留下来，并说经过多方研究、分析，共产党来了绝不会杀害他，而他留下来，国民党便能在共产党内有一位共事多年的老朋友，这比去台湾作用要大得多。

张国焘听后，低头沉思良久，然后抬起头来，从表情看出，他的心情是十分沉重的，也是非常痛苦的。他知道，毛人凤的话虽不是命令，但不好推托。然而他心里明白，无论如何不能留下来。

张国焘鼓足勇气，用很低沉的声音对毛人凤说："你们的考虑是对的，他们来了，绝不会置我于死地，但是批和斗肯定少不了。我年岁大了，听听几个老同事的批评，我还可以接受，要是落到那些年青人手里，我实在受不了。人总是要面子的，这些人就专爱扫面子。"说到这里，他特别提到过去在共产党内受到批斗时的情况，说："批斗我倒习惯了，如果见到一些老朋友不是批斗我而是讽刺几句，那比戳我一刀还不好受。"毛人凤见劝不动张国焘，便在话里话外向他示意，如他不愿留下，台湾也是不欢迎他去的。

张国焘走后，沈醉问毛人凤："为什么要让他落入共产党之手？"毛人凤反问道："过去他就没有做出过什么，让他去台湾还能做出什么呢？"[1]

此时张国焘不去台湾，又能去哪里呢？

1949年，蒋介石集团在中国大陆的统治终于在中国共产党领导的人民解放军的强大进攻面前土崩瓦解。逃到台湾的蒋介石及国民党要人，为了在台湾维持偏安局面，一面通过外交手段希望继续得到美国的支持，一面忙着收拾残局，安定地方，并为反攻大陆做准备，哪里还有时间顾及没有什么价值的张国焘。在这种情况下，张国焘再一次感受到了人世间的冷漠。

到台北后，国民党政府未给他安排工作，也未过问他的生活，仿佛忽视了他的存在。张国焘只好靠自己的力量来安顿全家人的生活。起先，住在南阳街的一个招待所内，后来感到住招待所有许多不便，加之还有恢复《创

---

[1] 见沈醉：《人鬼之间》，群众出版社1993年版，第288–289页。

第十五章
最后岁月

进》的打算,便在北投一家温泉旅馆的附近顶[1]了一栋房子。

正当张国焘买好木料,请来工匠,准备将房子修缮一番时,有一天忽然来了两个自称是东南军政长官公署的人。来人找到张国焘,告诉他这座房子他们早就租赁了,命令立即停工。张国焘本想以自己是"国民党中央委员"的名头来压一压来人的霸气,不料这两个人并不吃这一套,反而态度强硬地说:"不管你是不是国民党中委,房子我们要定了!"

栖身之所被政府占去,这件事对张国焘的刺激很大。

国民党对张国焘的冷落和瞧不起,是由许多原因造成的。张国焘走到今日这种地步,也是情有可原。

张国焘投奔国民党后,虽然在反共方面比较卖力,但国民党人对他总有防范,对他的言行也多有注意。当一些人提出应当重用张国焘,利用他来分化、瓦解中共时,另一些人就会批评说:"张国焘不是从根本上反对马列和共产主义,更对中共有像亲生儿子样的感情。甚至他还说过:'中国共产主义者,无论在一起或暂时分离,总是背靠背在作战;我们有争执,但也相互依存;我们主要的努力,也始终是对付敌人;任何时候,也不会因内争而忽略了对外。'因此,利用张国焘来分化、瓦解中共的想法是不切实际的。"[2]

另外,国民党人对张国焘在国民党任职后的工作表现也颇多怨言,议论说:"国民党推他为参议员,要他以超然的民意代表立场,在议坛上仗义执言的为促进全国团结,争取最后胜利多进诤言;为揭发中共阴谋,以正内外视听多所戮力。他却一反过去激于义愤、勇于发言的作风,而瞻前顾后,明哲保身,未能尽言责,无形中放弃了此一随分报国的大好时机。""让他以社会清望身份,从济慈事业,他却一怒挂冠,短短几个月,透支法币四亿元,政府也不予追究。"[3]

按照上面的意思,不是国民党对不起张国焘,而是张国焘有负国民党对他的重望。张国焘落到今天这步田地,也是咎由自取。

---

[1] 所谓"顶",是指只有使用权,没有所用权。
[2] 费从文:《细说张国焘》,《张国焘传记资料》(一),(台北)天一出版社出版。
[3] 费从文:《细说张国焘》,《张国焘传记资料》(一),(台北)天一出版社出版。

张国焘

张国焘走投无路，决定离开台湾。

1949年冬，一个寒冷的日子，张国焘携带着妻子和三个儿子来到香港，这里不受共产党和国民党的统治。在张国焘看来，这是唯一明智的选择。他对友人谈起他离开台北的原因时，曾这样说："住在台北麻烦，国民党不时找我出反共的主意。并不是我怕共产党，不敢出主意，只是我出的主意，他们执行得非驴非马，共产党把这笔账记在我的头上，划不来。"[1] 这或许也是一种解释吧。

在九龙，张国焘以六千港元顶了一套房子，有两间卧室、一间厨房、一个佣人的居室。

1950年朝鲜战争爆发，受其影响，国际黄金市场价格逐渐上涨。本来对"炒金"业务一窍不通的张国焘，见许多人靠"炒金"发了财，便也动了心。他将家里仅有的五千美元作押金，在金融市场干起了买卖黄金的生意。一开始还真赚了不少，张国焘喜出望外，便孤注一掷，将全部收获用来买涨。

不料，朝鲜战争很快结束，国际黄金市价大幅跌落。没有把握好时机的张国焘不仅将所赚的钱赔光，而且连老本也赔了进去，落了个一贫如洗。此时，一家人只能靠当老师的大儿子张海威不多的薪水勉强度日。张国焘每天以粗茶淡饭慰之饥腹，还要供养二子和三子读书，其困难可想而知。

船破偏遇顶头风。为生活而奔波操劳的杨子烈，一天上街买菜时，不幸在石板路上跌倒，摔伤臀部骨盆骨折，住院达半年之久。恢复的不理想结果成了跛子，行动多有不便。接连的打击使张国焘处境极为困窘。经济上的压力，精神上的折磨，妻子的伤痛，使张国焘一下子老了许多，眼睛也越来越昏花起来。以后的日子怎样过呢？每当想到这里，他总禁不住流下老泪……

万般无奈，他们只得求助于三弟张国杰。但张国焘又不好自己出面，便以杨子烈的名义给张国杰写了一信，内容是：

---

[1] 张之楚：《我所知道的张国焘》，《文史资料选辑》第十五辑。

第十五章
最后岁月

国杰弟：

　　大哥生活拮据，只靠大儿海威教书糊口。现想将二儿湘楚和三儿渝川暂回老家寄养。家中意下如何？请速回信。

嫂 杨子烈
1951 年 4 月

当时大陆正处于土改、镇反的年代，张国杰收到信后，害怕因此事受到牵连，便主动将信交给上栗公安派出所负责人李明志。李明志看完信后说："这信不必交，属一般家信，你可以自家留着。"张国杰说："留在你这里好，不然，领导要看不方便。"在张国杰的要求下，李明志留下了此信。这样，张国杰既没有给张国焘回信，也没有再搭理这件事。[1]

在香港，张国焘一直使用化名"凯音"，标榜在政治上采取"超然"的态度，既不同左派打交道，也不同右派打交道，而专与第三立场者为伍。

1951 年初，在美国支持下，张发奎、顾孟余等发起组织所谓第三势力"中国自由民主战斗同盟"，张国焘也加入其中，成为总部成员。从总部主要成员分别起草的《中国自由民主战斗同盟宣言》（张君劢起草）、《中国自由民主战斗同盟筹备期间之组织纲要》（童冠贤、李微尘起草）、《中国自由民主战斗同盟公约》《中国自由民主同盟生活公约》（张国焘起草）来看，这个组织的宗旨是提倡所谓"民主""自由"、反苏反共。这个组织的主要成员是知识分子，也有少数工人和商人，其基层组织是小组，在香港约有十几个这样的小组。

"中国自由民主战斗同盟"策划创办了四种刊物，分别是《独立评论》《再生》《中国之声》《华侨通讯》，其中《中国之声》由张国焘任主编。

按说，张国焘已找到了比较理想的生活，但好景不长，又发生了变故。"中国自由民主战斗同盟"成立不久，主要人物顾孟余、张君劢之间便产生矛盾，工作难以顺利推进。《中国之声》创刊不久，总部就要削减经费，张

---

[1] 见彭江流：《张国焘成败记》，《萍乡古今》第十二辑，第 238 页。

张国焘

国焘见如此，便于当年9月退出该组织，其主编一职由李微尘接任。[1]

年届五十的张国焘，对自己多年的遭遇倍感心酸。在一次次挫折的打击下，他开始真正对政治厌倦起来。他常常对妻子说："在中国舞台上，我以往是个演员，现在仅是个观众，总希望能少看到些悲剧才好。"[2]

新中国成立后，祖国大陆发生着翻天覆地的变化。到1952年，经过土地改革，经济形势大为好转；抗美援朝战争也取得了决定性胜利；中国在世界上的国际威望日益提高，一些资本主义国家也开始向中国表示友好……张国焘在注视着国内形势的发展，看到大陆呈现出一派蓬勃生机，人民生活日益向好，再看看自己日益穷困潦倒，便萌发了回归大陆的想法。这样，便有了下面所发生的事情：

1953年春的一天，当时正在新华社香港分社负责新闻工作的金尧如，接到一个姓陈的先生打来的电话。陈先生在香港出版界工作，曾与金尧如有过几面之交。他约金尧如一起喝咖啡，并说有事要跟他谈。

双方见面寒暄一番后，陈先生便慎重而认真地说："张国焘伯伯最近几次同我谈起，说他看到中国共产党解放了祖国大地，心里也很振奋。现在他闲居在香港，实在太寂寞，也自感惭愧。他很想回北京去，重新回到党的领导下，为党和人民做一点建设工作。我告诉他，我认识新华社的金先生，他很高兴，要我请教请教你，有没有可能向北京、向毛泽东主席反映一下他的愿望。"

金尧如答："张国焘先生愿意回归党和人民，当然是好的，我可以反映上去，再听中央的回音。不过，我口头反映，没有可靠的凭证，所以我要先回新华社香港分社去请示，商量一下怎样反映才好。"

陈先生马上补充说："张国焘伯伯告诉我，他准备写一封信给毛泽东主席。如果你回新华社商量后同意反映中央，那么请给我一个电话，我去向张伯伯取信，然后再请你们转送北京。"

金尧如回到分社机关后，向社长黄作梅如实作了汇报。黄作梅同意向北

---

[1] 另一说是张发奎派其亲信林伯雅接替了张国焘。
[2] 杨子烈：《张国焘先生的略历》，(台北)《传记文学》第三十六卷第一期。

第十五章
最后岁月

京反映。金尧如即打电话约陈先生仍在咖啡厅见面。

双方坐定后,陈先生说:"听说你们可以向北京反映,张国焘伯伯很高兴,昨晚连夜写了一封信给毛泽东主席。现在我就把这封信交给你。另外,张伯伯也要我向你们致谢。"说完,从西装袋里取出一个大信封。金尧如接过信说:"请你转告张国焘先生,我们一定速速办理。"

告别陈先生后,金尧如急忙赶到黄作梅家,把张国焘的信交给了他。只见信封上写着"毛泽东主席",下署"张国焘拜上"。信是开口的,以示转信人也可启看。取出信来一看,抬头写的是"毛泽东主席并刘少奇书记、周恩来总理"。信不太长,大意是:在你们和党中央的领导下,中国共产党取得了新民主主义革命和建立新中国的胜利,我感到极大的鼓舞和深刻的愧疚。经过这两三年的思考,我决心回到党的身边,在你们的领导下,为党和人民事业尽我一点绵薄之力,鞠躬尽瘁,以赎前愆。

黄作梅立即派人把张国焘的信送给中共中央华南分局并转中央。两三个星期后,刘少奇以中央书记处书记的名义传话来:张国焘愿意回来是可以的,中央是欢迎的。但是,他必须首先写一个报告给中央,深刻检讨他在历史上坚持自己的错误路线,反对党中央、分裂党中央以致最后背叛党和人民的严重错误,提出改过自新的保证,以表示自己的决心。

金尧如当即电约陈先生,如实转告刘少奇的话。听完金尧如转达的回话后,陈先生半晌不语。良久,才说:"那我就回去告诉张伯伯。"金尧如说:"好,但务必请给我一个回音。"

第二天,陈先生打电话给金尧如说:"张伯伯这几天身体不太好,他说这件事且搁一搁,慢慢再说吧。他要我谢谢你们。"[1]

中华人民共和国成立后,世界各国,尤其是美、英等国对中国中央政府成员和党中央领导人,乃至各省党政领导成员的来历极为关注。其情报机关想方设法,通过各种渠道调查、了解、刺探有关信息,以便为政府制定对华

---

[1] 阿牛:《张国焘欲回大陆未果始末》,《首都经济报》1993年;转引自彭江流:《张国焘成败记》,《萍乡古今》第十二辑,第239–240页。

政策提供必要的资料。

1953年，正在穷困潦倒中的张国焘，做梦也没想到美国中央情报局会找上他的门来，向他了解有关中国党政领导人的情况。

自从张国焘脱离共产党之后，已经过去了十五年，张国焘所能提供的，只能是十五年前的情况。美国人希望通过了解中共党政领导人的过去，借以推测出这些人的现在和未来。从这些人的籍贯、性格、爱好、交往，推测出其在党和政府中的地位、关系，乃至即将奉行的内政外交政策。从这一点看，美国中央情报局找张国焘确实是找对了人。一般人对中共高级领导人不可能有张国焘知道的那么详细。因为张国焘与建国后任领导职务的绝大多数高级干部都有过接触，甚至长期共事，掌握着一般人无法掌握的情况。

美国人并未费很多周折便取得了张国焘的配合。在张国焘看来，出卖情报虽不名誉，但他已脱离中共多年，与中共已无任何感情上的瓜葛，用不着为其保密，更何况美国人每次来访问总要付些报酬，虽然不多，但对于正处在经济窘迫之际的张国焘一家，也算是一笔不小的收入。

就这样，从1953年7月15日开始，美国驻香港总领事 David H. Mckillop 和 Julian F. Harrington，受美国国务院委托和中央情报局[1]指示，先后约二十次拜访张国焘，了解有关中国党政军领导人的情况。

为了减少不必要的环节，美国人每次拜访张国焘时，总是事先准备好名单，要求张国焘按名单上所列的人名一一报告他所了解的情况，内容包括该人的性格、经历、与其他领导人的关系等。除此之外，还涉及到中共一些重要会议的情况。

美国人列出的名单中涉及的人很广泛，大约有一百多人，其中有毛泽东、刘少奇、周恩来、朱德、陈云、彭真、董必武、林伯渠、高岗、林彪、张闻天、罗瑞卿等一大批党和国家领导人。对于列在名单上的人，张国焘总是尽自己所能，如实地予以回答。对于熟悉的人，他抱着知无不言的态度，就自己所知的情况，搜肠刮肚地全部提供给美国人。张国焘在谈话中，很注意提供与现任领导人之间的个人关系有关的情报。比如，他在详细介绍了刘

---

[1] 冷战时期，美国驻香港领事馆是中央情报局的一个重要据点。

第十五章
最后岁月

少奇的经历、性格等方面的情况后，还提供了刘少奇与政治局其他成员的私人关系：

> 毛泽东——关系亲密。自从1939年至1949年毛泽东与刘少奇一起工作至今，在他们之间没有明显的不合。刘少奇在中共党内现在的地位与毛泽东的支持有密切关系。
> 周恩来——关系不好。
> 朱德——关系好。
> 董必武和刘伯承——关系好。
> 陈云——关系可以，并不亲密。
> 张闻天和陈绍禹——刘少奇最反对的就是像这些人，他认为这些人过去与莫斯科纠缠得太紧。

张国焘还告诉美国人，就目前状况来看，彭真、安子文、刘澜涛等是受刘少奇保护的人。至于曾同他一起出生入死的徐向前、陈昌浩，他也作了一番详细的介绍。

毫无疑问，张国焘对人对事的评价，都夹杂着个人的感情成分在内。美国人自然也清楚这一点，但仍然尽可能地从张国焘口中索取他们所要的东西，张国焘挖空心思后所得到的，只是美国人一点小小的施舍。

1958年，中国大陆开始了轰轰烈烈的大跃进运动。在香港的张国焘再次受到鼓舞，又萌发了与中国政府建立联系的打算。当年10月，他托人向政府表示，愿为中国政府做点事，并要求给他以生活补助。

此要求作为内部情况简报，以《关于张国焘最近情况简报》的形式呈送毛泽东主席后，毛泽东在上面批道："应劝张国焘割断他同美国人的关系。如能做到这点，可考虑给以个人生活方面的补助。毛注。"[1]

但从事情发展的结果看，张国焘没有接受毛泽东的建议。

1961年前后，经过美国驻香港领事馆的牵线，美国堪萨斯大学派人找

---

[1]《毛泽东建国以来文稿》第八册，中央文献出版社1993年版，第30页。

张国焘传

张国焘题《我的回忆》书名

张国焘著《我的回忆》(香港版)

到张国焘,希望他能写写回忆录。张国焘欣然应诺。此后,他积极投入回忆录的写作之中,到处搜集资料,终日思索苦忆,花费了四年时间,终于写就《我的回忆》共三册,约一百万字。

在这四年期间,堪萨斯大学每月仅给他两千港币作为研究费用,所得到的却是他用心血写成的著作的英文版权[1]。等到张国焘交稿时,全部费用也已所剩无几。直到香港《明报月刊》向张国焘取得中文版权后,他才得到一笔数量可观的报酬。

这期间,张国焘的夫人杨子烈也投入了回忆录的写作当中,著成《往事如烟》一书,后改名为《张国焘夫人回忆录》。此后多年,张国焘和家人主要靠这两本书的版权费为生。

1966年11月,香港为纪念孙中山诞辰一百周年,成立了各界纪念孙中山先生百年诞辰大庆筹备委员会。因为张国焘在五四运动和20世纪20年代早期曾与孙中山有过交往,该筹备委员会便请张国焘任常

---

[1] 堪萨斯大学负责将原作(中文)译成英文。

委,这使他有了一次在香港民众面前出头露脸的机会。

1966年"文化大革命"开始后,很快就波及到了香港。1968年,以香港进步工人、学生为主体,发动了一场爱国群众运动,一时声势浩大,在港的台湾国民党机构纷纷撤离。形势的发展使张国焘甚为惊慌,背着一个"叛徒"的名声,他不知这场运动将给自己带来什么样的灾难。为了保险起见,他决定和妻子远走高飞。然而,就在张国焘准备行程之际,美国人又找上门来。

1968年10月21日,美国驻香港总领事馆负责中国大陆事务的领事馆官员米西兰尼奥斯与两个美国专家一同来到张国焘家,就中国"文化大革命"的有关问题对他进行了访谈。

对于"文化大革命"爆发的原因,张国焘认为,毛泽东发起"文化大革命"有两方面考虑,既有哲学的思考,也出于权力的考虑,但主要是前者。张国焘说,毛泽东有着超凡的魅力和政治能力,但他又是一位农民式的社会主义者,所以毛泽东有着一种对于"平等"的渴望,一旦他发现自己建立的政权没有提供这些,甚至反而有走向反面的趋势时,他便想采取剧烈的非常规的行为来达到目的,也就是防止"变修",这是"文化大革命"发动的一个重要原因。

张国焘认为,"文化大革命"虽然让毛泽东成功地清除了反对者,虽然刘少奇、邓小平已经下台,但是斗争仍然存在,只不过改变了些许方式。毛泽东在"文化大革命"中虽然拥有最高权力,但其主要目标却没有实现。因为经常会看到毛泽东在政策与策略间来回摇摆,常常试图通过一个计划实现一些目标,同时又经常受到一些情绪的影响,而采取一些危险的戏剧性的行动。张国焘指出,毛泽东会继续走"革命"的道路,但是这个道路将会失去效果,其最初设想的目标不会实现。

至于毛泽东的接班人林彪,张国焘评价说,这是一个极有手腕、野心勃勃、很难让人喜欢也很难一起工作的人。林彪之所以被选为接班人,一个主要原因是,毛泽东认为作为一个工作多年的下属,林彪长期忠诚于自己。但是,林彪显然缺乏毛泽东所具有的魅力和政治上的天赋。在"文化大革命"进行两年后,林彪在政治上和军事上的优势似乎有所削弱,这突出表现在他不能保护他的一些亲密下属，如肖华、杨成武、罗瑞卿，这些人都是林彪的支持者，但在"文化大革命"发动之后，就纷纷被打倒。尽管林彪的权威有所削弱，但张国焘认为，在"文化大革命"发动的两年时间里，军队的作用已经远远超出毛泽东之前让军队参与稳定局面的意图。在军队的支持下，那些毛泽东的反对者很难被打倒。张国焘认为，毛泽东将最终削弱军队的力量，就像他将红卫兵遣散下乡一样。但张国焘推测，这将是一个很困难的计划。

当美国人问及如何看待"革命委员会"这一新兴组织时，张国焘回答说，革委会的优点就是通过这个单一的实体避免了党、政分家。但张国焘对这个组织能否长期有效地运作表示怀疑，因为这需要重建党组织，以便为革委会提供一个核心。不过，这种重建似乎很难成功，因为一旦重建，毛泽东会担心"文化大革命"前的状态会再次出现，而他所寻找的那些"文化大革命"后起来的"新鲜血液"却不能提供党所要求的稳定与领导。由此张国焘推测，在"文化大革命"期间，党组织仍然将处于一团混乱之中，难以恢复它以前的纪律性和权威。

对于美国人所关注的"文化大革命"的走势，尤其是毛泽东一旦去世，中国政局将会如何发展的问题，张国焘认为，毛泽东逝世后，那些昔日围绕在毛泽东身边的激进派，比如毛泽东的妻子江青、陈伯达、康生等，都将很快失去其位置和政治影响，中国政局上最可能出现的是"林—周合作"的治理模式，中国将进入实干家治国的时期。至于一些被打倒的人，比如刘少奇、邓小平等等，也将有机会重新复出，因为国家的治理需要他们的经验和组织能力。

张国焘还应美国人的要求，谈了自己对当时中国外交政策的看法。[1]

接受采访之后，张国焘同杨子烈很快就离开香港，前往加拿大多伦多，去投靠他们的大儿子张海威。

对于张国焘来说，这是一个痛苦的然而又是一个不得已的选择。毕竟，张国焘此时已是七十一岁的人了，自从他携全家到香港后，已在此地居住

---

[1] 见黄东：《一九六八年：张国焘观文化大革命》，《百年潮》2008年第五期；《张国焘预言邓小平终将复出》，《扬子晚报》2007年9月25日。

第十五章
最后岁月

了近二十年，他已经习惯了这里的一切。现在，他却要告别自己所熟悉的一切，去到异国他乡，过一种全然不熟悉的生活，这对于已入耄耋之年的老人来说，的确是一种无情的精神压力。

海外终老

1968年的某一天，张国焘、杨子烈来到了一个完全陌生的国度——加拿大。

张国焘和杨子烈生育有三个儿子。此时，张国焘的大儿子张海威在多伦多研究数学，三儿子张渝川在多伦多当工程师，二儿子张湘楚[1]则远在纽约当医生。

张国焘夫妇到多伦多后，与大儿子一家同住。每日里孙儿孙女绕膝，在一定程度上慰藉了张国焘孤苦的心灵，使他享受到了难得的天伦之乐。

张国焘夫妇与儿孙辈

到多伦多不久，张国焘和杨子烈即发现，大儿子的收入养活一家老小并不宽裕，便决定搬出儿子家，入住免费的养老院。按照加拿大政府规定，六十五岁以上即可接受政府福利救济。这样，他们每月领到的养老金足够自己生活，且有时还可到附近的中国餐馆小酌一顿。不过，毕竟是高龄之人，

---

[1] 大约在1955年，张国焘通过香港友人向中国政府提出，把他的儿子张湘楚送广州中山医学院学习。经周总理批准后，如愿。张湘楚在中山医学院学习五年，毕业后在香港行医，后移居美国纽约。

609

张国焘

晚年张国焘

生活上也有诸多不便。

就这样，时光在不经意间竟流淌了八年。到1976年，已经七十九岁的张国焘突然中风，右半身瘫痪，尽管经过多方抢救和治疗，生活依然不能自理。此时，妻子杨子烈已年逾七十，加之腿有残疾，也无力照料张国焘。

面对这样的境况，为了不拖累孩子们，张国焘经过申请，住进了一家官办的老人病院。如果说在免费养老院里张国焘尚能与杨子烈相依为命，那么现在，他生活完全不能自理，却不得不与老妻分手，心里难免辛酸孤苦。

张国焘所在的老人病院，位于多伦多市郊，属于官办的慈善机构，条件比较差。张国焘住的房间只有六平方米，而且与另一位老人同住。也许是由于疾病的折磨，这位老人的脾气很坏，当有人来探望张国焘时，他总是嫌双方谈话影响了他，大声地发着牢骚。张国焘因中风说话困难，想争辩又无力争辩，所以只能气在心里。

由于行动不便，张国焘每日只能坐在轮椅上活动。杨子烈和儿孙们虽不时前来探望，带给他许多好吃的东西和许多安慰的话语，但这些均无法取代他的痛苦。因而每当往日的友人来看望时，张国焘总是紧握着他们的手，两行老泪夺眶而出。

日子在郁闷中一天天挨过。张国焘心里明白，他现在只有等死了。

这一年的9月9日，毛泽东与世长辞。当《伦敦日报》记者为此来采访张国焘时，他感慨万端地说："我们的时代已经过去了。"记者希望他对昔日的对手作一番评论，张国焘只是淡淡地说："像我一样，毛泽东也是凡世之人，死亡只是时间问题。"[1]

---

[1]《伦敦时报》1976年9月11日。

第十五章
最后岁月

据说，张国焘病重期间，曾与杨子烈商量解决贫病交加的办法。杨子烈提醒张国焘说："当年你到武汉向国民党政府投诚时，热情接待你的不是你的萍乡小同乡、当时任武汉警察局长的蔡孟坚吗？我们曾和他交往多年，友谊不薄。蔡孟坚现在美国，是不是可以请他帮帮忙呢？"张国焘认为妻子的话有道理，就嘱咐她和蔡孟坚进行联系。

杨子烈很快就通过电话联系上了蔡孟坚。对方先是问候张国焘的病情，然后问杨子烈："你们与台湾哪位政要相识？"杨子烈回答："当年我和国焘在香港时，台湾方面曾派黄少谷赴香港访问国焘，我也在座。"

蔡孟坚对杨子烈说："张国焘先生当年在武汉对我说过，他任中共莫斯科首席代表[1]时，王明将蒋经国打成托派，被判流放。张国焘向俄共尽力交涉，改为准许蒋到列宁格勒军事学院旁听，作思想改造；以后又派蒋经国去工厂做工，使蒋经国避过了流放之苦。抗日战争时期，蒋经国从苏联回国，我在机场迎接他下飞机，再送他去见乃父。在重庆时，蒋经国曾到舍下接我一道去张国焘居处造访，彼此无话不谈。张国焘对蒋经国有旧恩，当此患难之际，求助于蒋，定当回报。"蔡孟坚还表示，他即将飞加拿大，看望张国焘夫妇。

同杨子烈通话后，蔡孟坚遂致函台湾的黄少谷，告知张国焘在加拿大病重，身无分文，如病死、饿死在加拿大，则对张本人及台湾皆为一大讽刺。蔡孟坚请黄少谷进言时任台湾"行政院长"的蒋经国，对张国焘予以救济。

当蒋经国从黄少谷那里得知张国焘的消息后，大为动容。隔一周，蔡孟坚便接到台北"行政院长"办公室秘书的长途电话，告知蒋经国有钱托蔡带给张国焘，请他等候，收到钱后再飞加拿大。

不久后的某一天，黄少谷的二女婿、时任台湾当局驻纽约"总领事"的夏功权给蔡孟坚打来电话，告知蒋经国有一万美金支票，请转交张国焘作医药费。

蔡孟坚收到支票后，即飞加拿大。到老人病院探访张国焘时，他将蒋经国赠的医疗费面交杨子烈。杨子烈亲笔写了收据。[2]

---

[1] 正确的表述应是中共驻共产国际代表团副团长。
[2] 见《党史信息报》1998年11月4日。

张国焘 ⑤

1979年11月26日，张国焘的三个儿子将父亲从老人病院接到了张海威家。一家人浓浓的亲情和热闹欢快的笑声，使张国焘受到了感染，精神好了许多，话也多了起来。暖融融的家庭气氛使他想到了老人病院那难以忍受的严寒，便不由说道："病院暖气有时关闭，冷得我时作呕吐。"杨子烈听了，心里很是难过。

当汽车载着张国焘离开儿子家时，他没有想到这竟是与家人的最后一次团聚。细心的老伴带去了几床毛毯，以便能为他抵御严寒。

12月初，多伦多连日下着大雪，天气异常寒冷。2日晚，终日躺卧在狭窄的病床上的张国焘，翻身时将被子、毛毯掉在床下，按铃叫人却无人来，只好咬紧牙关受冻。

从12月3日凌晨5时起，张国焘便呕吐不止，后不省人事。待家人闻讯赶到病院时，他的尸体已放进了病院的太平间。

抚摸着丈夫已经僵硬的尸体，杨子烈百感交集，按捺不住伤心的眼泪，悲愤地痛哭起来。回想起张国焘坎坷的一生，再看看自己行将就木的境况，她不无悲哀地说："我们做共产党二十年，反共四十年，一生未享到半点幸福，天道真不平呀！"[1]

据杨子烈说，张国焘死后，他的三个儿子因有儿女负担，无力摊出全部埋葬费用，悲痛中的杨子烈只好自己出面，张罗购买棺木和寿衣，又到公墓买了坟地。由于张国焘夫妇已接受了基督教洗礼，便又接洽教堂请牧师举行送别仪式。

还有另一种说法。张国焘死后，杨子烈将噩耗电告蔡孟坚。蔡孟坚又告诉了黄少谷，并请黄转告蒋经国。黄问安葬需要多少经费，蔡回答："约三四千美金即可。"过了几天，台湾国民党中央秘密长蒋彦士电汇给蔡孟坚三千五百美元，嘱转交张国焘之妻。张国焘的后事开支即用的这笔钱。[2]

张国焘去世的消息传到国内后，《人民日报》于12月5日发表了简要消息，内容如下：

---

[1] 蔡孟坚：《悼念反共强人张国焘》，（台北）《传记文学》第三十六期第一卷。
[2] 见《党史信息报》1998年11月4日。

第十五章
最后岁月

新华社北京十二月四日电 多伦多消息：张国焘已于十二月三日病死在加拿大多伦多市的一所疗养院内，终年八十二岁。

1979年12月4日，张国焘被安葬在加拿大多伦多市东南部的士嘉堡区松山园公墓里，终年八十二岁。

2007年4月，旅居加拿大的高晓黎女士经过数次寻觅，终于在松山园公墓找到了张国焘及其夫人杨子烈的合葬墓，墓碑的一面刻有"张国焘""张杨子烈"字迹，而墓碑的另一面，则是另一对夫妇的名字，原来这是一个两对夫妇合用的墓碑。

张国焘和杨子烈合葬墓

在公墓的管理处，高晓黎女士还找到了丧葬张国焘夫妇的原始档案。有关张国焘丧葬的档案是用英文写的，翻译成中文是：

死者姓名：张恺荫

年龄：（空缺）

去世日期：1979年12月3日

张国焘[16]

土葬日期：1979年12月4日
出生地点：中国
去世地点：士嘉堡
死亡原因：（空缺）
土葬许可签发人：B. Pile
牧师：（空缺）
殡仪馆：Paul O'Connor
墓园：松山园
最近的亲属：张子烈太太（妻子）
1700 Finch Avenue East Willowdale, Ontario（地址）[1]

如果人有灵魂的话，张国焘的灵魂只能在异国他乡游荡……

---

[1] 高晓黎：《张国焘落葬多伦多松山园》，《百年潮》2007年第十一期。

参考文献

（按报纸、刊物、资料丛刊和资料集、选集和文集、回忆录、传记和年谱、专著分类，以刊印和出版的时间先后为序。）

一、报纸

上海《民国日报》，1919 年 5 月 19 日。

《时事周报》第五卷第十二号，1934 年 1 月 21 日。

《伦敦时报》1976 年 9 月 11 日。

《工人日报》1979 年 7 月 6 日。

《文汇报》1994 年 1 月 31 日。

《党史信息报》，1998 年 11 月 4 日。

《扬子晚报》2007 年 9 月 25 日。

二、刊物

《北京大学日刊》1919 年 4 月 11 日。

《向导》第五期，1922 年 10 月 11 日；第六期，1922 年 10 月 18 日；第七期，1922 年 10 月 25 日；第八期，1922 年 11 月 2 日；第九期，1922 年 11 月 8 日；第十二期，1922 年 12 月 6 日；第十三期，1922 年 12 月 13

日；第十五期，1922年12月27日；第十七期，1923年1月24日；第一百四十八期，1926年4月3日。

《先驱》第十号，1922年8月10日。

《中国工人》第四期，1925年4月。

《人民周刊》第一期，1926年2月7日；第7期，1926年3月30日。

《共产国际》第四卷第九期，1933年9月30日出版。

《干部必读》第一百二十七期，1935年6月14日。

《解放》周刊第一卷第二十九期，1938年1月28日；第一卷第三十期，1938年2月8日。

《劳动音》第十五册。

《党的建设》第一期。

《布尔塞维克》第四卷。

《抗战向导》第八期。

《国魂周刊》第九期。

《汗血周刊》第九卷第二十二期。

《实话》第十三期。

《瞭望》1986年第四十至四十三期。

《川陕苏区历史研究》1990年第一期。

《追求》，1992年第二期

《炎黄春秋》1993年第一期、第七期。

《北京党史研究》，1993年第五期。

《湖南党史月刊》，1993年第四期。

《党的文献》1996年第六期。

《百年潮》2002年第二期；2007年第十一期；2008年第五期。

《萍乡古今》第十二辑、第二十二辑。

《传记文学》（台），第三十六卷第一期。

三、资料丛刊和资料集

中共中央宣传部党史资料室编：《党史资料》1954年第一期。

中国社会科学院近代史研究所编:《近代史资料》1955年第一期。

全国政协文史和学习委员会编:《文史资料选辑》第十五辑,中华书局1961年版;第二十二辑,中华书局1978年版;第六十一辑,中华书局1979年版;第七十一辑,中华书局1980年版。

中共中央党校党史教研室选编:《中共党史参考资料》(二),人民出版社1979年版。

政协河北省文史资料委员会:《河北文史资料》第二辑,河北人民出版社1981年版。

《历史档案》1981年第二期。

中央档案馆、中共中央党史研究室:《党史研究资料》1981年第七期、1982年第一期、1989年第七至八期。

《党史资料丛刊》第一辑、第二辑,上海人民出版社1982年版。

中央马列编译局国际共运史研究室编:《国际共运史研究资料》第六辑,人民出版社1982年版。

中国社会科学院近代史研究室、中国革命博物馆党史研究室选编:《"一大"前后》(一)(二),人民出版社1980年版;《"一大"前后》(三),人民出版社1984年版。

中国社会科院近代史研究所翻译室译:《共产国际有关中国革命的文献资料》第一辑(1919—1928),中国社会科学出版社1981年版。

中央档案馆编:《南昌起义》(资料选集),中共中央党校出版社1981年版。

中央档案馆编:《中共党史报告选编》,中共中央党校出版社1982年版。

中国革命博物馆党史研究室编:《党史研究资料》第三集,四川人民出版社1982年版。

盛仁学编:《张国焘问题研究资料》,四川人民出版社1982年版。

中华全国总工会工运史研究室等编:《"二七"大罢工资料选编》,人民出版社1983年版。

盛仁学编:《张国焘年谱及言论》,解放军出版社1985年版。

《中共"三大"资料》,广东人民出版社1985年版。

荣梦源主编:《中国国民党历次代表大会及中央全会资料》上,光明日报出版社1985年版。

四川省档案馆编:《国民党追堵红军长征档案史料选编》(四川部分),档案出版社1986年版。

刘昌福、叶绪惠主编:《川陕苏区报刊资料选编》,四川省社会科学院出版社1987年版。

《川陕苏区报刊资料选辑》,人民出版社1988年版。

中央档案馆:《中共中央文件选集》第一册,中共中央党校出版社1989年。

李玉贞主编:《马林与第一次国共合作》,光明日报出版社1989年版。

鄂豫皖革命根据地编委会:《鄂豫皖革命根据地》第一册、第二册,河南人民出版社1990年版。

中央档案馆:《中共中央文件选集》第七册、第八册、第十册、第十一册、第十三册,中共中央党校出版社1991年版。

中国第二历史档案馆编:《蒋介石年谱初稿》,档案出版社1992年版。

中国工农红军第四方面军战史编辑委员会:《中国工农红军第四方面军战史资料选编》(长征时期),解放军出版社1992年版。

中国工农红军第四方面军战史编辑委员会:《中国工农红军第四方面军战史资料选编》(鄂豫皖时期·上)(鄂豫皖时期·下),解放军出版社1993年版。

中国工农红军第四方面军战史编辑委员会:《中国工农红军第四方面军战史资料选编》(川陕时期·上)(川陕时期·下),解放军出版社1993年版。

北京市档案馆:《北京档案史料》1994年第二期。

中共中央党史研究室第一研究部译:《共产国际、联共(布)与中国革命档案资料丛书》第一卷,北京图书馆出版社1997年版;第九卷、第十卷,中央文献出版社2002年版;第十五卷,中共党史出版社2007年版。

中共中央党史研究室第一研究部编:《共产国际、联共(布)与中国革命档案资料丛书》第二卷,北京图书馆出版社1997年版;第十一卷,中央文献出版社2002年版。

中央档案馆、中共中央党史研究室：《中共党史资料》第六十六辑，中共党史出版社1998年版。

郝成铭、朱永光主编：《中国工农红军西路军·文献卷》（下），甘肃人民出版社2004年版。

中共"一大"会址纪念馆、上海革命历史博物馆筹备处编：《上海革命史资料与研究》（七），上海古籍出版社2007年版。

四、选集和文集

《周恩来选集》上卷，人民出版社1980年版。

《邓中夏文集》，人民出版社1983年版。

《毛泽东选集》第一卷、第二卷，人民出版社1991年版。

《刘伯承军事文选》，解放军出版社1992年版。

《毛泽东建国以来文稿》第八册，中央文献出版社1993年版。

《张闻天文集》（二），中共党史出版社2012年版。

五、回忆录

杨子烈：《张国焘夫人回忆录》，自联出版社1970年版。

张国焘：《我的回忆》（第一册）（第二册）（第三册），现代史料编刊社1980年版。

奥托·布劳恩：《中国纪事1932—1935》，现代史料编刊社1980年版。

《彭德怀自述》，人民出版社1981年版。

达林：《中国回忆录》，中国社会科学出版社1981年版。

《红旗飘飘》第二十一辑，中国青年出版社1981年版。

许世友：《我在红军十年》，战士出版社1983年版。

《聂荣臻回忆录》，解放军出版社1983年版。

《包惠僧回忆录》，人民出版社1983年版。

《艰苦的历程》（上），人民出版社1984年版。

《陈公博周佛海回忆录》，（台）跃升文化事业有限公司1988年版。

徐向前：《历史的回顾》，解放军出版社1988年版。

王宏坤:《我的红军生涯》,人民出版社 1991 年版。

《康克清回忆录》,解放军出版社 1993 年版。

童小鹏:《风雨四十年》(第一部),中央文献出版社 1994 年版。

《罗章龙回忆录》中编,(美)溪流出版社 2005 年版。

六、传记和年谱

成仿吾:《记叛徒张国焘》,北京出版社 1985 年版。

王震:《林伯渠传》,红旗出版社 1986 年版。

鲍劲夫:《许继慎将军传》,解放军出版社 1986 年版。

丹尼尔·雅各布斯:《鲍罗廷——斯大林派到中国的人》,世界知识出版社 1989 年版。

北京李大钊研究会编:《李大钊史事综录》(1889—1927),北京大学出版社 1989 年版。

詹杨:《战将的足迹——詹才芳将军的故事》,湖北人民出版社 1992 年版。

《徐向前传》编写组:《徐向前传》,当代中国出版社 1993 年版。

金冲及主编:《朱德传》,中央文献出版社 1993 年版。

程中原:《张闻天传》,当代中国出版社 1993 年版。

赵海:《毛泽东延安纪事》,陕西人民出版社 1993 年版。

范青:《陈昌浩传》,中共党史出版社 1993 年版。

《胡乔木回忆毛泽东》,人民出版社 1994 年版。

中共中央文献研究室:《任弼时传》,中央文献出版社、人民出版社 1994 年版。

李志英:《博古传》,当代中国出版社 1994 年版。

张培森主编:《张闻天在 1935—1938》,中共党史出版社 1997 年版。

中共中央文献研究室:《周恩来传》上,中央文献出版社 1998 年版。

范江怀:《大将王树声》,解放军文艺出版社 1998 年版。

中共中央文献研究室:《毛泽东年谱》(1893—1949)上卷,中央文献出版社 2002 年版。

七、专著

邓中夏:《中国职工运动简史》(1919—1926),人民出版社 1953 年版。

盛岳:《莫斯科中山大学和中国革命》,现代史料编刊社 1980 年版。

王明:《中共五十年》,现代史料编刊社 1980 年版。

于吉楠编著:《张国焘和〈我的回忆〉》,四川人民出版社 1982 年版。

军事科学院军事历史研究部:《中国人民解放军战史》第一卷·土地革命战争时期,军事科学出版社 1987 年版。

谭克绳、欧阳植梁主编:《鄂豫皖革命根据地斗争史简编》,解放军出版社 1987 年版。

温贤美:《川陕革命根据地论丛》,四川大学出版社 1987 年版。

中国工农红军第四方面军战史编辑委员会:《中国工农红军第四方面军战史》,解放军出版社 1989 年版。

林超、温贤美主编:《川陕革命根据地史》,四川省社会科学院出版社 1988 年版。

杨云若、杨奎松著:《共产国际和中国革命》,上海人民出版社 1988 年版。

中共南江县委党史研究室编:《川陕革命根据地南江斗争史》,中共党史出版社 1991 年版。

中共中央党史研究室著:《中国共产党历史》上卷,人民出版社 1991 年版。

王家玺主编:《中国工会史》,中共党史出版社 1992 年版。

徐恩增:《细说中统军统》,传记文学出版社 1992 年版。

沈醉:《人鬼之间》,群众出版社 1993 年版。

萧超然著:《北京大学与五四运动》,北京大学出版社 1995 年版。

中共中央党史研究室著:《中国共产党历史》第一卷(上册),中共党史出版社 2002 年版。

后 记

《张国焘传》由陕西人民出版社于 2000 年出第一版，2007 年出第二版。第二版重新进行了装帧设计，更显庄重大气，但内容上仅进行了文字和技术规范的核校。实际上，在第一版问世后，我们仍继续关注国内外有关张国焘研究的进展。十多年来，通过不同途径，我们积累了一大批有关张国焘生平的资料，其中尤以俄罗斯公布的共产国际、联共（布）有关中国革命的档案资料为重，这些资料或弥补了空白，或揭开了谜团，也成为我们对原版进行重要补充和修订的动力。现在呈现在大家面前的这部《张国焘传》，就是在广泛运用新资料的基础上形成的，相信读者看后会有不同的感觉。

衷心感谢天地出版社的领导、编辑和本书特邀策划人李向晨先生为该书的出版所做的努力！

作者
2017 年 6 月 18 日